婚姻家庭案件
裁判要旨总梳理

贾明军　张莹　主编

DIGEST OF HOLDINGS IN
MARRIAGE AND FAMILY CASES

法律出版社 | LAW PRESS
北京

图书在版编目(CIP)数据

婚姻家庭案件裁判要旨总梳理 / 贾明军, 张莹主编
. -- 北京 : 法律出版社, 2022
ISBN 978 - 7 - 5197 - 7172 - 0

Ⅰ. ①婚… Ⅱ. ①贾… ②张… Ⅲ. ①婚姻家庭纠纷
—案例—中国 Ⅳ. ①D923.905

中国版本图书馆 CIP 数据核字(2022)第 184662 号

婚姻家庭案件裁判要旨总梳理
HUNYIN JIATING ANJIAN CAIPAN YAOZHI ZONGSHULI

贾明军 张 莹 主编

责任编辑 冯雨春 张 颖
装帧设计 汪奇峰

出版发行 法律出版社
编辑统筹 法律应用出版分社
责任校对 王 丰 郭艳萍
责任印制 刘晓伟
经　　销 新华书店

开本 710 毫米 × 1000 毫米 1/16
印张 37.25 **字数** 757 千
版本 2022 年 12 月第 1 版
印次 2022 年 12 月第 1 次印刷
印刷 三河市兴达印务有限公司

地址:北京市丰台区莲花池西里 7 号(100073)
网址:www.lawpress.com.cn
投稿邮箱:info@lawpress.com.cn
举报盗版邮箱:jbwq@lawpress.com.cn
销售电话:010 - 83938349
客服电话:010 - 83938350
咨询电话:010 - 63939796

书号:ISBN 978 - 7 - 5197 - 7172 - 0
定价:149.00 元

凡购买本社图书,如有印装错误,我社负责退换。电话:010 - 83938349

编　委　会

自　序

从事婚姻家事业务已多年,我们一直都在研究婚姻家事审判的裁判规则。虽然法律规定是统一的、确定的,但是在实务中,我们发现,各地裁判规则有所不同。即使原《婚姻法》、原《继承法》和《民法典》有规定,各地对此部分的处理也有所差别,帮助大家厘清差别,有助于各位法律界同人能够在实务中有所得,此为此次总结裁判要旨的立意之一。

2020年春节我们未感受到往年节日的氛围,而是为了安全都在居家等待。这一时期,我们编辑组三人在线探讨了进行婚姻家事案件财产类判决裁判规则项目的可能性,将分析对象的裁判要旨和规则集中在2017年至2019年。在评估了工作量、论证过工作可行性后,我们认为这个项目是可行的。于是迅速联系了全国300余名婚姻家事律师,组成了一个庞大、临时的婚姻家事裁判规则项目研究小组。

为了防疫需要,大家都在家中办公,所有的沟通都只能通过互联网。这是一段难忘的时光,让我们又一次深切感受到了律师同行们无私、奉献的精神。项目小组里,有自告奋勇跨省帮其他省份进行业务研究的律师,有身怀六甲仍然不下"火线"的同人,还有一边看着楼下救护车拉走疑似新冠肺炎病毒感染者一边抓紧时间完成工作的伙伴。这些情形常常使人泪目。我们至今记得当时疫情最严重的湖北地区,湖北小组的律师们在第一时间响应并组织起来,他们也奉献出了荆楚人民最棒的智慧。湖北小组曾在项目期间写过一篇新闻稿,有一句话我们一直都记得:等到春暖花开时,希望我们能摘下口罩,互道一声"你好"。

这段特殊的时光,给我们带来的是最特别的价值。我们的同人当时也提出,我们此时组织的这个项目给大家带来了非常大的希望,让惶恐在家的彼此能够将注意力放到业务研究上来,一个月,足以让大家都从中得到了足够多的专业知识滋养。此为此次总结裁判要旨的立意之二。

在这里,我们要特别感谢来自全国各地的婚姻家事律师的支持、帮助、理解和信任。这一篇篇饱含着大家辛苦工作的文章终会凝成宝贵的财富,最终成为我们每一个人执业生涯中最难忘、最璀璨的经历。

本书成稿于2020年，因为《民法典》及相关司法解释出台，我们在后期根据新的法律、司法解释进行了注解和修订。因相关法律规定有部分改动，我们后期的修订也主要是为了解决新法和旧法及相关司法解释的衔接问题，将新法和旧法之间改动的地方进行了标注，并对不同之处进行了说明，最大限度地解决了读者在面对法律规定变化对裁判结果可能发生的影响的疑惑问题。

需要特别说明的是，本书裁判要旨总结了除西藏自治区外的其他30个省（区）的裁判文书，继承案件裁判要旨总梳理总结了除西藏自治区、海南外的其他29个省（区）的裁判文书，基本上呈现了国内大部分地区的婚姻家事及继承案件裁判规则。因网上披露的西藏自治区的判决文书数量比较有限，较难总结出具有普遍适用性的裁判要旨，故本书所列的裁判要旨暂不包括西藏自治区裁判文书的裁判要旨。同时，因人手和资源限制，关于港澳台的裁判文书，本书也未作统计。

本书具有极大的实用价值，同时也具有重要的纪念意义。编著本书时，正值2020年2月，武汉发生疫情，全书的所有作者均在疫情中研读海量裁判文书坚持工作。2021年12月下旬修订本书时，西安发生了疫情，张莹及团队律师对本书稿做最后修订。2022年本书修订完成后，在袁芳与出版社做最后沟通时，上海又发生了疫情。可以说，疫情的考验，也让本书成书过程中的经历和经验更加宝贵。未来，当病毒散尽，阳光袭来，希望所有参与本书编写的律师同人，能一起摘下口罩，互道一声“你好”，给彼此一个拥抱。

往事不止于回味，未来可鉴于星空。

简　目

详　　目

婚姻家庭案件
裁判要旨梳理

说明:本书所有裁判观点及数据,均来自笨鸟俱乐部2020年组织的婚姻继承案件裁判要旨归纳活动的各地报告。为方便读者查阅,本书仅将各省文章中部分重点作以归纳。

一、裁判要旨的数据来源及裁判文书时间

1. 本书裁判要旨数据来源为中国裁判文书网、Alpha案例库、威科先行法律信息库、聚法案例等。

2. 本书案件裁判要旨涉及样本案例自2017至2019年,共5万余个,分布地区如表1所示(排名不分先后):

表1　本次裁判要旨所涉样本案例分布统计

序号	地区	案件类型及数量
1	北京	共7636个,其中离婚纠纷5905个,离婚后财产纠纷1652个,婚约财产纠纷58个,夫妻财产约定纠纷21个
2	天津	共644个,其中离婚后财产纠纷510个,婚约财产纠纷91个,同居关系析产纠纷43个
3	河北	共2119个,其中离婚纠纷1038个,离婚后财产纠纷1081个
4	山西	共407个,其中离婚纠纷160个,离婚后财产纠纷247个
5	内蒙古	共1217个,其中离婚后财产纠纷557个,婚约财产纠纷619个,同居析产纠纷41个
6	辽宁	共2991个,其中婚约财产纠纷523个,离婚纠纷1476个,离婚后财产纠纷992个
7	吉林	共4395个
8	黑龙江	共2135个,其中离婚纠纷1426个,离婚后财产纠纷533个,夫妻财产约定纠纷35个,同居析产纠纷141个
9	上海	共1629个,其中离婚纠纷738个,离婚后财产纠纷891个
10	江苏	共3686个,其中离婚纠纷282个,婚约财产纠纷1164个,离婚后财产纠纷2051个,同居关系析产纠纷189个
11	浙江	共1610个,均为离婚后财产纠纷
12	安徽	共2723个
13	福建	共746个,其中离婚纠纷22个,离婚后财产纠纷724个

续表

序号	地区	案件类型及数量
14	江西	共1092个
15	山东	共2749个,其中离婚纠纷1664个,离婚后财产纠纷1085个
16	河南	共936个,其中离婚财产纠纷486个,离婚后财产纠纷450个
17	湖北	共1804个,其中婚约财产纠纷468个,离婚纠纷256个,离婚后财产纠纷956个,夫妻财产约定纠纷12个,同居析产112个
18	湖南	共257个
19	广东	共1785个,其中离婚纠纷404个,离婚后财产纠纷1381个
20	广西	共634个,其中离婚纠纷38个,离婚后财产纠纷596个
21	海南	共119个
22	重庆	共1670个,均为离婚后财产纠纷
23	四川	共2440个,其中离婚纠纷40个,夫妻财产约定纠纷68个,离婚后财产纠纷2332个
24	贵州	共1849个,其中离婚纠纷178个,婚约财产纠纷680个,离婚后财产纠纷991个
25	云南	共520个,其中离婚纠纷120个,离婚后财产纠纷232个,婚约财产纠纷168个
26	陕西	共1447个,其中离婚纠纷1106个,离婚后财产纠纷341个
27	甘肃	共686个,其中离婚纠纷357个,离婚后财产纠纷329个
28	青海	共174个,其中离婚纠纷72个,同居析产纠纷26个,离婚后财产纠纷76个
29	宁夏	共307个,其中离婚纠纷118个,离婚后财产纠纷189个
30	新疆	共82个,均为离婚后财产纠纷

3. 本书涉及案例数量有限,仅将样本案例总结的裁判要旨进行公布,并不能穷尽实际案件审理的所有裁判观点。

4. 本次裁判要旨整理归纳于2020年2月。

二、裁判要旨主要涉及的问题

1. 涉案房屋的裁判要旨。

2. 公司股份的裁判要旨(包括代持股份的裁判)。

3. 不同地区法院对返还彩礼的裁判要旨。

4. 不同法院对撤销离婚协议的认定规则。

5. 各地区在离婚案件中的特殊裁判,如法院对离婚协议中违约条款的效力认定(江苏不支持,广东支持,云南部分支持)。

因篇幅所限,本书仅就裁判要旨冲突最多的房产、股权及彩礼返还等问题进行总结。

三、主要财产的裁判要旨汇总

此次裁判要旨涉及的主要财产有:商品房、自建房、拆迁安置房、“房改房”、公房、违章建筑、股票、债权、保险、存款、土地运营权、住房公积金、买断工龄款、养老金、车辆、车牌等。本次裁判要旨仅以公开发布的裁判文书为基础总结,因篇幅所限,仅就各地集中程度较高、涉及百姓生活范围最广的房产、公司股份以及彩礼返还的裁判要旨予以概括,并不能穷尽实际案件的所有裁判观点。

(一)涉及房产案件的裁判要旨

房产是居所,房产是家庭财产非常重要的组成部分,也是各类婚姻案件审理中的难点和重点。因为地区经济发展的不均衡,涉及的房产纠纷类型也多种多样,本次裁判要旨读取的样本案例中,纠纷较多的房屋性质为商品房、自建房、福利房,公房、拆迁安置房等。其中,以北京、上海为代表城市的离婚案件和离婚后财产纠纷案件主要是因商品房、福利房、拆迁安置房等房产而产生的纠纷,而在广大农村地区,离婚涉及的房产纠纷主要为自建房纠纷。以下我们将主要对涉及纠纷较多的商品房、自建房等财产裁判要旨予以概述。

1. 商品房的裁判要旨

《民法总则》(已废止)[①]第5条[②]规定,民事主体从事民事活动,应当遵循自愿原则,按照自己的意思设立、变更、终止民事法律关系。意思自治原则是民法的基本原则,也是最重要的原则,它在整个民法体系的各个法律规定中都有所体现,在婚姻家事领域,主要体现为婚姻自由、财产处分意思自由。在离婚案件中,当事人的意思自治原则也得到法院的认可和尊重。样本案例的判决书显示,离婚判决中,部分

---

① 对于所梳理的判例中引用的法律文件名称及相关司法解释等,仅在第一次出现时标注“(已废止)”,特此说明。

② 《民法典》吸收了《民法总则》的规定,作为第一编。

当事人会达成关于财产的一致意见,法院在裁判时予以认可,对于双方当事人未能达成一致意见的,法院会根据法律法规以及司法解释的规定,作出裁判。这一基本的裁判准则在涉及房屋的离婚案件中表现为:法院裁判以尊重当事人意思自治为前提,当双方不能达成一致意见时,法院在法律法规、司法解释规定的基础上,会结合出资人、贷款人、登记情况、居住情况等因素,综合裁量。

因房屋价值较高,而且结婚购房的出资情况千差万别,各地法院对房屋的权属认定有所不同,故实际裁判观点也有所不同。在综合了全国30个省份/地区提交的婚姻财产案件分割裁判要旨总梳理中关于商品房部分的裁判观点后,笔者摘取了各省、自治区、直辖市涉及商品房案件的不同裁判观点,供大家参考(见表2)。

表2 各地区婚姻家庭案件中涉及商品房案件的裁判要旨

地区	裁判要旨
北京	1. 婚前购买登记在一方名下的,为个人财产,离婚时分割共同还贷和增值部分。 2. 婚前个人房产婚后加名的,认定为夫妻共有财产。婚前共同出资,登记在一方名下的房产,根据购房目的、双方出资情况来确定所有权。 3. 婚前一方父母出首付款购房且登记在出资方子女名下的,认定房产系个人财产。婚后父母出资购买房产登记在子女名下的,部分法院认为除父母全款出资购房外,登记在一方子女名下的,也是夫妻共同财产。[1] 4. 如果父母出资购房登记在子女名下,没有达成赠与合意或者有证据证明属于其对子女一方个人赠与的情况下,物权登记仅具有权利正确性的推定效力,而非确定效力,该房产认定为父母双方的夫妻共有财产
天津	1. 诉争房屋登记在原告名下,但系夫妻共同财产,如有抵押权人,一方起诉要求房屋过户,需抵押权人同意。[2] 2. 男女双方在恋爱同居期间,一方父母出资购房,视为对一方的赠与。 3. 双方同居期间共同出资购房,房产仅登记在一方名下,也应认定为双方共有财产,出资份额明确的,解除同居关系时,房产归一方所有,另一方可要求返还自身已支付的购房款及相应利息;双方出资份额不确定的,均分为宜
河北	1. 法院尊重当事人意思自治。 2. 婚后无论是全款购买还是贷款购买,登记在一方或者双方名下的商品房,根据法律规定均属于夫妻共同财产,在离婚分割时,法院会兼顾无过错方和照顾女方及孩子权益的原则,综合考虑双方意愿、房产原登记人、双方经济情况等因素,判决房产所有权归一方所有,另一方获得相应的折价款。 3. 除非另有约定,无论出资方是当事人自己还是其父母,婚前购买且登记在购买方名下的房产归当事人个人,仅分割婚后共同还贷及增值

续表

地区	裁判要旨
山西	1. 以当事人意思自治为基础,尊重当事人意志。 2. 一般情况下未取得完全所有权无法分割,不适宜直接分割归一方。其他可以分割的房产,双方因夫妻关系解除不适合生活于一处,房屋判归一方并支付折价款情况较为普遍,考虑主要因素有产权登记人、主贷款人、照顾女方及子女、对房屋的贡献、居住情况等
内蒙古	1. 尊重当事人的意思自治。 2. 双方不能达成一致意见时,以照顾妇女、未成年人利益的原则,综合登记、使用的情况进行裁判。 3. 婚姻关系存续期间夫妻之间房屋过户不属于赠与,房屋仍为夫妻共有财产。 4. 双方当事人一方自愿放弃房屋所有权或达成分割协议情况下,对于房屋设有抵押权的,需要获得抵押权人的同意或者抵押权撤销
辽宁	1. 涉及案外人或未取得所有权的房产法院不予处理。 2. 对于诉争房屋,在尊重当事人意思自治的基础上,法院主要依照法律规定进行裁判
吉林	1. 尊重当事人的意思自治。 2. 父母为子女婚后出资买房,登记在一方名下,无论全款还是部分出资,均认定为一方个人财产。[3] 例外情况是子女在婚后将配偶登记为共同共有人
黑龙江	1. 婚前一方个人购房,婚后加名的,认定为赠与行为,判决给婚前购买一方,对另一方进行折价补偿。 2. 婚前一方购房,登记在双方名下,根据购房的目的确定属于夫妻共同财产。 3. 婚后父母出资为子女买房,产权证登记在出资一方子女名下的,认定为出资一方子女的个人财产[4]
上海	对于一方或双方父母参与出资的房产,有三种观点: 1. 未提供出资时书面声明或约定出资系赠与被告一方的证明,法院认为一方父母的出资虽然视为对双方的赠与,但是,出资多的一方应该适当多分,适当多分的比例具体由法院酌定。 2. 少数视为对自己子女赠与,因房屋购买过程与登记一方父母关系密切,部分法院认为系对自己子女单方的赠与。 3. 部分案件中父母出资经子女确认系借款,法院认定为对一方或者双方的借款,房屋属于夫妻共有财产
江苏	1. 婚前一方出资购买登记在自己名下的房屋归个人所有,离婚分割共同还贷及增值部分。 2. 婚前一方出资购买,婚后产权登记加名的,因另一方未出资,法院会将婚姻存续时间作为考量因素,酌情确定房产分割份额。 3. 婚后无论是一方出资还是双方出资,登记在一方名下,认定为夫妻共有财产,裁判时结合双方收入、还贷人、过错、居住情况,兼顾照顾女方利益的原则判决归属。 4. 一方父母出资婚前买房,婚后登记在双方名下,认定为夫妻共有,判决房产归婚前购买一方所有,对另一方适当补偿

续表

地区	裁判要旨
浙江	1. 除个别证据确实充分,有当事人自认的案件追加案外人参与诉讼外,未取得产权证或者涉及案外人的房屋,一般不予处理。 2. 双方离婚时未对房屋及房贷问题进行处理,离婚后一方继续还贷的,还贷部分认定为夫妻共同债务。 3. 诉争房屋被案外人要求强制执行,部分法院认为处分前需先分出另一方份额
安徽	1. 尊重当事人意思自治。 2. 对于双方诉争的房产,判决时考虑维护妇女、子女权益、登记产权人、实际使用情况、出资情况等因素
福建	1. 房屋产权无争议及他项权的情形下确认房屋归属并判令另一方协助办理房屋产权变更登记,得房一方给予另一方折价补偿标准的参考因素有房屋购买出资时间、房屋出资人及出资比例和还贷及婚后增值情况。 2. 除明确登记为夫妻共同财产外,父母为子女出资购买的房产,视为出资对出资一方子女个人的赠与,不论该出资是全部出资还是部分出资
江西	1. 婚前以个人名义购买的房产,婚后共同还贷,认定为个人财产,产权登记一方就婚后共同还贷和增值部分向另一方补偿。 2. 婚后一方父母出资,产权登记在夫妻双方名下的,认定出资款为对夫妻双方的赠与。[5] 3. 部分法院将父母为子女购房出资认定为夫妻共同债务
山东	以尊重当事人的意志为前提。房产的分割一般采取一方获得房屋所有权,另一方获得相对应房屋补偿款的方式,在判决房产所有权归哪一方所有时,法院会考虑多种因素。主要有照顾女方及子女利益、尊重居住使用现状,对于有银行按揭贷款尚未还清的,法院还会考虑还贷问题,将房产判给主贷款一方。对于双方都诉争的房产,法院会在当事人的请求下,以当事人将房屋补偿款提存至法院指定账户的办法证明自已有能力支付补偿款,从而获得法院的支持
河南	1. 对无产权证、涉及第三人利益、无法确定房产价值的房产不予处理。 2. 婚前购买的房屋,认定为个人财产;婚后夫妻共同还贷的,分割共同还贷款项及对应财产增值部分。对于一方有出资的,房屋出资款为债权,产权登记人应向对方返还出资款。 3. 婚后购置的房屋,无法协商解决的,法院在分割时,通常秉着夫妻共同财产均分的原则,采用折价补偿方式进行分割。在判决房屋归属时会优先选择利于双方生活的方案,同时兼顾女方和儿童等弱势方的权益。在少数情况下根据出资比例和房屋登记状况进行分割。在认定一方有法定过错的情形下,对过错方少分
湖北	1. 尊重当事人的意思自治。未取得产权证的,不予处理。 2. 婚前双方出资登记在一方名下的,以登记确定归属,按出资份额确定补偿金额。 3. 婚后一方父母出资(无论全款还是首付款),登记在一方名下的,为个人财产;婚后一方父母部分出资,登记在双方名下,为夫妻共同财产。[6] 4. 婚后购买房屋,出资份额不明的房产,综合考虑登记人、贷款人、子女抚养等情况判定归属

续表

地区	裁判要旨
湖南	房屋存在他项权等权属争议时不予处理，而关于房屋归属的处理，一方放弃或双方协商一致赠与子女的均被认定为有效，得房一方给予另一方的折价补偿标准以双方协商、评估竞价及照顾子女和女方权益的原则来综合评定，具体补偿数额由法院酌定
广东	判定归属时有约定依约定，无约定的综合考虑房屋登记情况、主贷人情况、居住情况，购买房屋时的贡献及首套房优惠利率使用情况，依照顾子女及女方、便于生产生活、婚姻过错等原则进行分割
广西	涉及第三人或者财产权属不明的，不予处理
重庆	1. 尊重当事人意思自治。 2. 婚姻关系存续期间，一方将个人所有的房产变更登记为与另一方共同财产的，认定为夫妻共有。 3. 双方均诉争的夫妻共同财产，判决考虑购买时间、出资情况、保护弱者、保护妇女儿童、过错程度等因素
四川	1. 未办理所有权证书，对所有权不作处理，依照照顾子女的原则处理居住权。 2. 婚姻关系存续期间，一方以婚前存款出资购买房产登记为另一方单独所有，仍为夫妻共同财产。 3. 以工伤赔偿款购买并登记共同共有的房产，考虑出资贡献、残疾情况，对残疾一方适当多分。 4. 双方约定对共有房屋拍卖、变卖以分割价款的，需经抵押权人同意
贵州	父母为子女婚后出资购房的，一方父母出首付，房屋登记在出资方子女名下，另一方公积金贷款还贷的，如无直接证据证明系父母对子女单方赠与，认定该房产为夫妻共同财产〔7〕
云南	存在权属争议的不予处理，确认归属时参考因素包括双方约定及方便生活、照顾子女等，具体分割原则上均分，但同时参考因素包括妇女和实际抚养子女一方多分、非过错方多分、便于实际管理和使用一方多分
陕西	1. 尊重当事人的意思自治。 2. 婚姻关系存续期间购买的房产，如无夫妻财产约定，也无证据证明该房产归属于一方个人财产时，法院一般会认定该房产系二人的夫妻共同财产，离婚时综合考虑房产的登记、还贷情况判决房产归一方所有，对另一方按照房产价值的一半进行补偿。 3. 婚前一方父母为一方出资购买房产，婚后出资方父母出资将其余款项付清，明确表示该房屋系赠与其子女一方的财产，法院认定为父母向房屋登记一方的个人赠与，该财产为一方的个人财产，离婚时不作夫妻共同财产分割〔8〕 4. 未取得所有权的房产，法院不对所有权进行认定，但会依据购房时间、房款来源以及商品房买卖合同的购买方等情况，判决房产归购买方使用和居住。 5. 一方婚前贷款购买的房产，婚后以夫妻共同财产还贷，离婚时，法院综合房屋婚后还贷、增值部分，判决房产归购买方所有，得房方须将婚后共同还贷、增值部分的一半对另一方进行补偿

续表

地区	裁判要旨
青海	1. 尊重当事人意思自治。对涉及第三人的房产,不予处理。 2. 婚前一方购买登记在自己名下的按揭房,所有权均归首付款支付一方所有,婚后夫妻共同还贷的,由产权登记一方对另一方进行赔偿
宁夏	1. 对于没有取得产权证的房产,法院不处理所有权,部分法院仅对使用权作出裁判。 2. 对于婚后夫妻共有房产,通常判决归一方所有,对另一方进行折价补偿,特殊情况下,判决按份共有。 3. 对于一方婚前购买婚后共同还贷的房产,所有权不发生变动,所有权人仅就婚后共同还贷和增值部分对另一方进行折价补偿。 4. 对于婚后一方父母出资购买的房产,登记在出资一方子女名下,全额出资的依法认定归出资方子女所有,部分出资的,法院认定系对夫妻双方的赠与〔9〕。另外,对于婚后购买,登记在子女夫妻双方名下,首付款、还贷均由一方父母出资,且子女夫妻双方与出资一方书面确认房屋归出资的父母所有的房产,法院予以认定
新疆	房屋归属有约定的依约定,无约定的按登记方优先、主贷方优先、实际使用方优先、照顾子女方的利益的原则进行分割,由获得房产一方向另一方补偿婚姻关系存续期间共同缴纳房款及房产增值部分的半数

注:〔1〕现《最高人民法院关于适用〈中华人民共和国民法典〉婚姻家庭编的解释(一)》第29条明确规定:"当事人结婚前,父母为双方购置房屋出资的,该出资应当认定为对自己子女个人的赠与,但父母明确表示赠与双方的除外。当事人结婚后,父母为双方购置房屋出资的,依照约定处理;没有约定或者约定不明确的,按照民法典第一千零六十二条第一款第四项规定的原则处理。"

〔2〕取消必须经抵押权人同意才能转让的内容,现《民法典》第406条规定:"抵押期间,抵押人可以转让抵押财产。当事人另有约定的,按照其约定。抵押财产转让的,抵押权不受影响。抵押人转让抵押财产的,应当及时通知抵押权人。抵押权人能够证明抵押财产转让可能损害抵押权的,可以请求抵押人将转让所得的价款向抵押权人提前清偿债务或者提存。转让的价款超过债权数额的部分归抵押人所有,不足部分由债务人清偿。"

〔3〕现《最高人民法院关于适用〈中华人民共和国民法典〉婚姻家庭编的解释(一)》第29条第2款明确规定:"当事人结婚后,父母为双方购置房屋出资的,依照约定处理;没有约定或者约定不明确的,按照民法典第一千零六十二条第一款第四项规定的原则处理。"

〔4〕现《最高人民法院关于适用〈中华人民共和国民法典〉婚姻家庭编的解释(一)》第29条第2款明确规定:"当事人结婚后,父母为双方购置房屋出资的,依照约定处理;没有约定或者约定不明确的,按照民法典第一千零六十二条第一款第四项规定的原则处理。"

〔5〕现《最高人民法院关于适用〈中华人民共和国民法典〉婚姻家庭编的解释(一)》第29条第2款明确规定:"当事人结婚后,父母为双方购置房屋出资的,依照约定处理;没有约定或者约定不明确的,按照民法典第一千零六十二条第一款第四项规定的原则处理。"

〔6〕现《最高人民法院关于适用〈中华人民共和国民法典〉婚姻家庭编的解释(一)》第29条第2款明确规定:"当事人结婚后,父母为双方购置房屋出资的,依照约定处理;没有约定或者约定不明确的,按照民法典第一千零六十二条第一款第四项规定的原则处理。"

〔7〕现《最高人民法院关于适用〈中华人民共和国民法典〉婚姻家庭编的解释(一)》第29条第2款明确规定:"当事人结婚后,父母为双方购置房屋出资的,依照约定处理;没有约定或者约定不明确的,按

照民法典第一千零六十二条第一款第四项规定的原则处理。”

〔8〕现《最高人民法院关于适用〈中华人民共和国民法典〉婚姻家庭编的解释(一)》第29条明确规定:“当事人结婚前,父母为双方购置房屋出资的,该出资应当认定为对自己子女个人的赠与,但父母明确表示赠与双方的除外。当事人结婚后,父母为双方购置房屋出资的,依照约定处理;没有约定或者约定不明确的,按照民法典第一千零六十二条第一款第四项规定的原则处理。”

〔9〕现《最高人民法院关于适用〈中华人民共和国民法典〉婚姻家庭编的解释(一)》第29条明确规定:“当事人结婚前,父母为双方购置房屋出资的,该出资应当认定为对自己子女个人的赠与,但父母明确表示赠与双方的除外。当事人结婚后,父母为双方购置房屋出资的,依照约定处理;没有约定或者约定不明确的,按照民法典第一千零六十二条第一款第四项规定的原则处理。”

2. 自建房与拆迁安置房、拆迁补偿款的裁判要旨

涉及自建房与拆迁安置房、拆迁补偿款等与拆迁有关的权益的,各地法院在审理过程中,裁判观点有较大区别。对于自建房,部分法院认为可以进行分割,部分法院认为没有产权证只能判决使用权,还有部分法院对房屋是否属于规划许可范围内的建筑有严格要求,还有一些法院认为自建房涉及第三人利益,不予处理。部分法院在裁判自建房归属时,会依据房随地走的原则,根据宅基地获得方的情况,认定自建房的归属。

对于拆迁安置房及相关拆迁安置财产权归属,法院裁判则显示不同的裁判观点。部分法院认为涉案外人利益,不处理;部分法院处理时考虑是否获得所有权;还有部分法院会参考拆迁安置协议、照顾子女、居住情况等因素综合考量作出裁判(见表3)。

表3 各地区婚姻家庭案件中涉及自建房与拆迁安置房、拆迁补偿款的裁判要旨

地区	自建房裁判要旨	拆迁安置房、拆迁补偿款裁判要旨
北京	有三种观点: 1. 进行具体分割。 2. 根据出资确定房屋权属,同时考虑涉案房屋来源,对一方适当多分。属于整体,不易进行具体分割的,将双方所占所有权份额进行确定。 3. 对于超出集体土地建设用地使用范围或未经相关部门合法批示的房屋,就其所有权,法院不予处理,仅就房屋的居住使用权进行分配	涉及案外人利益,不宜在本案中一并处理,可另案起诉分家析产纠纷进行分割

续表

地区	自建房裁判要旨	拆迁安置房、拆迁补偿款裁判要旨
河北	结合建造房产时的家庭成员情况、出资情况、宅基地使用权等多种因素来确定，权属明晰的房产一般是均等分割，根据生产生活的实际需要等情况折价补偿或者按份额分割区别对待，尽可能平衡各方利益	无
山西	婚后共同修建的农村自建房，系夫妻共同财产，分割时以有利于原、被告实际居住和使用为原则	旧房搬迁置换适用《婚姻法》（已废止）第17条[1]
吉林	无产权的，对使用权作出裁判	未获得产权的，依照有利于生产、生活及适当照顾女方的原则对使用权进行裁判
黑龙江	无产权的不分割，但可考虑方便生产生活以及实际居住情况，确定双方的份额	共同财产拆迁所得利益为夫妻共同财产。分割“房改房”拆迁安置的房产时，参考双方贡献程度确定份额
上海	1. 宅基地自建房屋多涉及第三人利益，司法审判中多不予处理。 2. 双方均为宅基地使用权核定人员，离婚时可以协商分割房屋份额。 3. 对他人婚前自建房进行改建或装修的，可以要求债权	1. 对于份额没有明确约定或无法确认产权份额的，法院会根据房屋来源、出资情况、房屋价值大小、双方贡献、婚姻关系存续期间长短、照顾子女及女方利益等因素综合确定产权比例。 2. 法院在判决房屋归属时一般会考量双方的房屋居住情况、支付能力、最大限度发挥房屋居住效用等因素，判决房屋归一方所有的，另一方获得相应产权份额的补偿
江苏	1. 着重审查自建房审批文件、建房报告、产权证书、土地使用权证书等材料，结合出资情况、建造时间，进行判定和分割，认定为共有财产，分割方式采用“实物分割”原则，对讼争房屋的间数做分割。当涉及第三人权益或没有产权证明时，通常法庭不作处理。 2. 双方当事人在宅基地上或原有旧房基础上进行修建、改建或扩建时，若双方当事人对该共有财产的分割无法达成一致意见，法院对该共有财产的分割采用“实物分割”原则	主要参考以下几个方面：拆迁安置房的来源、拆迁补偿协议的约定、安置房结算单、申购安置房的出资来源，并在照顾妇女及未成年子女的利益等法律基本原则上，进行分割

续表

地区	自建房裁判要旨	拆迁安置房、拆迁补偿款裁判要旨
浙江	大部分法院会将其分为房屋所有权和土地使用权两部分进行评价，房屋部分会根据审批人、建造时间、出资来源、出资时间、登记产权等，结合夫妻关系存续时间进行判断，根据建房用地审批材料和产权登记材料对土地使用权进行判断	按照拆迁安置协议书确定的安置对象进行财产的权属认定和分配，搬迁费、腾退奖励费等则一般归实际居住、实际配合腾退的人所有
安徽	未取得所有权，或产权不清晰、涉及案外人，不予处理	未取得所有权，或产权不清晰、涉及案外人，不予处理
福建	对于宅基地、自建房的分割请求，按两种不同情况处理，没有权属登记和批建手续的，不支持分割请求；对于办理了集体土地使用权证或与村民委员会签订了集体土地使用权合同，可以分割，对不使用宅基地一方予以相应补偿	有两种观点： 1. 如拆迁安置房未取得产权证，房屋的权属问题、拆迁权益及居住权都不予认定和分割。 2. 对于经过确认的夫妻共同所有的拆迁安置权益，包括产权调换安置的权利及货币补偿款、搬迁费、搬迁奖励款、房屋附属物项目补偿款、拆迁安置过渡费等的分割请求予以支持
江西	有两种观点： 1. 无产权，或涉第三人，不予处理。 2. 认为系夫妻共有财产，按共有对等原则分割	因房屋拆迁分得的返迁宅基地使用权、过渡费、移民款等财产权利，基于公平原则平均分配
山东	充分考虑法律关于照顾女方及子女利益、尊重居住使用现状等因素	充分考虑法律关于照顾女方及子女利益、尊重居住使用现状等因素
河南	无产权的，对所有权不处理，仅处理居住使用权	未取得所有权或涉案外人的，不予处理
湖北	尊重当事人的意思自治。对于当事人无法达成一致的自建房，如涉及第三人的，不予处理。有产权的，由产权方得房，并对另一方补偿。无产权的，分割居住、使用权	未实际建成或没有产权的，不予处理，但有可能基于照顾子女和女方的原则对还建房的居住权作出裁判。对于已取得所有权，但双方均无能力对对方补偿的，考虑贡献程度判决按份共有
湖南	尊重当事人的意思自治。法院处理农村自建房时会参照商品房的分割规则，但更着重考虑自建房本身的特点（无产权证、可能涉及第三方、价值确认难）进行所有权判决或使用权判决	无
广东	认为产权不清晰，不予处理	无

续表

地区	自建房裁判要旨	拆迁安置房、拆迁补偿款裁判要旨
广西	无所有权及涉及第三人的，不予处理	无
海南	在一方婚前宅基地上婚后建房的，因另一方举证不足，判归宅基地使用权一方	未取得安置房的，不予处理
重庆	一般按照便利生产生活的原则，不只进行产权的认定和价值的划分，而且进行实物分割。如自建房和宅基地的使用权都是基于特定身份获得，则直接判归具备特定身份人一方	安置房未建成或者未取得产权证书的，不予处理，需取得产权证后再行起诉
四川	无合法审批手续的自建房，如不能协调一致，不予处理。有合法手续的自建房分割时，根据公平原则及充分发挥财产的使用价值原则进行，对楼梯等涉及公共使用的部分判定归双方共有或者均有使用权	未取得产权证的，可要求请求居住权。离婚后约定房屋如拆迁，拆迁升值部分平均分割的，一方如在拆迁前低价出售房屋，应按出售时可预计的升值额予以分割
贵州	自建房有产权的情况下法院会分割自建房的所有权，没有合法建设手续或手续不齐的案件，根据实际使用的情况也会对自建房的使用权进行分割，对涉及第三人利益的不予处理	无
云南	在尊重当事人意思自治基础上，以方便生产、便于管理、照顾经济困难一方为原则，酌情对房屋的使用权进行裁判	无
陕西	涉及案外人的不予处理。在尊重当事人意思自治的情况下，充分考虑房屋建造的时间、双方居住情况，在保证双方基本生活不受影响的情况下，对自建房的判决，以方便双方生活、照顾经济条件较差一方的原则进行裁判。婚后共同建造的自建房均分，或者按照“房随地走”的原则，判决一方得房，得房一方对另一方进行补偿	涉及案外人的，不予处理。无产权的，部分法院不予处理，有约定的从约定，无约定的，按拆迁安置协议处理
青海	有两种观点： 1. 自建房判决归宅基地权属一方。 2. 按照贡献程度和子女对共同自建的房屋进行分割	夫妻共同财产置换而来的房屋认定为夫妻共同财产，根据对房屋的贡献、居住情况及子女抚养情况作出裁判

续表

地区	自建房裁判要旨	拆迁安置房、拆迁补偿款裁判要旨
宁夏	无产权的,对所有权不予处理,仅处理居住使用权	无产权的,对所有权不予处理,仅处理居住使用权
新疆	按登记方优先、实际使用方优先的原则进行分割,得房一方向另一方补偿	按登记方优先、实际使用方优先的原则进行分割,得房一方向另一方补偿

注:〔1〕关于夫妻共同财产的内容,现规定在《民法典》第1062条。

(二)公司股份(含代持股份)的裁判要旨

公司股份是除了房产以外,价值较高的家庭资产,但关于公司股份的性质认定及价值确定,则存在与其他财产明显不同的标准。首先,公司本身是一个法人组织,其自身财产具有独立性,任何股东都不得因婚姻纠纷随意处分公司财产;其次,公司具有人合性质,即使出资款为夫妻共有财产,离婚时一方持有的公司股份也并不能完全依据其他夫妻共有财产的处分规定来分割。一方面,公司股份对应的资产价值并不那么容易界定;另一方面,现阶段未上市的民营企业的财务状况并不透明,这一因素使公司股份的裁判具有不同的特点。

法院分割离婚案件中涉及的股份,首先还是以尊重当事人意思自治为前提,当双方没有书面约定或者不能达成一致意见时,法院在法律法规、司法解释规定的基础上,结合出资时间、登记情况、代持情况、是否涉及案外第三人等因素,综合裁量。对于股权价值的确定,通常由申请资产评估机构评估、进行价值鉴定、对公司财务状况申请审计、依据公司财务报表或清算报告等方式来确定。虽然法律规定、司法解释一致,但是各地实际情况千差万别,故在实际裁判时,具体适用上有所差别(见表4)。

表4　各地区婚姻家庭案件中涉及公司股份(含代持股份)的裁判要旨

地区	裁判要旨
北京	1.夫妻一方婚前取得的股权,系一方婚前个人财产,在双方没有财产约定的情况下,婚后所得股权收益系夫妻共同财产。若双方就婚前个人股权婚后收益归个人所有的约定有效,法院会据此认定,但涉及案外人权益,则另案处理。 2.法院对股权系代持的证据要求高,不轻易认定股权代持。 3.被代持股权不涉及继承问题,被代持人为股权的实际权利人,负有配合协助过户的义务,代持人之继承人不享有实体权利,没有协助配合过户的义务。 4.对于夫妻公司股权的分割,法院酌定判决股权归一方所有,向另一方支付股权折价款,股权价值通常依据财务报表、清算报告等,或双方协商一致、法院酌定来确定,不能直接依据出资款数额认定股权或股权转让款的价值。

续表

地区	裁判要旨
	5. 对于优先购买权的行使，法院首先判定是否享有优先购买权。然后通过转让股权的数量、价格、支付方式、支付期限等综合判断是否享有优先购买权
山西	根据当事人的意思自治及财产便于使用的角度，法院判决股权及收益归实际经营者所有
内蒙古	他人出资登记在一方名下的股权，对股权不作分割处理
辽宁	大部分涉及股权争议的案件未予处理，在判决处理的案件中，分割比例会受到当事人意思自治、公司章程或其他法律文件的限制
吉林	1. 一方因员工身份获得的股权，一般认定为共同财产，在分割时分割的财产价值包括分红。 2. 要求分割股权一方提出的证据不足以证明该股份是夫妻共同财产的，法院不予支持其分割请求。 3. 对于涉及第三人等较为复杂的股权纠纷，一般法院会建议另案起诉，先确认股东资格
上海	1. 尊重当事人意思自治，法院不仅认可双方对公司股权分割的安排，同样认可对于公司治理的约定，包括配合过户等内容。 2. 离婚案件中一方持股，涉及第三人利益的，一般不处理股权，但认可双方的协商和有效协议。 3. 一人有限公司可直接分割股权，但分割时酌情考虑对公司的贡献、双方的过错，最终作出份额的认定
江苏	1. 一方婚前持有公司的内部虚拟受限股，婚后未配股，法院会认定该股权为婚前个人财产。 2. 对于交叉持股，如果相互持股公司的股份难以评估，也不利于保护双方，法院最终会对持股一方的股权比例进行分割。 3. 民办非企业单位的股权，非持股方有权要求分割的只能是股权比例，而不是股权对应的价值。 4. 法院一般判决股权归登记方所有，在股权折价款的处理上，法院享有很大自由裁量权，充分尊重当事人自治，一方面兼顾出资来源、双方同居生活时间的长短，另一方面又要照顾女方权益
浙江	1. 存在有效离婚协议，且约定内容不违反法律规定的，判决按照离婚协议分割，若没有协议，法院也可能因此确认为一方个人财产。不能证明对方持股或未经半数以上股东同意而不支持股权分割。 2. 工商登记比例不能视为夫妻财产约定，双方名下的公司股权仍属于夫妻双方共同共有，在离婚分割时仍应按夫妻共同财产原则进行分割，双方各半。 3. 对于改制后公司股份是否属于公司财产，不同法院判决存在不同观点，部分法院认为后公司股份系前公司股份转化而来，前公司股份系夫妻共同财产，故予以认定；部分法院认为产权界定事实发生的时间节点系在离婚后，而认定不属于夫妻共同财产。

续表

地区	裁判要旨
	4. 非持股方想要成为公司股东，需要经半数以上其他股东同意，先进行优先购买审查，确属其他股东不同意，亦不愿行使优先购买权，视为同意转让
江西	1. 双方对于股权价值议价不一，也不同意评估和审计，导致无法确定股权价值，则分割股权份额。 2. 认可股权代持，如能证明股权系代他人持有，则对股权不作分割处理
山东	法院判定股权归一方所有，向另一方支付折价补偿款，补偿款的数额由双方协调一致
湖北	1. 一方婚后取得的股权应为夫妻共同财产，涉及其他股东权益的不予处理。 2. 一方在婚姻关系存续期间投资所得股权，若不涉及其他人的财产权益，则双方各享有 50% 的份额。 3. 离婚后财产纠纷中，公司股权按份额平均分割，双方均为公司股东，判决由双方持有
广东	1. 尊重当事人意思自治，有约定的依约定分割。 2. 一般平均分割，股权价值无法确定的情况下法院根据个案情况进行处理
重庆	1. 婚姻关系存续期间获得的股权，属于夫妻共同财产，依法予以分割。 2. 法院将涉案公司以及其他股东均追加为第三人参与诉讼，让第三人当庭表态是否行使优先购买权，放弃优先购买权或其他股东收到通知不出庭的，法院将夫妻一方持股的份额平分。 3. 对夫妻共同财产分割的请求，属于物权请求权，在物权共有权没有实际发生变动，或未被侵权行为改变共有的权属状态时，就一直拥有共同的物权，不受诉讼时效的限制。 4. 夫妻一方经营公司付出较多，且另一方有其他恶劣情节导致离婚的，法院认定时会酌情多分 5% 的股权
贵州	1. 当事人若未提供证据证明股权的存在，则法院不分割股权。 2. 公司登记载明的股权比例不等同于夫妻之间的财产约定，股权若未经审计评估确认价值，则法院不予分割
陕西	1. 尊重当事人意思自治。 2. 对于有限责任公司股权的处理，因公司存在其他股东，在离婚案件中不予处理，由当事人与其他股东进行协商处理
宁夏	1. 尊重当事人意思自治，一方婚后出资而持有的股权本属夫妻共同财产，但因为存在合法有效的离婚协议，其中约定一方若存在隐瞒财产的行为，则全部份额由对方所有，最终依据双方约定判决该公司股权归另一方所有。 2. 离婚协议中的股份转让条款确属双方真实意思表示且不违反法律规定，若公司章程未对股东转让股权作出限制，则离婚协议的约定法院予以支持

（三）彩礼返还的裁判要旨

彩礼是婚恋的民间习俗，随着时代的发展，彩礼的形式在不断地发生变化。除了传统的现金、物品外，更有车辆、房产等。我国幅员辽阔，民族众多，不同地区的民俗文化和婚恋传统也有所区别。近些年来，由彩礼引发的争议亦不在少数。

虽然《最高人民法院关于适用〈中华人民共和国婚姻法〉若干问题的解释（二）》（已废止）第10条①已对婚姻案件中涉及的彩礼返还作出了规定，明确了返还彩礼的法定情形有三种：双方未办理结婚登记手续的；双方办理结婚登记手续但确未共同生活的；婚前给付并导致给付人生活困难的。因彩礼问题引发的纠纷在农村地区越来越多，审判实践中出现大量以获取高额彩礼为目的的“骗婚”行为，使司法裁判陷入两难境地。各地法院在彩礼返还的裁判结果上，区别极大（见表5）。

表5　各地区婚姻家庭案件中涉及彩礼返还的裁判要旨

地区	裁判要旨
天津	1. 认可双方签订的“解约彩礼不退”的婚约协议效力。 2. 综合双方共同生活时间、过错情况、彩礼数额、公序良俗等因素酌情判决。其中同居生活长短是一个重要指标，共同生活一年以上，被驳回诉讼请求
河北	除明确符合法律规定的应予返还的情况，法院会对离婚案件中男方要求返还彩礼的情形，综合考虑男女双方共同生活的时间、当地的风俗习惯、经济状况等因素，并根据公平公正的原则酌情判决是否部分返还彩礼
山西	对已办理结婚登记，离婚中要求返还彩礼的，结合双方已办理结婚登记的时间、双方家庭经济状况，酌情判决返还部分彩礼
内蒙古	1.“衣服款”“行李钱”“满水钱”“压腰钱”“合子礼钱”等项目，属于民间习俗的赠与，不属于彩礼范围。 2. 根据双方共同生活的时间、过错、生育子女情况、风俗习惯等酌情裁判
辽宁	1. 法院一般认定为缔结婚姻关系而赠与的房屋、车辆及“定日子钱”、“满水钱”、“相家钱”、“装烟钱”、“踢门槛子钱”等大额的民俗礼金属于“彩礼”范畴，“长命衣款”“改口费”等小额费用为赠与。 2. 未办理结婚登记，但已同居，或者同居生子等情况，本着公平公正、照顾女方的权益，酌情考虑双方同居生活期间的花销等因素，判决部分返还或者不返还彩礼

① 现《最高人民法院关于适用〈中华人民共和国民法典〉婚姻家庭编的解释（一）》第5条规定：“当事人请求返还按照习俗给付的彩礼的，如果查明属于以下情形，人民法院应当予以支持：（一）双方未办理结婚登记手续；（二）双方办理结婚登记手续但确未共同生活；（三）婚前给付并导致给付人生活困难。适用前款第二项、第三项的规定，应当以双方离婚为条件。”内容无变动。

续表

地区	裁判要旨
黑龙江	法院会结合司法解释的规定,考虑双方共同生活时间、婚礼、婚后花费等因素,酌情裁判
江苏	1. 对于“开门见面礼”“抱舅钱”“改口费”“上下车礼”“倒茶钱”等特定金额是否归于“彩礼”没有统一的裁判观点。 2. 共同生活时间较短,当事人主张返还彩礼的,可以根据未办理结婚登记手续(或离婚手续)的原因、双方共同生活的时间、彩礼的数额、有无生育子女、财产使用情况、双方经济状况等酌定是否返还以及返还的数额
福建	已办理结婚登记的离婚案件,综合双方共同生活的时间、是否生育子女、彩礼金额等因素酌情裁判
江西	1. 金额比较大的礼金或聘金或彩礼、“见面礼”、“上门礼”、金饰及其他一次性给付的较大金额,一般均认定为彩礼。 2. 法院会结合司法解释的规定,考虑双方是否登记、共同生活时间、彩礼金额、生育子女情况、过错情况等因素,酌情裁判
山东	除司法解释明确规定的彩礼返还情形外,具体案件中,法院会综合考虑支付彩礼的数额、双方生活时间长短、所收彩礼的花费情况以及离婚原因等方面的因素,酌情裁判
河南	1. 给付彩礼一方因婚前的给付行为导致给付人生活困难的,法院支持返还彩礼的判决较多。对于登记结婚并共同生活的,法院会考虑双方共同生活时间长短及当地经济情况判决部分返还。 2. 部分法院认为返还彩礼并不属于离婚案件审理范畴,不予处理
湖北	综合考虑男女双方同居生活的时间、过错责任、女方在举办民俗婚礼进行的合理花销及共同生活的必要开支,根据公平原则和照顾妇女儿童原则,酌情裁判
湖南	法院会结合司法解释的规定,考虑双方结婚时间、婚姻效力、婚后居住生活及开支情况等因素,酌情裁判
广西	综合双方的共同生活的时间、过错情况、是否在共同生活期间消耗等因素,酌情裁判
贵州	法院会结合司法解释的规定,考虑是否共同生活、共同生活时间、生育子女的情况、彩礼金额等因素,酌情裁判
云南	法院会考虑双方共同生活的时间、过错情况、对家庭生活的贡献、当地经济水平、风俗习惯和双方家庭状况、彩礼实际使用情况等因素,酌情裁判。其中未达到法定婚龄属于过错
陕西	1. 按照司法解释的规定,对当事人要求返还彩礼的情形进行评估,对不符合返还彩礼规定的,判决不予返还。 2. 综合考量双方共同生活的时间长短、彩礼给付的金额等因素后,针对共同生活时间较短的当事人,判决收取彩礼方返还部分彩礼

续表

地区	裁判要旨
青海	有三种观点: 1. 离婚案件中不予处理。 2. 不符合司法解释规定的返还情形不予返还。 3. 本着公平和公序良俗的原则,结合双方夫妻关系存续状况、过错责任、彩礼的使用情况、购置物品是否已转为夫妻共同财产等情形,与共同财产的分割一并予以处理
宁夏	酌情判决部分返还或者全额返还

四、结语

家庭是社会的基础,婚姻关系着整个社会的所有家庭,婚姻案件涉及的裁判要旨总结意义重大。最高人民法院工作报告中指出:全面落实司法责任制……完善审判委员会工作机制,促进裁判尺度统一。

实践中,因各地区经济发展水平存在差异、风俗习惯不同,婚恋案件中的情形也不尽相同。由于地区经济发展不均衡,彩礼、嫁妆等民俗习惯在当地约定俗成的名称、形式差异也较大,法律法规及各地裁判要旨也随着本地区的实际情况而有所变化。以地区实际情况出发为基础,在不违背公序良俗的前提下,统一裁判尺度,最大限度地保护弱者利益,对维护社会公平与正义有非常积极的意义。了解全国不同地区在婚姻继承案件中的裁判要旨,更好地为客户服务也是参与本次课题研究的所有律师同人的共同目标。

北京市法院婚姻家庭案件裁判要旨梳理

一、婚姻家庭纠纷三年概况数据分析及其他问题概述

1. 数据统计说明

(1)本部分数据来自威科先行法律信息库所公布的裁判文书,包括一审、二审文书。该数据库是从《最高人民法院关于人民法院在互联网公布裁判文书的规定》要求的全国法院公布裁判文书的统一平台——中国裁判文书网获取的数据。

(2)本部分数据统计的时间范围:自 2017 年 1 月 1 日至 2019 年 12 月 31 日,本部分统称为"近 3 年"。

(3)本部分数据统计的区域范围:北京市各基层人民法院(包括朝阳区、海淀区、西城区、东城区、丰台区、石景山区、门头沟区、房山区、通州区、顺义区、昌平区、大兴区、怀柔区、平谷区、密云区、延庆区人民法院)及各中级人民法院(包括第一、第二、第三中级人民法院),本部分统称为"北京地区"。

(4)本部分数据统计的案由范围:婚姻家庭纠纷项下的婚约财产纠纷、离婚纠纷、离婚后财产纠纷、夫妻财产约定纠纷、分家析产纠纷,统称为"婚姻财产分割案件"。

(5)《最高人民法院关于人民法院在互联网公布裁判文书的规定》第 3 条对人民法院应当在互联网公布的裁判文书范围作出了规定,第 4 条对不在互联网公布的情形也作出了规定,"离婚诉讼或者涉及未成年子女抚养、监护的"即属于不在互联网公布的情形之一,故本次仅对已公布的裁判文书数据进行统计及分析。

2. 数据统计情况

北京地区 2017 至 2019 年婚姻家庭案件涉及财产分割的一审判决书总量为 9475 个,具体分布如图 1 所示:

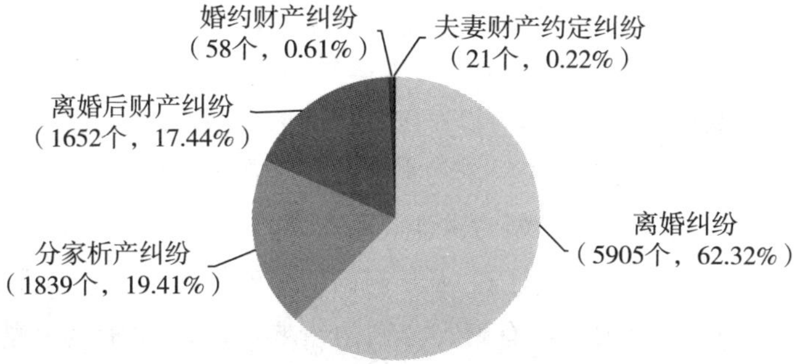

图 1 2017 至 2019 年北京地区婚姻家庭案件涉及财产分割的一审案件

二、离婚后财产纠纷及离婚协议效力裁判要旨

(一)离婚后财产纠纷裁判概况及规则

依据最高人民法院《民事案由规定》中对“离婚后财产纠纷案由”所作的相关解释,离婚后财产纠纷主要包括以下几种情形:一是夫妻双方离婚时,没有对婚姻关系存续期间的夫妻共同财产进行分割,离婚后对于共同财产的分割问题产生的纠纷;二是夫妻双方协议离婚时达成了财产分割协议,离婚后因履行上述财产分割协议而发生的纠纷;三是夫妻双方协议离婚后1年内就财产分割问题反悔而引发的纠纷,一方请求变更或者撤销财产分割协议的;四是婚姻关系结束后,一方发现对方在婚姻关系存续期间存在的在离婚时未分割的其他共同财产而引发的纠纷。

本次统计数据显示,笔者单以北京市怀柔区为例,主要对以下几种离婚后财产纠纷产生的原因及裁判要旨做简单论述:

1. 夫妻双方离婚时,没有对婚姻关系存续期间的夫妻共同财产进行分割,离婚后对于共同财产的分割问题产生的纠纷

依据本次统计数据,以怀柔区为例,由于城镇化建设发展,大规模的拆迁安置、危房改造导致很多夫妻在离婚时无法对尚未取得的安置房屋权属进行分割,仅能对已经取得的拆迁安置款项进行分割,待对应的安置房权属明确落实后再行分割。

(1)关于协议离婚的情况下,存在尚未分割的夫妻共同财产之处理规则

夫妻双方在签订离婚协议时,由于各种原因导致确实存在没有涉及的夫妻共同财产,一方可以依据相关证据材料,向人民法院提起离婚后财产纠纷之诉,请求人民法院依法分割。人民法院根据未分割财产的具体情况,基于照顾子女和女方权益的原则进行判决。

(2)关于诉讼离婚的情况下,存在尚未分割的夫妻共同财产之处理规则

在夫妻双方法院诉讼离婚的情形下,一般涉诉法院会对夫妻双方共同财产进行相应地审查。对于离婚当时不能分割、无法分割、当事人有协议特别约定对共有财产不做分割以及存在其他情形可以对未处理的夫妻共同财产另案诉讼处理等情况,双方离婚后,一方以存在尚未分割的夫妻共同财产为由向人民法院起诉要求分割的,人民法院经审查后确属离婚时未涉及的夫妻共同财产,应当予以分割。

此时,作为当事人应当充分注意,基于离婚后财产纠纷请求分割夫妻共同财产之诉讼时效之差异,若对夫妻共有财产分割的请求,因属于共有物分割请求权,只要没有因出现共有基础丧失或重大事由的情形而分割过,就不适用诉讼时效,人民

法院应当依法予以分割。

2. 夫妻双方协议离婚时达成了财产分割协议,离婚后因履行上述财产分割协议而发生的纠纷

只要离婚中的财产分割协议真实、合法、有效,即对男女双方均具有法律约束力,该财产分割协议就应得到履行。

依据本次统计数据,离婚后因履行财产分割协议发生的纠纷其中绝大部分为要求义务方履行离婚财产分割协议约定的房、车过户义务以及现金给付、折价款给付之义务。

此类纠纷为离婚后财产纠纷的基础诉讼,当事人离婚协议中关于财产分割的条款或者当事人因离婚就财产分割达成的协议,对男女双方均具有法律约束力。但当事人事后不履行的,该协议本身并无强制执行力,当事人还应向人民法院提起诉讼,由人民法院对其效力作出认定,才具有强制执行效力。

3. 夫妻双方协议离婚后 1 年内就财产分割问题反悔而引发的纠纷,一方请求变更或者撤销财产分割协议的①

一方向人民法院起诉请求撤销离婚协议,重新分割夫妻共同财产的前提是在签订离婚协议时,一方存在胁迫、欺诈等行为。倘若一方并没有相应证据能够举证另一方在签订离婚协议时具有胁迫、欺诈等情形的,仅是在主观上认为签订分割协议时存在显失公平或者重大误解的情形,而起诉要求人民法院重新分割财产时,人民法院一般不予支持。

在离婚后财产纠纷案件中,人民法院充分尊重男女双方在离婚过程中或离婚后对于双方意思自治而签订的离婚协议或其他财产分割协议,只要系协议签订双方当事人真实意思表示,未违反法律、行政法规的强制性规定,即为有效。但是,需要注意的是离婚涉及的财产分割协议与一般民事合同存在不同之处,订立合同的双方签订离婚协议时,除了纯粹的利益考虑外,不可避免地掺杂感情因素,不能像对待其他民事合同一样,以等价有偿作为唯一的衡量标准,对于双方签订离婚协议书时是否存在欺诈的情形,应当谨慎对待,除非一方能提供充分证据证明签订协议时存在欺诈,不宜轻易撤销协议。

---

① 现《最高人民法院关于适用〈中华人民共和国民法典〉婚姻家庭编的解释(一)》第 70 条规定:"夫妻双方协议离婚后就财产分割问题反悔,请求撤销财产分割协议的,人民法院应当受理。人民法院审理后,未发现订立财产分割协议时存在欺诈、胁迫等情形的,应当依法驳回当事人的诉讼请求。"已取消夫妻双方协议离婚后就财产分割问题反悔请求法院变更财产分割协议的权利及一年期限限制。

4. 婚姻关系结束后，一方发现对方在婚姻关系存续期间存在的在离婚时未分割的其他共同财产而引发的纠纷

当一方以占有夫妻共同财产为目的，在对方不知情的情况下，采取隐藏、转移、变卖、毁损夫妻共同财产或者伪造夫妻共同债务等方式，故意使夫妻双方的共同财产改变权属，使对方无法控制本应属于自己的一部分财产，这种行为是对夫妻共同财产权利的明显的、恶意的侵犯，该擅自转移共同财产的处分行为应当是无效的、违法的。因此，离婚后，一方发现另一方有隐藏、转移、变卖、毁损夫妻共同财产或者制造债务侵吞夫妻共同财产的，可以向人民法院依法起诉分割夫妻共同财产，经人民法院依法审查该财产确属离婚时未涉及的夫妻共同财产，人民法院应当依法予以分割。

（二）离婚后财产纠纷裁判要旨之离婚协议的效力问题

以近三年北京地区离婚后财产纠纷案件为依据，可以发现，离婚协议的效力问题是离婚后财产纠纷案件里占据最大比重的争议焦点。通过系统研读这些案件的判决书，我们发现在认定离婚协议的效力时，北京地区各法院有着通行的裁判要旨，也有一些针对特殊、复杂的案件所给出的"特色"判决理由与结果。

1. 认定离婚协议效力的总体规则

在不存在无效事由的情况下，法院通常选择尊重当事人的意思自治，这是法院在认定离婚协议效力时最基本的原则。在双方当事人自由意志且不违反法律、行政法规的强制性规定与公序良俗时，形成的离婚协议即被认定为有效，双方均应当依照协议的约定履行，即使一方当事人就履行协议提起诉讼，只要认定不存在上述导致协议无效的事实，法院都倾向于依照协议约定的内容来划分双方的权利义务。在此大原则的基础上，就认定离婚协议效力这一问题衍生出以下三个具体规则：

（1）一方未按照协议约定履行义务的，另一方有权请求履行

在北京地区近三年的离婚后财产纠纷案件中，有一定数量的纠纷系由于一方未按照离婚协议约定的时间、金额或方式履行义务。在这类案件中，不履行的原因多为被告暂时不具备履行能力或被告请求变更义务，甚至被告根本不答辩、不出庭。此时，法院在认定了离婚协议效力的前提下，将会按照协议约定的权利义务关系进行判决，也即依照原告请求，判决未依约履行的一方按照约定的金额与方式履行义务，如（2018）京 0105 民初 35228 号案、（2018）京 0105 民初 100873 号案、（2019）京 0105 民初 42193 号案等。即使约定义务已不具备现实履行的可能性，多

数情况下法院也会在听取双方意见和考虑客观状况的基础上作出替代履行的判决。

(2)男女双方协议离婚并就财产分割达成一致意见,一方以协议显失公平或未充分理解协议内容等为由要求重新分割的,法院不予支持

还有相当一部分的离婚后财产纠纷案件是因为一方就离婚协议中的财产分割问题反悔,遂陈述各种理由向法官证明双方签订的离婚协议是显失公平的,或者其在签订协议时未能充分理解协议内容,以期要求法院对夫妻共同财产予以重新分割。一般在这种情况下,法院认为,双方都是完全民事行为能力人,对协议约定的内容和签署协议的法律后果应该是明知并理解的,并且对方没有实施欺诈或胁迫行为,此时各方就应当遵守离婚协议的约定履行义务,如(2018)京0105民初9208号案、(2018)京0105民初16914号案、(2018)京0105民初9656号案、(2019)京0105民初38714号案等。

需要注意的是,由于个案的纷繁复杂,在一些特殊情况下主张"后悔"的一方当事人的诉求得到了法院的支持。这种情况,多为当事人签署的离婚协议本身具有一定瑕疵。比如,(2017)京0105民初35128号案中,法院认为,原告、被告虽然在离婚协议中约定涉案房屋归被告所有,但被告在双方协议离婚、签订离婚协议后出具说明,确认曾与原告母亲协商涉案房屋由原告、被告各占一半,现被告无法就双方针对涉案房屋的分割意见从原告、被告各占一半变更为男方单独所有作出合理的解释,亦无法解释其在与原告分割完毕涉案房屋后再次出具上述说明的必要性;同时,综合考虑涉案房屋确属夫妻共同财产,原告、被告针对涉案房屋均有出资,加之房屋价值较高,离婚协议中确定涉案房屋归男方一方所有,对女方显失公平。故法院最后采信原告所述,对原告要求被告给付折价款的请求予以支持。

还有一类案件,当事人在离婚后又另行签署了与财产分割有关的协议,不同法官对这类协议的性质持有不同观点,因此对主张"后悔"的诉请是否支持也产生了差异。比如,(2016)京0105民初71509号案中,男女双方经法院调解离婚,并在调解时均表示对共同财产及住房问题自行解决,不要求法院处理。当日法院即出具离婚的调解书、双方均予以签收。收到调解书后同日,双方又签订离婚协议书一份,男方在其中表示愿将其名下×号房产赠与女方。后因男方拒不履行而产生纠纷诉至法院,法官认为,《最高人民法院关于适用〈中华人民共和国婚姻法〉若干问题的

解释(二)》第8条[①]所指的离婚协议特指当事人在民政部门登记离婚时达成的财产分割协议。本案双方系在离婚诉讼中通过法院出具调解书的方式离婚,双方离婚案件中并未出现该份离婚协议书,故法官认为本案争议的离婚协议书不属于上述司法解释条文所指的离婚协议。该离婚协议书的性质实为赠与合同,应适用《最高人民法院关于适用〈中华人民共和国婚姻法〉若干问题的解释(三)》(已废止)第6条[②]的规定认定效力。而在同类的(2019)京0105民初32047号案中,法官认为,原告与被告于2017年11月6日签订的协议书系双方在离婚登记后对于婚姻关系存续期间财产及债务处理等问题而达成的协议,其性质为离婚协议,该协议对于双方均有约束力,双方均应按协议履行各自义务。

(3)主张订立财产分割协议时存在欺诈、胁迫等情形的一方当事人承担举证不能的法律后果

根据《最高人民法院关于适用〈中华人民共和国婚姻法〉若干问题的解释(二)》第9条[③]的规定可知,离婚协议中的财产分割约定可以变更或者撤销的条件为"订立财产分割协议时存在欺诈、胁迫等情形"。若当事人主张自己被欺诈或胁迫而签订离婚协议、要求法院予以变更或撤销的,此时依据"谁主张,谁举证"的原则,该当事人负有对被欺诈或被胁迫事实的举证责任,也要承担因举证不能的不利法律后果。北京地区的法官在面对此类案件时,均向该当事人阐明其举证义务与举证不能的法律后果,并对该当事人所提交的证据进行判断,在此基础上作出判决。

2.多份离婚协议的适用问题

在一个离婚案件中存在多份离婚协议的情况也是屡见不鲜的现象,此时判断

---

① 现《最高人民法院关于适用〈中华人民共和国民法典〉婚姻家庭编的解释(一)》第69条规定:"当事人达成的以协议离婚或者到人民法院调解离婚为条件的财产以及债务处理协议,如果双方离婚未成,一方在离婚诉讼中反悔的,人民法院应当认定该财产以及债务处理协议没有生效,并根据实际情况依照民法典第一千零八十七条和第一千零八十九条的规定判决。当事人依照民法典第一千零七十六条签订的离婚协议中关于财产以及债务处理的条款,对男女双方具有法律约束力。登记离婚后当事人因履行上述协议发生纠纷提起诉讼的,人民法院应当受理。"

② 现《最高人民法院关于适用〈中华人民共和国民法典〉婚姻家庭编的解释(一)》第32条规定:"婚前或者婚姻关系存续期间,当事人约定将一方所有的房产赠与另一方或者共有,赠与方在赠与房产变更登记之前撤销赠与,另一方请求判令继续履行的,人民法院可以按照民法典第六百五十八条的规定处理。"此条文较之原司法解释增添了将一方所有的房产约定与另一方共有的情形。

③ 现《最高人民法院关于适用〈中华人民共和国民法典〉婚姻家庭编的解释(一)》第70条规定:"夫妻双方协议离婚后就财产分割问题反悔,请求撤销财产分割协议的,人民法院应当受理。人民法院审理后,未发现订立财产分割协议时存在欺诈、胁迫等情形的,应当依法驳回当事人的诉讼请求。"已取消夫妻双方协议离婚后就财产分割问题反悔请求法院变更财产分割协议的权利及一年期限限制。

协议的效力并确定最终应适用哪一份离婚协议就是法官审理此类案件的重点。

在多份离婚协议均有效、系当事人真实意思表示的前提下，法官确定适用优先性的标准一般是：(1)是否为办理离婚手续时的登记备案文件：登记备案的离婚协议效力更强；(2)签订时间：前后几份离婚协议的内容有冲突时通常以签订在后的为准。

一种特殊的情况是，办理离婚登记前几日与当日各签订了一份离婚协议，但予以登记备案的那份协议无财产分割之约定或约定双方无财产分割，此时法院倾向于不刻板地仅以登记备案的离婚协议为准，而是综合案件情况，考察两份协议的具体内容予以认定。比如，(2018)京0105民初1151号案中，当事人双方先签署了自愿离婚协议书，几日后前往民政局登记离婚，在民政局又签订离婚协议书并办理了离婚登记。法官认为，自愿离婚协议书以离婚为目的，双方在签署后短时间内确已办理离婚手续，原告以己方反悔主张未生效，于法无据，应认定自愿离婚协议书合法有效。在此前提下，如原告确有反悔，双方并重新签订协议，应将自愿离婚协议书予以解除，但现被告仍持有该协议书原件，原告亦未就协议解除提供证据。此外，在原告反悔、双方未就财产分割达成一致的情况下，即以无财产分割签订离婚协议书，结合本案涉及财产数额，与常理不符，本院难以采信。可认定自愿离婚协议书对双方仍具有约束力，双方均应依约履行。现双方就离婚一节存在两份协议书，离婚协议书应视作对自愿离婚协议书的变更、补充，前者未涉及的内容，应适用自愿离婚协议书予以分割。

3. 离婚协议约定无共同财产而与实际不符时的处理方法

实践中，出于各种原因，很多离婚协议中关于财产分割的约定十分粗略笼统，一种比较典型的是"双方无共同财产、无共同债权债务"，而在双方办完离婚手续后，一方就此提出异议，双方进而发生财产纠纷。

针对此种情况，法官通常持有两种不同的观点。一种观点认为，离婚协议约定无夫妻共同财产，而实际上存在夫妻共同财产的，可以依法分割。例如，(2017)京02民终11494号案中，双方离婚协议书中关于婚后共同财产分割部分显示无共同财产，但法院经审理认为"涉案的房屋系袁某、郭某在双方婚姻关系存续期间购买，双方对该房屋均享有居住使用的权利"。又如，(2017)京0105民初18968号案中写道："本案中，双方协议离婚，并签订了《离婚协议》，虽双方约定'无共同财产'，但该项约定和事实不符，原告和被告的共同财产仍应依法分割。"

另一种观点认为，只要离婚协议合法有效，系当事人真实意思表示，表明双方认可无共同财产的事实，那么就应当按照约定履行。例如，(2018)京0105民初

2159 号案中的表述:(1)双方在本案中提出的共同财产、存款及债权等,在协议离婚时双方均知晓,不存在隐藏等行为。(2)离婚协议书约定,双方婚后无财产纠纷、双方婚后无房产纠纷、双方婚后无债权债务纠纷。应理解为双方对离婚时的财产权属状况均予以认可,各自名下财产归各自所有。(3)离婚协议书下方双方手写"我自愿离婚,完全同意本协议书的各项安排并且具有完全民事行为能力,无其他不同意见"的内容,确认离婚协议书系双方真实的意思表示。故离婚协议书对双方均具有约束力。又如,(2018)京 0105 民初 723 号案中,法官认为,双方在 2014 年 4 月 29 日签订的离婚协议书中约定"双方婚后无共同财产",结合双方此前签订的多份离婚协议及各自持有的财产状况,符合双方的一贯意思表示,应视为双方在离婚时对当时已知的夫妻共同财产已经处理完毕,默认离婚时财产归属状态。

由上可知,离婚协议的表述与形式"千姿百态",但法官在审理相关离婚后财产纠纷案件时都不会脱离法律的规定与原则。对于合法有效的离婚协议,当事人应当对自己的民事行为负责,履行自己的约定义务。而对于一些离婚协议约定不够明确的案件,法官则拥有一定的自由裁量权,这也提醒了广大当事人和律师,在起草离婚协议时,一定要合法、慎重、细致与具体。

(三)离婚协议中其他疑难问题的认定

离婚协议是集人身关系、财产关系、抚养关系为一体的复杂的书面约定,其中所涉及的财产关系、子女抚养与人身关系的意思表示是站在各自利益最大化立场上考虑的,当事人对离婚协议中的意思表示是权衡各自在协商时特定的环境背景及心理状态作出的。当事人在离婚后往往因各种原因,再次走进法院,要求法院按照或者重新进行裁判离婚协议书内容的有效性、公平性及合理性,希望获得法院对于在离婚协议书中关于财产分配约定的支持或者重新分配财产等。在此论述几个有代表性的问题及法院的基本思路。

1. 离婚协议是否在民政局备案成为法院考虑其有效性的原则之一

比如,(2017)京 02 民终 6818 号案中,法院认为,《最高人民法院关于适用〈中华人民共和国婚姻法〉若干问题的解释(二)》第 8 条规定,离婚协议中关于财产分割的条款或者当事人因离婚就财产分割达成的协议,对男女双方具有法律约束力[①]。当事人因履行上述财产分割协议发生纠纷提起诉讼的,人民法院应当受理。本案中双方所签字据为上述规定中的离婚协议财产分割条款,那么李某提起本案纠纷要求按照双方所签内容分割财产,法院应依据该条规定进行处理。但上述规定适用的前提为当事人在婚姻登记机关协议离婚,并就财产分割达成了协议。本案情形并不符合该条规定适用的前提条件,因双方所签的字据无法产生该条规定有关离婚协议财产分割条款的效力。也就是说,双方之前离婚协议内容没有最后在民政局备案,也就没有得到法院的支持。

2. 法院如何看待在民政局备案的那份离婚协议书,与之前订立离婚协议书的关系

若在民政局备案的离婚协议约定有涉及而之前的离婚协议书有详细的可操作的具体描述,应该说该约定为有效,对双方具有约束力;若民政局离婚登记中的离婚协议没有涉及,而与之前的离婚协议中的约定有矛盾的,以在民政局备案的这份离婚协议书中的约定为准,而这份协议内容往往会成为法院根据具体案情判决的重要的参考依据。

3. 双方签订的离婚协议是否有效并是否应依约履行

法院基本是按照《婚姻法》第 39 条第 1 款[②]的规定,离婚时,夫妻的共同财产由双方协议处理;协议不成时,由人民法院根据财产的具体情况,照顾子女和女方权益的原则判决。或者依据《最高人民法院关于适用〈中华人民共和国婚姻法〉若干问题的解释(二)》第 8 条[③]规定:离婚协议中关于财产分割的条款或者当事人因离婚就财产分割达成的协议,对男女双方具有法律约束力,下面就这两个法律相关条款来评判。

首先是程序审查。例如,(2017)京 02 民终 10910 号案中,根据本案查明的事实,双方在民政部门办理离婚时所签订的离婚协议中,约定了将诉争房屋归孟某所

---

① 现《最高人民法院关于适用〈中华人民共和国民法典〉婚姻家庭编的解释(一)》第 69 条第 2 款规定:"当事人依照民法典第一千零七十六条签订的离婚协议中关于财产以及债务处理的条款,对男女双方具有法律约束力。登记离婚后当事人因履行上述协议发生纠纷提起诉讼的,人民法院应当受理。"明确了离婚协议中的债务分割亦对当事人具有约束力。

② 现《民法典》第 1087 条第 1 款规定:"离婚时,夫妻的共同财产由双方协议处理;协议不成的,由人民法院根据财产的具体情况,按照照顾子女、女方和无过错方权益的原则判决。"条文增添了财产分割中照顾无过错方的原则。

③ 现《最高人民法院关于适用〈中华人民共和国民法典〉婚姻家庭编的解释(一)》第 69 条第 2 款规定:"当事人依照民法典第一千零七十六条签订的离婚协议中关于财产以及债务处理的条款,对男女双方具有法律约束力。登记离婚后当事人因履行上述协议发生纠纷提起诉讼的,人民法院应当受理。"明确了离婚协议中的债务分割亦对当事人具有约束力。

有,该协议签订后,双方办理了离婚手续。现白某对协议书有异议,认为遗漏了给付房屋折价款的内容,但其并未在离婚后一年内请求变更或撤销财产分割协议,故该协议为有效协议。

其次是法院对当事人双方离婚时的意志状态进行分析。比如,(2017)京03民终4506号案中,吴某与宋某在离婚时,签订了离婚协议书,协议中就夫妻共同财产的分割作出约定。本院认为,宋某、吴某作为完全民事行为能力人,应当认知到个人行为所产生的法律后果,双方自愿签订离婚协议书,该协议中对于财产分割的约定应属合法有效,并对双方具有约束力,双方均应遵照履行。吴某关于该协议并非其真实意思表示抑或受胁迫签订的主张,均缺乏充足有效的证据予以支持,本院不予采信。

4. 当事人离婚后如果发生离婚协议中的财产约定无法执行的情况,法院重新评判的原则

可以参考(2017)京02民终9321号案:叶某要求法院变更离婚协议书当中关于房产的约定,因江某与叶某签订离婚协议时,叶某隐瞒了其怀有他人之子的事实。根据本案查明的事实,叶某在与江某婚姻关系存续期间即已怀有他人之子,且其无证据证明江某在签署离婚协议时知晓其怀有他人之子,叶某对江某存在隐瞒的行为,叶某的隐瞒行为直接导致江某作出了为照顾叶某的生活牺牲自己的方便而给予叶某木樨地房屋的决定,且江某更无法预见叶某与他人之子及孩子的生父共同生活在江某单位分配的木樨地房屋且周围邻居都是同事的情况下而对其产生的心理压抑及影响。鉴于叶某存在上述行为,且考虑到现居住状况对江某的不利影响,亦考虑到白鹿司的房屋价值高于木樨地的房屋,法院根据《婚姻法》的相关规定及本案的实际情况而对于双方住房地进行了对调的调整。这是法院根据一般人伦的认知而进行的对离婚协议里关于房产分配的约定的变更。

基于上述几个问题的探索得知:在民政局备案的整体离婚协议的效力基本上是被各级法院认可的,能在离婚后被法院以判决的形式更改的基本不存在,只是涉及个别财产的条款或许有可能被法院在一定范围内另行裁判,而且不一定是出于纯粹的法律考量。

三、离婚财产纠纷案件中房产分割部分的裁判要旨

离婚财产纠纷案件中涉及房产分割的房屋类型主要有商品房、公房使用权/工龄购房、拆迁房、经济适用房、农村自建房,法院在办理过程中一般有如下裁判要旨。

(一)商品房分割裁判要旨

1. 婚前一方购买登记在一方名下

归一方所有,还贷和增值为夫妻共同所有。

2. 婚前一方购买登记在双方名下

一方婚后自愿将房屋赠与另一方并办理房屋登记手续,认定该行为系双方对一方的婚前财产进行的约定和处分,该房屋系双方的夫妻共同财产。

3. 婚前双方共同出资登记在一方名下

根据购房目的,双方支付购房款的情况来认定是属于个人财产还是夫妻共同财产。

4. 婚前父母出资购买登记在一方名下

首付款系对自己子女个人的赠与,属于一方婚前个人支付,确认该房屋归登记一方所有,由该方向另一方支付婚后共同还贷及其增值部分的折价款。

5. 婚后双方出资购买登记在一方名下

认定属于夫妻共同财产,判决归一方所有,一方支付对方相应的折价款。

6. 婚后双方出资购买登记在子女名下

房山法院认为,不动产物权登记具有公示效力,但该公示所表现的物权,对登记名义人是否具有权利正确性仅具有推定作用,而非确定作用。在一方否认将房屋赠与子女的情况下,另一方及子女如没有证据证明其同意将该不动产赠与子女,仅凭房屋登记不能证实房屋属于子女的个人财产,该房屋应属夫妻共同财产。

7. 婚后一方父母出资购买登记在一方名下①

顺义法院认为,除非是该方父母全款出资,否则为夫妻共同财产。

(二)公房使用权/工龄购房分割裁判要旨

双方在婚姻关系存续期间签署购房合同并支付了部分购房款,且使用了双方的工龄优惠,即使涉案房屋于离婚后登记在一方个人名下,但该房产中部分属于双方夫妻共同财产,应依法予以分割。关于分割方案,考虑涉案房屋房款支付情况、双方享受的工龄优惠等,由法院酌情确定双方份额。同时结合房屋的登记及居住使

---

① 现《最高人民法院关于适用〈中华人民共和国民法典〉婚姻家庭编的解释(一)》第29条第2款明确规定:"当事人结婚后,父母为双方购置房屋出资的,依照约定处理;没有约定或者约定不明确的,按照民法典第一千零六十二条第一款第四项规定的原则处理。"该情形下若一方父母未与夫妻双方明确约定该出资是对自己子女的单方赠与,则该出资属于夫妻共同财产。

用情况,确定归属。

(三)拆迁房分割裁判要旨

涉及案外人利益,不宜在本案中一并处理,可另案起诉分家析产纠纷进行分割。

(四)经济适用房分割裁判要旨

因房屋无法或尚未办理产权登记,法院根据双方过错程度及房屋使用情况,对房屋所有权不作处理,仅判决房屋居住使用权,并由双方就其所获得使用权的房屋向对方支付相应的折价款。

(五)农村自建房裁判要旨

1. 进行具体分割,如一人四间,门道及卫生间由原告、被告共同使用。

2. 根据出资确定房屋权属,同时考虑涉案房屋来源,对一方适当多分。属于整体,不易进行具体分割的,将双方所占所有权份额进行确定。

3. 对于超出集体土地建设用地使用范围或未经相关部门合法审批的房屋,就其所有权,法院不予处理,仅就房屋的居住使用权进行分配。同时,使用权的确定,不代表法院对相关房屋合法性进行了确认,亦不影响相关行政机关对违反行政管理规定的违法行为予以处理。

在上述裁判要旨之外,我们需要注意的是,在以家庭成员名义申请的限价商品住房是属于家庭共同财产还是夫妻共同财产的问题中,法院认为,以家庭成员名义申请的限价商品住房,虽与申请人的身份资格有一定关系,但该成员并不当然享有房屋份额,而是应当综合考虑房屋的购买出资等情况来判定该房屋是属于夫妻共同财产还是家庭共同财产。

"婚前一方购买登记在一方名下"房屋所有权存在特殊认定,法院在认定过程中没有采用一般的规则,而是考量了婚姻登记时间及购房意图等因素,从而将"婚前一方购买登记在一方名下"的房屋认定为夫妻共同财产,(2018)京0108民再7号案,法院认为,17B房屋系薛某1与丁某办理婚姻登记前一个月左右时签订合同购买并支付首付款,且当时丁某已经怀孕,所购房屋用作二人婚房的意图明显;双方婚后又以共同财产偿还了部分贷款。双方离婚时17B房屋的所有权证尚未发放,但17B房屋系双方婚姻关系存续期间的共同财产的事实是清楚的;17B房屋所有权证在双方离婚后才取得并登记在薛某1名下,并不能改变上述事实,故该房屋应认定为夫妻共同财产而非薛某1个人财产。

四、离婚股权分割裁判要旨

(一)报告背景

1. 报告数据来源

本部分报告选取了2017年1月1日至2019年12月31日,3年期间北京地区离婚纠纷案件中关于股权分割的案例作为分析样本,其中离婚纠纷案件涉及的案由限定为离婚后财产纠纷、分家析产纠纷和离婚纠纷的判决,主要以“法院认为”部分中包含“股权”为条件来限定案件范围,案例来自Alpha案例库,数据采集时间为2020年2月18日。

因北京地区离婚纠纷案件的判决书基本上不公开,故本次数据检索结果及样本分析主要集中在离婚后财产纠纷案由下。

2. 案件整体情况分析

在前述检索条件下,北京市2017至2019年,3年内共87个婚姻家庭判决书涉及股权分割。

3. 案由情况(见图2)

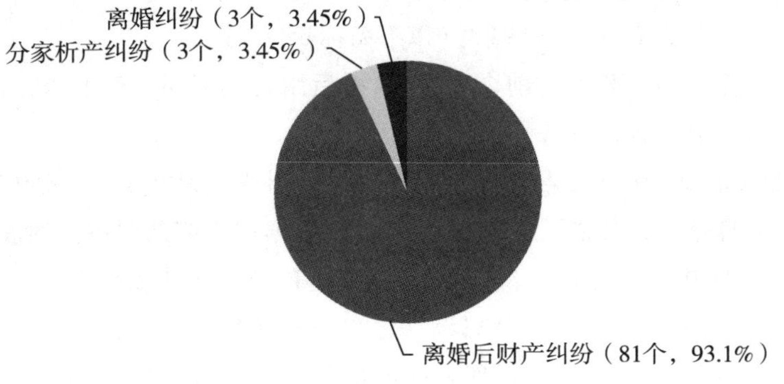

图2　案件涉及股权分割的案由

4. 裁判结果

在一审53个判决结果中,全部/部分支持诉讼请求的有42个,占比79%;全部驳回诉讼请求的有11个,占比21%。而二审34个案件中,维持原判的有29个,占比85%;改判的有4个,占比12%;其他的有1个,占比3%。

5. 典型案例样本

本报告精选出28个典型案例,涉及离婚后财产纠纷之婚前婚后有限责任公司股权分割,一人公司、夫妻公司和第三人公司股权分割,股权及股权转让款分割,代持股权分割,分割中优先购买权等相关问题。

(二)裁判要旨分析

1.婚前个人股权婚后产生收益如何分割

对于夫妻一方婚前取得的股权,应作为一方婚前个人财产,在夫妻双方没有财产约定的情况下,婚后所取得的股权收益应作为夫妻共同财产。对此,《最高人民法院关于适用〈中华人民共和国婚姻法〉若干问题的解释(三)》第5条有明确规定,但在审判实践中,对于如何认定婚前个人股权在婚后产生的收益十分困难。在本次数据报告选取的28个典型案例中,有6个案件涉及婚前股权分割问题,案号分别是:(2017)京01民终6594号、(2018)京01民终8635号、(2019)京03民终5895号、(2018)京03民终821号、(2018)京03民终306号、(2018)京03民终9068号。其中,(2018)京03民终821号案中,夫妻双方就婚前个人股权的婚后收益予以约定并经公证,法院认定该约定有效并据此认定该婚前个人股权及其婚后收益归持股方个人所有;(2018)京03民终9068号案中,法院认为因涉及案外人权益,应另案处理。以上两个案件均存在特殊情况,不予具体分析,下面主要就其余4个案件进行分析,了解婚前个人股权的婚后收益分割裁判要旨。

案号:(2017)京01民终6594号(以下简称6594号案)

6594号案中,邢某持有婚前个人股权,婚后用夫妻共同财产增资,后邢某将该股权对外转让,离婚时,法院就该转让款予以分割。

一审法院认为:在与刘某结婚前,邢某在该公司的实际出资额为460万元,双方离婚后不久,邢某转让其在该公司的全部股份,依据在工商部门备案的股权转让协议,邢某应取得2890万元转让款,因此邢某获得的公司转让收益为2430万元。考虑到该转让收益既包含邢某自公司设立之初至与刘某结婚前的股权收益部分,也包括双方在婚姻关系存续期间的股权收益部分,故法院确定邢某在该公司的股份所对应的转让收益为1,217,678.89元/年(公司成立于1995年8月7日,邢某于2015年7月21日转让股份,因此按19.956年计算);双方婚姻关系存续期间约为8.367年,故双方应分割的转让收益约为10,188,319.27元,刘某与邢某各分得5,094,159.64元。

二审中,邢某提交北京市昌平区人民法院(2017)京0114民初3795号民事判决书,该判决书本院认定事实载明:“2015年7月20日,邢某、邢某建与韩某1、韩某2签订《北京某公司股权转让合同》,由邢某、邢某建将其持有的希尔康公司100%股权以680万元的价格转让给韩某1、韩某2。”因此，二审法院认为：依据在工商部门备案的股权转让协议，邢某应取得2890万元转让款，而依据北京市昌平区人民法院(2017)京0114民初3795号民事判决书查明的事实，该股权转让协议涉及案外人利益，且股份转让亦涉及事实部分的重新认定，本院对邢某在北京某公司的股份出让款认定及分割在本案中不作处理，并对原审事实认定中关于股份转让及认定、涉股权判决依法予以撤销，当事人可就此另行主张权利。

本案中，虽然一审法院关于股权分割部分的判决被撤销，但并未否定一审法院关于股权分割方法，撤销存在其他原因。因此，一审法院的裁判为婚前个人股权婚后收益的认定及分割提供了一定思路。

观点提炼：一审法院以股权转让款扣除婚前个人出资作为总收益，除以婚前婚后股权持有的期限，得出年平均收益，在此基础上得出各期限对应的收益份额。

案号：(2019)京03民终5895号(以下简称5895号案)

5895号案中，李某婚前持有个人股权，婚后进行增资，并将该股权予以转让。

二审法院认为：从某公司股权的变化来看，2008年李某的出资为45万元，2010年李某与马某结婚，2011年李某的出资为50万元。从李某对某公司的出资变化及李某与马某的结婚时间来看，原审法院认定李某对某公司出资的45万元为李某的婚前财产，并无不妥。此外，李某转让某公司的股权所得扣除其婚前出资的部分，其余的应为其婚内所得收益，应属于夫妻共同财产，一审法院据此认定李某转让某公司股权所得价款中1078.992万元为夫妻共同财产，并无不妥。因此维持一审法院判决：李某于判决书生效后7日内给付马某夫妻共同财产折价款550万元。

观点提炼：法院将股权转让款扣除婚前个人出资作为婚后收益，酌情对该收益均分的基础上对女方予以适当照顾和倾斜。

以上两案相同的地方在于，均存在婚后以夫妻共同财产增资行为，法院判决的思路也基本相同，均将股权转让款作为重要参数确定婚后收益。不同的是，6594号案兼顾了股权的婚前收益，5895号案则对个人股权的婚前收益忽略不计。笔者认为，6594号案一审法院对婚前婚后总收益的计算，以股权转让款为基数，仅扣除婚前个人出资而没有扣除婚后共同出资，婚后出资成为收益的一部分，显然大大增加了婚前股权收益份额，尤其在婚后出资较多的情况下。5895号案看似忽略了个人股权的婚前收益，但该案中，以平价转让股权，并无收益，实质上是对夫妻婚后共同出资的分割。显然，如果在婚前个人出资额较大，或者股权高溢价转让，对个人婚前股权收益不予考虑也是不公平的。

案号：(2018)京01民终8635号(以下简称8635号案)

8635 号案中,朱某共有三个公司,其中两个公司为婚前出资,婚后未增资,另一公司婚前出资一部分,婚后用夫妻共同财产增资。

法院认为:夫妻一方个人财产在婚后产生的收益,除孳息和自然增值外,应认定为夫妻共同财产。本案中,朱某持有的某 1 公司股权、某 2 公司股权、某 3 公司 6% 的股权虽属朱某的婚前个人财产,但朱某在婚后实施经营行为,由该股权产生的收益应属夫妻共同财产。朱某持有的某 3 公司 54% 的股权应属与董某的夫妻共同财产,产生的收益亦应属与董某的夫妻共同财产。朱某提交的三个公司自双方登记结婚至 2010 年的利润表反映出三个公司的利润较少,董某未就三个公司在婚姻关系存续期间确实存在股权收益向法院提交相应证据。且即便朱某持有三个公司股权存在收益,亦已转化为夫妻双方的其他财产形式,如存款等形式。董某在本案中直接要求分割股权收益,无事实及法律依据,法院对此不予支持。

观点提炼:本案中,法院依据持股方工商局备案资料认定公司利润。但是笔者认为,实践中,公司有两套账的现象非常普遍,仅凭工商备案材料难以认定公司真实的利润。

案号:(2018)京 03 民终 306 号(以下简称 306 号案)

306 号案中,孟某婚前注册 2 个公司,公司 1 婚前出资 90 万元,婚后出资 100 万元,后以 190 万元平价转让;公司 2 婚前出资 90 万元,后以 90 万元平价转让。

一审法院认为:关于孟某主张分割的亚特公司出资转让款 190 万元,其中 90 万元出资系孟某在与章某结婚前持有,即便在双方婚后转让,仍为孟某的婚前个人财产,不属于离婚时未予分割的夫妻共同财产,不属于离婚后财产纠纷案件审理的范围,法院在本案中对此不予处理。对于剩余的 100 万元,根据章某提交的中国工商银行转账凭证,可以证明相应款项已经由出资受让人建飞公司实际支付至孟某个人账户,孟某称转让款由章某持有,法院难以采信。孟某的诉讼请求虽为要求分割该笔款项,但实为要求章某向其进行给付。章某在提交证据证明相关款项已经由建飞公司支付给孟某后,并未要求孟某对章某进行相应款项的给付,故对于孟某的该项诉讼请求,法院不予支持,若章某要求孟某给付相关款项,可另行起诉。关于孟某主张分割的酷宝公司出资转让款 90 万元,该笔出资系孟某在与章某结婚前持有,即便在双方婚后转让,仍为孟某的婚前个人财产,不属于离婚时未予分割的夫妻共同财产,不属于离婚后财产纠纷案件审理的范围,法院在本案中对此不予处理。

观点提炼:本案中,法院对于个人婚前股权的婚后收益,以股权转让款扣除个人婚前出资,在平价转让的情况下,婚后收益均为零。

以上两案中,对于婚后未以夫妻共同财产增资的,法院对婚前股权的婚后收益均未进一步细究。8635号案以工商局备案材料为依据认定公司利润,同时认为利润较少且消耗在日常消费中,未予分割;306号案未对其间的利润予以审查。当然,未审查的原因可能跟诉讼请求、是否申请评估的诉讼策略有一定关系。但是,笔者认为,最主要的原因在于,个人婚前股权的婚后收益,确实很难予以认定。

2. 离婚中股权代持裁判要旨

法院对认定为股权代持的证据要求高,不轻易认定股权代持,不轻易否定股权非夫或妻及夫妻财产。

(1)代持的否认

①案号:(2019)京03民终5895号

该案女方要求分割男方持有的股权,男方提出其股权为代他人持有,女方否认代持,法院未认定为代持,支持股权分割。

案件中男方提供的代持证据为:

第一,代持协议。

法院查明:李某(男方)及庞某(案外人)均称二人就某力量文化传媒有限公司股份存在股权代持协议。李某提交落款日期为2011年10月14日,庞某与李某、谌某(案外人)签订的股权代持协议,协议约定庞某委托李某、谌某作为其对北京某文化有限公司注册资本35%的名义持有人,并代为行使相关股东权利,其中李某代持20%,谌某代持15%。李某及庞某就股权代持事实未提供其他证据佐证。

第二,合作协议、银行账号明细。

法院查明:李某在2018年4月13日的庭审中辩称文某(案外人)亦是某力量文化传媒有限公司隐名股东,自公司设立之初就替文某代持公司股份,占李某持股的70%,对此提交了合作协议、牟某(文某之夫,案外人)和李某的银行账户明细,证明款项往来。李某未就此节事实提供其他证据佐证。

法院认为:李某为某公司的股东,股权转让协议也为李某签署,现李某主张其代他人持有某公司的股权,李某应当提供代持的相应证据,但在诉讼中李某并未提供他人实际行使某公司股东权利的证据,故现有证据不足以认定李某代他人持有某公司的股权,不构成代持。

②案号:(2019)京03民终9261号

该案中男方要求分割女方持有的公司股权,女方主张股权为代他人持有,男方否认代持,法院未认定为代持,支持股权分割。

案件中女方提供如下证据,欲证明女方股权系代他人(王某、付某)持有:

第一,5月26日股东会决议。

第二,代持协议书。

第三,银行流水、凭单。

第四,生效判决书(确认女方与案外人李某、刘某的股权代持关系)。

法院认为:沈某(女方)主张其向付某、王某转让的股权系其代付某、王某持有,不属于夫妻共同财产,不应予以分割,但王某(男方)对此不予认可,故沈某应就其代付某、王某持有股权的主张承担举证责任。沈某提交新明华公司的股东会决议、2012 年 5 月 28 日的协议书以及银行流水、凭单等欲证明代持的事实,但股东会决议及代持协议书均未在工商档案中备案,证明力低于在工商档案中备案的材料,其提交的银行流水、凭单等也无法证明王某、付某向沈某支付的款项与股权出资之间具有关联性。(2015)南民初字第 848 号、(2015)南民初字第 849 号民事判决书虽确认了沈某代李某(案外人)和刘某(案外人)持有股权,但并未确认沈某代王某、付某持有股权,故现有证据不足以证明沈某与王某、付某为代持股权的关系。

虽然庭审中,沈某表示依据该判决书提及的 2012 年 5 月 26 日的股东决议,记载当时沈某持有的新明华公司的股权份额为 58.11%,即除了李某 8.88% 的股权及刘某 20.79% 的股权,其还代持了付某 6.70%、王某 5.52% 的股权。

但法院同时认为:付某和王某是否存在其股权由沈某代持的事实并未如李某和刘某一样通过生效判决确认,而从新明华公司的工商备案材料看出系沈某通过转让方式使付某和王某取得股权,法院认为工商备案的登记材料证明效力大于 2012 年 5 月 26 日的未备案的材料的效力,即沈某转让上述股权获取的收益 155 万元及 128 万元应属于其与王某婚姻关系存续期间的收益,应予以分割。

因此二审法院认为:一审法院认定沈某与付某、王某之间为股权转让关系并无不当,沈某转让上述股权获得的收益应作为夫妻共同财产予以分割,一审法院对此处理正确,本院予以维持。

观点提炼:未经工商登记备案的股东会决议,效力低于经工商备案的股权转让协议及登记材料;未经备案的股东会决议中,经生效判决确认存在代持关系,法院认定为代持,但同份决议中,对生效判决未确认的代持关系不予认可。

实践中工商备案材料往往由机构代办,或采用工商机关的制式范本,根据实际情况作出的决议和备案材料往往不进行工商备案,大多数股东并不重视备案材料的规范性和真实性。该案法院认为工商登记备案材料证据效力高于未经备案的材料,这提醒我们,应高度重视材料的工商备案,万不可随意而为之。

上述两个案例中,代持协议、证人证言加银行流水、股东会决议加银行流水、合作协议(有代持意思表示)加银行流水,甚至是代持协议加股东会决议加银行流水,均没有作为法院认定代持关系成立的证据，可见，法院对代持的证据要求严格，认定代持关系尤为谨慎。

(2)代持的确认

案号:(2019)京01民终4709号

该案女方要求分割由第三人代持的男方股权，男方否认代持，法院确认男方股权系第三方代持，支持分割。

认定股权代持的主要证据为:

①股权转让协议书，双方在离婚前签订的以离婚股权分割为目的的股权转让协议书中特别约定:"8.1 自本协议签署后，甲方(男方)同意将本协议项下约定的股权变更登记至乙方(女方)或乙方指定人员的名下……8.5 甲方同意上述公司将其享有的股东权及经营、管理权全部授权交给乙方，且不得单方撤销，包括但不限于股东表决权、选举权、经营权、管理权等，甲方对乙方的行为均予以认可并自愿承担由此产生的法律后果。甲方仅保留上述公司的股权财产权及收益权。基于离婚协议书对属于登记在一方名下的夫妻共有的股权份额进行分割约定"。

②离婚协议书，约定对代持股公司的股权分割份额进行约定。

③公司的股东会决议，通过决议，男方股权转让给女方指定的代持人，该决议经过诉讼程序并未否认效力。

④代持人的声明，明确其持有的公司股权中含男方的股权。

法院经过两审终审，均确认股权为代持。

一审、二审法院均认为:"李某3代李某1(男方)、陈某1(女方)持有的房地产公司99%股权系在陈某1受委托管理公司期间办理，且李某3已明确表示上述股权为李某1与陈某1之夫妻共同财产，故李某1为上述股权的真正权利人。"

二审法院认为:就"代持"之事实而言，因房地产公司曾经形成两份股东会决议，李某1虽否认该决议的真实性并提起另案诉讼，但因目前尚未有生效判决否定两份股东会决议的效力，故不能认为一审法院的认定有误。

本案中，从证据反映情况来看，股权代持在离婚双方均有明示，且有证据证明，可以视为离婚双方对代持曾有合意，此种情形，法院不持异议。另法院对经过诉讼程序为被否认的事实，持认可证明效力的态度。

综合前述三个案例，在有经工商登记备案的材料和经生效判决确认的事实作为证据的情况下，法院认定股权代持关系成立，其他证据在法院看来，证明力薄弱，不足以证明股权系代持。另外，在离婚纠纷涉及的代持关系中，男女双方就代持达成的合意性材料或一方对代持的自认也是代持确认的重要方面。

股权代持在公司经营过程中比较常见，但一定要慎用代持，注意留存代持相关的手续材料，尤其是在婚姻关系中，如一方股权存在被他人代持，或代他人持有情况，建议先达成内部共识，并注意保存相关证据材料，避免日后产生代持的确认纠纷。

(3)在股权代持下股权过户的配合主体问题

案号：(2019)京01民终4709号

关于代持人死亡是否需要继承人配合办理过户？法院认为：李某3(代持人)代李某1(男方)、陈某1(女方)持有的房地产公司99%股权系在陈某1受委托管理公司期间办理，且李某3已明确表示上述股权为李某1与陈某1之夫妻共同财产，故李某1为上述股权的真正权利人。现陈某1要求将房地产公司50%股权过户至其名下，李某1作为上述股权的实际权利人，负有配合协助过户之义务。

因李某3持有的99%股权系代李某1和陈某1持有，故李某3去世后，其代为持有的股权并不涉及继承问题，上述股权的真正权利人为陈某1和李某1，且陈某2(李某3继承人)在本案中并未主张任何实体权利，故陈某2作为李某3之子并不享有实体权利，亦不具有配合协助过户之义务。

观点提炼：代持人死亡后，被代持股权不涉及继承问题，被代持人为股权的实际权利人，负有配合协助过户的义务，代持人之继承人不享有实体权利，没有协助配合过户的义务。

存疑：在实操过程中，公司办理股权过户时，工商登记机关是否仅可依法院判决直接进行变更，而不再要求代持人的继承人履行配合义务？这可能需要结合各地工商部门的具体变更要求来操作。

3. 股权价格及优先购买权裁判要旨

(1)如何确定股权的价值

①主要方法

通过研读案例，在离婚分割股权时，对股权价值的确定通常有申请资产评估机构评估、进行价值鉴定、对公司财务状况申请审计、依据公司财务报表、根据公司清算报告确定、双方协商一致、法院酌定等方式来确定。

②股权未评估、鉴定，如何确定价值

在股权价值未进行评估、鉴定的情况下如何处理，并无统一的裁判要旨，以下几个方法为案例研读过程中发现的确定方法，可以作为承办此类案件的参考：

第一，以平价确定股权价值。

案号：(2019)京03民终9261号

本案在审理过程中，王某申请对于新明华公司2017年10月27日的股权价值进行评估及对于北京市朝阳区弘燕山水文园×幢×层×单元××号房屋的价格进行评估，但均因无法进行被鉴定机构退回。

法院认为：因本案中无法对新明华公司的股权价值进行评估，一审法院对沈某持有的股权以平价方式确认价格并无不当。

观点提炼：股权价值在公司申请评估但无法得出结论时，法院酌定按照平价方式确定股权价值。

第二，参考股权变动情况确定股权价值。

案号：(2019)京03民终15473号

法院查明，张某以离婚时未对北联公司股权进行分割为由，要求王某给付股权补偿款200万元。关于200万元的计算方法，张某主张北联公司于1996年成立时王某出资资产价值39万元，工商档案内固定资产明细记载车辆(婚内购买)价值364,300元及厂房、冲床等，张某认为上述资产在离婚时(1998年)共价值400万元，故要求分割一半即200万元。王某对上述资产不予认可，并表示在离婚前已经给付张某现金20万元作为北联公司股权的补偿，但未提交相关证据。

法院认为，王某、张某在离婚时明知双方均享有北联公司股权但未对股权进行分割，视为其二人一致同意共同持有北联公司股权。张某在离婚后未参与北联公司的经营，由王某实际经营，考虑到经营公司活动具有风险性，故张某的行为意味着其愿意承担相应经营风险。张某要求分割的北联公司股权，应结合股权在共有期间的价值变化来确定。北联公司在王某、张某离婚后的注册资本、股东、各股东持有股权比例发生数次变化，根据现有证据，王某、张某共同持有的股权未有收益，张某亦未提交充分证据证明离婚时北联公司股权价值400万元，故该法院参考股权变动情况，确定王某给付张某股权补偿款25万元。

二审法院认为：分割的根据，本院参考以下因素予以处理，北联公司系王某与张某婚姻关系存续期间设立，离婚时该公司(夫妻公司)的股东为王某与张某二人。公司的注册资金为50万元，张某虽称离婚时公司的股权价值400万元，但其没有相应的证据予以佐证。本院认为，在确认股权分割时，考虑到公司经营的连续性及股权变更登记的连续性，一审法院确认在离婚时北联公司的股权归王某所有，对张某给予相应的股权折价款更为妥当。一审法院根据股权变动情况，确定该股权折价款的金额为25万元并无不妥，本院对此予以确认。

观点提炼：对要求分割夫妻公司的股权情况下，法院酌定股权归一方所有，另一方支付股权折价款。在价值没有经过评估鉴定的情况下，法院酌定为参照“股权变动情况”确定股权价值，进而确定股权折价款数额。

③价值不能确定可能是法院不予处理股权分割的原因之一

第一，单方委托的评估。

案号：(2019)京01民终3663号

女方要求分割男方名下公司实际出资款，男方单方委托资产评估机构对公司进行资产评估，法院认为，评估报告虽于一审庭审后形成，但系任某（男方）单方委托。故对于任某在二审提交的上述证据，本院在本案中均不予采信。

二审法院认为：虽然495万元系任某在婚内对某1公司的出资，但是该出资款已转化成股权，且股权已实际转让。因此，若冯某（女方）认为任某用于出资某1公司的495万元系夫妻共同财产，其应就出资款转化后的股权主张分割，在股权已转让的情形下，其应就股权转让款提出分割请求。若冯某不认可任某的股权转让价款，其可依法申请评估予以确定……综合上述分析，任某向某1公司的出资行为，系一种商主体的投资经营行为，该行为存在盈利或亏损的商业投资风险，故出资款不能实际等同于股权或股权转让款。因此，本案中冯某主张分割出资款于法无据，本院对此不予支持。

观点提炼：对股权（转让）价格的评估，单方委托的评估结果法院不予采信；出资款数额不能直接作为认定股权或股权转让款的价值。

第二，未进行评估，一方自定价格。

案号：(2019)京01民终4900号

法院认为：关于北京某1公司股份及天津某3公司清算资产分割一节，马某主张按暂估价100万元分割曹某持有的北京某1公司股份、按暂估价1万元分割天津某3公司被吊销后清算资产，但在未对北京某1公司股份价值进行评估且分割该股份可能涉及其他股东权益以及天津某3公司被吊销营业执照后无清算报告且吊销后资产涉及公司或其他股东权益的情况下，不宜在本案中直接予以处理。

观点提炼：原告要求按照自定价格分割股权权益，但未进行评估，结合其他因素，对分割请求不予处理。

本案中，虽然未进行评估并非对分割股权权益不予处理的唯一原因，但也是重要因素之一，需要引起重视。

关于评估在股权价值认定中的重要性，可对比案号为(2018)京03民终306号的案件：

本案中，孟某（女方）认为章某（男方）在建飞公司所持有的股权属于双方的夫妻共同财产，要求进行分割，并在法院释明诉讼风险的情况下坚持申请对上述股权的价值进行评估鉴定。孟某另要求分割章某将其对建飞公司出资转让所得的款项158万元。后法院委托北京巨恒资产评估事务所有限责任公司对章某持有的建飞公司的股权追溯性价值(法院确定评估基准日为2013年4月27日,即双方协议离婚当日)进行评估,该公司于2017年1月20日出具评估报告,评估结论为章某持有的建飞公司的38%股权在2013年4月27日的追溯性价值为283.42万元。孟某为此支付评估费8万元。

一审法院认为:关于孟某要求分割的章某转让其对建飞公司出资的转让款158万元,相应股权转让的时间距双方离婚时间较近,章某虽称该项股权转让系用作股权激励,且受让人没有经济能力支付相应的转让款,故章某并未实际取得转让款,但章某并未提交相关的股权激励协议等证据对其陈述予以佐证,章某仅以受让人无经济能力而未支付转让款为由进行抗辩,难以令人信服。该笔转让款属于孟某、章某离婚时未予分割的共同财产,孟某有权要求分割。孟某应分得的转让款数额法院确定为79万元,应当由章某向孟某给付。

二审法院认为:上诉人章某不同意分割158万元的建飞公司的出资转让款,但根据评估报告的结果,该转让款系在双方婚姻关系存续期间发生,上诉人章某主张其并未实际获得的理由,难以对抗评估报告的效力。故一审法院对此进行处理,并无不妥。

观点提炼:一方不同意分割股权转让款,另一方经评估确定股权价值,并确定转让款在婚姻关系存续期间发生和获得,法院认可评估报告的证明力,判决对出资转让款进行分割,但如果本案未经评估,出资转让款的分割要求恐难得到支持。

(2)优先购买权未行使的处理规则

案号:(2018)京01民终8635号

法院查明,对某3公司,董某(女方)主张分得公司股权,而不要求朱某1进行折价。董某向法院提交通知函及快递查询截图一张,董某表示其曾向某3公司另一股东朱某2发送通知函,询问其是否行使优先购买权,朱某2未予回复,故其有权分得股权。经询问,董某、朱某1均未就朱某1持有的某3公司股权价值向法院提交鉴定申请。朱某2到庭陈述,其虽收到董某发送的通知函,但不认可董某享有股权,且表示董某未向其告知股权价值。如董某有权分割朱某1持有的股权,在确定股权价值的情况下,其要求行使优先购买权。

法院认定,就某3公司,朱某1(男方)在与董某(女方)结婚后,对该公司进行了增资并出资54万元,其中该54万元对应的某3公司54%的股权应属朱某1与董某的夫妻共同财产。董某要求分割具备事实及法律依据。

人民法院审理离婚案件,涉及分割夫妻共同财产中以一方名义在有限责任公司的出资额,另一方不是该公司股东的,按以下情形分别处理:夫妻双方就出资额转让份额和转让价格等事项协商一致后,过半数股东不同意转让,但愿意以同等价格购买该出资额的,人民法院可以对转让出资所得财产进行分割。过半数股东不同意转让,也不愿意以同等价格购买该出资额的,视为其同意转让,该股东的配偶可以成为该公司股东。

一审、二审法院均认为:朱某1与董某并未就诉争股权出资额转让份额和转让价格等事项协商一致,董某虽向某3公司另一股东朱某2发送询问通知,但该通知并非记载转让价格等信息,朱某2虽未予以回复,不应视为朱某2放弃股权的优先购买权。在另一股东主张优先购买权的情况下,董某坚持主张分得股权,而非要求朱某1给付折价款,法院对董某的诉讼请求无法支持。

观点提炼:第一,首先明确要求分割方是要求分割股权还是分割股权对应价值的折价款,如果是折价款,无须考虑优先购买权问题;如果是坚持要求分割股权,需要由其他股东先行使优先购买权。

第二,优先购买权行使程序,可以通过向其他股东发送通知函,并告知股权购买价格,其他股东放弃购买的,要求分割方才有可能分得公司的股权份额。

第三,要求分割方仅通知其他股东,询问是否行使优先购买权,其他股东未回复,不能认定为其放弃优先购买权。

第四,在未就股权出资额转让份额和转让价格等事项协商一致、其他股东表示不放弃优先购买权的情况下,法院不支持股权的分割,并驳回诉讼请求。

4. 优先购买权的行使

案号:(2019)京03民终7816号

法院查明,祁某(男方)与金某(女方)2006年离婚后又结婚并于2016年死亡,离婚协议对股权分配进行保密约定,现股权在已死亡男方名下,女方要求分割确认股权。庭审中,男方持股的公司全体股东出具股东会决议,其他股东胡某2、胡某1及黄某行使优先购买权,按照持股比例分别购买金某10%股权,受让的股权比例为胡某12%、黄某2.5%、胡某25.5%;该10%股权对应的出资额为10万元,该股权转让价格应为10万元,但从补偿角度考虑,各股东均愿意给予一定补偿,商定转让价格共计人民币30万元;股权转让协议生效后,公司的一切债权债务由公司全体股东全权承担。

金某不认可股东会决议价格,表示10%股权价值10万元是2006年,但现在是2018年,并且现在公司发展顺利。祁某2(男方继承人)表示恒丰达公司市场价值

1990万元,并且在2011至2016年的纯收益并未分红,决议的价格与事实差距太大。

一审诉讼过程中,金某申请对恒丰达公司10%的股份在2018年6月21日股权价值进行评估,一审法院对此予以准许,但2018年10月30日,该评估机构出具《无法进行评估的说明》,载明:评估人员要求恒丰达公司配合提供股权评估所需材料,但恒丰达公司一直未提供,故暂时无法对申请事项予以评估。金某同时申请对恒丰达公司从2006年8月25日至2018年6月21日财务状况进行审计,一审法院对此予以准许,2018年10月,该审计机构出具《终止审计的函》,载明:我公司发送《关于(2017)京0105民初61789号案件审计的沟通函及审计所需资料清单》,请相关单位提供资料以便测算审计收费并开展审计,但至今未收到相关资料,按照规定,我司终止审计。

该案存在两个问题:股权折价款补偿金额的基准日如何确定?公司不配合评估和审计时,优先购买权如何处理?

(1)股权价格基准日的确定

一审法院认为:双方离婚协议签订时间为2006年8月25日,金某因为其和祁某约定对财产分割内容保密,故当时未要求更名,并未要求将股权变更至其名下。(因对股权的分割涉及的是所有权,不超过诉讼时效)就恒丰达公司股权的具体处理意见,金某和继承人及公司股东、公司就转让价格并未达成一致意见,且各方主张的股份价值评估时点亦存在差异。恒丰达公司及其股东主张应以离婚协议签订时间为准,但该时间节点距今已经12年有余,在此期间,由于经济环境变化、产业政策调整等不可归责于金某的原因会导致公司资产的变化,因此以离婚协议签订时间作为基准日确定补偿价格,对金某明显不公。

观点提炼:股权离婚时未分割,离婚时间较长,从公平角度考虑,不宜以离婚协议签订的时间作为评估价值的基准日。

存疑:本案并未对价值评估的基准日给出明确的说法,但至少明确在股权未分割的情况下,直接以十几年前签订离婚协议的时点确定股权价格不妥,这其实给了股权价格评估基准日确定时点的开放空间,具体以什么时点确定基准日,只有底限没有上限。

(2)股权价格不能确定时如何处理优先购买权问题

法院认为:一审法院对金某提出的股权审计和评估申请予以准许,恒丰达公司虽表示同意配合,但在审计和评估过程中,审计机构和评估机构均因恒丰达公司未按要求提供相关材料而终止工作,并向一审法院退案。恒丰达公司不履行配合义务,未向鉴定机构提供相关材料,导致鉴定工作不能完成。因股权价值无法确定,进而股权转让无法进行，一审法院认定恒丰达公司股东不同意转让，也不愿意以同等价格购买该股权，故应视为恒丰达公司及其股东同意转让，该认定正确，金某可以成为恒丰达公司的股东。

关于本案是否存在评估和审计程序违法的问题，本院认为，虽然恒丰达公司及各股东均未明确表示不配合鉴定，但客观上经评估机构联系催告后该公司并未主动提供评估、审计所需资料，以致评估、审计工作无法正常进行，相关案卷被退回，司法鉴定程序终止。在此情况下，司法鉴定程序无法顺利完成的责任应归于恒丰达公司。评估、审计机构将案卷退回，不存在程序违法问题。

观点提炼：

在公司不配合评估和审计机构确定股权价值时，无法完成评估和审计的责任在于公司，评估审计退回不属于程序违法，法院根据《公司法》第71条和《最高人民法院关于适用〈中华人民共和国婚姻法〉若干问题的解释（二）》（已废止）第16条①的规定，认定该情况属于“过半数股东不同意转让，也不愿意以同等价格购买出资额的”情况，视为股东同意转让，该股东的配偶可以成为该公司的股东。

（3）如何判定优先购买权行使的“同等条件”

在离婚股权分割涉及的公司中有第三人股东时，优先购买权的行使及优先购买权中同等价格的确认往往是男女双方最大的争议点，这决定着公司的股权能否进行分割确权。《最高人民法院关于适用〈中华人民共和国公司法〉若干问题的规定（四）》第18条规定，人民法院在判断是否符合《公司法》第71条第3款及本规定所称的“同等条件”时，应当考虑转让股权的数量、价格、支付方式及期限等因素。但是，股权的数量如何判定？是全部还是部分？价格如何确定？下面的案例给出了同等条件认定的实务参考。

案号：（2019）京01民终4709号

本案中，陈某1和李某1基于双方《股权转让协议书》及离婚协议书的相关约

---

① 现《最高人民法院关于适用〈中华人民共和国民法典〉婚姻家庭编的解释（一）》第73条规定：“人民法院审理离婚案件，涉及分割夫妻共同财产中以一方名义在有限责任公司的出资额，另一方不是该公司股东的，按以下情形分别处理：（一）夫妻双方协商一致将出资额部分或者全部转让给该股东的配偶，其他股东过半数同意，并且其他股东均明确表示放弃优先购买权的，该股东的配偶可以成为该公司股东；（二）夫妻双方就出资额转让份额和转让价格等事项协商一致后，其他股东半数以上不同意转让，但愿意以同等条件购买该出资额的，人民法院可以对转让出资所得财产进行分割。其他股东半数以上不同意转让，也不愿意以同等条件购买该出资额的，视为其同意转让，该股东的配偶可以成为该公司股东。用于证明前款规定的股东同意的证据，可以是股东会议材料，也可以是当事人通过其他合法途径取得的股东的书面声明材料。”内容无变动。

定,已就李某1名下房地产公司的股权分割达成一致意见。李某2作为第三人,是涉案房地产公司股东,要求行使优先购买权,以1元的价格购买李某1(男方)应当分给陈某1(女方)股权部分中的1%的股权。

一审法院认为:现李某2作为该公司的股东,在不同意李某1向陈某1转让上述股权的情形下,享有优先购买权。优先购买权人行使权利,应在同等条件下行使。

"同等条件"是公司股东行使优先购买权的前提基础和实质要件。同等条件首先应是对转让股权整体性的购买;其次是应当考虑到转让股权的价格以及支付方式等因素。李某并非对上述转让份额整体性的购买,故不符合法律规定的同等条件。另,其主张以1元价格购买亦不符合常理。

二审法院认为:"同等条件"是公司股东行使优先购买权的前提基础和实质要件。本案对于"同等条件"的判定集中于数量和价格两个要素。

对于转让数量的问题,一审判决认为同等条件首先应是对转让股权整体性的购买,故对于李某2要求行使优先购买权的主张没有支持。关于股东优先购买权是否可以部分行使的问题,有观点认为法律没有禁止股东部分行使优先购买权,股东可以按其意志自由地部分行使优先购买权;另有观点认为,转让股权的分割将对交易的"同等条件"造成重大改变,故股东不可以部分行使优先购买权。本院认为,转让数量相同应作为同等条件确定标准的重要组成部分,其他股东仅主张购买转让股权的一部分,实际上没有达到"同等条件"的标准。本案中,李某2在一审中明确陈述,"需要考虑对价,如果要买的话,只买1%,价格1元",并未明确表示过要全部购买,而且陈某1认为1%股权在其受让的50%股权中的意义至关重要,若李某2仅购买1%股权,会极大影响其剩余49%股权的价值,故李某2没有达到"同等条件"下的数量要求。对于转让价格的问题,价格相同是"同等条件"中最实质的要件,本案中李某2以房地产公司存在负债为由,仅出1元价格购买1%股权,陈某1对该价格并不认可,因此李某2的主张亦不符合同等条件下的价格要求,故一审法院认定李某2的优先购买权不能成立,并无不当。

观点提炼:

第一,首先判定是否享有优先购买权。购买人系公司工商登记的股东,离婚双方已经就股权分割达成一致意见,该股东不同意转让,因此享有优先购买权。

第二,同等条件下数量的认定。转让数量相同是同等条件确定的重要标准,应对转让股权的份额整体性购买,其他股东仅主张购买转让股权的一部分,没有达到"同等条件"的标准。

第三,价格相同是"同等条件"中最实质的要件。

因此，同等条件要求股权数量相同（整体数量）并且价格相同，要对股权进行整体性购买，不认可对转让的股权数量进行拆分，也不认可优先购买权人自行确定的购买价格。数量相同价格不同或价格相同数量不同，均不能认为是符合同等条件，同时还需要考虑在数量和价格均相同的情况下，支付方式和期限也应当相同。

随着经济的飞速发展，社会财富的积累越来越多地以公司为载体不断增加，离婚的股权分割也逐渐成为财富分配的新方式。这使离婚股权分割的问题也越来越复杂，除了遵循《民法典》及其相关司法解释的调整外，更多地需要遵循《公司法》及其相关司法解释、《个人独资企业法》等配套法律法规的规范和精神。这就需要我们坚持《民法典》男女平等保护妇女照顾弱者的原则，坚持《公司法》维护其他股东和公司债权人合法权益的原则，坚持自愿平等协商一致的原则和有利于生活和发展的原则，平衡好公司和家庭、社会和生活的关系，以及当事人利益与裁判要旨的关系。

五、婚姻财产分割案件中其他值得关注的裁判要旨

在对近三年北京市婚姻财产分割案件进行检索分析过程中，笔者发现除房产、股权及其孳息等常涉大额财产外，还有一些财产类别的权属确认和分割裁判要旨值得引起关注，现总结如下：

1. 车辆

在笔者梳理的离婚纠纷及离婚后财产纠纷案件中，一方请求对车辆确认归属的，通常法院判决车辆归一方所有并由该方向另一方支付折价款，或确认双方按份共有。

如果车辆已售出，则可请求法院对售车款进行分割。例如，（2018）京 0106 民初 38435 号案中，双方婚后购买一辆奥迪轿车，婚内以 31 万元售出，现一方以离婚后财产纠纷为由提起诉讼，要求分割售车款。对于这一项婚内已作价售出转换为现金形式的财产，北京市丰台区人民法院在分割时考虑“双方均无稳定工作”的情况，先自售价中扣除一定数额的双方正常生活花费 6 万元后，再就剩余 25 万元对原告、被告按照 60% 与 40% 比例分割，判决售车一方给付另一方售车款 10 万元。

在案件梳理过程中笔者发现，有夫妻双方在离婚协议书中将车辆归属约定表述为“汽车指标归某方使用”，鉴于全国多个省市实行汽车限购政策，市民只有通过摇号或竞价方式获取专段号牌指标才可获得车牌，因此法院认定前述“汽车指标归某方使用”的表述即为双方约定了车辆归某方所有，支持了该方办理车辆转移登记的诉讼请求［（2019）京 0106 民初 24735 号案］，但最为稳妥的约定方式是在财产分割协议中写明“车牌为×××的某型号汽车归某方所有，由登记产权人协助办理车

辆转移登记(如需)”。

在实践中,由于汽车限购政策,存在未申领车牌者自行出资以他人名义购买车辆并登记在该他人名下的“借名买车”现象,对于登记所有权人来说,这种做法存在车辆被认定为夫妻共同财产予以分割的风险,即使登记所有权人与车辆出资和实际使用人约定了车辆的实际归属。例如,(2017)京0109民初674号案中,王某与杨某原系夫妻,杨某在婚姻关系存续期间与案外人签订《借名买车协议》,由该案外人以杨某名义购买一辆汽车。后王某提起诉讼请求对该车辆予以分割。法院认为,双方签订的《借名买车协议》导致了“车户分离”,违反了《道路交通安全法》第9条第1款对于机动车登记的规定,构成对机动车登记管理公共秩序的损害,因此双方签订的《借名买车协议》构成对社会公共利益的侵害,应认定为无效。因为《借名买车协议》无效,讼争车辆的所有权属于登记人杨某所有,而该车是在原告、被告双方婚姻关系存续期间购买,故该车辆属于夫妻共同财产。由于双方未对该车辆的归属进行书面约定,法院支持王某对该车辆予以分割的诉讼请求,判决该车辆归杨某所有,杨某给付王某车辆现存价值一半数额的折价款23.384万元。

2.家具家电

在离婚纠纷中,双方可能对于共同财产“分毫必争”,一方请求确认婚内购置的各类家具家电的权属的不在少数。对这类财产的分割,双方有约定的按约定,如无约定,则法院通常会判决归属于家具家电所在房屋的所有人一方,并由该方向另一方支付相当于家具家电折旧价格一半数额的折价款。

例如,(2018)京0106民初38021号案中,原告起诉主张被告支付婚姻关系存续期间家用电器(空调、冰箱、洗衣机)折价款20,000元,被告答辩称同意原告取走前述家用电器,但不同意支付折价款。本案审理中,原告、被告双方就被告答辩词中的提议达成一致意见,法院不持异议,判决前述家电归原告所有。

又如,(2018)京0106民初38435号案中,男方婚后花费2000元购买了电视、洗衣机、冰箱、电脑、沙发等财产,男方在女方起诉离婚时要求对这些家具家电进行合理分割。法院因查明上述物品均在女方居住的房屋内,本着方便生活的原则,确认上述物品归女方所有,由女方给付男方折价款800元。

3.股票、基金、保险、信托等有价证券、理财产品

对于股票、基金等理财产品,在分割时双方有离婚协议等对于权属和份额作出有效约定的按约定履行,如无约定,法院在确认相关财产为夫妻共同财产后,通常判决双方各自取得各自名下财产,同时给付对方相应折价款,折价款计算以财产现存价值(账户内余额)的50%最为常见。

“未到期不能提取的理财产品目前不宜分割”是购买理财产品一方面对分割主张经常会提出的抗辩理由。例如，(2017)京03民终7605号案中，上诉人李某在与被上诉人彭某的婚姻关系存续期间购买了两份理财产品，彭某在一审阶段请求分得理财所用款项的一半，李某提出其中一份尚未到期的理财产品“属于债权，到期时能否实现债权，尚属未知，目前不宜分割”的主张。一审法院认为：彭某、李某离婚时，李某购买理财产品所用款项应为夫妻共同财产，彭某要求分割于法有据，遂判决予以支持。二审法院认为：李某以部分钱款购买的理财产品未到期为由，不同意分割相关财产，无事实与法律依据，不予支持，遂维持原判。因此，若购买理财产品的本金属于夫妻共同财产，即使理财产品在案件审理中尚未到期不能提取，仍可对本金进行分割。

理财款的来源、双方婚姻关系存续期间长短可能成为影响法院在对理财产品进行分割时的综合考量因素。(2017)京01民终6390号案中，法院结合39.5万元“理财款”来自张某1父母的赠与、张某1与金某自结婚至离婚时间较短、双方离婚系因金某出轨的情况，在确定剩余的36.6万元“理财款”分割比例时，酌情判定张某1可得其中的80%。

4. 存款、住房公积金

作为与存款相类似的一种现金财产，住房公积金缴存于双方各自名下账户，在离婚时可以作为一类夫妻共同财产进行分割。

(2018)京0106民初29408号案中，双方在庭审中均同意各自名下的公积金归各自所有，法院判决支持该种分割方式。

(2018)京0106民初6887号案中，双方在协议离婚时未对存款、住房公积金进行分割，后原告以“离婚后财产纠纷”为由提起诉讼，请求分割被告一半的存款及住房公积金，被告在答辩时同样要求分割原告名下的住房公积金。法院认为：这些财产虽在一方名下，应当属于夫妻共同财产，判决原告和被告相互支付各自名下上述款项的一半数额。

(2019)京0106民初30506号案中，原告、被告离婚时同样未对被告名下76,184.71元的住房公积金进行分割，现原告提起诉讼要求分割，法院同样判决被告向原告支付相当于住房公积金一半数额的折价款。

5. 解除劳动合同经济补偿金

根据《婚姻法》[①]的规定，婚姻关系存续期间，夫妻双方没有特别约定的，原则上

① 现规定在《最高人民法院关于审理〈中华人民共和国民法典〉婚姻家庭编的解释(一)》。

除一些取得具有特定的人身专属性的财产外，均应属于夫妻共同财产。解除劳动合同经济补偿金是用人单位与劳动者在解除劳动合同时，依法一次性支付给劳动者的费用，目的是对劳动者离职后一段时间内的生活提供一定保障，在司法实践中一般认定为与人身具有可分性，属于夫妻共同财产。

(2017)京0106民初29118号案中，王某因其原工作单位拖欠工资等原因通过劳动仲裁与该公司解除劳动关系，后通过诉讼确定了相应的补偿金额共计95,069.51元并获得执行，吴某在以离婚后财产纠纷为由提起的诉讼中主张相应补偿金额属于夫妻共同财产并请求分割，法院判决解除劳动合同经济补偿金属于夫妻共同财产，同意予以分割，由王某给付吴某前述款项的一半即47,534.75元。

6. 买断工龄款

买断工龄款系含有人身属性的一类财产，该种财产的分割并未有明确的现行规定。在主张对该类财产进行分割的案件中，法院参照军人复员费、自主择业费的处理方式，按婚姻关系存续期间占工龄期间的比例计算得出作为夫妻共同财产的数额，并将这一数额在双方之间均分。

(2019)京0106民初30508号案中，原告、被告双方于2012年经法院判决离婚，后原告于2018年得知被告于2014年从原单位领取了买断工龄款，遂主张该款项为婚姻关系存续期间形成，应属双方共有。法院认为：买断工龄款系企业在与职工解除劳动关系时给予职工的一次性补偿费用，该款项与部队发放给军人的复员费、自主择业费等有相似之处。因此，买断工龄款的归属可参照《最高人民法院关于适用〈中华人民共和国婚姻法〉若干问题的解释(二)》第14条[①]关于军人所得复员费、自主择业费的规定处理，即将买断工龄款308,334.27元按年限(38.5年)均分得出平均值，乘以夫妻关系存续年限21年7个月所得数额即172,827元认定为夫妻共同财产，为双方均分，由此确认被告所得的买断工龄款308,334.27元，原告应得86,414元，被告分得221,920.27元。最终法院判决被告向原告返还86,414元买断工龄款。

---

① 现《最高人民法院关于适用〈中华人民共和国民法典〉婚姻家庭编的解释(一)》第71条规定："人民法院审理离婚案件，涉及分割发放到军人名下的复员费、自主择业费等一次性费用的，以夫妻婚姻关系存续年限乘以年平均值，所得数额为夫妻共同财产。前款所称年平均值，是指将发放到军人名下的上述费用总额按具体年限均分得出的数额。其具体年限为人均寿命七十岁与军人入伍时实际年龄的差额。"内容无变动。

天津市法院婚姻家庭案件裁判要旨梳理

根据具体情况,笔者有的放矢地选择了几个适用频率较高的案由进行分析研究,具体案由及数量如下:离婚后财产纠纷(510个);婚约财产纠纷(91个);同居关系析产纠纷(43个)。

笔者所应用的数据库为Alpha案例库,研究对象限定为判决书。在此需要说明的是,因为天津市2017至2019年的离婚纠纷案例在中国裁判文书网、Alpha案例库等数据库均不显示判决书主文,故本部分未对离婚纠纷案例作研究。

阅读本部分,可以直观、通盘了解天津市2017至2019年的婚姻家庭案件审理情况。且笔者在数据统计的基础上撰写了审判观点分析,研读每个案由之下的分析,有助于掌握法官的裁判思维,特别是对于财产分割的审判思路,以飨同人。

一、离婚后财产纠纷

(一)基本概念及法律依据

1. 基本概念

离婚后财产纠纷,是指男女双方在解除婚姻关系时,由于未对双方婚姻关系存续期间的夫妻财产进行分配,在离婚后针对前述财产的分配而引起的纠纷。

2. 法律依据

(1)《婚姻法》第47条①

(2)《最高人民法院关于适用〈中华人民共和国婚姻法〉若干问题的解释(二)》第8条、第9条②

---

① 现《民法典》第1092条规定:“夫妻一方隐藏、转移、变卖、毁损、挥霍夫妻共同财产,或者伪造夫妻共同债务企图侵占另一方财产的,在离婚分割夫妻共同财产时,对该方可以少分或者不分。离婚后,另一方发现有上述行为的,可以向人民法院提起诉讼,请求再次分割夫妻共同财产。”该法条删去了旧条文中“离婚时”的限定,并增添了挥霍夫妻共同财产的情形。

② 《最高人民法院关于审理〈中华人民共和国民法典〉婚姻家庭编的解释(一)》第69条第2款规定:“当事人依照民法典第一千零七十六条签订的离婚协议中关于财产以及债务处理的条款,对男女双方具有法律约束力。登记离婚后当事人因履行上述协议发生纠纷提起诉讼的,人民法院应当受理。”及第70条规定:“夫妻双方协议离婚后就财产分割问题反悔,请求撤销财产分割协议的,人民法院应当受理。人民法院审理后,未发现订立财产分割协议时存在欺诈、胁迫等情形的,应当依法驳回当事人的诉讼请求。”增加了关于债务处理条款对男女双方具有法律约束力的规定。

(二)裁判思维分析

1. 基于离婚协议起诉,法院一般予以支持

离婚后财产纠纷案件有一半以上是因为不履行离婚协议而提起的,除非双方能够证明该协议无效,法院一般会依照离婚协议的约定进行裁判。但法院并非一成不变地依据离婚协议处理,实践中,法院还会考虑当事人的现实情况做适当的裁量,如承担给付义务的一方生活困难,法院会相应地调整应付金额,这正应了"法不外乎人情",在离婚案件中体现得更明显一些。

2. 离婚协议约定的内容违法,法院不予支持

(2017)津0116民初60597号案中,原告、被告在离婚时约定涉案车辆的所有权归被告所有,车辆牌照所有权仍归原告所有,现原告起诉要求被告停止使用该车辆牌照并要求被告赔偿损失。法院认为,车辆和号牌分离的约定不符合行政法规的规定,故判决驳回原告诉请。

3. 一方患精神疾病时签订的离婚协议明显于己不利,法院会认定无效

(2017)津0102民初8984号案中,法院判定原告为限制民事行为能力人,故指定原告父亲作为其法定代理人。根据双方所提交的证据,法院认为"协议离婚期间原告确患精神疾病,原告在协议中放弃名下唯一住房所有权、自行解决住处,且不要求财产补偿",加上该房产首付款大部分为原告之父出资,故法院认定"原告签订离婚协议时丧失理解客观事物的能力,其独立实施的对共同财产的处分不具有法律效力,并且主张该离婚协议财产处分行为无效,不受诉讼时效的限制"。所以判决涉案房屋所有权归原告所有,由原告支付被告补偿款。

4. 存在多份内容不一致的离婚协议,法院通常不否认各协议的法律效力,但一般会认定在民政部门备案的协议具有优先效力

现实生活中经常有夫妻双方在登记离婚前以离婚为目的自行签订甚至多次签订关于离婚财产分割方面的协议,其与最终在民政局达成的协议内容不相符甚至完全矛盾,法院如何认定这些协议的效力呢?

(2017)津0114民初10394号案中,法院认定,协议离婚前双方为各自目的、在讨价还价过程中自行签署的协议内容并未体现在民政局备案的离婚协议中,因而该协议不具有约束力。所以,在民政部门登记备案的离婚协议更容易得到法院的认可。但这并不是说未备案的离婚协议不发生效力。

(2018)津01民终5135号案中,原告起诉请求确认其与被告在民政局备案的离婚协议有效、双方同日签署的另一份未在民政局备案的离婚协议未发生法律效力

(未登记备案的协议约定涉案房产归被告所有)。一审法院支持了原告的诉请。被告不服,提起上诉。二审法院认为:婚姻登记部门对离婚协议的审查备案并非离婚协议生效要件,故此认定两份离婚协议均在双方当事人办理离婚手续后生效。

因而,存在内容不一致的离婚协议的情况下,除非协议内容违反强制性法律规定,法院一般不会否认这些协议的效力,但是,在民政部门备案的离婚协议的效力通常要比未备案的效力高。实践中,法院还会根据已备案及未备案协议的签订时间,以及双方实际履约情况等因素,来判定财产如何分割。

5. 离婚时未分割的共同财产,法院一般判决各分得一半

起诉方主张分割离婚时未分割的财产,法院首先会判断案涉财产是否为夫妻共同财产,再作出如何分割的裁判,一般判决各分得50%。我国法定财产制为夫妻共同财产制,对半分割婚姻关系存续期间的共同财产,于法于情都更易为当事人接受。如一方主张应当多分或少分,需要举证证明。

6. 具有人身专属性质的赔偿款,当作夫妻共同财产垫付医疗费后,可作为共同财产分割

交通事故医疗费的赔偿对象为受害人,专门用于治疗其所受伤害支出,如夫妻离婚,该款应作为受害人一方的个人财产处理。但是,用夫妻共同财产垫付交通事故医疗费用后,该笔赔偿款可作为共同财产分割,法院在(2018)津0115民初449号案中即持此观点。

7. 一方起诉要求房屋过户,如有抵押权人,需抵押权人同意,法院方支持

(2018)津0111民初9213号案中,诉争房屋登记在原告名下,但系夫妻共同财产,因被告占有居住在该房屋,原告起诉请求判决该房屋归被告所有,并由被告支付原告房屋补偿款。该案中,作为第三人的银行以被告不具备公积金贷款条件为由不同意过户,故法院判决驳回了原告诉请。因而在涉案房屋设有抵押权的情况下,需抵押权人同意,法院才会支持起诉方的过户请求。

8. 离婚协议中约定了未成年婚生子女作为受赠与人,作为监护人的一方可代子女起诉

如离婚双方在离婚协议中约定将共同财产赠与未成年子女,作为监护人的一方是否可代子女起诉?(2018)津0102民初6206号案中,法院对此持肯定态度,认为接受赠与的未成年子女是该离婚协议所指向的对象,其作为原告不适格,故作为监护人的一方可代子女起诉要求另一方给付。

二、婚约财产纠纷

(一)基本概念及法律依据

1. 基本概念

婚约,是男女双方以将来结婚为目的所作的事先约定。

“彩礼”,按照传统习俗和习惯,订立婚约时往往要求一方或双方给予对方一定的财物,按习俗、习惯给付的财物称为“彩礼”。

2. 法律依据

(1)《婚姻法》第3条第1款①

(2)《最高人民法院关于适用〈中华人民共和国婚姻法〉若干问题的解释(二)》第10条②

3. 有关彩礼形态的裁判观点汇集

(1)现金占彩礼形态的100%。

(2)涉及共同购房、房产首付款、房屋装修款的案件数量各为1个,占3%。

(3)车辆案件1个,因动产受区域限制,判决另案解决。

(4)彩礼包括聘礼、礼金及订婚时数额较大的见面礼。改口费、相家费、小额见面礼,不认定为彩礼,认定为个人赠与的为主流观点,91个案件中仅有1个案件将相家费认定为彩礼,原因在于该案无其他彩礼且金额较大。

(5)女方根据婚俗在接收彩礼后,已按习俗返还的礼金、金银饰品、支出给男方的花费,视为回赠义务,应在返还彩礼中予以扣除,包括替男方偿还的债务。

(6)女方为婚礼置办的支出原则上从彩礼中予以扣除,其为主流观点;置办婚礼的支出双方各担一半,被告承担的一半从彩礼中扣除的仅占1%。

(7)举行婚礼时女方按习俗向亲属敬酒认亲时,亲属以红包形式所给付的钱款既非彩礼亦非礼金,而系该亲属对女方的赠与。

(8)确立恋爱关系后给付的小额金银饰品、交往时给付数额较小的钱款并非彩礼,而属于赠与,为主流观点。当无从认定时,有少数法院判定一人承担一半。

---

① 现《民法典》第1042条第1款规定:“禁止包办、买卖婚姻和其他干涉婚姻自由的行为。禁止借婚姻索取财物。”内容无变动。

② 现《最高人民法院关于适用〈中华人民共和国民法典〉婚姻家庭编的解释(一)》第5条规定:“当事人请求返还按照习俗给付的彩礼的,如果查明属于以下情形,人民法院应当予以支持:(一)双方未办理结婚登记手续;(二)双方办理结婚登记手续但确未共同生活;(三)婚前给付并导致给付人生活困难。适用前款第二项、第三项的规定,应当以双方离婚为条件。”内容无变动。

(9)举办婚礼支出的餐费、酒席费,亦不属彩礼范畴的为主流观点,双方如有约定可按约定处理。偶有支持酒席订金、婚纱摄影费、定金一人一半的仅占6%。

(10)随彩金一并赠送的金额较大的金银、饰品、衣物等,判决一并返还的为主流观点。

(11)彩礼用于支付双方购买的家电、家具,当家具、家电归于婚后住房处即男方的,或女方以家具、家电等形式返还的彩礼,应从彩礼中予以扣除。

(二)裁判思维分析

1. 裁判观点

《婚姻法》第3条第1款[①]:"禁止借婚姻索取财物"及《最高人民法院关于适用〈中华人民共和国婚姻法〉若干问题的解释(二)》第10条[②]对于三种彩礼返还的情形作了列举,实践中多数区法院均以此作为依据,但是婚约纠纷的定性尚无统一标准,各区处理标准也因此不尽相同,现将裁判观点做如下统计:

(1)大额赠与

一方基于结婚为目的大额财物的赠与,是一种附解除条件的赠与行为。当双方无法缔结婚姻关系时,赠与财物的一方当事人的赠与目的则无法实现,此时接受赠与的一方当事人则构成不当得利,当数不当得利纠纷。见(2018)津0115民初8845号判决。

(2)小额赠与

恋爱期间的小额财物赠与或者日常的消费支出应当认定为维系感情的必要支出或系双方的共同消费,不应要求返还。

(3)彩礼

强调彩礼的给付有很强的目的条件,占案件数量的29%。彩礼是以双方结婚为目的的给付,一般是通过订婚仪式给付的数额较大的见面礼、彩礼、聘礼、金银首饰等,并把这种行为视为双方婚约成立,赠与人在目的不能实现时,可请求受赠方返还其给付的财物。如(2017)津0115民初8911号案中法院认定,彩礼是按照当地

---

① 现《民法典》第1042条第1款规定:"禁止包办、买卖婚姻和其他干涉婚姻自由的行为。禁止借婚姻索取财物。"内容无变动。

② 现《最高人民法院关于适用〈中华人民共和国民法典〉婚姻家庭编的解释(一)》第5条规定:"当事人请求返还按照习俗给付的彩礼的,如果查明属于以下情形,人民法院应当予以支持:(一)双方未办理结婚登记手续;(二)双方办理结婚登记手续但确未共同生活;(三)婚前给付并导致给付人生活困难。适用前款第二项、第三项的规定,应当以双方离婚为条件。"内容无变动。

习俗，以缔结婚姻为目的，一方给付另一方金钱的行为。当事人是否缔结婚姻关系，是返还彩礼的重要考量。双方未办理结婚登记手续，收受彩礼一方应当返还彩礼。

将支付彩礼视为一种附条件的赠与。经统计持此观点的案件共计4个，占案件数量的4%。赠与人馈赠财产具有与相对方结成夫妻的目的，受赠人接受后，可以认为是接受附条件的赠与，当不能结婚时，赠与人要求返还的，应当退回彩礼。

(4)同居行为

(2017)津0115民初6000号案中，法院认为，未经结婚登记便一起同居行为违法，不受法律保护，基于同居关系，人民法院依法应当对双方的财产等问题作出处理。

2. 支持全部返还的裁判理由

共有4.4%的判决严格依据《最高人民法院关于适用〈中华人民共和国婚姻法〉若干问题的解释(二)》第10条①的规定，认定全部返还财产，但前提是双方未办理结婚登记手续，且未共同生活。

3. 支持部分返还的裁判理由

(1)分手原因在男方，酌情减免。

(2)造成生活困难的。

(3)共同生活中，男方有身体疾病的。

(4)认定双方同居或未能缔结婚姻双方均有过错的。

(5)同居中多次致女方流产，造成身体伤害的，酌减。

(6)已经共同生活。

(7)返还彩礼时应考虑双方同居情况、彩礼数额、公序良俗等因素，综合确定返还彩礼的数额。其中同居生活长短是一个重要指标，共同生活1年以上，则可能会被驳回诉讼请求。

三、同居关系析产纠纷

(一)基本概念及法律依据

1. 基本概念

(1)同居。我国现行法上，分为无配偶者之间的同居和有配偶者与无配偶者、

---

① 现《最高人民法院关于适用〈中华人民共和国民法典〉婚姻家庭编的解释(一)》第5条规定："当事人请求返还按照习俗给付的彩礼的，如果查明属于以下情形，人民法院应当予以支持：(一)双方未办理结婚登记手续；(二)双方办理结婚登记手续但确未共同生活；(三)婚前给付并导致给付人生活困难。适用前款第二项、第三项的规定，应当以双方离婚为条件。"内容无变动。

有配偶者的同居两类。前者是指男女双方未办理结婚登记而以夫妻名义共同生活的状态。后者是指有配偶者与婚外异性,不以夫妻名义,持续、稳定地共同居住的状态。

(2)同居关系析产纠纷,是指具有同居关系的男女,解除同居关系时,在分割同居关系存续期间共有财产方面产生的纠纷。

2. 法律依据

《最高人民法院关于人民法院审理未办理结婚登记而以夫妻名义同居生活案件的若干意见》(已废止);《最高人民法院关于适用〈中华人民共和国婚姻法〉若干问题的解释(一)》(已废止);《最高人民法院关于适用〈中华人民共和国婚姻法〉若干问题的司法解释(二)》。①

3. 处理原则

无配偶者之间同居并要求解除同居关系的,双方当事人自行解除同居关系即可,无须向人民法院起诉;有配偶者之间或者有配偶者与无配偶者之间形成同居关系并要求解除的,由人民法院予以解除;同居者在同居期间形成了共同财产,因分割共同财产发生纠纷并诉至人民法院的,人民法院按同居关系析产纠纷作出处理。②

(二)诉讼程序和裁判结果分析

裁判观点共涉及四个方面:

第一,认定同居双方系恋爱关系,诉争的动产通常视为恋人之间的赠与。

第二,双方为婚外恋爱关系且双方未形成相对稳定的共同生活关系,涉案房屋的出资为原告对被告的赠与。

第三,涉案房屋购买于同居关系之前,不属于双方共同购置。

第四,同居期间的诉争财产只涉及债权债务关系,且是与案外人的债权债务关系,通常驳回诉讼请求或另案处理。

由此可见,在同居析产纠纷中,涉及财产纠纷的,"赠与"这个词出现的频率较

---

① 现已被《最高人民法院关于废止部分司法解释及相关规范性文件的决定》(2020 年 12 月 29 日发布;2021 年 1 月 1 日实施)废止。2020 年 12 月 25 日最高人民法院审判委员会第 1825 次会议通过《最高人民法院关于适用〈中华人民共和国民法典〉婚姻家庭编的解释(一)》,并于 2021 年 1 月 1 日起施行。

② 现《最高人民法院关于适用〈中华人民共和国民法典〉婚姻家庭编的解释(一)》第 3 条规定:"当事人提起诉讼仅请求解除同居关系的,人民法院不予受理;已经受理的,裁定驳回起诉。当事人因同居期间财产分割或者子女抚养纠纷提起诉讼的,人民法院应当受理。"

高,而房产也是同居析产纠纷案中,双方争讼的重要财产。同时,同居期间建立同居协议或同居财产协议是一个有效措施;是否认定为同居关系,同居期间的具体认定也是法院审理同居关系析产纠纷案件的重点审查事实。

(三)同居关系认定

1. 法院直接认定同居关系,占案件总数的56%

(1)未办理结婚登记而共同生活的到达法定婚龄的男女,到法院起诉之前,同居关系多已自行解除,仅就同居期间的财产分割请求法院处理。

(2)有配偶者与他人同居的案件共计2个,占全部案件数量的5%;这两件案件中,有配偶者与人他同居的状态,在诉讼之前均已发生变化,案件成讼并非基于“有配偶者与无配偶者之间形成同居关系并要求解除”而诉之于法院。

(3)双方离婚后,未办理复婚手续,仍以夫妻名义共同生活在一起同居生活案件共计7个,占全部案件数量的16%,多发生在郊县。此类案件在分割财产时,极易因财产混同造成纠纷。

公开的同居时间显得尤为重要,实践中将双方自男女交往起到公开同居前的财产纠纷,纳入同居析产案由范围内一并处理,符合常理和社会的主流价值观。(2017)津02民终6655号案中,法院即认为,在同居期间共同购置的房产,不按出资比例,而是平均分割,体现了对妇女身份的一种照顾。

同时,对于双方认可的动产多认定为各自财产归各自所有,(2019)津0119民初4843号案即体现此观点。

(4)按风俗举办婚礼但没有登记结婚的案件有7个,占全部案件数量的16%。

其60%以上来自四郊五县和滨海新区,从侧面反映出郊县地方风俗习惯存在率更高,而受自由、平等、法治思想洗礼的城区,人们则更理性地对待婚姻、两性问题。

(5)婚姻被认定为无效,就财产分割另行主张同居关系析产纠纷的案件2个,分别是因重婚和三代以内旁系血亲被认定无效,占案件总数的5%。此类原因产生的财产纠纷均得到合理解决。此类案件的男女双方年龄分布区间为40~60岁且全部在郊县,适龄男女尚未出现多个此类问题,当数个案,详见(2018)津0114民初1481号案、(2018)津0115民初1085号案。

2. 不认定为同居关系的,占案件总数的44%

(1)法院不认定为同居关系,多基于原告对于同居关系的证据举证不能,且被告否认同居关系的情形,故而认定是恋爱关系,见(2019)津0114民初4771号案。

(2)同居关系的证据,容易在案件中被忽视,虽婚约财产纠纷有亲友及彩礼的交付凭证,但同居关系多带有私密性或隐蔽性,仅有亲密关系的证据明显不足,是否以夫妻名义共同生活的状态或持续的生活状态是认定的关键,在有配偶者与他人同居关系中更为突出。

(四)裁判思维分析

1. 同居期间的财产分割协议

在43个同居关系析产纠纷案件中,涉及同居期间的财产约定的共有4个,分别是2017年1个,2018年1个,2019年2个。在4个案件中,其中50%由法院确定协议有效并依据协议分割同居期间的财产,见(2018)津0117民初115号案。50%的案件没有得到确认,原因是涉及物权变动,协议要求确认物权归属与《物权法》(已废止)[①]相违背,见(2019)津0114民初10777号案、(2019)津01民终7006号案。

2. 同居期间的财产分割方式

同居期间的财产认定为共同共有的共计17个,认定为按份共有的共计6个,

收入财产完全归各自所有的1个,不参考同居双方在同居期间的贡献大小的共计19个。可见,天津市法院以认定共同共有为主流观点。

3. 同居期间的债权债务处理

(1)按共同债权、债务处理。同居期间双方为共同生产、生活而形成的债权、债务,可按共同的债权、债务处理。

(2)涉及案外人的债务关系,一般另案处理。

(3)对诉争的债权、债务的证据形式要求较高。

4. 同居关系析产纠纷中对房屋的处置

(1)男女双方在恋爱同居期间,一方父母出资购房视为对一方的赠与。(2017)津0116民初33617号案中,法官认为,被告父母出资视为对被告的赠与,故原告对被告父母在涉案房屋中赠与被告的份额无权要求分割。

(2)双方同居期间共同出资购房,房产仅登记在一方名下,也应认定双方共有财产,出资份额明确的,解除同居关系时,房产归一方所有,另一方可要求返还自身已支付的购房款及相应利息;双方出资份额不确定的,均分为宜。如(2019)津0115民初1279号案、(2018)津0116民初33400号案。

(3)恋爱同居期间,以结婚为目的,一方出资购置婚房,可构成"彩礼"。未登记结婚,另一方应返还。此类案件可对比婚约财产纠纷的处理程序和原则。

---

① 现《民法典》物权编。

河北省法院婚姻家庭案件裁判要旨梳理

本部分内容旨在通过对2017至2019年河北省各级人民法院发布的判决准予离婚的判决书进行搜索、整理、归纳，着重分析法院裁判结果，以揭示财产分割案件的部分审判规律，以供大家借鉴参考。

检索途径：中国裁判文书网、Alpha案例库、威科先行法律信息库、Openlaw案例库、聚法案例

检索范围：2017年1月1日至2019年12月31日

审理法院：河北省各级人民法院

检索案由：离婚纠纷

有效文书：1038份

文书类型：民事判决书

检索截止日期：2020年2月10日

特别说明：

1. 本部分统计的数据均来自中国裁判文书网、Alpha案例库、威科先行法律信息库、Openlaw案例库、聚法案例已公开发布的判决书，以撤诉、裁定、调解等方式结案的案件以及未在网上公开发布的判决书、判决不准离婚的判决书、裁定书等，均不在本次数据统计范围之内。

2. 本报告检索的审理程序包含“一审”“二审”。

3. 因离婚案件涉及当事人的隐私，网上公开发布的判决书中有部分判决书隐去了部分信息，因此可能存在本次数据统计结果与真实情况存在差异，特此说明。

一、离婚纠纷中的裁判要旨

（一）离婚纠纷案例房产分割问题

1. 常见商品房分割情况分析

（1）婚后购买登记在一方或者双方名下，离婚诉讼的分割

婚后贷款购买商品房，登记在一方或者双方名下的案件，在离婚判决中，法院对该类房产的分割存在以下几种情况：

①法院将此类房产判决归一方所有（共36个，占比67%），同时判决对另一方进行折价补偿，对于剩余未还清的房贷，法院一般判决由取得产权的一方继续负责偿还。

②法院对该类房产未予处理，原因大多为证据不充分、未进行房产评估、未办理权属证明等。

③法院判决认定该类财产是夫妻财产，归一方所有，但未判决取得产权的一方对另一方进行折价补偿的案件有 3 个，1 个是由于夫妻双方曾经签订过《夫妻财产约定》，如（2017）冀 0681 民初 2592 号案，1 个是因为夫妻双方有两套房产，法院判决夫妻双方每人取得一套房产，如（2017）冀 0681 民初 2703 号案，1 个是由于双方在庭审时达成了一致意见，如（2018）冀 0681 民初 3252 号案。

婚姻关系存续期间全款购买，登记在一方或双方名下的房产，在离婚判决中，法院对该类房产的分割存在以下几种情况：

①法院判决归一方所有的案件有 15 个，同时判决取得产权的一方对另一方给予折价补偿。

②法院未判决所有权，而是判决使用权的案件有 4 个，均是由于房产尚未办理权属证明而无法确定所有权。

分析“商品房婚后贷款购买”及“商品房婚后全款购买”的统计结果可知，无论婚后是全款购买还是贷款购买，登记在一方或者双方名下的商品房，根据法律规定均属于夫妻共同财产，在离婚分割时，法院会兼顾无过错方和照顾女方及孩子权益的原则，综合考虑双方意愿、房产原登记人、双方经济情况、是否另有房产等情况后，多数判决房产所有权归一方所有，另一方获得相应的折价款，在分配上尽可能做到利益的平衡。

（2）婚前一方贷款购买，登记在购买方名下，婚后共同还贷房产的分割

随着人们法律意识的增强，越来越多的人在能力范围内会选择婚前购买房产，以规避将来可能发生的财富风险，而对婚前贷款购买的房产分割也是离婚纠纷中常见的争议焦点。

在离婚判决中，法院对该类房产的分割存在以下几种情况：

①法院判决该类房产属于一方婚前财产，归购买方所有，婚后共同还贷及其相对应房产增值的部分，由房产所有权人对另一方进行折价补偿，该类案件有 19 个。

②法院判决婚前贷款购买的商品房归非购买方所有的案件有 1 个，如（2017）冀 0203 民初 301 号案，法院作出此判决结果的理由为：夫妻双方在婚姻关系存续期间签订了《夫妻财产协议书》，协议书中明确约定婚前贷款购买的房产归非购买方所有，非购买方负责偿还剩余贷款。

③法院判决房产归婚生子所有的案件有 1 个，如（2018）冀 0391 民初 2045 号案，法院作出此判决结果的理由为：在庭审中双方协商一致，将房产赠与婚生子。

④法院对该类房产未进行处理的案件有3个,因房产涉及第三人利益或者证据不充分,因此法院作出不予处理的判决。

由此可以看出,婚前一方贷款购买商品房,登记在购买方名下,婚后共同还贷的,一般法院会认定该房产属于婚前个人财产,判决依据是《最高人民法院关于适用〈中华人民共和国婚姻法〉若干问题的解释(三)》第10条[①]"夫妻一方婚前签订不动产买卖合同,以个人财产支付首付款并在银行贷款,婚后用夫妻共同财产还贷,不动产登记于首付款支付方名下的,离婚时该不动产由双方协议处理。依前款规定不能达成协议的,人民法院可以判决该不动产归产权登记一方,尚未归还的贷款为产权登记一方的个人债务。双方婚后共同还贷支付的款项及其相对应财产增值部分,离婚时应根据婚姻法第三十九条第一款规定的原则,由产权登记一方对另一方进行补偿"的规定。

(3)父母出资购买房产,登记在子女名下的房产分割

在离婚判决中,法院对该类房产的分割存在以下几种情况:

①婚前由父母出资购买房产,登记在自己子女名下,涉及该种情况的案件有3个,在离婚分割时,法院对该类房产均认定是一方婚前财产,归一方所有。

②婚后由父母出资购买房产,登记在双方名下,涉及该种情况的案件有3个,在离婚分割时,其中有2个,法院判决该类房产是夫妻共同财产,归一方所有,对另一方进行折价补偿;其中有1个,因房产尚未取得所有权,因此法院对该房产未予处理。

③婚后由父母出资购买房产,登记在自己子女名下,涉及该种情况的案件有3个,在离婚分割时,1个是法院认定房产为一方的个人财产,归一方所有,如(2017)冀0102民初1101号案;1个是法院认为父母出资是共同债务,房产属于夫妻共同财产,判决房产归一方所有,对另一方进行折价补偿,如(2017)冀0184民初字第955号案;1个是法院认为因该房产涉及第三人利益,因此对该房产未予处理,如(2017)冀1022民初1188号案。

结合上述案件中的判决结果,可知婚后父母购房,如果产权登记在子女夫妻双

---

① 现《最高人民法院关于适用〈中华人民共和国民法典〉婚姻家庭编的解释(一)》第78条规定:"夫妻一方婚前签订不动产买卖合同,以个人财产支付首付款并在银行贷款,婚后用夫妻共同财产还贷,不动产登记于首付款支付方名下的,离婚时该不动产由双方协议处理。依前款规定不能达成协议的,人民法院可以判决该不动产归登记一方,尚未归还的贷款为不动产登记一方的个人债务。双方婚后共同还贷支付的款项及其相对应财产增值部分,离婚时应根据民法典第一千零八十七条第一款规定的原则,由不动产登记一方对另一方进行补偿。"内容无变动。

方名下的，应认定为对夫妻双方的赠与，按夫妻共同财产进行分割，一般判决归一方所有，折价补偿另一方；如果产权登记在出资人子女名下的，一般视为只对该子女一方的赠与，为一方的个人财产，不进行分割，同时会考虑父母出资金额的大小和是否属于借款等情形，综合判断房产归属并予以分割。①

2. 农村自建房的分割

在离婚判决中，法院对该类房产的分割主要考量以下几种情况：

农村自建房在离婚分割时，法院会结合建造房产时的家庭成员情况、出资情况、宅基地使用权等多种因素来确定，很多时候会涉及第三人利益，权属明晰的房产一般是均等分割，根据生产生活的实际需要等情况折价补偿或者按份额分割区别对待，尽可能平衡各方利益。

（二）离婚纠纷案件中的彩礼返还问题

1. 离婚纠纷案件中涉及彩礼案件概况

通过数据统计，河北省 2017 至 2019 年已审结的涉及财产分割的离婚纠纷案件为 1038 个，上述案件中，离婚诉讼的同时，给付彩礼的一方要求法院判决接受彩礼的一方返还彩礼的案件共有 154 个，占比 15%。

上述数据仅代表在离婚诉讼中涉及彩礼返还请求案件的情况。在给付彩礼但未办理结婚登记的情况下，给付彩礼的一方要求返还彩礼，人民法院在审理只涉及彩礼纠纷案件时的案由为“婚约财产纠纷”，而非离婚纠纷。

2. 离婚诉讼中有关彩礼返还的裁判结果分析

数据统计中，离婚诉讼的同时涉及返还彩礼请求的 154 个案件中，人民法院判决情况为：判决返还全部彩礼的案件 5 个，占比 3.25%，判决返还部分彩礼的案件 84 个，占比 54.54%，对返还彩礼的请求不予支持的案件 65 个，占比 42.21%。

《最高人民法院关于适用〈中华人民共和国婚姻法〉若干问题的解释（二）》第 10 条规定②：“当事人请求返还按照习俗给付的彩礼的，如果查明属于以下情形，人

① 现依《最高人民法院关于适用〈中华人民共和国民法典〉婚姻家庭编的解释（一）》第 29 条第 2 款：当事人结婚后，父母为双方购置房屋出资的，依照约定处理；没有约定或者约定不明确的，按照民法典第 1062 条第 1 款第 4 项规定的原则处理”的规定处理。即未明确约定时，当事人结婚后父母为双方购房的出资视为夫妻共同财产。

② 现《最高人民法院关于适用〈中华人民共和国民法典〉婚姻家庭编的解释（一）》第 5 条规定：“当事人请求返还按照习俗给付的彩礼的，如果查明属于以下情形，人民法院应当予以支持：（一）双方未办理结婚登记手续；（二）双方办理结婚登记手续但确未共同生活；（三）婚前给付并导致给付人生活困难。适用前款第二项、第三项的规定，应当以双方离婚为条件。”内容无变动。

民法院应当予以支持:(一)双方未办理结婚登记手续的;(二)双方办理结婚登记手续但确未共同生活的;(三)婚前给付并导致给付人生活困难的。适用前款第(二)、(三)项的规定,应当以双方离婚为条件。"

通过本次统计数据可以看出,法院判决返还部分彩礼的案件占全部请求返还彩礼案件的一半以上。究其原因,虽然上述法律规定对返还彩礼的裁判要旨做了原则性的规定,但实践中,对"共同生活""生活困难"等的认定,需要综合考虑男女双方共同生活的时间、当地的风俗习惯、经济状况等因素,并根据公平公正的原则判决,因此,除明确符合法律规定的应予返还和不应返还的情况外,直接导致酌定返还彩礼的情况不在少数。

3. 离婚诉讼中人民法院关于返还彩礼的裁判要旨

离婚诉讼的同时涉及返还彩礼请求的154个案件中,法院判决返还全部彩礼的案件5个,判决返还部分彩礼的案件84个,通过对该89个判决进行分析,法院判决支持返还部分或全部彩礼的,主要考虑的因素有:给付彩礼时是否办理结婚登记、办理结婚登记后是否共同生活、因给付彩礼是否导致生活困难、共同生活的时间、给付彩礼的数额等。

判决支持返还部分或全部彩礼的案件中,包含"共同生活时间较短"因素的案件63个;包含"给付彩礼导致生活困难"因素的案件36个;包含"给付彩礼的数额较大"因素的案件33个;包含"办理结婚登记,未共同生活"因素的案件6个;包含"给付彩礼时未办理结婚登记"因素的案件1个。

上述案件中,判决返还全部彩礼的案件为5个,理由均为"办理结婚登记,未共同生活",仅有1个案件为"办理结婚登记,未共同生活",但法院作出了返还部分彩礼的判决。

通过分析,影响彩礼返还的因素中,"共同生活时间较短""给付彩礼导致生活困难""给付彩礼的数额较大"位居前三,因此,满足上述条件的,在离婚诉讼中主张彩礼返还被法院支持的可能性更大。

(1)"共同生活时间较短"的认定

根据对89个裁判文书的分析,法院在审理离婚诉讼中对"共同生活时间较短"的认定一般参考两种标准:一是结婚时间较短,二是实际共同生活时间较短。但法院对于共同生活时间较短的标准掌握得并不一致,更多的是将共同生活1年以下的认定为共同生活时间较短,酌情判决返还部分彩礼;但是也有极少数判决,是严格根据法律规定执行,只要办理了结婚登记,并在一起共同居住,无论居住时间长短,哪怕共同生活短至几天,仍然根据上述法律规定作出驳回返还彩礼的请求。

《石家庄市中级人民法院关于处理离婚案中彩礼返还问题的座谈会纪要》中共同生活时间与法院判决返还彩礼数额关系的参考标准为:“根据结婚时间长短确定返还额度、结婚时间应以实际共同生活时间为标准。实际共同生活一年内提出离婚的,彩礼可在半数以上酌定返还额度。实际共同生活两年内提出离婚的,可在半数以下酌定返还额度。超过两年的一般不予返还。一般按照下列标准裁判:共同生活一年内提出离婚的,彩礼可在半数以上酌定返还额度。实际共同生活两年内提出离婚的,可在半数以下酌定返还额度。超过两年的一般不予返还。”

(2)“生活困难”的有效证据

根据对89个裁判文书的分析,离婚诉讼中给付彩礼的一方当事人在要求返还彩礼时提交的证明“因给付彩礼导致生活困难”的证据中,被法院采信的有效证据有以下几类:

①当地民政部门出具的生活困难证明;

②当地村民委员会/居民委员会出具的生活困难证明;

③给付彩礼一方出具的租房证明;

④因给付彩礼向他人借款形成的银行转账明细;

⑤给付彩礼的一方提交的收入较低的证明;

⑥给付彩礼的一方或家人患有严重的疾病。

(3)给付彩礼“数额较大”的认定

根据对89个裁判文书的分析,离婚诉讼中法院认定给付彩礼的是否属于数额较大,一般参考的标准有以下两类:

①是否超过当地人均年收入水平;

②是否高于河北省农村居民人均年收入。

(三)离婚纠纷案件中的损害赔偿问题

在梳理判决的过程中,笔者发现:因家庭暴力提出离婚的案件,不在少数,但仅有22个案件的当事人因家暴原因提出损害赔偿,究其原因在于:一是家暴行为的受害人法律意识淡薄,因家暴案件的隐私性,大部分受害人都认为家暴是家务事,对家暴行为持放纵或隐忍态度;二是施暴者往往基于一定的反复性而向受害者求饶;三是家暴行为具有一定的私密性,受害者往往在寻求救济的过程中困难重重。同时,在22个主张损害赔偿的家暴案件中仅有50%,即11个案件,法院支持了损害赔偿的请求。就获得支持损害赔偿的家暴案件来讲,法院往往结合报警记录、验伤报告、证人证言、保证书、人身保护令等证据综合予以考量,所以一旦遭遇家暴除了第一时间就诊之外,固定证据对日后维权也起到很关键的作用。笔者认为,针对家暴案件,精神上的心理疏导比物质上的损害赔偿更为重要,因遭受家暴的受害人往往经历了长期的、不间断的暴力行为,无助、不自信、压抑的思想感情充斥着他们的生活,如何帮助他们走出胆怯,克服心理上的重重屏障、重获对生活的美好希冀更是婚姻家事法律从业者值得深入研究的课题。

因一方出轨、一方与他人同居、婚内子女非亲生等"婚外情"原因导致另一方提出损害赔偿的案件有28个,仅仅有18个案件法院支持了当事人损害赔偿的主张。原因在于此类案件对主张方的举证责任要求很高,同时在调取证据的过程中又可能涉及第三人的隐私,所以法院对此类案件的裁判标准要求很高。

司法实践中,法院支持损害赔偿金额的概况如下:

通过数据统计,法院最终支持损害赔偿的案件有26个,其中法院判决损害赔偿数额在5000元以下的案件有6个;法院判决损害赔偿数额在5000~10,000元的案件有5个;法院判决损害赔偿数额在10,000~50,000元的案件有14个;法院判决损害赔偿数额在50,000元以上的案件有1个。目前,我国在离婚损害赔偿的金额认定上,尚无明确的法律规定。司法实践中,法院一般结合过错方的过错程度、侵害手段及方式、导致损害赔偿的事由、给受害人造成的后果、当地的经济发展水平等因素由法官自由裁量。

(四)离婚纠纷案件中的夫妻共债问题

关于夫妻共债的承担方式,通过数据统计,就夫妻共同债务的承担方式来看,法院判令夫妻共同债务由夫妻共同承担的案件有74个,占比21%;法院判令夫妻共同债务按债务份额进行承担的案件有119个,占比35%;法院判令夫妻共同债务以夫妻共同财产进行折抵的案件有5个,占比1%;法院对夫妻共债未予处理的案件有147个,占比43%。

通过上述数据,人民法院在审理离婚纠纷案件中,有43%的案件未对双方主张分割的夫妻共同债务进行处理,究其原因,可能存在以下几种情形导致夫妻共同债务难以被认定:

第一,目前的法律规定和司法解释已经就司法实务中常见的夫妻共债问题做了明确规定;

第二,夫妻共债的债权人往往是双方较为亲密的家人或朋友,大部分案件缺少借款相关证据,如借款的转款凭证、借条等关键证据;

第三,因离婚诉讼主要审理的是双方当事人的离婚纠纷,债权人不到庭无法核实债权是否发生以及发生的数额,因此该类案件往往涉及第三人利益,第三人不到庭,法院无法查清事实,从而对该类案件不予判决。

鉴于上述情况,笔者建议在夫妻共同借款时,夫妻双方与债权人共同签订借款合同、借条等借款凭证、尽量避免现金交易等,保存夫妻共同债务的相关证据。

二、离婚后财产纠纷案件

(一)统计对象

本裁判要旨梳理分析对象为Alpha案例库公布的河北省法院系统在2017至2019年作出的以"离婚后财产纠纷"为案由的裁判文书,经剔除调解书、裁定书、不涉及财产纠纷的裁判文书及其他无效案例,最终获取有效样本共计1081个。

本次裁判要旨的分析统计主要针对离婚后财产纠纷中涉及的离婚方式、纠纷原因、协议离婚方式下的纠纷原因和裁判结果、离婚后纠纷各财产形态及归属、法院判决履行事项等。

(二)协议离婚方式下的纠纷原因

在基于协议离婚而发生的离婚后财产纠纷中,引起离婚后财产纠纷的各原因占比如下:(1)履行离婚协议时发生纠纷(76.3%);(2)离婚时有未分割的财产(11.4%);(3)离婚后就财产分割问题反悔(9.0%);(4)发现对方隐瞒的财产(3.0%);(5)其他(0.3%)。

如前所述,在离婚方式中,协议离婚占据了主导地位。经协议离婚后,因履行离婚协议发生纠纷而提起诉讼的共563个,这类案件判决确认离婚协议有效、应按照协议内容履行的515个(占比91.5%);另行判决的48个(占比8.5%)。

上述数据说明,虽然离婚时双方签订了离婚协议并办理了离婚登记,但之后反悔或拒绝履行、不完全履行离婚协议的情况大量存在。高达91.5%的裁判文书认可并要求依照离婚协议履行,说明婚姻登记机关所确认的离婚协议效力亦得到司法机关的认可。在没有强有力的证据证明签署离婚协议时存在胁迫、欺诈等情形的情况下,法院通常会认可离婚协议系双方自愿签署且代表了双方的真实意思表示,应当予以执行。

离婚协议中财产分割条款未被法院支持的原因主要是处分了未取得所有权的财产、处分了第三人名下的财产、混淆了个人财产和共同财产等。故起草和签订离婚协议一定要审慎,在不了解或者不确定约定效力的情况下,寻求专业意见还是非常有必要的。

(三)房产归属问题的裁判结果分析

在涉及房产分割问题的离婚后财产纠纷中,裁判结果的分布及占比如下:(1)归属登记产权人(30%);(2)归属非登记产权人(26%);(3)按份额(8%);(4)归子女所有(3%);(5)归夫妻及子女共同所有(1%);(6)其他方式(17%);(7)未处理(15%)。由此可见,房产归属于登记产权人,或经协议或裁判而过户给另一方的情况,都占据了主流。

此外还有高达17%的其他方式和15%的未处理的情形,究其原因,主要是根据目前的法律规定,"离婚时双方对尚未取得所有权或者尚未取得完全所有权的房屋有争议且协商不成的,人民法院不宜判决房屋所有权的归属,应当根据实际情况判决由当事人使用"。房屋由于处于预售期、或贷款尚未还完、或与第三人共有等,离婚双方对其尚未取得完全所有权,因此需要等取得完全所有权之后另行起诉。

(四)共同债务问题的裁判结果分析

共同债务承担问题也是离婚后财产纠纷里的常见而且棘手的问题。此次统计显示,全部样本中共计173个案件涉及共同债务问题。在这些涉及共同债务的纠纷中,共129个(占比74.6%)纠纷没有处理这个问题,其次是25个案件判决由离婚双方共同承担。需要说明的是,全部样本中判决确认离婚协议有效且应按照协议内容履行的案件有515个,共同债务问题可能有一部分通过离婚协议处理并得到了法院确认,因此不能草率地定论为74.6%的共同债务问题未得到法院处理。

山西省法院婚姻家庭案件裁判要旨梳理

婚姻家庭案件事关身份界定和财产分割,历来是百姓关心的重中之重。本部分将客观呈现2017至2019年山西省离婚纠纷、离婚后财产纠纷案件公开数据,并集中整理山西省法院审理婚姻家庭案件关于财产分割的裁判观点,形成文章,供各位参考和借鉴。

特别说明:

1.本文仅统计互联网公开的数据。

2.本次统计选取了山西省2017年1月1日至2019年12月31日的相关数据,检索关键词为"离婚纠纷""判决""财产""2017/2018/2019""离婚后财产纠纷""山西""全文不包含无全文",检索日期为2020年2月7日。

3.本次统计的数据来自法律智能操作系统,该平台数据主要来自对中国裁判文书网、最高人民法院官网等官方平台数据的抓取及整合。

一、离婚纠纷涉及财产分割的裁判要旨

(一)山西省2017至2019年离婚纠纷概况

本次统计的判决书共266个,其中判决不予离婚的有55个,驳回诉讼请求的有51个,有效的判决书为160个。

(二)房产分割裁判要旨

1.农村自建房

农村自建房因属住宅用地,但并未经过相关行政部门的审核、批准,在建成后也未取得产权证书,因此,须待原告、被告双方在相关行政部门取得相关的使用权证书后再行主张权利较为适当。如(2017)晋0724民初312号案。

婚后共同修建的农村自建房,系夫妻共同财产,分割时以有利于原告、被告实际居住和使用为原则。如(2018)晋0423民初1018号案。

2.婚后继承窑洞等

原告、被告婚后分得的老人的财产(窑洞)无法分割产权,使用权归一方。如(2017)晋1124民初848号案。

3.旧房搬迁置换

夫妻在婚姻关系存续期间继承或赠与所得的财产归夫妻共同所有,但遗嘱或

赠与合同中确定只归夫或妻一方的财产除外。

待分割房屋系父母生前修建旧宅搬迁置换得来，但在搬迁前被告父母均已去世，旧宅已由一方合法继承，婚姻关系存续期间继承所得的财产，为夫妻共同所有，考虑房屋的居住和使用性能，鉴于原告、被告双方目前生活状态，酌情确定房屋使用分配。如(2018)晋0423民初834号案。

(三)车辆分割裁判要旨

夫妻共同财产从照顾子女和女方权益的原则考虑，归女方所有。如(2017)晋1002民初3434号案。

根据实际使用情况该车归男方所有，由男方补偿女方货币。如(2016)晋11民终1491号案。

夫妻双方在婚姻关系存续期间所得的财产，为夫妻共同财产，按份额分割。如(2017)晋0881民初1942号案。

(四)公司股权分割裁判要旨

在本次统计的有效判决书中，只有2个判决书涉及股权分割，法院均判决股权归实际经营者所有。如(2017)晋0881民初1133号案。

(五)有价证券、理财产品分割裁判要旨

在本次统计的有效判决书中，未涉及股票、基金、保险、信托等有价证券、理财产品等的分割，在此不作阐述。

在7个涉及存款分割的判决书中，法院判决按份额分割的有5个，判决各自所有的有2个。如(2017)晋0881民初1942号案。

(六)占地补偿款裁判要旨

属于家庭成员共同所有的，按份额平均分割。如(2017)晋0423民初789号案。

(七)家庭承包地裁判要旨

关于一方主张分割的家庭承包地，是以另一方为户主在本村承包，双方是同一集体经济组织成员，均系承包经营权人，婚姻关系存续期间取得的土地承包经营权，应当作为夫妻共同财产依法分割。如(2018)晋0423民初834号案。

农村承包地属于家庭成员共同承包经营，该农户下的家庭成员均有承包经营

权,故以一方当事人为户主的户下成员均享有承包地的承包经营权,并不属于夫妻共同财产,依法不予分割。且承包地的发包方依法应是本集体经济组织或村民委员会,要求分割家庭共有承包地不属于民事案件受案范围,对该项诉求不予支持。如(2018)晋0423民初1018号案。

(八)责任田裁判要旨

原告的责任田应从被告名下划出,交由原告经营,原告享有与该土地相关的权利、履行相关的义务。如(2017)晋0881民初1942号案。

(九)农村承包经营地裁判要旨

根据人口数以家庭方式承包的土地,依法应予以分割进行各自经营,但是有部分土地已流转给他人或集体经济组织,并领取了相应的土地流转费,法院不再进行分配处理。已流转的土地,由一方享有,剩余的由另一方承包经营耕种。如(2017)晋11民终193号案。

(十)债权裁判要旨

根据《最高人民法院关于人民法院审理离婚案件处理财产分割问题的若干具体意见》(已废止)[①]第2条"夫妻双方在婚姻关系存续期间所得的财产,为夫妻共同财产,包括:……(5)一方或双方取得的债权"之规定,该共同债权可以认定为双方的夫妻共同财产,夫妻共同债权作为连带债权,原告、被告均有权向债务人主张权利,双方当事人可待债权实现后,协议处理或另案诉讼。如(2017)晋0881民初1942号案。

(十一)彩礼返还问题裁判要旨

对于男方要求返还彩礼的,根据《最高人民法院关于适用〈中华人民共和国婚姻法〉若干问题的解释(二)》第10条[②]规定"当事人请求返还按照习俗给付的彩礼

---

① 现已被《最高人民法院关于废止部分司法解释及相关规范性文件的决定》(2020年12月29日发布;2021年1月1日实施)废止。

② 现《最高人民法院关于适用〈中华人民共和国民法典〉婚姻家庭编的解释(一)》第5条规定:"当事人请求返还按照习俗给付的彩礼的,如果查明属于以下情形,人民法院应当予以支持:(一)双方未办理结婚登记手续;(二)双方办理结婚登记手续但确未共同生活;(三)婚前给付并导致给付人生活困难。适用前款第二项、第三项的规定,应当以双方离婚为条件。"内容无变动。

的，如果查明属于以下情形，人民法院应当予以支持：……（二）双方办理结婚登记手续但确未共同生活的；（三）婚前给付并导致给付人生活困难的"，结合双方已办理结婚登记、双方结婚后共同生活时间、双方结婚时间已长达十年以上、双方家庭经济等实际情况，酌定部分返还彩礼。如（2017）晋 1181 民初 1143 号案。

（十二）离婚损害赔偿裁判要旨

未能提交《婚姻法》第 46 条[1]之规定的证据，法院对精神损害赔偿请求不予支持。如（2017）晋 0881 民初 1942 号案。

（十三）共同债务裁判要旨

夫妻共同债务，须提供证据证实其所述债务系因夫妻共同生活而产生，否则不予支持。如（2017）晋 0881 民初 1942 号案。

二、离婚后财产纠纷的裁判要旨

本次统计的山西省 2017 至 2019 年离婚后财产纠纷判决书共 423 个，其中判决驳回诉讼请求/维持原判的有 82 个，未公开/涉密/无全文的有 94 个，有效的判决书为 247 个。

法院在处理房产分割问题时十分重视当事人意思自治，按离婚协议及庭审协商一致处理的占大多数，而最终需要交由法院来实际处理的占比很少。如离婚协议有效或者双方当事人庭审协商一致，基本上就按照协商结果进行处理。这表明离婚协议或者其他婚姻协议是非常重要的，离婚时双方对条款的约定应当谨慎，一方面正视夫妻间财产分割，不要模糊约定；另一方面专业起草，避免一些无效或可撤销情形的发生。

从本次统计的判决书中可以看出，山西省离婚后财产纠纷讼争标的主要是房产和车辆，涉及公司股权、现金、股票、基金、保险、信托等有价证券、理财产品、彩礼返还或经济补偿、收藏品等其他财产的纠纷数量较少，在此不过多阐述，以下主要为法院对房屋的处理方式和考量因素的统计总结：

---

① 现《民法典》第 1091 条规定："有下列情形之一，导致离婚的，无过错方有权请求损害赔偿：（一）重婚；（二）与他人同居；（三）实施家庭暴力；（四）虐待、遗弃家庭成员；（五）有其他重大过错。"增加了"有其他重大过错，导致离婚的，无过错方有权请求损害赔偿的情形"，扩大了提起损害赔偿的范围。

(一)将房屋判归一方并支付折价款裁判理由

因夫妻关系解除双方不适合生活于一处,这种处理方式较符合大众心理。

常见理由:(1)产权登记一方;(2)房屋贷款主贷人;(3)照顾女方及子女原则;(4)对房屋的贡献;(5)房屋人身密切性,尤其是自建房;(6)房屋居住现状;(7)购房时使用了一方首套房优惠利率;(8)占有更多份额;(9)一方名下的唯一住房;(10)便于生产生活;(11)婚姻过错。

(二)按份分割裁判理由

主要的原因:未取得完全所有权无法分割,不适宜直接分割归一方。

(三)不处理裁判理由

理由主要有:(1)不属于夫妻共同财产(个人财产、案外人财产、家庭财产、尚未发生继承等);(2)离婚协议已处理/已约定给子女;(3)生效协议/生效判决已经处理完毕;(4)房屋上有贷款,无法过户;(5)尚未办理产权登记,无法确定是否取得产权;(6)标的已经灭失[如房屋已售,出售款已消耗(如归还房屋贷款)/房屋所基于的买卖合同被解除];(7)宅基地使用权受政策限制,不能分割。

内蒙古自治区法院婚姻家庭案件裁判要旨梳理

一、统计样本说明

笔者以“内蒙古自治区、年份:2017 至 2019 年、文书类型:判决、案由:离婚后财产纠纷/婚约财产纠纷/同居关系纠纷/离婚纠纷”为关键词在 Alpha 案例库进行搜索,共计 1904 个裁判文书。其中,离婚后财产纠纷 642 个,婚约财产纠纷 619 个,同居关系纠纷 54 个,离婚纠纷 589 个。因离婚纠纷裁判文书中多数判决为“驳回原告诉讼请求,不准离婚”或者即使判决离婚,财产分割内容也大多另案处分,有价值作为样本案例分析的文书较少。因此,本部分未将“离婚纠纷”单列为一个类别进行统计,只是将其中有价值的裁判观点进行了萃取,归并到“离婚后财产纠纷”中。

二、内蒙古自治区离婚后财产纠纷案件的裁判要旨

557 个婚姻财产纠纷类案件判决中涉及房产所有权的案件有 144 个,多数房屋所有权判归女方所有,占比 42%;判决归男方所有的有 50 个,占比 35%;按份共有的有 8 个,占比 6%;未判决归属的有 25 个,占比 17%。

(一)房产分割

裁判要旨一:在双方当事人一方自愿放弃房屋所有权或达成分割协议情况下,法院准予按照当事人的意思自治进行分割,主张房屋所有权一方给予对方房屋折价补偿。

典型案例:(2017)内 0422 民初 5147 号

本院认为,本案为离婚后财产纠纷。原告、被告自愿离婚并对婚姻关系存续期间的财产自愿处置,并不违反法律强制规定,应尊重双方的意见,该财产处分协议合法有效,本院应予支持。

裁判要旨二:照顾妇女、未成年人利益的原则,房屋所有方在得到房屋所有权的基础上给予对方房屋折价补偿。

典型案例:(2017)内 04 民终 3312 号

本院认为,婚生女刘某萱随毛某共同生活且一直租房居住,本着照顾妇女儿童合法权益的原则,考虑应当给孩子一个安定、平稳的生活及学习环境,从有利于孩子身心正常成长的角度出发,争议房屋应当归毛某所有。

典型案例:(2017)内 0404 民初 9829 号

本院认为,鉴于涉案房屋登记在被告名下,离婚后该房屋由被告居住使用以及女儿诺某跟随其生活并由其抚养教育的实际情况,本着照顾妇女、未成年人利益的原则,且被告亦主张房屋所有权,故涉案房屋确定归被告所有为宜,被告给付原告相应的房屋折价款(补偿)160,000元。

裁判要旨三:当事人双方均主张房屋所有权情况下,以登记或占有使用情况进行分割,并给予对方补偿。

典型案例:(2018)内0102民初5375号

本院认为,原告、被告均主张房屋所有权,且均认可涉案房屋价值为20万元。原告已在分割夫妻共同财产时分得位于××旗的房屋。综合考虑原告、被告双方的居住情况,本院认为本案所涉位于呼和浩特市××区房屋分给被告刘某所有,由被告向原告给付房屋折价款100,000元为宜。

裁判要旨四:当事人双方均主张房屋所有权情况下,可进行竞价,由竞价高的一方获得房屋并给予对方补偿。

典型案例:(2018)内0429民初2549号

本院认为,原告、被告共有房产一处由原告竞价取得,故该房产归原告所有,原告支付给被告1/2楼房款。

裁判要旨五:婚姻关系存续期间将房屋在夫妻之间进行了过户不属于赠与,应认定为共同财产。

典型案例:(2016)内0402民初5992号

本院认为,因上述房产过户时原告、被告尚未离婚,案涉两处房产购置时间为婚姻关系存续期间,根据《婚姻法》第19条第1款①的规定,被告认可与原告在婚姻关系存续期间未签订过上述协议且被告未举证证明其向原告支付案涉两处房产的房款的证据,故被告的上述抗辩主张不成立。案涉两处房产为夫妻共同财产,应由原告、被告平均分割,即原告、被告各分得案涉两处房产产权的50%。

裁判要旨六:父母出资购买登记在夫妻双方名下的房屋,视为对夫妻二人的赠与,应认定为夫妻共同财产进行分割。父母出资购买登记在子女一方名下的房屋,

---

① 现《民法典》第1065条第1款规定:"男女双方可以约定婚姻关系存续期间所得的财产以及婚前财产归各自所有、共同所有或者部分各自所有、部分共同所有。约定应当采用书面形式。没有约定或者约定不明确的,适用本法第一千零六十二条、第一千零六十三条的规定。"内容无实质性修订。

视为对子女个人的赠与,应认定为个人财产[①]。

典型案例:(2017)内04民终4070号

本院认为,由杨某父母出资购买的登记在陈某、杨某名下的财产应否作为陈某、杨某夫妻共同财产进行分割。结合本案事实,陈某、杨某均认可登记在陈某名下的,位于赤峰市××区房屋,系杨某父母全款出资购置,且陈某、杨某均认可将该房屋作为夫妻共同财产进行分割。一审法院在庭前主持陈某、杨某双方对该财产价值进行了确认,陈某、杨某共同确认该房屋现价值为85万元。本着照顾女方权益原则,结合本案实际情况,该房屋应归陈某所有,对杨某应分得份额一审法院酌定由陈某支付给杨某共同财产折价款30万元。

(二)协助房产过户

裁判要旨一:双方当事人一方自愿放弃房屋所有权或达成分割协议情况下,法院按照当事人的意思自治进行判决。

裁判要旨二:对于房屋设有抵押权申请办理过户,存在两个观点:(1)待涉案房屋抵押权被撤销或抵押权人同意后方能办理产权变更登记[②]**。(2)涉案房屋不具备办理过户条件,驳回当事人的诉讼请求。**

典型案例:(2017)内0422民初536号

本院认为,双方离婚协议中涉及的楼房设定了抵押,应在抵押权被撤销或抵押权人同意后方能办理产权变更登记,因此,原告的诉讼请求应加以限定。依照《婚姻法》第39条[③]、《最高人民法院关于适用〈中华人民共和国婚姻法〉若干问题的解

---

① 目前《最高人民法院关于适用〈中华人民共和国民法典〉婚姻家庭编的解释(一)》第29条明确规定:"当事人结婚前,父母为双方购置房屋出资的,该出资应当认定为对自己子女个人的赠与,但父母明确表示赠与双方的除外。当事人结婚后,父母为双方购置房屋出资的,依照约定处理;没有约定或者约定不明确的,按照民法典第一千零六十二条第一款第四项规定的原则处理。"

② 现《民法典》第406条规定:"抵押期间,抵押人可以转让抵押财产。当事人另有约定的,按照其约定。抵押财产转让的,抵押权不受影响。抵押人转让抵押财产的,应当及时通知抵押权人。抵押权人能够证明抵押财产转让可能损害抵押权的,可以请求抵押人将转让所得的价款向抵押权人提前清偿债务或者提存。转让的价款超过债权数额的部分归抵押人所有,不足部分由债务人清偿。"取消必须经抵押权人同意才能转让的内容。

③ 现《民法典》第1087条规定:"离婚时,夫妻的共同财产由双方协议处理;协议不成的,由人民法院根据财产的具体情况,按照照顾子女、女方和无过错方权益的原则判决。对夫或者妻在家庭土地承包经营中享有的权益等,应当依法予以保护。"在照顾对象范围中增加了"无过错方"。

释(二)》第8条①、《民事诉讼法》第64条之规定判决如下:被告安某于设定在××区北建行商住楼×幢××号房屋上的抵押权被撤销或抵押权人中国农业银行巴林左旗支行同意后15个工作日内协助原告康某办理产权变更登记。

(三)土地经营权及征地补偿款分割

裁判要旨一:家庭承包经营户的一员,有权分得其个人份的土地承包经营权。

典型案例:(2017)内0425民初2436号

本院认为,原告张某在与王某离婚前作为王某的家庭成员之一,其理应享有6.17亩的土地承包经营权。虽然原告张某在与王某离婚时表示放弃一切财产,但其未明确放弃对土地承包经营权的分割,原告作为家庭承包经营户的一员,有权分得其个人份的土地承包经营权。现该土地由被告刘某即王某母亲耕种,其有义务进行返还。故原告要求二被告返还土地6.17亩的诉讼请求本院予以支持。

裁判要旨二:征地补偿款属于个人财产不能分割,征地补偿款具有人身专属性,而非夫妻共同财产。

典型案例:(2017)内0404民初10791号

本院认为,赤峰市松山区人民法院作出(2015)松民初字第1936号民事判决书,判决准予原告、被告离婚。原告、被告婚姻关系存续期间在赤峰市××区山上建平房和机电井,在离婚诉讼中双方对此并未分割。2017年上述平房被政府征占应得补偿款300,900元。被告刘某1对补偿款的金额并无异议,但认为该补偿款还包含案外人刘某2、刘某3、刘某4的份额,并非全部属于夫妻共同财产,并提交了2013年5月20日被告刘某1与案外人刘某2、刘某3、刘某4签订的协议书,证明四人共同投资在八家山上小区建平房,如遇政府征收,所得补偿款归四人共同享有。

(四)其他财产分割

裁判要旨一:他人出资登记在一方名下的股权未被分割。

典型案例:(2017)内04民终4070号

关于杨某在赤峰市兴泰市政工程有限公司股份问题,企业机读档案登记资料显示杨某系该公司法定代表人及唯一出资人,但结合杨某提交的银行转账凭证可

① 现《最高人民法院关于适用〈中华人民共和国民法典〉婚姻家庭编的解释(一)》第69条第2款规定:"当事人依照民法典第一千零七十六条签订的离婚协议中关于财产以及债务处理的条款,对男女双方具有法律约束力。登记离婚后当事人因履行上述协议发生纠纷提起诉讼的,人民法院应当受理。"增加了关于债务处理条款对男女双方具有法律约束力的规定。

以证实该公司注册资本502万元系来自杨某母亲公司及其他债权人,并非陈某、杨某夫妻共同财产出资,故对杨某在该公司股份亦不应在本案中作为陈某、杨某夫妻共同财产予以分割。

裁判要旨二:确定的共同债权可以进行分割,双方当事人一方自愿放弃或达成分割协议情况下,法院准予按照当事人的意思自治进行分割,未达成分割协议的经法院审理依法分割。

典型案例:(2018)内0402民初3705号

本院认为,本案所涉债权的债权凭证上记载的债权人系姚某与张某1二人,姚某在庭审中亦认可债权凭证原件自出具后一直由其本人持有,故可确认姚某对债权凭证上所记载内容是认可的。另外,该债权已经由生效的内蒙古自治区喀喇沁旗人民法院作出的(2017)内0428民初3495号民事判决书及本院作出的(2017)内0402民初7390号民事判决书确认系张某2、齐某向姚某、张某1二人所借,在此情形下,该债权应确定为姚某与张某1婚姻关系存续期间的夫妻共同债权,应依法予以分割。双方对该笔债权未进行特别约定,则确认其二人每人各享有该债权的1/2份额。

(五)离婚协议效力

内蒙古自治区557个离婚后财产案件中经协议离婚的有363个,占比65%;法院判决离婚的有117个,占比21%;法院调解离婚的有77个,占比14%。

裁判要旨一:双方当事人一方自愿放弃财产分割或达成分割协议情况下,法院准予按照当事人的意思自治进行分割。

裁判要旨二:因离婚协议显失公平条款被撤销。

典型案例:(2018)内0428民初4047号

本院认为,双方离婚协议第3条第2项写道:位于鼎盛小区的楼房及地下车库都已约定由被告所有并且实际居住,且该房屋现不能办理贷款,但是双方约定该房屋贷款仍应由原告负担显失公平,本院认为应予撤销;第7条特殊教育费没有发生,双方约定由原告负担,应予撤销。

裁判要旨三:离婚协议中约定的违约金过高的调整。

典型案例:(2019)内0402民初2837号

本院认为，关于原告诉请违约金的数额，因根据《合同法》（已废止）第114条①、《最高人民法院关于适用〈中华人民共和国合同法〉若干问题的解释（二）》（已废止）第29条②及本案的实际情况，约定的违约金过分高于造成的损失，并且原告亦未提供证据证实其实际所受损失，故本院对违约金酌情考虑5000元。

裁判要旨四：财产分割协议中对其他财产无争议，认定为按照个人控制状态进行分割。

典型案例：（2018）内0403民初1555号

本院认为，该协议是孙某1与孟某军双方的真实意思表示，孙某1对此没有异议。该协议中仅列举了孙某1与孟某军婚姻关系存续期间的部分财产。在第2条的其他财产约定"男女双方各自的私人生活用品及首饰归各自所有，其他财产无争议"。此处的"其他财产无争议"，从字面理解应是还有其他财产没有在协议中体现，但双方已达成一致性协议。因为双方各自控制的其他财产没有写入离婚协议中，仅就一句"其他财产无争议"予以涵盖。具体如原告控制其他财产有"平庄醉香城酒业直销处（三沟酒业酒行）一处、位于建平县的房屋、车库的价值27.5万元；在原告名下的银行存款868,293.76元"。孟某军控制的其他财产有"山东××园房一套（购买价135,000元）、葫芦岛市连山区××路2－6号楼×单元201室楼房一套（购买价139,882元）、个人存款及商业保险保费合计722,305.72元"。两相对比一下，不难看出孙某1与孟某军离婚时，孙某1控制下未在离婚协议中列明的财产价值与孟某军控制下未在离婚协议中列明的财产的价值差额不大，因此说明孙某1与孟某军签订的离婚协议中"其他财产无争议"，包含孙某1与孟某军各自控制下未在离婚协议中列明的财产。

---

① 现《民法典》第585条规定："当事人可以约定一方违约时应当根据违约情况向对方支付一定数额的违约金，也可以约定因违约产生的损失赔偿额的计算方法。约定的违约金低于造成的损失的，人民法院或者仲裁机构可以根据当事人的请求予以增加；约定的违约金过分高于造成的损失的，人民法院或者仲裁机构可以根据当事人的请求予以适当减少。当事人就迟延履行约定违约金的，违约方支付违约金后，还应当履行债务。"内容无变动。

② 现《民法典》第585条第2款规定："约定的违约金低于造成的损失的，人民法院或者仲裁机构可以根据当事人的请求予以增加；约定的违约金过分高于造成的损失的，人民法院或者仲裁机构可以根据当事人的请求予以适当减少。"

三、内蒙古自治区婚约财产纠纷案件的裁判要旨

（一）首饰类的裁判要旨

裁判要旨一：首饰属于赠与给个人的财产不予以返还。

典型案例：(2018)内2223民初7091号

本院认为，因原告张某与被告周某1双方未办理结婚登记手续，原告张某的返还彩礼的请求符合法律规定，应予支持；但是，原告张某给付的价值2万元的三金首饰，系双方为缔结婚姻关系而专门用于给付对方个人的财物，该部分具有人身专属性质，应属于为维护良好关系的赠与行为，被告周某1已经接受，原告张某要求返还于法无据，本院不予支持。

裁判要旨二：双方已无结婚合意，首饰应返还。

典型案例：(2019)内05民终1709号

本院认为，本案的争议焦点是：2019年1月从通辽翠华金店购买的26.15克，价格为9283元的千足金项链是否应予返还。上诉人那某二审提交的包商银行对账单、包商银行账户详单、微信账单详情的截图能够证实2019年1月12日从翠华金店购买的价格为9283元的千足金项链系上诉人那某出资购买，其以缔结婚姻为目的送给被上诉人白某1的财物，现双方已无结婚合意，白某1应予返还。

典型案例：(2019)内2921民初683号

原告为被告购买的周大金"750"金项链一条、梦金园铂"950"钻石戒指一枚、老凤祥足金耳钉一对、老凤祥足金手镯一只(现在原告处)，是数额较大的贵重金饰，应当予以返还。

裁判要旨三：给付人给付的"四金"因属贵重物品以共同生活为目的，现双方离婚，不能认定为赠与，应予返还。①

典型案例：(2017)内0521民初7511号

本院认为，借婚姻索取财物是法律所禁止的，离婚后对彩礼应予返还，鉴于被告董某1与原告同居生活近20个月且在同居生活期间怀孕流产，对返还数额酌情予以支持。原告给付的"四金"因属贵重物品，以共同生活为目的，现双方离婚，不

---

① 目前，关于彩礼的返还，规定如下：《最高人民法院关于适用〈中华人民共和国民法典〉婚姻家庭编的解释(一)》第5条规定："当事人请求返还按照习俗给付的彩礼的，如果查明属于以下情形，人民法院应当予以支持：(一)双方未办理结婚登记手续；(二)双方办理结婚登记手续但确未共同生活；(三)婚前给付并导致给付人生活困难。适用前款第二项、第三项的规定，应当以双方离婚为条件。"

能认定为赠与,应予返还,但是原告主张的"四金"价值16,000元无证据证实,无法确认其价值,本案中不予处理,原告可另案主张。

(二)未生育子女关于彩礼返还的裁判要旨

裁判要旨一:无证据证明当事人存在索要彩礼的行为,则不予返还。

典型案例:(2019)内0429民初1676号

本院认为,公民的合法人身、财产权益应当受到法律保护。但是诉讼中的当事人对自己提出的主张应当提供证据予以证实,否则将承担举证不能的不利后果。原告王某与被告赵某订婚时,从原告所提供的视频证据来看,确实系王某给付了被告李某2、高某彩礼款120,000元和给付被告赵某20,000元的事实,但从视频中未有三被告向原告索要的情形,而是原告出于被告李某2和高某对被告赵某多年养育之恩而向被告李某2、高某赠与的款项。同时对于给付被告赵某的衣服款、三金款、购车款亦是原告对被告赵某的赠与。本案中,被告赵某已经与原告王某共同生活了两年多时间,且双方生育男孩一名,同时在案件审理过程中原告虽然向本院提交了其父亲借款用于原告婚姻的证据,但本院认为此证据不足以证实此款系用于原告的婚姻支出,且原告未向本院提交有效证据证实其因为婚约支出而导致家庭困难的其他有效证据,综上所述,本院认为原告要求三被告返还彩礼款的诉讼请求,本院不予支持。

裁判要旨二:共同生活时间较长,彩礼不返还。

典型案例:(2019)内0429民初3539号

本案中,原告与被告朱某2按农村习俗举行婚礼并共同生活,时间较长,原告的请求亦不符合上述法律规定,故其主张本院不予支持。

裁判要旨三:已经登记,共同居住时间较短,但是如果彩礼已经给赠与方造成了一定影响,部分返还。①

典型案例:(2019)内0430民初62号

本院认为,彩礼是当事人一方以缔结婚姻为目的支付给另一方的钱物,如果婚姻关系不能得以实现或维持,给付彩礼一方有权要求接收方予以返还。本案中,原告与被告庞某1订、结婚时原告按习俗给付被告方彩礼款100,000元的事实能够认

① 目前,关于彩礼的返还,规定如下:《最高人民法院关于适用〈中华人民共和国民法典〉婚姻家庭编的解释(一)》第5条规定:"当事人请求返还按照习俗给付的彩礼的,如果查明属于以下情形,人民法院应当予以支持:(一)双方未办理结婚登记手续;(二)双方办理结婚登记手续但确未共同生活;(三)婚前给付并导致给付人生活困难。适用前款第二项、第三项的规定,应当以双方离婚为条件。"

定。原告与被告庞某1已经依法登记结婚,后又离婚,共同生活期间被告庞某1怀孕流产,但考虑双方共同生活时间较短,给付彩礼款数额较大已给原告生活造成一定困难,故对原告给付的彩礼款被告方应予适当返还。

裁判要旨四:彩礼返还时应当扣除为缔结婚姻时发生的费用。

典型案例:(2019)内0981民初180号

被告为准备结婚事宜所花费的款项,理应从中予以扣除,且因双方属于既未办理登记结婚也未同居生活的情形,扣除被告为筹办结婚事宜合理的花销后应全部返还。

典型案例:(2019)内0404民初310号

原告翟某给付被告卜某100,000元的代价中蕴含着被告卜某要答应结婚,有缔结婚姻的目的,故应认定为彩礼款。被告卜某用该款购买的婚礼衣物、个人用品、生活用品可以认定为婚礼用品,应该在彩礼款中扣除。

裁判要旨五:如有过怀孕流产情形,从保护妇女儿童角度,部分返还。

典型案例:(2019)内0429民初3853号

从形式上看,为赠与形式,但其实质系为原告吴某1与被告李某1缔结婚约而形成的彩礼财物款,以上款项共计150,000元,数额巨大,故原告要求被告返还此款的诉讼请求,本院予以支持。但考虑到原告吴某1与被告李某1结婚时间较长,且李某1在婚姻关系存续期间有过怀孕流产情形,为维护李某1的合法权益,本院认为以上款项部分返还,更为适宜。

典型案例:(2019)内0826民初2680号

原告、被告虽未办理结婚登记手续,但已同居生活,从保护妇女身心权益的角度考虑,人身权的价值远远超过财产价值。因此原告给付被告的彩礼,除双方为结婚典礼和同居生活消费部分款项外,剩余款项被告应当酌情予以返还。

裁判要旨六:同居期间导致女方怀孕,降低8%的返还比例。

典型案例:(2018)内0522民初7628号

因原告屈某和被告海某1同居生活9个月至12个月,所以被告海某1本应返还56%的彩礼款,因被告海某1同居生活期间怀孕,故降低8%的返还比例。

裁判要旨七:登记生活一段时间,解除婚约,彩礼仍需要返还。①

① 目前,关于彩礼的返还,规定如下:《最高人民法院关于适用〈中华人民共和国民法典〉婚姻家庭编的解释(一)》第5条规定:"当事人请求返还按照习俗给付的彩礼的,如果查明属于以下情形,人民法院应当予以支持:(一)双方未办理结婚登记手续;(二)双方办理结婚登记手续但确未共同生活;(三)婚前给付并导致给付人生活困难。适用前款第二项、第三项的规定,应当以双方离婚为条件。"

典型案例:(2019)内04民终2369号

虽然双方当事人结婚2年,但《婚姻法》第3条第1款[①]规定:“禁止包办、买卖婚姻和其他干涉婚姻自由的行为。禁止借婚姻索取财物。”本案中原审法院既考虑了双方婚姻的状况、双方在经营婚姻过程中的过错程度,又考虑了双方婚姻关系存续期间的生活各项支出情况,酌定返还95,000元,较为适当。

裁判要旨八:领取结婚证后彩礼视为赠与,无须返还。

典型案例:(2019)内0423民初1674号

本院认为,原告、被告已于2019年1月9日办理结婚登记手续、领取结婚证。原告诉称其与被告领取结婚证后并未共同生活,被告对此不予认可,原告也未提供有效证据证明,本院对此不予采信。原告于2019年2月27日向被告给付30,000元,此款项系原告、被告婚姻关系存续期间给付,应属于婚姻关系存续期间夫妻之间的赠与行为,且原告未能提供证据证明该款项有剩余,故原告诉讼请求的理由不能成立,本院不予支持。

裁判要旨九:因一方有过错导致婚约解除可酌情少返还。

典型案例:(2019)内0783民初492号

因原告有过错导致婚约解除,故本院酌定三被告返还原告唐某彩礼及结婚用品款35,000元。

裁判要旨十:返还的金额无法确定时可参照内蒙古自治区地方居民人均消费性支出水平结合同居期间的合理支出计算核减。

典型案例:(2018)内0207民初316号

本院认为,原告、被告订婚后未办理结婚登记手续,现原告请求返还按照习俗给付被告的彩礼款,应予以支持。鉴于双方共同同居生活期间的消费支出具有相对性和私密性,故依据内蒙古自治区××区居民人均消费性支出22,744元结合同居期间(143天)予以计算被告的合理支出即8911元,并在应返还的彩礼款中予以核减。

裁判要旨十一:返还彩礼应当考虑本案的具体情况以及当地经济发展水平和人均年收入。

典型案例:(2017)内0422民初114号

本院认为,我国法律禁止借婚姻索取财物。被告李某2、李某1向原告索要彩

① 现《民法典》第1042条第1款规定:“禁止包办、买卖婚姻和其他干涉婚姻自由的行为。禁止借婚姻索取财物。”内容无变动。

礼款60,000元,虽然被告李某2与原告已经登记结婚,但毕竟婚姻关系存续期间不长、共同生活时间又较短,且原告为婚事支付彩礼金额较大,造成了原告家庭经济困难,二被告应适当予以返还,考虑本案的具体情况以及当地经济发展水平和人均年收入,本院认为二被告返还原告彩礼款30,000元为宜。

裁判要旨十二:无法查明给付彩礼金额时,可根据习俗判断给付的礼钱数额。

典型案例:(2019)内0430民初4749号

本院认为,彩礼是男方以结婚为目的给女方或女方父母的钱财,双方未办理结婚登记手续的,当事人请求返还按照习俗给付的彩礼款,人民法院应当予以支持。原告称通过媒人高某过付给女方彩礼款60,000元,除申请证人高某出庭作证外,未提交其他证据证明,二被告认可收到彩礼款30,000元,且通过两位证人陈述,彩礼款分头半礼和后半礼两次给付符合农村订婚习俗及生活常理。

裁判要旨十三:为了实现结婚的目的,按照当地的习俗给付购房款、购车款等特定款项的,因已解除婚姻关系,故应当返还。

典型案例:(2017)内0425民初1103号

本院认为,对于原告要求被告返还购车款60,000元的诉讼请求,虽然三被告不认可收到60,000元购车款,但原告的三位证人证言相互印证,能够形成完整的证据链条,亦能够证明三被告收到60,000元购车款的事实,同时三被告收到购车款没有实际用于购买车辆,理应返还该款项。故本院对原告的该项诉讼请求予以支持。

典型案例:(2018)内0429民初1453号

本院认为,原告孙某与被告洪某1订立婚约过程中,原告给付被告的婚约财物款数额较大,现双方婚约关系已解除,三被告依法应适当返还婚约财物款。原告给付被告洪某2、姬某的彩礼款8.8万元,根据本案案情应酌情返还。

裁判要旨十四:未订立婚约,存在大额财物的赠与行为,应予返还。

典型案例:(2019)内0925民初31号

本院认为,原告、被告恋爱期间相互转账的小额财物赠与或者日常的消费支出应当是维系感情的必要支出或系双方的共同消费,原告不应当要求返还。而原告给予被告3笔每笔达万元共5万元的大额财物,是原告基于结婚为目的的一种附条件的赠与行为。现双方已终止恋爱,缔结婚姻的目的不能实现,赠与方有权要求受赠方返还赠与的财产,否则构成不当得利。

裁判要旨十五:婚姻当事人不掌握彩礼,由收受彩礼的父母负责返还。

典型案例:(2019)内0123民初591号

由于原告陈某1与被告樊某1未办理结婚登记手续,其同居关系不受法律保护,被告樊某2、陈某2所收彩礼应予返还。但陪嫁物品(酌定6000元)、男女双方的衣服等用品的花费(酌定8000元)应当核减。鉴于双方已共同生活一年有余情形,本院酌定按70%的比例返还,即返还数额为(72,000元-6000元-8000元)×70%=40,600元。被告樊某1未实际掌控彩礼款,其不承担责任。

裁判要旨十六:送彩礼是原告、被告双方家庭之间的行为,被告父母作为共同的生活成员,应共同承担返还责任。

典型案例:(2017)内0522民初110号

本院认为,原告王某诉被告李某1、李某2、孙某婚约财产纠纷一案,本案事实清楚,证据充分,婚约是依据当地的传统风俗形成的,属当事人自愿订立不受法律保护,依婚约产生彩礼的性质是一种附条件的赠与,是双方以送现金和财物的形式,增强婚约的稳定,以达到结婚的目的。原告王某送给被告李某1"三金"和彩礼款被告方承认此事实,故根据《最高人民法院关于适用〈中华人民共和国婚姻法〉若干问题的解释(二)》第10条[①]的规定:当事人请求返还按照习俗给付彩礼的,对于双方未办理结婚登记手续的,人民法院应予支持,本案中原告王某与被告李某1未办理结婚登记,故原告王某要求被告返还彩礼款及"三金",本院予以支持,因送彩礼是原告、被告双方家庭之间的行为,被告李某2、孙某作为共同的生活成员,应共同承担返还责任。

典型案例:(2017)内0425民初1103号

本院认为,对于被告唐某1、高某是否应当承担返还责任问题,因被告唐某2作为被告唐某1、高某之女,在其订婚、结婚的整个过程中,被告唐某1、高某均直接或间接地参与了接受钱物的行为,而且三被告作为共同的家庭成员,接收到钱物后亦应视为共同管理,故对彩礼款本院认定为30,000元,对该款项二被告应予返还。

(三)已生育子女关于彩礼返还的裁判要旨

对于当事人双方已登记结婚或者虽未办理结婚登记,但已按照农村习俗举行结婚仪式,并共同生活以后,且已生育婚生子女或者怀孕,法院有如下三种裁判要旨。

---

① 目前,关于彩礼的返还,规定如下:《最高人民法院关于适用〈中华人民共和国民法典〉婚姻家庭编的解释(一)》第5条规定:"当事人请求返还按照习俗给付的彩礼的,如果查明属于以下情形,人民法院应当予以支持:(一)双方未办理结婚登记手续;(二)双方办理结婚登记手续但确未共同生活;(三)婚前给付并导致给付人生活困难。适用前款第二项、第三项的规定,应当以双方离婚为条件。"

裁判要旨一:当事人双方已登记结婚,且已生育婚生子女,法院认为根据法律规定及结合案情实际情况,婚约财物款部分三被告应该酌情予以返还。

典型案例:(2016)内 0429 民初 6285 号

本院认为,《婚姻法》第 3 条第 1 款①规定,禁止借婚姻索取财物,被告赵某 1、赵某 2、关某无论以何种名目借婚姻关系向原告索取财物,均属被禁止的行为。本案中,原告给付三被告的婚约财物款,因原告姜某与被告赵某 1 已经结婚一年有余,且于 2016 年农历三月初八生育男孩姜某某,现已 8 个多月,姜某与赵某 1 离婚后,婚生男孩姜某某由被告赵某 1 抚养照顾。原告姜某与被告赵某 1 结婚时,婚约财物款也有部分消费,所以根据法律规定及结合本案实际情况,婚约财物款部分三被告应该酌情予以返还。

典型案例:(2017)内 0430 民初 5481 号

本院认为,原告与被告孟某 1 按照农村风俗订婚,并未办理结婚登记,未形成合法婚姻关系,我国婚姻法律禁止借婚姻关系索取财物,二被告应对彩礼款予以返还,考虑被告孟某 1 存在怀孕并终止妊娠等情况,为倡导公序良俗,二被告应返还原告给付的彩礼款的 30% 为宜。

裁判要旨二:当事人虽未办理结婚登记手续,但已按照农村习俗举行结婚仪式并同居生活,且女方现已怀孕或者已生育时,综合案件实际情况,酌定彩礼款不予返还,驳回诉讼请求。

典型案例:(2018)内 0430 民初 4684 号

本院认为,本案中,原告芦某主张举行结婚仪式当日给付二被告的 26,000 元系彩礼,但未提供证据予以证明,结合介绍人李某柱的证言,对原告的上述主张,本院不予采信。原告芦某与被告张某 1 虽未办理结婚登记,但已按照农村习俗举行结婚仪式并同居生活,且被告张某 1 现已怀孕,综合本案实际情况,本院酌定彩礼不予返还。

典型案例:(2018)内 0430 民初 5723 号

本院认为,原告与被告张某 1 举行订、结婚仪式,原告按习俗给付二被告彩礼 80,000 元的事实存在,双方虽已解除同居关系,但双方同居时间较长,并生育一男孩宋某轩,现原告主张要求二被告返还彩礼,缺乏法律依据。

典型案例:(2018)内 0522 民初 4989 号

---

① 现《民法典》第 1042 条第 1 款规定:"禁止包办、买卖婚姻和其他干涉婚姻自由的行为。禁止借婚姻索取财物。"内容无变动。

本院认为,原告与被告木某未办理结婚登记手续,举办订婚仪式,并以夫妻名义共同生活,且在同居期间生育子女的,彩礼不应返还,故对原告的请求应予以驳回。

裁判要旨三:已经登记共同生活且有了孩子,如无证据证明给付彩礼导致给付方生活困难,则驳回其请求返还彩礼的诉讼请求。

典型案例:(2019)内0422民初2499号

本院认为,原告给付被告100,000元,其中80,000元是否系彩礼,原告提交的证据无法证实。原告乔某1与被告赵某虽未经婚姻登记机关登记结婚,但按当地习俗举行了结婚仪式,且二人订婚后就开始同居生活,并生育一女。原告未提交证据证明其因给付彩礼导致生活困难。鉴于原告乔某1与原告赵某同居时间较长,并生育一女等具体情节,对其要求被告返还彩礼款的诉讼请求,本院不予支持。

(四)其他类型的财产返还的裁判要旨

裁判要旨一:1314、520、666等金额红包,是表达爱意的赠与无须返还。

典型案例:(2019)内0121民初1118号

本院认为,原告通过微信给被告转款800元、1314元、520元、2000元,共计4634元,应认定为赠与性质。

典型案例:(2018)内0723民初490号

原告主张三被告返还双方"相门户"时给付的6600元及"三金"。男女恋爱期间互赠财物表情达意,实属人之常理,相亲时给付对方一份数字吉利有寓意的见面礼是本地的习俗之一。本案中的6600元即为原告给付被告方的见面礼。庭审陈述中,女方虽认可"三金"的存在,但原告未能有效证实其价值以及样式、成分等物理性状。同时考虑"三金"是女方专用的生活用品,也承载了男方对女方示爱的感情因素,所以上述财物是男方向女方表达爱慕之情的物质体现,符合当地习俗,属赠与行为,不应认定为彩礼。

裁判要旨二:双方相互之间赠与的礼物及平时交往购置的物品,价值较小且亦符合人际交往中的风俗习惯,视为赠与。

典型案例:(2017)内0924民初795号

对双方在缔结婚约期间,赠与的礼物及平时交往购置的物品,价值较小且符合人际交往中的风俗习惯,应认定为赠与,所以女方接受男方的财物不予返还,男方接受女方的东西也不予返还。

裁判要旨三:"衣服款""行李钱""满水钱""压腰钱""合子礼钱"等项目,属于

民间习俗的赠与,是为表达爱意的行为不属彩礼范围。

典型案例:(2017)内0425民初1103号

原告给付三被告的“三金”款、衣服款、行李钱、满水钱、点烟倒水钱、化妆品钱和压腰钱的行为是基于婚约的赠与行为,女方已经与男方结婚并共同生活了一段时间,原告的该赠与行为也已实际履行,故对于男方该项诉讼请求,本院不予支持。

典型案例:(2017)内0429民初6314号

本院认为,原告与被告王某梅结婚时间较短,原告给付被告王某梅的衣服款、“三金”款,由于被告王某梅婚后大部分用于生活,应适当返还;原告给付被告王某梅的定亲礼、满水满酒款、换手巾及订婚戒指,属赠与性质,被告王某梅不予返还。

典型案例:(2019)内0424民初724号

对于原告诉求要求返还的包手绢10,000元、点烟倒水10,000元、盅10,000元、衣服6000元,给王某1姥姥买衣服2000元、原告的舅舅张某2给付王某1600元,属于按风俗赠与行为,不属彩礼范围,故对上述款项三被告不予返还。

典型案例:(2019)内0826民初2680号

未办理结婚登记即举行结婚仪式同居生活,该行为违反了《婚姻法》①的相关规定。原告家给付被告上下轿钱、压箱钱的行为属于民间习俗的赠与,原告要求返还的请求,不予支持。

典型案例:(2019)内0923民初448号

原告要求返还的衣服钱、首饰钱、上下车钱、压包钱、合子礼钱、改口钱属于赠与,本院不予支持。

典型案例:(2019)内0429民初746号

本案中,原告与被告张某1恋爱期间,原告给被告张某1定亲礼2000元、满酒水款1000元、改口费1000元、换手巾1000元以及转账2000元,上述给付行为是为表达爱意的赠与行为,不应是民间意义上的彩礼性质,故原告宋某要求返还上述财物,没有事实根据和法律依据,本院不予支持。

四、内蒙古自治区同居关系析产案件的裁判要旨

(一)“现金类”案件的裁判要旨

裁判要旨:双方的同居关系不受法律保护。原告、被告的个人财产各自归个人

---

① 现规定在《民法典》婚姻家庭编。

所有。同居期间取得的财产，可按一般共有财产处理。[①]

典型案例:(2018)内07民终605号

本院认为,2015年8月3日,孙某军与袁某芝签订协议书一份,约定位于煤矿东大墙外1000米处的一座土体结构的平房归袁某芝所有,签订此协议后,如该房屋增值拆迁均与孙某军无关。袁某芝与孙某军于2011年离婚后,双方于2015年8月至2017年3月27日又共同居住生活,但没有办理复婚手续。2015年11月24日,袁某芝个人所有的该房屋被拆迁征用,获得拆迁补偿款216,278元,该款打入袁某芝的账户里。2015年11月25日,孙某军做倒卖饲草的生意,在孙某军、袁某芝、荣某芳都在场的情况下,通过工商银行自动提款机,从袁某芝的账户里付给荣某芳买草款141,000元。法院认为,原告、被告之间在离婚后未补办复婚手续的情况下又共同生活和居住,双方的同居关系不受法律保护。原告、被告的个人财产各自归个人所有。原告袁某芝主张和孙某军同居期间支出的141,000元由被告孙某军偿还,其主张于法有据,予以支持,被告孙某军应给付原告袁某芝141,000元。

典型案例:(2018)内0422民初6296号

2005年原告丛某贤与被告何某华的父亲何银某同居生活,在此期间被告何某华与其生母在河北定居生活,一直没有回来照看过其父亲何银某。2018年12月5日被告何某华的父亲何银某因病去世,被告何某华第一次回来,为其父购买了一个骨灰盒,其余火化、安葬等事宜主要由原告丛某贤及其儿子组织实施负责;原告丛某贤与何银某同居生活期间,在邮政储蓄银行存有3万元存款。

何银某去世后,原告丛某贤与被告协商处理分割涉案的3万元存款时,被告何某华持有存单后,以唯一的继承人身份不予返还原告。法院认为,原告丛某贤与被告何某华的父亲何银某虽没有办理结婚登记,但以夫妻名义共同生活期间较长,同居期间双方为共同生活目的所得收入形成共有财产;本院结合双方同居时间、照顾妇女原则,认为原告应享有绝对多数的财产利益;同时考虑被告何某华一直没有对其父亲何银某尽照看赡养义务,且原告丛某贤承担了被告何某华父亲何银某大部分安葬费用等综合因素,综上所述,法院认为原告丛某贤对涉案的共有物享有20,000元所有权。

---

① 关于同居期间所得财产的处理,现有《民法典》第1054条第1款"无效的或者被撤销的婚姻自始没有法律约束力,当事人不具有夫妻的权利和义务。同居期间所得的财产,由当事人协议处理;协议不成的,由人民法院根据照顾无过错方的原则判决"和《最高人民法院关于适用〈中华人民共和国民法典〉婚姻家庭编的解释(一)》第22条"被确认无效或者被撤销的婚姻,当事人同居期间所得的财产,除有证据证明为当事人一方所有的以外,按共同共有处理"的规定,暂无其他规定。

(二)"房产类"案件的裁判要旨

裁判要旨:同居生活期间购置的房产,能够证明个人收入或出资购买的,应认定为个人财产,不能够证明是个人收入或个人出资购买的,按一般共有财产处理①。同居期间共同共有的财产,应当平均分割。对于无房屋产权证书的房屋,根据《物权法》第9条②之规定,因房屋无法确定为同居人共有财产,故不予分割。

典型案例:(2019)内0426民初2620号

原告与被告2004年3月15日登记结婚,被告婚前曾有过一段婚姻,前夫因车祸去世,被告获得100,000元赔偿款。2006年5月11日原告、被告经翁牛特旗人民法院调解离婚。离婚后不久,原告、被告开始同居,靠养羊、种地获取生活来源。2016年1月13日以被告名义购买楼房一处,位于××旗西户。楼房全款250,000元,首付100,000元,原告、被告以房产共有人的名义从银行贷款150,000元,同居期间偿还贷款本息44,645.63元。

双方其他共同财产有:海信电视一台价值4300元,床两张价值2300元。法院认为,原告、被告同居生活十几年,现已经自行解除同居关系。同居期间以共同养羊、种地为主要生活来源,双方各自财产与共同财产混同,对于涉案楼房是否属于共同财产产生争议。《最高人民法院关于人民法院审理未办结婚登记而以夫妻名义同居生活案件的若干意见》③对此类案件的处理作出了明确的规定。如解除非法同居关系,同居生活期间双方共同所得的收入和购置的财产,按一般共有财产处理;同居期间为共同生产、生活而形成的债权、债务,可按共同债权、债务处理。

本案中,涉案楼房是原告、被告同居期间购置,登记在被告名下,但原告提交的涉案楼房抵押贷款档案中明确注有借款人李某霞、刘某春。抵押人李某霞,抵押物共有人刘某春。涉案楼房贷款档案可以证明涉案楼房属共同共有。由于双方均无

---

① 关于同居期间所得财产的处理,现有《民法典》第1054条第1款"无效的或者被撤销的婚姻自始没有法律约束力,当事人不具有夫妻的权利和义务。同居期间所得的财产,由当事人协议处理;协议不成的,由人民法院根据照顾无过错方的原则判决"和《最高人民法院关于适用〈中华人民共和国民法典〉婚姻家庭编的解释(一)》第22条"被确认无效或者被撤销的婚姻,当事人同居期间所得的财产,除有证据证明为当事人一方所有的以外,按共同共有处理"的规定,暂无其他规定。

② 现《民法典》第209条规定:"不动产物权的设立、变更、转让和消灭,经依法登记,发生效力;未经登记,不发生效力,但是法律另有规定的除外。依法属于国家所有的自然资源,所有权可以不登记。"内容无变动。

③ 现已被《最高人民法院关于废止部分司法解释及相关规范性文件的决定》(2020年12月29日发布;2021年1月1日实施)废止。

充分证据证明各自出资份额,应视为双方等份共有财产,虽然被告在同居前有个人存款100,000元,但时隔多年,不能充分证明此款用于购房首付款,故对该房产应平均分割。房屋产权登记在被告名下,涉案房屋归被告所有为宜,剩余房屋贷款由被告负责偿还,被告补偿原告楼房款72,322.815元[(100,000元+44,645.63元)÷2]。

典型案例:(2018)内2223民初10068号

本院认为,同居生活期间双方共同所得的收入和购置的房产,能够证明个人收入或出资购买的,应认定为个人财产,不能够证明是个人收入或个人出资购买的,按一般共有财产处理。本案中,原告、被告均不能证明购买房屋所付房款为自己全部出资,但考虑诉争房屋以丛某苗的名义缴款、签订商品房购房合同,并在建设部门办理预告登记,结合该房屋未办理不动产登记,按一般财产分割归丛某苗所有为宜,综合考虑原告、被告的利益诉争,区分个人财产和一般共有财产关系后,对所交房款进行分割,有利于案结事了,纠纷的解决。其中,已交付的房屋价款中111,750元,双方均不足以证明所付房款为自己个人财产所出,应按一般共有财产处理,故原告吕某要求分割的理由成立,本院予以支持,从照顾妇女的角度,考虑被告丛某苗有双胞胎子女尚幼需要抚养等因素,该购房款中价款111,750元由原告吕某分得40%、被告丛某苗分得60%较为适宜。其余购房款丛某苗能够证明是以丛某苗名义贷款260,000元交付的,并逐月从丛某苗公积金账户偿付借款本息的事实,故该部分房款应认定为被告丛某苗个人出资,法院对丛某苗提出该部分房款为自己所出资的抗辩予以支持,原告吕某要求分割的理由不成立。

(三)"未履行财产分割协议"案件的裁判要旨

裁判要旨:在签订的财产分割协议中,有明确约定且不存在欺诈、胁迫的情形下,出于双方真实意思表示,并不违反法律强制性规定的协议法院通常会认定双方签署的协议有效,有财产分割协议的按照协议履行义务。

典型案例:(2018)内0425民初1650号

本院认为,原告赵某莲与被告接某福共同生活3年,而后双方因琐事争执导致不能同居生活,双方自愿分手。被告接某福同意给付原告赵某莲补偿款30,000元,并于2017年3月4日为原告出具了30,000元的欠条一张,由被告接某原、王某武担保,并以担保人的身份在欠条中签字。该款经原告多次索要,被告至今未给付。本院认为,被告接某福虽然为原告赵某莲出具了欠条,但双方并未形成借贷关系,而是原告与被告接某福共同生活期间共同创造了部分财富,在同居结束时,原告索要部分财产分割款作为补偿,被告接某福为此向原告出具了30,000元的欠条。所以原告赵某莲与被告接某福之间应该属于同居关系析产纠纷。被告接某福为原告出具欠条,而且庭审中亦认可给付原告该款项,故本院对原告要求被告接某福给付30,000元的诉讼请求予以支持。庭审中,原告自愿放弃利息的诉求,本院对利息部分不予审理。对于被告接某原与被告王某武作为担保人是否应承担连带责任问题。因被告接某福与原告赵某莲之间存在债权债务关系,被告接某原与王某武为该债权债务关系担保,而且没有明确何种担保责任,应视为连带保证责任。所以,原告主张由担保人承担连带责任的诉讼请求亦应支持,但在保证人承担保证责任后有权向债务人接某福进行追偿。

(四)"债务"与"其他"案件的裁判要旨

裁判要旨:同居期间双方共同所得的收入和购置的财产,按一般共有财产处理。同居期间为共同生产、生活而形成的债权债务,可按共同债权债务处理。共有人对共有的不动产或者动产没有约定为按份共有或者共同共有,或者约定不明确的,除共有人具有家庭关系等外,视为按份共有。按份共有人对共有的不动产或者动产享有的份额,没有约定或者约定不明确的,按照出资额确定,不能确定出资额的,视为等额享有。[①]

典型案例:(2017)内0781民初532号

本院认为,原告侯某梅与被告商某刚自2000年10月开始同居至起诉时,未办理结婚登记。原告、被告双方同居期间以养猪为生,建造了270平方米猪舍,原告提出分割猪及猪舍的诉讼请求,法院认为,上述猪及猪舍为原告、被告的共同财产,因无证据证明双方的出资额,故应按原告、被告各占50%的比例予以分割。被告不主张猪的所有权,仅要求原告给付猪的对价。根据《物权法》第100条第1款[②]之规定,原告提出分割猪的所有权的诉讼请求,符合法律规定,法院对此予以支持。被告应给付原告母猪12头、出栏的猪50头、仔猪15头,共计77头猪。原告、被告双方

---

① 关于同居期间所得财产的处理,现有《民法典》第1054条第1款"无效的或者被撤销的婚姻自始没有法律约束力,当事人不具有夫妻的权利和义务。同居期间所得的财产,由当事人协议处理;协议不成的,由人民法院根据照顾无过错方的原则判决"和《最高人民法院关于适用〈中华人民共和国民法典〉婚姻家庭编的解释(一)》第22条"被确认无效或者被撤销的婚姻,当事人同居期间所得的财产,除有证据证明为当事人一方所有的以外,按共同共有处理"的规定,暂无其他规定。

② 现《民法典》第304条第1款规定:"共有人可以协商确定分割方式。达不成协议,共有的不动产或者动产可以分割且不会因分割减损价值的,应当对实物予以分割;难以分割或者因分割会减损价值的,应当对折价或者拍卖、变卖取得的价款予以分割。"内容无变动。

同居期间购买猪饲料,尚欠张某饲料款 59,200 元、徐某雷饲料款 38,725 元。被告提出双方应共同承担债务的意见。根据《物权法》第 102 条①之规定,被告的该项意见,符合法律规定,本院予以支持。上述两项债务总额为 97,925 元,原告应按 50% 的比例分担 48,962.50 元。虽然被告提供的在双方分居后形成的欠据,不能客观、真实地证明共同债务,但原告、被告均对猪享有所有权,且分居后被告独自养猪,确为实际发生的事实。根据《物权法》第 98 条②之规定,原告应适当分担双方分居后养猪的饲料费。本院酌情确定原告分担 50,000 元。故上述原告应分担的债务总额为 98,962.5 元,法院予以确认。

典型案例:(2017)内 0430 民初 5426 号

2012 年 2 月,原告与被告赵某举行订婚仪式,2014 年未经政府登记举行结婚仪式并同居生活。双方同居期间,向被告父亲赵某 2 借款 40,000 元。2017 年 2 月 13 日,赵某 2 将本案原告张某诉至本院,要求张某偿还借款 65,000 元;2017 年 3 月 15 日,本院作出(2017)内 0430 民初 1165 号民事判决书,判决由张某偿还赵某 2 40,000元。原告、被告于 2017 年 3 月 15 日解除同居关系。原告提交的证据不足以证明其主张的欠王某 10,000 元、欠张某 1 10,000 元,欠修车款 23,500 元是双方同居期间为共同生产、生活而产生的债务。法院认为,原告、被告双方同居期间为共同生产、生活向赵某 2 所借的 40,000 元属双方共同债务,双方应共同偿还。现本院作出的(2017)内 0430 民初 1165 号民事判决书已生效,确定了原告的偿还义务,故其有权就超出自己应承担的数额向共同债务人追偿。原告主张欠王某 10,000 元、欠张某 1 10,000 元,欠修车款 23,500 元属双方共同债务,其提交的证据不足以证明上述债务是双方同居期间为共同生产、生活而产生的债务,故本院不予采纳。

---

① 现《民法典》第 307 条规定:"因共有的不动产或者动产产生的债权债务,在对外关系上,共有人享有连带债权、承担连带债务,但是法律另有规定或者第三人知道共有人不具有连带债权债务关系的除外;在共有人内部关系上,除共有人另有约定外,按份共有人按照份额享有债权、承担债务,共同共有人共同享有债权、承担债务。偿还债务超过自己应当承担份额的按份共有人,有权向其他共有人追偿。"内容无变动。

② 现《民法典》第 302 条规定:"共有人对共有物的管理费用以及其他负担,有约定的,按照其约定;没有约定或者约定不明确的,按份共有人按照其份额负担,共同共有人共同负担。"非实质性修订,仅在条文初始增加了"共有人"的内容。

辽宁省法院婚姻家庭案件裁判要旨梳理

笔者通过对辽宁省14个市2017至2019年的互联网公开的婚姻家庭纠纷案件中的财产分割及债务处理问题进行深入阅读分析,希望通过数据分析帮助大家在对待婚姻问题时能够正确、理性地面对和选择。

关键词:辽宁省;离婚纠纷;离婚后财产纠纷;婚约财产纠纷;准予离婚;判决内容公开

时间:2017年1月1日至2019年12月31日

案件来源:威科先行法律信息库、Alpha案例库

案件数量:婚约财产纠纷523个、离婚纠纷1476个、离婚后财产纠纷992个

一、婚约财产纠纷的裁判要旨

(一)彩礼相关问题

1. 彩礼能否返还

存在以下几种情形,一般不予返还彩礼:

第一,已经登记结婚并且同居生活。

第二,男女双方未办理结婚登记而同居时间较长,一般在2年以上。

第三,男女双方已经实际将彩礼全部花销。

第四,男女双方未办理结婚登记而同居生活期间生育子女的。

第五,当事人证据不足,不能证明彩礼的真实性的。

2. 支持返还理由

未正式办理结婚登记手续的,因缔结婚约的目的已无法达成,在彩礼范围内法院一般均会支持原告的主张。如果当事人已经结婚,但综合考虑婚后共同生活较短,且给付彩礼造成家庭困难,难以生活,法院也会判决确定返还彩礼。

3. 不返还/返还部分的理由

在不返还/返还部分彩礼理由中,同居占比65%,已实际花销占比10%,同居并生子占比3%,其他因素占比22%。

关于同居,辽宁省大部分当事人双方都已经按照民俗举行婚礼且同居生活过一段时间,双方已存在准婚姻关系,有的女方出现早期妊娠和流产等状况。法院考虑双方未婚同居都存在过错,酌情返还部分彩礼。

关于已实际花销,男女以缔结婚姻为目的的同居期间,会购买家用电器和装修房

屋等，因此法院在审理案件时会考虑双方筹办婚礼的花销等原因，本着公平公正原则一般酌定返还部分彩礼。

关于同居并生子，当男女在同居期间怀孕并生育子女时候，双方的关系因生育子女而更加牢固，并因此建立起一个名副其实的家庭。如果双方解除婚约会对女方造成很大的伤害，因此本着照顾女方权益角度，法院一般判决不返还彩礼。但是也有一些法院在审理中判决返还部分彩礼，例如，辽宁省凌源市人民法院作出的（2016）辽1382民初5138号民事判决书，是考虑当事人因未办理结婚登记手续，存在一定过错，对于女方收取的彩礼款可适当返还。

关于占比22%的其他因素，法院一般会结合当地经济发展水平、彩礼数额、解除婚约的原因等因素，酌定返还部分彩礼。

（二）辽宁省婚约财产案件的具体分析

1. 法院裁判考量的因素

（1）是否办理结婚登记手续

男女双方订立婚约，主要目的在于结婚，而法律意义上的结婚是以是否办理结婚登记手续为判断标准。在《最高人民法院关于适用〈中华人民共和国婚姻法〉若干问题的解释（二）》第10条①规定中，也明确了未办理结婚登记手续是可以要求返还彩礼的情形之一。

（2）共同生活的时间长短

共同生活是婚姻的实质内容，是否共同生活、生活多久成为是否返还彩礼的核心判断因素。

（3）生育情况

生育情况是反映男女双方共同生活的一个侧面，特别是一旦怀孕进行流产手术，更会对女方的身心造成损害。

（4）其他

除上述因素外，法院还会重点考虑办理订婚酒宴、彩礼使用及回礼情况、筹备婚礼的必要支出、造成分手的原因、是否造成给付人经济困难、当地经济发展水平等因素。

---

① 现《最高人民法院关于适用〈中华人民共和国民法典〉婚姻家庭编的解释（一）》第5条规定："当事人请求返还按照习俗给付的彩礼的，如果查明属于以下情形，人民法院应当予以支持：（一）双方未办理结婚登记手续；（二）双方办理结婚登记手续但确未共同生活；（三）婚前给付并导致给付人生活困难。适用前款第二项、第三项的规定，应当以双方离婚为条件。"内容无变动。

2. 裁判观点展示

（1）《婚姻法》第3条[①]规定："禁止包办、买卖婚姻和其他干涉婚姻自由的行为。禁止借婚姻索取财物。"

参考案例：辽宁省丹东市中级人民法院（2018）辽06民终274号。

（2）《最高人民法院关于人民法院审理离婚案件处理财产分割问题的若干具体意见》（已废止）第19条规定："借婚姻关系索取的财物，离婚时，如结婚时间不长，或者因索要财物造成对方生活困难的，可酌情返还。"

参考案例：辽宁省丹东市中级人民法院（2018）辽06民终274号。

（3）返还彩礼时应考虑双方同居情况、彩礼数额、公序良俗等因素综合确定返还彩礼的数额。

参考案例：辽宁省黑山县人民法院（2018）辽0726民初949号。

（4）婚约财产案件的权利义务主体不仅限于缔结婚约的男女双方，接受彩礼的一方家庭必要组成人员应负担相应的返还义务。

参考案例：朝阳市龙城区人民法院（2017）辽1303民初857号。

（5）依照《最高人民法院关于适用〈中华人民共和国婚姻法〉若干问题的解释（二）》第10条[②]规定："当事人请求返还按照习俗给付的彩礼的，如果查明属于以下情形，人民法院应当予以支持：（一）双方未办理结婚登记手续的；（二）双方办理结婚登记手续但确未共同生活的；（三）婚前给付并导致给付人生活困难的。适用前款第（二）、（三）项的规定，应当以双方离婚为条件。"

参考案例：辽宁省鞍山市中级人民法院（2018）辽03民终147号。

（6）从照顾女方利益，原告、被告已举办了婚礼并同居一段时间等角度考虑，本院酌定被告返还原告的彩礼应以50%为宜。

参考案例：辽宁省台安县人民法院（2018）辽0321民初1543号。

（7）婚约是指男女双方以结婚为目的而作出的事先约定，婚约财产以婚约为基础。但综合考虑原告与被告陈某丽结婚后共同生活时间较短，且原告因给付彩礼造成家庭困难，难以维持生活，被告因此所收取原告的彩礼应依法确定返还。

---

① 现《民法典》第1042条第1款规定："禁止包办、买卖婚姻和其他干涉婚姻自由的行为。禁止借婚姻索取财物。"内容无变动。

② 现《最高人民法院关于适用〈中华人民共和国民法典〉婚姻家庭编的解释（一）》第5条规定："当事人请求返还按照习俗给付的彩礼的，如果查明属于以下情形，人民法院应当予以支持：（一）双方未办理结婚登记手续；（二）双方办理结婚登记手续但确未共同生活；（三）婚前给付并导致给付人生活困难。适用前款第二项、第三项的规定，应当以双方离婚为条件。"内容无变动。

参考案例:辽宁省北票市人民法院(2017)辽1381民初256号。

(8)缔结婚姻并不是原告、被告任何一方的义务,婚姻应建立在男女双方完全自愿的基础上,不应作为条件而决定赠与合同是否成立;其次原告应对赠与行为系附条件赠与而承担举证责任。

参考案例:辽宁省盘锦市兴隆台区人民法院(2018)辽1103民初2944号。

(9)彩礼是一种附条件的赠与,如缔结婚姻目标已无法实现,赠与可撤销。法院生效裁判认为:根据《合同法》第192条第1款[①]的规定:"受赠人有下列情形之一的,赠与人可以撤销赠与:(一)严重侵害赠与人或者赠与人的近亲属;(二)对赠与人有扶养义务而不履行;(三)不履行赠与合同约定的义务。"

参考案例:辽宁省鞍山市中级人民法院(2019)辽03民终1344号。

3. 裁判依据

(1)《婚姻法》第3条[②]、第6条[③]

(2)《最高人民法院关于适用〈中华人民共和国婚姻法〉若干问题的解释(二)》第10条[④]

二、离婚后财产纠纷的裁判要旨

(一)房产篇

在房屋归属方面,332个案件最终按离婚时达成的协议来分割;103个案件最终法院判决分割归一方;24个案件最后判决按份分割;14个案件最终原告、被告双方在庭审中达成了协商,根据双方协商一致的内容来分割房产;另有13个最终分割房屋转让款;3个在庭审中明确了房屋所有权归属;2个仅分割房屋使用权;除此之外24个判决没有处理房屋归属问题(见图3)。在我国的司法实践中,大多奉行"谁主

① 现《民法典》第663条第1款规定:"受赠人有下列情形之一的,赠与人可以撤销赠与:(一)严重侵害赠与人或者赠与人近亲属的合法权益;(二)对赠与人有扶养义务而不履行;(三)不履行赠与合同约定的义务。"内容无变动。

② 现《民法典》第1042条规定:"禁止包办、买卖婚姻和其他干涉婚姻自由的行为。禁止借婚姻索取财物。禁止重婚。禁止有配偶者与他人同居。禁止家庭暴力。禁止家庭成员间的虐待和遗弃。"非实质性修订,将原两款拆分为三款。

③ 现《民法典》第1047条规定:"结婚年龄,男不得早于二十二周岁,女不得早于二十周岁。"删除"鼓励晚婚晚育"的内容。

④ 现《最高人民法院关于适用〈中华人民共和国民法典〉婚姻家庭编的解释(一)》第5条规定:"当事人请求返还按照习俗给付的彩礼的,如果查明属于以下情形,人民法院应当予以支持:(一)双方未办理结婚登记手续;(二)双方办理结婚登记手续但确未共同生活;(三)婚前给付并导致给付人生活困难。适用前款第二项、第三项的规定,应当以双方离婚为条件。"内容无变动。

张，谁举证”的原则，对存在何种夫妻共同财产也是需要当事人自己举证证明，因而在日常生活中，切忌变成“甩手掌柜”，对家中情况一概不知，这样很容易在纠纷中处于被动地位。

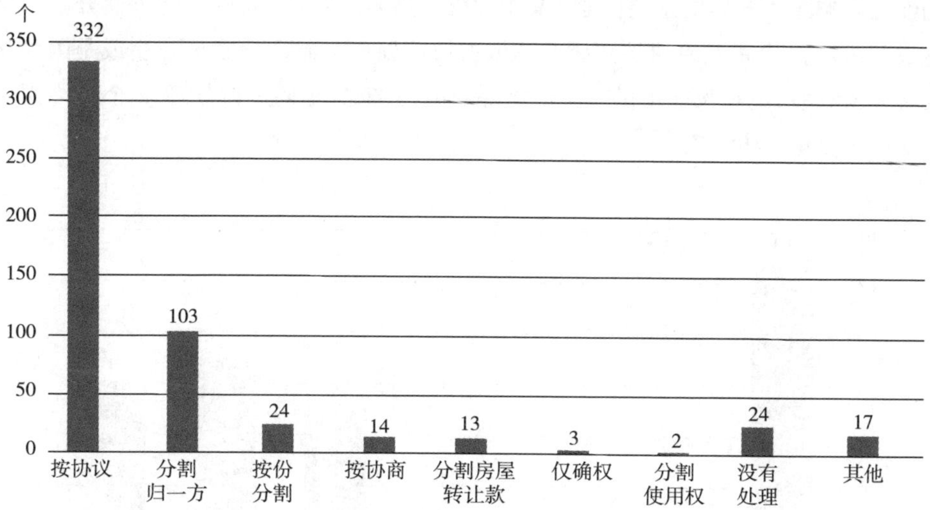

图3　案件所涉房产归属情况统计

在辽宁省2017至2019年离婚后财产纠纷案件中关于房产种类还是以商品房为主，共468个；其次为农村自建房及宅基地，共28个；涉争房产为拆迁安置房的共11个；另外还有1个经济适用房、3个“房改房”（见图4）。

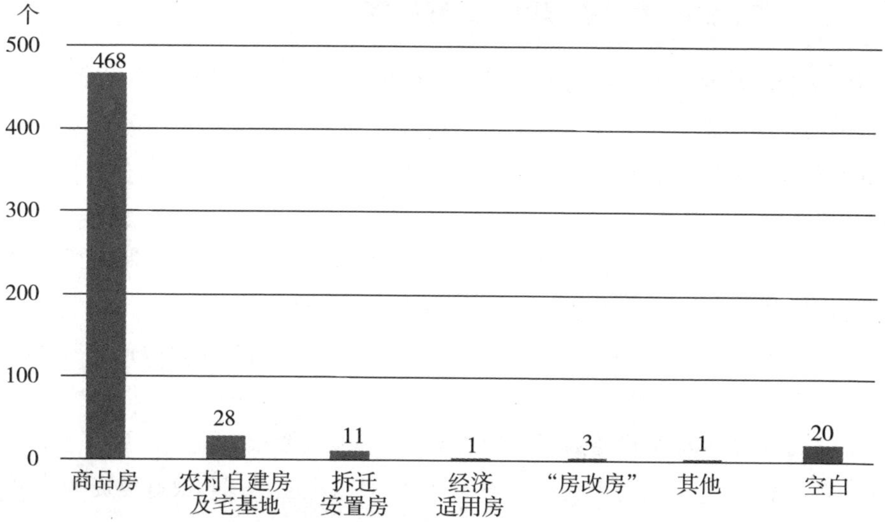

图4　案件所涉房产种类统计

(二)车辆篇

在43个涉及车辆的案件中,在判决车辆归属时,共13个判归登记方,可见登记仍然是影响车辆归属的主要因素。9个案件中原告、被告在庭审中就车辆分割问题达成了一致;7个最终判决按离婚时达成的协议处理车辆;3个在庭审中或是因为涉及案外人利益,或是没能提供有关证据等原因,并未对车辆进行处理;2个最终判决车辆归未登记一方所有(见图5)。

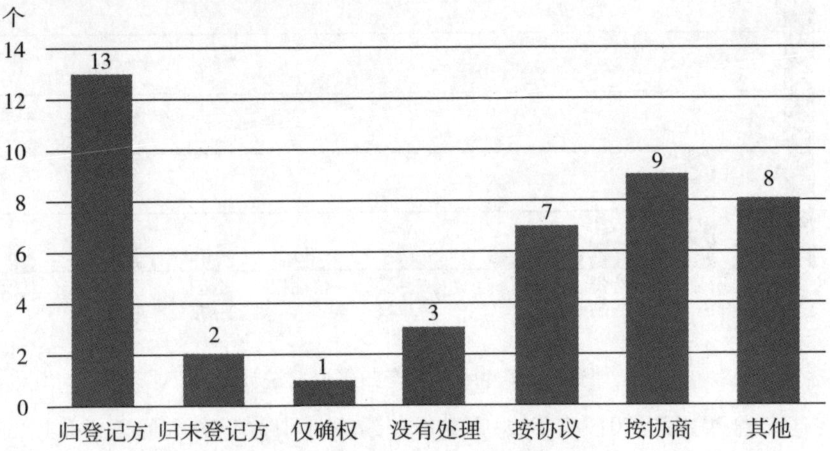

图5　案件所涉车辆归属统计

(三)股权、保险、股票等理财产品归属篇

在10个涉及股权分割的离婚后财产纠纷案件中,有4个案件为一方持股,占比40%,最终判决结果有3个仅确认股权份额、1个按协商处理。另有6个未处理,未处理的案件占涉及股权争议案件的60%。另外10个案件中有1个存在公司章程或者其他法律文件限制。

在7个涉及保险分割的离婚后财产纠纷案件中,最终3个归投保人所有,1个分割退保后剩余现金价值,2个未处理,另有1个以其他方式分割。

在4个涉及股票等理财产品归属的案件中,2个按所得款予以分割,1个判归理财产品所有方,1个未处理。

整体而言,在992个离婚后财产纠纷案件中,涉及股权、保险、股票等理财产品归属的案件数量并不多,可见就辽宁省而言,仍旧以房屋、车辆、银行类资产为主。

在离婚后财产纠纷案件中,有一类案件显得格外"突兀",被告辩驳理由是"并未真正离婚,只是为了买房、避债、移民等原因办理的'假离婚',关于离婚、财产约定都非真实意愿",然而在法律层面上没有真正的"假离婚",当事人需要为自己的行为承担法律责任,除非有证据证明离婚不是自己真实的意思表示,否则依据离婚协议规定的方式分割财产大概率会得到法院支持。"假离婚"需谨慎,切忌"赔了夫人又折兵"。

吉林省法院婚姻家庭案件
裁判要旨梳理

本部分以笔者在 Alpha 案例库中以婚姻家庭纠纷为案由,下载的 2017 至 2019 年吉林省三级人民法院一审到再审的婚姻家庭案件的判决书为基础,采用关键词抓取的形式进行,并针对一些具有典型及指导意义的案例进行了具体分析。书中的代理建议及案件抓取重点结合了笔者的从业经历,意见仅作为参考,具体实践仍以吉林省裁判机关的相关文书为准。

一、离婚纠纷涉及财产分割的裁判要旨

一般认为,离婚案件是包括身份关系、财产关系及子女抚养关系的综合案件,处理过程中难免会照顾女方及未成年人。

(一)房屋及与房屋有关的财产(夫妻双方购买)

关于婚姻关系存续期间,夫妻双方购买的房屋,一般认定为共同财产。就该问题,经过较长时间的司法实践,各地法院处理原则基本相同。在房屋裁判归属问题上,笔者整理了判决中法院裁判归一方的常见理由:(1)产权登记一方;(2)对房屋的贡献;(3)居住在房屋内;(4)经济条件等。

1. 所有权归属问题

对于房屋所有权问题,虽然理由众多,但一般还是主要判决归属在登记一方名下,并给予另一方补偿款。实践中,也存在部分案例,双方均无法给予另一方补偿款,这种情况的处理思路一般为将房屋共同赠与子女,双方就剩余贷款和居住权进行约定;亦有双方协商一致出售房屋,分割款项。同时,双方对房屋价值未协商一致,法院为解决纠纷,判决房屋为双方共同共有,各享有 50% 的份额。

典型案例:吉林省松原市宁江区人民法院(2018)吉 0702 民初 55 号。

2. 折价款

房屋折价款一般尊重协议约定的分割方式,若没有约定,在均分的原则下,照顾女方以及儿童的权益,适当多分。关于共同还贷及其增值部分,各省均有自己的计算方式,以下案例具有一定的参考意义。

(1)共同还贷及其增值部分

双方使用共同财产婚后共同还贷,增值部分为房屋现价减去原购买价格,再加上共同还贷的金额,按照一人一半的标准进行分配。

典型案例:吉林省松原市宁江区人民法院(2015)宁民初字第 1553 号。

(2)一方在另一方婚前房屋装修出资,离婚后,按照装修现值补偿。

典型案例:吉林省辽源市中级人民法院(2017)吉04民终105号。

(3)房屋拆迁,婚内共同对于房屋扩建面积以及回迁安置增加的面积,经鉴定单价进行分割计算补偿款。

典型案例:吉林省长春市中级人民法院(2017)吉01民终5674号。

(4)双方都要房屋,竞价高的获得所有权,按照竞价高的给对方折价款。

典型案例:吉林省四平市中级人民法院(2019)吉03民终338号。

(二)涉及父母出资的房屋

中国的父母非常伟大,不仅在子女成年后负担他们继续求学的费用,还在他们成家立业的时候,举全家之力倾其所有。但也正是中国人的性格原因,中国父母在拿出积蓄的时候,大多数不会明确款项到底是借贷还是赠与。如果是借贷,是否要求归还;如果是赠与,是对一方的赠与还是对双方的赠与;赠与的到底是款项还是房屋。

笔者按照"全文:吉林,离婚,房屋,父母出资;案由:民事;地域:吉林省;年份:2017至2019年;审理程序:一审、二审、再审;文书类型:判决、裁定"的标准,搜索到案例60个并进行了逐案阅读。另外,将搜索条件变更为父母出资及房屋,并以离婚后财产纠纷为案由,搜索出32个。

离婚后财产纠纷中涉及父母出资购房的有效案例共32个,其中:婚前登记在一方名下的案例有3个,法院认定婚前部分财产归一方所有,但对于婚后缴纳的按揭及装修款,按均分原则分割;婚前购房登记于双方名下的有3个,主要按父母出资比例分割或是按照当事人认可价值为依据进行分割;婚后购房登记于一方名下的有10个,其中有2个案件认定为共同财产,一个是由于另一方在首付款中部分出资,因而依据[房屋现净值(市场价值-应付未付贷款)-房屋首付款]÷2+未拿房一方已出资额计算折价款,其余案件,除双方已有协议约定外,法院基本认定涉案房屋为一方个人财产;婚后购房登记于双方名下的有8个,大多认定为父母对夫妻双方的赠与,依据双方协议或是均分。①

根据以上分析,在存在父母出资购买房屋的案件中,婚后购房并登记一方名字

---

① 目前《最高人民法院关于适用〈中华人民共和国民法典〉婚姻家庭编的解释(一)》第29条明确规定:"当事人结婚后,父母为双方购置房屋出资的,依照约定处理;没有约定或者约定不明确的,按照民法典第一千零六十二条第一款第四项规定的原则处理。"

的情况下,法院大概率依据《最高人民法院关于适用〈中华人民共和国婚姻法〉若干问题的解释(三)》[①]中条款的规定而认定该房产为个人财产。而出现婚后购房登记双方名字的情况下,法院多依照《最高人民法院关于适用〈中华人民共和国婚姻法〉若干问题的解释(二)》[②]中条款的规定,认定为父母对双方的赠与,除非出现指定赠与一方的明确说明。

除上述普遍适用的规则外,以下案例具有一定的参考意义。

1. 婚前父母全额出资登记在自己子女名下,子女婚后加上配偶名字,按照共同财产平均分割。

典型案例:吉林省吉林市中级人民法院(2017)吉02民终984号。

2. 婚后双方父母均有出资,登记在一方名下,判决所有权归登记人所有,补偿款为另一方父母的出资额。

典型案例:吉林省吉林市龙潭区人民法院(2017)吉0203民初1208号。

3. 适用《最高人民法院关于适用〈中华人民共和国婚姻法〉若干问题的解释(三)》[③]的前提是父母出资行为属于赠与。

以(2018)吉0581民初1902号案件为例。法院认为,该条款适用的条件是父母为夫妻双方购置房屋,但并不解决父母向子女转账的款项是赠与还是借款的问题,亦不能由此得出父母出资款项系赠与的结论,邱某旭对邱某民的支出均为借款予以认可,且邱某民已提供充分证据证明其共计支出55,600元用于邱某旭、佟某娜购买房屋及偿还房屋贷款之用,故即便邱某旭的欠条是2018年补签的,仍足以认定双

---

① 《最高人民法院关于适用〈中华人民共和国婚姻法〉若干问题的解释(三)》第7条第1款规定:"婚后由一方父母出资为子女购买的不动产,产权登记在出资人子女名下的,可按照婚姻法第十八条第(三)项的规定,视为只对自己子女一方的赠与,该不动产应认定为夫妻一方的个人财产。"现《最高人民法院关于适用〈中华人民共和国民法典〉婚姻家庭编的解释(一)》第29条第2款规定:"当事人结婚后,父母为双方购置房屋出资的,依照约定处理;没有约定或者约定不明确的,按照民法典第一千零六十二条第一款第四项规定的原则处理。"

② 《最高人民法院关于适用〈中华人民共和国婚姻法〉若干问题的解释(二)》第22条第2款规定:"当事人结婚后,父母为双方购置房屋出资的,该出资应当认定为对夫妻双方的赠与,但父母明确表示赠与一方的除外。"现《最高人民法院关于适用〈中华人民共和国民法典〉婚姻家庭编的解释(一)》第29条第2款规定:"当事人结婚后,父母为双方购置房屋出资的,依照约定处理;没有约定或者约定不明确的,按照民法典第一千零六十二条第一款第四项规定的原则处理。"

③ 《最高人民法院关于适用〈中华人民共和国婚姻法〉若干问题的解释(三)》第7条第1款规定:"婚后由一方父母出资为子女购买的不动产,产权登记在出资人子女名下的,可按照婚姻法第十八条第(三)项的规定,视为只对自己子女一方的赠与,该不动产应认定为夫妻一方的个人财产。"现《最高人民法院关于适用〈中华人民共和国民法典〉婚姻家庭编的解释(一)》第29条第2款规定:"当事人结婚后,父母为双方购置房屋出资的,依照约定处理;没有约定或者约定不明确的,按照民法典第一千零六十二条第一款第四项规定的原则处理。"

方借款的事实,因借款发生于邱某旭与佟某娜婚姻关系存续期间,且不属于夫妻一方债务的情形,故邱某民要求邱某旭、佟某娜共同偿还借款的诉讼请求,符合法律规定,本院予以支持。佟某娜在此种情况下主张邱某民支出系赠与,未提供充分证据予以证明,本院对其该项抗辩主张不予支持。

以(2018)吉2402民初55号案为例。法院认为,该条款应当理解为适用于夫妻离婚分割共同财产之时,解决的赠与夫妻一方还是双方的问题,但前提是父母出资款已被认定为赠与性质。

4. 婚后一方父母购买,登记在自己子女名下,首付款、贷款由父母偿还,不需要补偿对方。①

典型案例:长春市净月高新技术产业开发区人民法院(2017)吉0194民初354号。

(三)汽车、挖掘机等交通工具、生产工具

随着经济的发展,汽车已经走入寻常百姓人家,对于共同财产中的汽车,一般按照"谁占有使用,归谁所有"的原则进行处理,并给予另一方折价款,折价款一般按照竞价进行,按照报价高的一方的标准补偿另一方。如汽车已被另一方处分,则双方分配款项。

典型案例:吉林市龙潭区人民法院(2017)吉0203民初1208号。

对于父母出资购买的汽车,有案例认为即便登记在一方子女名下,仍视为对夫妻双方的赠与。

以(2017)吉01民终2507号案为例。法院认为,吕某某父亲于2010年8月购买该车后虽然登记在吕某某名下,但未确定该车归吕某某一人所有,按照当前父母对婚后子女的购车习俗,是希望婚后夫妻在日常生活中共同使用。

(四)股权

笔者又按照全文:吉林,离婚,股权;案由:民事;地域:吉林省;年份:2017至2019;审理程序:一审、二审、再审;文书类型:判决、裁定的标准,搜索到案例168个。最主要的案由是合同、无因管理、不当得利纠纷,有88个,占一半以上,其次是与公

① 目前《最高人民法院关于适用〈中华人民共和国民法典〉婚姻家庭编的解释(一)》第29条第2款明确规定:"当事人结婚后,父母为双方购置房屋出资的,依照约定处理;没有约定或者约定不明确的,按照民法典第一千零六十二条第一款第四项规定的原则处理。"

司、证券、保险、票据等有关的民事纠纷，婚姻家庭、继承纠纷，适用特殊程序案件案由，物权纠纷。其中，一审案件有96个，二审案件有58个，再审案件有14个。通过对一审裁判结果分析可以看到，当前条件下全部/部分支持诉讼请求的有67个，占比70%；驳回全部诉讼请求的有17个，占比18%；裁定驳回起诉的有9个，占比9%。通过对二审裁判结果的分析可以看到，当前条件下维持原判的有42个，占比72%；改判的有12个，占比21%；其他的有4个，占比7%。通过对再审裁判结果的分析可以看到，当前条件下维持原判的有8个，占比57%；改判的有3个，占比21%；发回重审的有2个，占比14%。通过对审理期限的分析可以看到，当前条件下的审理时间更多处在31～90天的区间内，但平均时间为154天。涉及股权类案件的审理期限多于平均审理期限一倍。笔者对上述案件进行了逐案阅读，整理出如下规则：

1. 对于一方因员工身份获得的股权，一般认定为共同财产，在分割时分割的财产价值包括分红。

以(2018)吉0602民初1005号案为例。法院认为，该股权系在刘某国与陈某婚姻关系存续期间取得的，应为二人的夫妻共同财产。陈某在离婚后有权要求分割上述股权。该股权回购后，现还有70,536.81元未领取。陈某自愿按照70,500元标准计算其应取得分割，其有权自由处分其权利，本院予以尊重。该笔款项应由陈某和刘某国平均分割，陈某取得35,250元，其余35,286.81元系刘某国个人财产。

参考案例：吉林省吉林市中级人民法院(2017)吉02民终331号；吉林省白山市浑江区人民法院(2019)吉0602民初1476号；吉林省长春市中级人民法院(2018)吉01民终4674号；吉林省长春市中级人民法院(2017)吉01民终118号。

2. 登记在一方名下，但实际上是第三人所有的股权，使用个人账户但实际是用于经营的款项，不能视同分红。

典型案例：吉林省通化市中级人民法院(2019)吉05民终743号；吉林省延边朝鲜族自治州中级人民法院(2018)吉24民终1834号。

3. 股权资格问题。对于涉及第三人等较为复杂的股权纠纷，一般法院会建议另案起诉，先确认股东资格。

典型案例：吉林省高级人民法院(2017)吉民申2563号。

4. 婚内取得股权，一方与第三人签订股权转让协议，另一方有权要求确认合同无效。

以(2018)吉民申3798号案为例。法院认为，夫妻股权对外转让，属于共同处分。虽然股东会决议和股资转让协议是张某英代理李某泽完成的，但其承认签字行为得到李某泽口头授权，且行为发生在婚姻关系存续期间，彼此代理处分共同投资财产，不能对外对抗第三人，其代理行为对被代理人李某泽发生效力。

参考案例：吉林市船营区人民法院（2019）吉0204民初2029号；吉林省抚松县人民法院（2015）抚民二初字第607号。

在上述案件中，登记股东一方将股权以一定价格转让给第三人，根据上述观点，只要协议在夫妻双方当事人存在感情问题期间签署均认定为无效协议。与最高人民法院作出的（2014）民二终字第48号判决书的审理思路不同，最高人民法院认为，在股权流转方面，《公司法》确认的合法转让主体也是股东本人，而不是其所在的家庭。张某田因转让其持有的工贸公司的股权事宜，与刘某平签订股权转让协议，不违反《合同法》①、《公司法》的强制性规定，转让协议有效。

5. 股权代持的情况。如被代持人认可代持情况，法院可以直接作为共同财产处理。

以（2018）吉05民终879号案为例。法院认为，作为夫妻共同财产的内部员工股统一代持在某位公司同事名下，在公司及该同事认可上述股权代持的情况下，可以直接判决登记在××名下的股权为夫妻共同财产。

6. 协议离婚后，未办理股权变更登记，直接判决一方享有股权。

以（2016）吉0182民初2589号案为例。法院认为，被告于判决生效后10日内，到公司登记机关办理股东名册变更登记，将原告马某某享有的公司25%股权登记到股东名册。

（五）债权及债务

离婚纠纷中，债权和债务亦是处理难点。经过梳理，以下案例具有一定参考价值。

1. 一人名下的信用卡债务一般认定为共同债务。

典型案例：吉林省通化市中级人民法院（2019）吉05民终526号。

2. 债权人有权以共同债务为由向债务人追偿。

典型案例：吉林省辽源市中级人民法院（2018）吉04民终504号。

3. 赃款及罚金是否属于共同债务，实践中有一定争议。

典型案例：吉林省长春市中级人民法院（2017）吉01民再98号。

4. 为共同投资经营公司举债，属于共同债务。

---

① 现规定在《民法典》合同编。

典型案例:吉林省长春市中级人民法院(2018)吉01民终2544号;吉林省吉林市中级人民法院(2019)吉02民终387号。

5. 一方承担了共同债务,有权向对方追偿。

典型案例:吉林省白城市中级人民法院(2019)吉08民终1157号。

二、离婚后财产纠纷案件的裁判要旨

经过大数据检索,2017至2019年,吉林省基层人民法院、中级人民法院及高级人民法院共审理案由为离婚后财产纠纷案件共1085个。在选定了筛选项后,笔者进行了第一次案件过筛,剔除了未公开案件、重复案件及无实际关联案件,共960个具有一定参考价值。2017年共审理286个,其中,一审案件241个,二审案件44个,再审案件1个;2018年共审理299个,其中,一审案件259个,二审案件38个,再审案件2个;2019年共审理375个,其中,一审案件328个,二审案件44个,再审案件3个。

3年来,离婚后财产纠纷中涉及房屋的案件共314个。可见,吉林省2017至2019年的离婚后财产纠纷与离婚纠纷一样,房屋仍是争议的主要内容。此类纠纷多因离婚协议未履行引起,且在签订离婚协议时不存在欺诈、胁迫的情形时,法院多认定离婚协议有效且判决未履行一方积极履行协议,针对房屋,多是协助办理产权登记或产权过户的情况。

(一)案件来源:离婚后财产纠纷案件的原因分析

离婚后财产纠纷的案件,既包括协议离婚又包括诉讼离婚(包括判决离婚和调解离婚),在960个有效案件提及双方离婚方式的案件中,协议离婚的共745个,诉讼离婚的共154个。由此可见,协议离婚的案件较容易产生纠纷。

1. 当事人自身原因

我国的离婚方式分为协议离婚和诉讼离婚,协议离婚相对于诉讼离婚,最大的两个优势就是简单便捷、费用低廉,因此不少离婚当事人选择通过协议的形式离婚。由于当事人缺乏法律知识,很多口头达成的协议由于没有书面证据记载;亦有当事人为便于处理;还有不希望过多的财产内容被其他人知晓的考虑(在我国目前的社会形态下,离婚不是两个人的事情,往往是两家甚至四家人的事情,在一定程度上影响了案件的顺利解决)。

同时,当婚姻状态对购房资格或其他涉及财产类的资格产生影响的时候,不排除很多当事人选择通过所谓的"假离婚"来达到某些财产安排,而实际上,在我国司法实践中，从无“假离婚”一说，只要在民政局办理了离婚手续，就产生离婚的法律效力。作为完全民事行为能力人的公民应当对自己的行为负责，敬畏法律的尊严。

2. 婚姻登记机关原因

办理协议离婚的婚姻登记员在对离婚协议进行形式审查的时候，掌握的尺度往往不一，可能某段时间对涉及房屋的条款着重审查，某段时间对共同债务条款着重审查。很多时候，为尽快解除身份上的关系，很多当事人会选择在起草协议的时候，只写“财产无，债务无”。而实际上，在现代经济社会条件下，无财产、无债务的家庭几乎不存在。

3. 财产原因

双方在离婚时，相关财产尚未取得权属证明。比如房屋，离婚时只有房屋买卖合同和贷款合同，尚未取得所有权证书。若房屋有第三人的名字，在诉讼案件中，因离婚纠纷一般仅限于夫妻二人，无法追加第三人，在第三人未参与案件行使诉讼权利的情况下，为了保护第三人的权利，离婚案件的法官对于涉及第三人的案件，一般都不予处理。这基本上已成为法院处理家事案件的常规做法。

（二）协议效力问题

关于协议效力问题，部分离婚后财产纠纷案件，被告会在答辩的时候主张协议是在受欺诈、胁迫的情况下签署的，绝大部分以答辩的形式提出，并未提起反诉。笔者根据关键词“离婚协议、欺诈、胁迫”，共搜索到2017至2019年从一审到再审的案件124个，除去无关案例，仅有如下案例确认协议无效或撤销了离婚协议中的财产分割部分：

1. 因违反法律的强制性规定导致无效。

以（2019）吉0194民初385号案为例。法院认为，双方签订的协议书第3条“被协议人刘某自愿放弃对孩子的监护权”、第4条“以后孩子没有赡养被协议人刘某的义务”约定无效。

2. 因婚生女与一方无亲子关系，撤销离婚协议中关于财产分割的条款。

典型案例：白城市洮北区人民法院（2019）吉0802民初4863号。

3. 有证据证明签订协议时为限制民事行为能力人，协议无效。

典型案例：吉林省图们市人民法院（2018）吉2402民初905号。

4. 要求一方不得与第三人结婚的赠与条件，因涉及第三人利益赠与无效。

以（2019）吉03民终412号案为例。法院认为，熊某与王某于2016年11月8

日签署的赠与协议,因涉及第三人利益,违反《婚姻法》[1]的有关规定,应认定为此协议为无效的赠与协议。

5. 一般证据达不到撤销离婚协议的证明标准。

即便有协议签订时的录音或协议磋商期间的公安笔录和照片,法院均未撤销离婚协议。

典型案例:松原市宁江区人民法院(2017)吉 0702 民初 3219 号;吉林省大安市人民法院(2019)吉 0882 民初 852 号。

(三)涉及财产问题

1. 将共同财产赠与子女问题。

在笔者看到的案例中,大部分认可离婚协议将共同财产赠与子女有效,不能因未办理登记而主张撤销赠与。

以(2019)吉 0721 民初 418 号案为例。法院认为,在婚姻关系已经解除的情况下,如果准许一方任意撤销离婚协议中的赠与条款,会给子女造成经济损失和新的精神伤害,有违法律原则,有违社会主义核心价值观。

典型案例:吉林省高级人民法院(2019)吉民申 1844 号;吉林省长春市中级人民法院(2018)吉 01 民终 3104 号。

当然,也有判决认定赠与在没有办理产权过户前都可以撤销。以(2019)吉 08 民终 1362 号案为例。法院认为,双方离婚协议载明房屋归女方所有,后又协议约定赠与婚生子。关于 2018 年 11 月 16 日双方签订的协议书,约定将本案争议房屋赠与婚生子,但并未办理房屋产权过户手续。依照《合同法》第 186 条[2]之规定:“赠与人在赠与财产的权利转移之前可以撤销赠与。具有救灾、扶贫等社会公益、道德义务性质的赠与合同或者经过公证的赠与合同,不适用前款规定。”因该协议的约定,不具备第 2 款所规定的情形,故薛某撤销赠与行为符合法律规定,韩某 1 应当将该房屋交付给薛某。

2. 离婚协议中的补偿款,以欠条的形式进行。

协议中的补偿款,一般是双方当事人经充分协议约定的数额,具体计算标准双方可能已经无法还原,只能单纯对数字敏感。由于当事人欠缺法律知识,收款一方

---

① 现规定在《民法典》婚姻家庭编。

② 现《民法典》第 658 条规定:“赠与人在赠与财产的权利转移之前可以撤销赠与。经过公证的赠与合同或者依法不得撤销的具有救灾、扶贫、助残等公益、道德义务性质的赠与合同,不适用前款规定。”该条进一步明确了赠与人任意撤销权的限制。

一般会要求对方出具欠条，法院审理过程中，只要协议本身效力不存在问题，法院一般支持上述约定。

典型案例：长春市南关区人民法院（2017）吉 0102 民初 1827 号。

3. 对于未分割财产，一般参照离婚纠纷中对于财产的处理方式进行。如约定一切财产归一方，指的是共同财产，不包括婚前财产。

典型案例：吉林省吉林市中级人民法院（2018）吉 02 民再 13 号。

4. 协议中约定了支付时间适用诉讼时效，法院认为给付之诉适用诉讼时效制度。

典型案例：吉林省通化市中级人民法院（2018）吉 05 民终 1136 号。

5. 对于没有所有权的房子，判决使用权。对于没有产权证的房屋，法院可以酌定在满足一定条件下判决房屋归一方占有、使用。

典型案例：吉林省通化市中级人民法院（2019）吉 05 民终 51 号。

6. 离婚后同居是同居关系，同居期间的财产协议，不改变离婚协议内容。

典型案例：吉林省白城市中级人民法院（2019）吉 08 民终 776 号。

（四）起草及审查协议的建议

1. 谨慎对待离婚协议

结合上述案例裁判情况，离婚后财产纠纷大部分来自协议离婚，切不可认为离婚只是一个手续，任何一份严密的合同都存在违约的可能，更何况是有关人生的离婚协议。因此，无论是当事人还是律师，均应谨慎对待离婚协议。

2. 写清楚财产种类及数额

较多离婚后财产纠纷是因为双方当事人并未写清楚财产的种类及具体情况，如未写清楚房屋的具体坐落、“所有财产”的内容双方指代不明、仅达成了口头承诺或者其他原因等。对此，笔者建议，双方应秉持诚信原则，对于已经达成协议的内容，能够真实、准确地写在纸面上，做到清晰、准确、可执行。

如双方当事人出于各种考虑，可以另行签署一份财产协议，在解除了婚姻关系后，仍可以对财产作出任何不违反法律法规不损害第三人利益的协议。

3. 另一方的配合义务

这里的另一方的配合义务，不仅包括款项的支付，更包括办理过户、搬出房屋、迁移户口、交付证件等。对于一方在离婚后的配合义务，应在协议中明确如何履行配合义务，拒不配合的，应当承担什么样的违约责任。虽然目前对离婚协议的违约金条款的司法实践尚有争议，但是仍建议双方约定配合义务的违约责任。

黑龙江省法院婚姻家庭案件裁判要旨梳理

为采集本次裁判要旨梳理的案例分析样本，笔者将案例数据库限定于 Alpha 案例库，文书类型限定为判决，案由限定为婚姻家庭纠纷，地域限定于黑龙江省各级法院，时间限定于 2017 年 1 月 1 日至 2019 年 12 月 31 日，案例数据采集时间为 2020 年 2 月 12 日，最终得到黑龙江省 2017 至 2019 年公开的共计 11,970 个案例，其中 2017 年 3846 个、2018 年 4225 个、2019 年 3899 个。

根据《最高人民法院关于人民法院在互联网公布裁判文书的规定》的规定，离婚诉讼或者涉及未成年子女抚养、监护的以及属于人民法院认为不宜在互联网公布的其他情形的，人民法院作出的判决文书不在互联网公布。此外，本次婚姻类案件中大量案件不涉及财产处理，如离婚纠纷案件中判决不离婚的案例，以及只涉及人身关系的抚养、扶养、赡养类案件，故在正式开始分析案例前，笔者对 11,970 个案例进行了一次初步筛选，共计留下了 3065 个案例。

一、黑龙江省离婚房产分割的裁判要旨

（一）离婚房产分割中的房产类型

黑龙江省 2017 至 2019 年婚姻家庭案件涉及房产分割的案例中，涉及商品房的有 152 个、公房的有 2 个、拆迁受配房的有 9 个、宅基地及农村自建房的有 34 个。商品房中已取得产权证的有 134 个、涉及期房的有 9 个、涉及贷款处理的有 9 个。

（二）商品房分割的裁判要旨

1. 婚前一方购买登记在一方名下

分析样本中有 7 个案例涉及婚前一方购买登记在另一方名下的情形，笔者注意到了以下裁判要旨：

（1）按揭贷款尚未结清的案例大体遵循《最高人民法院关于适用〈中华人民共和国婚姻法〉若干问题的解释（三）》第 10 条①的精神，房屋判决归属产权登记一

① 现《最高人民法院关于适用〈中华人民共和国民法典〉婚姻家庭编的解释（一）》第 78 条规定："夫妻一方婚前签订不动产买卖合同，以个人财产支付首付款并在银行贷款，婚后用夫妻共同财产还贷，不动产登记于首付款支付方名下的，离婚时该不动产由双方协议处理。依前款规定不能达成协议的，人民法院可以判决该不动产归登记一方，尚未归还的贷款为不动产登记一方的个人债务。双方婚后共同还贷支付的款项及其相对应财产增值部分，离婚时应根据民法典第一千零八十七条第一款规定的原则，由不动产登记一方对另一方进行补偿。"内容无变动。

方，同时对于婚后共同偿还贷款部分其相对应财产增值部分需要折价补偿另一方。在（2016）黑0602民初1414号案中，法院还进一步列明了如下的折价款计算公式：（一方个人偿还房屋贷款数额＋双方共同偿还贷款数额÷2）÷（房屋首付款数额＋离婚时已支付的贷款数额）×房屋评估现值。

（2）婚前一方购买属个人财产，婚后加名实为赠与行为，按共同共有分割，房屋判决归属婚前购买一方，同时需支付折价款补偿另一方。在（2018）黑0602民初825号案中，法院认为虽然房屋原系男方婚前个人财产，但是其于婚后到房产管理部门将该房屋变更为与女方共同共有系真实意思表示，故女方亦为该房屋的所有权人之一。

（3）婚后加名实为赠与行为，但物权变动以登记为生效要件。在（2017）黑0602民初2418号案中，法院认为房屋购买时间为双方登记结婚前，且是男方个人贷款购买，虽双方签订了房屋共有协议，但不动产所有权以登记为生效要件，而女方未在相关部门进行产权登记，故该房屋属于男方婚前个人财产，涉案房屋应属男方所有。在（2019）黑27民终81号案中，虽然男方曾经同意将该房屋的份额赠与女方，到税务部门办理了完税手续，也领取了宗地图，但是房屋作为不动产，产权人的变更应当自载于不动产登记簿时发生法律效力，赠与行为应当自更名过户手续办理完成时生效，女方并未提供不动产权登记机构所制发的产权证，提供的证据也不足以证明本案争议房屋的权利人的变更已经记载于不动产登记簿并完成了赠与行为。且男方提供的证据可以认定该房屋在不动产登记机关并未发生权利人的变更，仍为男方。故本案争议房屋为男方婚前个人财产，女方无权主张分割。

2. 婚前一方购买登记在双方名下

分析样本中有1个案例涉及婚前一方购买登记在双方名下的情形，笔者注意到了以下裁判要旨：

在（2019）黑1123民初708号案中，男方与女方于2009年12月24日登记结婚。2008年9月男方父亲出资购买了楼房，男女双方共同办理了产权登记。《最高人民法院关于适用〈中华人民共和国婚姻法〉若干问题的解释（二）》第22条①规定，当事人结婚前父母为双方购置房屋出资的，该出资应当认定为自己子女的个人赠与，但父母明确表示赠与双方的除外。法院认为，我国不动产所有权以登记为公

① 现《最高人民法院关于适用〈中华人民共和国民法典〉婚姻家庭编的解释（一）》第29条第1款规定："当事人结婚前，父母为双方购置房屋出资的，该出资应当认定为对自己子女个人的赠与，但父母明确表示赠与双方的除外。"

示要件,登记的产权人即不动产的所有权人,这种登记行为说明该楼房是男方以结婚为目的对女方的赠与行为,其后双方已登记结婚,故该楼房应为夫妻共同财产。

3. 婚前双方共同出资购买登记在一方名下

分析样本中有1个案例涉及婚前双方购买登记在一方名下的情形,笔者注意到了以下裁判要旨:

在(2016)黑0602民初426号案中,双方在恋爱期间共同买房并登记到男方名下,双方对于房屋的现市值经评估为59万元均无异议,在竞价时女方竞价70万元取得该房屋所有权,同意按70万元给付男方房屋折价款。故法院判决该房屋归被告女方所有,同时女方应给付男方该房屋折价款的公式为:(竞价市值-剩余房贷数额-男方婚前个人财产数额-女方婚前个人财产数额)÷2+男方婚前个人财产数额,剩余房屋贷款由女方负责偿还。

4. 婚后双方出资购买登记在一方名下

分析样本中有19个案例涉及婚后双方出资购买登记在一方名下的情形,笔者注意到了以下裁判要旨:

(1)婚后双方购买登记在一方名下属于夫妻共同财产。在(2017)黑0127民初2750号案中,法院认为,婚姻关系存续期间所得的财产,属夫妻双方的共同财产。虽然案涉房屋登记在女方名下并注明其单独所有,但该房屋系双方婚姻关系存续期间共同出资按揭购买,该房屋应认定为夫妻共同财产。

(2)双方对房屋价值认同一致的,可直接折价分割。在(2016)黑0103民初5883号案中,位于南岗区的房屋现价值为35万元,女方主张该房屋所有权,男方同意,法院参照双方商定价值裁判女方给付男方该房屋补偿款17.5万元。对于双方无法认同的且不愿意进行房屋价值评估的,法院也会径行裁判各享有50%的所有权。在(2019)黑1282民初971号案中,双方共有3间房屋,产权登记在男方名下,应视为夫妻共同财产,但双方对共同财产的价格无法协商确定,也不申请司法鉴定,应确定为夫妻共同共有,由双方各享有50%的所有权。

(3)房屋分割归属的综合考虑因素较多,法院既有对于双方折价款给付能力的考虑,也有对于照顾抚养子女一方适当保护的考虑,同时对于一方离家出走多年未归的情形,也会考虑物尽其用原则。此外,以一方名义签订购房合同,贷款尚未还清的,还会从方便还贷的角度判给签订贷款合同一方。在(2018)黑1281民初571号案中,因男方与银行签订借款合同尚有45,000元贷款未能偿还,且该房屋产权证登记在男方名下,故法院将双方购置的房屋判归男方所有。

5. 婚后一方父母出资购买登记在一方名下

分析样本中有 6 个案例涉及婚后一方父母出资购买登记在一方名下的情形，笔者注意到了以下裁判要旨：

婚后由一方父母出资为子女购买不动产，产权登记在出资人子女名下的，应认定为夫妻一方的个人财产。在(2018)黑 7519 民初 95 号案中，房屋来自男方父母拆迁前房产，登记在男方名下，大部分房款是男方父母缴纳，且女方对此也无异议。故房屋应视为男方的个人财产。在(2017)黑 07 民终 86 号案中，房屋虽在双方婚后过户到男方名下，但男方所举证据能够证明系其母亲出资并明确表示对男方的赠与，故应认定为男方的个人财产。在(2017)黑 1281 民初 303 号案中，本案诉争房屋系女方母亲出资，登记在女方名下，故应认定为女方个人财产。

(三)公房使用权/工龄购房分割的裁判要旨

分析样本中有 1 个案例涉及公房使用权分割的情形，由于案情较为简单，简要摘录如下：

在(2019)黑 2703 民初 11 号案中，夫妻双方现有登记在被告男方名下砖瓦结构平房一户(该平房系公有住宅)，因男方于 2017 年 3 月无故离家出走，至今下落不明，故判决双方离婚，现有公有住宅一户暂由女方居住。

(四)拆迁房分割的裁判要旨

分析样本中有 6 个案例涉及拆迁房分割的情形，笔者注意到了以下裁判要旨：

(1)共同财产拆迁利益所得应为夫妻共同财产。在(2016)黑 0804 民初 511 号案中，双方在婚姻关系存续期间，男方出资购买水泵房一处，该房产依法应属夫妻共同财产，该房产经动迁所获的补偿款，应属夫妻共同收益，故动迁补偿款应属夫妻共同财产。

(2)一方工龄折算应算作出资，可以取得房屋份额。在(2017)黑 03 民终第 562 号案中，法院认为，本案涉诉征收的房屋系双方婚姻关系存续期间，女方以男方的名义参加房改，折算双方的工龄后缴纳了房改款，取得了房屋的全部产权，上述房屋应为双方共同所有。在(2017)黑 03 民终第 562 号案中，参加房改时折算双方工龄，该房屋应视为夫妻共有。

(五)宅基地、农村自建房分割的裁判要旨

分析样本中共有 34 个案例涉及宅基地、农村自建房的分割。其中，2017 年 7

个、2018 年 16 个、2019 年 11 个。对于这一类房产的分割,主要存在两种裁判要旨:

一是这类房产没有取得房产证,不予分割。如(2019)黑 02 民终 1269 号案就采用了这一观点。

二是作为可分割的财产,纳入夫妻共同财产范围与其他财产一并进行分割。采该种观点的判决进而往往需要确定由一方继续使用该房产而给付另一方折价款,这与一般的有房产证的房产分割裁判要旨类似。在分析样本中,笔者注意到对于一方下落不明的情况下如何处理的两个案例:如在(2019)黑 1223 民初 540 号案中,一方下落不明,该案经公告送达,法院认为其中一方"属下落不明状态,其未出庭应诉,双方共同财产无法查清。如双方就此自行协商未果,可待李某出现后,另诉解决"。而在(2019)黑 08 民终 407 号案中,一方曾经离家出走但最终参与了诉讼,法院认为"考虑到宋某名下宅院的性质为宅基地,在郑某离家出走后,宋某一直和两个女儿生活在该处,为方便生产生活,本院认为对宋某名下的宅院及地上附着的院北侧的有照房屋和院南侧的无照房屋视为夫妻共同财产予以平均分割,即宋某与郑某各占上述房产份额的 50%,但宅院及地上附着的房屋仍应保持现状,由宋某及其与郑某所生的两个女儿宋某玲、宋某佳继续占有使用"。

二、黑龙江省离婚股票分割的裁判要旨

分析样本中有 3 个案例涉及无限售股票的分割,虽然样本数量偏小,但在有限的样本中笔者注意到了以下裁判要旨:

1. 在(2017)黑 02 民终 381 号案与(2019)黑 03 民终 67 号案中,股票已经全部售出的,按照夫妻共同财产对半分割。

2. 在(2015)西民初字第 852 号案中,股票尚未售出的,具体执行时应依据执行当日股票账户的市值合计额对半分割。

三、黑龙江省离婚合伙份额分割的裁判要旨

分析样本中有 3 个案例涉及合伙份额的分割,虽然样本数量偏小,但在有限的样本中笔者注意到了以下裁判要旨:

1. 在(2017)黑 1281 民初 3739 号案与(2017)黑 0622 民初 853 号案中,家庭共同经营食杂店、麻将馆等的,属于个人合伙的经营活动,通常夫妻间不会有书面协议,则判决归一方所有并支付一定的折价款。

2. 在(2017)黑 0123 民初 403 号案中,因夫妻共有的依兰镇客车线路运营权及客车所有权系与男方哥哥合伙经营,故分割时归男方所有有利于实际操作和运营。

本案中判决客车归属男方更利于客车的经营管理，故将夫妻共有的合伙份额全部分割给一方。

四、黑龙江省其他财产分割的裁判要旨

（一）实物、古董的分割

分析样本中共有77个案例涉及实物分割，未涉及古董，主要为车辆、首饰、劳动工具（含牲口）、家庭用品等。对于实物的分割，存在以下裁判要旨：

1. 双方均有意向的，可以采取竞价形式。在（2017）黑0811民初637号案中，夫妻共同财产“554”洛阳拖拉机1台、旋耕机1台、插秧机1台，经双方竞价，女方出价45,000元获得上述设备，女方应给付男方上述设备价款的一半即22,500元。

2. 双方没有明显意向的，遵循谁使用归谁的原则。在（2018）黑0828民初173号案中，物品法院考虑到上述播种机、塑料大棚、电动摩托车等财产一直由被告使用，认定上述财产归男方所有并支付折价款。在（2017）黑1123民初877号案中，翻斗车双方协商价格为110,000元，因男方用翻斗车干活，并能熟练驾驶，故翻斗车归男方所有，男方给付被告差价款55,000元。在（2017）黑0205民初68号案中，双方均确认插秧机价值1000元，因双方对插秧机的归属未能统一意见，根据插秧机的用途及实际情况，插秧机宜归男方所有并支付折价款500元。

3. “三金”、首饰等贵重物品按照使用习惯分割。在（2017）黑0221民初864号案中，“三金”饰品归女方所有，女方支付折价款3000元；在（2017）黑0406民初102号案中，考虑到结婚时双方并未购买“钻戒”和其他金银首饰，仅购买了金手镯一个，且一直由女方佩戴，故该手镯应为女方个人用品，属于女方的财产，对于男方返还手镯的请求不予支持。

（二）银行存款的分割

分析样本中共有32个案例涉及银行存款分割，主要存在以下裁判要旨：

1. 一般情况下夫妻共同存款对半分割。在（2019）黑1281民初2642号案中，夫妻共同存款42,714.09元双方各半，即女方除在中国邮政储蓄银行的活期存款3586.78元、在哈尔滨银行的活期存款1725.90元归其所有外，男方于本判决生效后5日内给付胡某16,044.36元。

2. 如果有证据证明系个人财产的除外。在（2018）黑0828民初173号案中，被告举证证明了其个人名下的银行卡中的金额系其向第三人借款所得，法院最终支

持被告的主张。在(2017)黑04民终187号案中,男方银行卡在离婚后累计存入85.585万元且其中79.5万元系在王某某处购买箱式变电站用款,故不应认定为夫妻共同财产;而关于男方提出30万元系某某给付的材料款已将该款付给某某公司,该30万元非其个人存款,考虑其提供的证据不能充分证明所取款项用于支付材料款,及男方在收到30万元时转存为定期存款,又于双方分居后取出这一情形,该款应认定为夫妻共同财产,故女方应分得15万元。

3.对于转移存款的行为,如存在恶意会少分。在(2017)黑0205民初288号案中,对于女方主张的夫妻共同财产存款96,000元,男方表示该存款其取出后已全部支出完毕,但男方未提交证据支持其主张,故该款以平均分配为宜。在(2017)黑0402民初360号案中,男方在离婚时存在转移家庭存款的行为,法院认定在分割存款时应少分。在(2017)黑0503民初252号案中,男方对于该笔婚姻关系存续期间的大额存款拒绝说明来源及具体去向,故应承担对其不利的法律后果,该笔存款应视为夫妻共同财产,依法进行分割并给予女方适当多分。

(三)大额支出的裁判要旨

分析样本中共有2个案例涉及大额支出,其主要裁判要旨如下:

1.共同财产制下子女教育医疗费用属于共同支出,离婚时不做分割。在(2019)黑0604民初1286号案中,法院认为在婚姻关系存续期间一方支出子女生活费、教育费、医疗费等,系履行父母对子女的法定抚养义务,该行为在双方之间不产生权利义务关系,故女方要求男方给付一半的费用无法律依据。

2.婚前一方支出大额装修费用另一方应当予以折价返还。在(2017)黑2701民初411号案中,因双方结婚时间较短且房屋属女方婚前财产,故房屋装修款由女方予以返还应属合理。男方提交的票据装修款总额为43,530元,故根据男方的诉讼请求女方应返还一半。

(四)婚约财产纠纷的裁判要旨

分析样本中共有21个案例涉及婚约财产纠纷,其主要的裁判要旨如下:

1.婚前给付彩礼与导致生活困难的因果关系是审查重点。在(2017)黑1223民初48号案中,因双方共同生活期间较短,同时男方给付被告的彩礼款动用了其家庭非常可观的财产,导致男方家庭生活水平与之前相比已陷入困境,且给付被告彩礼的行为与男方家庭陷入困境二者之间存在因果关系,故女方对此应承担返还责任。在(2017)黑1223民初275号案中,男方提供了回迁楼房贷款凭证、社区证明,证实因婚前的彩礼给付造成了家庭的生活困难。事实清楚，证据充分，且女方无相应的证据反驳，因此男方的诉求应当得到支持。

2. 双方共同生活时间长短、婚礼婚后开销等均为法院在裁定返还彩礼数额时的重要参考依据。在(2018)黑02民终1636号案中，彩礼为20万元，双方结婚登记后共同生活仅20天即发生矛盾并离婚，经查，双方为筹办婚礼花销了8万余元，法院最终判令女方返还12万元。在(2017)黑0623民初1692号案中，男方按照当地婚俗在婚前向女方支付了5万元彩礼款，双方婚后仅在一起生活了6个月，法院最终判令女方返还5万元。

上海市法院婚姻家庭案件裁判要旨梳理

本次裁判要旨梳理工作的撰写共由两大部分构成,前期的案例检索、下载;中期的案例数据统计及后期的报告撰写。根据裁判要旨梳理要求以及上海市婚姻家事案件中婚姻类案件的客观情况,笔者主要针对离婚纠纷、离婚后财产纠纷进行检索,检索到1589个离婚纠纷案例,最终选取了738个准予离婚的裁判文书作为样本案例,相关分布情况见表6和表7。

表6 上海市各区2017至2019年离婚纠纷案例分布(检索案例)

单位:个

区域		2017年	2018年	2019年	合计
第一中级人民法院管辖区域	浦东新区	113	278	50	441
	徐汇区	0	0	0	0
	长宁区	4	6	1	11
	闵行区	22	62	35	119
	金山区	36	48	39	123
	松江区	60	64	38	162
	奉贤区	20	28	17	65
第二中级人民法院管辖区域	黄浦区	10	19	0	29
	静安区	3	16	14	33
	普陀区	0	7	2	9
	虹口区	7	136	77	220
	杨浦区	18	50	68	136
	宝山区	21	42	67	130
	嘉定区	7	15	15	37
	青浦区	4	32	24	60
	崇明区	6	7	1	14
合计		331	810	448	1589

表 7　上海市各区 2017 至 2019 年离婚纠纷案例分布（样本案例）

单位：个

区域		2017 年	2018 年	2019 年	合计
第一中级人民法院管辖区域	浦东新区	54	125	22	201
	徐汇区	0	0	0	0
	长宁区	0	2	0	2
	闵行区	21	46	20	87
	金山区	1	9	6	16
	松江区	21	26	22	69
	奉贤区	8	13	9	30
第二中级人民法院管辖区域	黄浦区	10	8	0	18
	静安区	3	2	7	12
	普陀区	0	2	1	3
	虹口区	7	70	51	128
	杨浦区	3	7	14	24
	宝山区	20	34	52	106
	嘉定区	7	10	5	22
	青浦区	3	6	0	9
	崇明区	6	4	1	11
合计		164	364	210	738

上海市 2017 至 2019 年离婚后财产纠纷共检索到 891 个案例，各年分布情况见图 6。

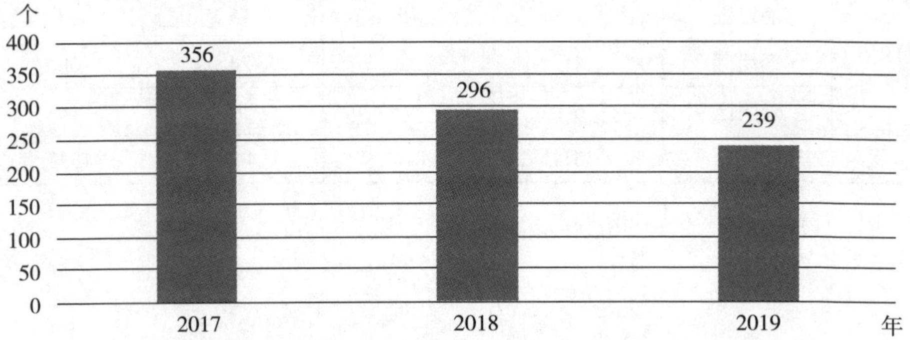

图 6　上海市各区 2017 至 2019 年离婚后纠纷案件数量

前述案例检索、下载、数据统计分析等工作,因为时间有限,同时受案例时间跨度大、案例数量多等因素影响,特别需要说明的是,本部分仅代表笔者的观点,难免有未能盖全之处,敬请广大读者指正。

一、离婚纠纷中涉财产分割的裁判要旨

笔者此次研究的目的为研究上海市针对离婚案件所涉财产分割问题的裁判要旨,因此,所搜寻的案例样本首先是人民法院准予双方离婚的案例("样本案例"),经人民法院审理,未准予双方当事人离婚的案例对于本次梳理没有意义。

因此,在搜寻案例、寻找样本时,笔者在 Alpha 案例库中以"准予离婚""判决离婚""同意解除婚姻关系""财产分割"等为关键词进行案例检索("检索案例"),以期尽可能找到符合研究目的的上海市各区法院审理离婚的样本案例。

当然,即便如此,仍可能存在"未准予解除婚姻关系"的案例出现在检索案例之中,也可能存在"虽然法院判决准予当事人双方离婚"却未出现在样本案例之中的可能性。

此次的检索案例时间跨度是 2017 至 2019 年,以期扩大样本案例并尽可能地实现研究目的,因案件总体数量较大,可能存在统计误差,统计数据仅供参考。

(一)检索说明

1. 受检索方法、检索工具以及不同法院公开案例的标准可能不一致等因素的影响,本次样本案例不可能覆盖 2017 至 2019 年判决准予离婚的所有案例,本次研究也仅仅是基于现有的样本案例。

2. 在检索案例时,笔者也通过上述方法检索了所有二审案例,但是,二审案例与各区一审案例不是一一对应关系,且本次的数据统计部分基本不涉及观点分析,因此,本研究报告样本案例的数据统计部分仅涉及一审案例。

3. 除了数据统计部分,笔者还针对典型的案例所涉相关财产分割的裁判要旨进行分析和研究,这是本次研究的核心所在。因法院的裁判观点和判决意见对于涉及裁判要旨的分析十分重要,所以,对已检索到的二审案例都予以阅看,故呈现在大家面前的裁判要旨分析是基于已生效的判决作出的。

由于样本案例与已检索到的二审案例不是也不可能是一一对应关系。所以,同一个案件,有的只检索到了一审,有的只检索到了二审,当然,也有的一审、二审均检索到或均未检索到。因此,存在"一审案件有上诉甚至被改判,但并没有检索到二审案例"的可能性。所以,本次的裁判要旨分析和研究,限于样本案例和已检索

到的二审案例，但是，涉及一些重要观点或者值得研究的观点时，对于是否有二审以及二审的观点，笔者尽可能分析到位。

（二）一方或双方父母参与出资购房的分割裁判要旨

根据笔者的统计，738 个样本案例中有 62 个案例涉及一方或双方父母参与出资购房；所占比重可谓不小。该 62 个案例的裁判实践，可在一定程度上为类似案件提供参考。

在 62 个案例中，被法院认定为是对夫妻双方赠与的有 43 个，占比 69%；该 43 个案例中超过 90% 的审判法院认为一方父母的出资虽然视为对双方的赠与，但是父母出资多的一方应该适当多分，适当多分的比例具体由法院酌定。

例如，以嘉定区人民法院（2017）沪 0114 民初 4232 号案为例，法院经审理后认为："本案所涉房屋的购买合同，系原告、被告在婚后共同签署，且该房屋由双方婚后共同居住使用。被告父母部分出资购置该房屋，但其未提供出资时书面声明或约定出资系赠与被告一方的证明，应当视为对夫妻双方的赠与，该房屋属于夫妻共同财产。至于离婚分割，出资一方的子女可以适当多分。"又如，宝山区人民法院（2018）沪 0113 民初 23345 号案，更是否定了婚后一方父母为双方购房参与的出资是对自己子女个人赠与。法院经审理后认为："关于房屋，购买房屋时被告父亲虽有出资，但大部分钱款系于原告、被告婚后支付，不符合被告所引用的相关司法解释……考虑到被告父母在购房时确承担了较大金额的购房款，本院将在分割房屋时酌情予以考虑被告的份额，可适当多分……"

关于法院认定"一方或双方父母的出资是对夫妻双方赠与"的情形下，按照夫妻共同财产予以均等分割的 4 个案例，根据《婚姻法》第 17 条第 1 款第 4 项"夫妻在婚姻关系存续期间所得的下列财产，归夫妻共同所有：（4）继承或赠与所得的财产，但本法第十八条第三项规定的除外"、第 17 条第 2 款"夫妻对共同所有的财产，有平等的处理权①"以及《最高人民法院〈关于人民法院审理离婚案件处理财产分割问

---

① 现《民法典》第 1062 条第 1 款第 4 项、第 2 款规定：夫妻在婚姻关系存续期间所得的下列财产，为夫妻的共同财产，归夫妻共同所有：（4）继承或者受赠的财产，但是本法第 1063 条第 3 项规定的除外；夫妻对共同财产，有平等的处理权。新旧法条对比，仅在文字表述上略做改动，将"继承或赠与所得的财产"改为"继承或者受赠的财产"，将"夫妻对共同所有的财产"改为"夫妻对共同财产"，其文义相同。

题的若干具体意见〉》(已废止)[①]第 8 条“夫妻共同财产,原则上均等分割”的规定,在认定涉案房屋属于夫妻共同财产后进行均等分割本身并不违反法律规定,但完全不考虑出资贡献大小,却比较少见。经查阅该 4 个案例发现,其最终判定均等分割均“另有原因”。比如,在虹口区人民法院(2018)沪 0109 民初 11407 号案中,虽双方父母出资数额并不均等,但原告、被告及双方父母签署有协议,即出资少的一方承诺补齐差额。因此,法院最终认为:“原告、被告要求分割涉案房产,应予准许,房产共同共有是指共有人对房屋享有平等的所有权,涉案房产是原告、被告双方母亲出资购买,虽然当时出资比例不同,但仍登记为原告、被告共同共有,为夫妻共同共有财产,根据原告、被告及双方母亲订立的协议,体现双方对购房款各承担一半,故该房产应由原告、被告各半分割……”虹口区人民法院审结的另一起案件也是类似情形,即原告、被告针对涉案房屋签署有协议,法院认为:“双方争议的房屋虽系原告婚前购买,不论被告母亲在双方婚前转账给原告母亲 60 万元是否系支付房款,但在房屋交付后原告书写《承诺书》确认双方对房屋所有权各占 50%,应系对婚后夫妻双方财产的约定……”其他两个案例之所以均等分割,是因为双方父母均参与出资,但出资比例相当,最终按照均等的原则进行分割。

关于视为对自己子女赠与的案例,一例是涉及原告一方婚前的房屋,原告父母在原告、被告婚后不久,代为清偿剩余房屋按揭贷款 90 余万元,审理中,被告放弃对该 90 余万元还贷金额及增值的主张,从严格意义上来说,不能视为法院认定为对出资一方自己子女的赠与。另一例是宝山区人民法院(2016)沪 0113 民初 7069 号案,涉及一方当事人婚前与父母共同承租的房屋,在婚后买断为产权房并登记在该方一人名下。宝山区人民法院经审理后认为:“关于系争房屋,婚后由一方父母出资为子女购买的不动产,产权登记在出资人子女名下的,视为对自己子女的赠与,系争房屋原使用权人系被告及被告父母,购房时亦使用了被告父亲的工龄享受了房价优惠,购买房屋后登记于被告一人名下,本院认定系争房屋的三分之二权利份额为被告父母对被告个人的赠与,剩余三分之一权利份额系原、被告的夫妻共同财产。考虑到房屋来源以及购房款中有被告婚前公积金出资,本院对被告酌情予以多分……”

由于该类一方婚前与父母共同承租的房屋,在婚后买为产权的案例数较少,在

① 此司法解释已于 2021 年 1 月 1 日废止。(2020 年 12 月 23 日最高人民法院审判委员会第 1823 次会议通过《最高人民法院关于废止部分司法解释及相关规范性文件的决定》,自 2021 年 1 月 1 日起施行。)其相关内容现规定在《民法典》婚姻家庭编及《最高人民法院关于适用〈中华人民共和国民法典〉婚姻家庭编的解释(一)》中。

该种情形下,视为对自己子女赠与是否是实践中常见做法尚不能确定。

关于法院认定为是原告、被告双方对一方父母的借款的案件有7个,其中有5个实际是原告、被告双方以不同形式达成了一致,有诉讼中双方达成一致的情形,也有购买房屋时双方共同出借的情形等,总之,双方对于是对一方父母的借款没有争议。比如,在闵行区人民法院(2018)沪0112民初7672号案中,法院经审理查明"诉讼中,原告、被告经协商后均同意上述房屋在离婚之后由双方共同出售;如双方在离婚后6个月内仍无法出售房屋的,则申请法院强制执行予以拍卖;房屋出售或拍卖后所得款项,先还清房屋剩余贷款,然后向被告父亲顾某龙归还51万元借款本金以及以51万元为基数自2013年12月18日起至出售或拍卖之日止按年利率6%计算的利息后,剩余房款由原告、被告及女儿任2各按三分之一的比例予以分配"。最后法院认为:"现双方就房屋分割以及因购房向被告父母的借款处理达成协议,上述协议于法不悖,本院予以准许。"

有1个原告、被告针对一方父母的出资性质未能形成一致,但有另案判决进行确认的案例。在宝山区人民法院(2019)沪0113民初6811号案中,法院查明"2018年9月,被告父亲起诉要求原告、被告共同归还借款,后经法院调解,原告、被告于2019年12月31日前共同归还被告父亲借款本金850,000元"。

有1个案例法院并没有认可涉案出资是单方所称的"对己方父母的借款",但因涉案房屋可能涉及该方父母的权益,最终法院以"假设"的方式确认,即使是借款也是该方的个人借款,与另一方无关。即在嘉定区人民法院(2017)沪0114民初4951号案中,关于原告父母出资的5万元,法院经审理后认为:"原告父母对××号房屋的资助,双方对于还款金额尚存分歧,但鉴于原告父母可能属于房屋的共同权利人,故该资助的性质目前尚难论定,且即便属于借款,鉴于原告与其父母之间的直系亲属关系,无论是否还有未归还的款项,均宜作为原告个人债务处理,原告归还后被告亦无须予以补偿。"

另有10个案例,法院以涉及案外人为由并未在相应离婚案件中进行处理,占比16.1%。

综上来看,上述按借款处理的案件以及按赠与出资一方子女的案例大多是除出资以外,还另有原因(如双方形成一致),实际并未改变法院"婚后一方或双方父母出资参与购房视为对双方的赠与以及多出资一方适当多分"的裁判要旨。

(三)夫妻对外所负债务在离婚案件中的裁判要旨

本次的样本案例数据显示有66个案例涉及夫妻共同债务问题,其中在29个案例中,法院对涉案夫妻共同债务进行了处理,其余37个案例均因涉及案外人利益而释明当事人双方另案解决。在这29个案例中,也有部分案例中的部分债务问题因为涉及案外人利益,而未在案件中进行处理,但是,只要该案处理了部分共同债务问题的,笔者均视为法院进行了处理(见表8)。

表8 离婚纠纷中夫妻共同债务的认定情况

单位:个

序号	法院处理结果	数量
1	共同债务	14
2	借款方个人债务	12
3	各自名下债务归各自	1
4	一方名下债务,另一方偿还	1
5	不认定为债务	1

法院认定为共同债务的14个案例中,绝大多数是要么"双方协商一致",要么"有共同借款合意",总之是双方针对债务的属性没有争议,对此不再展开。有1个案例是,双方虽没有形成一致意见,但是有另案生效判决显示,双方需共同偿还所欠债权人之借款,因另案生效判决"加持"也不再展开。还有1个案例是浦东新区人民法院(2017)沪0115民初76672号案,该案中虽然双方对于涉案债务是否应共同偿还分歧较大,但是法院基于所涉债务双方均享有了利益的情形,依法确认为夫妻共同债务,具体认定如下:"原告主张的夫妻共同债务。原告自2015年起申请消费贷款至今19笔,确实存在以新贷还旧贷的情况,其中除2016年5月24日的贷款30万元之外,均为小额贷款;2016年5月24日的贷款30万元,多以现金方式集中支取,而在相应取款期间尾号1336的招商银行账户也有相应存款,故在股票、基金等财产余额均作为夫妻共同财产分割的情况下,均应作为夫妻共同债务分担。因原告为借贷法律关系主体,故可由原告负责清偿,被告向原告支付相应金额钱款。"

在12个确定为负债一方个人债务的案例中,大多是举债一方仅举证证明债务存在,但是无法举证证明涉案债务用于夫妻共同生活,因此不被法院认可。比如,在虹口区人民法院(2018)沪0109民初888号案中,关于被告主张另案确认的200万元债务应由夫妻双方共同承担的问题,法院经审理后认为"被告辩称经本院确认其名下200万元债务,系归还其2005至2006年公司经营亏损的借款,但并未提供相应的证据佐证,其抵押借款的160万元现金提取,对该资金走向系归还借款也未提供相应证据佐证,亦未能提供证据该借款用于夫妻双方共同生活,故该债务属被告个人债务,应由被告个人偿还”。

法院确定为个人债务的案例中,还有多个是涉及一方要求个人信用卡透支套现或信用卡未偿还账单由双方共同偿还的,比如,在 2018 年金山区人民法院(2017)沪 0116 民初 11071 号案中,法院认为“关于上海农商银行和平安银行的透支款,被告称该两张信用卡均为被告本人名下,一直由被告使用,现在透支余额系早些时候用于原告、被告家庭共同生活,滚动使用延续下来的。对此,原告不予认可。因被告提供的透支余额系近期数据,原告、被告处于分居状态,无法证明透支余额的款项系发生在原告、被告共同生活期间且用于夫妻共同生活所需,故本院不予认定该两份信用卡透支款系原告、被告夫妻共同债务”。

关于法院未认可是债务的案例,实际是一方父母出资参与夫妻双方婚后的购房,该方认为是对自己父母的借款,主张由双方共同偿还。法院基于无共同借款合意等最终认定为这属于该方父母对夫妻双方的赠与。因在父母参与出资购房的部分已经进行过介绍,不再展开。

综上所述,关于夫妻共同债务的问题,除了共同借款合意,一方所借款项是否用于夫妻共同生活才是真正衡量相关债务属性的核心因素。关于夫妻共同债务的认定,近年来,最高人民法院也多次出台相关司法解释予以规定,尤其是 2018 年 1 月 18 日发布实施的《最高人民法院关于审理涉及夫妻债务纠纷案件适用法律有关问题的解释》(已废止),虽然只有短短 4 条,但对于夫妻债务问题的处理具有非常强的指导意义,也在一定程度上减少了“被负债”现象的发生。

(四)夫妻名下持有的公司股权处理的裁判要旨

在笔者统计的样本案例中,法院裁判分割股权的 8 个案例针对的都是非上市有限责任公司的股权。根据《公司法》的规定,有限责任公司的股东对其他股东转让的股权享有优先购买权。因此在离婚案件中分割有限责任公司的股权时,因涉及第三人的利益,在离婚纠纷中直接处理股权的难度较大。统计的案件也体现了法院在离婚案件中分割有限责任公司股权的思路,汇总如下:

1. 一方持股,涉及第三人,离婚案中不处理股权是主流

人民法院审理离婚案件,涉及分割夫妻共同财产中以一方名义在有限责任公司的出资额,另一方不是该公司股东的情形,若夫妻双方可以协商一致,同意将股权转让给配偶的,则需要经过如下步骤:

首先,超过半数的股东同意且其他股东明确表示放弃行使优先购买权的,股东的配偶可以按照双方达成的约定,成为公司的股东,获得相应的公司股权。

其次,如果超过半数的股东不同意转让,但是愿意用同等的价格购买该股权的,则该配偶可以对转让的对价进行分割。

最后,如果超过半数的股东不同意转让,但是也不愿意用同等价格购买该股权的,则将被视为同意转让,股东的配偶可以按照双方达成的约定,成为公司的股东,获得相应的公司股权。

综上所述,非持股一方要取得过半数股东的支持(放弃优先购买权)才能够获得有限责任公司的股权。因此,在离婚案件中,因涉及第三人,非持股一方如果要直接主张分割持股一方名下的持股,难度很大。

2. 一方持股,若涉及第三人,协商是离婚案件中处理股权的突破口

笔者统计的离婚案件中,涉及一方名下股权的分割,双方在离婚诉讼中直接协商归持股一方的做法是最普遍的。这样一方面能够避免破坏有限责任公司的人合性,另一方面也能够避免工商变更的烦琐手续。另外,笔者也发现,对于双方协商的股权归属于持股一方的安排,由于不涉及第三人利益,法院也愿意将双方协商的内容作为判决的主文,这在一定程度上增强了双方协商的效力,降低了以后因股权产生纠纷的可能性。以松江区人民法院(2017)沪0117民初19744号案为例,在该案中,双方协议各自名下股权归各自,法院最后在判决中确认了双方协商的结果。

3. 夫妻公司协商分割同时可一并要求变更工商登记

优先购买权仅对非持股一方有约束力,在双方都是非上市有限公司股东的情况下,不再具有约束力。因此,在夫妻公司(夫妻双方为公司股东的公司)中,双方对于股权的安排相对而言就更自由。以闵行区人民法院(2017)沪0112民初33976号案为例,在该案中,原告、被告双方协商分割了共同开办的麦纯化学品(上海)有限公司(原告系公司法定代表人,公司股东登记为原告、被告两人),双方约定:“离婚后该公司股东权益归被告所有,与该公司相关的所有债权债务及其他所有权利义务均由被告享有、承担。双方离婚后,甲方不再担任公司法定代表人,也不再拥有该公司股权。甲方配合乙方将法定代表人和甲方名下所有股权无偿变更至乙方或乙方指定的第三方名下。”因此,法院按照双方的协议在判决中确认了上述内容。值得关注的是,由于是协商,双方约定的范围更大,因此在判决中不仅体现了双方分割夫妻共同财产中的股权的意思表示,双方也在一定程度上对公司治理进行了安排,如变更法定代表人。这对处理一些涉及夫妻公司股权分割的离婚案件具有一定的借鉴意义,即分割股权的同时安排公司治理,有助于维持公司的正常经营。

4. 不涉及第三人,一人有限公司可直接分割,但不一定对半分

目前并无专门针对离婚时分割一人有限公司的法律限制,换言之,在离婚案件

中分割一人有限公司的股权无《婚姻法》①和《公司法》上的障碍。但是在份额的确定上，司法实践中法院并非完全按照《婚姻法》②中关于夫妻共同财产的规定对半分割，法院还是要结合股权的来源以及双方的过错程度来最终确认股权的份额。以金山区人民法院(2017)沪0116民初16302号案为例，法院直接援引了《婚姻法》第17条③关于夫妻共同财产的规定对一人有限公司的股权做了分割，并且在分割该一人有限公司份额时酌情考虑了被告父母的贡献、双方的过错，最终酌情认定原告享有该一人有限公司30%的份额，被告享有该一人有限公司70%的份额。

综上所述，因为可能存在的涉及案外人利益因素，法院往往对于涉及公司股权的财产在离婚案件中不予处理。这导致了法院实际处理一方或双方名下公司股权的样本案例非常少。即便如此，笔者认为这有限的样本案例的裁判结果，对于类似案件的处理仍有较多借鉴意义。

(五)涉及财产分割的离婚案件缺席审理的裁判要旨

虽然《民事诉讼法》规定，离婚案件有诉讼代理人的，本人除不能表达意思的以外，仍应出庭。也即，我们通常所说的，离婚纠纷因涉及身份关系的认定和解除，本人应该亲自到庭参加诉讼。但是，《民事诉讼法》也同时规定了"确因特殊情况无法出庭的"处理方式，以及实践中也存在因各种原因所致的法院无法联系到被告之情形。因此，离婚案件的缺席审理，在实务中并不少见。

缺席审理时，对于婚姻关系的解除及孩子抚养权归属的处理是题中之义，即要么不准离婚也就不涉及孩子抚养权问题；要么准予离婚需要一并将孩子抚养权进行处理，以免未成年人因无人看管而导致权益受损。那么，缺席审理时，是否可以分割夫妻财产呢？

缺席审理情形下法院如何分割夫妻财产以及如何查明夫妻财产：

在本次的样本案例中，缺席审理的案例有100个，其中，因被告未到庭而不处理财产的有90个，占所有缺席审理案例的90%。在该类案例中，无论是原告主张被告名下的夫妻财产分割，还是原告认为双方没有夫妻财产可以分割，法院大多以被

---

① 现规定在《民法典》婚姻家庭编。

② 现规定在《民法典》婚姻家庭编。

③ 现《民法典》第1062条规定："夫妻在婚姻关系存续期间所得的下列财产，为夫妻的共同财产，归夫妻共同所有：(一)工资、奖金、劳务报酬；(二)生产、经营、投资的收益；(三)知识产权的收益；(四)继承或者受赠的财产，但是本法第一千零六十三条第三项规定的除外；(五)其他应当归共同所有的财产。夫妻对共同财产，有平等的处理权。"进一步扩大了夫妻共同财产的范围，增加了劳务报酬和投资的收益。

告未到庭为由不予处理,以保留双方当事人另案处理的权利。比如,在宝山区人民法院(2019)沪0113民初4174号案中,法院经审理认为:至于夫妻共同财产,原告虽表示无夫妻共同财产需要法院处理,但鉴于被告未到庭,夫妻共同财产本院难以查证,故本案中如果有夫妻共同财产,本案中亦不予处理,双方可另案主张。也有的案件,因原告未主张,法院依法不予处理,比如,在浦东新区人民法院(2017)沪0115民初90833号案中,法院认为:至于夫妻共同财产,原告并不主张分割,被告亦未到庭,双方可另行处理。

被告未到庭,但法院在查明事实情况下对(部分)夫妻财产进行处理的有9个案例,仅占全部缺席审理案件的9%。

在这9个处理夫妻财产的缺席审理案例中,有1个是被告聘请律师到庭参与诉讼,本人未到庭,基于离婚案件的特殊性,法院按缺席程序审理;有3个是被告虽未到庭,但是,其提交了书面的答辩意见,法院按缺席程序审理;仅有5个是被告未到庭、未书面答辩,亦未请律师到庭参与诉讼的情形,其中,有4个是"被告经法院传票传唤无正当理由拒不到庭参加诉讼",有1个是"被告经法院公告送达开庭传票,未到庭参加诉讼"。也就是说,如果按照被告"未到庭、未答辩"的标准认定缺席审理的话,那么缺席审理情形下处理财产的案例仅占100个缺席审理案例的5%。

该9个缺席审理但依法处理部分夫妻财产的案例情况见表9,需要说明的是,基于检索案例的限制,笔者检索到的2017至2019年上海市离婚纠纷二审案例有82个,均未涉及此处所说的缺席审理但处理夫妻财产的案例,但不代表该等案件没有上诉,特此说明。

表9 法院在缺席审理离婚纠纷时的财产分割情况

序号	审理法院	审理年度	缺席情形	处理的财产情况简介
1	闵行区人民法院	2017	未到庭 未答辩	分割登记在原告、被告名下的涉案房产,判决归被告所有,被告支付原告折价款
2	松江区人民法院	2019	未到庭 未答辩	分割电动车一辆,原告放弃该电动车权益,同意归被告所有
3	松江区人民法院	2019	未到庭 未答辩	分割婚后购买的汽车
4	松江区人民法院	2018	未到庭 未答辩	确认涉案房屋中,原告、被告所占有的份额,并在离婚后按份额承担剩余贷款
5	松江区人民法院	2019	未到庭 未答辩	处理涉案债务归一人所有,配偶承担连带清偿责任

续表

序号	审理法院	审理年度	缺席情形	处理的财产情况简介
6	崇明区人民法院	2018	未到庭 书面答辩	处理涉案房产一套、汽车一辆
7	闵行区人民法院	2019	未到庭 书面答辩	处理涉案公积金、银行存款
8	虹口区人民法院	2018	未到庭 书面答辩	处理家具、家电及涉案债务
9	虹口区人民法院	2018	未到庭 律师到庭	处理涉案房屋

上述所涉的9个案例中,因为第6个到第9个,要么是被告提供了书面的答辩意见,要么是被告委托律师参与诉讼,虽按照审理程序仍属于缺席判决之情形,但并非实质意义上的"完全缺席"。

符合严格意义上"被告未到庭、未答辩"的缺席审理案例,在样本案例中仅有5个,而且值得注意的是,该5个案例有4个来自松江区人民法院;而且这5个案例中有2个是直接处理了房产这类价值比较高的夫妻共同财产。在闵行区人民法院(2017)沪0112民初13784号案中,法院不仅查明了涉案房产属于夫妻共同财产,还委托了上海同信土地房地产评估投资咨询有限公司对该房屋进行估价。估价结果显示,该套房屋市场价值为353万元。最终法院经审理认为:关于龙柏×村×××号×××室房屋,系双方婚后购买,登记在双方名下,认定为夫妻共同财产。结合庭审中原告意见以及房屋现状,本院酌情确定房屋由被告所有,被告负责偿还剩余贷款并支付原告相应房屋折价款。被告拒不到庭应诉,视其放弃了自己的诉讼权利。松江区人民法院(2018)沪0117民初3562号案显示,法院仅是确定了原告、被告在涉案房产中的份额,松江区人民法院认为:由于被告未到庭参加诉讼,且被告在外欠下巨额债务,系争房屋上又有司法查封,本案对该房屋难以实际分割。综合考虑系争房屋的产权登记、首付出资、贷款及还款情况、子女抚养等因素,本院认定系争房屋被告占60%的份额,原告占40%的份额。贷款余额自判决生效之日起由原告、被告按份额比例分担。

因此,前述两种观点都有道理,虽然没有明确的法律依据限制缺席审理情形下的离婚案件处理财产,但是夫妻之间的财产分割要比其他类型的案件复杂得多,缺席审理难度比较大。实践中,在缺席审理情形下,法院查明夫妻财产并进行分割的不多也是出于这个原因。法院是否能够在缺席审理情形下处理涉案财产,在于是否能够在被告缺席情形下查明涉案财产，而非缺席审理本身。

（六）离婚案件涉及第三人财产权益的裁判要旨

司法实践中，对于涉及案外第三人权益的事项，法院往往释明双方当事人另案处理。比如，在闵行区人民法院（2018）沪 0112 民初 13639 号案中，法院经审理认为：本市闵行区马桥村×××宅基地房屋，系原告、被告婚后与被告父母以及女儿共同申请翻建的。本院认为，因涉及案外人利益，故该宅基地房屋在本案中不作处理。而类似闵行区这样的案件比比皆是，笔者不再一一列举。

这主要是因为，离婚案件作为涉及身份关系处理、财产分割的复合之诉，基于身份关系的特殊性，法院所处理的是限于夫妻双方之间的争议解决，原则上无法添加第三人进入诉讼。

当然，实践中，不是所有的涉及第三人财产权益的财产在离婚案件中均不予处理。比如，调解结案时，出于当事人能够形成一致意见以及减少当事人不必要诉累等考虑，对于涉及第三人财产权益的财产进行分割，但是为了避免可能产生的损害第三人财产权益的行为发生，法院往往需要第三人到法庭做笔录，对于相关财产权益的归属以及离婚案件当事人双方形成的一致意见进行书面确认。

最为常见的形式就是男女双方与其中一方父母共同拥有一套房屋的情形，假设涉案房屋登记在男方、女方以及女方父亲名下，共有形式为共同共有，男女双方在离婚案件能够同意各占 1/3 的份额，男方的 1/3 归女方所有，女方给予男方 1/3 房屋对应的折价补偿款。此时，对于该房屋是否就是各自占 1/3，双方与女方父亲是否有其他排除约定以及女方父亲是否同意男方名字去掉后的份额归女方所有等，在女方父亲未确认之前，法院是无法判断的。因此，法院要处理该套房屋，就需要女方的父亲签署相关笔录进行确认。

那么，非调解结案的离婚案件的案外权益人是否可以直接以第三人的身份参加诉讼呢？实践中非常少见，甚至即使在前述调解结案的情形下，法院往往也不会将该第三人作为诉讼主体追加到诉讼之中，而是一般采取笔录的形式进行确认。

针对该问题，笔者在梳理样本案例时也进行了格外的留意，的确发现有 2 个离婚案件有“第三人”以诉讼主体的身份参与案件，分别是嘉定区人民法院（2017）沪 0114 民初 12918 号案（以下简称 12918 号案件）和浦东新区人民法院（2017）沪 0115 民初 15104 号案（以下简称 15104 号案件）。

12918 号案件判决书载明“在庭审过程中，本院依法追加原告、被告之子为本案第三人参加诉讼”，阅读该判决书发现，原告在诉请中明确提出“要求将婚姻关系存续期间购买的房产和车辆赠送给第三人”，而被告在答辩中亦同意原告的该项诉请。嘉定区人民法院经审理后认为“原告、被告一致同意将坐落于上海市嘉定区××××室房屋及牌号为沪××××的小型轿车赠与第三人，第三人表示接受赠与，原告、被告协议处理夫妻共同财产的行为符合法律规定，本院予以准许”。

15104号案件判决书载明“经原告的申请，本院依法追加××为第三人参加诉讼，并于2017年6月26日公开开庭进行了审理”。可见，该案第三人是经原告申请后追加的，查阅该判决书可见，第三人系另案生效判决确认的原告、被告的债权人，即原告与被告是第三人的债务人。原告除了诉请离婚、子女抚养，还诉请相关与第三人的债务作为夫妻共同债务，由原告、被告共同承担。浦东新区人民法院经审理后认为：“在（2015）沪一中民一（民）终字第2959号案审理过程中，原告与第三人签订了和解协议，约定由原告分四期给付第三人相关钱款，如有任何一期逾期支付，第三人即有权按全额申请执行。原告在（2017）沪01民申109号案中也明确表示其与第三人达成和解协议，该还款责任与被告无关。从以上事实可以看出，原告对于上述债务已明确由其个人承担，故原告要求将上述债务作为夫妻共同债务进行分割，本院不予支持，该债务应由原告承担。”

以上两个有第三人参与的离婚案件，分别是法院依职权追加和当事人依申请追加，应该都属于少见之情形。当然，对于12198号案件来说，虽然是判决形式结案（非调解），但是对于涉及第三人财产权益的房屋，原告、被告实际已经形成一致意见，之所以没能以调解形式结案，纵观判决书内容，大概是因为双方对解除婚姻关系本身没有达成一致（被告不同意离婚），从这个角度来说，该案虽不是调解结案，但也与调解结案差不多，因此，法院可能是出于为避免更多争议和有利执行层面角度考虑追加第三人到诉讼中尚可理解。但是，在15104号案件中，法院因当事人双方与案外人债务问题，依据原告申请追加债权人到诉讼中，却是十分少见。

笔者认为，对于前述调解结案的处理涉及第三人财产权益的案件，因为本身就是各方自愿达成的协议，又是调解程序，操作相对灵活，为减少当事人诉累和案结事了之目的，的确可以考虑通过第三人做笔录等方式实现当事人诉求的解决。但是，对于双方争议较大的，处理涉及第三人财产权益的案件难度仍比较大。通过本次的样本案例数据统计也可发现（738个案例中仅有2个类似案例，其中1个还是双方当事人达成一致的案例），追加第三人到离婚诉讼中并不常见。

（七）宅基地或农村自建房屋在离婚案件中的裁判要旨

依据我国相关规定，宅基地是农村的农户或个人用作住宅基地而占有、利用本集体所有的土地。通常情况下,村民建住宅需要使用宅基地的,需要向当地村委会提出书面申请,经村委会审查、县人民政府批准,可在宅基地上建造房屋,并用于居住。在确定宅基地自建房屋的归属时,要综合考虑宅基地使用权证、建房用地审批文件等核定的在册登记人员,以及房屋新建、翻新、改扩建等具体情况确定,这使在离婚纠纷中对宅基地自建房屋进行分割较为烦琐和复杂,裁判标准也不统一。结合本次统计的案例,笔者将当事人无权主张分割的情形、有权主张分割的情形以及其他特殊情形分别叙述,并总结了相应的裁判和应对思路,供读者参考。

1. 一方婚前取得宅基地使用权并自建的房屋,另一方不可以分割

根据我国相关法律的规定,婚前的个人财产,离婚时不予分割。一方婚前取得宅基地使用权并自建的房屋应属于其婚前财产,在离婚时,另一方不能分割。因此,一方基于婚姻迁入对方婚前取得的宅基地自建房,居住并不会导致产权的变化,故迁入一方不享有该房的权益,离婚时不能分割该房份额或利益。

以松江区人民法院(2017)沪 0117 民初 2476 号案为例,在该案中,法院依据“1991 年宅基地使用权登记时登记的申请表、审核表现有人口均为原告父母及原告三人”认定××镇××村×××号房屋系婚前原告家庭财产。

2. 宅基地自建房屋多涉及第三人利益,司法审判中多不予处理

实务中,宅基地使用权的核定人员往往包含除离婚当事人以外的其他家庭成员,因此在大多数的离婚纠纷中,若涉及宅基地自建房,法院多以“涉及第三人利益”为由不予处理。

以松江区人民法院(2017)沪 0117 民初 12493 号案为例,法院认为“在审理过程中,双方陈述婚后与被告父亲一起翻建过松江区××镇××村××号农村宅基地房屋,原告要求处理双方的利益,但该宅基地房屋的情况,与案外人利益相关,因此,本案不作处理”。

3. 双方均为宅基地使用权核定人员,离婚时可以协商分割房屋份额

农村宅基地房屋的权利人应为农村宅基地使用权的核定人员,因此,如果双方都是宅基地核定的使用权人,离婚后,均可以要求分割系争房屋的份额。

以浦东新区人民法院(2019)沪 0115 民初 6076 号案为例,法院查明“2007 年,建造上海市浦东新区祝桥镇祝西村×××号宅基地房屋,宅基地审批表上核准人名为原告、被告和被告与前妻所生儿子王某、被告母亲范某妹”。在审理中,原告同意宅基地房屋中属其份额归被告所有,最终法院判决:“位于上海市浦东新区祝桥镇祝西村×××号宅基地房屋中属于原告的份额归被告所有。”

在此值得注意的是,该案例中法院直接将原告在宅基地房屋中的份额判决给

被告的前提是原告同意，因此，如果在原告不同意的情况下，法院仍旧有可能以"涉及第三人利益"为由在离婚纠纷中不予处理。

4. 无法分割婚前自建房，有可能通过主张债权维护自身权益

实务中有很多当事人在婚前出资对另一方的自建房进行了装修或者改建，由于其并非房屋宅基地使用权的核定人员，因此在离婚纠纷中很难分割宅基地自建房屋。但是，由于物权与债权是相对独立的，不能够主张物权并不意味着当事人不能通过主张债权来维护自身的权益。事实上，如果当事人或者其父母在婚前出资参与了自建房屋，或者提供了相应的承包服务，出资方或服务提供方有可能通过主张债权来维护自身权益。

以青浦区人民法院(2017)沪0118民初16154号案为例，原告在婚前承包了被告宅基地建房的项目，婚后，原告随被告在被告的宅基地房屋内共同生活，最终法院认为："宅基地房屋批准、建造时间均在双方结婚前，当时双方属于发包承包关系，有无支付建房或者装修款的争议属于合同之债，现在原告、被告解除婚姻关系，也不能改变该债务的性质和基础法律关系，本案中不予处理。原告可以合同之债向被告主张自己的合法权益。"

(八)售后公房在离婚案件中的裁判要旨

实践中涉及售后公房的案件并不少见，本次搜集的样本案例中仅有9个，一方面，如前所述，笔者虽然为了尽可能地扩大样本数据，搜集下载了上海市2017至2019年的离婚案例，但是，限于离婚案件本身的特殊性，笔者能找到的样本案例相对于整个上海市的离婚案件来说，仍属少数；另一方面，也可能在于我国针对婚姻关系存续期间买断产权的公房有较为明确的规定，即除了《婚姻法》[①]规定的婚后取得的财产属于夫妻共同财产，根据《最高人民法院关于适用〈中华人民共和国婚姻法〉若干问题的解释(二)》第19条[②]之规定，由一方婚前承租、婚后用共同财产购买的房屋，房屋权属证书(现不动产权属证书)登记在一方名下的，应当认定为夫妻共同财产。法律规定相对明确，诉诸法院处理相关争端的就相对较少。

笔者检索到的9个售后公房分割案例，有6个涉及"一方婚前承租，婚后买断产权登记在一方或双方名下"，有2个涉及"一方父母承租的房屋，在男女双方婚姻关

① 现规定在《民法典》婚姻家庭编。

② 现《最高人民法院关于适用〈中华人民共和国民法典〉婚姻家庭编的解释(一)》第27条规定："由一方婚前承租、婚后用共同财产购买的房屋，登记在一方名下的，应当认定为夫妻共同财产。"无实质性修订。

系存续期间买断为产权并登记在自己子女名下”，有1个涉及“婚姻关系存续期间承租并购买为产权房”。

一方婚前承租婚后买断产权的6个案例及婚后承租且购买为产权的1个案例，在法律关系上相对简单，只要是以夫妻共同财产出资购买为产权的，应当认定为夫妻共同财产。但是，认定为夫妻共同财产，并不代表一定按照均等的比例进行分割。

以宝山区人民法院(2019)沪0113民初15242号案为例，法院在确定系争房屋属于夫妻共同财产的情形后，并未进行均等分割。宝山区人民法院经审理后认为：“关于×××房屋，双方的争议焦点为该房屋是否为夫妻共同财产。根据《最高人民法院关于适用〈中华人民共和国婚姻法〉若干问题的解释(二)》第19条①之规定，由一方婚前承租、婚后用共同财产购买的房屋，房屋权属证书登记在一方名下的，应当认定为夫妻共同财产。本案中，系争房屋系被告婚前承租的公有住房，根据原告提供的证据可以证明购房资金来自原告的婚后收入，系婚后共同财产，故本院认定系争房屋为原告、被告的夫妻共同财产，现双方解除婚姻关系，应当予以分割。考虑到本案实际情况，本院认为系争房屋归被告所有为宜，由被告支付原告折价款，关于折价款金额，根据双方婚姻存续时间，原告、被告对房屋的贡献度，房屋价值等，本院酌情确定由被告支付原告折价款8万元。”

关于样本案例涉及的“一方父母承租的房屋，在男女双方婚姻关系存续期间买断为产权并登记在自己子女名下”的案例，法院在认定涉案房屋为夫妻共同财产的情形下，充分考虑了涉案房屋的出资来源，并按照贡献大小判决恰当的比例。以虹口区人民法院(2019)沪0109民初8949号案为例，法院认为：“上海市新市南路×××弄×××号×××室售后公房的产权登记在被告名下，上海市虹口区车站北路×××弄×××号×××室产权登记在原告、被告名下，均应属于原告、被告婚后夫妻共同财产，但被告父亲将自己租赁的上海市新市南路×××弄×××号×××室享受相关政策买下售后公房的产权，后将该房产权登记在被告名下，从出卖该房与买入上海市虹口区车站北路×××弄×××号×××室产权房的时间节点看，被告父母基于原告、被告是夫妻关系，为了原告、被告共同的家庭考虑，才放弃自己在上海市新市南路×××弄×××号×××室房屋上的权利，购买上海市虹口区车站北路×××弄×××号×××室产权的贡献大部分来自被告，故被告应适当

---

① 现《最高人民法院关于适用〈中华人民共和国民法典〉婚姻家庭编的解释(一)》第27条规定：“由一方婚前承租、婚后用共同财产购买的房屋，登记在一方名下的，应当认定为夫妻共同财产。”无实质性修订。

多分。”

根据以上样本案例可知，确定系争房屋属于夫妻共同财产后，在均等分割的原则下，从公平角度出发，一般仍要考虑诸如双方的贡献大小、照顾女方权益以及无过错方权益等因素。法院在处理类似案件时，首先确定是否属于夫妻共同财产，在确定属于夫妻共同财产的情形下，所确定的仅是原则上的均等分割，具体是否均等分割，仍要视案情而定。

二、离婚后财产纠纷的裁判要旨

本研究报告旨在总结上海市法院审理离婚后财产纠纷的裁判要旨及审理思路，笔者在 Alpha 案例库中以“离婚后财产纠纷”“判决”“2017、2018、2019”为关键词，检索出上海市各区法院审理的离婚后财产纠纷案例，鉴于部分判决书未公开主文，故该类判决书不在本次统计范围内。

（一）检索说明

1. 在检索案例时，笔者同时检索了 2017 至 2019 年所有二审案件判决书，鉴于检索到的二审案例无法完全对应检索到的一审案例，故本研究报告的样本案例仅指一审案例。

2. 除数据统计外，笔者针对典型案例所涉财产分割的裁判要旨进行了分析和研究，这也是本次研究的核心所在。因为涉及裁判要旨的分析，法院的裁判观点和判决意见将十分重要。所以，笔者也审阅了检索到的二审案例，以期总结出来的裁判要旨是基于已生效判决。

3. 即便如此，仍可能存在作为样本案例的一审判决被改判但未能检索到二审判决书的情况，因此，笔者的裁判要旨分析和研究，仅限于样本案例和已检索到的二审案例。

4. 基于以上，因案件总体数量较大，数据统计可能存在误差，裁判要旨的分析研究亦难免有所疏漏。本研究仅代表笔者的观点，未能盖全之处，敬请指正。

（二）涉及股权分割案件的处理

股权是一种特殊的财产，它既包括人身权利（如股东身份、表决权等），也包括财产性权利（如分红权、股权增值收益等），因此，法院在处理股权分割时和一般的财产分割是有所不同的。我国的司法解释对此也作出了相应的规定。

在 891 个案件中涉及股权分割的案件有 29 个，占比为 3%，针对该 29 个涉及股权的离婚后财产纠纷案件，简析如下：

1. 股权分割的处理方式

在案件审理中，由法院委托评估机构对公司资产或股权价值进行评估的案件有3个，未涉及股权评估的有26个；在29个涉及股权分割案件中，对于股权的处理方式包括：直接分割股权的案件有8个，股权折价补偿的案件有15个，未对股权作出处理的案件有6个（见图7）。

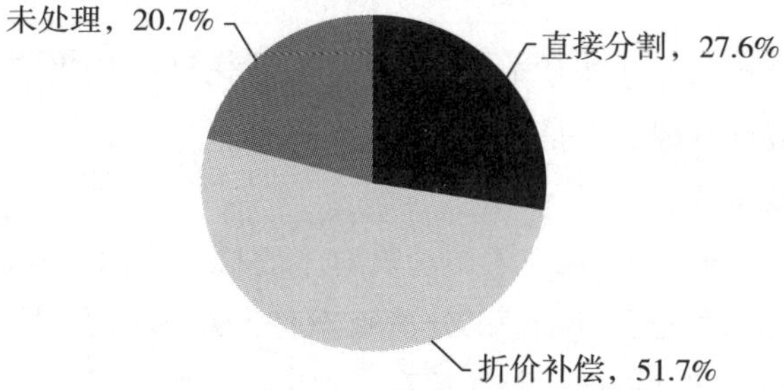

图7　案件所涉股权分割处理方式统计

（1）直接分割股权归双方持有：8个

在财产处理中，如果男女均要求持有股权，在公司其他过半数股东同意股东配偶登记成为公司股东且股权的直接分割并不违反公司章程规定的情况下，法院一般会直接对股权进行分割处理，并判决协助办理股权的变更登记手续。

同时，在对股权分割时，法院通常也会遵照其他财产分割的一般原则，如对于夫妻一方恶意转移、隐匿公司股权、另一方主张多分的，法院在查明案件事实后也会予以支持。

（2）折价分割股权：15个

基于有限公司人合性的特点，《公司法》对于有限公司的股权转让规定较为严格，有的公司在章程中也对股权转让作出了限制性规定，在该种情形下，法院往往采取一方获得股权，另一方获得股权折价款的方式进行处理。通过研究分析，法院判决股权折价分割的情形主要有：

①原告的诉讼请求为分割股权价值或实缴出资的一半；

②双方就股权归属另行签署过相关协议；

③股东配偶不同意成为股东，双方对股权价格能协商一致，或由法院委托评估机构进行评估确认。

在股权折价分割的情况下，法院判决公司股权归一方持有，另一方获得相应的折价补偿款。此外,法院在分割股权时,也会从有利于生产生活、照顾子女和女方权益等方面综合考量,从而最终确定股权归属一方后的价款补偿金额。

(3)未对股权作出处理:6 个

在案件审理中,法院未对股权作出处理的情形也较为常见,导致法院未予处理的情形主要包括:

①双方协议所涉股权归属的约定未经其他股东过半数同意或违反公司章程之规定;

②股权转让侵犯其他股东优先购买权,且股权未评估或当事人未提出合理对价导致法院无法确认其他股东是否放弃优先购买权。

2. 裁判要旨及审理思路

通过对裁判文书的梳理,可以看出法院对于股权的分割非常慎重,在严格遵照《公司法》及公司章程的前提下,还充分尊重案件当事人的意思自治和自由约定。法院在审理股权分割案件中的裁判要旨和审理思路主要包括:

(1)离婚协议中对股权归属的约定不当然产生股权转让的法律效力。首先,股权转让未按照《公司法》或公司章程的规定取得其他股东过半数同意,不产生股权转让的法律后果;其次,股权转让侵犯了其他股东的优先购买权,在无法确认其他股东是否放弃优先购买权的情况下,不能依据离婚协议的约定确认股权的归属。

(2)离婚协议中未对股权转让的具体方式、价格协商一致的,且其他股东不同意另一方取得股东资格的,该方不具备取得股东资格的法定要件。

(3)离婚协议中对股权归属的约定虽然未经其他股东过半数同意或侵犯了其他股东的优先购买权,但离婚协议对双方仍具有法律约束力,一方可按照协议约定享有股权对应的财产性权益。

(4)由于股权转让涉及其他股东的利益,在程序上需要征求其他股东的意见,在审理中,法院或当事人一般会书面征询其他股东的意见,或者追加其他股东作为第三人参加诉讼,以利于股权的妥善处置。

(5)如其他股东过半数不同意原告成为公司股东的,法院可以征询原告是否变更诉讼请求为要求被告支付相应比例的股权折价款。

(三)涉及保单分割案件的处理方式

在案件梳理中,对于财产分割涉及保单的案件并不多,在 891 个案件中,涉及保单分割的案件有 11 个,占比仅为 1%,可见保单财产不是离婚后的主要争议财产,这一方面与人们目前的保险意识相对淡薄有一定的关系,另一方面也可能与双方采取协商解决保单归属有关。

1. 保单分割的处理方式

在具体的处理方式上,法院判决归各自所有的案件有2个,判决归一方所有、另一方折价补偿的有7个,其他处理方式的有2个。

2. 裁判要旨及审理思路

鉴于样本案例涉及保单分割的案件量少,保险金额都不高,在保单分割时当事人也多愿协商处理,故以下裁判要旨仅作为对相关案例的总结,在司法实践中的指导意义有限。

(1)投保所支出的保险费系夫妻共同财产,应当予以分割或补偿。

(2)为子女购买的保险系婚姻关系存续期间双方对共同财产所作的处分,相关的保险权益及支出的保险费,应归双方之子女。

(3)对双方为自己所购买的保险,依保险合同的约定,相关的保险利益归各自所有,但由此支付的保险费,属于夫妻共同财产。具体分割时,应结合保险险种的性质、保险利益等确定。

(4)双方就保单归属协商一致的,法院会按照协商结果作出判决。

(四)涉及房屋分割案件的处理方式

随着我国房地产市场近20年来的发展,房产已经成为每个家庭最重要的资产形式之一,在本次检索的891个婚后财产分割案件中,涉及房屋分割的案件有398个,占比45%,应该说比例还是相当高的。

统计报告将重点就售后公租房、拆迁安置房分割的裁判要旨和审理思路进行梳理。具体如下:

1. 各方对于房屋产权份额有明确约定的,法院一般会以约定份额为基础进行分割;对于份额没有明确约定或无法确认产权份额的,法院会根据房屋来源、出资情况、房屋价值大小、双方贡献、婚姻关系存续期间长短、照顾子女及女方利益等因素综合确定产权比例。

2. 法院在判决房屋归属时一般会考量双方的房屋居住情况、支付能力、最大限度发挥房屋居住效用等因素,判决房屋归一方所有,另一方获得相应产权份额的补偿。

3. 农村宅基地房屋建设一般须以申请建房人获得宅基地使用权后方可建设。如双方无证据证明建房中各自的出资份额,一般认定为共同共有。

4. 婚姻关系存续期间发生动迁安置房屋的,被安置人或受配人享有相关安置利益,如为夫妻共同享有的,应当依法予以分割。

5. 拆迁房屋系一方婚前财产,婚姻关系存续期间发生动迁的,如果动迁安置协议、住房配售单、产权登记申请书及户口等均证明房屋系安置给一方所有,则拆迁利益与其配偶方无关。

6. 婚姻关系存续期间与一方父母同住公租房,购买产权时因父母工龄等因素所享受的优惠,不能得出系一方父母对己方子女之赠与的唯一结论,应结合具体情况分析。

7. 动迁房屋认定宅基地房屋所有人时,一般要根据土地使用证或宅基地使用证书上登记的使用人、建房申请表上填报的申请人、提供资金或劳务的其他家庭成员、房屋实际使用人或婚姻、户籍登记等情况认定。

江苏省法院婚姻家庭案件裁判要旨梳理

通过 Alpha 案例库搜索互联网公布之判决,统计婚约财产纠纷、离婚纠纷、离婚后财产纠纷、同居析产纠纷四大种类,江苏省 2017 至 2019 年婚姻家庭纠纷中涉及财产分割的案件(判决)共计 13,813 个。

一、婚约财产纠纷的裁判要旨

1. 制作说明

本研究作出之基础,是通过 Alpha 案例库搜索互联网公布之判决,根据 2016 年 10 月 1 日施行的《最高人民法院关于人民法院在互联网公布裁判文书的规定》第 4 条的规定:"人民法院作出的裁判文书有下列情形之一的,不在互联网公布:……(三)以调解方式结案或者确认人民调解协议效力的,但为保护国家利益、社会公共利益、他人合法权益确有必要公开的除外;(四)离婚诉讼或者涉及未成年子女抚养、监护的;(五)人民法院认为不宜在互联网公布的其他情形。"

2. 搜索方式介绍

案由:婚约财产纠纷

时间:2017 年 1 月 1 日至 2019 年 12 月 31 日

地域:江苏省

文书类型:判决书

共检索出 1164 份判决,由于在此类纠纷中,会同时存在几种财产类型,为更能清晰反映出法院在此类问题上的裁判导向,在统计过程中将财产进行分门归类,由此可能存在统计数量高于统计基数的情形。

(一)彩礼类的返还

法院对"彩礼"的返还持有不同观点。

1. 对于彩礼的认定

由于江苏省每个地区的习俗不同,对于彩礼的范围认识也不尽相同。对"彩礼"没有争议的情形包括:通过订婚仪式给付的数额较大的见面礼、彩礼、聘礼以及传统意义的"三金";有的地方,尤其是在结婚仪式上,还会存在所谓的"开门见面礼""抱舅钱""改口费""上下车礼""倒茶钱"等,对于这类特定"金额"是否归于"彩礼",是否需要返还,目前没有形成统一的认识。各地法院有各自的处理方法。

2. 彩礼返还的参考因素

根据我国法律、司法解释及江苏省高级人民法院发布的《家事纠纷案件审理指南(婚姻家庭部分)》第8条的规定,如果双方未办理结婚登记手续,但已共同生活,或双方已办理结婚登记手续,但共同生活时间较短,当事人主张返还彩礼的,可以根据未办理结婚登记手续(或离婚手续)的原因、双方共同生活的时间、彩礼的数额、有无生育子女、财产使用情况、双方经济状况等酌定是否返还以及返还的数额。

根据上述规定,具体如何判决,法官仍享有很大的自由裁量权。在千份判决书中,彩礼的返还比例与双方共同生活时间的长短,没有一定规律可借鉴。

律师在代理此类案件时,还是要看所在地区、所在法院,甚至承办法官对此类案件的自由裁量权范围。

3. 奢侈品的返还认定

对于这类纠纷中涉及的奢侈品"实物",究竟是属于"彩礼",还是一方婚前对另一方的赠与,法院也没有形成统一的观点。比如,苏州工业园区人民法院的(2018)苏0591民初6644号案和南京市建邺区人民法院的(2019)苏0105民初5671号案,对此类纠纷存在两种完全不同的认定。但如果仔细分析这两个案件,其实两个案件的背景不一样。判决"因该类物品是双方在恋爱期间,原告为被告购买,应为原告对被告的赠与",这个案子的背景是男方的收入较高,家庭条件优越,故法院认为是恋爱期间的婚前赠与。但判决认定"彩礼"的理由是"法律禁止借婚姻索取财物。原告、被告双方均以结婚为目的进行交往,原告侯某基于婚约给付王某金器、奢侈品,现双方办理结婚登记手续但确未共同生活且已离婚,且金器、奢侈品价值较大,故原则上也属彩礼范畴"。

通过这两个案件,笔者可以看出,法院对此类纠纷的处理态度,完全是根据双方的经济条件、双方在恋爱期间的经济往来情况而定的。

4. 彩礼与婚前赠与的区分

这里笔者主要是对银行转账这种情况做的分析。在一些判决书中,双方当事人通常对某些款项的性质发生争议。一方认为是"彩礼"的一部分,另一方则认为是"婚前赠与",如何进行区分?

首先,看金额的大小。如果金额较小,一般认定为婚前赠与,不予返还。结合不同地区法院对金额是否属于"大额"有不同认定,但普遍认为"1万元以上",不在此限。

其次,如特殊数字"520""1314"等金额,带有特殊意义,法院一般会认为,特殊数字转账系双方情感表达或用于恋爱开支,从而认定为婚前赠与。

5. 彩礼返还责任人

对于此类案件，绝大多数的诉讼参与人为拟缔结婚姻关系的男方和女方。

但也有个别法院存在男方父亲单独起诉或男方家庭共同起诉，或女方家庭均被同时起诉，且法院认可由女方家庭一起承担连带责任的案例。甚至还有女方哥哥、弟弟因参与收取彩礼被起诉的案件，法院均予以了支持。这类案件数量极少。法院对此的裁判观点是：婚姻的缔结不局限于当事人本人，更多的是双方家庭成员之间参与交往；给付彩礼并不单纯是婚姻当事人之间的事情，很多情况下涉及两个家庭之间的往来，因此彩礼的给付人与收受人往往不限于男女双方本人；彩礼的给付问题，并不单纯是男女双方之间的事情，更多的时候涉及两个家庭之间的往来，故对于彩礼的给付人和接收人都应当做广义理解，不能仅仅局限于准备缔结婚姻关系的男女本人。

(二)房产的分割

根据 Alpha 案例库搜索互联网公布之判决，婚约财产纠纷中涉及房产分割的案例仅为 14 个。为更方便读者理解此类问题，对房产的不同类型，逐一分析如下：

1. 婚前一方出资(部分或全额)，产权登记在另一方名下

这类案例共有 8 个，占比 57%。对于这类案例，法院的裁判要旨一致，即认定该房屋归登记方所有，但要将购房款返还出资方。但如果出资方主张所有权或出资部分对应的增值部分或主张利息时，法院均不予以支持。

男女双方(包括家人)出于结婚的目的，而赠与对方大额财物的行为，属于带有目的的赠与，在结婚目的不能实现时，赠与方可请求受赠方返还其给付的大额财物。两原告的出资行为，并不表明两原告对讼争房屋享有所有权，但两原告的出资行为系以结婚为目的的赠与行为，在结婚目的不能实现时，被告应将两原告在讼争房屋中的出资款项返还给两原告。讼争房屋属于被告的个人财产，讼争房屋的增值利益应归被告个人享有，两原告主张的讼争房屋增值利益，没有法律依据，本院不予支持。

参考案例：常州市钟楼区人民法院(2018)苏 0404 民初 2815 号。

法院在处理此类纠纷中，对出资款的性质认定有不同观点，但大部分法院均认为该部分的出资系“附条件的赠与”，条件不成就，赠与没有生效。也有个别法院认定为“彩礼”，当事人以“双方是否存在同居关系并不影响对于彩礼财产性质的认定。现双方未办理结婚登记手续，因感情不和不能继续共同生活，秦某给付彩礼的目的未实现”为由，要求返还彩礼。总之，不管基于什么理由，最后的裁判结果是一

致的。

2. 婚前一方出资，产权登记在双方名下

该类案例只有2个，双方当事人都是签署了协议，协议内容有二：(1)双方解除同居(恋爱)关系；(2)讼争房产归一方所有，另一方配合房产过户申请。

但如果双方之间没有协议约定呢？从目前的判决中笔者没有看到相关的裁判要旨，但根据笔者曾办理过的相关案件，法院一般将讼争房屋认定为双方共有，只不过，有协议的按协议处理；没有协议的，应当考虑共有人对共有财产的贡献大小，适当照顾共有人生产、生活的实际需要等情况，合理确定未出资方的权利份额。

3. 婚前双方出资，产权登记在双方名下

这类案例只有1个，也是双方通过协议约定，房产归一方所有，另一方支付补偿款，同时可以对该协议的履行设置违约条款。

4. 婚前双方出资，产权登记在一方名下

这类案例有2个。法院通常判决房屋归产权登记方所有，但对于另一方的出资行为，定性为"借贷关系"，另一方因为不是产权登记人，通常会主张按照合伙共同投资买房进行房产分割，但法院会以"双方并未就出资数额、盈余分配等进行书面约定"为由，对该意见不予采纳。

二、离婚纠纷涉及财产分割的裁判要旨

1. 制作说明

(1)本研究作出之基础，是通过 Alpha 案例库、威科先行法律信息库、聚法案例搜索互联网公布之判决，根据2016年10月1日施行的《最高人民法院关于人民法院在互联网公布裁判文书的规定》第4条的规定："人民法院作出的裁判文书有下列情形之一的，不在互联网公布：……(三)以调解方式结案或者确认人民调解协议效力的，但为保护国家利益、社会公共利益、他人合法权益确有必要公开的除外；(四)离婚诉讼或者涉及未成年子女抚养、监护的；(五)人民法院认为不宜在互联网公布的其他情形。"

(2)由于离婚案件的特殊性及隐私性，大部分当事人在选择审理方式上，均选择不公开开庭审理方式，故离婚纠纷案件上网公布的数量少之又少。根据互联网公布之数据，江苏省2017至2019年共审理离婚纠纷案件2551个，剔除"判决不准离婚"和"不涉及财产处理"的案件，江苏省2017至2019年涉及财产分割的离婚案件仅有282个。

2. 搜索方式介绍

案由:离婚纠纷

时间:2017 年 1 月 1 日至 2019 年 12 月 31 日

地域:江苏省

文书类型:判决书

由于在此类纠纷中会同时存在几种财产类型,为更能清晰地反映出法院在此类问题上的裁判导向,在统计过程中将财产进行分门归类,由此可能存在统计数量高于统计基数的情形。

(一)房产分割的裁判要旨

1. 商品房分割的裁判要旨分析

(1)婚前一方出资购买,房屋所有权证登记在一方名下

该类判决共 11 个,占据商品房纠纷总数的 13.6%。这种情况下又细分为两种情况:第一种情况,婚前一方出全资购买,房屋所有权证登记在自己名下。毫无疑问,这属于一方婚前个人财产,该商品房日后的增值亦归该方所有。第二种情况,婚前一方出资首付款,房屋所有权证登记在自己名下,婚后一段时间用夫妻共同财产进行还贷。离婚时该如何分割?

对于此类问题,法院基本上都有了统一的裁判尺度。根据《最高人民法院关于适用〈中华人民共和国婚姻法〉若干问题的解释(三)》第 10 条①的规定,夫妻一方婚前签订不动产买卖合同,以个人财产支付首付款并在银行贷款,婚后用夫妻共同财产还贷,不动产登记于首付款支付方名下的,离婚时该不动产由双方协议处理。如果双方协议不成,人民法院可以判决该不动产归产权登记一方,尚未归还的贷款为产权登记一方的个人债务。双方婚后共同还贷支付的款项及其相对应财产增值部分,由产权登记一方对另一方实施补偿。

但是如果计算"增值部分",各个法院计算的标准都不一样,江苏省高级人民法院发布的《家事纠纷案件审理指南(婚姻家庭部分)》第 30 条规定,增值部分的计算

① 现《最高人民法院关于适用〈中华人民共和国民法典〉婚姻家庭编的解释(一)》第 78 条规定:"夫妻一方婚前签订不动产买卖合同,以个人财产支付首付款并在银行贷款,婚后用夫妻共同财产还贷,不动产登记于首付款支付方名下的,离婚时该不动产由双方协议处理。依前款规定不能达成协议的,人民法院可以判决该不动产归登记一方,尚未归还的贷款为不动产登记一方的个人债务。双方婚后共同还贷支付的款项及其相对应财产增值部分,离婚时应根据民法典第一千零八十七条第一款规定的原则,由不动产登记一方对另一方进行补偿。"内容无变动。

公式为：夫妻共同还贷部分 × 不动产升值率 ÷ 2；不动产升值率 = 离婚时不动产价格 ÷ 不动产成本（购置时不动产价格 + 共同已还贷款利息 + 其他费用）× 100%。其他费用包括印花税、契税、营业税、评估费等，不包括公共维修基金、物业费。

如果夫妻一方购置不动产后经过一段时间才结婚的，计算不动产成本时，应当以结婚时不动产价格为计算依据。若在个案中计算所得补偿数额明显低于婚后还贷本息总额的一半时，应当判令取得所有权的夫妻一方给予夫妻另一方合理的补偿。

（2）婚前一方出资购买，房屋所有权证登记在双方名下

这部分的判决数量很少，只有 3 个。全部是属于“婚后加名”行为。对于此类纠纷，法院因另一方未出资，一般不会判决房产均等分割，而是在照顾子女和女方的原则下酌情确定。房产份额的比例，尤其是婚姻关系存续期间较短的情况，法院判决分割的比例都很低。

在（2019）苏 1081 民初 3292 号案中，法院将讼争房产认定为出资方婚前个人财产。理由是双方没有正常同居共同生活，非出资方亦未对该房屋进行过任何投入，出资方将房屋变更登记为双方共有，实质上系以结婚为目的的行为。但最后法院仍判决出资方对另一方予以适当补偿。

（3）婚后一方出资或婚后双方出资购房，房屋所有权证登记在一方名下

这类情况目前很少见。由于《婚姻法》[①]实施的是婚后所得共同制。这就决定了在双方没有对夫妻共同财产做相反约定的情形下，除去属于婚前财产的转化、自然增值和孳息，或法律的规定属于个人财产的其他情形，都属于夫妻共同财产。双方对财产分割无法达成一致，且双方都主张房屋所有权的情况下，法院会兼顾离婚诉讼中照顾女方权益的原则，结合双方的收入情况、还贷人情况、有无过错情况、居住情况进行综合认定，从而判决房屋权属的归属。

（4）一方婚前签订商品房买卖合同，但首付款及按揭款均由一方父母支付，婚后取得不动产登记所有权证，并登记在双方名下

法院在处理此类纠纷中，一般会将讼争房屋认定为夫妻共同财产，但在分割上，会充分考虑出资来源及还贷情况进行综合认定，将房屋判归婚前买方一方所有，对另一方支付适当比例的补偿。如江苏省海安市人民法院（2016）苏 0621 民初 4019 号案。

判决书中涉及的大部分房产均是在婚后双方购买，且产权登记在双方名下，因

① 现规定在《民法典》婚姻家庭编。

此对于这部分房产单独做分析没有意义。其属于夫妻共同财产无疑，在具体分割时，如果双方没有出现法定情形，一般会均等分割。在判决房屋权属上，会充分考虑银行主还贷人情况，在照顾妇女儿童权益的基础上进行分割。

2. 拆迁安置房的裁判要旨

拆迁安置房在离婚纠纷房产类诉讼中占比排到第三位，尤其是随着城市街道改造，拆迁安置房的纠纷也越来越多。在本研究中涉及拆迁安置房案例的共 17 个，其中 10 个因为涉及第三人权益或因为没有办理产权证，法院对此不予处理；其余 7 个均作出了判决。

一般而言，法院在处理此类纠纷时，主要参考以下几个方面：拆迁安置房的来源、拆迁补偿协议的约定，安置房结算单、申购安置房的出资来源等，并根据照顾妇女及未成年子女的利益等法律基本原则进行分割。很难说拆迁安置房有统一的裁判要旨，仍要区分不同情形：

(1)夫妻一方婚前个人房产婚后拆迁

如果是婚前一方的个人财产，婚后夫妻双方对该房屋没有任何改建或扩建行为，拆迁补偿协议约定的补偿标准亦是以面积置换同等面积，没有补偿任何差价，且拆迁安置房登记在一方名下，此种情况下获得的拆迁安置房只是婚前个人财产形式的一种转化，该拆迁安置房应该是个人财产。如登记在双方名下，该拆迁安置房可能被认定为夫妻共同财产，不过在处理分割问题上，法院会结合拆迁安置房的来源等因素，对被拆迁安置房的原产权人予以适当多分。

如在(2017)苏 0612 民初 818 号案中，法院认为，被拆迁房屋系婚前所建、拆迁安置批复面积未考虑原告、被告人头因素，原告、被告双方并非被安置对象，拆迁安置房产是一方父亲从面积中析出，不是该方作为安置对象本应享有，故讼争房屋不属于夫妻共同财产。

(2)婚后一方父母采用分户协议方式，将一部分拆迁面积赠与一方

以(2016)苏 0113 民初 2478 号案为例。原告与被告在离婚纠纷中要求分割讼争拆迁房屋，该拆迁房屋源于原告父亲所有的房屋。在拆迁中，原告父亲通过分户协议的方式，拨给原告总建筑面积 168 平方米。法院至拆迁办调查，拆迁办表示，因被告的户口也在被拆迁房中，本次拆迁增加的拆迁利益为多认定被拆迁房屋面积 28.42 平方米，但同时表示，若被告户籍不在被拆迁房屋中，原告及女儿也可购得 2 套拆迁安置房。

法院认为，被拆迁房屋产权人系原告父亲，通过分户协议的方式将自己的房屋面积分给原告，因在赠与房屋面积时未明确表示系只对一个人的赠与，故赠与行为

应视为对原告、被告的共同赠与。原告、被告的共同财产因本次拆迁获得的拆迁利益系原告、被告夫妻共同财产。考虑到本次拆迁被拆迁房屋来自原告父亲，原告对拆迁安置房的取得贡献较大等因素，法庭确定原告享有上述房屋80%权益，被告享有20%权益。

3. 农村自建房裁判要旨分析

农村自建房在离婚纠纷房产类诉讼中占比排到第二位，共计19个，因涉及第三人权益及以“无产权证涉家庭共同”为由不予处理的有11个，双方协议处理的1个，协商不成通过法院判决的只有7个。其中，认定为共有财产，分割方式采用“实物分割”原则，对讼争房屋的间数做分割的有4个。以宅基地使用证系一方名下、房屋系婚前建造为由，认定婚前个人财产的有2个。一方要求对出资额进行对半均分的案件1个。

法院对此类纠纷的裁判观点是着重审查自建房审批文件、建房报告、产权证书、土地使用权证书等材料，结合出资情况、建造时间，进行判定和分割。当涉及第三人权益或没有产权证明时，通常法庭不做处理。

（二）车辆分割的裁判要旨

对查明属于认定为夫妻共同财产的车辆，一般法院会判决归登记方或实际使用人所有，折价并归给另一方相应的补偿。

但对于婚后一方父母出全资登记在一方名下，该车辆是属于对自己子女的个人赠与，还是对双方的赠与？是属于个人财产，还是属于夫妻共同财产？仍存在不同观点。

1. 婚后一方父母购买车辆登记在该方名下，夫妻双方使用，是对夫妻双方的赠与，属于夫妻共同财产。

参考案例：江苏省海安市人民法院（2017）苏0621民初2903号。

2. 婚后一方父母购买车辆登记在该方名下，系对该方赠与，属于个人财产。

参考案例：江苏省启东市人民法院（2017）苏0681民初2241号。

（三）有限责任公司股权分割的裁判要旨

在离婚纠纷案件中，涉及股权分割的只有6个，在这6个中，还有1个不予处理，2个双方协商处理。只有下列3个系有效案例：

1. （2018）苏02民终47号案涉及两个公司，其中一个有限责任公司为夫妻公司，另外一个公司系被告在英国通用汽车零部件有限公司持有普通股的1/3。

在对有限责任公司的股权进行处理时，原告要求继续经营公司，但表示没有能力支付被告归并款，被告表示同意退出，但要求原告支付股权归并款。法院认为，双方对股权分割始终达不成一致意见，也未申请股权价值评估，故法院无法对股权做归并处理。由于双方作为公司仅有的两股东，最终确认公司股权由双方各半享有；对被告持有的英国 APTA 公司持有普通股的 1/3，法院没有具体说明理由，判决原告对被告在英国通用汽车零部件有限公司持有的股份享有 50% 的权益。

2.（2016）苏 02 民终 4851 号案涉及家族公司，公司股东为被告及父亲。法院最终分割持股方的股权比例。

3. 在（2016）苏 0211 民初 4714 号案中，法院认为，根据华为技术有限公司的回函，可以看出配股年份（2008 至 2012 年）是在梅某 1 婚前，婚后梅某 1 没有新增配股，故梅某 1 领取的内部虚拟受限股回购款（384,058.16 元）应认定为其个人婚前财产。即婚前一方持有的内部虚拟受限股，婚后未配股，认定为婚前个人财产。

（四）夫妻共同债务认定的裁判要旨

2017 至 2019 年江苏省离婚纠纷判决中涉及夫妻共同债务的有 83 个，其中法院以涉及案外第三人，且当事人一方对此不认可为由，不予处理的有 49 个，占共同债务比例的 59%；处理的案件有 34 个，占比 41%。已处理的案件中认定为共同债务的有 28 个，占处理案件的 82%；认定为个人债务的仅有 6 个，占处理案件总数的 18%。

1. 数据分析

2017 年江苏省法院审理离婚纠纷案件中共涉及夫妻共同债务的案件共有 31 个，其中 15 个不予处理，16 个全部认定为夫妻共同债务。

2018 至 2019 年江苏省法院审理离婚纠纷案件中涉及夫妻共同债务的案件共有 52 个，其中 34 个不予处理，12 个全部认定为夫妻共同债务，6 个认定为个人债务。

之所以要从时间上进行区分，是因为 2018 年 1 月 18 日，《最高人民法院关于审理涉及夫妻债务纠纷案件适用法律有关问题的解释》①出台，对夫妻债务的认定明

① 目前，关于夫妻共同债务的部分，现《民法典》第 1064 条规定："夫妻双方共同签名或者夫妻一方事后追认等共同意思表示所负的债务，以及夫妻一方在婚姻关系存续期间以个人名义为家庭日常生活需要所负的债务，属于夫妻共同债务。夫妻一方在婚姻关系存续期间以个人名义超出家庭日常生活需要所负的债务，不属于夫妻共同债务；但是，债权人能够证明该债务用于夫妻共同生活、共同生产经营或者基于夫妻双方共同意思表示的除外。"

确了新标准,举证责任重新进行划分,明确了“共债共签”及“超出日常家庭所需,由债权人举证”原则。

正是在该司法解释出台之后,不是所有的债务,都被认定为夫妻共同债务。但是在离婚纠纷判决中,法院认定为个人债务的6个案件,都是与购房有关,都是一方当事人向自己的父母出具借条,要求配偶承担还款责任,法院最后都认定为个人债务。

除了离婚纠纷的判决,大量的夫妻共同债务纠纷存在于民间借贷纠纷这个案由中。以江苏省为例,时间为2017年1月1日至2018年3月30日。这段时间涉及的夫妻共同债务的案件大约有7000余个,根据威科先行法律信息库公布的数据,2018年1月18日至2018年3月31日,短短两个半月时间,江苏省各法院共审理涉及夫妻共同债务的民间借贷纠纷案件就达660个,笔者随机抽取300个裁判文书作为此次分析重点。在这300个裁判文书中,剔除非判决书部分,共计272个民事判决书,笔者做了分析统计。

2. 经营之债的认定

这个问题在2018年的时候争论还是很大,法院并没有形成统一的裁判规则,认定为夫妻共同债务的比例和认定为个人债务的比例分别为52%、48%。但是江苏省高级人民法院发布的《家事纠纷案件审理指南(婚姻家庭部分)》第49条规定,如果举债用于债务人单方从事的生产经营事项,但债务人配偶从生产经营中受益的,认定为夫妻共同债务,但如果债务人配偶对债务人的生产经营行为不知情且未从生产经营中受益的,认定为个人债务。

三、离婚后财产纠纷的裁判要旨

1. 制作说明

(1)本研究作出之基础,是通过Alpha案例库搜索互联网公布之判决,根据2016年10月1日施行的《最高人民法院关于人民法院在互联网公布裁判文书的规定》第4条的规定:“人民法院作出的裁判文书有下列情形之一的,不在互联网公布:……(三)以调解方式结案或者确认人民调解协议效力的,但为保护国家利益、社会公共利益、他人合法权益确有必要公开的除外;(四)离婚诉讼或者涉及未成年子女抚养、监护的;(五)人民法院认为不宜在互联网公布的其他情形。”故不在网上公布之判决书,不在本研究样本统计范围之内。

(2)根据互联网公布之数据,2017至2019年,江苏省各级法院以判决方式审理“离婚后财产纠纷”案件共计2413个,在2413个判决书中,剔除无效判决,共有

2051 个有效判决进入本文分析范围样本之内。

2. 搜索方式介绍

案由:离婚后财产纠纷

时间:2017 年 1 月 1 日至 2019 年 12 月 31 日

地域:江苏省

文书类型:判决书

由于在此类纠纷中会同时存在几种财产类型,为更能清晰反映出法院在此类问题上的裁判导向,在统计过程中将财产进行分门归类,由此可能存在统计数量高于统计基数的情形。

(一)房产分割的裁判要旨

1. 商品房分割的裁判要旨

(1)婚后一方父母出资首付款,房屋产权登记在自己子女名下

对于这类情形应该适用《最高人民法院关于适用〈中华人民共和国婚姻法〉若干问题的解释(三)》第 7 条第 1 款①的规定,还是应适用《最高人民法院关于适用〈中华人民共和国婚姻法〉若干问题的解释(二)》第 22 条第 2 款②的规定?

在 2019 年 7 月 18 日之前,可能法院会存在不同的理解。2019 年 7 月 18 日,江苏省高级人民法院发布《家事纠纷案件审理指南(婚姻家庭部分)》,对这类问题规定了统一的裁判观点。江苏省高级人民法院认为,《最高人民法院关于适用〈中华

① 《最高人民法院关于适用〈中华人民共和国婚姻法〉若干问题的解释(三)》第 7 条第 1 款规定:"婚后由一方父母出资为子女购买的不动产,产权登记在出资人子女名下的,可按照婚姻法第十八条第(三)项的规定,视为只对自己子女一方的赠与,该不动产应认定为夫妻一方的个人财产。"现《最高人民法院关于适用〈中华人民共和国民法典〉婚姻家庭编的解释(一)》第 29 条第 2 款规定:"当事人结婚后,父母为双方购置房屋出资的,依照约定处理;没有约定或者约定不明确的,按照民法典第一千零六十二条第一款第四项规定的原则处理。"

② 《最高人民法院关于适用〈中华人民共和国婚姻法〉若干问题的解释(二)》第 22 条第 2 款规定:"当事人结婚后,父母为双方购置房屋出资的,该出资应当认定为对夫妻双方的赠与,但父母明确表示赠与一方的除外。"现《最高人民法院关于适用〈中华人民共和国民法典〉婚姻家庭编的解释(一)》第 29 条第 2 款规定:"当事人结婚后,父母为双方购置房屋出资的,依照约定处理;没有约定或者约定不明确的,按照民法典第一千零六十二条第一款第四项规定的原则处理。"

人民共和国婚姻法〉若干问题的解释（三）》第 7 条[①]规定的“婚后由一方父母出资为子女购买的不动产”，其适用前提是一方父母出全资为子女购置不动产情形。婚后一方父母部分出资为子女购置不动产，夫妻双方支付剩余款项，所有权登记在出资方子女名下，除当事人另有约定外，该不动产应当认定为夫妻共同财产。离婚时在具体分割不动产时，可以结合父母出资比例等因素对出资方子女予以多分。

（2）婚后一方父母出资首付款，房屋产权登记在双方名下，如无其他证据，父母出资行为应认定为对夫妻双方的赠与

婚后一方父母出资首付款，房屋产权登记在双方名下，对于父母出资行为的定性，审判实践中争议很大。尤其是在北京、上海、深圳等一线城市，个别法官突破性地将父母出资行为定性为“以帮助为目的的临时性资金出借”行为，从而将该出资定性为借贷关系，判决夫妻双方共同偿还借款。法官更多的是从公序良俗的角度上进行考量。很多人包括律师认为所有的案件都可以这样定性，但个别法院的创新性判决并不能成为法院审理此类案件的指导性判决。换句话说，对于父母出资行为的定性，更多的法院仍然倾向于其是对夫妻双方的赠与。《最高人民法院关于适用〈中华人民共和国婚姻法〉若干问题的解释（二）》第 22 条第 2 款[②]规定：当事人结婚后，父母为双方购置房屋出资的，该出资应当认定为对夫妻双方的赠与，但父母明确表示赠与一方的除外。根据 2019 年 7 月 18 日江苏省高级人民法院发布的《家事纠纷案件审理指南（婚姻家庭部分）》第 39 条的规定，父母为子女购置不动产出资，事后以借贷为由主张返还，子女主张出资为赠与的，应当遵循谁主张谁举证的原则，由父母承担出资为借贷的举证责任。父母不能就出资为借贷提供充分证据证明导致出资性质处于真伪不明状态时，应当由父母承担举证不能的责任。如江苏省淮安经济技术开发区人民法院（2018）苏 0891 民初 3272 号案。

（3）婚前双方共同出资购买商品房，但产权登记在一方名下，离婚时该房屋属

---

① 《最高人民法院关于适用〈中华人民共和国婚姻法〉若干问题的解释（三）》第 7 条第 1 款规定：“婚后由一方父母出资为子女购买的不动产，产权登记在出资人子女名下的，可按照婚姻法第十八条第（三）项的规定，视为只对自己子女一方的赠与，该不动产应认定为夫妻一方的个人财产。”现《最高人民法院关于适用〈中华人民共和国民法典〉婚姻家庭编的解释（一）》第 29 条第 2 款规定：“当事人结婚后，父母为双方购置房屋出资的，依照约定处理；没有约定或者约定不明确的，按照民法典第一千零六十二条第一款第四项规定的原则处理。”

② 《最高人民法院关于适用〈中华人民共和国婚姻法〉若干问题的解释（二）》第 22 条第 2 款规定：“当事人结婚后，父母为双方购置房屋出资的，该出资应当认定为对夫妻双方的赠与，但父母明确表示赠与一方的除外。”现《最高人民法院关于适用〈中华人民共和国民法典〉婚姻家庭编的解释（一）》第 29 条第 2 款规定：“当事人结婚后，父母为双方购置房屋出资的，依照约定处理；没有约定或者约定不明确的，按照民法典第一千零六十二条第一款第四项规定的原则处理。”

于夫妻共同财产

参考案例:苏州市姑苏区人民法院(2017)苏0508民初4174号。

对于此类案件,法院一般都会认定为夫妻共同财产,但是在判决房屋所有权归属上,会判决房屋归产权登记一方所有,对另一方支付货币补偿。但是否会均等分割,法院会根据双方的出资份额、婚姻过错程度及照顾妇女儿童权益方面进行综合认定。

(4)婚前一方出资购买商品房产权登记在自己名下,婚后用夫妻共同财产进行还贷

对于此类案件,法院基本上都有了统一的裁判尺度。根据规定,夫妻一方婚前签订不动产买卖合同,以个人财产支付首付款并在银行贷款,婚后用夫妻共同财产还贷,不动产登记于首付款支付方名下的,离婚时该不动产由双方协议处理。如果双方协议不成,人民法院可以判决该不动产归产权登记一方,尚未归还的贷款为产权登记一方的个人债务。双方婚后共同还贷支付的款项及其相对应财产增值部分,由产权登记一方对另一方实施补偿。

但是如果计算"增值部分",各个法院计算的标准都不一样,直至江苏省高级人民法院发布了《家事纠纷案件审理指南(婚姻家庭部分)》,该指南第30条规定,增值部分的计算公式为:夫妻共同还贷部分×不动产升值率÷2;不动产升值率=离婚时不动产价格÷不动产成本(购置时不动产价格+共同已还贷款利息+其他费用)×100%。其他费用包括印花税、契税、营业税、评估费等,不包括公共维修基金、物业费。

如果夫妻一方购置不动产后经过一段时间才结婚的,计算不动产成本时,应当以结婚时不动产价格为计算依据。若在个案中计算所得补偿数额明显低于婚后还贷本息总额的一半时,应当依照《婚姻法》第39条第1款①规定的原则,判令取得所有权的夫妻一方给予夫妻另一方合理的补偿。

2. 拆迁安置房分割的裁判要旨

今年随着城市"城中村"项目的改造,拆迁安置房成为离婚案件中的重点,在江苏省很多区域的离婚案件中均涉及拆迁安置房的分割问题。如何对拆迁安置房进行分割,已成为司法实践中处理夫妻财产法律关系的重点和难点,直接关系当事人

---

① 现《民法典》第1087条第1款规定:"离婚时,夫妻的共同财产由双方协议处理;协议不成的,由人民法院根据财产的具体情况,按照照顾子女、女方和无过错方权益的原则判决。"在照顾对象范围中增加了"无过错方"。

的切身利益。一般而言，法院在处理此类问题时，主要参考以下几个方面：拆迁安置房的来源、拆迁补偿协议的约定、申购安置房的出资来源等，并根据照顾妇女及未成年子女的利益等法律基本原则进行分割。很难说拆迁安置房有统一的裁判要旨，仍要区分不同情形：

(1)夫妻一方婚前个人财产（房屋）婚后拆迁

如果是婚前一方的个人财产，婚后夫妻双方对该房屋没有任何改建或扩建行为，拆迁补偿协议约定的补偿标准亦是以面积置换同等面积，没有补偿任何差价，拆迁安置房且登记在一方名下，此种情况下获得的拆迁安置房只是婚前个人财产形式的一种转化，该拆迁安置房应该是个人财产。如登记在双方名下，该拆迁安置房可能被认定为夫妻共同财产，只不过在处理分割问题上，法院会结合拆迁安置房的来源等因素，对被拆迁安置房的原产权人予以适当多分。

(2)一方父母的拆迁安置房在夫妻双方婚姻关系存续期间登记在一方名下

以(2018)苏0113民初4589号案为例。原告于某1与被告徐某在婚姻关系存续期间，因为南京市栖霞区实施"城中村"项目片区改造，被告徐某的父母所有的房屋位于该次拆迁范围内。拆迁过程中，被告的父母与徐某签订住宅房屋分户协议，被告父母将老房权证面积部分分户给徐某。2013年5月27日，徐某与拆迁办签订南京市征地房屋拆迁补偿安置协议，约定拆迁办对徐某名下建筑面积220平方米的房屋拆迁，徐某获得货币补偿款，并可以2950元/平方米的价格申购安置房屋。同日，徐某填写了征地房屋拆迁户购买拆迁安置房申请表，申购3套住房，配偶姓名是于某1，家庭人口为3人，同一户籍家庭成员为女儿于某2。2018年8月，徐某取得上述3套拆迁安置房的所有权。

于某1主张被告取得的3套拆迁安置房屋系夫妻共同财产，应由原告、被告平均分配，徐某则认为被拆迁的房屋来自徐某的母亲，认为是自己的个人财产。

法院认为，此次拆迁中于某1虽未分得被拆迁房屋，但其作为徐某的同户籍家庭成员申购拆迁安置房，徐某因于某1及于某2的户籍在被拆迁房屋中，从而获得的拆迁利益较于某1、于某2户籍不在其中增多。徐某申购的拆迁安置房及领取的各项补助、奖励费，均占用了于某1、于某2的户籍优势。对于徐某申购的3套拆迁安置房，综合考虑被拆迁房屋的来源、安置房屋的申购人口因素，酌情认定××室房屋归原告于某1所有，由于某1给付徐某房屋补偿款5万元。

3. 经济适用房分割的裁判要旨

经济适用房是政府向符合相关条件的特定居民给予的住房保障方面的优惠措施，有别于普通的商品房买卖，并非任何民事主体均能享受，故经济适用房能够购买成功最关键的是要符合特定的购买条件,具备相应的购买资格。对于此类财产的分割,节选了一个典型案例,即(2017)苏0106民初2398号案,从这个案例可以看出法院对此类纠纷的处理态度。

在该案中,原告严某与被告李某1在婚姻关系存续期间,向相关部门申请经济适用房,被告填写南京市低收入家庭购买经济适用住房申请表一份,该表中明确申购人为被告,配偶为原告。另外社区对被告一家的收入、住房等情况出具了说明,此后,被告的申请通过了政府部门各项审批和公示等程序,2006年10月19日,南京市住房制度改革办公室向李某1发放了南京市经济适用住房购买通知书一份,同意李某1购买65平方米左右的一套经济适用房。2007年1月31日原告与被告在南京市下关区民政局协议离婚,离婚协议书约定双方无住房、无财产、无债权债务。2007年6月11日,李某1与江苏某房地产发展实业有限公司签订经济适用住房买卖契约,约定李某1购买南京市××室经济适用房一套。2008年1月15日,李某1向江苏某房地产发展实业有限公司支付购房款161,211元,该公司也出具了购房发票。目前,涉案房屋尚未领取房屋所有权证。双方因为对系争房屋是否属于夫妻共同财产发生争议,且协商不下,原告将被告诉至法院。

法院认为,经济适用房是政府向符合相关条件的特定居民给予的住房保障方面的优惠措施,有别于普通的商品房买卖,并非任何民事主体均能享受,故经济适用房能够购买成功最关键的是要符合特定的购买条件,具备相应的购买资格。在本案中,涉诉房屋购买资格的取得恰恰是在双方婚姻关系存续期间完成,即使被告在离婚后单独与开发企业签订购房合同、缴纳购房款,这些行为也仅是申购行为的自然延续,被告的上述行为也是作为夫妻双方的代表进行办理的,因此,不能据此认定涉诉房屋为被告的个人财产,应当认定为原告、被告双方的夫妻共同财产。

本案中被告申请时以家庭为单位,申请原因是原告和被告当时无工作、无收入,属于南京市无房户。被告2003年申请经济适用房的目的是解决家庭的住房问题,而并非其个人的住房问题。因此,符合涉诉房屋的购买条件并具备涉诉房屋的购买资格的正是被告的家庭,并非被告个人。只不过法院在进行最后具体分割时,没有均等分割,而是考虑到双方对房屋取得所做的贡献及原告诉请。由于本案中经济适用房没有领取产权证,故法院分割的不是房屋的所有权份额,而是系争房屋的合同项下权益。

4. 商铺/投资性用房/办公楼分割的裁判要旨

由于大多数人购买房产并非用于居住,故笔者做此类财产分析的前提是,购买不动产的目的是投资,而非居住。

(1)商铺/投资性用房/办公楼购买于婚姻关系存续期间,这部分财产所产生的所有权益属于夫妻共同财产,如果双方对产权部分均不要求分割,那该部分的投资收益并不会因双方婚姻关系的结束而终止分割。

(2)如果上述房产的购买时间发生于婚前,则产权归婚前购买方所有。若存在婚后用夫妻共同财产偿还银行按揭贷款时,则婚姻关系存续期间的共同还贷及增值部分由产权方对另一方进行补偿。根据江苏省高级人民法院发布的《家事纠纷案件审理指南(婚姻家庭部分)》的规定,如果购置该不动产的目的是投资,则在婚姻关系存续期间产生的增值收益应认定为夫妻共同财产。当然该增值收益随着婚姻关系的解体而终止分割。

5. 农村自建房分割的裁判要旨

在双方当事人在宅基地上或原有旧房基础上进行修建、改建或扩建时,若双方当事人对该共有财产的分割无法达成一致意见,法院对该共有财产的分割采用"实物分割"原则。

在原有宅基地及原有旧房基础上翻建,即便拆除扩建,则新建房屋包含原有房屋的适当价值,翻扩建行为均不能必然取得新建房产的全部物权。结合本地区的公序良俗,也不能排除原房所有人在新建房产中适当份额的共有权。考虑到集体土地房产在本地区现阶段无法进行实际价值评估,故对共有财产的分割采取实物分割的方式。

(二)股权分割的裁判要旨

根据《公司法》的规定,股权具有财产属性及人身属性两个方面,在离婚案件中,如何对夫妻共同财产之股权进行分割,历来是家事审判中的难点与重点。"股权"一词并非严格意义上的法律概念。严格意义上讲应该称为"出资份额"。但为了理解方便,本部分仍以"股权"这一名称撰写。

股权的分割方式:股权仍归持有人的情况通常都是双方在离婚后财产纠纷诉讼中协商一致的结果。对于协商不成的,且公司其他股东没有提出异议的,法院通常会对持有方的股权比例进行分割。

将时间延长至2015年,分析的样本数量为129个。在这129个样本中,针对法院处理股权的分割方式,笔者做了一个汇总,如图8所示:

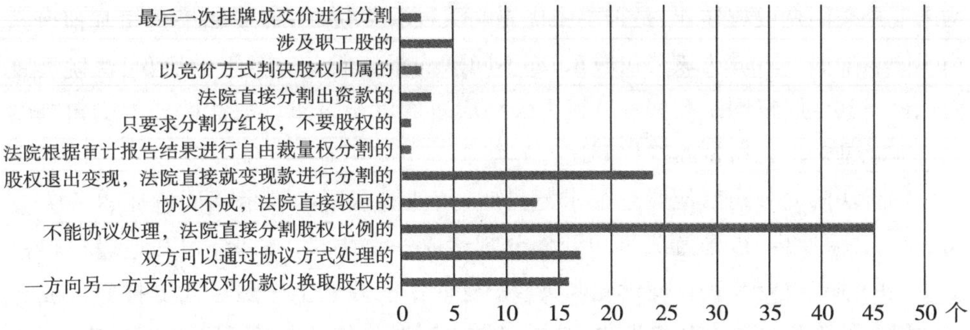

图 8 案件所涉股权分割方式统计

下面对不同公司类型的股权分割进行分析：

1. 有限责任公司（排除夫妻公司、一人公司）股权分割的裁判要旨

离婚时对于婚姻关系存续期间以夫妻共同财产出资获得的登记在夫妻一方名下的有限责任公司（不包括夫妻公司、一人有限责任公司）的股权应当如何处理？股权价值应当如何确定？

江苏省高级人民法院发布的《家事纠纷案件审理指南（婚姻家庭部分）》第 41 条规定：如果夫妻双方就股权分割无法协商一致，可以按以下情形分别处理：

（1）夫妻双方均主张股权且愿意和对方共同经营的，其他股东过半数同意且明确表示放弃优先购买权的，可以按比例分割股权。夫妻双方均主张股权但不愿与对方共同经营的，可以通过竞价方式确定由谁最终取得股权。如果股东的配偶取得股权，应当经其他股东过半数同意且明确表示放弃优先购买权。取得股权的一方，应当给予另一方相应的经济补偿。

（2）股东一方或者股东的配偶放弃股权主张补偿款的，应当在确定股权价值的基础上，由取得股权的一方给予另一方相应的经济补偿。如果股东的配偶取得股权，应当经其他股东过半数同意且明确表示放弃优先购买权。

（3）夫妻双方均不愿意取得股权的，可以依照《公司法》的相关规定将股权转让给其他股东或者股东之外的第三人，并对转让价款依法分割。向股东以外的第三人转让股权的，应当经其他股东过半数同意且明确表示放弃优先购买权。如果无人受让股权的，夫妻双方可以按比例分割股权。

在审判实践中，法院一般就原告诉讼请求主张的股权转让方案以书面形式通知公司其他股东，并告知其在收到通知之日起满 30 日未答复的，视为同意转让；并且，如果公司其他股东自收到通知之日起 40 日内未向法院递交书面意见主张优先购买权的，视为放弃优先购买权。在上述通知书确定的期限内，如果公司其他股东均未就是否同意股权转让、是否主张优先购买权答复法院；抑或如果公司其他股东均不同意配偶一方成为该公司股东，亦不同意购买持股一方名下的股份，法院会视为该公司其他股东同意配偶一方成为公司股东的诉讼请求，故，法院最终的审理结果可能就是对被告所持股权比例进行分割。

如果法院向公司其他股东征求意见时，其他股东明确表示不同意原告成为公司股东，如果原告、被告就股份的处理分割达成一致协议，那么公司其他股东将根据协议的约定决定是否行使优先购买权。这时法院原则上一般不会支持原告成为公司股东的诉讼请求。如果原告、被告双方仍对股份转让价值达不成一致意见，且双方又均未向法院申请对该公司的股权价值进行评估，导致无法启动评估程序，在法官进行释明后，仍拒绝向法院提交股权价值评估申请，法院很有可能会驳回原告要求分割股权的诉讼请求。

2. 公司之间交叉持股的股权分割的裁判要旨

在有的案件中，原告要求分割被告所持股权的目标公司，公司之间存在相互持股的现象，公司又由其他股东负责经营管理，如果启动评估程序，难以协作配合法院对公司目前的股份价值进行公平有效合理之评估。换言之，对相互持股公司的股份进行评估缺乏实际操作性，也不利于保护双方，特别是原告一方的合法权益。故法院最终会对持股一方的股权比例进行分割。

参考案例：苏州市虎丘区人民法院（2016）苏0505民初4314号。

3. 夫妻公司股权分割的裁判要旨

对于原告、被告都是公司股东，且公司不存在第三人作为股东的情形，也就是笔者俗称的“夫妻公司”的股权如何分割？在双方协商不成的情形下，有以下几种裁判要旨：

（1）如果双方都同意经营公司，且不愿意和对方继续经营，都同意对另一方支付股份份额的归并款，则法院会采取双方竞价的方式，价高者得，按照竞价金额按比例支付另一方在公司中的股权归并款。

（2）如果双方都同意经营公司，也不排斥和对方一起经营公司，则法院会对各自所持的股权比例进行分割。但需要注意一点的是，基于夫妻关系的特殊性可能导致双方设立夫妻公司时在工商部门登记的持股比例具有很大的随意性，如果无其他证据佐证，该登记比例不属于夫妻财产约定，离婚时夫妻一方要求据此分割股权的，不予支持。

（3）如果双方都不想继续经营公司，选择退出，则会对公司进行清算，清算后剩余财产进行分割处理。

(4)如果双方都不想继续经营公司,选择退出,又不愿意清算,则法院只会对双方各自所持股权比例进行分割。当然最终还是解决不了根本问题。但是这类公司一般都是亏损较大的公司。

4. 民办非企业单位的股权分割的裁判要旨

在涉及民办非企业单位的股权分割案件中,原告诉请要求分割被告所在民办非企业单位的股权价值时,被告通常会以民办非企业单位不以营利为目的、收入只能用于章程规定的目的和社会公益服务事业不得在成员中分配为由,要求驳回原告的诉讼请求。

民办非企业法人单位性质具有资合性和人合性。《江苏省人民政府办公厅转发省发展改革委省卫生厅等部门关于进一步鼓励和引导社会资本举办医疗机构实施意见的通知》中明确了"社会资本举办的非营利性医疗机构在扣除办医成本、预留发展基金以及按国家有关规定提取其他必需费用后,出资人可从办医结余中取得合理回报"。

可见,从省政府的通知中可知,民办非企业法人的投资份额(股权)具有一定的财产权性质,既然具有财产权的性质,对于民办非企业法人的出资份额,法院是有权判决分割的。只不过由于民办非企业单位的盈余部分只能用于社会公益服务事业,不得在成员中进行分配。故原告有权利要求分割的也只能是持股一方在民办非企业单位的股权比例,而不是股权对应的价值。

5. 股权价值的计算标准

若原告在诉状中明确要求分割的不是被告所持公司股权比例,而是股权对应的价值,法院一般会由原告、被告双方对股权的转让价值进行协商,一旦双方达不成一致意见,原告一方通常会向法院申请对公司的股权价值进行评估。根据江苏省高级人民法院发布的《家事纠纷案件审理指南(婚姻家庭部分)》第41条的规定,股权价值评估时,可以责令当事人以及股权所在的公司提供评估所需的财务会计报表等资料。因公司管理混乱、会计账册不全以及公司经营者拒不提供财务信息等原因导致股权价值无法评估的,可以向税务、工商部门调取备案的资产负债表、损益表、净资产表以及该公司公布的年度报表等财务资料交予评估机构评估股权价值。如果无法调取上述财务资料,可以参照当地同行业中经营规模和水平近似的公司的营业收入或者利润核定股权价值。当事人对依职权确定的股权价值提出异议的,应当提供能证实其主张的财务资料。

(三)股票分割的裁判要旨

1. 无限售股票分割的裁判要旨

无限售股票,顾名思义,可以正常进行市场流通的股票,如果该类型的股票对于该类财产分割,非持股一方可以要求将股份(数量或比例)的一半过户至另一方名下,同时配合另一方进行股票变更登记。

参考案例:江苏省张家港市人民法院(2017)苏0582民初11915号。

2. 限售股票分割的裁判要旨

由于该部分股票流通受限,要考虑两种情况:

其一,对于享有所有权的认购股部分,非持股一方可以要求享有该部分股份在婚姻关系存续期间对应的分红及股份回购兑现款的一半权益。

其二,对于量化配股部分,对于该部分股份,用人单位一般会与持股方约定如果出现合同约定事由,由单位无偿进行回购,故非持股方只能要求分割该部分股份在婚姻关系存续期间的分红利益。

(四)其他财产分割的裁判要旨

1. 实物分割的裁判要旨

对于此类财产的处理,只要不涉及第三人的利益,法院都会在离婚纠纷诉讼中作出处理,而真正以离婚后财产纠纷诉讼的,案件数量都非常少,看到的判决中涉及的所谓“实物”指的是家具、电器。法院一般的处理原则是协商,如果协商不成,夫妻双方对这些“实物”有统一的价值认定,会判归使用方所有,对另一方支付折价补偿。如果双方对价值也不能达成一致意见,法院通常不会对这些“实物”启动评估程序,而会根据出资来源对这些“实物”进行分割。

2. 银行存款分割的裁判要旨

此类财产的分割,需要注意的是以下几个方面:

(1)区分存款的形成时间

如果该存款属于夫妻一方婚前个人财产,则由此产生的孳息仍属于一方婚前个人财产。

(2)婚前存款在婚后是否发生了混同

如果该笔款项的形成时间在婚前,但在婚后发生过频繁的支出与进项,法院则会认为婚前财产与婚后财产发生混同,在无法精准地区分下,法院会认定属于夫妻共同财产进行分割。

(3)分割的标准

法院对此类财产的分割原则,在照顾女方、儿童及无过错方的前提下,进行分割,主流裁判观点还是均等分割。但对于一方在婚姻关系存续期间出现法律规定的严重过错行为时,分割也没有突破45%:55%的比例。

3.大额支出的裁判要旨

审判实践中出现大额支出争议的往往是一方提出另一方在没有经过其同意的情况下,银行卡内有大额款项的支出,认为对方有转移财产的嫌疑。本研究中,涉及此类争议的案件共有15个,其中被法院驳回诉讼请求的有12个,部分支持诉讼请求的有3个。也就是说,被法院驳回的比例高达80%。综观整个数字,是非常值得人深思的,法院在此类问题的处理上,更多的是法官运用自由裁量权,而且这个自由裁量权的范围很紧。

在这类财产纠纷中,法院判决驳回诉讼请求的理由不外乎两点:

(1)对于请求分割的共同财产需以离婚时夫妻共同财产现实客观存在或已经明确可以取得为前提,已经使用不再存在的款项不属于分割的范围。

如在(2019)苏02民终450号案中,法院认为,因7月30日之前,双方矛盾并未激化,7月30日之前款项存取不能认定为转移或隐匿财产的行为,况且要求钱某勤对每一笔大额资金的支出逐一作出说明本身有失公平,况且其中大部分款项的支出时间在吴某1与钱某勤夫妻关系恶化之前,婚姻关系存续期间对夫妻共同财产的使用和处分,不属于法院的审查范围,法院也无法对已经消耗的财产进行分割。吴某1又未提供其他证据证明钱某勤存在隐匿、转移夫妻共同财产的情形,故对吴某1要求分割农商行存单及中国银行卡内款项的诉请,本院不予支持。

(2)请求分割的夫妻共同财产,须为在夫妻离婚时客观、现实存在的,已在婚后共同生活中自然毁损、消耗、灭失或正常消费的部分,不属于分割的范围。法院结合被告家庭成员消费情况及本地的生活水平等因素,认定大额款项支出属于正常消费部分。

参考案例:南京市溧水区人民法院(2018)苏0117民初2797号。

法院部分支持的判决虽然很少,但有一个相似的理由:即被告频繁支取存款的时间发生在双方离婚诉讼期间,因为处分的夫妻共同财产,配偶一方享有平等的处理权,即使款项的用途很明确,擅自处分大额夫妻共同财产,是对配偶一方财产权利的侵犯,故会判决部分返还。但是对于被告的行为,法院一般不会轻易以转移夫妻共同财产进行认定。

(五)离婚协议在履行过程中的裁判要旨

1. 离婚协议中能否约定违约金?

在研读判决书的过程中,笔者发现有个别法院对离婚协议中约定的违约金条款认定有效,从而支持。那离婚协议中能否约定违约金呢?——不能。根据江苏省高级人民法院发布的《家事纠纷案件审理指南(婚姻家庭部分)》第26条的规定,离婚协议属于有关身份关系的协议,不属于普通民商事合同。离婚后夫妻一方以夫妻另一方未履行离婚协议为由主张按照离婚协议约定支付违约金的,不予支持。

2. 离婚协议中双方一致确认执行房产出售,因双方就售房未达成一致意见,另一方要求折价并获得支持。

离婚协议中关于财产分割的条款或者当事人因离婚就财产分割达成的协议,对男女双方具有法律约束力。双方在离婚协议书中明确约定诉争房屋系夫妻共同财产,双方应配合房屋出售,所得房产净得价各得50%。该约定系双方真实意思表示,不违反法律、行政法规的强制性规定,合法有效,对原告、被告均具有约束力。根据法律规定,当事人因履行财产分割协议发生纠纷提起诉讼的,人民法院应当受理。原告、被告之后就售房事宜,未能达成一致意见,故原告诉讼主张分割房屋,符合法律规定的,法院应予以认可。庭审中,原告主张房屋归其所有,其按照评估价格支付被告房屋现值的一半作为对价,被告予以认可,法院依法予以确认。如(2017)苏0115民初14183号案。

3. 离婚协议对财产的约定能否对抗法定继承?

实践中,离婚协议中财产分割条款能否对抗强制执行,离婚协议中财产分割条款能否产生物权变动的法律效力?这个问题在理论界和实务界常常争论不休,直至江苏省高级人民法院发布《家事纠纷案件审理指南(婚姻家庭部分)》对此作出规定。如果签毕离婚协议,约定房产归女方所有,在履行离婚协议的过程中,男方过世,房屋没来得及办理过户手续,此时,离婚协议中财产分割条款能否对抗法定继承人要求继承的主张?

以(2017)苏0106民初10171号案为例。陈某(女)与周某(男)系夫妻关系,陈某与周某于2003年10月10日协议离婚,离婚协议约定:华新巷房屋归女方所有,过户到女方名下。华新巷房屋原系鼓楼区房产经营公司承租公房,周某于2004年8月25日与鼓楼区房产经营公司签订公有住房买卖契约,出资购买了华新巷房屋,权属登记在周某名下。周某于2008年9月20日因死亡被注销户口。陈某要求周某的法定继承人配合办理过户遭拒,无奈向法院提起诉讼。

法院认为,虽然华新巷房屋的所有权是周某在离婚后取得,但离婚协议中已经明确华新巷房屋归陈某所有,该条款对双方具有法律约束力。故判决系争房屋归陈某所有。

(六)对隐藏、转移、变卖、毁损夫妻共同财产分割比例的裁判要旨

审判实践中,针对婚姻一方当事人隐藏、转移、变卖、毁损夫妻共同财产的行为,法院对这部分的财产分割比例享有很大的自由裁量权,或者可以说,真正对隐藏、转移、变卖、毁损夫妻共同财产一方少分的判决比较少,大部分法院依旧采取均分的原则。虽然法律上有所规定,但要做到对该方少分,就一定要举证证明该方存在转移财产的故意。但在举证不能的情况下,法院往往以该方只不过是没有经过配偶一方同意为由,将财产回转至共同财产名下,从而进行均分。但江苏省镇江市中级人民法院(2017)苏11民终1544号案,在审判实践中是比较少见的。

上诉人与被上诉人于2009年3月6日离婚时,未对上诉人名下金晟公司8.18%的股权进行分割。2009年4月2日上诉人在未征得被上诉人认可的情况下,擅自将争议股权转让给桂某龙,取得转让款54万元。该转让虽经法院判决股权转让无效,但上诉人与桂某龙并没有进行股权转让的回转,故一审法院将转让款认定为上诉人与被上诉人婚姻关系存续期间的共同财产并无不当。依照离婚时一方隐藏、转移、变卖、毁损夫妻共同财产,或伪造债务企图侵占另一方财产的,分割夫妻财产时,对隐藏、转移、变卖、毁损夫妻共同财产或伪造债务的一方,可以少分或不分的法律规定,一审法院酌定上诉人享有争议款项18万元,被上诉人享有争议款项36万元,分配比例为33%:67%。

四、同居关系析产纠纷的裁判要旨

1. 制作说明

区域:江苏省

时间:2017年1月1日至2019年12月31日

案例来源:威科先行法律信息库

2. 检索方式

案由:同居关系析产纠纷

文书类型:判决书

检索数量:208个(有效数量189个)

数据采集时间:2020年2月8日

根据《最高人民法院关于人民法院审理未办结婚登记而以夫妻名义同居生活案件的若干意见》第 8 条①"人民法院审理非法同居关系的案件,如涉及非婚生子女抚养和财产分割问题,应一并予以解决。具体分割财产时,应照顾妇女、儿童的利益,考虑财产的实际情况和双方的过错程度,妥善分割"与第 10 条②"解除非法同居关系时,同居生活期间双方共同所得的收入和购置的财产,按一般共有财产处理"的规定,结合案例,笔者发现法院在处理同居析产纠纷案件时,更多的是考虑出资的来源,结合双方对共同生活期间的贡献大小,进行综合认定。虽然同居很多年,有的甚至 10 余年,但因为这种关系毕竟不同于正常的婚姻关系,在处理财产分配上,还是会有所不同。

双方在同居期间购置的财产和共同经营所得收入,如果查明属于按份共有关系,则按照各自出资份额分享权利;如果查明属于共同共有关系,则对共有财产共同享有权利。如果无法查明,视为按份共有,按照各自出资份额予以分割;不能确定出资份额的,视为等额享有。在认定贡献和出资时,如果双方同居时间长、钱款往来多,则可能因为财产混同,不能确定出资份额,从而按等额享有处理。

(一)存款/债权/股票等理财产品分割的裁判要旨

1. 存款在一方(有收入)名下,分割时照顾妇女利益

双方在同居关系存续期间,对于一方名下的银行存款,如何分割？如果另一方没有足够的证据证明存款中也有自己的收入,则法院一般会认定存款归登记方所有,但是基于原告、被告长期以夫妻名义共同生活,原告在家操持家务、打零工,被告打工之余在原告处居住、生活,原告对于双方的同居生活作出了一定贡献,故从保护妇女的合法权益及公平合理的原则出发,法院会酌定给原告一定份额的补偿,但绝不会是均等分割。如江苏省启东市人民法院(2017)苏 0681 民初 7510 号案。

2. 存款在一方(无收入)名下,按比例分割

虽然存款登记在一方名下,但该方并无任何收入来源,提供的证据不足以证明

---

① 现已被《最高人民法院关于废止部分司法解释及相关规范性文件的决定》(2020 年 12 月 29 日发布,2021 年 1 月 1 日起实施)废止。目前,关于同居期间财产分割的内容,规定在《民法典》第 1054 条"同居期间所得的财产,由当事人协议处理;协议不成的,由人民法院根据照顾无过错方的原则判决"中。

② 现已被《最高人民法院关于废止部分司法解释及相关规范性文件的决定》(2020 年 12 月 29 日发布,2021 年 1 月 1 日起实施)废止。目前对于当事人同居期所得财产的处理,仅有《最高人民法院关于适用〈中华人民共和国民法典〉婚姻家庭编的解释(一)》第 22 条规定:"被确认无效或者被撤销的婚姻,当事人同居期间所得的财产,除有证据证明为当事人一方所有的以外,按共同共有处理"的规定,暂无其他规定。

该款项系其个人财产，法院一般会将该存款认定为共同共有。最后分割时，会从双方共同生活的期间、双方的生活情况及照顾妇女权益的角度进行一定比例分割。

3. 双方均有稳定收入，且存款/股票登记在一方名下

如果双方都有稳定收入，在无法查明存款或股票的出资来源，且双方同居时间很长，财产已达混同状态的情况下，在具体分割时，有协议的，按照协议处理，没有协议的，则按照江苏省高级人民法院发布的《家事纠纷案件审理指南（婚姻家庭部分）》的规定，法院会将存款/股票按照共同共有财产进行分割。

4. 债权登记在双方名下，按份额分割

法院在处理此类纠纷时，首先考虑的是债权的来源，换句话说"债权"有无双方的共同投入形成。如果双方对此均有贡献，且财产严重混同，无法区分各自的份额，法院在分割时，如果双方有协议，按照协议处理，如果没有协议，会均等进行分割。

以（2018）苏0311民初4547号案为例。双方在同居期间（1998年），从第三人处购得本市泉山区旭光小区×号楼×××室房屋。2006年7月30日，被告与徐州市轻工资产经营公司签订房地产买卖契约，以优惠售房形式一次性付款8607元购得涉案房屋产权，并随后取得涉案房屋所有权证。后因双方发生矛盾，原告、被告于2011年5月解除同居关系。2016年5月6日，涉案房屋被征收，被告与徐州市泉山区房屋征收办公室签订房屋征收补偿协议，被告选择货币补偿，涉案房屋补偿总额为371,665元。

本院认为，解除非法同居关系时，对于同居期间一方的工资、奖金和生产、经营的收益，原则上归其个人所有。双方在同居期间购置的财产和共同经营所得的收入，如果查明属于按份共有关系，则按照各自出资份额分享权利；如果查明属于共同共有关系，则对共有财产共同享有权利。如果无法查明，视为按份共有，按照各自出资份额予以分割；不能确定出资份额的，视为等额享有。本案中，原告、被告在同居期间购买涉案房屋的租约，后又优惠购房取得产权。对于出资情况，原告、被告均未能提供充分的证据，故应视为原告、被告等额享有。

如果是正常的夫妻关系，法院不会考虑债权是怎么形成的，只要债权发生在婚姻关系存续期间，法院直接认定为夫妻共同财产进而分割。但对于同居析产纠纷而言，出资的来源就显得格外重要。

（二）房产分割的裁判要旨

房产类在同居关系析产纠纷中占比最重，也是引发纠纷最重要的一类财产。由于同居析产有别于夫妻财产分割，故针对不同类型，分析如下：

1. 一方出资购房且产权登记在其名下，产权归登记方所有

根据同居析产纠纷分割——出资优先原则，首先要分析购房出资的来源，如果该出资系来源于登记方一人，另一方提供的现有证据又不足以证明讼争房屋系双方共同出资购买和共同共有，则法院会将该房屋判归登记方所有。

参考案例：南京市六合区人民法院(2016)苏 0116 民初 2709 号。

2. 双方出资，登记在一方名下

根据江苏省高级人民法院发布的《家事纠纷案件审理指南(婚姻家庭部分)》第 9 条的规定，同居关系不同于合法婚姻关系，对于双方在同居期间共同购置的财产，如果查明属于按份共有，按照各自的出资额比例分享权利。在这种情况下，有协议的，按照协议来处理，没有协议的，法院会将房屋判归登记方所有，另一方的出资及对应的增值部分，由登记方予以返还。

参考案例：江苏省昆山市人民法院(2017)苏 0583 民初 7027 号。

3. 双方出资购房，产权登记在双方名下

根据江苏省高级人民法院发布的《家事纠纷案件审理指南(婚姻家庭部分)》第 9 条的规定，同居关系不同于合法婚姻关系，对于同居期间一方的工资、奖金、生产经营收益原则上归本人所有。双方在同居期间有共同购置的财产或者共同经营所得的收入，如果查明属于按份共有，按照各自的出资额比例分享权利；如果查明属于共同共有，则对共有财产共同享有权利；如果无法查明是按份共有还是共同共有，视为按份共有，不能确定出资额比例的，视为等额享有。

根据该规定，对于双方出资购房，且房屋产权登记在双方名下，分割时，按照各自的出资份额按比例进行分割。

(三)车辆分割的裁判要旨

1. 一方出资，登记在另一方名下，返还车辆出资款

此类纠纷通常发生在婚约财产纠纷中，如果一方主张因未办理结婚登记要求对方返还彩礼，另一方主张彩礼为婚前赠与，法院会以婚约财产纠纷进行审理，在这种情况下如果一方出资，车辆登记在另一方名下，有协议的，按协议进行处理，没有协议的，法院通常会判车辆归登记方所有，由登记方返还车辆出资款。

如(2018)苏 12 民终 2460 号案，法院认为，双方在恋爱及同居生活中，原告出资购买房屋和车辆，其款项给付具有针对性，房屋和车辆作为生活资料在缔结婚姻后可直接为家庭生活所使用。故原告向被告给付购车款应是建立在缔结婚姻、共同生活的基础上，是附有条件的。现双方已终止恋爱关系，丧失了谈婚论嫁、缔结婚姻

的可能,根据公平合理的民事行为准则,被告应向原告返还购车款计49,810.98元。

2. 双方出资,登记在一人名下,折价归并

对于双方同时出资,且车辆产权登记在一方名下,法院一般对车辆按照一般共有财产进行处理。按照各自的出资比例对车辆所有权进行分割,具体分割方式,有协议的,按照协议进行处理,没有协议的,车辆归登记方所有,按照各自所占比例对另一方支付折价补偿款。

参考案例:江苏省海门市人民法院(2018)苏0684民初148号。

(四)公司股权分割的裁判要旨

涉及同居期间公司股权的争议,在此类纠纷中占比很小,判决书的数量也极少,对于公司股权登记在一人名下,该股权如何处理?

被宣告无效的婚姻,当事人同居期间所得财产,由当事人协议处理;协议不成时,由人民法院根据照顾无过错方的原则判决。

以(2015)扬开民初字第01411号案为例。原告、被告之间的婚姻已经本院生效判决确认无效,双方同居期间所得财产应按一般共有处理。双方已于2013年5月26日就共同财产的处理达成了书面协议,且在诉讼过程中,双方均同意按照该协议约定履行,但对该协议中的具体条款存有争议,本院在充分考虑当事人意见及适当照顾女方的原则下,酌定蒋某玉支付顾某红的股权折价款为1900万元,截至2014年年底,蒋某玉已付400万元,余款1500万元,按照2013年5月26日的财产分割协议,从2015年开始,每年年底支付300万元,直至结清。

这个判决法院还是在充分尊重当事人协议的基础上进行的处理,一方面兼顾出资来源、双方同居生活时间的长短;另一方面照顾女方权益。但有一点是很明确的,即股权归登记方所有,只不过在股权折价款的处理上,法院仍享有很大自由裁量权。

(五)保险分割的裁判要旨

法院在处理此类案件时,有协议的,按照协议处理,没有协议的,通常各自名下保单利益归各自所有。

如(2019)苏03民终1412号案,法院认为,《最高人民法院关于人民法院审理

未办理结婚登记而以夫妻名义同居生活案件的若干意见》第10条[①]规定，同居生活期间双方共同所得的收入和购置的财产，按一般共有财产处理。双方均未提供证据证明双方对共同财产的份额有约定。双方共同生活近3年之久，其间花费10万余元也与当地的经济水平相适宜。为实现利益的最大化，双方各自名下的保险利益，归各自所有为宜。

根据上述财产分析，笔者可以很清楚地了解法院在处理此类纠纷中的裁判要旨，即有协议的，按照协议处理，没有协议的，查明双方各自的出资份额，若出资无法查明的情况下，法院一般按照等额享有进行处理。所以协议很重要，如果实在无法达成协议，保留当初的原始出资凭证将显得格外重要。

① 现已被《最高人民法院关于废止部分司法解释及相关规范性文件的决定》（2020年12月29日发布，2021年1月1日起实施）废止。目前对于如何分割同居期间财产仅有《最高人民法院关于适用〈中华人民共和国民法典〉婚姻家庭编的解释（一）》第22条“被确认无效或者被撤销的婚姻，当事人同居期间所得的财产，除有证据证明为当事人一方所有的以外，按共同共有处理”的规定，暂无其他规定。

浙江省法院婚姻家庭案件裁判要旨梳理

本次案件裁判要旨梳理采用 Alpha 案例库进行检索，检索关键词为“离婚后财产纠纷”“浙江省”“民事”“判决”“2019/2018/2017”。检索数据显示，浙江省辖区法院从 2017 至 2019 年离婚后财产纠纷案件公开判决书共计 2096 个，筛选有效样本后，最终确定参与数据分析的样本共计 1610 个。

一、离婚后财产纠纷的裁判要旨

(一) 离婚后财产纠纷中的房屋分割问题

在分割房屋问题时，法院通常需要按序解决两个问题，一是“房屋权属认定”，这关系到夫妻双方是否有权对该房屋进行处理；二是“房屋分割处理”，也就是法院最终分割处理该房屋的方式。两个问题同样重要，基于此，笔者围绕这两个主要问题，进行了数据统计，通过以下板块分点归纳：

1. 房屋权属认定

在遵循我国法定夫妻共同财产制度的大原则下，不同性质的房屋，法院权属认定的考虑因素有些不同。

(1) 商品房的权属认定

直接符合《婚姻法》[①]及司法解释法定情形的房屋权属认定简单且统一，不再过多泼墨。在本次数据分析时，笔者发现几个商品房权属发生争议的典型或者争议情形：

①双方离婚时未对房屋及房贷问题进行处理，离婚后一方继续归还房贷至离婚后财产纠纷起诉。这类情况是“离婚后财产纠纷”的特色情形，法院的主流裁判观点还是比较明确的，将离婚后还贷部分视为一方离婚后代偿的夫妻共同债务，而不是按出资比例分割。如(2019)浙 0903 民初 374 号案。

②诉争房屋登记在他人名下。法院的处理方式分为两种：第一种方式是大部分法院的做法，因财产涉及案外人在本案中不予处理；第二种方式则是追加案外人作为诉讼第三人，直接在离婚后财产纠纷中查清事实并处理。如(2018)浙 0681 民初 8876 号案、(2019)浙 0681 民初 10664 号案。第二种处理方式较少且通过研读判决书后，笔者发现证据十分充分、当事人一定程度的自认、涉及案外人的事实明确

① 现规定在《民法典》婚姻家庭编。

一定程度上推动了法院在案件中进行直接处理。

③诉争房屋被案外人要求强制执行。具体来说,是离婚协议约定房屋归甲方所有,在未办理过户登记前,房屋被乙方债权人申请保全和执行,房屋如何处理的问题。这个问题实际上一直是司法实践中存有争议的问题,通过判决研读笔者发现,实践中各地法院的操作方式不一,浙江省范围内,除了类似公报案例的处理方法,也有法院认为,因登记在两人名下,应认定为甲乙双方共同共有,据此保全无误,但是处分时应当先析出甲方份额。如(2019)浙0681民初14082号案、(2019)浙0681执异135号案。但是不管是何种观点,有一点是相同的,即法院都倾向于认为"离婚协议生效并不直接发生物权变动的效力"。

(2)自建房、宅基地的权属认定

对于这类财产权属问题,大部分法院会将其分为房屋所有权和土地使用权两部分进行评价,房屋部分会根据审批人员、建造时间、出资来源、出资时间、登记产权结合夫妻关系存续时间进行判断。土地使用权,因为土地面积一般与人口存在关联,所以法院主要根据建房用地审批材料和产权登记材料进行判断。如(2019)浙0782民初14422号案。

(3)拆迁安置房的权属认定

这类权属认定,法院裁判观点也较为明确,主要立足于拆迁安置的方式。对于按安置人口拆迁补偿的方案,法院主要按照拆迁安置协议书上确定的安置对象进行财产的权属认定和分配。如(2018)浙0681民初11591号案。搬迁费、腾退奖励费等则一般归实际居住、实际配合腾退的人所有。对于产权调换的拆迁安置方案,法院则认为,安置房屋一般应当认定为原被拆迁房屋所有人所有,搬迁奖励则一般归实际居住、实际配合腾退的人所有。如(2019)浙01民终7627号案。

(4)"房改房"的权属认定

"房改房"是一种特殊房产,涉及工龄优惠,实践中,一方婚前承租,然在婚后以双方的工龄优惠、共同财产购得"房改房"最为常见,这种一般都会认定为夫妻共同财产。如(2018)浙0212民初1356号案。但是对于一方婚前承租,婚后用工龄优惠购得的"房改房",因这类样本数较少,无法得出普遍结论,但是笔者在研读案例时发现,法院存在一种观点,决定"房改房"权属的并非工龄优惠,仍然取决于"房改房"的获得时间是在婚前还是婚后,至于工龄优惠则作为法院分割比例的一个考量因素。如(2019)浙01民终7627号案。

(5)违章建筑的权属认定

违章建筑因非合法性,法院通常对房屋所有权不予认定。如(2019)浙0726民初1456号案。但是,部分法院出于实际考虑,会对违章建筑的使用问题进行处理。

2. 房屋分割处理

(1)尊重意思自治

笔者对涉及房屋分割、过户等归属问题的判决结果进行了统计。可以看到,法院在处理房产分割问题时十分重视当事人意思自治,按离婚协议处理的占比49%、按庭审协商一致处理的占比18%,而最终需要交由法院来实际处理的占比28%。从这个结果看,法院尊重当事人意思自治的占比合计67%(包括离婚协议和庭审协商两部分)。也就是说,如果离婚协议有效或者双方当事人庭审协商一致,基本上就按照协商结果进行处理。这表明离婚协议甚至其他婚姻协议是非常重要的,离婚时双方对条款的约定应当谨慎,一方面正视夫妻间财产分割,不要模糊约定;另一方面专业起草,避免一些无效和可撤销情形的发生,条款约定的注意事项在其他板块会有详述。

此外,不处理一项亦占比18%,法院不处理的理由主要有:①不属于夫妻共同财产(个人财产、案外人财产、家庭财产、尚未发生继承等);②离婚协议已处理/已约定给子女;③生效协议/生效判决已经处理完毕;④被查封/违章建筑涉刑,无法处理;⑤房屋上有贷款,无法过户;⑥尚未办理产权登记,无法确定是否取得产权;⑦标的已经灭失(如房屋已售、出售款已消耗、归还房屋贷款/房屋所基于的买卖合同被解除);⑧宅基地使用权受政策限制,不能分割。

(2)法院对房屋的处理方式和考量因素

笔者对法院裁判项下的具体结果进行了分类统计(见图9)。

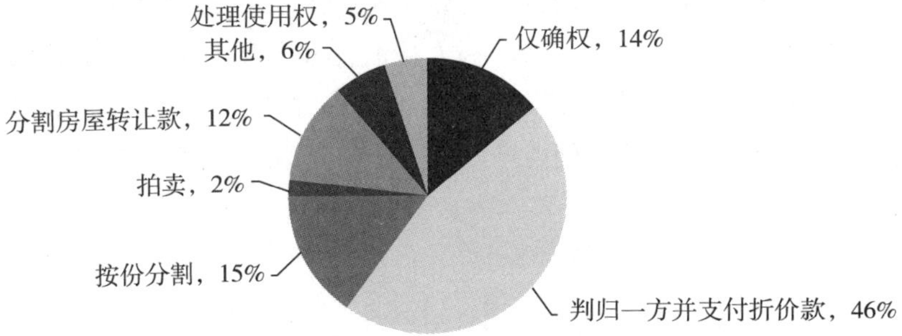

图9 案件所涉房产的裁判结果统计

从图9可以看到，法院将房屋判归一方并支付折价款是最多的处理方式，占比46%，因夫妻关系解除双方不适合生活于一处，这种处理方式也符合大众心理。

在房屋裁判归属问题上，笔者整理了判决中法院裁判归一方的常见理由：①产权登记一方；②房屋贷款主贷人；③照顾女方子女原则；④对房屋的贡献；⑤房屋人身密切性，尤其是自建房；⑥房屋居住现状；⑦购房时使用了一方首套房优惠利率；⑧占有更多份额；⑨一方名下的唯一住房；⑩便于生产生活；⑪婚姻过错。

此外，从图10还可以看到，其他处理方式也占有不小的比例，尤其是按份分割和确权，在梳理这部分案例时笔者发现，法院这样处理主要的原因有二：一是不适宜直接分割归一方，如未取得完全所有权无法分割；二是不告不理，即当事人诉请只为确认之诉。这里需要提醒诉讼当事人，起诉要求确认份额为确认之诉，而要求实际分割为给付之诉，如果仅要求确认份额，而没有要求判令一方需要履行配合办理变更登记等法律义务时，即使拿到生效判决，也可能会因为不符合执行案件"明确给付内容"这一受理条件而无法申请强制执行，笔者在数据统计中，也抓取到了同一套房屋先起诉确权，又起诉要求过户的案例。因此，为减少讼累，主张维权一方在提出诉讼请求的时候有必要听取专业人士的建议。

（二）离婚后财产纠纷中的股权分割问题

本部分是以股权为诉争标的在离婚后财产纠纷中法院处理方式的实体分析。通过本次案件裁判要旨梳理选取的43个案例的研究分析，对离婚后财产纠纷中法院处理夫妻股权分割的方式进行归纳总结，并对其中相关要点不同法院采取的不同认定进行对比，为离婚协议的签订以及以股权为诉争标的在离婚后财产纠纷中的处理提供一定的有益借鉴。

1. 涉及股权案件中的双方持股现状分析

在本次案件裁判要旨梳理统计中，夫妻双方在公司中均持有股份的占比13%，一方在公司中持有股份的占比78%，一方持股的比例明显高于双方持股（见图10）。需要注意的是，由于绝大部分的案件都是一方在公司持有股权的情况，因此持股方股权是否属于夫妻共同财产则成为法院处理该类案件的第一个争议焦点。

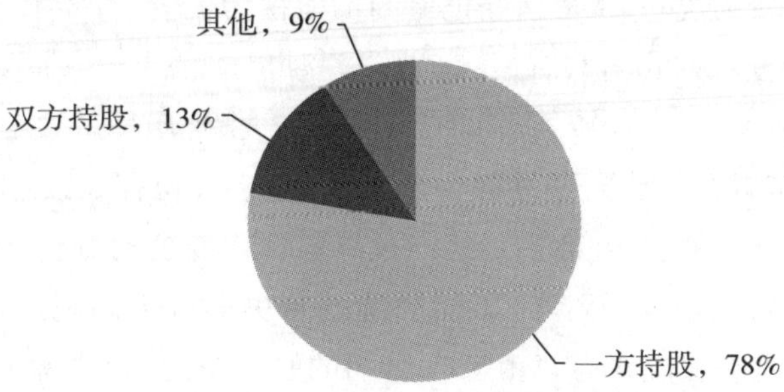

图10 案件所涉股权的持股现状统计

经统计,一方主张股权为个人财产的理由主要有:(1)一方婚前取得的股权;(2)遗嘱中确定只归一方的股权;(3)出资额来自持股方父母。对于前两种情形,根据《婚姻法》第18条①的规定,为夫妻一方的个人财产。对于第三种情形,该赠与行为是否应当适用《最高人民法院关于适用〈中华人民共和国婚姻法〉若干问题的解释(三)》第7条②视为对一方的赠与,目前的司法实践存在争议。从大数据检索的结果来看,部分法院认为涉案股权登记在被告个人名下,属于投资性质,与一般的父母出资为子女结婚而购置财产不同,在出资人没有明确的赠与意思表示的情况下,简单推定为对双方共同的赠与,不符合社会一般观念,也会导致利益失衡,故该赠与应当视为对被告个人的赠与,属于被告个人的财产,如(2018)浙0783民初4632号案。然而,有的法院则认为,对于该条款中"不动产"的理解应限定在土地以及房屋、林木等地上定着物范畴内,应排除父母出资为子女购买公司股份、车辆、船舶等登记在自己子女名下的情形。③

双方结婚后共同创立的公司,并且双方均在公司持股,但在工商行政部门登记的持股比例不同的情形,通过本次案件裁判要旨梳理大数据检索,笔者发现法院对

① 现规定在《民法典》第1063条第1项、第3项,有改动,文义相同。《民法典》第1063条规定:下列财产为夫妻一方的个人财产:(1)一方的婚前财产……(3)遗嘱或者赠与合同中确定只归一方的财产。

② 《最高人民法院关于适用〈中华人民共和国婚姻法〉若干问题的解释(三)》第7条规定:"婚后由一方父母出资为子女购买的不动产,产权登记在出资人子女名下的,可按照婚姻法第十八条第三项的规定,视为只对自己子女一方的赠与,该不动产应认定为夫妻一方的个人财产。由双方父母出资购买的不动产,产权登记在一方子女名下的,该不动产可认定为双方按照各自父母的出资份额按份共有,但当事人另有约定的除外。"《婚姻法》第18条第3项规定:"有下列情形之一的,为夫妻一方的财产:……(三)遗嘱或赠与合同中确定只归夫或妻一方的财产。"现行法律及司法解释暂未对父母出资的股权赠与行为作出是否视为对一方赠与的规定。

③ 参见最高人民法院民事审判第一庭编著:《最高人民法院婚姻法司法解释(三)理解与适用》,人民法院出版社2015年版,第124页。

股权权属的认定较为统一,认为该登记比例不能视为夫妻财产约定,双方名下的公司股权仍属于夫妻双方共同共有,在离婚分割时仍应按夫妻共同财产原则进行分割,即双方各半所有。如(2017)浙1081民初7637号案。

除此之外,笔者在统计数据过程中还发现,对于公司存在改制的情形下,在前公司属于共同财产的股权,在离婚后经产权界定计入新公司分得相应股权后,在新公司中该股权是否属于共同财产,不同法院的判决亦持不同观点:以(2017)浙03民终5732号案为例,法院认为:"由于A公司的股份在夫妻离婚后一直未予分割,B公司系由A技术有限公司改制而来,A技术有限公司的股权相应转化为B公司的股份,而A技术有限公司的股权系夫妻共同财产投资,股东身份对股份数额并没有影响,也未因其他情况导致股份增加,因此本院予以支持。"即认定属于夫妻共同财产。以(2018)浙0602民初7413号案为例,法院认为:"建设集团有限公司系于原告、被告离婚后成立,虽被告在建设集团有限公司的原始出资来自其在工程公司内的净资产的产权界定分配所得,但该产权界定事实发生的时间节点系在原告、被告离婚后,即被告对该出资额的取得系在其与原告离婚以后,故被告在建设集团有限公司享有股权亦并非系原告、被告夫妻共同财产。"即认定不属于夫妻共同财产。

2.股权的处理结果分析

在本次案件裁判要旨梳理大数据统计中,法院按照双方在离婚协议时的约定进行分割处理的占比17%,以自主裁判方式处理股权分割的占比38%,对股权分割在案件中不处理(包括不支持)的占比45%。

(1)按照离婚协议约定

在签订的离婚协议中,已对公司股权归属作出明确约定且不存在欺诈、胁迫的情形下,法院通常会认定双方签署的离婚协议有效,在不违反《婚姻法》[①]及《公司法》关于夫妻股权分割相关法律规定的同时,将按照协议的约定对股权作出处理。

① 现规定在《民法典》婚姻家庭编。

(2)不处理(包括不支持部分)

从大数据统计的结果来看,法院理由如表10所示:

表10 离婚后财产纠纷中不予分割股权的情形

案号	裁判结果	法院认为
(2017)浙0110民初4016号	另行处理	原告、被告同意另行处理
(2016)浙1021民初3650号	另行处理	被告对股权价值没有相应的评估结论,且原告也没有提供证据证实企业愿意吸收原告为股东或投资人,本案不做分割,双方另行处理
(2017)浙0281民初7458号	另行处理	办理股权变更因涉及相关企业,另行处理
(2017)浙0382民初11101号	一方个人财产	遗嘱或赠与合同中确定只归夫或妻一方的财产为夫妻一方的财产
(2017)浙0105民初12124号	离婚协议约定不明	离婚协议中未明确对以被告名义在公司的出资进行分割,依据现有约定也无法推论出双方对股权分割的意思表示
(2017)浙0106民初6974号	不能证明持股	现有证据无法表明被告在公司持有股权
(2017)浙0303民初5679号	未经其他股东过半数同意	股权代持合同项下的权益想要转化为股权,还需经过其他股东半数以上同意这一前置条件,原告未提供证据证明其他股东半数以上同意,且根据双方陈述,其他股东系被告陈某妹妹,在原告已与被告陈某离婚的情况下,其他股东(陈某妹妹)同意的可能性较小,故原告诉请本院不予支持

注:处理方式为不处理(包括不支持)。

(3)法院自主裁判

在法院自主裁判项下,将股权判归持股方的占比18%,股权判归未持股方的占比4%,采取分割股权转让款方式的占比5%,以确认股权份额方式处理股权的占比73%。法院自主裁判项下对股权的处理结果与原告提出诉请的内容密切相关。因夫妻一方在公司持股的案例为绝大多数,基于此原告提出的诉请主要包括如下两类:

①原告要求分割公司股权

根据统计结果,公司章程或其他法律文件对于股权分割是否存在限制,未体现的占比72%,不存在限制的占比5%,存在限制的占比23%。经笔者统计发现,在原告要求分割公司股权时主要受制于《最高人民法院关于适用〈中华人民共和国婚姻法〉若干问题的解释(二)》第15条、第16条、第17条①以及《公司法》第71条、第74条的规定。根据上述规定非持股方想要成为公司股东,需要经过其他股东半数以上同意,然而在其他股东不同意的情况下,法院则作出了不同的处理结果(见表11)。

表11　离婚后财产纠纷中原告要求分割股权的处理结果

案号	裁判结果	法院认为
(2018)浙0327民初9740号	同意成为股东	本案中,第三人公司除被告外,其他股东仅第三人洪某一人,洪某表示不同意分割股权,也不愿意优先购买案涉股权,视为同意转让,原告依法可以成为公司股东
(2016)浙0681民初10788号	同意成为股东	被告、第三人周某作为公司股东,其不同意原告成为公司股东,虽表示同意以评估价格购买该出资额,但在本院根据原告的申请委托第三方对××有限公司的股权进行评估过程中,被告、××有限公司与第三人周某不履行配合义务,拒不向鉴定机构提供相关材料,导致鉴定不能,应当认定被告、第三人周某不愿意以同等价格购买该出资额,视为其同意转让,原告张某依法可以成为该公司股东
(2016)浙1021民初3650号	另行处理	被告对股权价值没有相应的评估结论,且原告也没有提供证据证实企业愿意吸收原告为股东或投资人,本案不做分割,双方另行处理
(2017)浙0303民初5679号	不支持	股权代持合同项下的权益想要转化为股权,还需经过其他股东半数以上同意这一前置条件,原告未提供证据证明其他股东半数以上同意,且根据双方陈述,其他股东系被告陈某妹妹,在原告已与被告陈某离婚的情况下,同意的可能性较小,故原告诉请本院不予支持
(2017)浙1081民初8063号	不支持,支付折价款	因本案被告及第三人任某均不同意原告成为公司的股东,故本院确认被告在公司的出资额中属于原告、被告夫妻共同财产的部分归被告所有,由被告支付给原告相应的对价

① 现规定在《最高人民法院关于适用〈中华人民共和国民法典〉婚姻家庭编的解释(一)》第72条、第73条、第74条。新旧法条没有实质性改动。第72条规定:夫妻双方分割共同财产中的股票、债券、投资基金份额等有价证券以及未上市股份有限公司股份时,协商不成或者按市价分配有困难的,人民法院可以根据数量按比例分配。第73条规定:人民法院审理离婚案件,涉及分割夫妻共同财产中以一方名义在有限责任公司的出资额,另一方不是该公司股东的,按以下情形分别处理:……第74条规定:人民法院审理离婚案件,涉及分割夫妻共同财产中以一方名义在合伙企业中的出资,另一方不是该企业合伙人的,当夫妻双方协商一致,将其合伙企业中的财产份额全部或者部分转让给对方时,按以下情形分别处理:……

综上可见,对于在被告不同意转让股权的情况下,不同法院处理方式不同,部分法院下一步会进行优先购买审查,但是部分法院则不再予以处理,由此产生了以上不同的裁判结果。

②原告要求分得折价款

在原告诉请要求分得股权及收益(如主张分割收益)的折价款时,如果双方对于股权价值及收益能够达成一致,法院会依据双方认定的价值进行分割。但是,司法实践中大部分案例中无法对股权价值及收益协商一致,此时就需要原告提出申请,对股权的价值、收益进行司法鉴定评估。

但是从数据统计结果来看,大部分情况为一方在公司持有股权,此时就会造成双方信息的不对称性,由于一方参与公司经营、掌握公司相关的财务报表材料,另一方则对公司的经营情况一概不知或者知之甚少,此时如果持股方不配合评估,则评估目的很难实现。部分法院此时会对该股权部分不予处理,导致原告的诉请落空。

(三)离婚协议效力问题分析

从全部有效样本中,以离婚协议(包括修改、履行、补充离婚协议的借条、欠条、承诺书等)是否有效为争议焦点的案例共计 53 个。下面以该 53 个案例为基数,归纳出"一方请求撤销、变更协议或者确认协议无效"的常见理由,并进一步对比不同法院针对不同理由采取的不同裁判思路,为离婚协议的签订以及受损害方权益维护提供一定的参考。

从数据统计结果来看,一方要求撤销、变更协议或者确认协议无效的理由大致可以归纳为以下几类:

1. 主张存在欺诈、胁迫、重大误解及显失公平等情形,要求撤销或变更协议

一方依据《最高人民法院关于适用〈中华人民共和国婚姻法〉若干问题的解释(二)》第 9 条第 2 款①、《合同法》第 54 条②等规定,以签订协议时另一方存在胁迫、

① 现《最高人民法院关于适用〈中华人民共和国民法典〉婚姻家庭编的解释(一)》第 70 条第 2 款规定:"人民法院审理后,未发现订立财产分割协议时存在欺诈、胁迫等情形的,应当依法驳回当事人的诉讼请求。"内容无变动。

② 《合同法》第 54 条规定:"下列合同,当事人一方有权请求人民法院或者仲裁机构变更或者撤销:(一)因重大误解订立的;(二)在订立合同时显失公平的。一方以欺诈、胁迫的手段或者乘人之危,使对方在违背真实意思的情况下订立的合同,受损害方有权请求人民法院或者仲裁机构变更或者撤销。当事人请求变更的,人民法院或者仲裁机构不得撤销。"现《民法典》第 148 条、第 149 条、第 150 条及第 151 条对民事法律行为可撤销的规定做了改动,取消了"订立合同时显失公平的"可变更或撤销原合同的规定。

欺诈、乘人之危等行为,或因另一方刻意欺瞒、自身认识不足存在重大误解,从而作出违反内心真意的意思表示,以及协议内容显失公平为理由主张撤销协议的案例共计36个。笔者结合法院的裁判观点做如下总结。

(1)不同的法院在法律适用上存在差异

笔者选择两个较为典型的案例进行对比(见表12)。

表12 法院对请求撤销离婚协议财产分割条款的适用法律差异

案号	法院认为
(2018)浙0881民初1950号	《最高人民法院关于适用〈中华人民共和国婚姻法〉若干问题的解释(二)》第9条第2款〔1〕使用了"等"字,欺诈、胁迫只是其中两种情形,如协议内容违反《合同法》第54条〔2〕的精神,乘人之危、显失公平,使对方在违背真实意思的情况下订立合同,受损害方有权请求人民法院予以变更或撤销该合同
(2019)浙0603民初8458号	根据《合同法》第2条〔3〕关于"婚姻、收养、监护等有关身份关系的协议,适用其他法律的规定"的规定,本案不适用合同法中规定的因重大误解可撤销的情形,而应当适用婚姻家庭相关的法律法规

注:〔1〕现《最高人民法院关于适用〈中华人民共和国民法典〉婚姻家庭编的解释(一)》第70条第2款规定:"人民法院审理后,未发现订立财产分割协议时存在欺诈、胁迫等情形的,应当依法驳回当事人的诉讼请求。"内容无变动。

〔2〕《合同法》第54条规定:"下列合同,当事人一方有权请求人民法院或者仲裁机构变更或者撤销:(一)因重大误解订立的;(二)在订立合同时显失公平的。一方以欺诈、胁迫的手段或者乘人之危,使对方在违背真实意思的情况下订立的合同,受损害方有权请求人民法院或者仲裁机构变更或者撤销。当事人请求变更的,人民法院或者仲裁机构不得撤销。"现《民法典》第148条、第149条、第150条及第151条对民事法律行为可撤销的规定做了改动,取消了"订立合同时显失公平的"可变更或撤销原合同的规定。

〔3〕现规定在《民法典》第464条第2款"婚姻、收养、监护等有关身份关系的协议,适用有关该身份关系的法律规定;没有规定的,可以根据其性质参照适用本编规定"。

可见,个别法院在处理离婚协议财产分割条款的撤销问题时,认为只能适用《最高人民法院关于适用〈中华人民共和国婚姻法〉若干问题的解释(二)》第9条第2款①规定,即若无法举证证明存在欺诈、胁迫情形的,应当驳回当事人的撤销诉请。当然,大部分法院仍按照《民法总则》《合同法》②关于可撤销合同的相关精神进行认定。

(2)大部分撤销离婚协议财产分割条款的请求均因无证据或无充分证据证明

① 现《最高人民法院关于适用〈中华人民共和国民法典〉婚姻家庭编的解释(一)》第70条第2款规定:"人民法院审理后,未发现订立财产分割协议时存在欺诈、胁迫等情形的,应当依法驳回当事人的诉讼请求。"内容无变动。

② 现规定在《民法典》总则编、《民法典》合同编。

存在法定可撤销理由而被驳回,只有少数会被支持

以上述36个样本为基数,一方以存在欺诈、胁迫等情形,要求撤销离婚协议财产分割条款的,被法院驳回诉请的案例达33个,而法院的裁判理由基本一致:①协议系双方签名确认,甚至经民政局登记备案,系双方真实意思表示;②主张撤销的一方未能举证证明存在欺诈、胁迫等情形。

而一方撤销协议的请求被法院支持的案例有3个,裁判理由如下(见表13)。

表13 法院支持撤销离婚协议中财产分割条款的情形

案号	法院认为
(2018)浙0411民初4067号	离婚协议是夫妻双方围绕婚姻关系解除达成的一个有机整体,各项内容既相互独立,又相互关联;离婚协议中关于夫妻共同财产分割的条款或者当事人因离婚就财产分割达成的协议,对男女双方具有法律约束力,其中关于子女抚养问题的变化,可能引起财产分割问题的变化。本案中,原告、被告双方在签订离婚协议时,原告误以为女儿系其婚生女,存在重大误解
(2018)浙0881民初1950号	离婚协议涉及的财产分割协议存在与一般民事合同不同之处,由于离婚的男女双方毕竟与对方共同生活过,甚至生育过子女,在订立分割财产协议时不仅会考虑利益因素,亦会考虑感情因素。被告出轨以及婚外生子的情形在离婚分割财产时具有举足轻重的作用,被告提交的证据不足以证明原告知情,原告在不知情的情况下签订离婚协议,违背了原告的真实意思表示
(2018)浙0402民初515号	原告、被告双方离婚前,被告已将前述房屋出售给他人,被告明知该房屋所有权已变更,但在签订离婚协议时仍对该套房屋的所有权进行处理,并分割给原告所有,被告欺诈故意明显。在签订离婚协议时,被告虚构该两套房屋的所有权信息,导致原告作出了承担全部债权债务的错误意思表示

综上可见,此类案件中主张存在胁迫、欺诈等情形的一方需要承担较重的举证责任,法院不会轻易认定。那么,要证明到何种程度,法院才会最终认定满足可撤销条件,笔者从上述3个撤销协议案例中大致可以推出:离婚协议的各个条款之间均互相关联,包括解除身份关系条款、子女抚养条款和财产分割条款等。而离婚协议的整体性是法院综合衡量一方当事人意思表示是否真实的前提基础。从离婚协议的整体性出发,一方举证证明的案件事实应当足以使法官形成当事人在签订离婚协议时"意思表示不自由"的内心确信,即若当事人在协议签订当时明确知晓某一事实,或未曾陷入某一处境中,大概率不会作出与原协议一致的财产处分,那么该协议被认定无效的可能性较大。

(3)“等价有偿”与离婚协议是否显失公平之间的关联性不大

从离婚协议的整体性出发,在离婚协议中对协议一方明显的利益倾斜很可能是以尽快解除夫妻关系,或者夫妻、父母子女之间的情感考量为出发点自愿作出的,所以法院以“等价有偿”要素来认定离婚协议是否显失公平并不常见。相较于一般的民事合同,除非当事人能够证明存在欺诈、胁迫等情形,否则一般不会以“显失公平”为由撤销离婚协议(见表14)。

表14　法院对离婚协议显失公平的认定情况

案号	法院认为
(2018)浙0191民初3172号	协议系原告、被告自愿协商一致的结果,现以显失公平为由要求撤销,无法律依据
(2018)浙0109民初7394号	夫妻双方为达到协议离婚的目的,对子女抚养和财产分割等方面作出有条件的让步,法律并未禁止,离婚协议书载明的各项条款均相辅相成,并不存在显失公平的情形

2. 主张协议双方系“假离婚”,离婚协议并非双方当事人真实意思表示

在全部53个样本中,一方主张存在“假离婚”情形的有7个。“假离婚”这一理由与第一项分类存在重叠,均属于“意思表示不真实”的范畴,其中一方以“假离婚”为名,实则以此为由诱导对方真离婚的情况,往往被纳入“欺诈”情形进行讨论。而这里主要讨论的是协议双方为了规避城市房屋限购政策或者逃避债务协商一致“假离婚”,实则仍以夫妻名义生活在一起,甚至打算在目的达成后重新办理结婚登记的情形。

在本次统计中有2个因涉及“假离婚”被认定无效的案例,具体如表15所示:

表15　法院对因“假离婚”订立的离婚协议的裁判观点

案号	法院认为
(2019)浙02民终3888号	原告、被告离婚的目的是获取银行贷款,并非夫妻感情确已破裂,自愿离婚。双方当事人达成的离婚协议是为了办理离婚登记手续,并非双方当事人对离婚涉及的相关财物处理的真实意思表示。原告、被告离婚行为具有虚假故意,以虚假的意思表示实施的民事法律行为无效,故案涉离婚协议书无效
(2017)浙0381民初5936号	协议内容系原告、被告恶意串通损害债权人利益,同时违反诚信原则,依法应属协议无效

司法实践中,夫妻关系的解除基本以离婚登记为准,而不探究当事人的内心真

意。但根据(2019)浙02民终3888号案的裁判观点,即使离婚协议已经民政局备案登记,但双方为了达成某一目的假意离婚而作出的财产分割行为,却应当适用《民法总则》第146条①作为"通谋虚伪行为"被认定无效。在(2017)浙0381民初5936号案中法院则以逃避债务损害债权人利益为由,认定财产分割条款无效,这与"意思表示不真实"不属于同一范畴,笔者不做讨论。

3. 主张赠与财产的权利未转移,要求适用《合同法》第186条②规定撤销赠与

夫妻双方通过离婚协议将夫妻共同财产赠与子女,或者将一方个人财产赠与另一方的情形常常出现。在全部53个样本中,一方或双方以房产未转移登记,赠与未完成为由,要求撤销该财产赠与条款的共有7个。其中协议一方事后反悔要求撤销赠与,所有法院均以离婚协议具有整体性,离婚协议中的赠与条款不能适用《合同法》③任意撤销为由驳回诉请,这与最高人民法院的审判思路是一致的。而这里需要讨论的是协议双方事后均主张撤销的情形,法院存在不同的裁判观点。下面根据三个案例进行讨论(见表16)。

表16 法院对要求对离婚协议中的赠与条款行使任意撤销权的裁判观点

案号	法院认为
(2018)浙07民终466号、(2015)金义民初字第2505号	双方在离婚时约定将涉案房屋赠与儿子,但直至儿子因病去世时涉案房屋仍登记在原告名下,双方也均同意撤销该赠与,故涉案房屋应作为夫妻共同财产进行分割
(2018)浙0624民初2601号	赠与人将赠与物赠与未成年人个人的,未成年人无须表示是否接受赠与即告成立,应当认定该赠与物为未成年人的个人财产。原告、被告后签订的协议,被告当庭表示否认,且与离婚协议约定不一致,损害了未成年人的利益,故对原告的诉请,本院不予支持
(2018)浙0681民初13894号	涉案房屋不动产权证附记中的"按协议履行"登记,原告、被告双方在庭审中释明,附记中的"协议"为双方离婚时备案的"离婚协议书",从法律意义上确定了赠与行为的成立。被告同意原告的诉讼请求,实质是处分了被监护人的财产,且该处分行为也不是为了维护儿子的利益

① 现《民法典》吸收了《民法总则》的规定,作为第一编,依旧规定在第146条:"行为人与相对人以虚假的意思表示实施的民事法律行为无效。以虚假的意思表示隐藏的民事法律行为的效力,依照有关法律规定处理。"

② 《合同法》第186条第2款规定:"具有救灾、扶贫等社会公益、道德义务性质的赠与合同或者经过公证的赠与合同,不适用前款规定。"现《民法典》第658条第1款规定:赠与人在赠与财产的权利转移之前可以撤销赠与。第2款规定:"经过公证的赠与合同或者依法不得撤销的具有救灾、扶贫、助残等公益、道德义务性质的赠与合同,不适用前款规定。"对比新旧条文,仅文字顺序和列举内容稍作改动,文义基本相同。

③ 现规定在《民法典》合同编。

（四）离婚协议中财产条款的争议问题

实践中，离婚协议条款本身也会出现很多问题，尤其是自行起草或下载模板起草的协议，最终会导致在离婚后、协议履行过程中发生大量纠纷，进而当事人诉至法院。通过对1610个有效样本的二轮筛选，笔者选取了法院对离婚协议以及其他相关协议的条款进行释义的样本共计41个（不包括法院认定因财产被隐瞒而未进行分割的情形），其中涉及房屋、折价款（补偿款）的样本占比较大。基于此，笔者以房屋和折价款（补偿款）为例，对常见的争议类型条款进行法院裁判观点的梳理。

1. 涉及房屋的条款争议

（1）房屋具体信息的约定存在瑕疵

离婚协议中涉及房屋条款的表述瑕疵主要有以下三大类：①描述不够详细，如“位于某某市房屋”，未具体到坐落、门牌；②描述有误，如单元号、楼层填错；③未明确房产范围，如实际建造的原始形态为一套但登记为两套独立产权的房屋、是否包含车位等（见表17）。需要注意的是，若房屋已进行了分割，即使未对相应车位进行分割，大部分法院倾向于认为位于同一小区的房屋和车位需配套使用，离婚协议所指的房屋应当包含车位。

表17 法院对离婚协议财产分割条款中房屋具体信息约定存在瑕疵的裁判观点

案号	争议条款	法院认为
（2017）浙0381民初2571号	“坐落于福建省南安市归男方所有”	原告、被告约定“坐落于福建省南安市归男方所有”含义不明，本案不予确认有效
（2017）浙0683民初10185号	“位于嵊州市产归女方所有，作为女方徐某和女儿陶某2的拆迁补偿”	房屋归女方徐某所有。前半句“位于嵊州市产归女方所有”对产权归“女方所有”约定明确；后半句是对前半句进行了补充，但该补充仅仅是指拆迁补偿，而没有否定前半句“房产归女方所有”的约定
（2018）浙0212民初13199号	“宁波梅墟梅盛苑××幢×××室归原告所有”	虽离婚协议中约定被告名下的一套房屋归原告所有，然不动产信息查询表中登记在被告名下的房产与协议中约定的房产的楼号、房号均不一致。虽被告书写的保证书中谈及“净身出户”的内容，但被告名下的房产取得时间在双方登记结婚前，亦不能就此推定被告有就其名下的房屋、阁楼归原告所有的明确的、真实的意思表示

续表

案号	争议条款	法院认为
(2018)浙 1002 民初 7903 号	"财产的处理:位于椒江区海门街道百姓家园×幢××室房子归钟某所有,其贷款也由钟某负责,与陈某无关"	离婚协议书并未明确指出归钟某所有的××室房子是否包含椒江区百姓家园×号地下室车位××号,但从房屋和车位处于同一小区且两者的房屋所有权登记在同一本房屋所有权证书上、陈某与钟某明知存在车位这一共同财产却未另行单独约定归属等情况综合判断,离婚协议书所指的房屋应当包含车位
(2018)浙 07 民终 4411 号	"共有的坐落于××幢××单元××室房屋归属张某的"	××室、××室房屋实际建造的原始形态即为 1 套,登记为 2 套独立产权的房屋系因当地房产政策原因所致。另从离婚协议的内容来看,综观整个协议,双方已对婚姻关系存续期间的共同财产、债权债务进行了全面划分,鲍某主张××室并未在离婚协议里分割显然不能成立

无论何种情况,法院的做法都基本一致,即通过对离婚协议上下条款间的整体联系、协议要达到的目的、双方庭审中的陈述以及生活日常经验等综合判断,从而认定双方在拟定离婚协议时的真实意思表示。若认定约定不明的,则视为没有约定,要重新对房屋进行分割。

(2)房屋上权利分割的约定瑕疵

根据数据分析,离婚协议中房屋处分条款产生的争议较为复杂多样,以下几类较有代表性:

①房屋所有权、使用权以及收益权约定不明确。通常情况下,约定分割房屋所有权较为明确。但若约定房屋使用权或经营收益权的,应当进一步明确使用权和经营收益权的期限以及房屋所有权的归属。若仅分割租赁房屋的使用权的,法院通常以租赁合同具有相对性为由不予支持,除非出租人对该协议进行追认(见表 18)。

表 18　法院对离婚协议财产分割条款中房屋上权利分割约定存在瑕疵的裁判观点

案号	争议条款	法院认为
(2017)浙 0106 民初 931 号	"双方婚后共同拥有……办公用房 4 年租赁权,租赁期自××××年××月××日至××××年××月××日,该租赁权离婚后归原告所有"的效力问题	不予支持。合同权利义务的转移属于当事人意思自治的范畴,以双方当事人意思表示一致为前提,合同权利义务的概括转移,需经原合同相对方的同意,而××公司对原告、被告转移租赁权的协议未予追认

续表

案号	争议条款	法院认为
(2017)浙0105民初6768号	"屋归女方并进行出租"的理解	"房屋归女方"宜理解为房屋管理权归女方,而非所有权归女方
(2017)浙0521民初2105号	"夫妻现有住房……离婚后归男方所有(使用),乙方自行解决住房"的理解	认为原告、被告离婚时已经对房产归属进行了约定,归男方所有。离婚协议书并未将"所有"二字予以划去;离婚后,男方一直对案涉房产办理抵押贷款手续,表明双方协议离婚时对房产的约定为归男方所有
(2019)浙0782民初15552号	"涉案房产由施某居住享用到老"的理解	按常理理解,应为涉案房产使用权、收益权由被告施某享有至其百年

②分割房屋涉及第三人利益。这种情况下,很有可能因为无权处分被认定协议全部或部分无效。需要注意的是,就此种财产提起离婚后财产纠纷的,大部分法院会不予处理,要求另案起诉。因此为了避免产生不必要的纠纷,在拟定协议时应当注意只能对属于约定双方的财产进行分割。

③对于附条件的房屋归属约定不清。双方约定在一定的条件下进行房屋所有权转移的,需要明确约定的条件以及其中的具体含义。如"退休后",以退休年龄为界还是办理退休手续领取退休金为界。在进行该类条款约定时切忌约定过于模糊或笼统,应当尽可能详细,避免产生多种解释。

(3)兜底性条款的认定

在离婚协议中,兜底性条款出现得非常频繁,这类条款属于概括性条款,但并不影响其效力,对协议双方均有约束力。但当约定双方对某财产或债权债务等是否明知不明确时,该类条款是否适用则成为争议焦点(见表19)。离婚协议中常见的兜底条款有以下两大类:

①财产类:通常表述为"双方无其他共同财产""双方各自名下财产归各自所有""财产已经分割完毕"等。在司法实践中,该类条款在对房屋等大额财产进行适用时争议较大。部分法院认为,一方应当举证其不知晓该房屋存在,否则应当认定双方已对该房产进行处理;部分法院认为,房屋作为最为重要的共有财产,在离婚协议中没理由不提及,若双方均未提及,那确认已经分割显然有违情理,因此各自名下财产归各自所有类表述,除有证据能够证明对方知晓该财产外,不能理解为双方已经就对应财产进行了分割。在本次统计样本中,有两个案例二审进行改判认可了第二种观点。

②债权债务类:通常表述为“无其他债权债务”“各自名下债权债务归由各自负责”等。通常,法院会将该约定视为双方对离婚时共同债权、共同债务现状的约定,即各自名下(各自掌控)的债权债务归各自享有及负担,也就是双方对债权债务已经进行处理。需要注意的是,在约定存在可解释空间的情况下,法院更倾向于认为归属一方的财产应由该方来承担相应债务更符合双方的本意,如由房屋所有权归属一方承担房屋贷款。因此,当房产所有人和承担房贷的人不一致时,双方应当对债务承担作出明确规定,避免后续产生不必要的纠纷。

表 19　法院对离婚协议财产分割兜底条款的裁判观点

案号	争议条款	法院认为
(2019)浙0212民初12992号	离婚协议书第3条“婚后无共同房屋及其他财产”和第4条“双方确认在婚姻关系存续期间无共同债权、债务”的约定是否包括涉案房屋	双方离婚时对于该房产的存在均明知,均认为包含了该房产的分割;结合离婚协议书第3条和第4条的约定,本院认为原告、被告已经对共同房产进行了处理,××不属于双方离婚时未处理的夫妻共同财产
(2018)浙0921民初758号	离婚协议约定的“婚后无共同财产,各自财产归各自所有”是否适用于房屋贷款	离婚前原告已知晓双方共同贷款是为被告个人名义购房的实际用途,却仍在双方签订的离婚协议书中明确约定“婚后无共同财产,各自财产归各自所有”,在原告无法举证证明签订离婚协议书时存在欺诈、胁迫等情形的情况下,应认定为已就该款项作出了处理
(2018)浙01民终2255号	对双方就“其他各自名下的财产归各自所有”达成一致调解协议的理解	基于房屋属于大额财产的属性,结合双方当事人均为退休人员,财务状况尚属一般的实际,以及离婚当时案涉房屋仍登记于案外人何某岚名下的事实,不应认定离婚调解协议第6条确定的“双方其他各自名下的财产归各自所有”已经包括了案涉房屋。应属于原告、被告的夫妻共同财产
(2018)浙06民终261号	对调解协议第3条“其他在各人处的财物归各人所有”的理解	该表述不能理解为双方已经就案涉房屋进行了分割。根据日常生活经验,房屋作为最为重要的共有财产,若当事人协议已经进行分割,没理由不予写明。整个庭审笔录,双方对夫妻财产的陈述中从未提及房屋。既然双方均未提及,那确认已经分割显然有违情理
(2017)浙0109民初15489号	对离婚协议中“债权债务处理:无”“财产分割:无”的理解	应分别理解为双方已对债权债务进行了处理,双方已对财产进行了处理

续表

案号	争议条款	法院认为
(2017)浙 07民终 2358 号	对离婚协议书中"无共同财产、共同债务"的理解	该约定应视为双方对离婚时共同财产和共同债务现状的约定。且双方离婚至今已近 11 年,其间各自占有处分名下财产,一直未对离婚协议的履行提出异议,应视为双方对该离婚协议的认可。现原告要求重新分割夫妻共同财产,不予支持
(2017)浙 10民终 1553 号	对离婚协议书载明"双方无共同财产,共同债权、债务,约定各自经手的债权、债务归各自享有和承担"的理解	双方明确婚姻关系存续期间无共同债务,各自经手的债权债务归各自享有和承担,该约定系双方真实意思表示,对合同双方具有约束力

2. 涉及折价款和补偿款条款的约定问题

(1)对折价款、补偿款给付以"借条"形式约定

涉及款项给付的问题,双方当事人在离婚协议约定后,往往会因履行问题产生纠纷,双方很有可能会针对款项给付的时间和方式另行作出约定。实践中,很可能以借条、欠条等形式出现,最终出具借条一方也会以不存在债权债务关系为由拒绝支付款项。此时,往往会涉及借条性质的认定问题,甚至会出现认定借条无效的情形出现(见表 20)。为了杜绝此类争议,后续在签订协议时,最好不要以借条、欠条形式出现,而以离婚协议补充协议的形式,在内容约定上加强与原离婚协议之间的关联性。

表 20　法院对以"借条"形式约定房屋折价款、补偿款给付的裁判观点

案号	争议焦点	法院结果
(2019)浙 1004民初 2204 号	原告、被告是否成立债权债务关系	该欠条未能反映双方存在借贷合意,且欠条出具时间为离婚当日,故本院有理由相信该欠条系离婚时双方另行达成的补偿协议
(2019)浙 0402民初 2358 号	案涉借条中 30 万元款项性质,是借款还是离婚约定的补偿款	认定为被告就离婚事项对原告的补偿款,理由如下:1. 涉案借条的签订有特殊的时间和背景。2. 借条上明确载明"为购房"与离婚协议中提到的男方协助女方变卖 A 地房产后在 B 地购房的内容相呼应。3. 案涉借款明显区别于普通的民间借贷,一方面借款金额大;另一方面借期长达 15 年且无息。4. 被告离婚第二天就借款来支付不符合常理

(2)违约及担保条款

在案例研究中笔者发现,实践中对于财产部分常见的就是约定违约金,虽然违约金条款的效力尚存一些争议,但案例中主流意见则认为违约金条款是有效的(主张无效的观点认为违约金条款仅仅是一个财产分割条款,不应当设定违约责任),而笔者从案例中发现,一旦法院认为存在违约行为,基本上会在合理范围内支持违约金请求,也就是对约定的违约金数额进行调整酌定。关于担保条款,主要是指在离婚协议折价款给付条款中约定担保人,这类条款在担保人同意的情况下,大部分法院也会予以支持(见表21)。

表21 法院对离婚协议中的违约、担保条款的裁判观点

案号	争议条款	法院认为
(2017)浙0281民初8864号	对协议第6条的理解,该条款约定了经济帮助及精神赔偿:1.男方提出离婚,女方生活有困难,男方自愿补偿女方生活费每月3000元,随着物价的上涨要补助生活费并要付终身。并在每月底把钱交给女方……	被告支付原告生活费每月3000元的前提条件是原告生活困难,但现在原告在××市中心幼儿园做清洁工,有一定收入,不属于无劳动能力和无生活来源的情形
(2017)浙0104民初6688号	离婚协议中约定,若××未按照约定及时向××支付经济补偿……同时,××应按未支付经济补偿总金额每日3‰的比例向张某支付惩罚性违约金	现张某主张以未支付的经济补偿16万元为基数计算违约金,本院予以支持,并酌情将该违约金的计算比例调整为年利率24%
(2017)浙0281民初8864号	协议第8条违约责任约定,双方自愿履行此协议,任何一方不按本协议约定的期限支付款项的,应付违约金1,000,000元给对方,也可去当地法院起诉	生活费、抚养费的给付并非基于合同,故双方约定的违约金条款于法无据
(2019)浙0424民初1417号	离婚协议中"男方未能保证本条实施的,女方有权要求男方承担同等面积房屋的房租或要求男方每月支付违约金700元"效力的认定	符合原告、被告的约定,也不违反法律规定,本院予以支持
(2018)浙0282民初13888号	原告和被告在离婚协议中约定由两公司被告支付原告补偿款的义务承担担保责任的效力	一公司是被告独资的一人有限责任公司,另一公司股东为原告和被告,且被告系两公司的法定代表人,故原离婚协议中约定由两公司为被告支付原告补偿款的义务承担担保责任,应认定为系两公司的真实意思表示。因当事人对保证方式没有约定,应按照连带责任保证承担保证责任

二、婚约财产纠纷的裁判要旨

(一)彩礼返还的裁判要旨

1. 什么情况能返还?

根据《最高人民法院关于适用〈中华人民共和国婚姻法〉若干问题的解释(二)》第10条[①]的规定,以下三种情况可以要求对方返还彩礼,第一类是未登记结婚的情形,第二、三类是登记结婚后的情形:(1)虽然办过酒席,但是男女双方未办理结婚登记手续的,包括同居和未同居两种;(2)虽然男女双方办理了结婚登记手续,但确未共同生活的;(3)因婚前支付彩礼,并导致男/女方生活困难的,如背负大量债务。

2. 能否要求对方父母返还?

样本数据中,96.18%是男方找女方要,也不乏追加女方父母为被告的案件(占比3.45%),更有甚者是父母诉父母的(极少,仅占0.37%),如(2017)浙0683民初9539号案。

关于是否要求对方父母返还彩礼,《最高人民法院关于审理彩礼纠纷案件中能否将对方当事人的父母列为共同被告的答复》明确规定:"……在中国的传统习俗中,儿女的婚姻被认为是终身大事,一般由父母一手操办,送彩礼也大都由父母代送,且多为家庭共同财产。而在诉讼中大多数也是由当事人本人或父母起诉,因此应诉方以起诉人不适格为由抗辩时,法院不予采信,以最大限度地保护公民的财产权利。对于被告的确定问题也是如此,诉讼方通常把对方当事人的父母列为共同被告,要求他们承担连带责任,一般习俗是父母送彩礼,也是父母代收彩礼,故将当事人父母列为共同被告是适当的。"

3. 返还期间

根据《民法总则》第188条[②]"向人民法院请求保护民事权利的诉讼时效为三年,法律另有规定的除外"的规定,请求返还彩礼适用普通的诉讼时效,时间为3

---

① 现《最高人民法院关于适用〈中华人民共和国民法典〉婚姻家庭编的解释(一)》第5条规定:"当事人请求返还按照习俗给付的彩礼的,如果查明属于以下情形,人民法院应当予以支持:(一)双方未办理结婚登记手续;(二)双方办理结婚登记手续但确未共同生活;(三)婚前给付并导致给付人生活困难。适用前款第二项、第三项的规定,应当以双方离婚为条件。"内容无变动。

② 现《民法典》吸收了《民法总则》的规定,作为第一编,依旧规定在第188条第1款:"向人民法院请求保护民事权利的诉讼时效期间为三年。法律另有规定的,依照其规定。"

年。双方未缔结婚姻关系的，从对方拒绝返还时开始计算；如双方登记结婚的，自解除婚姻关系之日起计算。从起算之日起3年内不行使权利的，请求返还彩礼的权利将不再受到法律的保护。

4. 应归还哪些财物？

样本数据中，审理法院在认定彩礼时，首先关注该支出是否以订/结婚为目的，再就是结合彩礼数额和风俗习惯等综合认定是不是彩礼，能不能返还。

(1)现金彩礼类(可能用于买房或者车)，应当返还。

(2)首饰、手表、服装类：看金额，外加考虑是否互赠及价格差距，酌定是否返还。此类支出判断核心在于价值，金额过高的钻石、珠宝、名表等均属归还之列，3万元以下的金器、普通服饰等通常认定为赠与，无须归还。

(3)婚俗活动类，包括首次见面给男/女方的红包，改口费(订/结婚当天给的男/女的红包)，挑担费、拦轿门费，烟酒费，给男/女方父母或者亲戚的红包等：除金额非常大之外，一般不予返还。此类支出因是男女双方完全出于自愿给予的，带有赠与性质的互赠礼物，且一般金额不大，通常不认定为彩礼，但如果改口费或订/结婚给新人的红包金额过高且差距大，也可能被认定为彩礼。挑担费、拦轿门费、彩头等常属婚约履行中的正常婚礼消耗，通常不被认定为彩礼。

(4)家电等生活用品类应当返还。

(5)酒席花费、婚庆公司花费、婚纱照花费等不用返还。此类为婚礼双方的共同正常开支，通常按比例承担，各承担一半占比最大。

(6)不用承担违约责任及利息类。此类主张概率较小，主流观点认为婚约财产纠纷中，双方争议的标的系与婚约有关的财产关系，在双方存有争议期间，支付利息并无法律依据，同时也是结婚的正常支出，不属于违约，不用承担违约责任。

(7)其他如情人节红包，代还的赌资、贷款等不用返还。因和结婚无关，故不做认定，不用归还。

(二)彩礼返还比例的裁判要旨

根据《最高人民法院关于适用〈中华人民共和国婚姻法〉若干问题的解释(二)》第10条[①]的规定，符合双方未办理结婚登记手续、双方办理结婚登记手续但

① 现《最高人民法院关于适用〈中华人民共和国民法典〉婚姻家庭编的解释(一)》第5条规定："当事人请求返还按照习俗给付的彩礼的，如果查明属于以下情形，人民法院应当予以支持：(一)双方未办理结婚登记手续；(二)双方办理结婚登记手续但确未共同生活；(三)婚前给付并导致给付人生活困难。适用前款第二项、第三项的规定，应当以双方离婚为条件。"内容无变动。

确未共同生活、婚前给付并导致给付人生活困难这三种情况的案例，都应当返还彩礼。

本次裁判要旨梳理从数据库中搜索到的 2017 至 2019 年浙江省婚约财产纠纷案例有效判决 532 个，笔者分别对返还比例进行了如下细分统计。

全部有效判决 532 个，全部返还的案例 59 个，占比 9.58%；部分返还的案例 422 个，占比 79.32%，数量最多；全部不返的案例 51 个，占比 11.09%。

本次统计标准中的全部返还，是认定了的彩礼部分的全部返还，不是男方支出的全部返还。在这些全部返还的案例中，男方诉讼请求，也有部分没有被认定为彩礼，比如婚宴的开支费用、给女方亲友的红包等。这里统计的全部返还，指的是被法院认定为彩礼的现金金额，全部返还的案例。

在部分返还彩礼的 422 个案例中，剔除部分案例返还的是非现金，现金返还的案例共 406 个。在这 406 个部分返还现金彩礼的案例中，返还现金彩礼的比例区间分布如下（见图 11）。

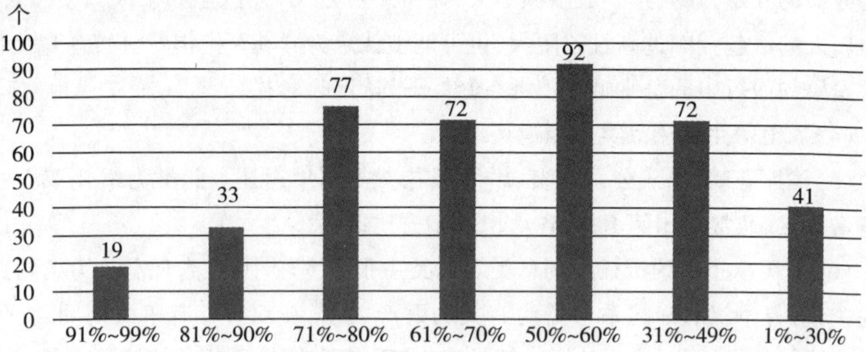

图 11　判决部分返还现金彩礼的比例分布

对全部不用返还彩礼的 51 个案例，笔者也进一步统计了不用返还彩礼的具体原因，并进行归类，分析法官是如何判定当事人不符合《最高人民法院关于适用〈中华人民共和国婚姻法〉若干问题的解释（二）》第 10 条[①]的规定的。

可以看到，在全部不用返还彩礼的 51 个案例中，没有证据证明交付了彩礼和没有证据证明交付的资金是彩礼的分别有 13 个和 11 个。这两项原因都可以归类为

① 现《最高人民法院关于适用〈中华人民共和国民法典〉婚姻家庭编的解释（一）》第 5 条规定："当事人请求返还按照习俗给付的彩礼的，如果查明属于以下情形，人民法院应当予以支持：（一）双方未办理结婚登记手续；（二）双方办理结婚登记手续但确未共同生活；（三）婚前给付并导致给付人生活困难。适用前款第二项、第三项的规定，应当以双方离婚为条件。"内容无变动。

没有证据,相加合计24个案例,占全部不用返还彩礼的47.05%,接近一半。已返还的案例有13个,笔者查阅判决书后,发现基本为缠诉滥诉的类型(见图12)。

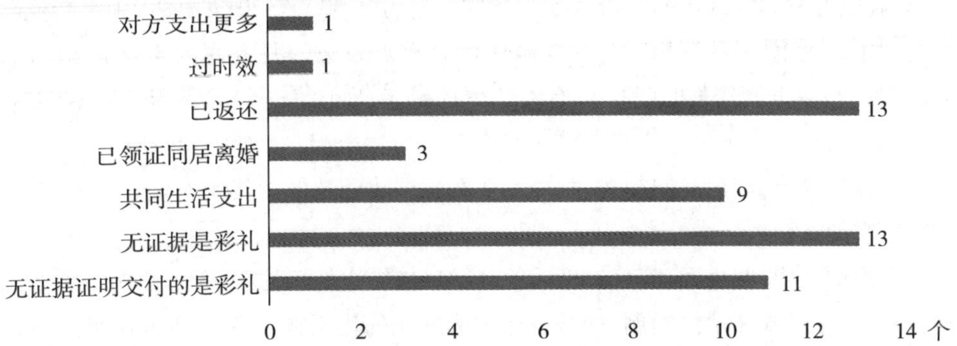

图12 判决不用返还彩礼的原因分布

(三)彩礼返还认定因素的裁判要旨

《最高人民法院关于适用〈中华人民共和国婚姻法〉若干问题的解释(二)》第10条①规定:"当事人请求返还按照习俗给付的彩礼的,如果查明属于以下情形,人民法院应当予以支持:(一)双方未办理结婚登记手续的;(二)双方办理结婚登记手续但确未共同生活的;(三)婚前给付并导致给付人生活困难的。适用前款第(二)、(三)项的规定,应当以双方离婚为条件。"

这条司法解释,仅规定了予以支持。为什么会出现有些全部返还,有些部分返还,还有些全部不用返还?司法实践中,法官会根据哪些情节来确定呢?

浙江省高级人民法院民一庭作出解答,即《浙江省高级人民法院民一庭关于审理婚姻家庭案件若干问题的解答》。答复内容为:《最高人民法院关于适用〈中华人民共和国婚姻法〉若干问题的解释(二)》第10条第1款第1项②规定的"双方未办理结婚登记手续",并非针对双方已共同生活的情形。双方虽未办理结婚登记手续但确已共同生活,当事人请求返还彩礼的,法院可以根据共同生活时间、生育情况、

① 现《最高人民法院关于适用〈中华人民共和国民法典〉婚姻家庭编的解释(一)》第5条规定:"当事人请求返还按照习俗给付的彩礼的,如果查明属于以下情形,人民法院应当予以支持:(一)双方未办理结婚登记手续;(二)双方办理结婚登记手续但确未共同生活;(三)婚前给付并导致给付人生活困难。适用前款第二项、第三项的规定,应当以双方离婚为条件……"内容无变动。

② 现《最高人民法院关于适用〈中华人民共和国民法典〉婚姻家庭编的解释(一)》第5条第1款第1项规定:"当事人请求返还按照习俗给付的彩礼的,如果查明属于以下情形,人民法院应当予以支持:(一)双方未办理结婚登记手续……"内容无变动。

未登记原因、彩礼数额、彩礼使用情况、回礼情况以及当地风俗习惯等因素，确定是否返还。需要返还的，可以根据前述因素酌情确定返还数额。

浙江省的司法实践中，是否确实如此呢？笔者从532个2017至2019年浙江省婚约纠纷判决书中，梳理出了司法实践中法官重点考虑的几方面因素：(1)双方是否同居；(2)双方同居的时间；(3)有无怀孕；(4)有无小孩；(5)是否登记；(6)未登记的原因。

总体规律是，同居时间越久，判决返还的现金比例越低。其他因素分析如下：

1. 有无怀孕

本次统计中，判决书显示，订婚后曾怀孕后来终止妊娠的有63个案例。笔者发现这63个显示曾怀孕的案例，现金返还占彩礼额的比例在31%～49%这个区间最多，有17个案件。

典型案例：(2018)浙1023民初702号

基本案情：原告、被告经人介绍认识，于2016年12月24日订婚，原告送聘金128,888元，回礼8888元，被告实收12万元，同时原告送被告金耳钉、金手镯、金戒指各一只，价值31,611元。原告、被告于2017年3月开始同居生活，同居期间原告送被告钻戒一只，价值1061元。被告在同居期间曾怀孕，后由于原告将贷款10万元花完，双方产生矛盾，以致被告提出分手，并做了引产手术。

裁判结果：(1)限被告洪某1在本判决生效之日起10日内返还原告余某聘金4万元及四件(金耳钉、金手镯、金戒指、钻戒)价值32,672元的首饰；(2)驳回原告余某的其他诉讼请求。

法院认为：本案中，女方两次流产，对其身心健康影响巨大。现双方既然姻缘已尽，无须再纠结于缘由与对错大小，应尽早走出困境。综述，综合双方的陈述与上述因素，酌情确定返还彩礼数额30,000元。

没有怀孕的案例总共有440个，其中返还现金占彩礼总额的比例在50%～60%这个区间的案件最多，有79件，占总体440件的18%。返还比例超过50%的案件总共有316个，占总体440个案件的72%，也就是说，在没有怀孕的案例中，有超过七成的案件，返还的彩礼都超过一半。

典型案例：(2017)浙0282民初13080号

基本案情：原告沈某吉与被告陆某飞经人介绍相识恋爱，2015年9月双方订婚，确定了恋爱关系。在订婚时，原告通过介绍人向被告发聘金86,000元，被告返还了40,000元，实收46,000元。在恋爱期间，原告、被告曾共同生活了几个月，但后来由于双方性格不合，无法共同生活，被告就回娘家居住。为此，原告曾多次叫被告来原告家共同生活,到民政部门办理结婚手续,但被告不同意与原告结婚,经多方调解也没有解决。现原告认为双方不适合结婚,故诉讼。

裁判结果:被告陆某返还原告沈某彩礼46,000元。

法院认为:婚约财产关系是指订婚双方因维持婚约而产生的财产关系,双方因故未能缔结婚姻关系,当事人可请求依习俗返还已给付的彩礼。现原告沈某与被告陆某因故未能缔结婚姻关系,被告陆某已收取的彩礼应当予以返还。故原告要求被告返还彩礼46,000元的诉讼请求合法,本院予以支持。

2. 有无小孩

本次统计的532个案件中,订婚后有小孩的只有11个案件。订婚后有了小孩,解约返还财产的比例没有超过60%的,返还比例在30%以下的最多,有8个,占整体11个的73%。换言之,只要有了小孩,退回彩礼的比例,七成以上的案件只能退回30%以下。

典型案例:(2017)浙1023民初1603号

基本案情:原告王某1与被告曹某1于2014年1月经人介绍认识后确定恋爱关系,2015年3月,原告为被告曹某1购买金项链、金手镯等首饰,花费20,000元。2015年5月2日,原告及父母、媒人将聘金168,000元送到被告家,被告在收取聘金后回礼8000元,双方按照农村习俗办理订婚仪式。××××年××月××日,曹某1生育儿子王某2。之后,原告、被告产生纠纷,至今未办理结婚登记手续。2017年3月3日,曹某1起诉王某1要求支付子女抚养费用,本院于2017年4月17日判决由王某1支付曹某1相应的子女抚养费用(自2017年4月起每年度支付儿子抚养费6000元)。同时查明,根据被告方提供的证据材料,为办理订婚酒席,被告方花费了27,850元,为生育子女花费12,000元左右的费用。在共同生活期间,被告方出资36,000元为原告购置汽车,之后被告又以11,000元的价格予以转让。

裁判结果:限被告曹某1、曹某2、庞某返还原告王某1聘金15,000元。

法院认为:本案被告方收取原告聘金彩礼以及金额的事实清楚,主要争议焦点为被告是否需要返还原告相应的聘金彩礼?本案原告以缔结婚姻为目的而赠送被告方聘金彩礼,现因该目的已无法实现,故被告方应适当返还原告部分聘金彩礼。至于返还聘金彩礼的金额多少问题,考虑到原告与被告曹某1共同生活1年多之久,并在共同生活期间生育有一子;同时,结合被告方为订婚办理酒席、共同生活期间的实际支出以及被告方为抚育子女产生费用这一客观情况,本院酌定由被告方返回彩礼款15,000元。

3. 是否登记

本次统计的 532 个婚约财产纠纷中,判决显示订婚后已办理结婚登记,领取结婚证的有 13 个案件,这 13 个案件的数据统计情况为:

不返还聘金彩礼的有 4 个案件,返还聘金彩礼比例为 0 ~30% 的有 2 个案件,返还聘金彩礼比例为 31% ~49% 的有 4 个案件。故返还比例在 50% 以下的有 10 个案件,占总体 13 个案件的 77%。也就是说,只要办理了结婚登记,七成以上数量的案件,退还的彩礼金额不足彩礼的一半。笔者看到还有 2 个案件,是全部返还彩礼的。这 2 个案件都是已经有了离婚协议,且未同居的。剩余 1 个案件聘金彩礼的返还比例为 50% ~99%。

典型案例:(2018)浙 0624 民初 587 号

基本案情:原告、被告于××××年××月××日登记结婚,领证后未共同生活,双方于 2016 年 9 月 9 日登记离婚。因结婚前后,原告给予女方彩礼等,经双方结算,女方折价 300,000 元归还男方,并承诺在 2017 年 12 月 31 日前还清。承诺期满后,被告分文未还。

裁判结果:被告陈某支付原告潘某婚约财产款 300,000 元。

法院认为:离婚协议中关于财产分割的条款或者当事人因离婚就财产分割达成的协议,对男女双方具有法律约束力。本案原告、被告登记离婚时双方已就财产问题达成协议,双方均应按协议书确定的时间、内容履行应当履行的义务。现经原告多次催讨,被告至今未履行相应义务,应承担相应的民事责任。综上,现原告诉请符合法律规定,本院予以支持。

4. 未办理结婚登记原因

未办理结婚登记就诉至法院的,除了个别案件当事人一方意外亡故,剩余基本原因为双方感情破裂。双方发生感情上的矛盾和纠纷,哪方有过错,或者过错主要在哪方,是很难判断和审理的。部分法院不审理具体因哪方过错导致未登记。

典型案例:(2017)浙 1081 民初 14664 号

基本案情:被告周某 1、周某 2 系父女关系,被告周某 1、孙某系母女关系。原告、被告于农历 2015 年 12 月经媒人介绍认识,后原告于农历 2016 年 8 月通过两个媒人送去聘金 528,000 元及价值 8000 元的钻戒一枚,被告收取了 138,000 元及钻戒,退回现金 390,000 元。

裁判结果:被告周某 1、周某 2、孙某于本判决发生法律效力之日起 10 日内返还原告李某聘金、聘礼合计 100,000 元。

法院认为:双方未办理结婚登记手续,当事人请求返还按照习俗给付的彩礼的，人民法院应当支持。考虑到双方订婚后存在共同生活且从认识到分手前后1年有余，本院酌情确定被告返还聘金、聘礼合计100,000元（包含钻戒价值）。至于被告方周某2、孙某主张原告是过错方的问题，本案系婚约财产纠纷，系一方因婚约解除而向另一方索还彩礼而产生的纠纷，至于婚约为何解除以及是否因一方过错而导致婚约的解除等问题，不属本案审理范围。

但是，在一些能明显看出一方当事人过错的情况下，法官还是会考虑未登记原因，进行判断。比如下面这个案例，因为男方有明显过错，且已同居生子，男方交付的30万元全不返还。

典型案例：(2017)浙0106民初4580号

基本案情：原告、被告自2014年5月开始恋爱交往，不久后两人同居且被告怀孕。2014年12月11日原告到银行开出金额为30万元的银行本票，后交予被告，2014年12月15日双方办理了订婚仪式。2015年5月8日，被告生下双方的儿子。因被告产后出血不止等原因，先后在多家月子中心休养治疗，花费10万余元。2015年9月，原告向被告出具书面保证，保证其彻底断绝与其前女友的关系。

法院判决：驳回原告的诉讼请求。

法院认为：原告、被告在订婚前已经同居生活，同居期间被告怀孕，原告在此情形下交付被告30万元款项，虽然之后双方办理了订婚仪式，但此情况已有别于中国旧俗上订婚时的男女关系状况，不能排除该笔款项用于女方生育子女所需，故原告主张双方就此款项约定系彩礼的依据尚不充分。

即使如原告所称系彩礼，双方共同生活已近3年，共同生育儿子，生育费用及被告产后恢复费用、被告的生活支出以及原告自己的生活支出等各项费用支出客观存在，被告主张已经用于双方共同生活的抗辩意见具有合理性。加之原告存在隐瞒其与前女友尚有一子以及与前女友存在继续交往的情况，双方未能最终登记结婚原告本身负有责任，故原告要求返还的诉请没有依据。

（四）彩礼交付的裁判要旨

1. 彩礼的金额和交付

婚约本该属于人生中美好的大事，当闹到法院解约的时候，都已经撕破脸，双方会对案件的各个关键点进行抗辩。特别是到底有没有收到彩礼，收到的金额是多少，成为婚约财产的第一大争议焦点。

如果没有足够的证据能够证明交付的彩礼金额，原告方甚至在被告方不出庭的情况下，也会面临败诉的风险。下面的案例，是被告没有出庭做任何抗辩，原告也败诉的案件。

典型案例:(2017)浙1082民初4665号

基本案情:原告诉称,原告、被告均系离异,由媒人金某善介绍认识并恋爱,于2015年年底按照农村风俗举行了订婚仪式并办了订婚酒席。其间,原告交付被告订婚彩礼36,500元,并由媒人陪同买了金项链1条交付被告,又购买了2辆电动车交付被告。之后,原告一直催被告到民政局领取结婚证,但被告一直找理由拖延。原告要求被告返还彩礼无果。原告无奈起诉。被告未出庭。

裁判结果:驳回原告金某的诉讼请求。

法院认为:原告金某起诉要求被告杨某返还彩礼现金36,500元、项链1条、电动车2辆,但其仅提供了证人即媒人金某善出具的证明1份,证人并未出庭作证,且原告在庭审时承认交付彩礼当晚媒人金某善仅在原告家吃饭,并未目睹交付的情况。本院认为,原告并未提供充分证据对其诉讼请求予以证明,故对于原告的诉讼请求,本院不予支持。

2. 交付的是彩礼还是一般赠与

婚约财产纠纷的第二大争议焦点是交付财产的性质。很多案件有证据能够证明交付的财产和物品,但是双方对是否属于彩礼,也会各有说辞。这也是法官审理需要考虑的一个重要方面。如果原告提供的证据,无法证明交付的是订婚彩礼,同样面临不利的后果。

典型案例:(2017)浙0825民初1020号

基本案情:原告、被告系同学,后经自由恋爱于2014年4月28日订立婚约。订婚当天原告给付被告彩礼128,000元,被告返还彩礼28,000元,收取100,000元的彩礼。订立婚约后,原告、被告同居生活,后因感情破裂于2016年8月25日分居。原告主张返还10万元彩礼,同时主张其于2015年3月出资购买宝马汽车1辆并登记在被告名下,该汽车也属于彩礼部分,要求被告返还。

裁判结果:被告返还原告彩礼款70,000元,驳回原告的其他诉讼请求。

法院认为:赠送彩礼是我国民间婚嫁礼仪的重要内容,也是民间的长期风俗习惯。人民法院可以根据案件具体情况,并结合当地民间习惯,认定为彩礼。原告主张汽车也属于彩礼部分,要求被告返还,但其无法提供充分证据证明该车辆系由其出资购买,且原告、被告双方订立婚约时间为2014年4月28日,购买车辆时间为2015年2月12日,两者相距较远,亦不宜认定为彩礼。故对原告要求被告返还购车款诉请,本院不予支持。

(五)彩礼争议中证据认定的裁判要旨

当引发彩礼纠纷时,当事人举证普遍比较困难。根据2008年《最高人民法院关于民事诉讼证据的若干规定》第68条的规定,以侵害他人合法权益或者违反法律禁止性规定的方法取得的证据,不能作为认定案件事实的依据。即利用威胁、利诱、限制人身自由、侵犯他人隐私等非法手段获得的证据不应采用。

只要当事人在收集证据时没有违反《最高人民法院关于民事诉讼证据的若干规定》第68条的规定和原则,且能证明其真实性,且当事人所举证据足以让法官对案件的法律真实产生高度信任,并能排除其他合理怀疑,那么就可认定该法律事实达到客观真实。

以下是532个婚约财产纠纷中,当事人用来证明交付彩礼金额比较常见的证据,这些典型案例,通过举证有效解决了交付彩礼金额和交付的是不是彩礼这两个争议焦点。

1. 录音

(2017)浙0381民初12786号案中,双方为彩礼是130,000元还是76,000元产生争议,最后法院认定130,000元。法院认为,在录音的7分12秒阶段,原告说“我的意思就是东西互换一下,130,000元还给我们”,韩某则回应“这个钱你就讲也不用讲了,这个钱能讲得掉的话,我们之前就已经解决了”。本院认为,依常理,被告方如果只收取原告76,000元彩礼,当原告反复提及130,000元时,应予以反驳并纠正,但她只是讲“你还要赔我方,这个钱讲也不要讲”之类的话,可推断被告方收到的彩礼金额是130,000元,故本院认为通话录音内容对被告收到原告彩礼130,000元的事实有证明力,予以采信。

2. 录像

(2017)浙0304民初7464号案中,原告提供了录像予以证明彩礼金额。最后被法院认可。法院认为,原告提供的微信聊天记录、录像及原告的陈述对彩礼金额予以证实。上述证据经庭审出示及审查,本院认为,原告提供的证据客观、真实,予以认定。

3. 照片

(2018)浙0825民初1326号案中,双方对彩礼是否为16,800元产生争议。原告提供的照片证据结合证人证言,被法院认可。法院认为,钱某1提供的个人存款查询打印单、给付彩礼时现场照片两张及证人钱某2、方某出庭所作证言,余某对照片的真实性并无异议,从照片中可以辨别出现金均为百元面额钞票,凭一般人经验即可以发现其中为 100,000 元未拆封的一捆,10,000 元的为六捆,其余系百元面额的散钞,可以证明钱某 1 主张的给付的彩礼为现金 168,000 元的事实。

4. 证人证言

(2018)浙 0604 民初 3353 号案中,双方为是否给付过 178,000 元的彩礼,产生争议。两个证人出庭作证,并且证人经手彩礼,数过彩礼。两个证人中,其中一个还是被告亲戚,被法院采信。证人证言单独来看,证明力并不是很高,特别是婚约财产纠纷。很多时候需要结合其他证据一起来证明。

(2017)浙 0327 民初 4010 号案中,媒人证言被法官认为是孤证。法院认为,现原告仅提供证人张某证言,证人张某证言系孤证,在缺乏其他证据予以佐证的情况下,不能证明原告已向被告姜某交付彩礼 90,000 元的事实,应由原告承担不利的法律后果,故对于原告的诉请,本院不予支持。

同时,出庭的证人对彩礼需要经手,确实知道和核实过彩礼金额,才有足够的证明力。(2017)浙 1004 民初 972 号案中,证人表示彩礼金额没经手不清楚。最后原告主张的 8 万元彩礼,只被认定被告自认的 2 万元。

5. 转账凭证

在有转账凭证的情况下,转账本身很难被否认。但是,围绕转账资金的用途,可大有文章可做。

(2017)浙 0602 民初 8848 号案中,双方对转账是否属于彩礼发生争议。法院认为,在判断是否属于彩礼时,应根据当地习俗、给付金额大小以及案件实际情况进行认定,本案中,该笔款项系原告鲁某 1 之父即原告鲁某 2 转账给被告吕某 1,且该款项金额符合绍兴市当地一般给付彩礼的习俗及数额特征,赠与发生于原告鲁某 1 与被告吕某 1 举办婚礼酒席的一个半月前左右,综上,本院认为该款项应属于彩礼范畴。

如果是在婚礼之前较久,或者多次小额的汇款,很可能被认定为恋爱期间的赠与,而非彩礼。(2018)浙 0225 民初 9448 号案中,原告主张其转账的 35.5 万元为彩礼,被告认为是赠与。法院认为,送彩礼、下聘金均有一定的仪式,也有相应的亲朋好友见证,原告陈某主张的 35.5 万元,系原告陈某与被告张某相识开始分多次汇款,时间从 2017 年 2 月 9 日至 5 月 14 日,共计 6 次,其中最大一笔 20 万元,最少的一笔为 14,000 元,而原告、被告确定恋爱关系是在××××年××月××日的情人节,彼时并没有谈婚论嫁,双方确定举行婚礼在原告陈某的母亲于 2017 年 5 月 23 日到宁波市时确定,而当时被告张某的父母明确不需要彩礼,故此前原告陈某对被告张某所赠送的上述款项并非彩礼。法院结合当地风俗下聘也是一次性赠送,不可能出现多次打款,更不可能出现有 14,000 元的不吉利数字,同时,被告张某在 2017 年 4 月 7 日至 2018 年 2 月 12 日也 12 次汇款给原告陈某,加上 2018 年 9 月 16 日、10 月 15 日的 6600 元、10,000元,共有 198,500 元,因此,原告、被告从 ×××× 年 ×× 月至 ×××× 年 ×× 月 ×× 日举行婚礼期间发生的往来款,基于双方其间存在同居生活,不能认定原告陈某赠送彩礼 35.5 万元给被告张某的事实。

6. 收款方存款记录

在彩礼金额争议的案件中,申请法院调取收款方的银行存款记录,有时可以佐证彩礼的金额。

(2017)浙 0381 民初 7252 号案中,原告主张彩礼为 108,000 元,被告在庭审中陈述其收取彩礼 52,000 元。法院调取被告母亲的瑞安农商银行明细显示,双方订婚当天被告母亲银行卡有现金 100,000 元存入,且未提供证据证实上述款项来源与双方订婚无关,其陈述可信度低,故法院对原告主张的被告收取其彩礼情况予以采信。

7. 已办婚宴

有时候,已办婚宴,也能够作为被法院采信的一个支持证据,证明女方已经收取了彩礼。

(2017)浙 1004 民初 9913 号案中,被告辩称其未收到礼金。但原告提供的录音资料反映,原告母亲两次提及彩礼 162,680 元,被告母亲均未否认,且庭审过程中被告亦承认于 2017 年 7 月 1 日举办了订婚酒席。法院认为,未收取礼金却举办订婚酒席不符合常理,并且原告提供的银行取款记录在取款日期、取款金额上与交付礼金的日期、金额基本一致,故对被告的抗辩法院不予采纳。

8. 微信、QQ 等聊天记录

(2018)浙 0603 民初 669 号案中,关于原告是否给付被告彩礼 188,000 元的问题双方有争议。法院认为,(1)根据原告、被告 QQ 聊天记录及电话录音,其内容数次涉及"你就是为了 18.8 万元""你把钱给我""你钱不拿来了吗?"等,可以推断被告是在已经收取原告彩礼 188,000 元的基础上所说的;(2)根据原告、被告母亲的微信记录可知,双方对彩礼事项曾约定 188,000 元,对订婚酒宴的费用支出也约定由男方承担,其总额与原告父亲在银行支取 250,000 元的金额基本相符;(3)根据双方陈述,双方于 10 月 3 日在女方家举办了相应的订婚仪式,且相互赠送了金器,若原告未给付彩礼,显然不符合常理。因此,原告给付彩礼的事实具有高度盖然性,虽被告对此予以否认,但结合相关证据及当事人的陈述,本院对原告主张的事实予以认定。

9. 其他

以上证据是这532个案件中比较常见的举证方式，还有一些证据并不常见，如果有证明自己主张的材料，都可以用来证明事实。

比如，(2017)浙0604民初7545号案中，男方拿到了女方的日记来证明自己的彩礼主张。庭审中，被告承认笔记本确实是她本人的，但辩解说记载的内容是其随便写上的，这个不是收据，也没有收到过128,000元的彩礼钱。对证据3的通话录音，被告声称不知情，即使证人讲到彩礼的事，其亦不认可。法院认为，证人的陈述内容与证据2、3中笔记本的记载内容和通话内容能互相印证，故上述原告提供的证据，能够证明在订婚仪式上，原告向被告交付彩礼128,000元的基本事实。

（六）其他彩礼纠纷的裁判要旨

1. 女方主张返还嫁妆，是否适用返还彩礼的条款

彩礼，依据我国各地习俗，都是男方给付女方的财物。但现实生活中，确实存在不少女方陪嫁，在婚约解除后也要求返还的情况。

无论是《最高人民法院关于适用〈中华人民共和国婚姻法〉若干问题的解释(二)》第10条①还是《浙江省高级人民法院民一庭关于审理婚姻家庭案件若干问题的解答》，都没有明确提及嫁妆返还的问题，也没有明确只有男方给付女方的才叫作彩礼。

在本次的案件裁判要旨大数据统计中，笔者也统计到了8个女方诉男方要求返还嫁妆的案件。在这8个案件中，全部适用返还彩礼的条款。法院认为嫁妆的性质和彩礼一样，都属于附条件的赠与，属于传统意义上的彩礼范畴。

(2017)浙0203民初9099号案中，法院认为，婚约财产纠纷是指以结婚为目的的男女双方在婚约关系存在期间因维持该关系而产生的财产纠纷。彩礼即为在该期间按照习俗给付的财物往来。围绕购车款产生的纠纷，相关款项是基于将来共同生活才进行的给付，属于传统意义上"彩礼"的性质，给付的条件即为缔结婚姻、共同生活。

2. 老年人的订婚案件

婚约，基本上是发生在年轻男女进入婚姻之前的一种约定。客观上，老年人也

---

① 现《最高人民法院关于适用〈中华人民共和国民法典〉婚姻家庭编的解释(一)》第5条规定："当事人请求返还按照习俗给付的彩礼的，如果查明属于以下情形，人民法院应当予以支持：(一)双方未办理结婚登记手续；(二)双方办理结婚登记手续但确未共同生活；(三)婚前给付并导致给付人生活困难。适用前款第二项、第三项的规定，应当以双方离婚为条件。"内容无变动。

有自己对爱情的追求。老年人作为婚约当事人的情况,并不鲜见。

本次浙江省 2017 至 2019 年婚约财产纠纷案件裁判要旨梳理统计,笔者也统计到了 6 对老年人作为订婚当事人的案件。

和年轻人一样,老年人也会为了彩礼金额、彩礼交付与否、是否应该返还等与另一方发生争议。

(2019)浙 0782 民初 1578 号案中,当时 58 岁的男方与 50 岁的女方相恋,但是女方与他人存在婚姻关系,男方给女方钱,叫女方离婚。女方收钱离婚后,他们又因为婚姻财产产生纠纷。

3. 涉嫌重婚罪案件

笔者这次数据统计中,发现了 1 个涉嫌重婚罪的案例。因重婚罪属于自诉案件,法院对此不予审查。

(2018)浙 10 民终 162 号案中,2017 年 7 月,男方原告张某与被告女方经人介绍认识后,以男女朋友关系交往。认识和交往时原告张某与妻子尚未离婚。当月二人同居。发生婚约财产纠纷后,被告即女方主张男方涉嫌重婚,请求法院将本案所涉刑事犯罪的线索移送公安处理。本案经一审、二审,因重婚罪属于刑事自诉案件,被上诉人是否构成重婚罪与其所主张的返还彩礼没有任何关系,不是本案民事诉讼的处理范围,对此法院不予审查。

4. 女方能否主张精神损失赔偿

有些婚约财产纠纷庭审中,女方会以各种理由,如已举办婚礼、已同居、男方过错等,导致自己社会评价降低为由,提出精神损失赔偿。笔者看到的案例中,提出精神损失赔偿的,全部被驳回。

(2017)浙 0282 民初 8563 号案中,女方以男方解约为由,提出精神损失赔偿,法院认为,被告要求原告赔偿精神损失及经济损失,无事实和法律依据,法院不予支持。

(2019)浙 0603 民初 3232 号案中,被告以原告擅自解除婚约存在严重过错,致其精神上、身体上受到巨大伤害为由,要求原告赔礼道歉、赔偿精神损失、支付办理婚宴花销的费用,法院认为缺乏依据,不予支持。

安徽省法院婚姻家庭案件裁判要旨梳理

一、数据收集及分析背景说明

笔者通过威科先行法律信息库,下载了安徽省2017至2019年案由为“离婚纠纷、离婚后财产纠纷、分家析产纠纷、同居关系析产纠纷、夫妻财产约定纠纷”的判决书共5068个,通过筛选剔除了法院判决不准予离婚的案件2345个,对余下的2723个案件中涉及婚姻家庭纠纷中财产处理的判决书进行分析,完成了本裁判要旨梳理。

二、婚姻家庭纠纷中涉及财产分割的裁判要旨

(一)分割的财产类型

在涉及夫妻共同财产分割的离婚案件中,财产主要有以下类型:房产(商品房、门面房、自建房等)、车辆(轿车、货车、农用车等)、拆迁安置权益、住房公积金、养老保险金、存款、公司、股权、家庭生活用品等。其中,房产类共同财产是作为投资和刚需的主力军,大多数夫妻在结婚时或者婚后都会购置房产,涉及房产分割的案件有623个,其中涉及多套房产的有51个。涉及车辆分割的案件有127个,涉及存款分割的有102个,涉及公司股权分割的有27个,涉及其他特殊财产如收藏品分割的有6个,保险金分割的有6个,基金、信托等理财产品分割的有3个,境外资产分割的有1个,宠物归属分割的有1个。在笔者分析统计项目分类设计的财产类型中,还有虚拟财产、知识产权等财产统计的项目分类,但在笔者收集到的数据中没有涉及这几方面财产的分割与处理。笔者仅就数据收集房、车、存款、股权等几种类型的资产作出重点分析。

(二)房产、车辆、公司股权分割

1. 房产分割

对于夫妻双方仅有一套房产的案件,在判决审理查明中可以看出,法院大多会根据双方自愿协商对房产归属进行分配,会根据维护妇女及子女权益、产权登记方、实际使用情况、购房出资贡献等诸多因素综合分析考虑,通常男方在购买房产时出资数额较多,且男方经济实力相对雄厚,能够给予女方对价补偿,所以房屋产权最终归男方所有较多。法院在判决房产归一方所有时,会根据房屋首付比例、按揭贷款金额、房屋增值等诸多方面考虑对另一方进行合理的折价补偿。

《最高人民法院关于适用〈中华人民共和国婚姻法〉若干问题的解释(三)》第10条规定[①]:"夫妻一方婚前签订不动产买卖合同,以个人财产支付首付款并在银行贷款,婚后用夫妻共同财产还贷,不动产登记于首付款支付方名下的,离婚时该不动产由双方协议处理。依前款规定不能达成协议的,人民法院可以判决该不动产归产权登记一方,尚未归还的贷款为产权登记一方的个人债务。双方婚后共同还贷支付的款项及其相对应财产增值部分,离婚时应根据婚姻法第三十九条第一款规定的原则,由产权登记一方对另一方进行补偿。"

在案件中未处理的房产大多是自建房、拆迁安置房、违章建筑,或是因为涉案房屋未进行不动产登记,尚未取得所有权;或是因为产权尚不够明晰;或是因为房屋征收未签订补偿安置协议;或是因为涉案财产分配涉及案外人等,法院均裁判涉案房产需确权后另案处理。以下两个案例可以反映上述情形:

(2017)皖01民终6541号案中,余某上诉请求平均分割夫妻共同所有的房屋、车辆以及双方共同创办的长丰杜集小太阳幼儿园股权(以上财产暂估价48万元)。法院认为,余某所主张的房屋并未进行产权登记,该房屋是否出售给杜某和余某,房屋的权利人提出异议,因该房屋的权属确认涉及第三人的利益,在本起离婚诉讼案件中不宜作出处分,可由余某、杜某与第三人进行确权后再行处理。幼儿园的办学地点为上述争议房屋,在房屋权属不明的情况下,无法确定幼儿园是否存在大额的租金支出,因而也无法确认幼儿园的价值,故对于幼儿园的权益分割也应在房屋权属确认后再行处分,本案不作处理。

(2017)皖0124民初4731号案中,被告张某要求分割黄某家庭的安置房屋,法院认为,因此项要求涉及当地房屋征收安置政策,于本案不属于同一法律关系,被告张某可向相关机构另行主张。

对于婚后父母付首付买房婚后共同还贷房产的案件,有1个是是减去父母出资数额以后夫妻再进行的分割,有1个是直接认定为夫妻共同财产进行的分割,有1个是认定父母出资算夫妻向父母借款核减后余下的按照夫妻共同财产进行的分割,还有3个是按照父母赠与夫妻双方进行的处理,以下案例是对于婚内购房父母

---

① 现《最高人民法院关于适用〈中华人民共和国民法典〉婚姻家庭编的解释(一)》第78条规定:"夫妻一方婚前签订不动产买卖合同,以个人财产支付首付款并在银行贷款,婚后用夫妻共同财产还贷,不动产登记于首付款支付方名下的,离婚时该不动产由双方协议处理。依前款规定不能达成协议的,人民法院可以判决该不动产归登记一方,尚未归还的贷款为不动产登记一方的个人债务。双方婚后共同还贷支付的款项及其相对应财产增值部分,离婚时应根据民法典第一千零八十七条第一款规定的原则,由不动产登记一方对另一方进行补偿。"内容无变动。

支付款项视为赠与夫妻双方的认定①。

(2017)皖01民终6500号案中,法院认定,余某与朱某婚后购买案涉房屋支付首付款时,由余某父亲转账给朱某16万元,该款项视为对余某与朱某两人的赠与,余某与朱某用该款项购买的案涉房屋属于夫妻共同财产,但考虑到余某一方在购房时贡献较大,在分割该房屋时余某可以适当多分,故在余某分得案涉房屋的情况下,余某应支付朱某房屋补偿款52万元,扣除朱某应支付给余某的2万元,余某还应支付朱某房屋补偿款50万元。

2. 车辆分割

通过对数据中夫妻车辆财产的审理判决分析:45%的车辆会判决归实际使用者所有,30%的车辆判决归登记方所有,保证分割后财产的使用价值最大化,并且由车辆归属方对另一方进行折价补偿;13%是双方按协议分割,6%是按出资比例分割。对于婚前按揭购买的车辆,归属于车辆登记方,而法院裁判家庭唯一车辆的归属时考虑的因素除了双方协商达成合意,还有车辆的登记和双方对车辆的实际使用情况。作为代步工具的轿车,对于大多数家庭而言已非常普遍,在一个家庭有较多车辆的情况下,车辆可以均分,可以让双方对车辆的需求进行平衡;涉及多辆车分割情况的占5%。

在婚前或者婚姻关系存续期间,一方父母出资给夫妻购置车辆的情况也十分常见,因为是父母对子女进行的资助,通常不可能签订书面协议,很多情况是父母现金支付,这就造成在离婚财产分割纠纷中难以举证,法院一般会作为夫妻共同财产进行分割,以下案例可以反映此情况:(2018)皖0124民初350号案中,女方诉请离婚,分割共同财产,法院认定,经查明,双方婚后购买"三菱"牌东南V6轿车1辆与"别克"牌轿车1辆,分别登记在女方与男方名下,因此双方约定归各自所有,法院予以准许。但被告辩称购买"别克"牌轿车时向其父亲借款10万元,2015年及2017年其父亲共给付给原告22万元,但由于被告无法向法院举证证明,本院不予采纳。

在案件处理中若存在车辆产权不明确或涉及第三人的情形,法院会判决不予处理,如以下判决:(2016)皖0111民初1834号案中,法院认定,现原告、被告对该车已失去占有且该车下落不明,原告、被告是否能实际取得该车尚不明确,本院在本案中不予处理。

① 现《最高人民法院关于适用〈中华人民共和国民法典〉婚姻家庭编的解释(一)》第29条第2款规定:"当事人结婚后,父母为双方购置房屋出资的,依照约定处理;没有约定或者约定不明确的,按照民法典第一千零六十二条第一款第四项规定的原则处理。"即除在赠与合同中明确赠与自己子女一方外,当事人结婚后父母为双方购房出资的均认定为对双方赠与。

3. 公司股权分割

夫妻一方持股的,法院判决公司股权归属情况:6 个判决归登记方所有,1 个判决归配偶方所有,20 个判决按份额归属。经统计分析可见:判决股权归属中更倾向于归股权登记方所有,对配偶一方折价补偿股权的对应价值。

(2018)皖 0123 民初 494 号案中,原告丁某提出平均分割程某持有的达奥斯环保科技有限公司 13.8889% 的原始股份的诉讼请求,法院判决被告程某在合肥达奥斯环保科技有限公司的股权归程某所有,程某于本判决生效之日起 30 日内向丁某支付股权款 130,000 元。

从数据分析中可以看出法院对股权分割的处理结果与原告提出诉请要求分割的方式有关,主要包括两种诉请分割方式:第一,直接分割股权。如果公司其他股东无异议或未在法定期限行使优先购买权,法院一般判决对股权对半分割。如果其他股东有异议或原告、被告双方对股份转让价值无法达成一致的意见,且双方又均未申请对该股权价值进行评估,法院会驳回原告要求分割股权的诉讼请求。第二,分割股权对应折价款。如果双方协商一致,法院会根据双方协商的价值进行分割;如果协商不成,就需要原告申请价值评估后根据评估价值进行分割。实践中一方持股时,另一方对公司情况掌握不充分,此时持股方不配合评估,导致无法评估出价值,法院会判决不予处理。

(三)债务承担

法院判决债务的承担方式有:各自承担 8 个,占比 13%;举债方单方承担 12 个,占比 19%;连带承担 12 个,占比 19%;按份承担 22 个,占比 35%;还有在判决中未处理的 9 个,占比 14%。由此可见,法院对于夫妻共同债务的认定和处理非常审慎严格。

《最高人民法院关于审理涉及夫妻债务纠纷案件适用法律有关问题的解释》①"共债共签"或一方事后追认的规定,有利于保障夫妻双方的财产权,避免因夫妻一方的个人行为造成家庭财产巨大损失。夫妻一方以个人名义负债用于家庭共同生

---

① 现已被《最高人民法院关于废止部分司法解释及相关规范性文件的决定》(2020 年 12 月 29 日发布,2021 年 1 月 1 日起实施)废止。目前,关于夫妻共同债务的部分,规定在《民法典》第 1064 条"夫妻双方共同签名或者夫妻一方事后追认等共同意思表示所负的债务,以及夫妻一方在婚姻关系存续期间以个人名义为家庭日常生活需要所负的债务,属于夫妻共同债务。夫妻一方在婚姻关系存续期间以个人名义超出家庭日常生活需要所负的债务,不属于夫妻共同债务;但是,债权人能够证明该债务用于夫妻共同生活、共同生产经营或者基于夫妻双方共同意思表示的除外"中。

活,不对外负债的夫妻一方若予以否认则须承担举证责任,须举证证明此款项未用于家庭夫妻共同生活。关于夫妻一方以个人名义负债且超出家庭生活需要的不认为夫妻共同债务,但债权人能够举证的除外的规定,有利于保护夫妻共同财产,对于主张属于夫妻共同债务的一方要求更充分的举证责任。

综上所述,对于夫妻共同债务成立的认定必须满足如下条件:夫妻双方共同的意思表示,为了家庭共同的生活生产需要。法律规定夫妻共同债务的构成要件是为了保护家庭财产,防止夫妻一方或者第三人恶意侵害夫妻另一方的合法财产权。

(四)财产分割重点问题

1. 夫妻之间借贷绝大多数都是要偿还

2017 至 2019 年 2723 个安徽省离婚纠纷判决书中有 45 个判决书涉及夫妻之间借贷纠纷的处理。在这 45 个判决书中,5 个判决不予支持归还,6 个判决建议另案处理,1 个判决支持归还一半,剩余 33 个判决支持全额归还。可见,在婚姻持续期间发生夫妻借贷事实的,法院实务判决中对夫妻之间的借贷关系大多是认可的。现实中很多人在处理此类纠纷中,持如下看法:夫妻财产本身就是不分份额的混同制,婚姻关系持续期内财产处于共有状态无法区分你我,所以,夫妻之间的借贷关系不应支持。然而,从本次数据分析研究来看,这些观点最终被法院予以否定,值得我们深思。

2. 夫妻一方擅自赠与或转移、隐匿共同财产可能产生少分财产之后果

根据对 2017 至 2019 年 2723 个安徽省离婚纠纷判决书的分析,夫妻一方擅自转移或隐匿财产的行为一旦举证充分被法院认定,则会判决擅自转移或隐匿财产方少分财产。

3. 分割财产时照顾无过错方的判决较少①

根据对 2017 至 2019 年 2723 个安徽省离婚纠纷判决书的分析,在婚姻案件的审判处理中,虽原告与被告主张照顾无过错方多分财产的诉求很多,但法院对于认定过错方的证据要求非常严格,一般都会以证据不足不予认定,判决财产平均分割;目前无过错方的个人取证难也是婚姻案件的普遍现象,成为婚姻案件中无过错方的巨大痛点。

---

① 现《民法典》第 1087 条第 1 款规定:"离婚时,夫妻的共同财产由双方协议处理;协议不成的,由人民法院根据财产的具体情况,按照照顾子女、女方和无过错方权益的原则判决。"法条内容增加了夫妻共同财产分割中照顾无过错方的原则。

4. 个人婚前财产婚后产生收益通常会被认定为孳息进行分割①

2017 至 2019 年 2723 个安徽省离婚纠纷判决书中有 6 个判决涉及个人婚前财产婚后产生收益问题，法院均是认定个人婚前财产婚后产生收益为婚后孳息并进行分割。可见，虽说是个人婚前财产，但在婚姻期间所产生的收益也属于夫妻共同财产。

5. 离婚时男方对患病、经济困难的女方给予一次性经济帮助受到法院支持

在法院判决夫妻共同财产分割时，原则上是平均分割财产，但若女方患病或因离婚暂且生活困难无经济收入的，法院会依法保护妇女权益，这在所收集的判决中多有体现。目前，结婚后以相夫教子为重任的女性比较多，其长期以家庭和孩子为中心，不外出工作，尤其是婚后孩子多、经济状况不佳，积劳成疾的中年或老年女性离婚时，因丧失工作能力而无经济来源，甚至无固定居所居住，也有很多女性因患病无法正常生活，对于以上患病、生活困难的女方在离婚时提出要求男方给予一次性经济帮助的，法院都会支持。以下的案例可以反映此情况：

(1)(2017)皖 0124 民初 2464 号案中，法院认为，住宅房 1 套属于王某婚前个人财产，蔡某辩护人称"由于蔡某是女性，且离婚后没有住房，要求王某给付蔡某经济帮助款 60,000 元"，要求数额过高，本院酌定由王某给付蔡某经济帮助款 20,000 元。

(2)(2018)皖 0124 民初 1918 号案中，法院认为，朱某(女)因双侧输卵管切除构成两个九级伤残，对今后的生活造成一定影响，由原告支付被告 80,000 元经济帮助款。

(3)(2017)皖 16 民终 738 号案中，法院认为，因葛某离婚时生活一时无着落，又有婚生女需要抚养，因此，对葛某主张增加经济帮助款的请求部分予以支持，以蔡某一次性给予葛某(女)经济帮助款 15,000 元为宜。

生活困难是指无法维持当地生活水平，而各地区的经济生活水平各不相同，经济帮助的标准很难量化；一般审理法院会权衡双方财产分割情况、男方经济实力、女方生活受影响程度、当地居民生活水平等因素，判决支付经济帮助的数额，一般都不是很高。

① 现《民法典》第 1062 条规定："夫妻在婚姻关系存续期间所得的下列财产，为夫妻的共同财产，归夫妻共同所有：(一)工资、奖金、劳务报酬；(二)生产、经营、投资的收益；(三)知识产权的收益；(四)继承或者受赠的财产，但是本法第一千零六十三条第三项规定的除外；(五)其他应当归共同所有的财产。夫妻对共同财产，有平等的处理权。"该规定进一步扩大了夫妻共同财产的范围，将劳务报酬和投资的收益纳入夫妻共同财产。

6. 离婚分割财产时,法院会对多尽家庭义务、直接抚养子女、无经济收入及无过错的女方予以照顾

在离婚案件审理中对夫妻财产分割时,多尽家庭义务的、直接抚养子女的、无经济收入的、无过错方的女方,应当依法提出多分割夫妻共同财产的诉请,法院在查明案件事实以后,会依法支持以上多分割的请求。如下案例可以体现上述情形:

(1)(2017)皖0102民初6498号案中,法院认为,共同所有的现金126,000元的分割,根据照顾子女和女方权益的原则,本院酌定许某分得50,000元,彭某分得76,000元。

(2)(2018)皖0603民初3699号案中,法院认为,夫妻共同财产住房公积金9万元,因万某违反婚姻中夫妻互相忠诚的义务,依法应予不分或少分夫妻共同财产,故判令辛某(女)分得6万元,万某分得3万元。

7. 法院依法保护女方关于损害赔偿金的诉求

2017至2019年2723个安徽省离婚纠纷判决书中,女方提出损害赔偿金的诉请法院予以支持的有32个判决,其中23个判决是男方有重大过错,与他人发生婚外情,甚至生子;有8个判决是男方有酗酒、家暴行为;有1个判决是男方涉嫌刑事犯罪,女方要求支付医药费以及精神损害赔偿;还有3个判决中女方要求赔偿青春费,但此主张法院不可能予以支持。在现实离婚诉讼中,女方提出损害赔偿的诉请非常多,但得到法院支持的并不多,原因是请求方很难充分举证证明损害赔偿方的过错事实;即使历经千辛万苦取到一些自认为十分充分及重要的证据,亦有很多不被法院认定该证据具有证明效力。即使证据充分法院支持诉求的,损害赔偿的数额也非常有限。

在本数据中的32个判决中载明属于合法损害赔偿请求的案件中,法院都支持了损害赔偿请求。以下是此类型案件判例:

(1)(2017)皖07民终312号案中,法院认为,鉴于男方有婚外情,导致夫妻离婚,应给付无过错女方一定的精神损害赔偿,考虑到女方对两个女儿的生活费的负担情况及自身患有疾病,且没有稳定的收入来源,本院酌定男方一次性给付女方精神损害赔偿60,000元。

(2)(2017)皖1222民初3517号案中,法院认为,夫妻之间应当履行相互忠实义务,对婚姻的不忠实,是法律所禁止的行为。被告高某在婚姻关系存续期间与他人生育一女,对原告赫某(女方)造成了一定的精神损害,故支持原告赫某请求被告高某支付其精神损害赔偿金的诉讼请求,判决被告高某给付原告赫某精神损害赔偿金20,000元。

8. 夫妻财产约定绝大部分是有效的

2017 至 2019 年 2723 个安徽省离婚纠纷判决书中有 135 个判决涉及对夫妻财产约定效力的认定问题。在这 135 个判决书中，有 123 个判决认定有效并按协议分割财产，有 9 个判决认定夫妻财产约定部分有效并作为判决依据分割财产，有 3 个判决认定夫妻财产约定无效，不作为判决分割财产依据。

以下判例将婚姻关系存续期间夫妻一方出具给另一方的借条作为婚内财产约定的形式之一，并认定为有效：(2017)皖 1222 民初 3469 号案中，法院认为，被告虽然是在原告、被告婚姻关系存续期间给原告出具借条，但是应视为原告、被告对婚姻关系存续期间财产的约定，被告应按照约定支付原告 35,000 元，原告要求被告偿还 35,000 元的诉讼请求，本院予以支持。

(五)典型案例

在这 2723 个判例中，笔者挑选如下多份判例分享，供大家研究、探讨。

1. 同居期间做家务和农田给付劳务报酬的裁判要旨

(2017)皖 0122 民初 1179 号案中，法院认为，原告、被告的同居关系不受法律保护，但原告、被告同居期间产生的财产分割纠纷应依法处理，2012 年原告随被告在被告大家庭所做的家务及参与农田事务，被告应给予相应报酬，扣除原告生活成本，酌定被告给付原告劳动报酬 8000 元。

2. 企业债券认定的裁判要旨

(2017)皖 0602 民初 467 号案中，法院认为，(1)双方离婚协议中处分的 68,000 元存款中包含原告主张的 12,000 元企业债券。理由为：该债券皆载有"现金支票"字样，被告能按期从企业领取高额利息，可以随时对外转让换取本金。从日常生活经验判断，该债券就是被告认为的存款，包含在离婚协议中的 68,000 元存款中，且离婚前、离婚后被告一直持有该债券并领取利息至今。(2)按照公平原则和诚实信用原则，原告未完成证明 12,000 元债券不包含在离婚协议中载明的 68,000 元存款中，属于未分割的夫妻共同财产的举证责任。第一，原告主张离婚时双方已一致达成口头协议12,000元债券归原告所有，但未提供充分的证据加以证明，且被告对此予以否认。第二，从逻辑推理上看，原告明确表示如果在离婚协议上写明 12,000 元债券归原告所有，被告就不同意离婚，这表明被告对 12,000 元债券的处分与原告存在争议。如像原告所述的 12,000 元债券不包含在 68,000 元存款中，那么被告就会不同意离婚或者被告应向原告提供除 12,000 元债券外已经收到 68,000 元财物的相关证明。但事实上被告同意与原告离婚，说明原告、被告双方对 68,000 元的存款、债券归属协议一致,无争议。第三,原告仅从企业债券和存款的字面意思片面理解二者的不同关系,忽略了该企业债券随时可以变现,具有存款性质的特征。综上所述,对原告主张的企业债券不是存款的意见,不予采信。

3. 原告作为二审被上诉人经二审法院传唤不出庭的裁判要旨

(2018)皖16民终481号案中,一审中李某1向一审法院提出起诉请求:(1)判令原告、被告离婚;(2)婚生子女李某2、李某3由原告抚养,被告每月支付抚养费2000元;(3)依法分割夫妻共同财产及债务。一审庭审后,李某1书面申请放弃对共同财产及债务处理。一审判决如下:(1)准许原告李某1与被告代某离婚;(2)原告、被告婚生长子李某2由原告李某1抚养,长女李某3由被告代某抚养,双方互不支付子女抚养费;(3)原告李某1于本判决生效后10日内支付被告代某经济帮助费10,000元。案件受理费200元,减半收取100元,由原告李某1负担。一审判决后,被告代某不服提起上诉;二审审理中,被上诉人李某1经两次合法传唤均未到庭。二审认为,《民事诉讼法》第62条规定:离婚案件有诉讼代理人的,本人除不能表达意思的以外,仍应出庭;确因特殊情况无法出庭的,必须向人民法院提交书面意见。本案二审于2018年3月5日第一次开庭,因李某1未到庭,亦未提交书面意见,本院告知李某1代理人通知其参加庭审。本审二审于2018年3月16日第二次开庭,李某1仍未到庭参加诉讼,且李某1无证据证明确因特殊情况无法出庭,致使本案事实无法查清,其应承担不利后果。综上,依照《民事诉讼法》第170条第1款第2项的规定,判决如下:(1)撤销安徽省蒙城县人民法院(2017)皖1622民初8284号民事判决;(2)驳回李某1的诉讼请求。一审案件受理费200元,减半收取100元,由李某1负担;二审案件受理费200元,由代某负担100元,由李某1负担100元。本判决为终审判决。

4. 支付两个子女之间的年龄差额抚养费的裁判要旨

(2017)皖1524民初99号案中,原告朱某1向法院提出诉讼请求:(1)判决原告、被告离婚;(2)婚生子女由原告抚养,抚养费由原告自行承担;(3)依法分割夫妻共同财产。法院认为,朱某1与贾某在婚后未建立起良好的夫妻感情,且为家庭琐事经常争吵,双方在本院驳回朱某1的第一次离婚诉请后,夫妻感情并未得到改善,双方长期处于分居状态,现夫妻关系名存实亡,夫妻感情确已破裂,故对朱某1要求离婚的诉请,依法予以支持。朱某1诉请两子女均由其抚养,考虑到婚生女朱某3长期随贾某生活,故应由其继续抚养为宜,婚生子朱某2由朱某1抚养,子女抚养费由朱某1、贾某各自自行承担,朱某1应给付贾某两子女年龄差额抚养费32,575元。夫妻共同财产:位于金寨县××××层房屋的第二、三层,考虑到贾某在家中照顾婚生女朱某3生活、学习,靠南头有楼梯的二层一间、三层一间归贾某所有,靠北头的二层一间、三层一间归朱某1所有。江淮和悦轿车归朱某1所有,存款10,000元、冰箱、洗衣机、柜式空调归贾某所有。依照《婚姻法》第32条第2款、第36条、第37条、第38条①之规定判决如下:(1)准予原告朱某1与被告贾某离婚。(2)婚生子朱某2由原告朱某1抚养,婚生女朱某3由被告贾某抚养,子女抚养费由原告朱某1、被告贾某各自自行承担。原告朱某1于判决生效后10日内一次性给付被告贾某两子女年龄差额抚养费32,575元。(3)夫妻共同财产:位于金寨县××××层房屋的第二、三层,靠北头的二层一间、三层一间及江淮和悦轿车归原告朱某1所有;靠南头有楼梯的二层一间、三层一间及存款10,000元、冰箱、洗衣机、柜式空调归被告贾某所有。(4)驳回原告朱某1的其他诉讼请求。案件受理费300元,减半收取计150元,由原告朱某1负担。

5. 人身损害赔偿请求的裁判要旨

(2017)皖1125民初5229号案中,法院认为,对于戴某主张的医疗费等各项损失116,154.65元,戴某作为原告和无过错方,有权就被告王某实施家暴造成其人身损害赔偿主张权利,判决如下:(1)准许戴某与王某离婚;(2)位于定远县池河镇街道西边加油站附近的一间三层楼房的使用权由戴某享有,戴某于本判决生效后10日内一次性补偿王某40,000元;(3)王某赔偿戴某医疗费等各项损失15,280.56元,于判决生效后10日内一次性付清。

6. 公积金出资的裁判要旨

(2018)皖18民终697号案中,法院认为,2013年4月3日所支付的购房首付款249,579元,系双方用婚前财产支付,不应作为婚后财产进行平均处置,应当按照出资比例进行分配,即刁某分割79,565.73元(136,000元÷426,600元×249,579元),杨某分割170,013.26元;售房款中属于夫妻共同部分为677,994.58元(1,300,000元-249,579元-215,712元-156,714.42元),综上,刁某应分割的售房款为487,331.97元(677,994.58元÷2+79,565.73元+68,768.95元)。刁某辩称,其与杨某于××××年××月××日登记结婚。2013年4月3日,刁某、杨某共同购买商品房一套,总金额819,579元。2013年4月3日,双方支付购房首付款249,579元。杨某提取公积金290,600元;刁某提取公积金136,000元,其余22.9万元存入杨某银行卡中,由其掌管和使用。之后用于装潢和购买家具等;基于上述事实,案涉房屋系双方共同购买,共同贷款,未约定按份共有,应当平均分割。杨某将剩余公积金用于

① 现规定在《民法典》第1079条第2款、第1084条、第1085条、第1086条。

装潢,双方对此未有约定,一审法院依据各自公积金占总金额比例来分配各自的售房款。二审时当事人未向本院提举新证据。本院对一审认定的事实予以确认。此外,本案二审的争议焦点为:案涉商品房首付购房款的分割应当按照刁某、杨某婚前各自提取的公积金比例处理还是按共同共有财产予以平均处理。经查,案涉房屋系由双方当事人共同购买,首付款资金源于刁某、杨某各自账户内的公积金。因货币为种类物,在其未被特定化的情况下,刁某、杨某所支付的首付款已成为购房款的组成部分,不再具有潜在份额,且本案亦无相关证据证实案涉房屋系按出资比例由刁某、杨某按份共有,该房屋应为杨某、刁某共同共有。在案涉房屋被出售的情况下,首付款已转化为该房屋的出售款,亦应由双方当事人共同共有。杨某虽在出售该房屋前向刁某发短信提出按出资比例分配,但刁某对该短信未予表明自己的意见,且庭审中亦不同意,则该房屋的出售款(不含装修及红木家具出售款)一审判决予以依法均等分割不违反法律规定。综上所述,杨某上诉理由不能成立,应予驳回;一审判决认定事实清楚,适用法律正确,应予以维持。

7. 老人同居关系析产中共同生活期间订制的棺材分割的裁判要旨

(2019)皖0828民初1762号案中,法院认为,余某1与余某2系同组居民,各自均有子女。2003年起双方自愿同居生活,同居期间余某1曾在生活上照料余某2母亲,余某2亦曾帮助余某1养育子女。2016年双方分开居住,但保持来往,2018年结束同居。同居期间经济上由余某2管理,双方均无固定收入,其收入来源主要为余某2务工,还有一部分收入源于家庭养殖、余某1的少量务工以及子女扶助。余某2在岳西县农村商业银行的账户(账号:62×××80)显示,2019年6月10日余某2将其11张个人存单款项(金额合计10余万元)转入该账户,同时取现10余万元,截至2019年6月21日账户余额为18.52元。余某2自认现有现金1万余元。同居期间余某2与余某1共同置办棺材2副。另查明,余某2现系贫困户、低保户。本院认为,同居关系不同于合法婚姻关系,对于同居期间一方的收入,原则上归本人所有;双方在同居期间有共同添置的财物或者共同经营所得的收入,应属于共有。判决被告余某2于本判决生效之日起15日内给付原告余某1同居期间共同财产棺材1副。

8. 离婚后财产纠纷中反诉内容的裁判要旨

(2017)皖1302民初6645号案中,法院认为,原告杜某(反诉被告)与被告林某(反诉原告)原是夫妻关系,2012年8月20日,原告杜某与被告林某已协议离婚,离婚协议是双方自愿签订的符合双方真实意思的表示,不违反相关法律,应视为有效协议。依据相关法律规定,双方应全面地履行该协议。首先,被告林某请求原告杜某应按约定支付被告林某协议中第3项给付房产首付款50,000元及50,000元5年利息10,875元。被告林某庭审时要求原告杜某返还其戒指与项链,原告杜某表示同意返还,应遵从其意见。对被告提出的装修费5000元,协议第2项已约定:离婚后涉案该套房屋归女方所有,男方必须协助女方办理产权变更登记及水电过户手续。因办理产权变更登记手续所应支付的一切费用由女方承担。协议第2项已约定归原告所有,被告的该项请求,依法不能成立,本院不予支持。原告请求经庭审确认要求被告履行离婚协议的第2条,协助原告办理房屋过户手续。原告的该请求,本院依法予以支持。同时被告林某也应按照协议约定在判决书生效后3日内搬走属于自己的私人物品。对被告林某因离婚协议上房屋地址与房产登记地址不一致拒绝协助办理房产过户手续签字辩称请求,因原告杜某与被告林某在婚后仅有这一套房产,应视为涉案房产。被告林某的辩称理由不能成立,本院不予支持。另对被告林某其他的反诉请求,均不是离婚协议中的约定,本院均不予支持,予以驳回。据此,依据《最高人民法院关于适用〈中华人民共和国婚姻法〉若干问题的解释(二)》第8条[①]、《民事诉讼法》第124条的规定,判决如下:(1)被告林某于本判决生效后10日内协助原告杜某办理涉案房产归原告杜某所有的过户手续。(2)原告杜某于本判决生效后10日内给付被告林某房产首付款50,000元及利息10,875元。(3)原告杜某于本判决生效后10日内返还被告林某结婚时赠与的金戒指、金项链各一枚。

9.争议房产判归第三人所有的裁判要旨

(2017)皖0102民初8213号案中,法院认为,根据《物权法》第33条[②]的规定,因物权的归属、内容发生争议的,利害关系人可以请求确认权利。本案原告、被告就离婚后财产分割产生争议,原告请求依法分割案涉房屋,第三人提出独立的诉讼请求,请求确认案涉房屋归其所有。从已查明的事实来看,原告对所购案涉房屋不知情,且也不知道购房款的来源,虽然原告主张其经营烟酒店,但其未能提供证据证明其经营收益可观,且原告、被告在同期已按揭贷款购买同一小区的面积相近的住宅房屋,原告、被告同时购买两套住宅房屋,与双方在2001年间的收入明显不相符。同时,被告对所购房屋予以否认,承认该房屋系公司领导安排以其名义办理的产权

---

① 现《最高人民法院关于审理〈中华人民共和国民法典〉婚姻家庭编的解释(一)》第69条第2款规定:"当事人依照民法典第一千零七十六条协议离婚签订的离婚协议中关于财产以及债务处理的条款,对男女双方具有法律约束力。登记离婚后当事人因履行上述协议发生纠纷提起诉讼的,人民法院应当受理。"增加了关于债务处理条款对男女双方具有法律约束力的规定。

② 现《民法典》第234条规定:"因物权的归属、内容发生争议的,利害关系人可以请求确认权利。"

登记。原告也未能对被告的否认行为作出合理的解释,如存在2001年期间的夫妻感情不和等刻意隐瞒财产情形。另外,投资大额资金购买房屋,收益较为可观,十几年未使用,长期抛弃该财产的收益,也有悖常理。加之,东房公司在改制过程中向合肥市国土资源局关于以商品房抵缴土地出让金的请示及合肥市国土资源局向合肥市人民政府关于原合肥市东市房屋开发公司欠缴土地出让金有关事项处置意见的请示,均反映以案涉房产抵欠缴土地出让金的事实,也反映原东方公司对案涉房屋进行实际处置。综合本案案情,案涉房屋系东房公司开发,东房公司以李某的名义持有开发房产,进行产权登记,具有高度的可能性,依法应予确认。虽然案涉房屋所有权登记在李某名下,但该物权归属存在争议,登记的权利人否认其享有物权,原告不能合理说明购房资金的来源,也未能提供其出资购买该产权的证明,现原告主张案涉房屋系其夫妻共同财产,缺乏事实依据,依法不予支持。合肥市瑶海区人民政府在东房公司改制过程中,将原东房公司八楼办公室和原企业资质通过市产权交易中心转让给新成立的民营企业,其余资产及债权债务收归国资部门。现瑶海区国资公司作为权利人主张权利,符合法律规定,依法应予支持。案经本院审判委员会讨论决定,依照《物权法》第33条①、《民事诉讼法》第64条之规定,判决如下:(1)驳回原告蔡某的诉讼请求;(2)确认位于合肥市瑶海区房屋所有权归第三人合肥市瑶海区国有资产经营有限责任公司享有。案件受理费9800元,由原告蔡某负担。

10.保险金、违法建筑、无证房产可折价分割的裁判要旨

(2016)皖1324民初3805号案中,法院根据《婚姻法》第39条第1款②"离婚时,夫妻的共同财产由双方协议处理;协议不成时,由人民法院根据财产的具体情况,照顾子女和女方权益的原则判决"的规定和第41条③"离婚时,原为夫妻共同生活所负的债务,应当共同偿还。共同财产不足清偿的,或财产归各自所有的,由双方协议清偿;协议不成时,由人民法院判决"的规定,判决本案双方共同财产应该平均分割,共同债务应该平均承担。关于婚后共同财产打料机一台,姚某与陈某均同意将其归姚某,姚某给付陈某打料机分割费1000元,因双方约定符合法律规定,本院

---

① 现《民法典》第234条规定:"因物权的归属、内容发生争议的,利害关系人可以请求确认权利。"

② 现《民法典》第1087条第1款规定:"离婚时,夫妻的共同财产由双方协议处理;协议不成的,由人民法院根据财产的具体情况,按照照顾子女、女方和无过错方权益的原则判决。"法条内容增加了夫妻共同财产分割中照顾无过错方的原则。

③ 现《民法典》第1089条规定:"离婚时,夫妻共同债务应当共同偿还。共同财产不足清偿或者财产归各自所有的,由双方协议清偿;协议不成的,由人民法院判决。"

予以认可;关于婚后陈某在人寿保险公司投保康宁终身保险,因该保险涉及人身性质,应该由陈某继续享有保险利益,姚某分得一半保险现金价值7631.54元为宜;关于婚后共同财产5间房屋,陈某提出5间房屋和36间猪圈为违法建筑不应该分割的主张,因其主张不符合法律规定,本院不予支持,姚某要求本院进行实物分割,由于5间房屋建在陈某家宅基地上,姚某的要求将直接损害陈某对自家宅基地的使用权,本院不予支持,5间房屋经评估价值为26,218元,5间房屋归陈某,陈某给付姚某5间房屋分割费13,109元为宜,陈某花费评估费2000元,应该由姚某与陈某平均分担;关于婚后共同财产36间猪圈,该36间猪圈不便实物分割,姚某与陈某在诉讼过程中均拒绝申请本院对该36间猪圈进行价值评估,本院在本案中不能按相应法律规定对该36间猪圈进行平分,对此,姚某与陈某可另行解决;关于共同债务19,000元,由于该共同债务19,000元由陈某经手,故姚某给付陈某现金9500元,债务19,000元由陈某向债权人清偿为宜。因为姚某没有充足证据证明陈某在两人婚姻关系存续期间参与长途班车的合伙经营投入股份32万元,陈某没有充足证据证实姚某转移财产4200元、隐匿财产50万元,对此,姚某与陈某可在证据充分后另行解决。综上,依据《婚姻法》第39条第1款、第41条①,《最高人民法院关于民事诉讼证据若干规定》第2条,《民事诉讼法》第142条之规定,判决如下:(1)两人婚后共同财产5间房屋归被告陈某所有,婚后被告陈某在人寿保险公司投保康宁终身保险由被告陈某继续享有保险利益,打料机一台归原告姚某所有,两人离婚后欠陈某玲19,000元的共同债务由被告陈某清偿,被告陈某给付原告姚某财产分割费9240.54元。(2)驳回原告姚某其他诉讼请求。

11. 住房公积金、养老保险金、企业年金分割的裁判要旨

(2017)皖0405民初692号案中,法院认为,离婚后,一方以尚有夫妻共同财产未处理为由向人民法院起诉请求分割的,经审查该财产确属离婚时未涉及的夫妻共同财产,人民法院应当依法予以分割。本案中,原告、被告在婚姻关系存续期间,被告名下的住房公积金、养老保险金个人部分、企业年金(个人账户)属于夫妻共同财产,原告、被告在2017年6月15日在民政局签订的离婚协议书没有对被告在婚姻关系存续期间的住房公积金、养老保险金个人部分、企业年金(个人账户)进行分割,故对原告的诉请,本院予以支持。经本院调取被告在婚姻关系存续期间的住房

① 现《民法典》第1087条第1款规定:"离婚时,夫妻的共同财产由双方协议处理;协议不成的,由人民法院根据财产的具体情况,按照照顾子女、女方和无过错方权益的原则判决。"法条内容增加了夫妻共同财产分割中照顾无过错方的原则。第1089条规定:"离婚时,夫妻共同债务应当共同偿还。共同财产不足清偿或者财产归各自所有的,由双方协议清偿;协议不成的,由人民法院判决。"

公积金为94,630.92元、养老保险金个人部分为30,172.47元、企业年金(个人账户)为28,937.92元,原告应当分得被告名下的住房公积金、养老保险金个人部分、企业年金(个人账户)总额的一半即76,870.66元。综上,根据《最高人民法院关于适用〈中华人民共和国婚姻法〉若干问题的解释(二)》第11条①,《最高人民法院关于适用〈中华人民共和国婚姻法〉若干问题的解释(三)》第18条②,《民事诉讼法》第64条第1款、第142条之规定,判决如下:原告李某某分得婚姻关系存续期间被告许某某名下的住房公积金、养老保险金个人部分、企业年金(个人账户)的一半即76,870.66元。被告许某某于本判决生效后30日内将该款给付原告李某某。

12.宠物分割的裁判要旨

(2019)皖0181民初891号案中,法院认为,离婚后,又诉请分割婚后财产的,应符合以下几种情形:(1)要求分割的财产为离婚时漏分的夫妻共同财产。(2)离婚后,一方发现另一方有隐藏、变卖、转移、损毁夫妻共同财产的行为,该行为在离婚时一方并不知晓。本案原告、被告在婚姻关系存续期间购买的10只柴犬确属离婚时未涉及的夫妻共同财产,应当依法予以分割。因原告仅提供几张照片,未能提供该10只柴犬的品种、大小及买卖的价格,故按被告自认的购买价适当分割3万元为宜。至于原告诉请的被告离婚前将其婚姻关系存续期间所取得的收入通过银行卡提现或者转账给他人,被告有恶意隐藏、转移财产的行为。因原告、被告离婚时已对共同存款分割达成了协议,该协议对双方具有法律拘束力。原告现提供的证据不能证明被告有恶意隐藏、转移财产的行为。故对原告要求分割存款200,000元的诉请,本院不予支持。据此,依据《最高人民法院关于适用〈中华人民共和国婚姻法〉若干问题的解释(二)》第8条第1款③、《最高人民法院关于适用〈中华人民共和国

① 现《最高人民法院关于适用〈中华人民共和国民法典〉婚姻家庭编的解释(一)》第25条规定:"婚姻关系存续期间,下列财产属于民法典第一千零六十二条规定的'其他应当归共同所有的财产':(一)一方以个人财产投资取得的收益;(二)男女双方实际取得或者应当取得的住房补贴、住房公积金;(三)男女双方实际取得或者应当取得的基本养老金、破产安置补偿费。"

② 现《最高人民法院关于适用〈中华人民共和国民法典〉婚姻家庭编的解释(一)》第83条规定:"离婚后,一方以尚有夫妻共同财产未处理为由向人民法院起诉请求分割的,经审查该财产确属离婚时未涉及的夫妻共同财产,人民法院应当依法予以分割。"

③ 现《最高人民法院关于审理〈中华人民共和国民法典〉婚姻家庭编的解释(一)》第69条第2款规定:"当事人依照民法典第一千零六十七条签订的离婚协议中关于财产以及债务处理的条款,对男女双方具有法律约束力。"增加了关于债务处理条款对男女双方具有法律约束力的规定。

婚姻法〉若干问题的解释(三)》第18条①、《民事诉讼法》第64条第1款之规定,判决如下:被告孔某于本判决生效后10日内,返给原告陈某共同财产30,000元。

13. 冒用他人身份结婚登记的裁判要旨

(2019)皖16民终1544号案中,一审法院认定事实:××××年××月××日原告雷某(女方)冒用雷某凤(身份证号:5321281986××××××××)与被告武某在蒙城县民政局办理结婚登记手续。2017年3月3日在蒙城县民政局协议离婚,并办理了离婚登记,协议约定双方在婚姻关系存续期间共同财产中位于蒙城县房屋归女方所有(屋内一切设施都归女方所有),蒙城县宝业梦蝶绿苑的一间车库归女方所有(离婚后男方需无条件配合女方办理房产过户手续)。另查明,雷某与朱某华于××××年××月××日登记结婚,2010年9月30日经浙江省桐乡市人民法院判决双方离婚。镇雄县公安局花山派出所出具的情况说明,证明武某之妻(假雷某凤)实为雷某,女,汉族,生于1976年5月2日,居民身份证号为5321281976××××××××,户籍地址为:浙江省桐乡市高桥镇新丰村西月斗××号。目前,武某之妻(假雷某凤)的户口已被安徽省蒙城县公安局乐土派出所予以注销,雷某凤的户口已按规定得以恢复。一审法院认为,雷某与武某办理结婚登记时系冒用雷某凤的身份信息,当时雷某与他人尚未解除婚姻关系,雷某涉嫌重婚行为,现雷某请求武某协助其办理位于蒙城县宝业梦蝶绿苑××栋××室和西车库××号的相关过户手续的相关依据系在蒙城县民政局办理的离婚协议书,但武某对该协议中涉案财产的分割不予认可,故对雷某的诉讼请求不予支持。据此,依照《民事诉讼法》第64条的规定,判决:驳回雷某的诉讼请求。案件受理费100元,由雷某负担。本院二审期间,各方当事人均未提供新证据,本院对一审采信的证据及认定事实予以确认。本院认为,综合当事人举证、质证及诉辩意见,本案二审争议的焦点是:一审适用法律是否有误,雷某的诉讼请求是否应予支持。因雷某在与他人尚未解除婚姻关系时冒用雷某凤之名与武某登记结婚,其行为已构成重婚,故其与武某的婚姻关系因违反婚姻法的规定而无效。雷某以雷某凤的名义与武某签订的离婚协议也自然无效,双方关于房产处理的约定也系无效。雷某根据已失效的离婚协议条款要求武某协助办理相关过户手续,缺乏法律依据,本院不予支持。综上所述,雷某的上诉请求不能成立,应予驳回;一审判决认定事实清楚,适用法律正确,应予

---

① 现《最高人民法院关于适用〈中华人民共和国民法典〉婚姻家庭编的解释(一)》第83条规定:"离婚后,一方以尚有夫妻共同财产未处理为由向人民法院起诉请求分割的,经审查该财产确属离婚时未涉及的夫妻共同财产,人民法院应当依法予以分割。"

维持。依照《民事诉讼法》第170条第1款第1项的规定,判决如下:驳回上诉,维持原判。二审案件受理费100元,由雷某负担。本判决为终审判决。

14. 同居期间人流费用承担的裁判要旨

(2018)皖1181民初4043号案中,法院认为,本案系同居关系纠纷。原告陈某男于2016年12月16日向被告张某明转账2万元,并备注"购买首付",但被告只以自己的名义购买了房屋,原告转入被告账户的2万元应当属于原告的个人财产,被告应当予以返还。被告辩称已分5次偿还了原告9936元,但该5次付款时间均在原告、被告恋爱期间,依据现有证据和民事诉讼中证据高度盖然性的判断标准,被告支付的9936元与本案诉争的2万元无关,故对被告此抗辩意见,本院不予采信。但原告关于利息之主张,本院不予支持;关于原告主张的人流手术费用4354元,因原告、被告均系完全民事行为能力人,双方因感情融洽恋爱、怀孕,后因感情不和,原告做引产手术花费医疗费,理应由双方共同承担。

综上所述,根据《最高人民法院关于适用〈中华人民共和国婚姻法〉若干问题的解释(二)》第1条[①]、《最高人民法院审理未办结婚登记而以夫妻名义同居生活案件的若干意见》[②]第10条的规定,判决如下:(1)被告张某明于本判决生效之日起20日内返还原告陈某男2万元;(2)被告张某明于本判决生效之日起20日内支付原告陈某男医药费2177元。

15. 离婚后财产分割权的裁判要旨

(2018)皖0122民初3814号案中,法院认为,本院对原告、被告提供的证据进行了举证质证,对原告、被告无异议证据,存卷佐证,对双方争议认定的事实如下:原告、被告于××××年××月××日登记结婚,肥东县人民法院在审理宣某与陈某离婚纠纷一案中,于2008年4月30日判决:(1)准许宣某与陈某离婚;(2)婚生子宣某亮由宣某抚养至独立生活时止,陈某以其应得的夫妻共同财产(二楼一间)抵折小孩抚养费;(3)现住二楼两间归宣某所有。房屋分户图显示位于安徽省肥东县撮镇镇先锋社区塘坎××号争议房屋共包含一层76.78平方米、二层97.95平方米及房屋外厨房25.5平方米。原告、被告共同财产经本院在离婚纠纷一案分割后剩

---

① 现《最高人民法院关于适用〈中华人民共和国民法典〉婚姻家庭编的解释(一)》第3条规定:"当事人提起诉讼仅请求解除同居关系的,人民法院不予受理;已经受理的,裁定驳回起诉。当事人因同居期间财产分割或者子女抚养纠纷提起诉讼的,人民法院应当受理。"该解释相较原司法解释删去了"有配偶者与他人同居"情形下同居一方的解除同居关系请求权。

② 现已被《最高人民法院关于废止部分司法解释及相关规范性文件的决定》(2020年12月29日发布,2021年1月1日起实施)废止。

房屋外厨房25.5平方米未处理,一直由被告实际使用。2017年5月25日原告以夫妻离婚时有部分夫妻共同财产未分割为由要求重新分割,遂来院起诉,因双方意见分歧大,调解不成。本院认为,本院作出且已经生效的(2008)肥东民一初字第297号民事判决确认陈某与宣某离婚,陈某以应得的夫妻共同财产(二楼一间)折抵婚生子宣某亮的抚养费,二楼两间归宣某所有,在该被分割的夫妻共同财产中未包含厨房。现原告要求确认该厨房权属,其中厨房一间(12.775平方米)归其所有,符合法律规定,应予支持。原告要求确认二楼一间半(48.975平方米)归其所有,鉴于该二楼房屋根据(2008)肥东民一初字第297号民事判决已全部分割完毕,故原告此诉请,无事实依据,依法不予支持。被告以(2008)肥东民一初字第297号民事判决是于2008年4月30日作出,原告在2017年5月提起诉讼,该诉请已超过诉讼时效2年进行抗辩。当时的法律规定当事人请求再次分割夫妻共同财产的诉讼时效为2年,从当事人发现之次日起计算。本案原告于2017年5月发现夫妻共同财产中尚有未处置的而提起诉讼,没有超过2年的诉讼时效,所以,被告该抗辩不成立。据此,依据《婚姻法》第47条第1款①、《最高人民法院关于适用〈中华人民共和国婚姻法〉若干问题的解释(一)》第31条②、《最高人民法院关于适用〈中华人民共和国婚姻法〉若干问题的解释(三)》第18条③之规定,判决如下:(1)位于肥东县撮镇镇先锋社居委塘坎××幢号厨房一间(12.775平方米,西边)归原告陈某所有;(2)驳回原告陈某的其他诉讼请求。

16. 离婚案件中欺诈认定的裁判要旨

(2018)皖0825民初376号案中,法院认为,《民法总则》第148条④规定:"一方以欺诈手段,使对方在违背真实意思的情况下实施的民事法律行为,受欺诈方有权请求人民法院或仲裁机构予以撤销。"所谓欺诈是指故意告知对方虚假情况,或者故意隐瞒真实情况,诱使对方当事人作出错误意思表示。原告、被告在签订离婚协

---

① 现《民法典》第1092条规定:"夫妻一方隐藏、转移、变卖、毁损、挥霍夫妻共同财产,或者伪造夫妻共同债务企图侵占另一方财产的,在离婚分割夫妻共同财产时,对该方可以少分或者不分。离婚后,另一方发现有上述行为的,可以向人民法院提起诉讼,请求再次分割夫妻共同财产。"该法条删去了旧条文中"离婚时"的限定,并增添了挥霍夫妻共同财产的情形。

② 现《最高人民法院关于适用〈中华人民共和国民法典〉婚姻家庭编的解释(一)》第84条规定:"当事人依据民法典第一千零九十二条的规定向人民法院提起诉讼,请求再次分割夫妻共同财产的诉讼时效期间为三年,从当事人发现之日起计算。"时间由两年变为3年。

③ 现《最高人民法院关于适用〈中华人民共和国民法典〉婚姻家庭编的解释(一)》第83条规定:"离婚后,一方以尚有夫妻共同财产未处理为由向人民法院起诉请求分割的,经审查该财产确属离婚时未涉及的夫妻共同财产,人民法院应当依法予以分割。"

④ 现《民法典》吸收《民法总则》作为第一编,依旧规定在第148条,内容无变动。

议时,被告(女方)是否存在欺诈行为,是本案争论的焦点。首先,原告、被告是否存在假离婚。原告陈述"双方婚后夫妻关系一直正常,2017年被告突然说经算命先生算命,原告、被告之间不合,家中亲人会有灾难,解决的方法只有先离婚以后再复婚,才能避免灾难的发生。"原告对其所陈述的内容,并未提供任何证据予以证实,且被告予以否认。从庭审查明来看,原告、被告婚后因生活琐事产生矛盾,两人自2016年下半年开始分居生活,后于2017年4月14日协商离婚,对该事实双方均不持异议。故在无其他相反证据足以推翻情况下,应认定原告、被告因夫妻感情不和,自愿协商离婚,并非原告陈述的被告故意告知原告虚假情况骗取离婚。其次,被告在与原告离婚前,就与他人有不正当关系并怀孕,是否构成欺诈。一方面,被告与原告离婚后,被告有再婚的权利,而且在不违背公序良俗的情况下还可再行生育子女。原告作为完全民事行为能力人,应当预见到被告离婚后与他人再婚并生育子女的可能,也应当清楚其与被告之间签订的离婚协议所产生的法律后果,原告在明知的情况下,自愿与被告协商离婚并签订协议与被告是否怀孕无必然的因果关系。另一方面,从涉案财产的来源和性质上看,原告、被告离婚时分割的财产包括房屋、车辆、股权、债权等,其中价值较大的两套房屋均分给原告所有。一套位于某小区,该房屋是被告婚前就签订协议并预付10万元房款从太湖县某房地产开发有限责任公司处购买的,虽在原告、被告婚姻关系存续期间又以两人名义与太湖县某房地产开发有限责任公司补签了商品房屋买卖合同,但房屋尾款又是在原告、被告离婚后由被告缴纳,故可认定该房屋为被告个人出资购买。通常情况下,夫妻间因感情不和分居生活,在分居期间双方仍共同出资购房不合常理,除非双方有明确约定或充分的证据证实外,否则一般应认定为一方所购。位于某府邸的房屋,房屋买卖发生在原告、被告分居期间,从签订合同、缴纳购房款和相关费用以及被告婚前因出卖深圳的房产获购房款120万元的相关事实分析看,某府邸的房屋可推定为被告个人出资购买或主要是由被告个人出资购买。被告辩称离婚时分割给其所有的房屋、车辆等财产均系用婚前出卖房屋的款项购买所得,理应归其所有的辩解意见,综合本案的各方证据,虽不能完全采信,但可基本认定分割给被告所有的财产应主要是由被告个人出资购买所得。故本案原告、被告在离婚时,将主要是由被告出资购买的房屋等财产分给被告所有,并无不妥,也符合情理。就本案而言,被告在与原告离婚前是否怀孕,对财产分割并无任何实质性的影响,也即原告在离婚处理财产时不会因此作出错误的意思表示。被告在与原告未办理离婚登记手续前与他人有不正当关系并怀孕,虽违反了我国民法关于夫妻间应相互忠实的义务,但并不构成离婚欺诈。综上所述,本院认为,原告、被告婚后因夫妻感情不和自愿协商离婚,双方就共同财产分割所作的约定是当事人真实意思表示,其内容并不违反法律强制性规定,应为有效。原告以被告构成离婚欺诈为由,要求解除离婚财产分割协议并重新分割的诉讼请求,因无事实和法律依据,本院不予支持。依照《民事诉讼法》第 64 条第 1 款、《最高人民法院关于适用〈中华人民共和国民事诉讼法〉若干问题的解释》第 90 条之规定,判决如下:驳回原告的诉讼请求。

17. 外国国籍的人分割国内财产的裁判要旨

(2017)皖 0102 民初 1029 号案中,法院认为,郭某为美国国籍,胡某原为中国国籍,双方于××××年××月××日在中华人民共和国安徽省民政部门登记结婚。后胡某取得美国国籍。2004 年,双方购买位于安徽省合肥市临淮路东苑新村房产,该房屋产权登记在胡某名下(产权证号:瑶 07××93)。2006 年,双方购买位于安徽省合肥市和平路××幢××室房产,该房屋产权登记在胡某名下(产权证号:瑶 05××81)。因胡某向美国纽约州皇后县最高法院提起离婚诉讼,2012 年 3 月 23 日,郭某与胡某达成调解协议,该协议第 2 条载明:(1)双方同意以女方名义于 2007 年左右购买的房产(地址:中国安徽省合肥市和平路××幢××室)归男方所有;女方同意配合男方在国内外签署影响上述产权转让的任何必要文件;(2)以女方名义在 2004 年购买的不动产(地址:中国安徽省合肥市临淮路东苑新村)仍归女方所有。2012 年 4 月 25 日,美国纽约州皇后县最高法院作出离婚判决,判决解除双方的婚姻,并判决:于 2012 年 3 月 23 日签署的调解协议的副本已于本庭备案,该文件经引用作为判决的一部分,其内容未与判决书合并。当判决到期后,调解协议的各项条件与条款仍然有效。法院要求当事人遵守调解协议的各项条款。2014 年 8 月 13 日,美国驻上海总领事馆向郭某出具适婚宣誓书。另查明:郭某现居住在安徽省合肥市和平路××幢××室房屋内。以上事实,有郭某提供的调解协议、适婚宣誓书、房产证、房屋所有权登记表、护照、外国人住宿登记表、物业费发票、水电费发票、民事裁定书等证据在卷佐证。本院认为:郭某与胡某于 2012 年在美国纽约州皇后县最高法院通过诉讼离婚的方式解除婚姻关系,双方签订了离婚和解协议并由法院确认,且美国政府向郭某出具了适婚宣誓书,故郭某与胡某已经离婚系客观事实,现郭某因履行双方离婚时达成的调解协议中位于本院辖区内的财产分割协议发生争议,向本院提起离婚后财产纠纷诉讼,本院具有管辖权。根据《涉外民事关系法律适用法》第 36 条的规定,不动产物权,适用不动产所在地法律。郭某与胡某于 2012 年 3 月 23 日签订的调解协议中关于涉案房屋的处分,系双方真实意思表示,内容合法有效,双方应当本着诚实信用的原则全面履行协议书中约定的义务。按照该调解协议的约定,位于安徽省合肥市和平路××幢××室房屋归男方所有,位于安徽省合肥市临淮路东苑新村房屋仍归女方所有。因原告、被告双方在离婚调解协议中对该两处房产的归属已明确约定,故郭某要求对上述两套房产进行分割,并要求判令被告协助原告将位于合肥市和平路××幢××室房屋的产权登记办理至原告名下,将位于合肥市临淮路东苑新村房屋的产权登记办理至被告名下的诉讼请求,符合双方约定,且不违反法律规定,本院予以支持。据此,本院依照《涉外民事关系法律适用法》第36条、《最高人民法院关于适用〈中华人民共和国婚姻法〉若干问题的解释(二)》第8条①、《民事诉讼法》第144条之规定,判决如下:位于安徽省合肥市和平路××幢××室房产(产权证号:瑶05××81)归郭某所有;位于安徽省合肥市临淮路东苑新村房屋(产权证号:瑶07××93)归胡某所有;郭某与胡某于本判决生效之日起10日内均应配合对方办理产权变更登记手续。案件受理费21,000元,由被告胡某承担11,000元,由原告郭某承担10,000元。

18. 多次起诉要求分割财产的裁判要旨

(2018)皖0122民初396号案中,法院认为,离婚协议中关于财产分割的条款或者当事人因离婚就财产分割达成的协议,对男女双方具有约束力,双方均应按协议约定履行自己相应的义务。本案中,离婚协议系原告、被告双方自愿达成,真实有效,且原告、被告已按照该协议办理了离婚登记,故该离婚协议书对原告、被告双方具有法律约束力,双方均应按照该协议约定履行各自义务。关于被告(男方)提出的抗辩意见,因与离婚协议书内容不符,办理拆迁安置房的房屋产权证的行为属于纯获利益行为,第三人殷某作为限制民事行为能力人可以实施该行为,且被告违反离婚协议书中的约定应当承担相应的违约责任。故对被告的上述抗辩意见,本院不予采纳。原告(女方)主张位于安徽省肥东县店埠镇定光新农村南区的两套房屋(价值60万元)归其和第三人殷某所有,被告协助原告和第三人办理房屋产权登记手续,理由正当,证据充分,本院依法予以支持;原告主张位于店埠镇排头社区梦圆巷内一栋三层楼房的第三层所有房屋(价值20万元)归其所有,双方在离婚协议中约定被告给付原告200,000元(每年支付5万元),被告暂拿梦圆巷楼房第三层作为抵押,待钱款付清后,此房返还被告,4年内如未付清200,000元,此房归原告所有。该房屋没有所有权证,双方可在办理该房屋所有权证后,协商处理,协商不成可另行诉讼。被告经本院传票传唤无正当理由拒不到庭参加诉讼,视为放弃自己的诉

① 现《最高人民法院关于审理〈中华人民共和国民法典〉婚姻家庭编的解释(一)》第69条第2款规定:"当事人依照民法典第一千零七十六条签订的离婚协议中关于财产以及债务处理的条款,对男女双方具有法律约束力。登记离婚后当事人因履行上述协议发生纠纷提起诉讼的,人民法院应当受理。"增加了关于债务处理条款对男女双方具有法律约束力的规定。

讼权利,本院可依法缺席判决。依照《民法总则》第19条①,《婚姻法》第19条②、第39条③,《最高人民法院关于适用〈中华人民共和国婚姻法〉若干问题的解释(二)》第8条④、第21条⑤,《民事诉讼法》第144条之规定,判决如下:(1)位于安徽省肥东县店埠镇定光新农村南区的两套房屋的相关权利义务归原告和第三人殷某所有;(2)被告在本判决生效10日内协助原告与第三人殷某办理安徽省肥东县店埠镇定光新农村南区的两套房屋的产权登记手续;(3)驳回原告的其他诉讼请求。

二审认为,关于被告提出已给付原告17.6万元未提供证据支持,本院不予采信。原告主张被告给付离婚协议书中约定的200,000元,理由正当,证据充分,本院依法予以支持。依据《婚姻法》第19条⑥、第39条⑦,《最高人民法院关于适用〈中

① 现《民法典》吸收《民法总则》作为第一编,依旧在第19条规定:"八周岁以上的未成年人为限制民事行为能力人,实施民事法律行为由其法定代理人代理或者经其法定代理人同意、追认;但是,可以独立实施纯获利益的民事法律行为或者与其年龄、智力相适应的民事法律行为。"

② 现《民法典》第1065条规定:"男女双方可以约定婚姻关系存续期间所得的财产以及婚前财产归各自所有、共同所有或者部分各自所有、部分共同所有。约定应当采用书面形式。没有约定或者约定不明确的,适用本法第一千零六十二条、第一千零六十三条的规定。夫妻对婚姻关系存续期间所得的财产以及婚前财产的约定,对双方具有法律约束力。夫妻对婚姻关系存续期间所得的财产约定归各自所有,夫或者妻一方对外所负的债务,相对人知道该约定的,以夫或者妻一方的个人财产清偿。"内容无实质变动。

③ 现《民法典》第1087条规定:"离婚时,夫妻的共同财产由双方协议处理;协议不成的,由人民法院根据财产的具体情况,按照照顾子女、女方和无过错方权益的原则判决。对夫或者妻在家庭土地承包经营中享有的权益等,应当依法予以保护。"增加了财产分割时照顾无过错方原则。

④ 现《最高人民法院关于审理〈中华人民共和国民法典〉婚姻家庭编的解释(一)》第69条第2款规定:"当事人依照民法典第一千零七十六条签订的离婚协议中关于财产以及债务处理的条款,对男女双方具有法律约束力。登记离婚后当事人因履行上述协议发生纠纷提起诉讼的,人民法院应当受理。"增加了关于债务处理条款对男女双方具有法律约束力的规定。

⑤ 现《最高人民法院关于适用〈中华人民共和国民法典〉婚姻家庭编的解释(一)》第77条规定:"离婚时双方对尚未取得所有权或者尚未取得完全所有权的房屋有争议且协商不成的,人民法院不宜判决房屋所有权的归属,应当根据实际情况判决由当事人使用。当事人就前款规定的房屋取得完全所有权后,有争议的,可以另行向人民法院提起诉讼。"内容无实质变动。

⑥ 现《民法典》第1065条规定:"男女双方可以约定婚姻关系存续期间所得的财产以及婚前财产归各自所有、共同所有或者部分各自所有、部分共同所有。约定应当采用书面形式。没有约定或者约定不明确的,适用本法第一千零六十二条、第一千零六十三条的规定。夫妻对婚姻关系存续期间所得的财产以及婚前财产的约定,对双方具有法律约束力。夫妻对婚姻关系存续期间所得的财产约定归各自所有,夫或者妻一方对外所负的债务,相对人知道该约定的,以夫或者妻一方的个人财产清偿。"无实质变动。

⑦ 现《民法典》第1087条规定:"离婚时,夫妻的共同财产由双方协议处理;协议不成的,由人民法院根据财产的具体情况,按照照顾子女、女方和无过错方权益的原则判决。对夫或者妻在家庭土地承包经营中享有的权益等,应当依法予以保护。"增加了财产分割时照顾无过错方原则。

华人民共和国婚姻法〉若干问题的解释(二)》第8条[①]之规定,判决如下:被告于本判决生效10日内给付原告陈某在离婚协议中约定的200,000元。

① 现《最高人民法院关于审理〈中华人民共和国民法典〉婚姻家庭编的解释(一)》第69条第2款规定:"当事人依照民法典第一千零七十六条签订的离婚协议中关于财产以及债务处理的条款,对男女双方具有法律约束力。登记离婚后当事人因履行上述协议发生纠纷提起诉讼的,人民法院应当受理。"增加了关于债务处理条款对男女双方具有法律约束力的规定。

福建省法院婚姻家庭案件裁判要旨梳理

本次检索的具体路径如下：

1. 案例来源：Alpha 案例库；

2. 地域：福建省；

3. 时间：2017 年 1 月 1 日至 2019 年 12 月 31 日；

4. 检索条件：案由为“离婚纠纷”“离婚后财产纠纷”，文书类型为“判决”，地域为“福建省”；

5. 案件数量：离婚纠纷案件有效案例 22 个，离婚后财产纠纷有效案例 724 个；

6. 数据采集时间：2020 年 2 月 8 日；

7. 特别说明：本部分案例采用表格的形式罗列案号及法院的裁判观点。

一、履行离婚协议财产约定的纠纷裁判观点

（一）排除适用离婚协议财产约定的情形

1. 离婚协议中对于财产的处分，并非双方当事人真实意思表示。例如，双方协议约定买卖房产只是为了便于一方办理贷款，并不是真实交易的意思表示。

2. 离婚协议签订后，又签订协议书，作出相反财产约定的，认定离婚协议非双方真实意思表示，共同财产重新依法分割。例如，离婚协议约定一方支付赔偿金，协议书又约定，复婚以后该约定作废的。

3. 离婚协议中财产约定处分他人财产的，约定无效。

4. 离婚协议中财产约定的履行对象不明确。例如，协议中约定一方必须购买学区房，学区房为抽象不具体的概念，难以履行。

5. 离婚协议分割的财产不是合法取得的。例如，原告、被告在离婚协议书约定各分得土地承包经营权的一半权益，但由于约定分割的土地承包经营权并非合法取得，法院对要求分割土地承包经营权的主张不予支持。

6. 双方通过实际行为，变更财产归属的约定。例如，双方约定房产赠与婚生子女，但在未办理过户前，双方又共同将房产挂牌进行买卖的，所得购房款应仍认定为共同财产。

综上，经过此次大数据分析，笔者未发现主张存在欺诈、胁迫，要求撤销或变更协议得到法院支持的案例，说明要证明欺诈、胁迫的举证难度还是非常大的。

笔者看到 1 个案例，女方在离婚协议签订后的第 13 个月，发信息告诉男方，婚

生子并非男方亲生,经鉴定婚生子确实跟男方没有任何血缘关系,但是因为已经超过1年的时效①,最终判决男方按照离婚协议履行。这反映福建省内各级法院在适用欺诈、胁迫,要求撤销或变更协议时非常谨慎。

(二)离婚协议中"双方无共同财产"约定的认定情况

离婚协议中"双方无共同财产"的约定是否视为双方名下的共同财产归各自所有,在这个问题上,全省各级法院的认定规则并不一致。

福建省福州市中级人民法院认为,对于一方名下的财产,双方作出无共同财产的约定,视为该财产处分为登记人的个人财产(见表22)。

表22 无共同财产的约定,视为个人财产

案号	法院认为
(2018)闽01民终3531号	双方在签订该协议时,林某1是知晓有共同财产的,同时也认同并默认林某2名下的财产归林某2所有。因此,2016年3月14日的离婚协议,是双方自愿达成一致意见,并不违反有关法律规定,且林某1和林某2双方就共同财产分割的时间距林某1起诉时已超过一年

相反,福建省莆田市中级人民法院则认为,登记在一方名下的财产系婚姻关系存续期间取得的,可认定为当事人双方婚姻关系期间的共同财产(见表23)。

表23 无共同财产的约定,视为共同财产

案号	法院认为
(2018)闽03民终791号	陈某与朱某脱离夫妻关系之前,朱某以合理对价向福州易成软件有限公司购买讼争车辆,福州易成软件有限公司亦将讼争车辆过户登记至朱某名下并将车辆转移交付给朱某占有支配,该车辆系属朱某所有,故本案讼争车辆系陈某与朱某婚姻关系存续期间取得的财产,可认定为当事人双方婚姻关系期间的共同财产

通过数据分析,福建省各级法院对于该类纠纷处理的方式没有统一规则。律师和当事人要做的就是收集对方知道或者不知道该共同财产存在的证据。

① 现依《最高人民法院关于适用〈中华人民共和国民法典〉婚姻家庭编的解释(一)》第70条"夫妻双方协议离婚后就财产分割问题反悔,请求撤销财产分割协议的,人民法院应当受理。人民法院审理后,未发现订立财产分割协议时存在欺诈、胁迫等情形的,应当依法驳回当事人的诉讼请求"之规定,当事人请求撤销离婚协议的权利不再受1年期限限制,类似情形若发生于此解释生效后,当事人以离婚协议订立时存在欺诈要求撤销或可得到法院支持。

二、纠纷涉及的财产类型及裁判要旨

根据数据统计，在统计分析的724个案件中，涉及房产的，包括房产分割、房产确权及过户、房屋折价款支付等共428个，占比59%，说明房产是大多数家庭的主要资产，也是导致纠纷的主要原因。涉及股权分割的有11个，占比1.5%。

（一）股权分割的裁判要旨

本次收集到涉及股权分割的案例仅11个，有主张分割股权的，也有主张分割股权价值的。股权价值是否评估是法院判决考虑的重要因素，经评估可以确定其价值的，法院判决按离婚时点的公允价值分割。因持股方不配合导致股权价值无法评估的，不同法院有不同判决，没有形成统一的裁判要旨（见表24）。

表24　法院对夫妻共同财产中股权的处理

案号	裁判结果	法院认为
（2018）闽0105民初23号	同意成为股东	鉴于公司的属性为有限责任公司，故在进行财产分割时应以分割股份价值为优先方向，但无论是原审还是重审，均由于被告及第三人的原因导致公司股份价值无法评估，致使分割股份价值失去可能。原告为及时实现自身合法权益，变更诉讼请求为要求直接分割股份，判令被告将其持有的公司40%股份价值的一半归原告所有，被告与第三人协助原告办理工商登记过户手续，合理合法，本院予以支持
（2019）闽0521民初4170号	不同意成为股东	被告在婚姻关系存续期间出资设立××公司，被告出资取得38.82%的股权，该部分股权依法应确认为原告、被告的夫妻共同财产。原告要求直接分割取得××公司的股权缺乏法律依据，但应确认原告享有××公司19.41%的股权的价值和资产收益
（2018）闽05民终49号	不处理	原告应享有公司25%股权的价值和资产收益。原告未要求直接分割股权的价值，且各方当事人均未提供公司的经营盈亏状况，本案不宜一并处理股权价值分割事宜，当事人可另行主张权利

对于一些特殊类型的股权，法院根据具体情况作出判决，如集体资产改制股权，法院认定其为具有特殊人身性的村民股权，属于个人财产，不作为夫妻共同财产分割，但该股权在婚姻关系存续期间的收益可以作为夫妻共同财产进行分割；配偶一方持有的农村信用合作联社股权可以分割；配偶一方婚后投资，未形成股权，但转化为补偿款的投资权益，予以分割。

（二）商品房分割的裁判要旨

商品房分割是本次数据分析中占据最大篇幅的内容，涉及的问题比较多，有些也无法类型化，笔者将具有参考价值的观点归纳整理。

1. 关于办理房屋产权变更登记

离婚协议中约定归一方所有的房屋，该方要求确认房屋所有权或要求另一方配合办理产权转移登记手续，法院针对不同情况作出不同处理：

（1）房屋已办理房屋所有权证的，法院通常支持一方要求另一方配合办理房屋产权变更登记的请求，但也有部分法院有不同的观点，作出不同判决（见表25）。

表25　法院对一方要求对方依离婚协议变更房屋所有权登记的处理

案号	裁判结果	法院认为
（2017）闽0425民初221号	不置可否	原告要求确认离婚协议书合法有效，××室房产归其所有的诉讼请求，其理由成立，予以支持，原告可持相关法律文书到房管部门办理房产变更手续
（2016）闽0182民初453号	不支持	办理产权变更手续系相关的行政部门职责，不属本院依法审理范畴，故对原告要求被告协助办理产权变更手续的诉求不予支持。被告在离婚后，已将诉争房产的产权证交给原告，应视为被告自觉履行离婚协议的义务，现原告未有证据证明被告拒绝履行协助办理产权变更手续，故原告的主张不予支持

（2）对于尚未办理房屋所有权证的，如已符合办理产权证条件的，法院支持原告请求被告立即办理产权证，并于办理产权证后立即协助原告办理产权过户。对于尚未办理房屋所有权证且未符合办理产权证条件的，通常要求原告等条件成就后另行主张。

（3）对于房产设置抵押权的，多数法院认为产权转移条件尚未成就，可待条件成就后，被告再予以协助办理，但也有法院持不同观点，并作出不同判决（见表26）。

表26　法院关于设置抵押的房产的所有权转移登记的处理

案号	法院认为
（2018）闽0583民初2819号	本案双方当事人约定诉争房屋归原告所有，合法有效。如果根据该项约定和原告的请求办理诉争房屋的所有权转移登记，虽会产生诉争房屋登记的所有权人由原告、被告两人变更为仅有原告一人的后果，但原告自始至终都是诉争房屋的所有权人和提供诉争房屋作为抵押财产的抵押人，因此办理诉争房屋的所有权转移登记，不会使提供按揭贷款的银行对诉

续表

案号	法院认为
	争房屋享有的抵押权消灭,也不会使提供按揭贷款银行的抵押权受到不利影响。除非当事人与提供按揭贷款的银行另有约定外,清偿按揭贷款不应成为办理本案诉争房屋所有权转移登记的前提条件

在有些案件中,笔者看到原告针对讼争房屋仅提出要求按照离婚协议约定确认其享有所有权的诉讼请求,没有同时提出要求另一方配合办理产权转移登记手续的请求,而法院本着“不告不理”原则,仅作出确权判决。但当事人无法依据该确权判决申请强制执行办理房屋产权转移手续,而必须另行起诉要求另一方配合,这一方面增加当事人的诉累,另一方面也消耗了宝贵的司法资源。通过阅读这几个判决书,发现这些案件或是没有委托代理人,或是委托了律师以外的其他人员代理。

2. 涉及房产被查封或被强制执行的

夫妻共同所有的房产或离婚协议约定归一方所有的房产被查封或被强制执行时,当事人应通过执行异议或执行异议之诉进行救济,但有的当事人选择提起离婚后财产纠纷诉讼,是无法达到阻却房产被查封或被强制执行的目的的(见表27)。

表27 法院对提起离婚后财产纠纷请求阻却房屋被查封或被强制执行的处理

案号	法院认为
(2016)闽0203民初2283号	本次诉讼之诉因系原告对人民法院强制执行标的提出异议,认为其对部分标的具有排除强制执行之权利,为部分排除人民法院的强制执行而提起本案之诉,依据《民事诉讼法》第227条及相关司法解释的规定,原告作为执行案件的案外人本应向执行法院提出执行异议或提起执行异议之诉,但其规避相关法律规定而径行提起本案之诉,所选择的权利救济路径并不符合法律规定
(2016)闽0403民初1891号	原告主张按离婚协议的约定请求物权所有权人进行变更,因受物上抵押权的限制,无法进行变更登记而发生物权转移,由此造成的损失可依据《民事诉讼法》的相关规定寻求权利救济

3. 涉及父母出资、赠与的

对于购房出资(包括购房定金、首付款、按揭贷款、契税等)大部分由父母出资的(包括婚后出资),且房产登记在自己子女名下的,法院通常认定是对自己子女一方的赠与,另一方仅对由夫妻共同财产支付的按揭还款部分(比例较小)及其增值予以分割。很多学者及实务界专家认为《最高人民法院关于适用〈中华人民共和国婚姻法〉若干问题的解释(三)》第7条①"婚后由一方父母出资为子女购买的不动产,产权登记在出资人子女名下的,可按照婚姻法第十八条第(三)项的规定,视为只对自己子女一方的赠与,该不动产应认定为夫妻一方的个人财产"中的"出资",应以是否出全资作为判断标准,但司法判决的走向显示了另一种价值观,即任何人不能通过婚姻获利。这也是我们在预判案件处理结果时需要注意的(见表28)。

表28 法院对婚后购房时父母出资的性质认定

案号	裁判结果	法院认为
(2017)闽02民终3375号	对自己子女一方的赠与	案涉房产是在被告与原告婚后一年多购买的,被告父亲与朱某之间仅系姻亲关系,也并无长时间共同生活。案涉房产从购房时定金、首付的支付、产权证办出后契税的支付到大部分按揭的支付以及房屋的管理,均是由被告父亲操作的。由此可知,被告父亲虽未在赠与时作出明确意思表示,但其一系列出资行为已经表达出赠与被告一个人的意思
(2017)闽0302民初1227号	对自己子女一方的赠与	讼争套房首付款及车位款大部分资金系被告的父亲支付,婚后被告父亲又继续资助被告,在其患病之后,被告父亲又代其支付按揭贷款,足见被告父亲在被告和原告婚姻关系存续期间对其二人的付出。婚后被告父亲代生病的被告向原告支付了离婚安置款10万元,原告亦予以认可,系对被告和原告婚姻关系之间权利义务的了结
(2017)闽0203民初5368号	对双方的赠与	由于讼争房产自始登记在原告、被告二人名下,且明确系按份共有各50%,故无论原告及其家人或被告及其家人各自出资多少,均应视为双方父母对双方的同时赠与,各自之产权比例均为50%

4. 涉及婚前财产出资购房的

一方婚前出资购房登记在自己名下,法院判决房屋归产权登记方所有,如有婚后共同还贷的情形,则对婚后共同还贷部分及其对应增值进行分割,这是大多数法院的裁判要旨,但如果房屋登记在另一方名下呢?或者婚前出资涉及其前一任妻子的权益,法院又会如何判决?让我们来看两个特殊案例(见表29)。

① 现《最高人民法院关于适用〈中华人民共和国民法典〉婚姻家庭编的解释(一)》第29条第2款规定:"当事人结婚后,父母为双方购置房屋出资的,依照约定处理;没有约定或者约定不明确的,按照民法典第一千零六十二条第一款第四项规定的原则处理。"

表 29　法院对夫妻一方名下房产出资为对方个人财产或涉及第三人权益的处理

案号	裁判结果	法院认为
(2017)闽 01 民终 1381 号	夫妻共同所有	一审期间,对于购买讼争房的目的,被告称系借名买房,但无证据证实,原告称系为结婚购买。因此,原判以被告用其婚前个人财产支付购房款并由其实际偿还银行贷款,该行为系以结婚及共同居住为目的为由,认定该房产为夫妻共同财产并无不当,本院予以确认
(2016)闽 03 民终 2793 号	涉及前一任妻子权益,法院不予审查、认定、处理	原告起诉其与被告离婚后财产纠纷,本案只应针对其二人婚后财产进行审查,原告支付讼争房屋首付款、装修款、"中空玻璃补偿金"及按揭款,均发生在其与前妻婚姻关系存续期间、与被告结婚前,涉及原告前妻的权益,在本案中不予审查、认定、处理,可另行主张。原告、被告婚姻关系存续期间支出的银行按揭款 32,730.48 元及其所带来的讼争房屋增值部分,应由其二人平等分享

5. 婚后房产增值归属、房产收益归属

离婚后尚未分割或处分的财产大幅增值或产生租赁收益,法院认定增值收益或出租收益由双方共同享有。有一个典型案例可供参考(见表 30)。

表 30　法院对婚后房产增值、收益归属的认定

案号	法院认为
(2016)闽 0203 民初 17867 号	双方于离婚协议中约定共同办理房屋出售事宜,并未约定具体出售方式和履行时间,至本案诉讼时,讼争房屋仍未出售,该房产物权实际仍为原告、被告双方按份共有,故自双方签署离婚协议之后至本案起诉时的房产增值部分,系讼争房产整体价值的提升,而非被告所称其于婚后支付的按揭款的增值,故应以经本院委托评估的本案立案之时房产价值作为双方分割该房产的依据,双方按照 50% 的比例均分。讼争房屋的按揭款在离婚后实际由被告出资,故该部分出资对应房产中收益部分亦应由被告享有

(三)公房使用权/工龄购房分割的裁判要旨

公房使用权或者"房改房"是我国在住房分配方式从实物福利向货币工资分配方式转变过程中特定历史时期的特殊政策产物。公房分配、"房改房"的购买资格及价格中包含了夫妻双方的职工身份、职务职级、工龄优惠等诸多福利待遇。因此,在双方婚姻关系存续期间参加房改并购买的"房改房",产权虽登记在一方名下,依法仍属夫妻共同财产,但在分割"房改房"共有份额时,应考虑"房改房"的来源、出资、夫妻双方身份及工龄、结婚时间长短等情况(见表 31)。

表 31 法院对“房改房”的处理

案号	法院认为
(2016)闽 01 民终 5477 号	该讼争房屋在双方婚姻关系存续期间参加房改并购买,产权虽登记在一方名下,依法仍属夫妻共同财产。但“房改房”系根据当时政策享受的一种国家或单位福利,因此在分割“房改房”共有份额时,应考虑“房改房”的来源、出资、夫妻双方身份及工龄、结婚时间长短等情况

另外,在不违背法律规定、公序良俗以及单位对公房正常管理的前提下,可以对公房的居住权、承租权等权益通过离婚协议或者财产协议进行约定。但是,如果遇到公房拆迁的情况,相关拆迁权益的继受可能受到单位征收补偿方案中对于被拆迁人条件的限制(见表 32)。

表 32 法院对公房拆迁后被拆迁人条件的认定

案号	法院认为
(2018)闽 04 民终 114 号	三明市××公司出具的“关于原三明市某厂住户房屋征收与补偿实施方案”明确规定:“补偿安置对象必须同时具备以下条件:一是现居住在新市的房屋使用人及配偶任何一方,均未参加过房改、未享受过住房货币补偿、未享受过经济适用房或廉租房等住房保障政策、未参加过集资性建房;二是具备原三明市某厂职工身份;三是由三明市某厂改制前正式分配在新市居住的住户;四是改制前户口在三明市市区范围内。”谷某虽于 1999 年与厂里解除劳动合同,但基于公房的福利性质,××公司征收补偿方案并未限制也不宜限制何时解除劳动合同不能享受相关征收补偿权益,谷某完全符合以上 4 个条件,结合××公司法定代表人的陈述,可以进一步确认谷某有资格获得房屋征收补偿权益

(四)拆迁房分割的裁判要旨

1. 对于拆迁房的权益分割,有些法院采取“一刀切”的态度,即如果该拆迁房未取得产权证,房屋的权属问题、拆迁权益及居住权都不予以认定和分割(见表 33)。

表 33 法院对未取得产权证房屋的处理

案号	法院认为
(2017)闽 0783 民初 2170 号	因该房屋尚未取得完全所有权,故该房屋的拆迁补偿安置权不属于本案审理范围,本院不予涉及。综上,刘某 1 主张××房屋应归其所有并由其居住使用,并享有该房屋的拆迁补偿权的诉讼请求,本院不予支持

2. 有些法院对于经确认夫妻共同所有房产的拆迁安置权益,包括产权调换安置的权利及货币补偿款、搬迁费、搬迁奖励款、房屋附属物项目补偿款、拆迁安置过渡费等的分割请求予以支持(见表34)。

表34 法院对夫妻共同所有房产的拆迁安置权益的处理

案号	法院认为
(2017)闽06民终1929号	此房屋进行分割杨某卿可分得12.57m^2一半的产权调换安置的权利及货币补偿款12,522.76元、搬迁费75.42元、搬迁奖励款1257元、房屋附属物项目补偿款5151元的一半,陈某1辩称杨某卿的主张超诉讼时效及主张的房屋均不属夫妻共同财产的意见,与客观事实和法律规定不符,不予采纳

(五)农村自建房的裁判要旨

对于宅基地、自建房的分割请求,按两种不同情况处理:没有权属登记和批建手续的,不支持分割请求;对于办理了集体土地使用权证或与村民委员会签订了集体土地使用权合同的可以分割,对不使用宅基地一方予以相应补偿。对于宅基地上所建房屋,根据“房随地走”“地随房走”的原则处理。宅基地及其地上建筑物还可能涉及家庭其他成员的权益,此种情况下,宜先进行析产(见表35)。

表35 法院对没有产权的自建房的处理

案号	法院认为
(2016)闽0102民初8534号	位于福州市晋安区自建房产权尚未明确,位于福州市晋安区祖产之房屋权利义务尚未明确,故陈某1、陈某2诉请要求将上述房屋交付陈某2,本院不予支持,应待产权明晰后另行处置

有的法院对于未取得建设工程规划许可证的房产,虽认定属违章建筑,但该违章建筑强制拆除前具有使用价值,仍可以对使用权进行处理,判决共同使用(见表36)。

表36 法院对具有使用价值的违章建筑的处理

案号	法院认为
(2018)闽0429民初264号	该房产在相关部门审批前属违章建筑,故本院不对讼争房产的所有权进行确认分割。在被作为违章建筑强制拆除前具有使用价值,事实上该房产由余某、江某1、江某2占用、使用并收取收益,故本院可对讼争房产的使用权进行处理

如果宅基地为夫妻共同财产，由他人在该宅基地上建造房屋，仍可认定宅基地为夫妻共同财产进行分割（见表37）。

表37　法院对他人在属于夫妻共同财产的宅基地上建造房屋的处理

案号	法院认为
（2017）闽0521民初9707号	涉讼的宅基地位于惠安县，已经被本院发生法律效力的（2002）惠民初字第1416号民事判决书认定为夫妻共同财产。被告主张涉讼的该宅基地已由其母亲陈某收回并进行翻建，不属于原告、被告的夫妻共同财产，缺乏事实与法律依据，不予采纳

（六）房屋使用权处理的裁判要旨

虽然大多数法院在离婚纠纷中对没有房屋所有权证或暂未办理房屋所有权证的房屋不予处理，但在离婚后财产纠纷中很多法院会对这类房屋（包括商品房、自建房、拆迁安置房等）的使用权进行判决，包括指定双方使用的具体部分，在房屋使用权处理时会考虑照顾妇女儿童权益。也有法院面对双方均为老年人时，考虑到双方均无经济能力给予另一方相应的补偿，所提供的房屋补偿款也无法解决另一方居住需求，为了保障双方的基本生活居住需要，判决原告、被告对涉案房屋各享有50%产权，共同使用房屋。如（2018）闽0428民初1748号案。

（七）同居期间的房产认定裁判要旨

本次大数据统计分析，主要以离婚后财产纠纷为主，较少有同居期间的财产分割纠纷，但是发现一方与第三人同居期间财产和夫妻共同财产产生混同的情况。在这种情况下，如果第三人的财产无法证明其独立性，法院则作为共同财产进行分割。如果第三人能够证明此财产系与他人同居期间合法所得，应首先分割出部分同居期间的财产，再对该部分认定为夫妻共同财产予以分割（见表38）。

表38　法院关于同居期间所得财产的处理

案号	法院认为
（2018）闽05民终4567号	经前述生效判决认定为陈某1与沈某同居时所建，沈某有权与陈某1共同分割该部分房产，因而陈某1、沈某各可享有50%的使用权，该部分房产建造时仍在陈某2与陈某1婚姻关系存续期间，判决陈某2与陈某1共同分割，陈某1享有50%使用权的部分

(八)继承财产分割的裁判要旨

根据《婚姻法》[①]的规定，继承所得的财产(除遗嘱中确定只归夫或妻一方的财产)归夫妻共同所有，但对于继承财产是否实际继承并分割，是继承人配偶可否主张分割的关键，有的继承人放弃继承也会导致其配偶无从主张。根据案例分析，法院的处理规则如下：

1. 已经继承并分割的(在婚姻关系存续期间继承且没有遗嘱的)，继承人的配偶主张分割的，法院支持；如被继承人有债务的，遗留债务的部分应由各法定继承人按比例用所得遗产偿还，剩余遗产可予分割；

2. 遗产尚未实际分割的，法院不予处理，可于继承人实际分割遗产后另行主张权利。继承人在案件审理过程中明确表示放弃继承的，系其对自己民事权益的处分，法院予以准许。

继承人婚前继承的遗产，在离婚后与其原配偶签订析产协议，之后拒绝履行。法院认定该财产为其婚前个人财产，析产协议对房屋的析分应属赠与合同的意思表示，根据《合同法》第186条[②]的规定，赠与财产的权利转移之前，赠与人有权撤销赠与。赠与人在庭审明确表示不承认该份协议并拒绝履行，而且也未办理权利转移手续，故应视为其撤销赠与，其原配偶无权要求分割。如(2017)闽0305民初3936号案。

(九)其他财产分割的裁判要旨

1. 保险

这些年购买保险的家庭越来越多，大额保单也频频出现，但在离婚后财产纠纷中主张分割保险的比例却很低，法院对保险分割的主张的处理也是观点各异。有的法院认为应待取得保险利益后另行主张(判决书中未体现是哪种类型的保险)；有的法院以主张分割一方未提供证据证明保险单的现金价值为由，不予分割；当然，也有法院在查明保单的现金价值后对现金价值进行分割。我们认为在实践中应关注两种情况：一是有些当事人没有意识到保险也属于可分割财产，因此在进行财产分割时没有提出；二是有些法官对保险及其价值认定不了解。

---

① 现规定在《民法典》婚姻家庭编。

② 现《民法典》第658条规定："赠与人在赠与财产的权利转移之前可以撤销赠与。经过公证的赠与合同或者依法不得撤销的具有救灾、扶贫、助残等公益、道德义务性质的赠与合同，不适用前款规定。"进一步明确了赠与人任意撤销权的限制。

2. 住房公积金

婚姻关系存续期间的住房公积金在离婚时没有分割，也没有约定的，在离婚后财产纠纷中主张分割法院全都支持。

3. 债权

一方在婚姻关系存续期间发生的债权，经法院审理并确认，其离异配偶可以主张分割该债权并分割债务人已偿还的款项。

4. 共同经营期间的货品价值

(2018)闽01民终4313号案中，法院认为，夫妻婚后共同经营一食品店，离婚时该食品店由一方接手经营，由于双方并未就食品店的货品、财产进行分割，也未进行封存评估，致使法院无法就食品店货品财产进行评估，法院酌定由经营方向另一方支付货物相应价款。

(十)照顾子女、妇女及无过错方的裁判要旨

1. 照顾子女、妇女原则

《婚姻法》第39条第1款①规定，"离婚时，夫妻的共同财产由双方协议处理；协议不成时，由人民法院根据财产的具体情况，照顾子女和女方权益的原则判决"。在离婚纠纷和离婚后财产纠纷案件中，涉及财产分割时照顾子女和妇女的权益是法院在裁判中通常会考虑的一个因素。根据数据分析，福建省部分法院裁判主要由女方直接抚养子女的情况下，在财产分配比例或财产归属上适当照顾女性(不涉及配偶过错)，而对于女性在家庭生活中无法量化的付出和贡献，在财产分割中通常不予考虑。当然，为了照顾子女权益，在财产分割方面对于男性倾斜的情况也是存在的(见表39)。

表39 法院分割夫妻共同财产时照顾女方及子女原则的适用

案号	法院认为
(2017)闽0213民初1649号	被告与原告的婚生女陈某2由原告抚养，而讼争房屋系原告与婚生女陈某2的唯一自有住房，根据照顾女方、子女利益的原则，该房屋由原告取得有利于保障作为女方的原告和婚生女陈某2的切身利益

① 现《民法典》第1087条第1款规定："离婚时，夫妻的共同财产由双方协议处理；协议不成的，由人民法院根据财产的具体情况，按照照顾子女、女方和无过错方权益的原则判决"。增加了财产分割时照顾无过错方原则。

续表

案号	法院认为
(2016)闽 0981 民初 5680 号	本院根据夫妻共同财产均等分割并兼顾照顾子女和女方权益的原则,确定讼争房产按魏某和沈某 6:4 的比例分割,现沈某 1 主张讼争房产的所有权,可予以支持,但应给予魏某讼争房产 60% 价值的补偿
(2018)闽 0182 民初 3900 号	因林某表示愿意将该房屋归由高某(男方)个人所有,且高某与两个女儿均居住在该房屋,本院认为该房屋归高某个人所有较为适合,高某应支付房屋相应对价给林某。夫妻共同财产,原则上均等分割。根据生产、生活的实际需要和财产的来源等情况,具体处理时也可以有所差别。考虑双方经济条件及照顾孩子生活等情况,本院认为林某可分得涉案房产的 40% 价款

2. 照顾无过错方原则

在离婚纠纷及离婚后财产纠纷案件中,法院认定的"过错"通常有以下 5 种:(1)重婚的;(2)有配偶者与他人同居的;(3)实施家庭暴力的;(4)遗弃、虐待家庭成员的;(5)离婚时,一方隐藏、转移、变卖、毁损夫妻共同财产,或伪造债务企图侵占另一方财产的。而实践中主要集中在违背忠诚义务和家庭暴力这两类上,过错方通常为男性,法院判决时对无过错方的倾斜比例基本在 10% 。

离婚纠纷和离婚后财产纠纷案件中一方根据另一方过错请求在财产分割上多分的主张屡见不鲜,但最终法院支持的判决并不太多,不予支持的理由无非以下两种:(1)举证不能;(2)不属于法定事由。婚姻案件中的原告、被告具有身份上的特殊性,法官虽有一定的自由裁量权,但也无法摆脱"民事案件证据为王"的裁判准则,因此在日常生活中如果发现配偶存在过错应及时保存证据,方可维护自身合法权益(见表 40)。

表 40 法院照顾无过错方的处理

案号	法院认为
(2017)闽 0203 民初 311 号	本案中,原告、被告离婚系因被告与婚外异性有不正当男女关系而导致,鉴于被告上述过错,为确保对无过错方的弥补,本院酌情考虑夫妻财产按比例分割,由原告分得讼争车位 60% 的份额,被告分得 40% 的份额

(十一)转移、隐匿夫妻共同财产和损害共同财产的认定裁判要旨

1. 对一方存在转移、隐匿夫妻共同财产行为的认定及裁判要旨

从本次大数据统计的结果来看,法院对于这两种情况的认定主要考虑的是:第

一,有没有侵犯配偶对共同财产处分的知情权。第二,未告知配偶处分财产是否有合理的事由。具体来看,在离婚期间有下列行为的,法院可能认定为转移、隐匿共同财产:

(1)一方将车辆拖走私自卖给他人的;

(2)一方巨额取现并且对其用途不能充分证明合理性的;

(3)一方私自将房产转让给他人,未告知配偶的;

(4)一方变卖生产设备,未经另一方同意的。

根据数据分析,因"一方隐瞒、转移、变卖、损毁、夫妻共同财产,或伪造债务企图侵占另一方财产"的判例中,福建省大部分法院按照无过错方60%,过错方40%的比例分割财产,少数可达到70%和30%,仅在1个判决书中法院的分割比例高达80%和20%。

2. 认定损害共同财产的行为的裁判要旨

如果在离婚期间擅自处理财产,可能被认定为损害夫妻共同财产的行为,有证据证明造成财产价值降低的,过错方要承担相应赔偿责任,从个人财产中进行相应抵扣。

当然,认定损害共同财产的行为,并不必然导致一方少分财产。实务中,法院一般要结合其他的过错情节,例如,出轨、家暴等;或者结合照顾女方权益的原则才可裁量多分共同财产。例如,为非婚生子购买房产的,认定擅自处分夫妻共同财产,且从照顾女方权益的原则出发,判决返还财产的60%。如(2018)闽05民终2193号案。

(十二)离婚协议约定将夫妻共同财产赠与子女可否撤销的裁判要旨

在离婚协议中双方将夫妻共同财产赠与子女或一方放弃自己所有的财产份额转赠子女的约定并不鲜见,与此同时,离婚后一方反悔诉诸法院请求依据《合同法》第186条①的规定单方撤销赠与,尤其是撤销房产赠与的情况也时常发生。法律界对于此类案件的处理基本达成共识,即认为在离婚协议中双方将共同财产赠与子女的约定与解除婚约关系、子女抚养、共同财产分割、共同债务清偿、离婚损害赔偿等构成了一个整体,也可视为一种附协议离婚条件的赠与行为。在双方婚约关系

① 现《民法典》第658条规定:"赠与人在赠与财产的权利转移之前可以撤销赠与。经过公证的赠与合同或者依法不得撤销的具有救灾、扶贫、助残等公益、道德义务性质的赠与合同,不适用前款规定。"进一步明确了赠与人任意撤销权的限制。

已经解除,赠与条件已成就的情况下,单独撤销赠与条款既破坏了离婚协议的整体性,又违背了诚信原则。有的当事人恶意利用赠与的撤销达到既离婚又占有财产的目的,不仅给子女和原配偶造成经济损失和新的精神伤害,也给社会带来不诚信反而受益的负面影响。基于上述共识,实践中人民法院在针对要求撤销离婚协议中夫妻共同财产赠与子女条款的诉请时,经审查后不存在欺诈、胁迫的情形,一般判决驳回其诉讼请求。最高人民法院在2015年11月20日公布的婚姻家庭纠纷典型案例“于某某诉高某某离婚后财产纠纷案”中,以判例的方式对上述观点予以支持。

2017至2019年福建省离婚后财产纠纷的判决中为数不多的8个涉及夫妻共同财产赠与子女的案件中,却有几个特别案例作出了不同的判决(见表41)。

表41 法院支持对赠与子女的房产行使任意撤销权的特别情况

案号	法院认为
(2019)闽01民终3381号	赠与关系的成立,必须以赠与物的交付为准,对于不动产则必须办理过户手续,否则赠与关系不成立。本案中,上诉人与被上诉人在离婚诉讼中达成一致意见,约定在次女成年之后2017年10月之前,将夫妻共同财产即本案诉争房屋过户给次女,该约定应视为上诉人与被上诉人将诉争房屋赠与次女的意思表示。因诉争房屋并未办理过户登记手续,本案赠与关系并未成立,诉争房屋仍属于上诉人与被上诉人夫妻共同财产,故被上诉人诉请分割诉争房屋,于法有据
(2016)闽0102民初8946号	由于××房产系被告父母公证赠与被告的个人财产,而不是夫妻共同财产。离婚协议中约定的被告将××房产,加王某2名字,被告与王某2共同所有等内容,被告自愿将该房产赠王某2的意思表示在赠与财产交付前可以单方撤销赠与,被告在协议生效后未办理变更登记,是以自身不作为的行为表示撤销赠与。因此,现原告要求确认王某2对坐落于××房产享有50%的所有权份额,被告将××房产,加王某2名字,被告与王某2共同所有的诉讼请求缺乏依据,本院不予支持
(2017)闽06民终2996号	张某与石某离婚一案诉讼中,双方在离婚协议中已约定将讼争房产赠与婚生子,该事实已经过一审法院生效的民事调解书确认,对双方均具有约束力且具有法律执行力。张某与石某于上述调解协议达成后,又补充签订了一份协议书,约定:石某按期偿还讼争房的按揭贷款至还清,如有逾期还款,导致张某产生银行不良记录,则该房屋无条件归张某所有。该约定与民事调解书所达成的双方同意将讼争房产赠与婚生子的事实相互矛盾,即在讼争房产已实际发生赠与的情况下,如果双方当事人未发生撤销赠与的情形,双方当事人对讼争房产并无权再作处分,其作出的第二次处分目的并不能实现。因此,张某以石某未能按时偿还房屋按揭款为由,主张讼争房应无条件归其所有,缺乏法律依据,不能成立

(十三)婚约财产纠纷的裁判要旨

给付彩礼的习俗,在离婚案件及离婚后财产纠纷中,可能引发返还彩礼的纠纷。《最高人民法院关于适用〈中华人民共和国婚姻法〉若干问题的解释(二)》第10条[①]规定:"当事人请求返还按照习俗给付的彩礼的,如果查明属于以下情形,人民法院应当予以支持:(一)双方未办理结婚登记手续;(二)双方办理结婚登记手续但确未共同生活;(三)婚前给付并导致给付人生活困难。适用前款第二项、第三项的规定,应当以双方离婚为条件。"

1. 通过对案例整理分析,主张彩礼返还的5个案件中,判决支持返还彩礼请求的,均有办理结婚登记手续,而且都满足"共同生活时间短""未生育子女"的条件。

(1)如果生育子女,则不符合司法解释"双方办理结婚登记手续但确未共同生活"规定的要求。

(2)针对"确未共同生活",实践中一般以共同生活时间短来认定,有共同生活十几天的,有三个月的,但都在半年的范围内。(2016)闽0703民初3387号案中,对"共同生活"做了合理的解释:缔结婚姻,都希望长期共同生活,而共同生活不是指一两次共同居住,是指长期稳定的共同生活。

(3)针对司法解释中"导致给付人生活困难"的认定,实践中,生活困难的当事人往往难以举证证明,而法院可以综合案件情况进行推定。(2017)闽0803民初445号案中,原告虽未提交给付彩礼导致生活困难的有效证据,但男方为成就婚姻而给付女方的彩礼数额及置办婚姻的相关费用对任何一个农村家庭来说都不是一个小数目,必然对原告的家庭生活造成一定影响,因此,原告要求返还彩礼的请求应予适度支持,并酌定返还。

2. 相关的5个案例,法院对原告的返还请求均没有全部支持,而是判决"酌情返还",根据案件具体情况,判决返还的比例在40%~70%。而针对请求返还彩礼范围以外的财物,法院不予支持。(2017)闽0582民初1924号案中,法院认为,按照民间习俗,盘担、衣服钱、叔伯礼属于婚礼花费,系消费性费用,原告关于该部分费用的请求,依法不予支持。

---

① 现《最高人民法院关于适用〈中华人民共和国民法典〉婚姻家庭编的解释(一)》第5条规定:"当事人请求返还按照习俗给付的彩礼的,如果查明属于以下情形,人民法院应当予以支持:(一)双方未办理结婚登记手续;(二)双方办理结婚登记手续但确未共同生活;(三)婚前给付并导致给付人生活困难。适用前款第二项、第三项的规定,应当以双方离婚为条件。"内容无变动。

江西省法院婚姻家庭案件裁判要旨梳理

结构:引言+主文+小结。

目标:分析归纳法院对婚姻家庭案件中涉及财产分割的若干争议焦点裁判倾向观点、典型思路,以便当事人借鉴、同行参考。

过程:通过 Openlaw 案例库,检索、研读了 2017 至 2019 年江西省涉及财产分割的婚姻家庭案件,旨在通过对前述案件判决研读,分析归纳法院对此类案件财产分割的裁判倾向观点、典型思路,以便当事人借鉴、同行参考。

本次检索的具体路径如下:

1. 数据来源:Openlaw 案例库;
2. 案由:离婚纠纷、离婚后财产纠纷、婚约财产纠纷;
3. 关键词:财产分割;
4. 地区:江西省;
5. 裁判时间:2017 年 1 月 1 日至 2019 年 12 月 31 日;
6. 样本数量:1092 份。

本研究的数据来自 Openlaw 案例库,由于实践中尚存大量判决不准离婚、调解离婚、撤诉等未公开上网的案件,实际相关案件数量可能远大于此次检索研读。本部分核心在于按常见争议焦点归纳总结判决观点,以案由分类,以归纳判决观点为重点,以判决原文摘要为备注。

一、涉及财产分割的离婚纠纷(含离婚后财产纠纷)裁判要旨

研读组以 Openlaw 案例库检索,通过设置"江西省""离婚纠纷(离婚后财产纠纷)""财产分割""判决书"等为关键词,检索到相关离婚纠纷判决 274 个,离婚后财产纠纷判决 262 个,共计 536 个。

(一)一方婚前支付首付,婚后共同还贷房产的裁判要旨

结婚前一方已支付了首付款购置房产,感情发生问题后,诉争法院时对这类房产如何分割?经调查统计,在已研读的离婚纠纷案件中涉及一方婚前支付首付,婚后共同还贷的房屋财产分割案件 123 个。

已统计的 123 个判决对此类争议主要观点为:婚前以个人名义购房,产权登记在其名下,婚后共同还贷,适用"夫妻一方婚前签订不动产买卖合同,以个人财产支付首付款并在银行贷款,婚后用夫妻共同财产还贷,不动产登记于首付款支付方名

下的，离婚时该不动产由双方协议处理。依前款规定不能达成协议的，人民法院可以判决该不动产归产权登记一方，尚未归还的贷款为产权登记一方的个人债务。双方婚后共同还贷支付的款项及其相对应财产增值部分，离婚时应根据《婚姻法》第39条第1款①规定的原则，由产权登记一方对另一方进行补偿"之规定，在协商不成的情况下，判决房产归婚前支付首付款一方所有，并就婚后共同还贷及升值部分对另一方进行分割。

婚后共同还贷及升值部分，法院如何进行分割？检索判决主要观点为：判决房产归婚前支付一方所有，此方就婚内共同还贷及升值部分向另一方支付分割款，分割款计算标准为：夫妻婚后共同还贷部分（含婚后偿还的本金和利息）÷实际购房款（房屋购买价＋离婚时已还全部利息）×离婚时房屋市场价÷2＝分割款。前述公式的计算原理在于，夫妻共同还贷部分除以房屋实际总房款（购房合同总价与已偿还银行利息之和），再乘以离婚时市场价，即为夫妻共同还贷所占据的增值金额。如（2019）赣10民终582号案：房产现总价值为880,704元，该房屋购买时的价值为527,705元，双方共同支付按揭款136,330.88元（其中利息73,464.48元），则共同还贷相对应房屋增值部分的金额为199,722.63元，即［136,330.88元÷（527,705元＋73,464.48元）×880,704元］＝199,722.63元。再以此折半支付给对方。

（二）父母出资帮助已婚子女购房，离婚时对该钱款性质认定的裁判要旨

现实生活中，房价居高不下，很多父母出资帮助子女购房。孩子与配偶离婚，对父母帮助购房的出资钱款容易发生争议，即出资钱款究竟是属于赠与？还是属于债务？

共检索到此类92个判决，经研读，我们发现判决倾向观点为：在一方未能举证证明婚后购房其父母出资系明确赠与自己的情形下，房产登记在原告、被告双方名下，适用《最高人民法院关于适用〈中华人民共和国婚姻法〉若干问题的解释（二）》

---

① 现《最高人民法院关于适用〈中华人民共和国民法典〉婚姻家庭编的解释（一）》第78条规定："夫妻一方婚前签订不动产买卖合同，以个人财产支付首付款并在银行贷款，婚后用夫妻共同财产还贷，不动产登记于首付款支付方名下的，离婚时该不动产由双方协议处理。依前款规定不能达成协议的，人民法院可以判决该不动产归登记一方，尚未归还的贷款为不动产登记一方的个人债务。双方婚后共同还贷支付的款项及其相对应财产增值部分，离婚时应根据民法典第一千零八十七条第一款规定的原则，由不动产登记一方对另一方进行补偿。"内容无变动。

第22条①"当事人结婚前,父母为双方购置房屋出资的,该出资应当认定为对自己子女的个人赠与,但父母明确表示赠与双方的除外。当事人结婚后,父母为双方购置房屋出资的,该出资应当认定为对夫妻双方的赠与,但父母明确表示赠与一方的除外"之规定,将父母出资钱款认定为赠与。(2019)赣0981民初699号案,法院认为即使原告父母在涉案房屋购买过程中曾支付部分款项,因此时原告、被告已经存在婚姻关系并生育子女,且购买房屋时原告、被告均有正常收入,具有一定的经济实力,涉案房屋又登记在双方名下,因此本院认为,原告父母即使在涉案房屋购买及还贷过程中有出资也应视为系对子女的赠与,而原告又未提交其父母明确表示赠与一方的证明,故该房屋应认为夫妻共同财产,原告、被告对其有平等的处理权。

但也有个别案例,将父母为子女购房出资认定为夫妻共同债务。此类判决事实认定中,一般认定一方有明确的证据证明父母出资系借款或者争议双方都承认是借款,则父母的出资被认定为夫妻共同债务。如(2019)赣10民终368号案。

如父母出资被认定为共同债务,法院处理时一般扣除债务后双方各分50%的房产份额。若双方都想要房产,法院裁判房产归属考虑以下因素:(1)若房产证登记争议一方,则将房产判归房产登记方,并向对方支付房产折价款;(2)若房产证上为双方且有房贷要继续偿还,则一般将房产判归主贷方,并向对方支付房产折价款;(3)若育有子女,从保护儿童利益原则出发,则房产判归得到孩子抚养权的一方。

(三)涉及农村自建房分割的裁判要旨

江西省系农业大省,2017至2019年判决中涉及农村自建房的较多,计131个。据分析总结,江西省基层法院对涉及农村自建房分割争议的裁判观点基本分为三大类:(1)认为当事人婚内筹资建造的房产属于夫妻共同财产,可以分割,一般按共有对等原则平均分割,此类案件有51个;(2)认定农村自建房产无产权证,不予处理分割,此类判决有42个;(3)认定当事人房产盖在父母原建老房之上或用老房改建,涉及家庭共同财产分割,不宜处理分割,此类判决有38个。

1.认为当事人婚内筹资自建房系夫妻共有财产,可以按共有对等原则分割。以(2018)赣0722民初82号案为例。该案中法院认为,原告认为诉争房屋来源非常清

---

① 目前《最高人民法院关于适用〈中华人民共和国民法典〉婚姻家庭编的解释(一)》第29条明确规定:"当事人结婚前,父母为双方购置房屋出资的,该出资应当认定为对自己子女个人的赠与,但父母明确表示赠与双方的除外。当事人结婚后,父母为双方购置房屋出资的,依照约定处理;没有约定或者约定不明确的,按照民法典第一千零六十二条第一款第四项规定的原则处理。"

楚,权属也无争议,已办好土地使用证,建设规划两证,原告要求对离婚时尚未处理的诉争房屋所有权进行确认,并不违背法律规定,据此支持。类似案例,例如(2019)赣0703民初1604号案,法院认为,位于南康区的××层砖混结构房屋系原告、被告婚姻关系存续期间所建,应当认定为夫妻共同财产,原告要求进行分割,但其在庭审中明确表示不是要求实体分割,而是明确份额。又如,(2019)赣0321民初250号案,法院认为,考虑原告、被告现有之房屋系双方生活必备房屋等因素,故本院决定对该房屋予以均等分割。而(2019)赣0828民初373号案中,法院也认为,自建房屋系婚后自建,双方共同为房屋投入了资金及人力支持,应当认定为夫妻共同财产,予以均等分割。

2. 认为农村自建房无产证,不宜分割的判决。以(2018)赣0281民初287号案为例。法院认为,关于原告、被告自建房屋问题,因该房屋未办理相关的产权登记,本院对此不予处理。

3. 认为争议房产混同其他家庭成员房产,不宜分割的判决。以(2019)赣1125民初350号案为例。法院认为,房产涉及旧房改新房,父母共同出资,且尚未办理产权证,判决不宜分割,另行主张等。

(四)涉及股权分割的裁判要旨

经检索,涉及股权分割的判决有64个。其中不作处理的有12个,直接分割股权份额的有41个,分割股权折价款或股权价值利益的有11个。就前述判决分析总结,法院对涉及股权分割争议时,直接处理的判决包括两种思路:(1)直接分割股权份额;(2)分割股权折价款。

前述第一种思路:如双方对于股权价值议价不一,也不同意委托审计,又不同意对持股夫妻一方所持有股份进行评估时,无法确定股权价值,则分割股权份额。以(2018)赣0103民初2708号案为例。法院认为,被告在江西亨利元科技产业有限公司的股份是婚后投资所得应属夫妻共同财产,离婚协议中并未处理,根据法律规定,原告的诉讼请求,本院应予以支持。根据双方提供的工商信息,被告王某拥有南昌金利健康产业有限公司与江西亨利元科技产业有限公司各3%的股份。被告自认卖掉了两公司的份额为6万元,但对于江西亨利元科技产业有限公司的每股股份的价格,被告以江西亨利元科技产业有限公司是空壳公司为由主张为零,原告称应按被告自述的6万元的价格进行分割。原告、被告主张各不相同,无其他参考值进行酌情认定,本院无法认定江西亨利元科技产业有限公司每股股份的价格,故原告诉求要求将3%股份的一半折算成现金的请求无法支持。故法院直接判决被告王某将持有的江西亨利元科技产业有限公司1.5%的股份转让给原告舒某。

值得注意的是，对于一人有限公司的股权分割问题，法院参照《最高人民法院关于适用〈中华人民共和国婚姻法〉若干问题的解释（二）》第16条[①]作出酌情分割。以（2018）赣1126民初837号案为例。法院认为，被告杜某在婚后以夫妻共同财产出资设立一人有限责任公司，并持有该公司100%的股权。有限公司股权是独立的权利，具有财产权和身份权的双重属性。判决原告陈某1享有被告杜某名下的涉案公司45%股权的所有权；被告杜某涉案公司55%股权的所有权。

前述第二种思路：能确定股权价格，则分割股权折价款。以（2017）赣0426民初字140号案为例。原告、被告在江西省星爱纺织品有限公司有15万元股权，法院判决由原告、被告各分得7.5万元。

在已研读的案例中，法院认为，如一方举证名义登记持股实为挂名股东，则对股权不做分割处理。如（2016）赣0502民初4479号案，法院认为，虽然被告在婚姻关系存续期间被登记为玉丰公司的股东并持有15%的股权，但这只是判断名义股东的主要依据，确认股东属于实际股东还是名义股东系公司内部关系，应当从股东享有的权利和承担的义务角度进行判断。原告并未提交证据证明被告实际出资450万元用于增资扩股，持有玉丰公司15%的股权，并享有股东权利和承担股东义务的事实，故本案中的被告持有玉丰公司的股份更符合挂名股东，不实际行使股东权利的特点。于是对此股权不作处理。

（五）离婚协议约定房产归孩子，后想撤销的裁判要旨

“房价高，分给谁都难拿出钱给对方，干脆就给孩子，谁都不要得房子”，这种想法在现实生活中经常见到。有些当事人在离婚时协议约定把房产赠与孩子。离婚后，又有人反悔，不配合另一方去办理过户，甚至诉请法院撤销该约定，诉请确认房产还是夫妻共同财产要求分割。

---

① 现《最高人民法院关于适用〈中华人民共和国民法典〉婚姻家庭编的解释（一）》第73条规定：“人民法院审理离婚案件，涉及分割夫妻共同财产中以一方名义在有限责任公司的出资额，另一方不是该公司股东的，按以下情形分别处理：（一）夫妻双方协商一致将出资额部分或者全部转让给该股东的配偶，其他股东过半数同意，并且其他股东均明确表示放弃优先购买权的，该股东的配偶可以成为该公司股东；（二）夫妻双方就出资额转让份额和转让价格等事项协商一致后，其他股东半数以上不同意转让，但愿意以同等条件购买该出资额的，人民法院可以对转让出资所得财产进行分割。其他股东半数以上不同意转让，也不愿意以同等条件购买该出资额的，视为其同意转让，该股东的配偶可以成为该公司股东。用于证明前款规定的股东同意的证据，可以是股东会议材料，也可以是当事人通过其他合法途径取得的股东的书面声明材料。”内容无变动。

离婚协议约定了把房子给孩子,离婚了,房子还没过户给孩子,赠与生效与否?协议如此约定有效吗?

经检索,共有此类相关判决126个。主流观点为:依据规定,确认离婚协议把房子给孩子的约定有效,不可撤销反悔,判决认为,把房产给孩子作为一种附条件的赠与行为,与该约定解除婚姻关系、子女抚养、共同财产分割、共同债务清偿等内容是一个整体,是解除婚姻关系的附加条件,当事人应诚信履行。如(2016)赣0724民初910号案,法院认为,当事人对自己提出的主张,有责任提供证据。离婚时,原告、被告在婚姻登记处工作人员的见证下签订了离婚协议书,并以此办理了离婚登记手续,原告诉称离婚协议书是被告诱导、欺诈下签订的,没有证据支持,本院不予采信。离婚后,双方针对共同财产处理又补签了婚后晚年协议书,再次明确诉争房产按离婚协议书第3条执行,由此可见离婚协议书应是原告、被告的真实意思表示,其中并不存在欺诈、胁迫等情形,合法有效,对当事双方均具有法律约束力。另签订离婚协议书及婚后晚年协议书时,原告就已知第三人肖某2不是其亲生女儿,并不存在显失公平的情形。离婚协议作为夫妻双方就解除婚姻关系、子女抚养、财产分割等问题所达成的合意,具有人身关系及道德属性,是双方自愿离婚的基础,离婚协议中的房产赠与条款与离婚协议是一个整体,不能单独任意撤销。同时,双方基于离婚事由将夫妻共同财产处分给子女的行为,可视为一种附协议离婚条件的赠与行为,在双方婚姻关系已经解除的情况下,一方要求撤销赠与,有违诚实信用原则。

以(2017)赣0481民初176号案为例。法院认为,本案其中一个争议焦点就是离婚协议中的赠与条款是否可以适用《合同法》[①]的相关规定予以撤销。具体分析如下:根据《最高人民法院关于适用〈中华人民共和国婚姻法〉若干问题的解释(二)》第8条[②]"离婚协议中关于财产分割的条款或者当事人因离婚就财产分割达成的协议,对男女双方具有法律约束力"之规定,离婚协议中约定夫妻共有房屋归子女所有的条款,为离婚协议中的财产分割条款,除非存在欺诈、胁迫等法定事由,否则任何一方均不得任意撤销。本案中,原告、被告双方基于离婚事由将夫妻共有房屋处分给儿子的约定,可视为一种附条件的赠与行为,该约定与解除婚姻关系、

---

① 现规定在《民法典》合同编。

② 现《最高人民法院关于审理〈中华人民共和国民法典〉婚姻家庭编的解释(一)》第69条第2款规定:"当事人依照民法典第一千零七十六条签订的离婚协议中关于财产以及债务处理的条款,对男女双方具有法律约束力。登记离婚后当事人因履行上述协议发生纠纷提起诉讼的,人民法院应当受理。"增加了关于债务处理条款对男女双方具有法律约束力的规定。

子女抚养、共同财产分割、共同债务清偿等内容是一个整体,是解除婚姻关系的附加条件。双方婚姻关系已然解除,现原告就此约定反悔,有违诚实信用,为了保护未成年子女的权益,不能允许任意撤销赠与。由于离婚协议中的财产赠与不同于一般的财产赠与,根据特别法优于一般法的原则,本案也不应适用《合同法》[①]的规定,而应当优先适用《最高人民法院关于适用〈中华人民共和国婚姻法〉若干问题的解释(二)》的规定进行处理,故原告以赠与房产尚未发生权利转移为由,主张适用合同法的规定行使任意撤销权的理由不能成立。

以(2017)赣1022民初541号案为例。法院认为,首先,离婚协议是婚姻关系双方当事人自愿离婚的意思表示以及对子女抚养、财产及债务处理等事项协商一致而达成的书面协议或意见。根据《婚姻法》第31条[②]、《婚姻登记条例》第11条的规定,离婚是一种要式法律行为,必须遵守法律规定的条件和程序,即必须经过婚姻登记机关批准或者经人民法院准予离婚。本案中,双方当事人在婚姻登记机关申请协议离婚、签署离婚协议书并获准登记准许协议离婚。该离婚协议书经婚姻登记机关确认,系双方当事人的真实意思表示,既包括解除婚姻关系的形成行为,也包括夫妻财产分割及子女抚养等附随行为。其次,离婚协议书中财产分割条款具有附属性。离婚协议中对财产问题的处理往往依附于人身属性,协议中的财产问题和人身属性不可割裂、互相依赖,在民政部门登记离婚时达成的具有财产分割内容的离婚协议与解除婚姻关系密不可分,当事人通常是在综合考虑各种因素的前提下才同意登记离婚的。男女双方基于离婚事由对财产的处分,可视为一种附着于形成行为的附随行为,是"一揽子"解决方案中的一部分。该行为与一般的民事权益处分有很大的不同,系在双方婚姻关系已经解除的前提下,或者基于夫妻双方曾经共度过美好时光,或者基于夫妻、父母子女关系具有很强的伦理性,或者基于负疚心理对对方给予补偿,或者对子女补偿照顾等复杂的心理而作出的。最后,夫妻双方在离婚协议中订立的财产分割条款,不应简单适用《合同法》[③],而应由《婚姻法》[④]予以调整。离婚协议是一个既有身份关系,又有财产关系的整体性协议,其中包括夫妻婚姻关系的解除、共同财产的处理以及子女抚养等内容。各项内容相互

① 现规定在《民法典》合同编。

② 现《民法典》第1076条规定:"夫妻双方自愿离婚的,应当签订书面离婚协议,并亲自到婚姻登记机关申请离婚登记。离婚协议应当载明双方自愿离婚的意思表示和对子女抚养、财产以及债务处理等事项协商一致的意见。"吸收了《婚姻登记条例》第11条的内容,增加了"应当签订书面离婚协议",以及离婚协议的内容,并且强调男女双方应当亲自到婚姻登记机关申请离婚登记。

③ 现规定在《民法典》合同编。

④ 现规定在《民法典》婚姻家庭编。

联系，其中共有财产的分割是基于身份关系而产生，且往往是具有决定性作用的因素。父母在离婚协议中将共有房产赠与子女，既是依附于夫妻婚姻关系的解除，同时又是基于父母子女之间的特殊身份关系，带有显著的身份性质。同时，夫妻双方在离婚时将财产赠与子女，给予子女物质上一定补偿，往往也是从子女成长和生活的角度考量，存在一定的家庭感情因素。因此，夫妻或夫妻一方基于离婚事由将夫妻共有财产或夫妻一方的婚前个人财产"赠与"对方、子女的行为，可认定是一种目的赠与行为，具有一定的道德义务性质，属于一项诺成性的约定，无法定情形不得撤销。

值得注意的是，也有个别案例，判决确认赠与子女房产无效。例如，(2016)赣0702民初4789号案件。法院认为，原告、被告已协议离婚，双方对夫妻共同财产的分割及处置已达成协议，即将原告、被告房屋拆迁后将分得的返迁宅基地使用权及离婚后的拆迁过渡费及移民款全部赠与原告、被告婚生子卢某，该协议是原告、被告真实意思表示，未违背法律、行政法规的强制性规定，应属合法有效。因赠与行为一般为赠与人单方民事行为，赠与物交付前，赠与人可撤销其赠与的意思表示，本案原告、被告的上述赠与意思均为原告、被告单方意思表示，赠与的内容也未经公证，在被告一方拒绝将返迁宅基地权利人变更为第三人以及将过渡费、移民款给予第三人时，应视为被告已撤销其赠与财产给第三人的意思表示，原告及第三人无权请求被告继续履行赠与义务。在被告单方拒绝履行离婚协议约定的赠与义务外，对原告、被告因房屋拆迁将分得的返迁宅基地使用权及过渡费、移民款应予以分割，基于公平原则，可由原告、被告各分得一半的份额。对于原告的份额，根据原告、被告的离婚协议及原告的诉讼请求，原告将其离婚分得财产赠与第三人的意思表示明确，本院予以支持。又如，(2018)赣0722民初82号案件。法院认定如下：(1)关于农村自建房，双方即使协议中将此赠与女儿，因子女未成年，且房屋产权未经政府登记确认，故夫妻对该财产仍实际享有权利。(2)判决自建房所有权归属条件亦不具备，原告认为诉争房屋来源非常清楚，权属也无争议，已办好土地使用证，建设规划两证，经测绘及质量安全鉴定，缴纳建设的相关税费，只是由于当时夫妻关系紧张而未去办理房产证，而且被告一直向原告隐瞒已办好房屋建设及规划两证等事实。现原告、被告已离婚，原告要求对离婚时尚未处理的诉争房屋所有权进行确认，并不违背法律规定，据此支持。

二、涉及彩礼返还的婚约财产纠纷的裁判要旨

研读组通过设置关键词"江西省""婚约财产纠纷""判决书"等检索，检索到相

关判决367个。已办理结婚登记且已共同生活的案例有59个,未共同生活案例有11个,未办埋结婚登记未共同生活的案例有29个,而未登记共同生活的案例有268个。

在农村及城乡郊区生活的“90后”“00后”青年是婚约财产纠纷的常见人群。他们往往通过相亲介绍认识,迅速给付彩礼定亲,共同生活不久又发现不适合。此类案件的原告诉请基本上均为诉请返还彩礼钱款①。在研读的案例中,法院部分支持返还的判决最多,合计332个。支持全部返还的判决有21个;不支持返还,驳回起诉的判决有14个。

通过对前述判决研读,以常见争议焦点为主轴,以法院裁判观点为轴心,归纳以下争议焦点判决:

(一)彩礼认定的裁判要旨

1. 婚约财产纠纷案件所涉及的哪些钱款可以被认定为彩礼?

现实生活中,双方经常为哪些钱款属于彩礼而争执不断,到底哪些钱款会被法院认定为彩礼?与此相关的102个判决倾向的观点为:一方以结婚为目的,在婚前按照当地习俗一次性给付对方的较大数额的财物(金额比较大的礼金或聘金或彩礼、见面礼、上门礼、金饰及其他一次性给付的较大金额),一般均认定为彩礼。操办“婚约”“婚礼”等仪式的花费、双方家庭亲友往来的花销,一般不被认定为彩礼(如打发礼或打送钱、给女方亲戚的数百元红包以及如办酒、摄影、媒人钱等已消费了的钱款)。

2. 法院在认定彩礼总金额后,哪些钱款会被法院从彩礼总额中扣减?

司法实践中,有些法院在认定彩礼总金额后,还会将其他部分未被认定彩礼的钱款予以扣减。哪些未被认定为彩礼的钱款会被扣减?在已研读的案例中,分析归纳后有36个涉及扣减彩礼的判决,法院扣减时主要考虑以下因素:为双方按习俗举办婚礼女方置办的嫁妆价值较高(5000元以上);筹备、举行婚礼支付的费用;女方及其父母在彩礼之外收受男方用于打发亲戚的且已经支出的5000元以上金额较大“专用红包”;按照风俗双方已经“办酒”但未登记认定给女方造成名誉损失。例如,(2017)赣06民终22号案,法院认为,女方及其父母收受的打发钱14,000元,按照当

---

① 目前,关于彩礼返还的内容规定在《最高人民法院关于适用〈中华人民共和国民法典〉婚姻家庭编的解释(一)》第5条。该条规定:“当事人请求返还按照习俗给付的彩礼的,如果查明属于以下情形,人民法院应当予以支持:(一)双方未办理结婚登记手续;(二)双方办理结婚登记手续但确未共同生活;(三)婚前给付并导致给付人生活困难。适用前款第二项、第三项的规定,应当以双方离婚为条件。”

地农村风俗，通常需要打发给其亲戚，并未实际取得，应从需要返还的彩礼数额中予以剔除。又如，(2017)赣08民终1672号案，法院认为，上诉人刘某1与被上诉人李某1未能结婚，会给刘某1的名誉造成一定的损失。本院根据双方未能结婚但共同居住，结合本案的彩礼数额及当地农村的风俗习惯等因素，且以能够造成上诉人刘某1的名誉损失为由，适量酌情扣减返还的彩礼。再如，(2018)赣06民终516号案，法院认为，双方已支付并实际用于或筹备、举行婚礼而宴请亲友或给付亲友的费用，属于共同消费性支出，接受一方也并未实际取得收益，不应返还。而(2017)赣11民终635号案中，法院认为，已按习俗举办婚礼的，若女方置办的嫁妆价值较高(5000元以上)则可以在返还的彩礼中予以扣减。因同居时间仅一周，8万多元彩礼全部返还，但另外转账的4万元，酌情返还2万元，扣减1万元的嫁妆。

(二)彩礼返还诉讼时效认定的裁判要旨

婚约财产案件一般是产生纠纷后当事人会在短时间内主张返还彩礼，通过检索研读发现，有个别案例被告主张已经超过诉讼时效，现有统计的14个涉及诉讼时效的判决显示，婚约财产纠纷案件诉讼时效问题，适用《民事诉讼法》关于诉讼时效的规定，诉讼时效从权利人知道或应当知道自己的权利被损害之日起算。

检索到的此类判决的观点可分为两种：

1. 如果双方没有缔结婚姻关系亦未同居的，给付人应当及时履行自己的权利，诉讼时效自向对方提出返还彩礼请求时起算。

参考案例：(2017)赣11民终864号。

2. 如果双方已办理结婚登记手续的，诉讼时效应自其解除婚姻关系之日起算。因为婚约财产返还的请求权基础必须是建立在婚约缔结不成的情况之上，缔结婚约具有人身属性，在双方未正式解除婚约之前，双方仍具有一定的人身关联性，尚不存在诉讼时效问题。当双方实际解除婚约关系之日，诉讼时效开始计算。

参考案例：(2019)赣1024民初432号、(2018)赣0622民初1423号。

同居关系的当事人给付彩礼一方请求对方返还彩礼的，诉讼时效应从双方实际分居之日起计算。

参考案例：(2017)赣0191民初325号。

需要注意的是，个别案件虽然认定了主张返还时间从同居后至提出返还超过3年，但未对时效进行认定，而是在返还比例中作为酌减的因素。如(2017)赣0726民初441号案，法院认为，双方同居半年，分居后及时退还了部分彩礼但未签订书面返还协议。鉴于被告魏某1与原告钟某1同居后至原告方提出返还彩礼有3年多，原告钟某 1 与被告魏某 1 同居后至今未办理结婚登记,现魏某 1 明确表示不愿意继续履行婚约,两人缔结婚姻的目的无法实现,故原告要求被告返还彩礼于法有据。鉴于被告魏某 1 与原告钟某 1 同居后至原告方提出返还彩礼有 3 年多,原告钟某 1 在谈婚时明知被告魏某 1 未达到法定婚龄,综合考虑此次婚约给双方造成的影响以及双方的家庭条件等因素,本院认为被告应返还原告支付 5 万元彩礼核减为 10,000 元为宜,剔减被告已经返还的 5000 元,两被告(母女)仍应返还 5000 元。

(三)彩礼返还主体认定的裁判要旨

返还彩礼发生纠纷到底谁可以主张,谁来承担责任?谁是适格的主体?是婚约财产纠纷案件中特别值得关注的问题。通过分析已研读的 367 个判决,法院绝大多数支持的诉讼主体为缔结婚姻的双方及双方父母。主要理由是一般婚约纠纷都是经媒人介绍,双方父母共同在场订立婚约,收取彩礼的主体往往是以家庭为单位的家庭行为,并不限于一方。在绝大多数情况下彩礼也不会由结婚的双方占有,按习俗彩礼一般是由男方拿现金或存折等送到女方家里,不会明确是女方家庭中谁具体收取。

但是在判决承担中,如果可以明确区分收取彩礼数额、对象的,判决会区分收受彩礼对象作为返还主体。以(2017)赣 10 民终 832 号案为例。法院认为,原告将全部彩礼直接转账至女方,则由缔结婚约的女方一人承担。无法明确区分的认定属于家庭行为共同收取一般判决女方与父母共同承担。例如,(2016)赣 0733 民初 522 号案中,法院认为,原告家庭经济一般,为给付彩礼,原告家已欠下 10 多万元债务,造成生活困难。但是原告明知法律禁止借婚姻索取财物仍给予被告财物,且原告张某 1 对双方结婚后短时间内离婚(父母要求离婚)也存在一定过错,结合本案实际情况,本院酌定彩礼返还 70% 为宜。判决被告郑某 2、何某实得彩礼 106,000 元,被告郑某 2、何某应当返还原告彩礼 74,200 元。被告郑某 1 实得彩礼 36,200 元,被告郑某 1 应当返还原告彩礼 25,340 元。又如,(2017)赣 0781 民初 57 号案中,法院认为,原告已经给付彩礼,双方同居 2 个月未登记,目前女方下落不明,诉讼中原告撤回对女方的起诉。一审法院支持按照认定彩礼的共计价款 176,400 元,酌定由女方父母对其所收彩礼款返还 123,480 元,未支持女方收取的彩礼部分,理由为原告撤回了对女方的诉讼。

(四)彩礼现金给付争议的裁判要旨

在已研读的判决中涉及此争议的有 39 个,给付中如现金给付发生争议,法院在审判实践中会结合给付彩礼一方及被告双方提供的证据综合判断。比如,参与婚约订立的中介人、亲朋好友的证人证言,资金往来的银行流水,按照农村的风俗习惯等认定出具证据一方较于另一方是否具有明显较强的证明力,从而认定收受彩礼的真实性以及确认返还比例。以(2016)赣0726民初1391号案为例。原告申请证人周某、刘某出庭作证,以证明在2014年农历8月,双方签红单,男方给付了9万元彩礼;女方离开了男方家,不在男方家生活;由于借钱给付彩礼,造成原告家庭困难。法院对支付9万元彩礼的事实予以了认定。

对主张彩礼一方没有充分证据证明给付彩礼的金额,但另一方当庭又自认了收到彩礼的金额,法院则会以另一方当庭认定的金额予以支持。如(2016)赣0703民初3157号案,法院认为,原告、被告认识时间一个月,由于原告未提供充分证据,以被告自认的彩礼金额69,944元予以认定,判决酌情返还5万元,比例为70%。

(五)因给付彩礼而造成生活困难的裁判要旨

现实中有些当事人咨询律师,能不能举证因给付彩礼造成生活困难主张返还彩礼,检索得到此类判决26个,法院对此主张的认定非常谨慎,需要当事人提供较精准的官方证明,一般要求当事人举证其属于精准扶贫对象或者属于贫困户等证明材料。

以(2018)赣0732民初1700号案为例。法院认为,原告及其父母亲是国家精准扶贫对象,按贫困性质属于一般贫困户,原告的父亲何某鉴因病瘫痪,完全丧失劳动能力,其母亲只有部分劳动能力,原告本人工资收入微薄,符合相关法律规定的情形。况且目前我国的主要任务是扶贫攻坚,消除贫困,故对原告与被告离婚后,要求被告返还彩礼的请求予以支持。

需要注意的是,很多当事人无法出具充足的证据证明给付彩礼造成家庭困难。江西省部分法院在判决时更多考虑当地实情,以给付彩礼金额高、共同生活时间短未达到给付彩礼目的,直接认定给付高额彩礼已经造成原告家庭生活困难。如(2018)赣0732民初2520号案,法院认为,原告给付的彩礼金额较大,给原告的生活造成了困难,且原告陈某2与被告陈某4共同生活时间较短,判决支持全部返还彩礼。如(2016)赣0722民初第1694号、(2016)赣0731民初2893号。

(六)彩礼返还比例的裁判要旨

1. 办了结婚登记,生活时间很短,没有生育,法院支持返还吗?返还比例如何?

办理了结婚登记,共同生活时间很短且没有生育,此类案件也比较多,常见于双方相亲认识后闪婚闪离。检索得到此类判决 18 个,且法院倾向支持返还,且判决返还钱款比例较高,返还比例基本可以达到 50% 以上。而生活时间短、未生育、已经给付高额彩礼造成原告家庭困难是主要的考量因素。例如,(2018)赣 0732 民初 2520 号案。法院认为,原告、被告已经登记,原告给付的彩礼金额较大,给原告的生活造成了困难,且原告陈某 2 与被告陈某 4 共同生活时间较短。判决认定的 7 万元彩礼全部返还;但如果一方存在重大过错,法院对无过错方会予以照顾,返还比例向其倾斜。又如,(2018)赣 01 民终 1580 号案。法院认为,双方虽已办理结婚登记手续,共同生活时间短且已离婚,男方家暴造成女方伤害存在过错,判决被告邓某 1 应返还 50% 即 128,000 元彩礼款。

2. 共同生活时间较长(1 年以上的),办理结婚登记与未办理结婚登记是否会影响法院支持返还彩礼的比例?

通过研读案例发现,共同生活时间较长(1 年以上的),办理结婚登记与未办理结婚登记,各法院在判决思路中还是有所区别的。

对于办理结婚登记,共同生活时间较长(1 年以上的),原告诉请返还彩礼一类案件,检索得到 19 个判决,其观点倾向于依据《江西省高级人民法院关于审理婚姻家庭纠纷案件适用法律若干问题的解答》第 19 条"双方共同生活时间超过两年或已经生育子女,因感情破裂提出分手或离婚的,一方要求对方返还彩礼的,不予支持"之规定,判决不予支持,驳回诉讼请求。如(2017)赣 0726 民初 170 号案。法院认为,原告赖某 2 与被告叶某经自由恋爱结婚并在一起共同生活了近 1 年半,并不存在借婚姻索取财物的行为,之后虽然离婚,也仅是在共同生活期间因产生矛盾纠纷导致。原告未能提交证据证明被告存在法律规定的应返还彩礼的情形,判决驳回诉讼请求。

对未办理结婚登记,但共同生活时间较长(1 年以上的),原告诉请返还彩礼一类案件,检索得到 27 个判决,其观点较慎重,倾向于不予支持,驳回彩礼全部返还的诉讼请求,判决酌定按照比例返还。其中是否办理结婚登记是法院在办理彩礼返还案件中的首要考量因素,其次是双方在同居期间是否存在重大过错,如女方怀了他人孩子;双方是否育有子女;同居期间女方是否流产;明知女方未达婚龄无法登记结婚;同居期间认定双方有共同支出。

例如,(2016)赣 0731 民初 1839 号案。法院认为,双方未办理结婚登记,同居 1 年,未生育小孩,女方于 2016 年 3 月底离开原告家出走至今。给付彩礼 108,000 元,返还比例为 35%,计 37,800 元。又如,(2017)赣 0735 民初 806 号案。法院认为,原告、被告未按法律规定办理结婚登记手续就开始同居生活,其同居关系不受法律保护。彩礼是指以结婚为目的,按照本地习俗男方给付女方数额较大的金钱和物品。本案被告及其亲属从原告处得到的彩礼共计12,617元(包括被告及亲属实际得到的见面礼6800元;金手镯一个,折价5817元)。被告返还原告彩礼时应综合考虑以下四个因素:(1)原告、被告共同生活了2年多;(2)原告、被告同居期间生育一个小孩;(3)原告、被告共同生活期间的开支;(4)被告给付的彩礼含有一定的赠与成分。因此,本院酌情确定被告返还原告的彩礼金额为5000元,返还比例为40%。再如,(2017)赣0733民初939号案。法院认为,原告李某2与被告刘某2虽未登记结婚,但已依风俗归门成亲,共同生活2年多,同居时间较长。双方分手,系因在共同生活期间被告刘某2所生育的孩子与原告李某2不具有生物学父子关系,这致使原告李某2缔结婚姻的目的不能实现,并给原告家庭带来较大的痛苦。此外,被告刘某2在产后几个月内又行人工流产手术,对其身心也影响较大。综合考虑上述种种因素,本院酌定返还彩礼的30%为宜。

3. 未办结婚证、未共同生活,法院支持全部返还吗?

未办结婚证、未共同生活一类案例占比较少,且双方基本处于恋爱阶段。检索得到此类判决29个,判决观点为:返还比例倾向性在50%以上。考量因素包括:主张返还彩礼一方是否有充分证据证明给付彩礼的金额,其次证明未共同生活。例如,(2017)赣0723民初908号案件。法院认为,原告给付了彩礼,双方未登记、未同居,判决按照给付彩礼全部返还。又如,(2018)赣0722民初2654号案。法院认为,双方虽已登记将近8个月,但未同居,返还70%。对一方无法举证证明给付彩礼具体金额的,如果另一方当庭自认,法院会依据女方自认金额予以支持。再如,(2016)赣0728民初1174号案。法院认为,已给付彩礼但未同居未登记,原告无充分证据证明给付彩礼28,766.9元,被告辩称支付的钱已购买衣物并支付了日常通信费,自认收取红包1080元,最终法院判决返还1080元。

(七)其他返还彩礼情形的裁判要旨

1. 诉前原告、被告双方就婚约财产返还事宜达成协议的情况,法院如何认定?

在已研读的判决中有34个,法院更倾向于认为若诉前原告、被告已经达成了书面协议,被告向原告出具了欠条,经法庭审理查明该份协议系双方真实意思表示,且不违反法律的强制性规定,法院均认定协议有效,并判决被告按协议全额履行。如(2019)赣0722民初3411号、(2019)赣0722民初1761号、(2019)赣0722民初2222号、(2019)赣0732民初3028号。

若一方提出达成了口头协议,双方已经按照风俗撕毁了礼单,而另一方不认可该主张的情况下，法院对主张存在口头协议的观点不予采纳，将按没有达成协议的情形来作出判决，经法庭审理查明已经返还了部分彩礼的，会在总数中予以扣除。如(2017)赣0732民初34号案。法院认为，双方同居两三个月，被告辩称双方就邹某2与胡某2的婚约财产事宜已达成口头协议，被告已按口头协议退回礼金100,000元，并当场撕毁了礼单，此事已了结。虽然被告方提供的两个证人证实被告退回了礼金100,000元及双方当场撕毁了礼单，但未证实双方达成了口头协议，且原告否认双方达成了口头协议，法院认定证据不足不予采信。认定原告给付的100,000元礼金现金及通过银行转账的17,100元及金戒指一枚属于彩礼范畴。鉴于原告、被告一致认可被告已归还原告彩礼现金100,000元，判决酌情返还原告邹某1、邹某2彩礼款10,000元为宜。原告诉请赔偿精神损失费5000元，无相关法律依据，不予支持。

还有观点认为，即便诉前原告、被告达成了书面协议，被告方向原告出具了欠条，若出具欠条后被告提供了合法有效的证据证明发生了情势变更，被告方可请求法庭核减返还的金额。如(2019)赣0733民初423号案件，法院认为，原告、被告诉前已经达成了书面协议，协议约定被告方返还原告18万元，出具欠条后被告父母得知女方与男方同居期间曾怀孕流产的事实，庭审中提出请求法庭核减彩礼返还的金额。最终法院认为出具欠条时女方父母是在不知女方曾怀孕流产的情况下同意返还18万元的，现经庭审查明发生了情势变更，且女方怀孕流产系返还彩礼纠纷中重点考虑的因素，亦会对女方的身体造成严重伤害，因此判决被告返还原告彩礼11.5万元，核减了6.5万元。

2. 原告、被告双方就返还彩礼的金额达成了书面协议，被告向原告出具了欠条，因被告未按期履行返还彩礼的义务，法院是否支持逾期付款利息？

已研读的涉及此焦点的17个判决中，大部分案例没有支持逾期付款利息，现实生活中双方协议一般不会约定逾期付款利息，大部分案例中原告的诉请也未主张逾期付款利息。

少数判决显示部分法官会支持逾期付款利息，当然前提条件是原告的诉讼请求提出要求被告支付逾期付款利息。如(2019)赣0722民初2222号案。法院认为，原告、被告诉前就返还彩礼的金额达成了书面协议，被告向原告出具欠条，约定农历2017年12月20日之前付清，到期后被告未付清，因此成讼。原告诉请判令被告立即归还原告肖某30,000元，并给付原告自2017年12月20日(农历)起按银行同期贷款利率计算至今的逾期利息款。法院认为原告、被告就返还款约定了还款期限，原告主张计算逾期归还利息，可参照2015年《最高人民法院关于审理民间借贷案件适用法律若干问题的规定》第29条的规定，逾期还款利息①调整为按照年利率6%从2018年2月6日起（农历2017年12月21日）计算至还清款项日止。

3. 双方已解除婚约的情况下，因给付彩礼的一方经济困难在未全额给付彩礼的情况下向接收彩礼的一方出具的欠条有效吗？

已研读的涉及此焦点的6个判决中，法院认为，给付彩礼的一方未付清剩余彩礼而出具的欠条，系违反法律强制性规定，且违背公序良俗的，系无效行为。因此该种情况下出具的欠条，无法律效力。如（2019）赣0731民初2607案。法院认为，根据双方争议，该案应为确认合同无效纠纷。诉争欠条形成的基础法律关系是婚约财产纠纷，被告在双方子女订立婚约过程中，因原告未付清双方商定的剩余彩礼，要求原告谢某1出具4.9万元的欠条，实质上是借婚姻索取财物的行为。《婚姻法》第3条第1款②规定："禁止包办、买卖婚姻和其他干涉婚姻自由的行为。禁止借婚姻索取财物。"该案中，原告、被告因双方儿女婚姻对彩礼给付问题而形成的欠条，违反法律强制性规定，且违背社会公序良俗，属无效行为。

① 自2019年8月20日起，中国人民银行已经授权全国银行间同业拆借中心于每月20日（遇节假日顺延）9时30分公布贷款市场报价利率（LPR），中国人民银行贷款基准利率这一标准已经取消。自此之后人民法院裁判贷款利息的基本标准应该为全国银行间同业拆借中心公布的贷款市场报价利率。

② 现《民法典》第1042条第1款规定："禁止包办、买卖婚姻和其他干涉婚姻自由的行为。禁止借婚姻索取财物。"内容无变动。

山东省法院婚姻家庭案件裁判要旨梳理

一、离婚纠纷财产分割数据分析

本次统计分析的数据，来自网络可查询的人民法院裁判文书，其中 2017 年通过威科先行法律信息库检索关键词"离婚纠纷、山东省、判决书、2017、准予离婚"，共检索出有效判决书样本 706 个。2018 年通过威科先行法律信息库检索关键词"离婚纠纷、山东省、判决书、2018、准予离婚"，共检索出有效判决书样本 462 个。2019 年通过 Alpha 案例库检索关键词"离婚纠纷、山东省、判决书、2019、准予离婚"共检索出有效判决书样本 496 个。本次统计分析的数据不包括"离婚调解书"，仅在公布的法律文书中检索"判决书"，同时鉴于在判决不准予离婚的前提下，不会处理财产问题，所以为保证检索结果的有效性，在设置检索关键词时，同时设置了"准予离婚"一项，再结合离婚纠纷多涉个人隐私，相关内容不公开得较多，所以在本次"离婚纠纷"案由下，实际检索出的符合条件的判决书样本数据较少。

本次分析所涉 124 套房产购买时的出资情况分别为：婚前一方付首付，双方婚后共同还贷的有 10 个；婚前一方购买房产，婚后添加另一方姓名的有 1 个；婚后用共同财产全款购买的有 68 个；婚后双方用共同财产付首付，剩余部分办理银行按揭贷款的有 25 个；涉父母出资的仅有 2 个，其中一个为双方婚后由一方父母全款出资购买，房屋所有权登记在出资方自己子女名下，法院认定为对出资方自己子女的赠与，不作为夫妻共同财产分割。另一个为一方父母部分出资，登记在双方名下，法院认定为对夫妻双方的赠与，作为夫妻共同财产分割。① 另因信息缺失无法统计的有 18 个。

在离婚纠纷中，作为共同财产中最重要财产之一的房产，法院会如何分割？分割时考量的因素又有哪些呢？本次分析涉及房产分割的 98 个判决中，共有 124 套房产。其中，判决由夫妻双方平均分割的有 62 套，夫妻双方按份分割的有 3 套，归子女所有的有 4 套，全部归一方所有的有 6 套，仅确认由双方共有未分割的有 1 套，因未办理不动产权属登记而未分割的有 18 套，因涉案外人未分割的有 5 套，因被告缺席未分割的有 20 套，因信息缺失无法统计的有 5 套（见图 13）。

---

① 目前《最高人民法院关于适用〈中华人民共和国民法典〉婚姻家庭编的解释（一）》第 29 条明确规定："当事人结婚前，父母为双方购置房屋出资的，该出资应当认定为对自己子女个人的赠与，但父母明确表示赠与双方的除外。当事人结婚后，父母为双方购置房屋出资的，依照约定处理；没有约定或者约定不明确的，按照民法典第一千零六十二条第一款第四项规定的原则处理。"

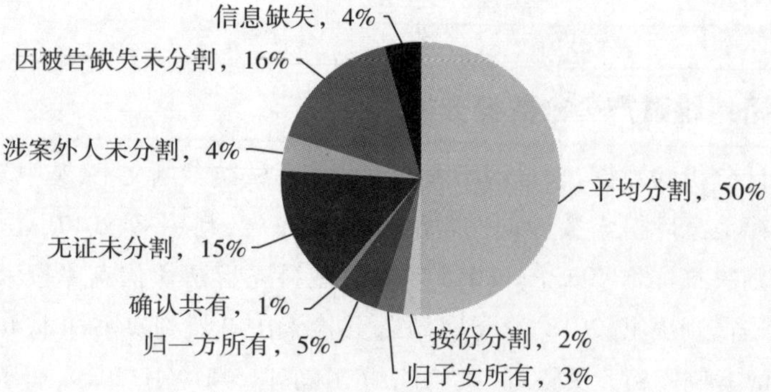

图 13　房产分割情况统计

房产的分割一般采取一方获得房屋所有权，另一方获得相对应房屋补偿款的方式，在判决房产所有权归哪一方所有时，法院会考虑多种因素。通过对判决书有明确记载的 52 套房产的判决结果进行分析可以看出，充分考虑法律关于照顾女方及子女利益的规定进行判决的有 13 套；照顾无其他房产一方的判决有 6 套；尊重居住使用现状，判归由实际居住一方所有的有 8 套；在尚有银行按揭贷款未还清情况下，法院会考虑实践中变更主贷款人有较大难度，为最大限度减少离婚后因还贷问题引发新的纠纷而将房产判归主贷款一方所有的有 11 套；若对房产归哪一方所有当事人双方能够协商达成一致，法院会尊重双方的意见进行判决，本次统计中该种情况有 12 套；实践中还存在一种情况，为证明自己有支付对方房屋补偿款的经济能力，主张获得房产的一方会在诉讼中经法院同意，将相当于补偿款数额的现金提前存入法院指定账户，以保障判决生效后另一方能及时得到补偿款，同时减少执行诉累，该种情况下法院会将房产判归缴纳履行保证金的一方，本次统计中该种情况有 2 套（见图 14）。

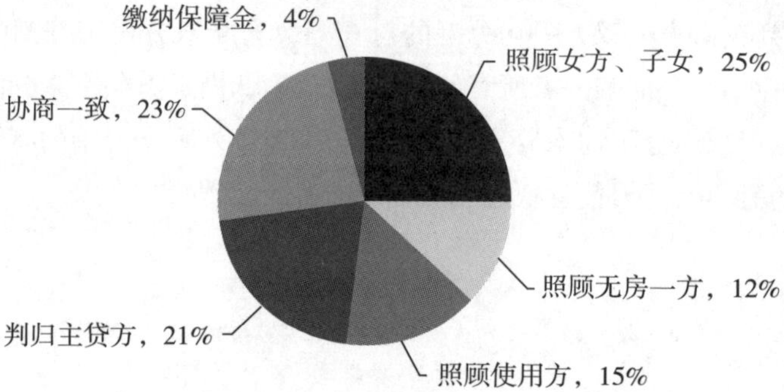

图 14　房产分割考量因素统计

(一)离婚中的其他财产分割

本次数据统计中涉及车辆分割的判决有80个,共涉及车辆89辆。涉及商业保险分割的有3个,其中2个判决分割婚姻关系存续期间使用夫妻共同财产缴纳的保费,1个判决各自名下的保险归各自所有。涉养老金分割的有3个,均是对婚内个人实际缴付部分进行平均分割。涉住房公积金分割的有8个,均系平均分割。涉银行存款分割的有44个,其中判决由夫妻双方平均分割的有38个,各自名下银行存款归各自所有的1个,全部归一方所有的4个,因一方存在过错行为对其少分的1个。涉家具、家电分割的有52个。涉个体经营店铺分割的3个,均为平均分割,形式为判归一方所有并继续经营,给予另一方折价补偿款,补偿款的计算方式为双方协调一致。涉公司股权分割的有1个,判决归一方享有股权并给予另一方折价补偿款,补偿款的计算方式为双方协调一致。

(二)离婚中的陪嫁认定及彩礼返还

本次分析的331个财产分割判决中涉陪嫁问题的有6个,均认定陪嫁系一方婚前个人财产,归陪嫁方个人所有。本次分析的331个财产分割判决中涉及彩礼返还的有6个,其中因共同生活时间较短判决返还彩礼的有2个,分别返还全部彩礼的33%、80%;因给付彩礼造成给付一方家庭生活困难而判决返还彩礼的有3个,分别返还全部彩礼的40%、50%、66%;判决不予返还的1个。

(三)离婚中的生活补助问题

本次分析的331个涉财产分割判决中,涉生活补助问题的有10个,其中因一方生活困难判决另一方支付生活补助金的有5个;因一方患病判决另一方支付生活补助金的有5个。离婚时,一方以个人财产中的住房对生活困难者进行帮助的形式,可以是房屋的居住权或者房屋的所有权。所以离婚诉讼中,若一方生活困难,通过离婚分得的财产亦无法维持当地基本生活,可以要求另一方支付生活补助,实践中生活补助多以现金形式支付,也有提供一定期限房屋居住权的情况。

(四)婚内协议

在本次分析的331个涉财产分割的判决中,存在婚内协议的有5个,其中2个认定有效;2个法院认为系以离婚为目的签订的协议,后未以该协议办理离婚,一方反悔的应认定为未生效;另有1个协议因违反法律关于婚姻自由的规定而仅认定财产分割相关条款有效。

（五）离婚中的损害赔偿

根据《婚姻法》第46条[1]规定，存在重婚、有配偶者与他人同居、实施家庭暴力、虐待、遗弃家庭成员等情形导致离婚的，无过错方有权请求损害赔偿。在本次分析的331个判决中涉损害赔偿问题的有13个，其中因一方与婚外异性同居判决向无过错方支付损害赔偿金的有7个，赔偿金额在1000～30,000元；因一方与婚外异性生育子女判决向无过错方支付损害赔偿金的有4个，赔偿金额在10,000～30,000元；因一方重婚判决向无过错方支付损害赔偿金的有1个，赔偿金额为2万元；因一方实施家庭暴力向无过错方支付损害赔偿金的有1个，赔偿金额为3万元。

（六）离婚中的债务问题

夫妻共同债务的认定一直是比较复杂的问题，近两年不断有新的法律规定出台，对婚内一方以个人名义借款的认定越来越合理，对非举债一方合法权益的保护力度越来越大。[2] 本次分析的331个判决中涉债务问题的有69个，予以处理的有48个，未处理的有21个。在对债务问题进行处理的48个中，判决由夫妻双方共同承担的有12个，夫妻双方按份承担的有25个，由举债方自行承担的有7个，由双方协商一致承担的有4个。在未处理的21个中，因证据不足未处理的有16个，因涉案外人未处理的有5个（见图15）。

---

① 现《民法典》第1091条规定："有下列情形之一，导致离婚的，无过错方有权请求损害赔偿：（一）重婚；（二）与他人同居；（三）实施家庭暴力；（四）虐待、遗弃家庭成员；（五）有其他重大过错。"增加了"有其他重大过错，导致离婚的，无过错方有权请求损害赔偿的情形"，扩大了提起损害赔偿的范围。

② 目前，关于夫妻共同债务的部分，规定在《民法典》第1064条："夫妻双方共同签名或者夫妻一方事后追认等共同意思表示所负的债务，以及夫妻一方在婚姻关系存续期间以个人名义为家庭日常生活需要所负的债务，属于夫妻共同债务。夫妻一方在婚姻关系存续期间以个人名义超出家庭日常生活需要所负的债务，不属于夫妻共同债务；但是，债权人能够证明该债务用于夫妻共同生活、共同生产经营或者基于夫妻双方共同意思表示的除外。"

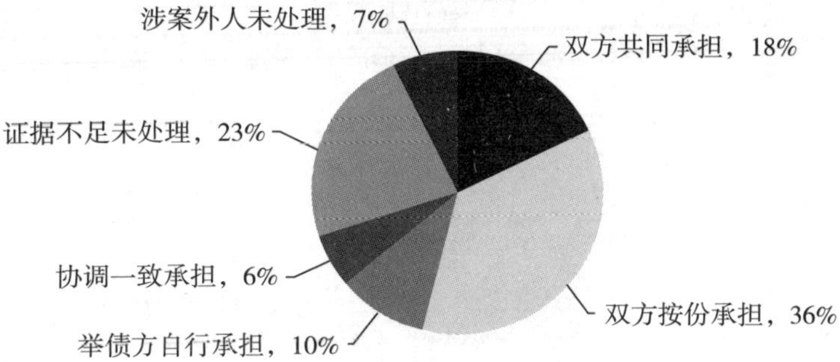

图15　债务承担情况统计

二、离婚后财产纠纷数据分析

本次统计分析的数据，来自网络可查询人民法院裁判文书，其中2017年数据通过威科先行法律信息库检索关键词"2017、山东省、离婚后财产纠纷、判决书"，共检索出有效分析样本269个。2018年通过威科先行法律信息库检索关键词"离婚后财产纠纷、山东省、2018、判决书"，共检索出有效分析样本376个。2019年通过Alpha案例库检索关键词"2019、山东省、离婚后财产纠纷、判决书"，共检索出有效分析样本440个。

(一)离婚协议效力认定

本次分析的数据中通过民政局协议离婚后，又因协议履行问题起诉到法院的有773个，在这些案件中，所涉离婚协议，在诉讼中被认定为有效的有735个，被认定为部分有效的有14个，被认定为无效的有5个，因信息缺失无法统计的有19个(见图16)。上述我们分析过，通过民政局协议离婚时，双方签署的离婚协议可能会存在各种瑕疵，但存在瑕疵并不代表协议无效或全部无效。诉至法院后，法官根据协议的基本内容，查明双方的真实意愿，在排除欺诈、胁迫情形后，一般会认定协议有效，并对存在歧义的部分进行明确。所以在离婚后财产纠纷案件中，在民政局备案的离婚协议被认定有效的占比非常高。但若离婚协议被认定无效或部分无效，或离婚协议中未涉及财产分割问题，法院就会依据相关法律规定对双方的财产分割问题另行作出判决。

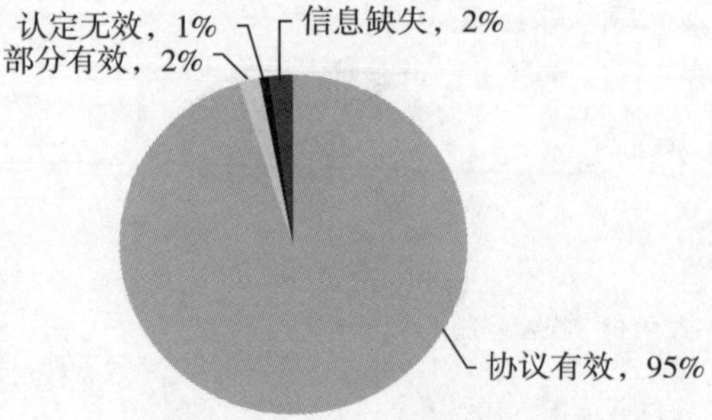

图16　离婚协议效力认定统计

虽然大多数在民政局备案的离婚协议会被认定为有效或部分有效，但仍有少数离婚协议会被法院认定为无效或部分无效，本次统计中，在773个经民政部门协议离婚的案件中，有明确信息记载的有19个离婚协议被认定为无效或部分无效，其中因涉嫌“假离婚”被认定无效的有1个、因协议所涉财产系无权处分被认定无效的有7个、因协议内容约定不明而被认定无效的有9个、因一方患有间歇性精神病而被认定无效的有1个、因协议内容书写存在瑕疵而被认定无效的有1个（见图17）。在司法实践中，会有夫妻离婚时将不属于自己的财产进行分割，并约定在离婚协议中，这些财产主要是登记在子女名下的财产或登记在双方父母名下的财产，这些财产之所以会被夫妻双方约定在离婚时分割，一般是因为购置这些财产时夫妻参与了出资，有的甚至是全部出资，尤其是未成年子女名下的财产，所以会被夫妻双方认为属于共同财产。但根据《物权法》①、《婚姻法》②的相关规定，夫妻双方离婚时分割的只能是登记在双方名下的财产，对于参与出资购买但登记在其他人名下的财产，若主张系夫妻共同财产，需要先进行权属登记的变更，若任何一方不同意变更，则需要通过诉讼的方式先确认所有权，待将财产确认至夫妻双方名下后，才可以再进行夫妻财产分割。若此时双方婚姻关系已解除，则可以通过离婚后财产纠纷这一案由提起诉讼来进行分割。

① 现规定在《民法典》物权编。

② 现规定在《民法典》婚姻家庭编。

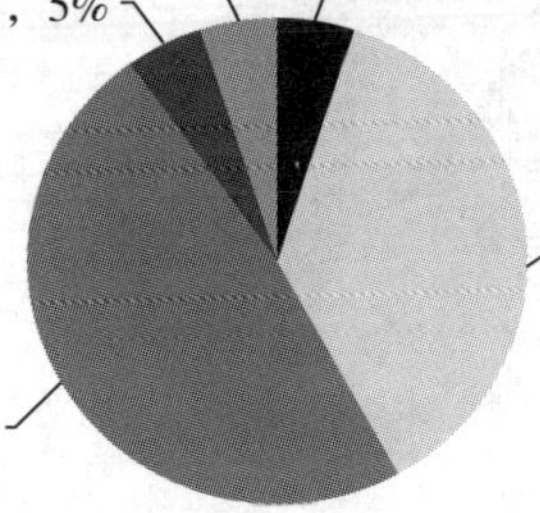

图17 离婚协议无效原因统计

(二)离婚后房产分割

《最高人民法院关于适用〈中华人民共和国婚姻法〉若干问题的解释(二)》第21条①规定,离婚时双方对尚未取得所有权或者尚未取得完全所有权的房屋有争议且协商不成的,人民法院不宜判决房屋所有权的归属,应当根据实际情况判决由当事人使用。

离婚后财产纠纷案件的审理重点就是分割财产,而房产可以说是家庭主要财产之一,在本次统计中共有451套房产被分割,在所有财产类型中占比最高。其中以离婚协议或其他财产分割协议为依据进行分割的房产有198套;在另行裁判的253套房产中,判决由夫妻双方平均分割的有115套,判决由夫妻双方按份分割的有15套,判决归子女所有的有6套,判决全部归一方所有的有9套,判决双方在案件审理中就房产分割达成一致意见协商分割的有4套,判决仅确认由双方共有并未实际分割的有7套,判决因未办理不动产权属登记而未分割的有42套,判决因信息缺失无法统计的有55套(见图18)。

---

① 现《最高人民法院关于适用〈中华人民共和国民法典〉婚姻家庭编的解释(一)》第77条第1款规定:“离婚时双方对尚未取得所有权或者尚未取得完全所有权的房屋有争议且协商不成的,人民法院不宜判决房屋所有权的归属,应当根据实际情况判决由当事人使用。”内容无变动。

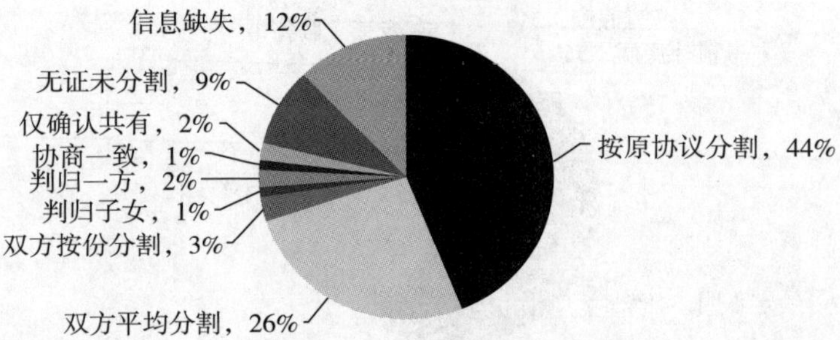

图 18　房产分割情况统计

在考量哪一方获得房产所有权，哪一方获得相应补偿款时，依据有效离婚协议的约定作出的判决有 198 套；依据照顾女方及子女的法律规定将房产判归女方所有的有 17 套；依据照顾无其他房产一方的原则将房产判归无房一方所有的有 3 套；尊重房产的居住使用现状，判归由实际居住一方所有的有 11 套；判决由不动产登记一方所有的有 26 套；通过双方竞价方式判决归哪一方所有的有 2 套；考虑对房产贡献大小进行判决的有 8 套；考虑到偿还房屋按揭贷款方便且不易再发生纠纷，将房产判归主贷款一方所有的有 12 套；按照当事人双方协商一致意见进行判决的有 8 套；通过向法院缴纳房屋补偿款履行保证金而获得房产所有权的有 2 套。虽作出判决但因信息缺失无法统计考量因素的有 150 套，仅对房屋使用权作出处理的有 5 套，未处理房产的有 9 套。

（三）离婚中的其他财产分割

本次分析的数据中涉及陪嫁问题的有 2 个，均认定陪嫁系一方婚前个人财产，归陪嫁方个人所有。本次分析的数据中涉及彩礼返还的有 9 个，其中因共同生活时间较短判决返还彩礼的有 6 个，返还比例在 50% 以上；因给付彩礼造成支付一方家庭生活困难而判决返还彩礼的有 3 个，返还比例在 50% 以下。《最高人民法院关于适用〈中华人民共和国婚姻法〉若干问题的解释（二）》第 10 条①规定，当事人请求返还按照习俗给付的彩礼的，如果查明属于以下情形，人民法院应当予以支持：（1）双方未办理结婚登记手续的；（2）双方办理结婚登记手续但确未共同生活的；

① 现《最高人民法院关于适用〈中华人民共和国民法典〉婚姻家庭编的解释（一）》第 5 条规定："当事人请求返还按照习俗给付的彩礼的，如果查明属于以下情形，人民法院应当予以支持：（一）双方未办理结婚登记手续；（二）双方办理结婚登记手续但确未共同生活；（三）婚前给付并导致给付人生活困难。适用前款第二项、第三项的规定，应当以双方离婚为条件。"内容无变动。

(3)婚前给付并导致给付人生活困难的。适用前款第2项、第3项的规定,应当以双方离婚为条件。虽然根据上述规定,结婚时间较短并非法定必须返还彩礼的情形,但司法实践中,法官会综合考虑给付彩礼的数额、双方生活时间长短、所收彩礼的花费情况及离婚原因等方面的因素来酌定部分返还。

(四)离婚中的生活补助问题

本次分析中,涉及生活补助问题的有21个,其中因一方生活困难判决另一方支付生活补助金的有2个,因一方患病判决另一方支付生活补助金的有2个,因一方抚养子女而判决另一方支付生活补助金的有1个,考虑一方处于弱势地位而判决另一方支付生活补助金的有1个,因信息缺失无法统计原因的有15个(见图19)。

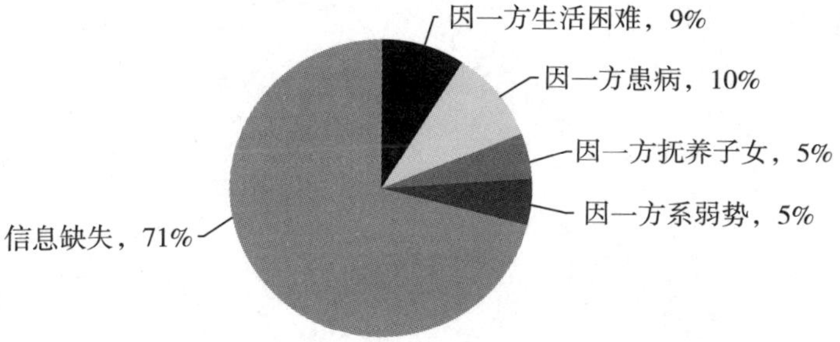

图19 生活补助支付情况统计

(五)离婚中的损害赔偿

在婚姻关系存续期间一方实施了家庭暴力、重婚、与婚外异性同居等伤害另一方的行为,违反了法律的规定,在离婚时,无过错方有权要求过错方支付损害赔偿金。本次分析中涉损害赔偿问题的有3个,需要说明的是,该3个关于损害赔偿的内容是在双方离婚协议中有明确约定的,离婚协议被认定有效故而支持了一方的损害赔偿请求。

河南省法院婚姻家庭案件裁判要旨梳理

一、离婚纠纷涉及财产分割的裁判要旨

(一)检索情况说明

裁判要旨梳理采用 Alpha 案例库进行检索,检索关键词:“离婚纠纷”“河南省”“判决”“2019/2018/2017”“全部、部分支持”“改判、维持原判”。检索数据显示,河南省各级人民法院 2017 至 2019 年公布的涉及财产分割的离婚纠纷判决书共 2443 个。经两次筛选,共选出 486 个作为本次研究的样本。

鉴于可供分析的材料均为 Alpha 案例库公布的可查询判决,且部分信息已在公布前被技术处理,故本次报告的统计数据可能会和实际情况存在一定偏差,相关分析结果仅供参考。另外,以下统计数据中,会存在样本数与各分项统计样本总和不一致的情况,因有些案件存在多个分项统计内容,所涉及内容均分别列入相应统计项目中。

(二)案件样本情况

本报告样本总数 486 个,由 2017 年 256 个、2018 年 139 个、2019 年 91 个组成。

(三)离婚纠纷房产分割的裁判要旨

486 个样本中,涉及房产分割的 228 个,占判决总数的 47%,其中涉及一套房屋分割的 179 个,占涉及房产分割样本的 78.5%;涉及两套房屋分割的 33 个,占涉及房产分割样本的 14.5%;涉及三套以上房屋的 16 个,占涉及房产分割样本的 7%。

在 228 个涉房案件判决中,支持房产分割诉请的 162 个,不支持的 66 个。法院对涉案房产不予分割的裁判理由如下:房产无产权证不予分割的 41 个,占不支持分割房产样本的 62.1%;涉及第三方权益不予分割的 17 个,占不支持分割房产样本的 25.7%;房屋价值无法确定不予分割的 4 个,占不支持分割房产样本的 6.1%;未提交房产证据或证据不足不予分割的 4 个,占不支持分割房产样本的 6.1%。

1. 商品房分割裁判要旨

(1)婚前购房裁判要旨

在 228 个涉房产的样本中,涉及婚前房屋的 22 个,包括婚前购买商品房 15 个,占比 68%;婚前自建房 7 个,占比 32%。在 15 个婚前购房的判决中,认定房产为个人财产的 14 个,占比 93%;因婚前房屋涉及家庭其他成员权益,判决不予处理的 1

个,占比7%。

判决支持婚前购房为个人财产的,判决房产归一方所有,婚后共同还贷的,分割还贷款项及对应财产增值部分的13个,占比93%;婚前双方出资购房登记在一方名下的,判决房产归一方所有,一方退还另一方出资款的1个,占比7%。

根据上述数据,河南省对婚前购买的房屋,认定为个人财产;婚后夫妻共同还贷的,分割共同还贷款项及对应财产增值部分。对于一方有出资的,房屋出资款为债权,产权登记人应向对方返还出资款。

(2)婚后购房裁判要旨

样本中涉及婚后购买商品房的判决110个,除1个涉及一方父母出资支付首付款外,都是婚后夫妻一方或双方出资购房,法院均认定房屋为夫妻共同财产。

法院判决婚后房产归属和具体分割的裁判理由如下:

①依双方合意分割的48个,占婚后购房样本的43.6%;

②认为夫妻共同财产应均分的47个,占婚后购房样本的42.7%;

③考虑双方实际居住情况,采用有利于生活原则分割的11个,占婚后购房样本的10.0%;

④根据双方是否有过错及过错程度,判决过错方少分的8个,占婚后购房样本的7.3%;

⑤照顾女方和子女,或对困难及弱势方多分的6个,占婚后购房样本的5.5%;

⑥按双方出资比例分割的6个,占婚后购房样本的5.5%;

⑦按房屋登记情况,各自名下财产归各自所有的4个,占婚后购房样本的3.6%。

根据上述数据,法院在分割财产时尊重当事人意思,双方达成合意的,法院依照合意内容判决。无法协商解决的,法院在分割时,通常秉持着夫妻共同财产均分的原则,采用折价补偿方式进行分割。在判决房屋归属时会优先选择利于双方生活的方案,同时兼顾女方和儿童等弱势方的权益。在少数情况下根据出资比例和房屋登记状况进行分割。在认定一方有法定过错的情形下,对过错方少分。

2. 自建房、拆迁房等其他房产分割裁判要旨

在486个离婚纠纷判决中,涉及房产的种类主要有商品房(190个)、农村自建房(67个)、拆迁安置房(8个)、商铺(1个)、廉租房(1个)。

(1)农村自建房分割裁判要旨

农村自建房大多无产权证,法院对房屋所有权一般不予处理,考虑房屋的整体性及一方日后的居住问题对自建房的居住使用权进行分配。若自建房涉及其他家

庭成员，法院同样不予处理，待析产后另诉。

（2）拆迁安置房分割裁判要旨

对于拆迁房的分割，法院会因未取得产权而不予处理；对于拆迁房涉及案外人的，不予处理；对于拆迁补偿款，法院通常会根据拆迁协议进行分割。

（3）商铺和廉租房分割裁判要旨

在涉房样本中，仅有1个涉及商铺分割，法院判决夫妻双方平均分割，各得一铺。样本案例中有1个涉及廉租房分割，结果是双方协商对房屋使用权进行了约定。

在有效样本中，并未发现关于公房使用权、工龄购房、办公楼等房产类型的判决。

（四）离婚纠纷车辆分割的裁判要旨

在93个样本中，对于车辆的分割，法院具体的裁判理由如下：

1. 法院认为夫妻共同财产应均分，考虑实际使用人分割的48个，占涉及车辆样本的51.6%；

2. 依双方合意分割的28个，占涉及车辆样本的30.1%；

3. 参考出资比例，考虑实际使用人的6个，占涉及车辆样本的6.5%；

4. 价值无法确定，不予分割的5个，占涉及车辆样本的5.4%；

5. 无过错方多分，并考虑实际使用人的4个，占涉及车辆样本的4.3%；

6. 照顾女方和子女权益的2个，占涉及车辆样本的2.2%；

7. 未提供证据或证据不足的2个，占涉及车辆样本的2.2%；

8. 涉及第三人权益，不予分割的1个，占涉及车辆样本的1.1%。

由上述数据可知，对于属于夫妻共同财产的车辆，诉讼中如双方能达成一致意见，法院一般会对双方的合意予以确认。如双方无法达成一致意见，法院在裁判时直接予以均分的数量最多，但在小部分案件中也会考虑夫妻双方的出资、照顾无过错方、子女及女方权益。另外法院在处理时也会考虑车辆实际使用人、车辆登记情况。对于涉及案外人利益、车辆价值无法确定以及证据不足的，法院不予处理。

（五）离婚纠纷股票分割的裁判要旨

6个涉及股票分割样本中，法院裁判理由如下：

1. 法院认定股票属于夫妻共同财产应平分的4个，占涉及股票分割样本的67%；

2. 无过错方多分的 2 个，占涉及股票分割样本的 33%。

从上述数据可以看出，对于属于夫妻共同财产的股票，法院的基本裁判原则是平均分配，在部分案件中会对无过错方多分。另考虑到股票市值处于波动状态，法院在审理时股票账户如能显示余额，通常会对账户余额直接进行分割，判令一方支付另一方补偿款；如果股票仅显示数量，法院通常会选定基准日确定股票市值后再进行分割。

（六）离婚纠纷股权分割的裁判要旨

2017 至 2019 年河南省离婚纠纷有效样本 486 个，涉及股权的 5 个，占总样本数的 1.03%。其中 1 个支持分割，4 个未予处理。

1. 股权取得时间：2 个明确股权取得时间是婚前，3 个未在判决书中说明。

2. 股权性质：1 个是一人公司的股权，4 个涉及第三人股东的股权。

3. 裁判结果：1 个予以均分，4 个未予处理。

4. 裁判原因：1 个认为是夫妻共同财产应予以分割，2 个认为涉及第三人利益不宜分割，2 个认为证据不足不予分割。

在 4 个涉及第三人股东的股权分割的案件中，有 3 个被法院驳回，其中的裁判原因分别为“涉及第三人利益，暂时不予以处理”以及“未能提供证据”，故是否“涉及第三人的利益”以及“证据是否充分”是大部分法院对此类案件的审理重点。

在 4 个不予分割的案例中，1 个法院认为注册资金不能认定为夫妻共同财产。但另 1 个案件中，既涉及第三人股东的利益，又未查明公司经营情况，法院却认定注册资本属于夫妻共同财产，并作出了分割判决。

上述样本案例中，各法院除对审查“涉及第三人的利益”以及“证据是否充分”持一致意见外，对其他影响股权认定及分割的因素并无统一的审查和判决标准，甚至对相似案情作出不同裁判。

（七）离婚纠纷涉及彩礼返还的裁判要旨

法院支持返还彩礼的 81 个案件中，裁判理由主要有以下 4 个：以共同生活时间短且婚前给付导致生活困难为由的 56 个，以共同生活时间短为由的 29 个，以双方达成合意为由的 3 个，以共同生活时间短且彩礼数额大为由的 2 个。

根据上述数据，给付彩礼一方因婚前的给付行为导致给付人生活困难的，法院支持返还彩礼的判决较多。对于登记结婚并共同生活的，法院会考虑双方共同生活时间长短及当地经济情况判决部分返还。在涉及彩礼返还的纠纷中，双方能合意处理彩礼纠纷的情况很少。

法院不支持返还彩礼的64个案件中,裁判理由主要有以下5个:不符合法定返还情形的51个,证据不足的8个,彩礼系婚前个人财产的2个,另行主张的2个,日常生活已花费的1个。

根据上述数据可知:对于不符合法律规定的彩礼返还情形的,法院一定不予支持。因未提供证据或提供证据不充分的,法院也不予支持。另外,有部分法院认为彩礼属于婚约财产纠纷的范畴,与离婚纠纷案件不属于同一法律关系,从而驳回原告诉讼请求。

受制于经济发展水平等多重因素,在河南省2017至2019年有效的486个离婚纠纷案件中,涉及实物、古董、知识产权、境外资产、大额支出的案例少之又少,对其分析并不具有代表性,在此不再赘述。

二、离婚后财产纠纷

(一)统计样本

为研究河南省的法院在处理离婚后财产纠纷案件中的裁判要旨,研究小组以"案由:离婚后财产纠纷;裁判结果包含:判决;一审裁判结果:全部/部分支持;二审裁判结果:改判、维持原判"为关键词,通过Alpha案例库检索了河南省基层、中级和高级人民法院2017至2019年离婚后财产纠纷案件的判决书,检索到的判决书数量为632个,经两次筛选,最终确定有效样本450个。随后我们对450个案例进行了细致的统计分析。

(二)关于房产的裁判要旨

450个样本中,涉及房产的案件数量为194个,占样本总量的43.1%。其中诉争一套房屋的169个,诉争两套房屋的14个,诉争三套房屋及以上的11个。

研究小组通过对判决书中"法院认为"部分的细致阅读,总结出法院对房产进行裁判的理由及数量情况为(如案件存在两个及以上的理由,分别记入各统计项目内):

1. 依双方合意裁判的60个,占涉及房产样本的28.2%;

2. 认为属于未分割夫妻共同财产应平分的67个,占涉及房产样本的31.5%;

3. 依照离婚协议财产分割的内容直接确认的26个,占涉及房产样本的12.2%;

4. 裁判时考虑房屋取得时的出资情况及实际居住情况进行分割的 15 个，占涉及房产样本的 7.0%；

5. 因诉争房产没有办理产权登记不予处理的 9 个，占涉及房产样本的 4.2%；

6. 裁判时照顾子女和女方利益的 7 个，占涉及房产样本的 3.3%；

7. 因房产是被告的婚前财产不予分割的 7 个，占涉及房产样本的 3.3%；

8. 因被告隐瞒、转移等过错而给予少分或不分的 5 个，占涉及房产样本的 2.3%；

9. 依拆迁协议直接裁判的 4 个，占涉及房产样本的 1.9%；

10. 按权属实际登记判决的 3 个，占涉及房产样本的 1.4%；

11. 按出资比例分割的 2 个，占涉及房产样本的 0.9%；

12. 父母赠与一方的 2 个，占涉及房产样本的 0.9%；

13. 其他裁判理由的 6 个，占涉及房产样本的 2.8%。

从以上数据可以看出，诉讼中原告、被告最终达成合意的比例较高，对于此类案件，法院一般会对双方的合意直接予以确认，不再作出其他内容的裁判。查明确属未分割的夫妻共同房产，如双方无法达成合意，法院裁判时不考虑其他因素直接予以平分的数量最多。这说明对于夫妻的共同财产，基本的裁判要旨还是平均分配，在部分案件中会明确照顾女方及子女利益。对于离婚协议约定了财产如何分割的、有拆迁协议且房屋已经交付的，法院不再作出新的分割，而是依照离婚协议及拆迁协议的分配方案直接确认。对于没有产权登记的房产，法院会作出暂不处理的判决。对于法律明确规定应属于一方的财产，如婚前的房产或者父母赠与一方的房产，法院并无突破性裁判，依然是依法不予分割。

此外，法院在裁判房产归属时，房产的权属登记对于判决并没有较强的影响力，直接依据权属登记判决归登记方的案件，数量较少。对存在一方隐瞒、转移夫妻共同财产等过错行为认定率不高，但只要予以认定，就会依据法律规定在分割财产时给予少分，但尚未出现不分的案例。可以看出，法院对这种法定过错的态度还是相对温和的。

（三）关于车辆的裁判要旨

450 个样本中涉及车辆的案件数为 58 个，占样本总数量的 12.9%。其中，法院支持分割诉请的有 49 个，占涉及车辆样本数量的 84.5%。

研究小组通过对判决书中“法院认为”部分的细致阅读，总结出法院对车辆进行裁判的理由及数量情况为（如案件存在两个及以上的理由，分别记入各统计项目内)：

1. 夫妻共同财产应均分,考虑实际使用人的25个,占涉及车辆样本的49.0%；
2. 依双方合意的13个,占涉及车辆样本的25.5%；
3. 不处理的4个,占涉及车辆样本的7.8%；
4. 非原告、被告夫妻共同财产的3个,占涉及车辆样本的5.9%；
5. 照顾女方利益的1个,占涉及车辆样本的2.0%；
6. 依离婚协议分割的2个,占涉及车辆样本的3.9%；
7. 婚前财产的1个,占涉及车辆样本的2.0%；
8. 依照物权登记分割的2个,占涉及车辆样本的3.9%。

车辆为消耗品,使用年限越长价值越低。450个样本中涉及车辆分割的仅有50个,可见夫妻离婚后单纯因为车辆再起诉分割的案件数量并不多。但起诉后如果查明确属未分割的车辆,法院遵循夫妻共同财产均分的规则进行裁判,但一般会将车辆判给车辆的实际使用人,由该方按照车辆的现值折现补偿给对方一半,个别案件会适当照顾女方的利益,酌情给予多分。如果双方已经在离婚协议中分割了车辆或者在诉讼中对车辆分割能够达成一致意见,法院会对离婚协议的分割方案或者双方的合意直接予以确认。对于一方婚前购买的车辆或者第三人的财产,法院不予分割。对于权属不明的车辆或者无法证明车辆存在的,一律不予处理。在车辆的分割上,河南法院的裁判要旨中规中矩。

(四)关于离婚协议约定的应付款的裁判要旨

450个样本中,除房产外,涉诉最多的财产类型为离婚协议约定的一方应支付款。案件数量共计167个,占样本总数的37.1%。

夫妻离婚时,无论是约定一方应向另一方支付夫妻共同财产的折价补偿款,还是经济帮扶类等其他类别的应支付款,只要签订的离婚协议是双方的真实意思表示,不存在欺诈、胁迫等情形,法院对此类案件的裁判方法非常一致,一律按照离婚协议的约定予以支持。

(五)关于存款的裁判要旨

450个样本中,涉及存款的案件数量为30个,占样本总数的6.7%。

研究小组通过对判决书中“法院认为”部分的细致阅读,总结出法院对存款进行裁判的理由及数量情况为(有部分案件存在两个及以上的裁判理由,统计时分别计入各统计项目)：

1. 认为属于未分割的夫妻共同存款应均分的 30 个,占涉及存款样本的 83.3%;

2. 适当照顾女方或生活困难一方的 3 个,占涉及存款样本的 8.3%;

3. 因隐瞒、转移等过错少分或不分的 3 个,占涉及存款样本的 8.3%。

从以上数据可以看出,对于未分割的夫妻共同存款,法院的裁判要旨为平分,不考虑双方对于存款的形成贡献大小。但是,在少数案件中会适当照顾女方或生活困难的一方,酌情给予多分。如果查明一方确实存在隐瞒、转移存款等过错行为,法院会根据案件情况酌定少分。目前尚未出现不分的案例。

(六)关于公司股权的裁判要旨

450 个样本中,争议财产涉及公司股权的案件仅有 3 个,占样本总数的 0.7%。其中(2017)豫 1702 民初 1063 号案,法院认为涉案股权不是夫妻共同股权,不予分割;(2017)豫 07 民终 4820 号案,法院认为涉案股权为夫妻共同股权,将股权数量在原告、被告之间平均分配,双方各分 50%;(2018)豫 1527 民初 797 号案,涉案股权虽被法院认定为夫妻共同股权,但原告要求分割股权的现金价值,其既未提供证据证明股权价值和股权收益,也未申请作价值评估,法院未支持其分割请求。

由上述判决结果可知,法院在裁判股权时,对于非夫妻共同股权不予分割。查明属于夫妻共同财产的,原则上均分。对于诉争股份有限公司的股权或者虽是有限责任公司的股权但原告本身即是股东或公司其他股东接受原告成为股东的情况下,法院可以直接对股权的数量进行分割,原告取得一半股权。其他不能直接分割股权数量的情况下,如果双方对股权价值不能达成一致,且原告又无证据加以证明或者不申请评估股权价值的,法院不支持分割请求。

(七)关于股票的裁判要旨

450 个样本中,争议财产为股票的案件仅有 1 个,案号为:(2018)豫 1002 民初 5393 号,占样本总数的 0.2%。

该起案件的被告因在离婚时隐瞒了用夫妻共同财产购入的股票,法院判令其按照双方离婚时股票价值的 2/3 折现补偿给原告。从法院的裁判结果可以看出,对于股票的分割法院还是遵循了夫妻共同财产均分的原则。考虑到实际操作的可行性,判决作为股票持有人的被告折现给原告。为了保证公平,股票的价值并不是按照裁判时的价值,而是原告、被告离婚时的价值。如果被告存在隐瞒、转移夫妻共同财产等过错行为,法院分割时会根据案件具体情况对其少分。

(八)保险类产品的裁判要旨

450个样本中,争议财产为保险类产品的案件数量也较少,仅3个,占样本总数的0.7%。(2017)豫1003民初1627号案,被告擅自解除保险,领取了保单的现金价值,法院判令被告赔偿原告损失,其裁判依据仍然是夫妻共同财产应当平均分配。(2018)豫0102民初108号案,原告、被告在诉讼中对于解除合同及分割比例均达成了合意,法院对该合意直接予以确认。(2019)豫06民终1149号案,法院查明涉案保险确属用夫妻共同财产购买且具现金价值的保险,在双方无法达成合意的情况下,判决解除合同,分割保单的现金价值,但因离婚时被告隐瞒了购入保险的过错情形,判决给予其少分。

从上述判决可见,法院对于保险类财产的分割,在具体的分割方式上,如被告不同意折现补偿,会判决投保人退保后双方分割保单的现金价值。在分割份额上,原则上还是平分,但会考虑双方的过错程度,对过错方酌情给予少分。擅自退保的,仍应向对方支付一半的现金价值及给对方造成的损失。

(九)关于彩礼返还的裁判要旨

450个样本中,原告诉请要求返还彩礼的案件有3个,占样本总数的0.7%,法院均支持或者部分支持了原告的诉讼请求,其中两个判决书裁判理由非常一致,均为双方共同生活时间较短且因给付彩礼造成了彩礼给付方生活困难;而另外一个案件情况是,原告、被告离婚时在离婚协议中明确约定了彩礼返还的数额及违约金,法院依据离婚协议予以全部支持。

一般来讲,夫妻离婚时会一并解决彩礼问题,但是在本次统计中出现了3个离婚后起诉返还彩礼的案件。法院审理该类案件时,在双方无明确约定的情况下,会依据目前的法律规定进行裁判。如果给付彩礼一方确实因给付彩礼造成生活困难,法院会支持返还,但会根据共同生活时间的长短酌情判决返还金额。如果双方已在离婚协议中明确约定了彩礼返还事宜,法院查明订立离婚协议时不存在欺诈、胁迫情形的,会依据离婚协议的相关约定进行裁判。

湖北省法院婚姻家庭案件裁判要旨梳理

一、检索条件及结果

1. 数据来源:Alpha 案例库

2. 裁判年份:2017 至 2019 年

3. 检索日期:2020 年 2 月 8 日

4. 其他检索条件:

(1)案由:婚约财产纠纷、离婚纠纷、离婚后财产纠纷、夫妻财产约定纠纷、同居关系析产纠纷

(2)地域:湖北省

(3)文书类型:判决书

二、婚约财产纠纷的裁判要旨

(一)现金形式彩礼返还的裁判要旨

从"争议内容"的数据中可知,原告要求返还的财物中"涉及现金"的判决有 455 个,对于此类案件,只要给付方有证据证明给付过现金彩礼,法院的判决是倾向于要求返还。但是,根据各地的不同风俗,男女双方在订立婚约时,现金给付的名目五花八门。根据判决所见,男方在订立婚约时,给付女方和其亲属的礼金种类比较常见的有"彩礼""见面红包""改口费""打发钱""看人户""取同意""酒席钱"等(见图 20),虽然这些礼金基本上都是为了订立婚约而产生,但在认定是否需要作为彩礼返还时,多数法院认为除明确为"彩礼"的礼金外,其他礼金应属于男方或其近亲属为取悦对方所为或礼节性交往时的赠与,不应认定为应予以返还的彩礼;少数法院认为男方基于订立婚约而给付的礼金,虽根据习俗存在不同名目,但均属于婚前给付的彩礼范畴,应予以返还。因此,在我们代理婚约财产纠纷案件时,应向当事人对其可能不会被法院支持为彩礼的礼金项目作出预判和提示。

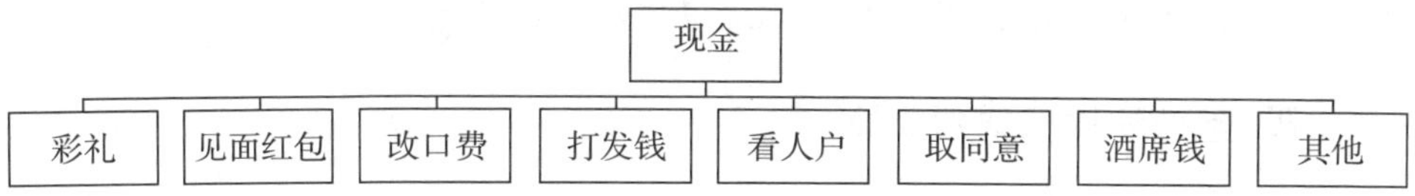

图 20 现金在婚约财产纠纷中的名目

(二)首饰返还的裁判要旨

从“争议内容”的数据中可知,原告要求返还的财物中“涉及首饰”的判决有193个。在上述判决中,法院支持返还首饰的案件数量有91个,占判决总数的47%,认为“三金”这种首饰的给付具有明显订立婚约的意思,应认定为彩礼;法院不支持返还首饰的案件数量有102个,占判决总数的53%,除了原告无法提供证据证明有给付首饰行为的案件,多数法院不支持返还的原因是认为首饰属男方赠与女方的定情之物,属一般性赠与,不属于彩礼的范畴(见图21)。该组数据在案件数量的体现上相差甚微,由此可以看出,各个法院在对待像首饰这样的财物的返还问题上,目前尚未达成有绝对倾向性的一致观点。

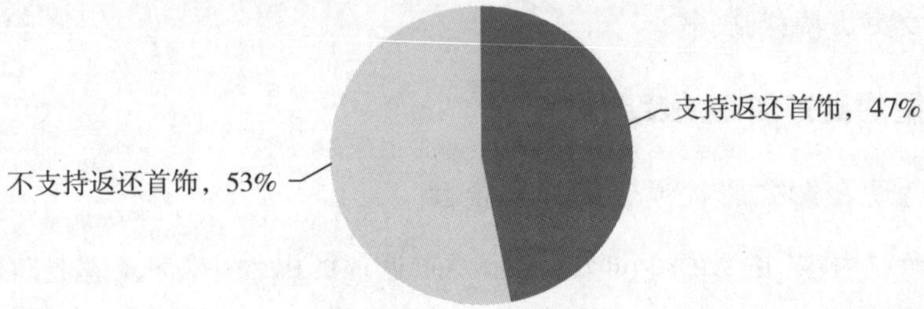

图21 涉及首饰返还的案件统计

(三)房屋处理的裁判要旨

从“争议内容”的数据中可知,原告要求返还的财物中“涉及房屋”的判决有29个。根据上述判决,我们分析出婚约财产纠纷的涉房案件分为3种类型:(1)男方出资首付款购买房屋并登记在女方的名下。对于此类型案件,法院倾向于判决女方向男方返还出资首付款及男方已还的房屋按揭贷款。(2)备案登记在男女双方名下的房屋。对于此类型案件,多数案件尚未办理房产证,法院倾向于暂不做分割。(3)登记在男方名下。对于此类型案件,在男方有证据证明房屋的出资首付款及贷款是自己支付的情况下,法院倾向于判决房产归男方所有。

(四)车辆处理的裁判要旨

从“争议内容”的数据中可知,原告要求返还的财物中“涉及车辆”的判决有12个,涉案车辆均登记在女方名下。根据上述12个判决,其中有5个判决要求女方直接将车辆过户给男方,5个判决要求女方返还男方出资的购车款;另有2个判决,未支持女方返还车辆或相应款项。

在我们分析的判决中，提及男女双方已同居的案件有306个，已举办婚礼的案件有259个，已办理结婚登记的案件有12个，已生育子女的案件有11个（见图22）。由此可见，在婚约财产纠纷案件中，大部分当事人虽未办理结婚登记，但已按民俗举办婚礼并开始同居生活，且有未办理结婚登记但已经生育子女的情况存在。法院在办理此类婚约财产纠纷时，往往会综合考虑男女双方同居生活的时间、过错责任、女方在举办民俗婚礼的合理花销及共同生活的必要开支，根据公平及照顾妇女儿童原则，酌定返还的数额。基于此，婚约财产纠纷案件的主流裁判要旨即为"判处酌情返还部分彩礼"。因此，在我们代理被告的情况下，我们应重点向法庭强化"酌情返还部分彩礼"的理由，从而争取减少彩礼返还的金额。

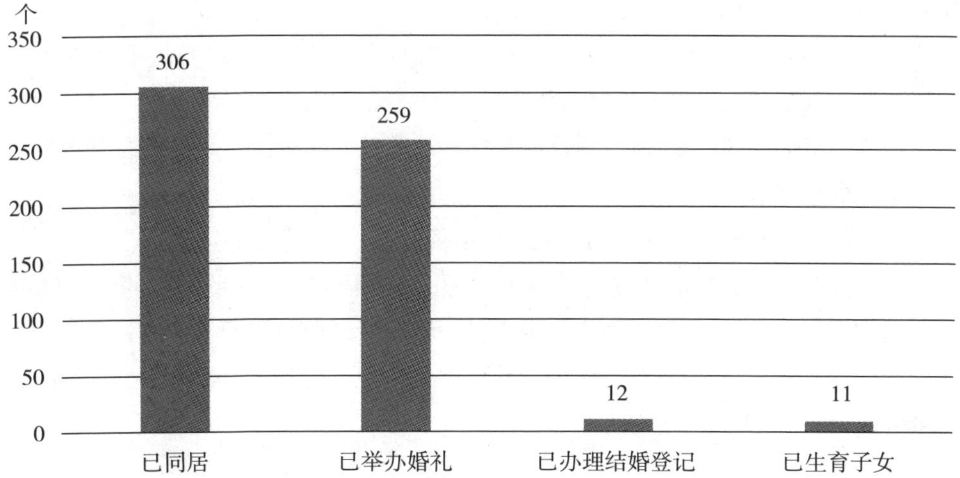

图22　判决酌情返还部分彩礼的原因统计

此外，在我们分析的婚约财产纠纷判决中，判决驳回诉讼请求的案件数量占判决总数的11%；在判决"返还部分彩礼"的案件中，因原告诉求中的部分金额未被认定为彩礼而判决返还部分彩礼的占比69%。而导致驳回诉讼请求或未被认定为彩礼最关键的原因在于原告证据不足，无法证明支付过彩礼。由于彩礼的支付是基于习俗和习惯，多数彩礼为当场给付，而这种给付方式导致原告举证十分困难。根据判决书分析，婚约财产纠纷案件中，原告通常向法庭提交的证据有证人证言、银行流水、购买首饰等其他财物的流水或发票，以及与彩礼相关的视听资料。法院在审理案件中采纳比较多的证据是被告自认、转账流水、与彩礼相关的双方谈话录音或电话录音，以及原告、被告曾经因为彩礼返还而达成的相关协议。

通过对2017至2019年湖北省区域内婚约财产纠纷判决书的深入分析研究，我们认为，婚约财产案件面临着立法不足、各地法院认识和做法不一致、举证困难等问题。

目前，在婚约财产纠纷案件的司法审判中，最大的分歧在于对应返还彩礼的范围认定问题。结合案例分析，我们认为在多种多样的财产给付关系中，存在3种类型的财产，应区别认定：第一种是以订婚为目的给付对方价值较大的财物，如现金、首饰、不动产等，这种给付具有明显订立婚约的意思，应认定为彩礼；第二种是为了培养感情而送给对方价值较小的财物，如衣物、小首饰、个人生活用品等，此种不宜认定为彩礼，应属于一般赠与；第三种是一方为缔结婚约而与对方共同产生的花费，如亲戚间的赠与、婚宴酒席开销、购置嫁妆和结婚生活共同所用财产等，此种花费也不宜认定为彩礼。

此外，根据数据分析，婚约财产纠纷案件的主流裁判要旨为"判决酌情返还部分彩礼"，但我们认为该裁判要旨应该区分以下情况运用：

1. 双方虽未办理结婚登记，但已经举办婚礼并且同居生活。此类婚约财产纠纷应综合考虑男女双方同居生活的时间、彩礼用途、过错责任、接受彩礼一方为举办婚礼支付的合理花销以及同居期间支付的必要开支，酌定返还的数额。

2. 双方办理结婚登记，但未举办民俗婚礼，亦未共同生活。此类婚约财产纠纷应以双方离婚为条件，应当在考虑过错责任的情况下判定酌情返还彩礼。

3. 双方未办理结婚登记手续、未举办订婚仪式也未同居的，原则上应当依照法律的规定，判定接受彩礼的一方全额返还彩礼。

三、离婚纠纷涉及财产分割的裁判要旨

（一）概况

检索平台：Alpha案例库

检索条件：地域：湖北；年份：2017年、2018年、2019年；文书类型：判决书；案由：离婚纠纷，共检索到26,187个判决书。

输入关键词：本院认为、驳回、驳回其他诉讼请求、不准予离婚、准予离婚，检索到4058个判决书。

经过前期的检索和整理，收集了2017至2019年湖北省范围内已公开的离婚纠纷中涉及财产分割的判决书共计256个，其中，一审判决书235个，二审判决书21个。

(二)房产分割的裁判要旨

1. 商品房分割裁判要旨

(1)婚前一方购买登记在一方名下

统计样本中,婚前一方购买登记在一方名下案件为32个,大部分案件存在婚后还贷情况。根据该类案件判决结果分析可分为5种情形(见图23):

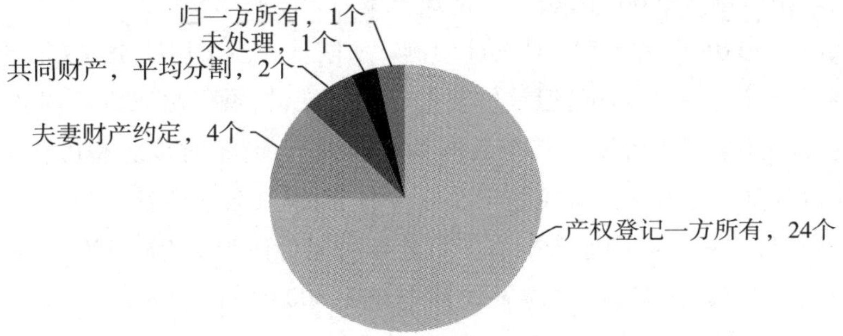

图23 婚前一方购买登记在一方名下的裁判要旨统计

①判决归产权登记一方所有

其中24个案件,法院判决主要根据《最高人民法院关于适用〈中华人民共和国婚姻法〉若干问题的解释(三)》第10条①规定的规则进行裁判。法院均将房产裁判给了产权登记人名下,尚未归还的贷款为产权登记一方的个人债务,由产权登记一方偿还。而非房产登记方均获得了相应的补偿,补偿的范围为:婚后共同还贷支付的款项及相对应财产增值部分。增值部分的价款核算有两种方式:一种为夫妻双方自行协商达成一致意见,另一种由法院委托评估机构估价后确定具体价格。

参考案例:(2016)鄂0106民初5311号、(2017)鄂0116民初663号、(2017)鄂0102民初1773号、(2018)鄂0302民初2137号。

②根据双方的夫妻财产约定裁判

有4个案件婚姻关系存续期间存在夫妻财产约定,法院一般认定夫妻财产约定

① 现《最高人民法院关于适用〈中华人民共和国民法典〉婚姻家庭编的解释(一)》第78条规定:"夫妻一方婚前签订不动产买卖合同,以个人财产支付首付款并在银行贷款,婚后用夫妻共同财产还贷,不动产登记于首付款支付方名下的,离婚时该不动产由双方协议处理。依前款规定不能达成协议的,人民法院可以判决该不动产归登记一方,尚未归还的贷款为不动产登记一方的个人债务。双方婚后共同还贷支付的款项及其相对应财产增值部分,离婚时应根据民法典第一千零八十七条第一款规定的原则,由不动产登记一方对另一方进行补偿。"内容无变动。

有效,并以此为主要裁判依据。

参考案例:(2018)鄂0116民初766号。

③认定为夫妻共同财产,按共同财产分割

有2个案件认定为夫妻共同财产,均为武汉市黄陂区人民法院审理。以(2017)鄂0116民初129号案件为例。虽然该案中争议房屋是原告喻某婚前购买并装修,登记所有权人也为喻某个人,但由于在房屋购买和装修期间,被告陈某1曾向原告喻某转账给付90,000元,法院认定该房屋为夫妻共同财产。

以(2019)鄂0116民初521号案件为例。法院认为涉案房屋是双方以结婚为目的购买的,虽登记在一方名下,但首付款由另一方支付,婚后由双方共同还贷,登记产权人在没有证据证明房屋归其个人所有的前提下,离婚时该房屋应作为夫妻共同财产予以分割。鉴于目前房屋登记在原告名下,以其公积金签订房贷合同,结合本案实际情况,该房屋判归原告所有。目前该房屋价值为1,106,220元,扣除尚未清偿的贷款308,620元后,原告应补偿被告398,800元[(1,106,220元-308,620元)÷2]。尚未偿还的贷款,由原告承担偿还责任。

④因案涉房屋未取得产权证,未处理

以(2018)鄂02民终1295号案件为例。该案房屋系一方婚前购买,婚后用自己个人所有的住房公积金还贷,一审法院判决认为房屋属于个人财产,归一方所有。二审判决认为案涉房屋房款尚未付清,也未办理产权登记,没有取得该房屋的完全所有权,且双方对于房屋权属存在争议,故未处理该房屋的权属问题,待该房屋取得完全所有权后,当事人若有争议,可另行提起诉讼。

⑤婚前一方出全资购房,系一方婚前财产

(2)婚前双方共同出资购买登记在一方名下

统计样本中,此类案例有2个,分为两种情形:

①婚前出资按份共有,婚后还贷及增值部分为共同财产

以(2018)鄂0115民初2737号案件为例。该案婚前双方出资,婚后还贷,法院判决认为房屋婚后共同还贷部分及其所对应的房屋增值部分应认定为夫妻共同财产,其余则按出资情况按份共有。

②协商赠与子女

以(2017)鄂0116民初2679号案件为例。该案例房产登记方主动表示愿意将房产过户至自己女儿名下,并承担剩余部分房屋贷款。

(3)婚后一方出资购买,登记在一方名下

此类案件有9个,法院裁判观点如下:

①有8个案件认定，此类型房屋是双方婚姻关系存续期间取得的财产，应作为夫妻共同财产予以分割。

参考案例：(2017)鄂0102民初1866号、(2017)鄂0116民初2188号。

②有1个案件，法院认为案涉房屋虽在原告、被告婚姻关系存续期间购买，但被告于2003年11月12日出具的证明，认可该房屋归原告单独所有，此后房屋所有权证及土地使用权证均办理在原告名下。最终法院认定上述房屋属于原告单方所有，不属于夫妻共同财产。

参考案例：(2017)鄂0192民初348号。

(4)婚后双方出资购买登记在一方名下

此类案件有19个，是离婚房产分割类型案件中较为常见的情形。在此类型的案件中，裁判观点如下(见图24)：

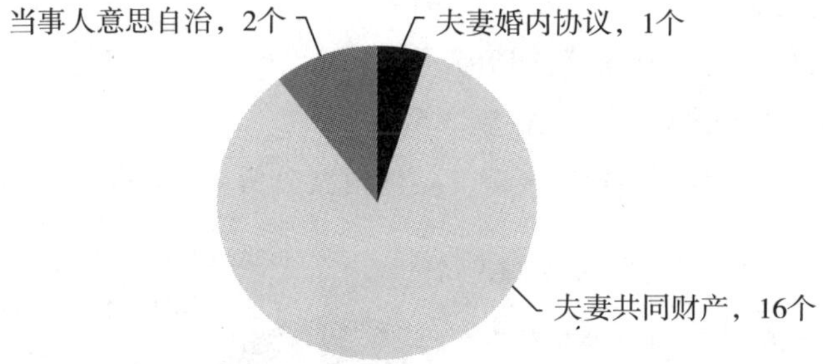

图24 婚后双方出资购买登记在一方名下的裁判要旨统计

①有16个案件，法院均认定房屋系夫妻共同财产。其中15个案件法院平均分割房产价值，1个案件对有过错方在分割房产时予以少分。上述房产价值的确定通常由双方协商确定，在个别无法达成一致意见的情况下由评估公司对上述房产的价值进行评估。

参考案例：(2017)鄂0116民初2490号、(2016)鄂0192民初1628号。

②有2个案件，一方自愿放弃其应得份额，最终法院根据当事人意思自治原则依法予以支持。

参考案例：(2017)鄂0116民初1047号、(2019)鄂1127民初1658号。

③有1个案件，法院按照婚内协议约定判决。

参考案例：(2019)鄂01民终5218号。

(5)婚后一方父母出资,登记在自己子女一方名下①

本类案件有4个,法院裁判观点有两种:

①有2个案件,婚内一方父母出全资购房,并登记在一方名下,法院认定为父母对子女一方的赠与,属于个人财产,不予分割。

②有2个案件,父母出资为首付款,法院认定系单方赠与,判决为一方个人财产。

参考案例:(2018)鄂0115民初8327号。

(6)一方父母部分出资,登记在双方名下

本类案件为1个,一方父母部分出资,登记在双方名下,法院将出资认定为对双方的赠与。关于房屋分割,双方均同意进行司法拍卖,并将拍卖款进行平等分割。法院尊重双方的意思表示,但认为拍卖需要以本案生效法律文书为准,故等本案判决生效,双方再另行申请司法拍卖案涉房屋。

参考案例:(2017)鄂0102民初797号。

(7)婚后双方出资购买,登记在双方名下

此类40个案件,裁判要旨较复杂。具体情况分析如下(见图25):

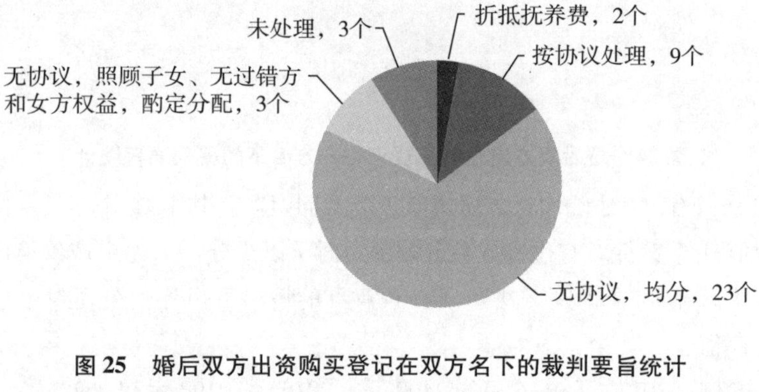

图25 婚后双方出资购买登记在双方名下的裁判要旨统计

①双方有协议的依照协议处理,共有9个案件,如有5个案件双方协议房屋归子女所有,另有4个案件一方放弃分割房屋。

参考案例:(2018)鄂0115民初2374号。

②在无协议的情况下,法院认定为夫妻共同财产的有26个,其中23个按照均

① 目前《最高人民法院关于适用〈中华人民共和国民法典〉婚姻家庭编的解释(一)》第29条第2款明确规定:"当事人结婚后,父母为双方购置房屋出资的,依照约定处理;没有约定或者约定不明确的,按照民法典第一千零六十二条第一款第四项规定的原则处理。"

分的原则对房屋份额进行分割；另有3个案件中，法院根据财产的具体情况，照顾子女、无过错方和女方权益的原则，法院在夫妻间对房屋份额酌定分配。

参考案例：(2018)鄂1127民初504号、(2019)鄂0115民初7198号。

③有3个案件，法院对房产未处理。原因分别为：a. 对于婚后银行按揭贷款已偿还多少，尚欠多少，原告、被告均无法核实。因此，对于该夫妻共同财产，法院无法进行分割。b. 未办理产权证。c. 房屋在诉讼期间因另案被查封。

参考案例：(2019)鄂0302民初3556号。

④有2个案件房屋分割折价款折抵孩子抚养费。

参考案例：(2019)鄂0281民初2113号。

(8)其他

①双方再婚后用婚前个人财产购买的房屋

法院裁判认为房屋系双方婚前个人财产出资购买，对婚前出资的财产应属于婚前个人财产，应按确认的出资比例确定双方的份额。但根据《婚姻法》第19条第2款[①]的规定："夫妻对婚姻关系存续期间所得的财产以及婚前财产的约定，对双方具有约束力。"双方作为具有完全民事行为的自然人，在办理房屋所有产权证书时，将产权情况登记为共同共有，是双方真实的意思表示，这表明双方将各自的婚前财产约定为共同共有，故判决对房屋予以平等分割。

参考案例：(2018)鄂0115民初1511号。

②离婚后复婚的房屋分割

法院认为双方离婚时协议房屋归一方所有，故双方再次登记结婚时，该房屋应属一方的婚前财产。但双方复婚后为该房屋办理不动产权证时，自愿登记为双方共同共有，应视为是一方对另一方的婚内赠与行为，该房屋转化为夫妻共同财产，应共同进行分割。

参考案例：(2018)鄂0116民初4428号。

③婚后购买房屋，出资份额不明确[②]

法院认为，该房屋虽然是原告、被告在婚后购买，但是原告、被告婚后与被告的父母共同生活，并由其负担日常的生活开支，则被告父母的退休费用于了原告、被

---

① 现《民法典》第1065条第2款规定："夫妻对婚姻关系存续期间所得的财产以及婚前财产的约定，对双方具有法律约束力。"内容无变动。

② 目前《最高人民法院关于适用〈中华人民共和国民法典〉婚姻家庭编的解释(一)》第29条第2款明确规定："当事人结婚后，父母为双方购置房屋出资的，依照约定处理；没有约定或者约定不明确的，按照民法典第一千零六十二条第一款第四项规定的原则处理。"

告的家庭生活。原告、被告收入较低,被告父母的退休费较高,则该房屋首付和装修款应为原告、被告及被告父母的共同出资。对于出资的份额,因原告、被告均无确实、充分、有效的证据证明夫妻共同出资的具体金额,则依据原告、被告及被告的父母经济收入情况酌定原告、被告的出资份额为1/2;该房屋的贷款以被告的名义在婚内偿还了2年,则该还款应为原告、被告婚内共同还贷的房款出资行为。该房屋被告及其父母所占份额较大,且在原告、被告离婚后婚生子由被告抚养,则该房屋判归被告所有,被告给付原告房屋出资折价款。

参考案例:(2018)鄂0116民初4908号。

2. 农村宅基地自建房分割裁判要旨

夫妻共同财产中涉及农村宅基地与自建房的离婚纠纷案件有28个,其与商品房类型案件的区别在于,首先宅基地以及自建房的价值通常相较于商品房而言不高,其次商品房的价格可通过类似的房源予以参考,而宅基地以及自建房的价值在实际案件中往往是通过实际建造成本予以确认的。

在此类型案件中法院处理方式如下(见图26):

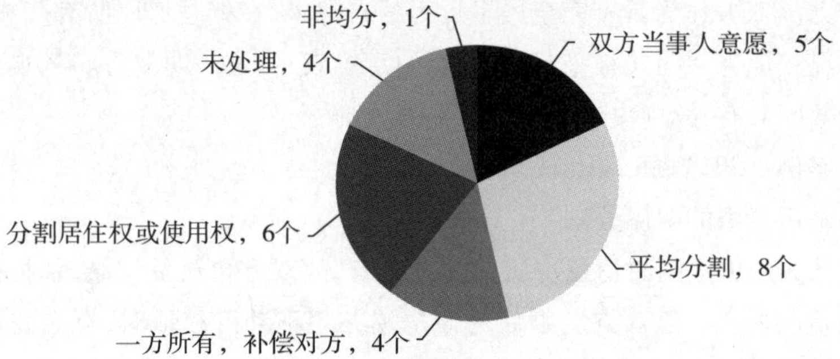

图26 农村宅基地自建房分割的裁判要旨统计

(1)对认定为共同财产的宅基地的分割最优先考虑的是当事人双方的意愿,有4个案件一方放弃分割房产,法院将房产判归对方所有,另有1个案件双方协议自愿将房屋赠与子女。

(2)有8个案件法院认定为共同财产,判决原告、被告双方各享有50%的产权份额,其中有1个案件双方将房屋份额折抵抚养费。

参考案例:(2017)鄂0281民初269号、(2017)鄂0116民初378号、(2018)鄂0626民初1743号。

(3)有4个案件自建房归一方所有,取得自建房屋产权方补偿另一方房产对应价款。

参考案例:(2017)鄂0115民初2430号。

(4)有6个案件,因房屋未办证,法院判决双方对房屋均享有居住权或使用权。

参考案例:(2017)鄂0116民初3560号、(2017)鄂0116民初314号、(2018)鄂0116民初1654号。

(5)有4个案件法院未处理,原因分别为:有2个案件认为房屋析产属于另一法律关系,故未予处理;有1个案件因一方放弃分割财产未处理;还有1个因未办证未处理。

(6)比较特别的是(2017)鄂0684民初225号案,原告、被告婚后共同财产有3间土墙瓦房,被告柯某分得正房1间(靠东面房屋),其他财产归原告聂某甲所有。

3.拆迁安置房分割裁判要旨

本类案件有8个,有3种裁判方式:

(1)因未实际还建或未取得产权证,未予处理

有4个案件未取得产权证或房屋未实际还建,法院判决暂不予处理,当事人待房屋产权明确后另行起诉。

参考案例:(2019)鄂0116民初3856号。

(2)有3个案件法院判决按份额分配

参考案例:(2019)鄂0106民初12715号。

(3)判决一方和子女享有居住权

1个案件已签订拆迁协议,但是还建房没有实际交付使用,也没有取得所有权,法院遵从财产分割照顾子女和女方的法定原则,判决被告和次女应当享有一套90平方米还建房的居住权。

参考案例:(2018)鄂0116民初4689号。

4.未取得产权证房屋分割裁判要旨

本类案件有28个,房产类型包括商品房、拆迁还建房、宅基地自建房。法院判决主要根据"离婚时双方对尚未取得所有权或者尚未取得完全所有权的房屋有争议且协商不成的,人民法院不宜判决房屋所有权的归属,应当根据实际情况判决由当事人使用"[①]的规定处理。"离婚时,夫妻的共同财产由双方协议处理;协议不成

① 现《最高人民法院关于适用〈中华人民共和国民法典〉婚姻家庭编的解释(一)》第77条第1款规定:"离婚时双方对尚未取得所有权或者尚未取得完全所有权的房屋有争议且协商不成的,人民法院不宜判决房屋所有权的归属,应当根据实际情况判决由当事人使用。"

时,由人民法院根据财产的具体情况,照顾子女和女方权益的原则判决"①的规定来处理。法院裁判要旨如下(见图27):

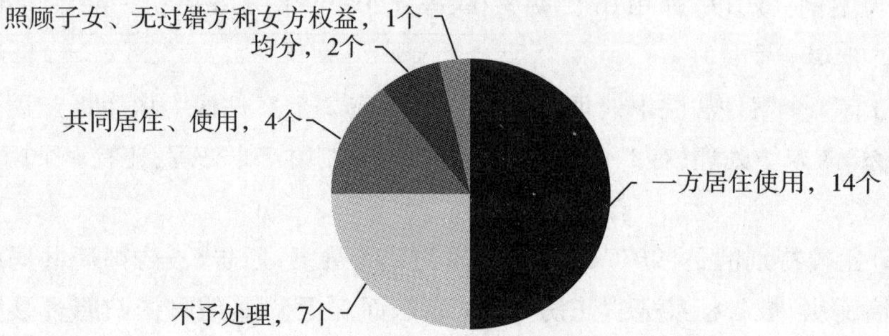

图27 未取得产权证房屋分割的裁判要旨统计

(1)有14个件案件法院判决归一方居住使用,待该房屋取得完全所有权后,另一方可另行主张权利。

参考案例:(2017)鄂0625民初926号。

(2)有7个案件,法院认为因房屋产权未明确,法院判决不予处理。

参考案例:(2018)鄂0111民初3949号。

(3)有4个案件,法院认为因未办理房屋所有权登记手续,故在案件审理过程中不宜判决该房屋所有权的归属,判决原告、被告双方共同享有居住权或共同管理和使用权。

参考案例:(2019)鄂0281民初330号、(2017)鄂0116民初290号、(2017)鄂0116民初3560号。

(4)有2个案件,根据当事人的具体情况,法院判决双方对房屋各享有50%份额。

参考案例:(2018)鄂0106民初9832号。

(5)有1个案件,法院按照照顾子女、无过错方和女方权益的原则判决房屋由当事人所有。

参考案例:(2017)鄂0702民初381号。

① 现《民法典》第1087条第1款规定:"离婚时,夫妻的共同财产由双方协议处理;协议不成的,由人民法院根据财产的具体情况,按照照顾子女、女方和无过错方权益的原则判决。"在判决照顾对象范围中增加了"无过错方"。

（三）车辆分割的裁判要旨

本类案件，双方有协议的依照协议处理。在无协议的情况下，法院一般按照有利生产、方便生活的原则，判决车辆归登记权人一方所有，但按照车辆现存价值给付另一方车辆折价款。

参考案例：（2017）鄂0702民初381号。

（四）现金存款财产分割的裁判要旨

本类案件裁判要旨如下：（1）其中双方有协议的依照协议处理；（2）在无协议的情况下，法院按照均分的原则对现金存款财产进行分割；（3）有少数案件，法院根据当事人的具体情况，按照顾子女、无过错方和女方权益的原则，在夫妻间对现金财产酌定分配。

参考案例：（2017）鄂0881民初3052号。

（五）股权分割的裁判要旨

1. 一方婚后取得的股权

本类案件有6个，法院一般认为一方婚后取得的股权应为夫妻共同财产，法院裁判方式如下：

（1）有3个案件因分割涉及其他股东利益，法院一般认定不宜处理，不予分割。

（2）有2个案件，法院认定此股权系一方在其婚姻关系存续期间的投资，属夫妻共同财产，应由原告和被告各享有50%的份额。

参考案例：（2017）鄂0116民初314号。

（3）有1个案件中，法院结合当事人情况及财产状况，将股权与其他财产进行衡量，将股权判归持有人所有。

参考案例：（2017）鄂0881民初3052号。

2. 一人公司的分割

以（2018）鄂0106民初4831号案为例。法院认为，当事人享有公司100%股权，法院认定该股权为夫妻共同财产，予以平等分割，各分得50%股权。

（六）债权处理的裁判要旨

本类案件，有协议的按照协议处理，在没有协议的情况下，法院一般按照均分的原则进行分割，也有法院认为债权不明晰或涉及第三人利益，不予处理。

参考案例:(2018)鄂0105民初97号。

(七)土地承包经营权处理的裁判要旨

本类案件有2个,其中一个案件双方达成协议,将土地承包经营权自愿赠与子女。在另一个案件中,法院认为因土地发包权在当地集体经济组织,应在离婚后申请集体经济组织处理或另行依法解决。

参考案例:(2018)鄂0583民初1816号、(2018)鄂0691民初67号。

(八)其他实物分割的裁判要旨

在本类案件中,涉及的实物主要为一些个人生活用品、家用电器,有协议的按协议处理,在没有协议的情况下,法院一般结合财产状况及当事人情况予以自由裁量归一方所有。

参考案例:(2018)鄂2822民初1805号。

(九)离婚纠纷中共同债务的裁判要旨

离婚纠纷中,一方或双方主张共同债务的案件不在少数,是否存在共同债务,共同债务如何承担,往往也会成为离婚纠纷的争议焦点。而房屋按揭贷款法院在判决房屋归属时判决由双方或一方承担,故在此不予讨论,此处探讨的债务问题是按揭贷款之外的债务。

统计样本中,涉及债务的案件有45个,法院判决认定为共同债务判决共同承担的18个,判决借款一方承担的10个,判决各自清收偿还的3个,不予认定的8个,未处理的2个,双方协商处理的3个,其他方式处理的1个。

前述法院认定为共同债务的案件,法院通常根据"离婚时,原为夫妻共同生活所负的债务,应当共同偿还。共同财产不足清偿的,或财产归各自所有的,由双方协议清偿;协议不成时,由人民法院判决"①的规定来处理。法院判决认定为夫妻共同债务的要素如下:

1. 是基于双方共同举债或一方事后追认。

2. 一方举债,但夫妻双方对共同债务无争议。

3. 债务用于夫妻共同生活或共同生产经营等。

---

① 现《民法典》第1089条规定:"离婚时,夫妻共同债务应当共同偿还。共同财产不足清偿或者财产归各自所有的,由双方协议清偿;协议不成的,由人民法院判决。"内容无变动。

4. 一方举债用于生产经营,生产经营收入用于夫妻共同生活。

裁判方式:有 8 个案件法院均判决由夫妻双方各承担共同债务的 50%;有 9 个案件判决夫妻双方共同承担;有 2 个案件法院根据双方协商结果判决债务由一方承担;还有案件判决在共同财产的分配过程中预先扣除一方应承担的债务份额后再对共同财产予以分割。

参考案例:(2017)鄂1202 民初1806 号、(2016)鄂0106 民初5311 号、(2018)鄂0115 民初 2386 号、(2018)鄂 0116 民初 1205 号、(2018)鄂 0115 民初 2601 号、(2019)鄂 0115 民初 8880 号、(2017)鄂 1202 民初 1806 号、(2017)鄂 02 民终 389 号。

值得关注的是(2018)鄂0116 民初5325 号案,法院认定该案债务为夫妻共同债务,判项虽然判决婚后夫妻共同债务 202,000 元,由原告承担清偿责任;但因法院将房产判归原告所有,在原告应补偿给被告的房屋折价款中,已扣减了被告应承担的债务款项,故判决共同债务由被告清偿。

对于一方举债,另一方不予认可,或没有足够的证据证明为夫妻共同债务的,法院认为应由举债一方个人承担。也有法院认为此种案例属于另一法律关系,不予认定或处理。

(十)法院分割财产照顾一方的裁判要旨

统计样本中,平均分割夫妻共同财产的案件为 208 个,照顾女方案件 22 个,照顾抚养子女方案件 21 个,照顾无过错方案件 5 个,考虑财产来源案件 6 个。其他的案件法院遵循双方达成分割财产协议、一方放弃财产或双方将财产赠与子女等方式出具判决书(见图 28)。

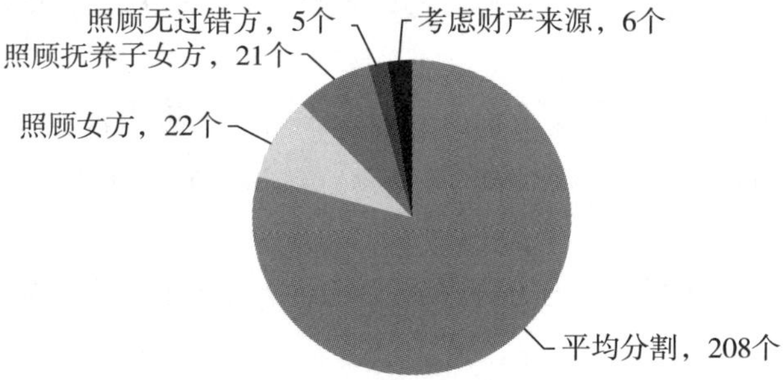

图 28　法院分割财产时照顾一方的裁判要旨统计

在照顾女方案件中,原告为女方的居多,多为婚后男方不主动负担家庭开销、不照顾孩子、不管家庭事务，女方往往对家庭付出较多，因此在判决时会适用《婚姻法》①中照顾女方的原则来分割财产。

照顾抚养子女方案件中，抚养子女方在婚姻关系存续期间承担了较多的抚养子女义务，对家庭付出较多，判决时法官会偏向于抚养子女方。

照顾无过错方案件中，一方违反夫妻忠诚义务，在判决时法官倾向于无过错方，其中 1 个案件法官不仅判决对方少分割财产还判决一次性支付孩子 18 周岁前的全部抚养费。

参考案例：(2017)鄂 0116 民初 129 号(照顾女方)、(2017)鄂 0625 民初 926 号(照顾无过错方)、(2017)鄂 0702 民初 381 号(照顾女方)、(2018)鄂 1127 民初 504 号(照顾女方及无过错方)、(2019)鄂 1127 民初 440 号(照顾女方)、(2019)鄂 0281 民初 330 号(照顾抚养子女方)、(2019)鄂 1223 民初 1411 号(照顾无过错方)。

法院作出上述判决所适用的规定是“离婚时，夫妻的共同财产由双方协议处理；协议不成时，由人民法院根据财产的具体情况，照顾子女和女方权益的原则判决。”②但从适用该法条的案例在统计样本中占比 20.67% 来看，适用比例并不高，是否适用该法条，分割财产倾斜的比例均取决于法官的自由裁量权。我们认为在经济高速发展的今天，男性和女性在经济上并未完全平等，妇女、儿童仍然是社会的弱势群体。尤其是家庭的解体，会造成一部分妇女、儿童经济困难，生活质量降低等诸多问题，若法院在司法过程中，能够在符合条件的案件中，尽可能适用该规则，对保障妇女儿童的生存与发展大有裨益。

我们对筛选出的湖北省 2017 至 2019 年离婚纠纷 268 个判决书样本进行统计分析，发现法院在审理离婚纠纷分割财产案件时遵循的裁判要旨如下：

第一，对于夫妻共同财产的认定，法院通常遵循法律关于夫妻共同财产的规定，认定除夫妻有书面的财产分别所有的约定外，婚姻关系存续期间所得财产为夫妻共同财产。

第二，如果夫妻双方签署了合法有效的夫妻财产约定协议，或夫妻双方就财产分割问题达成协议，法院会根据协议来裁判，故合法有效的协议是定分止争的良策。

第三，若双方无夫妻财产约定协议或就财产分割问题无法达成协议，对于婚后

① 现规定在《民法典》婚姻家庭编。

② 现《民法典》第 1087 条第 1 款规定：“离婚时，夫妻的共同财产由双方协议处理；协议不成的，由人民法院根据财产的具体情况，按照照顾子女、女方和无过错方权益的原则判决。”在判决照顾对象范围中增加了“无过错方”。

共同财产法院裁判以平均分割为原则,虽然法律规定了协议不成时,由人民法院根据财产的具体情况,照顾子女和女方权益的原则判决。但根据统计结果来看,照顾女方、照顾抚养子女方案例相对较少,是否照顾、照顾的幅度主要取决于承办法官的自由裁判权。

第四,湖北省离婚纠纷财产分割,以房产分割为主,分割房产过程当中,对于房产的出资、房产属于夫妻共同财产还是个人财产存在较大争议。法院在审理案件过程中,对于所有查明的事实,均需要证据证明,故保留出资证据、提供夫妻财产约定协议或父母在出资时的书面赠与协议,对明确房产归属尤为重要。

第五,在离婚纠纷判决中,如果仅有一套房产判决归一方所有,由取得房产的一方向另一方支付折价款。若取得房产一方无力支付折价款,存在不便执行的情况,对此,法院裁判双方各享有房产50%的份额,或裁判拍卖房产分割拍卖款,不失为一个平衡双方利益,妥善解决后续执行矛盾的良策。

第六,统计样本中,有2个案件判决房产不予分割,一方享有的份额折抵子女抚养费。我们认为这种灵活处理方式有利于防止按月支付抚养费难以执行的风险,若分割房产,另一方拒绝按约支付抚养费,抚养孩子一方在已经离婚、不共同生活的情况下,很难找到对方索要抚养费,虽然子女可以另行起诉,但执行难度巨大,所以说,这类思路保护了抚养孩子方及子女的利益。

四、离婚后财产纠纷的裁判要旨

本部分以离婚后财产纠纷案件中财产分割的裁判要旨为主方向,对湖北省的956个判决进行分析研究,大数据的分析主要包括案例分布情况的介绍、纠纷原因分析、案涉财产分析以及裁判要旨分析等五部分。

(一)房产分割案件

从表42的52个裁判文书中关于房产判决的情况可以看出,裁判前房产登记在一方名下,裁判后仍归属一方名下的判决共35个,占比67%。对于第1种类型,裁判后归属非登记方,主要是法院出于对当事人意愿的尊重;第2种类型下其他处理方式为夫妻共同共有;第5种类型下其他处理方式,法院认定为夫妻共同共有,考虑房产的福利性质,对一方进行了多分;第6种类型的其他处理方式中法院均认定为夫妻共同共有;第7种类型下其他处理方式中法院认定夫妻共有的有1个,认定一方所有的有1个;第8种类型下其他处理方式中有3个法院认定为夫妻共同财产,有1个根据当事人的意愿分配;第9种类型下其他处理方式中,法院认定双方共有的有2个,另1个根据被继承人意愿属于一方所有。

表42 裁判文书中关于房产判决的统计情况

裁判前归属状态	裁判后归属状态				
类型	总数/个	登记方名下/个	非登记方名下/个	其他处理方式/个	未处理/个
1. 婚前一方部分出资购买登记在一方名下	19	18	1		
2. 婚前一方购买登记在双方名下	1			1	
3. 婚前双方共同出资购买登记在一方名下	2	2			
4. 婚前父母出资购买登记在一方名下	2	2			
5. 婚后一方购买登记在一方名下	5	4		1	
6. 婚后双方出资购买登记在一方名下	11	8		3	
7. 婚后一方父母出资购买登记在一方名下	3	1		2	
8. 婚后双方出资购买登记为双方共有	6			4	2
9. 婚后一方继承所得的房产	3			3	
共计	52	35	1	14	2

法院对房产进行裁判的思路为原房产登记在谁的名下,裁判后多半房产属于谁,其中对于婚后购买登记在双方名下的房产法院倾向于认定为夫妻共同财产,对于具体的分割比例,则会考虑双方或父母的出资情况。

对于房产没有产权证的情况,法院多半不处理。房产作为一种争议较多的财产,法院在处理时,除具备上述裁判要旨特点外,还具有其自身的一些特点。对于无房产证这样一种特殊情况,我们也单独拿出来做了裁判要旨分析。

在956个判决中,法院对于无房产证作出裁决的共有29个,其中有22个法院认为房屋未办理房产证,尚未取得完全所有权,无法确认其是合法建筑还是非法建筑,不宜判决房屋所有权的归属或进行分割,须待取得房产证后另行处理;有4个法院仅对房屋的居住权或者使用权进行分割;有2个对房屋的归属进行了认定,法院考虑的主要因素包括对购买房产的实际贡献、偿还剩余银行按揭贷款的实际状态等;有1个虽未处理房产归属问题,但对购房合同项下的权利进行了处理(见图29)。其给予我们的启示是,对于无证房产分割案例,虽大概率不能取得房屋所有权,但可以请求法院对于房屋居住权或使用权以及其他购房合同权利进行分割。

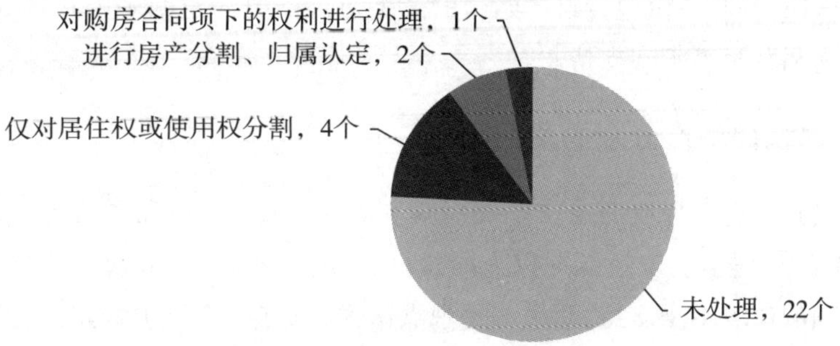

图 29 房屋无产权证时法院处理方式统计

(二)离婚补偿未给付,迟延利息可诉性的裁判要旨

在一方依据离婚协议起诉要求另一方支付因逾期给付补偿金及利息时,在离婚协议合法有效的前提下,法院对于补偿金本金都按照协议裁判,但对于补偿金利息损失,法院并非都予以支持。在离婚协议中未约定利息或者未约定补偿金给付时间时,一方诉请支付利息的,法院不予支持;在协议中未约定,但是明确了支付时间或者用借条方式固定债权的,人民法院则予以支持。由此,我们对这类案件,对于当事人一方诉请支付补偿金利息的,需要明确离婚协议中是否对于支付时间或者给付利息有明确约定(见表43)。

表 43 法院对离婚补偿延迟给付利息的裁判观点

案号	主要情况	法院认为
(2018)鄂 0606 民初 1030 号	原告、被告办理离婚登记,并签订离婚协议,约定"夫妻共同财产处理:男方分得:所有家电、家具。女方分得:男方支付女方现金伍万元整"。男方未支付上述款项,女方诉至法院。原告诉请支付 5 万元及利息	协议合法有效,故原告要求被告按协议约定支付其 5 万元补偿款,符合法律规定,本院予以支持。但该协议并未约定支付时间,原告要求被告支付利息的诉讼请求,无法律依据
(2017)鄂 1023 民初 1651 号	原告、被告就共同财产分割约定,夫妻双方共同财产以及债权债务均由男方拥有,男方一次性支付女方现金 40 万元整,其中现金 20 万元,借条 20 万元,此借款于 2015 年年底付清,被告向原告出具 20 万元欠条,后因被告还有 16 万元未支付,原告诉至法院,要求被告支付 16 万元及逾期支付利息	协议合法有效,原告、被告应按协议履行,但被告只按协议内容履行了部分义务,给付了原告部分财产分割款,余款 16 万元到期后拒不给付,已构成违约,原告要求被告继续履行协议,并承担逾期支付的利息之请求符合法律规定

这也告诫我们，一份包含财产给付的离婚协议需要约定明确财产给付时间，以防将来诉请利息时得不到支持。

（三）已抵押房产分割的裁判要旨

法院在判决有抵押权的房产归属时观点并不一致，一种观点认为，依据《物权法》第191条①之规定，未经抵押权人同意，该房屋不能转让，故对一方要求分割相应房屋份额的请求不予支持；而另一种观点认为，双方在协议中约定了按份共有房屋，在未约定不能分割的条件下，按份共有人可以随时请求分割，即使房屋上有抵押，也仍然支持房屋分割，并判决房产归属（见表44）。

表44　法院对离婚时设有抵押权的房产的裁判观点

案号	主要情况	法院认为
（2019）鄂01民终10670号	原告、被告达成调解协议约定：共有房屋，原告享有50%产权份额，被告享有50%产权份额，房屋剩余贷款金双方各自承担一半。后因被告将该房屋出租给第三人，原告诉至法院，要求分割上述房屋50%份额	未经抵押权人同意，诉争房屋不得转让，法院对分割房屋份额不予支持
（2019）鄂01民终4154号	原告、被告婚后共同出资买一处房产，离婚协议约定：原告、被告按照四六比例享有位于武汉市黄陂区房屋的所有权（原告占60%，被告占40%），该房屋上剩余贷款及其他一切费用由被告承担。离婚后，原告、被告因房产分割问题产生纠纷，原告遂诉至法院要求确认该房屋归属。该房屋上有抵押权	双方在离婚协议中并没有约定不得分割共有的房产，按份共有人吴某可以随时请求分割，故吴某要求分割共有房产的诉讼请求，合法合理，予以支持

我们分析其中不同的裁判原因在于：前者限制抵押人自由处分有抵押房产系维护抵押权人及买受人合法权益，维护交易安全之考量；而后者系夫妻双方一方对于共有房屋条件不具备，对取得房屋条件已具备的情况下，判决归属一方，并不影响抵押权人权益，再办理相应房屋变更登记手续，也未尝不可。

---

① 现《民法典》第406条规定："抵押期间，抵押人可以转让抵押财产。当事人另有约定的，按照其约定。抵押财产转让的，抵押权不受影响。抵押人转让抵押财产的，应当及时通知抵押权人。抵押权人能够证明抵押财产转让可能损害抵押权的，可以请求抵押人将转让所得的价款向抵押权人提前清偿债务或者提存。转让的价款超过债权数额的部分归抵押人所有，不足部分由债务人清偿。"取消了必须经抵押权人同意才能转让的内容。

(四)离婚协议约定房产归属的裁判要旨

1. 离婚协议赠房产,约定不给办过户,房产属于谁?

虽为婚前财产不影响双方在婚内或者离婚时对该财产的权属进行约定,虽约定"不办理过户手续",但并不影响受赠方在必要时要求履行离婚协议及确认房屋权属,并判决房屋归受赠方所有。

参考案例:(2018)鄂01民终2862号。

2. 夫妻双方约定将房产赠与子女,但未办理过户手续,赠与成立与否?

夫妻协议离婚,约定该房屋归子女所有,但未办理变更登记,应视为赠与不成立,房产仍属于夫妻共同财产。

参考案例:(2018)鄂0881民初2447号。

(五)其他财产分割的裁判要旨

1. 农村宅基地自建房,并非出资者为权利人

农村宅基地是集体组织无偿提供本集体成员建造自住房屋的,宅基地的使用、占有具有强烈的人身属性,宅基地使用权人即为当然的权利人,在农村宅基地上所建造的房屋,在确定权利人时,不能因为出资就对建造的房屋享有相应的权利。

参考案例:(2018)鄂9021民初312号。

2. 棺材不宜分割

棺材一副,被告为其父亲所制,且现在被告父亲仍由被告赡养,为尊重当地的风俗习惯,不宜在本案中分割处理。对其他的棺材用木料可进行分割。

参考案例:(2018)鄂0528民初1419号。

通过对湖北省各地区法院筛选出的956个离婚后财产纠纷案件判决进行分析,我们发现对于离婚后夫妻共同财产的分割思路为:

第一,关于离婚协议的效力问题。夫妻双方已签订离婚协议,如没有证据证明存在欺诈、胁迫情形时,法院会裁判离婚协议有效,并按离婚协议的约定分割财产。

第二,关于离婚后有尚未分割的财产分割问题。在这种情况下,法院首先会审查是否有尚未分割的财产,大多数法院会认为如在离婚协议中约定"无财产可供分割"或"财产已分割完毕"等,则视为双方已对婚内财产进行约定,未主张分割的一方已放弃财产处置的权利,除非有证据证明其不知情或另一方存在隐瞒,而对于此类证据的取证难度大,认定要求高。因此,离婚协议内容的约定尤为重要,在签订离婚协议时注意予以明确。如已提供证据证明确实有尚未分割的财产,法院总体上

以均分为原则,如一方或一方的父母出资较多、对家庭付出较多,或出于对妇女、儿童、老、弱、病等的照顾,抑或一方存在隐藏、转移、变卖、毁损夫妻共同财产等情形,法院在分割财产时会酌情作出适当的倾斜,对出资较多、家庭贡献较大、特殊群体方适当多分,对存在过错的一方则不分或少分。

第三,关于离婚协议的履行问题。我们所检索的案例中大多数都是离婚协议的履行问题,从常理上来看,离婚时信任度已基本丧失,履行离婚协议的内容则更加困难,因此,在协商离婚协议时注意提供切实可行、具备执行力的方案,避免节外生枝。

针对上述法院裁判思路,结合典型案件法院的裁判观点,我们提出以下建议:

第一,离婚协议的签订需建立在平等、自愿、尊重双方真实意思表示的基础上,避免存在欺诈、胁迫等被撤销的可能。

第二,离婚协议中所涉及的财产内容应客观、准确。一份合法、真实、有效的离婚协议,会成为法院裁判的依据,对于离婚协议的拟订尤为重要,特别注意在离婚时如有财产尚未分割,建议在离婚协议上注明,切忌约定"无财产可供分割"或"财产已分割完毕"等,避免在离婚后财产纠纷中被法院认定为放弃该部分财产导致无法获得应得部分。

第三,建议在日常生活中注意留心对方的财产线索,保持信息通畅,避免在离婚后才发现对方有隐瞒的财产,甚至无法向法院提供对方存在隐瞒及隐瞒的财产所相关的证据导致自身合法权益受损。

第四,建议在离婚时根据双方的实际给付能力及信任度制订切实可行的方案,避免协议成为一纸空文,最终仍需要通过法院强制执行。

五、夫妻财产约定纠纷的裁判要旨

现对湖北省各地区法院 2017 至 2019 年审理夫妻财产约定纠纷裁判文书适用的裁判要旨进行统计。

(一)夫妻财产约定符合法律规定的裁判要旨

夫妻财产约定符合法律规定的,审理法院对离婚登记时签订的离婚协议书裁判支持履行。

参考案例:(2016)鄂 06 民终 1592 号、(2017)鄂 0303 民初 2538 号、(2018)鄂 0303 民初 265 号。

（二）审理法院对与离婚协议书并存的其他夫妻财产约定的裁判要旨

离婚协议书之前已存在夫妻财产约定的，离婚协议书视为对前述夫妻财产约定的变更，裁判以离婚协议书为准；离婚协议书之后就离婚协议书已约定的内容进行补充约定符合法律规定，对双方均具有约束力。

参考案例：(2017)鄂06民终1133号、(2019)鄂2825民初1345号。

（三）审理法院对结婚登记前或婚姻关系存续期间签订的夫妻财产约定的裁判要旨

法院对结婚登记前或婚姻关系存续期间签订的夫妻财产约定一般给予支持。

参考案例：(2018)鄂01民终7801号、(2019)鄂01民终6404号。

1. 因未履行离婚协议书金钱给付义务而主张逾期还款利息或资金占用损失，审理法院区分离婚协议书有无明确约定予以裁判。

离婚协议书已约定期限付款，未按约定期限履行的，裁判承担偿还欠款的民事责任并承担逾期还款利息；离婚协议书未就履行期限届满后的资金损失如何处理进行约定，主张计算资金损失无事实和法律依据，裁判不予支持。

参考案例：(2016)鄂1126民初1767号、(2018)鄂0822民初312号。

2. 一方对夫妻财产约定主张撤销赠与，审理法院区分具体情况裁判。

离婚协议书约定共有财产归一方所有，是对双方共有财产归属的约定，不是将一方所有财产赠与另一方，不适用关于撤销赠与的规定。

结婚登记前双方约定以结婚登记为前提条件将一方所有的房产赠与另一方，具有道德义务性质，结婚登记后赠与不能撤销。

参考案例：(2016)鄂06民终1592号、(2018)鄂01民终7801号。

3. 婚姻关系存续期间一方主张另一方按照夫妻财产约定协助办理房屋产权变更登记，审理法院裁判不予支持。

夫妻财产约定未违反法律禁止性规定，内容合法有效；因双方在婚姻关系存续期间，一方主张另一方按照夫妻财产约定协助办理房屋产权变更登记，与“为了家庭和谐”进行夫妻财产约定的目的内容不符、存有不妥，裁判不予支持。

参考案例：(2019)鄂01民终6404号。

湖北省各地区法院2017至2019年审理夫妻财产约定纠纷案件，并按照规定发布互联网的裁判文书数量较少，从有限的12个案例分析，审理法院的裁判要旨均确认夫妻财产约定形式内容符合法律规定，裁判支持履行协议。因此，作为完全民事行为能力人的夫妻双方或者即将登记结婚的双方，应在平等自愿、相互尊重的基础上，认真负责签订夫妻财产约定，并按照协议约束双方切实履行。

六、同居关系析产纠纷的裁判要旨

经认真查阅所有检索案例，有些判决书不完整，没有具体内容，剔除无效案例，最终统计完成 112 个案例，遂本部分以 112 个案例作为基础，2017 年 47 个，2018 年 37 个，2019 年 28 个。

（一）同居期间有财产约定或者分手协议的裁判要旨

同居期间有财产约定的比较少，有几份判决书中在分手时有清算，双方对同居期间双方的支出和分配给出意见，并对所写书面欠条或双方之间的账面往来等予以确认，法院基本会认可该欠条或其他形式的分手协议，并以此做判决。

（二）未取得产权证房的裁判要旨

在我们统计的案例中，未取得房产证的房屋还是有一定比例的，其中包括农村宅基地的、只有土地证的，或者商品房合同备案等情况，在法律角度不是完整的产权，各地法院或者同地法院之间存在个体差异，有的法院予以处理，有的法院以产权不明为由不予处理。有少量法院对宅基地房屋予以分配，为了绝对的对半分，还判决从房屋中间砌墙，这是解决他们矛盾的一个很好的方式。

（三）彩礼返还的裁判要旨

同居财产纠纷案例中，有少量是关于彩礼返还问题的。因我国风俗习惯影响，结婚彩礼数目比较大，还有相当一部分是借来的或者贷款所得，所以一旦结婚未成，容易产生纠纷。按照《最高人民法院关于适用〈中华人民共和国婚姻法〉若干问题的解释（二）》第 10 条①规定：当事人请求返还按照习俗给付的彩礼的，如果查明双方未办理结婚登记手续的，人民法院应当予以支持。不过在案件中一般对彩礼名目的认定不一致，有转账或者现金，有的虽然有转账，但是并不一定必然是彩礼，所以案件在审理过程中，一般会有证人。

---

① 现《最高人民法院关于适用〈中华人民共和国民法典〉婚姻家庭编的解释（一）》第 5 条规定："当事人请求返还按照习俗给付的彩礼的，如果查明属于以下情形，人民法院应当予以支持：（一）双方未办理结婚登记手续；（二）双方办理结婚登记手续但确未共同生活；（三）婚前给付并导致给付人生活困难。适用前款第二项、第三项的规定，应当以双方离婚为条件。"内容无变动。

(四)共同财产分割原则的裁判要旨

该处共同财产包括房屋、拆迁利益等,法院在审理过程中,会从证据来查明原告与被告的出资份额,或者在形成共同财产付出的多少,包括财力和人力,来综合裁量共同财产的份额归属,除非双方同居多年,财产混同,资金往来又频繁,法院才会判决均分。

湖南省法院婚姻家庭案件裁判要旨梳理

一、统计样本

1. 数据来源:Alpha 案例库

2. 裁判年份:2017 年、2018 年、2019 年

3. 检索条件:(1)案由:离婚纠纷;(2)地域:湖南省;(3)年份:分年份;(4)法院认为:本院认为;(5)裁判结果:不准予;(6)文书类型:判决。

4. 检索日期:2020 年 2 月 9 日

鉴于离婚案件原则上不予公开,所以检索到的案件并不是实际案件量。根据以上检索条件,共检索案例 2294 个(2017 年 1110 个,2018 年 666 个,2019 年 518 个)。在筛选案例时,发现部分判决书裁判结果中还有诸如"原告诉被告离婚,不以准予(许)""不准原告与被告离婚""驳回原告的离婚诉讼请求"之类的,所以无法按上述检索条件予以剔除,只能人工删减。最后,统计后的湖南省 2017 至 2019 年离婚纠纷案例共计 904 个(2017 年 483 个,2018 年 246 个,2019 年 175 个)。

二、离婚纠纷财产分割数据统计及裁判要旨分析

(一)原告主张财产分割而被告未到庭的裁判要旨

在 257 个涉及财产分割的离婚案例中,原告主张财产分割,因被告未到庭,只支持离婚而未予处理财产的案件共有 39 个,法院的裁判观点基本如下所述(见表 45)①:

表 45 法院对离婚案件被告未到庭时财产问题的处理方式

案号	法院认为
(2017)湘 3130 民初 251 号	被告陈某某未出庭应诉,对夫妻共同财产的分割、债权债务的处理等问题,无法知其真实意思和查明真实情况,为保护当事人的合法权益,均应保持现状为宜,当事人日后可协商处理或另诉解决
(2016)湘 3130 民初第 1246 号	被告向某某经本院依法传唤,未到庭参加诉讼,为更好地保护婚姻双方当事人的合法权利,原告、被告婚姻关系存续期间的共同财产、债权债务以及子女抚养问题应维持现状,本院不予处理为宜

① 表中为其中几个例子没有全部列出,下文不再赘述。

续表

案号	法院认为
(2017)湘 0381 民初 562 号	因被告未到庭应诉,对于原告、被告的共同财产以及共同债务情况本院无法查明,在本案中不予处理,双方当事人可自行协商处理,协商不成的可另行诉讼

诸多离婚案件中的被告基于不愿离婚等原因,经法院多次依法传唤,却不出庭应诉。在法院审理查明后,认为符合离婚条件的,法院一般会准予原告、被告离婚,但基于被告未到庭说明情况,无法完全知晓原告、被告婚姻关系存续期间的共同财产、债权债务以及子女抚养相关问题,因此为保障原告、被告双方及未成年人的合法权利,法院在离婚纠纷中不宜处理财产问题及子女抚养问题。当然也不排除,在财产证据充分的情况下,法院依然会处理相关财产。

(二)夫妻财产约定协议效力认定的裁判要旨

涉及夫妻财产协议的案例共计 4 个,具体见表 46:

表 46 法院对夫妻财产约定效力的认定情况

案号	法院认为	认定结果
(2019)湘 0702 民初 1534 号	关于婚前协议效力的认定,婚前协议第 1 条约定了双方不得生育孩子,此系对法律赋予公民生育权的人为限制,当数无效。婚前协议第 2 条系对梅某标婚前财产归其所有的约定,本案只对夫妻共同财产进行分割,并不涉及对梅某标婚前财产的处理,且梅某标未举证证明其名下所包含的个人财产的具体情况	关于财产部分约定有效
(2016)湘 1002 民初 3505 号	证据 7 约定书中的签名不是原告本人签的,手印可能是被告趁原告睡着后按上去的;本院认为:本院曾组织双方对证据 7 约定书当中所按手印的真实性进行鉴定,但原告拒不配合,故鉴定未成	约定书有效
(2017)湘 1081 民初 636 号	原告、被告于 2010 年 7 月 24 日签订的协议书约定自原告、被告双方签字经资兴市公证处公证并登记结婚后生效,该协议未经资兴市公证处公证,婚后双方亦未按照该协议履行,该协议并未生效,对原告、被告没有约束力	协议无效
(2017)湘 1202 民初 3663 号	本案原告、被告均为完全民事行为能力人,签订承诺书系双方真实意思表示,不存在欺诈、胁迫的情形,且承诺书中关于财产的约定部分不违反法律的强制性规定,也不违反社会公序良俗,并且约定的责任承担方式具有可操作性,故该承诺书中关于财产部分的约定合法有效	承诺书有效

随着社会经济的发展,人们的法律意识也渐渐增强。越来越多欲步入婚姻殿堂的男女为防止日后分歧等,婚前、婚后会签订各种协议,如婚前财产协议、婚后财产协议、承诺书、保证书等。因此,在审理离婚案件中,法院也将审理不同的协议。法院在审理相关协议时,经审查认为协议基于双方真实意思表示,不违反法律法规的强制性规定和公序良俗,以及不存在欺诈、胁迫等行为的,法院一般会认定协议有效。

而在本次数据统计中,根据已公布的判决书,湖南省涉及当事人双方签订财产约定协议的很少。当然,实践中越来越多的人,特别是年轻人已经具有了签署财产约定协议的意识,至少笔者每年经办的都不少。

(三)房产分割的裁判要旨

房产已经成了现代社会的基本生活资料,而对于普通的工薪家庭来讲,一般情况下都只购买了一套住房。因此,在离婚时对于房产的分割就成了夫妻双方争议的焦点之一。在司法实践中,法院会根据什么原则来分割房产,房产一般会判给谁,是离婚当事人普遍关注的问题。在本次统计的257个案件中,涉及房产分割的案件占132个。其中,房产类型主要包括商品房和自建房,其他类型的房产涉及量太小,可参考性不大,本部分不再做统计分析。

1. 商品房分割裁判要旨

本次统计的2017至2019年离婚判决涉及商品房分割的案例共计73个。商品房分割的裁判要旨主要包括当事人双方协商后的法院裁决与法院查明事实后依法判决两大部分。根据笔者研读的判决书,双方当事人协商的结果包括一方放弃、共同赠与子女、价值协商后折价补偿;法院依法判决的规则包括按份额确认房产归属、适当照顾妇女儿童的权益、经评估或双方竞价后判决、法院酌情确认价值后判决等。

(1)当事人双方协商的相关情况

①一方放弃,法院判决房产归属

在离婚诉讼中,出于快速离婚的目的,一方当事人(原告居多)主动放弃对房产进行分割。本着意思自治原则,法院判决房产归属另一方。在商品房分割中,涉及一方放弃分割的案件共计15个(见表47)。

表 47　法院对离婚时一方放弃夫妻共同财产分割要求的认定情况

案号	法院认为
(2017)湘 0408 民初 972 号	对于夫妻共同所有的位于湖南省衡阳市船山西路×号××号楼××室的房屋(房产证号:衡房权证蒸湘区字第××××号)及车牌号为湘 D××××的"别克"牌汽车的所有权,原告表示放弃,被告刘某军对此无异议,本院予以尊重
(2018)湘 1081 民初 517 号	原告杨某在本案审理过程中对婚姻关系存续期间的该财产属于原告的份额予以放弃,本院认为,当事人有权对自己的权利进行处分,故原告、被告婚姻关系存续期间的财产,即位于资兴市三都镇宝源矿×村×号的房屋一套、位于湖南省祁阳县的房屋归被告张某 1 所有
(2017)湘 0981 民初 52 号	对于原告在庭审中表示自愿放弃共同财产即位于沅江市原米厂区域内三楼面积为 76 平方米的一套住房的分割,系其真实意思表示,不违反法律规定,故本院依法予以采纳

只要不损害国家、集体或他人的利益,具备完全民事行为能力的人有权对自己的权利进行处分。因此法院在审理离婚纠纷中,一方自愿放弃自己的财产权益,另一方表示接受,法院将予以采纳。

②赠与子女,法院判决房产归属

夫妻共同财产赠与子女,在离婚诉讼中也不少见,包括双方共同把房产份额赠与子女,同时也含有一方将属于自己的份额赠与子女。本研究中双方协商赠与子女的案件共计 5 个(见表 48)。

表 48　法院对离婚时将夫妻共同财产或其中份额赠与子女的认定情况

案号	法院认为
(2017)湘 0981 民初 877 号	本案原告、被告均自愿将各自在共同财产房屋一套中享有的 50% 权益一致赠与婚生子郭某 2,不违反法律规定,本院予以确认
(2017)湘 0981 民初 742 号	关于共同财产的处理,当事人有权利在法律规定的范围内处分自己的民事权利,本案原告、被告均向本庭表示,同意将夫妻共同财产即位于沅江市桔成世家新时空小区第×栋×单元××号住宅一套赠与婚生女曹某 3,系双方的真实意思表示,不违反相关法律规定,本院依法予以支持
(2016)湘 0981 民初 1796 号	关于共同财产的处理,当事人有权利在法律规定的范围内处分自己的民事权利,本案原告在庭审中提出,将与被告共有的一套住房即产权证号为房权证庆云山字第××号中原告所有的部分,自愿赠与婚生女吴某 2 所有,符合法律规定,本院依法予以支持

离婚案件中,在处理财产时,属夫妻共同财产的,夫妻双方一致同意将共同财产赠与子女的,只要不违反相关法律规定,法院将依法予以支持。这里需提醒,办完

离婚登记手续后,应及时办理房产过户手续,避免其他法律风险。

③多于两套以上房产,双方协商价值,各分一套,法院判决房产归属

本研究的样本中,涉及两套以上商品房的案例共计7个。对于两套以上的商品房,双方根据房产的价值大小进行分割,对于价值过于悬殊的,补正其中的差价(见表49)。

表49 法院对离婚时涉及多套房屋分割的处理方式

案号	法院认为
(2017)湘0302民初609号	被告在庭审中陈述大户型房屋即位于湘潭市雨湖区城正街街道熙春路××号××栋××单元××号房屋(建筑面积119.29平方米)归原告所有,小户型房屋即位于湘潭市雨湖区城正街街道繁城西村××栋××单元××号房屋一套(建筑面积76.32平方米)归被告所有,本院予以支持
(2017)湘0422民初510号	原告、被告已能确认的夫妻共同财产,按照财产的分布状况及便于原告、被告双方今后的工作及生活,登记在原告与原告弟弟王某2名下位于广州市白云区棠乐路佳园街××号××号的住房原告所占份额归原告所有,登记在被告名下位于衡南县新县城临蒸路××号地云祥阁××栋××号住房归被告所有较妥,另由原告补偿被告60,000元
(2018)湘0202民初1193号	根据房屋使用现状及照顾子女和女方权益的原则,原告与女儿居住在荷塘区茨菇塘路××号××栋××号房,被告与其母亲居住在荷塘区前进村三栋××室,荷塘区茨菇塘路××号××栋××号房宜分割为原告所有,荷塘区前进村三栋××室宜分割为被告所有,因原告分割所得房屋的面积大于被告房屋的面积,按照公平原则,应由原告对被告给予房屋价值差额补偿,参考两房的面积差异、购房价格、房屋价值等因素,本院酌定,原告对被告补偿10万元

在离婚案件中,在分割夫妻共同财产时,若双方有两套房产以上的,法院认为在照顾子女和女方权益的原则下,综合考虑双方生产生活的条件下,一般会由双方当事人各分得产权,产权价值大的以现金形式补偿产权价值小的。

④双方协商折价分割,法院依法判决

离婚诉讼中,原告、被告协商房产的价值,一方所得房产,补偿另一方相应的折价款。若无法协商,则需进行评估,双方当事人本着省时省力,同时减少相关费用支出的情况下,离婚双方当事人一般会选择此种方式进行房产分割。本研究商品房的分割中,双方协商折价的案件有13个(见表50)。

表50　法院对协商折价分割共同财产的支持情形

案号	法院认为
(2019)湘0482民初30号	原告、被告在婚姻关系存续期间购置了坐落于常宁市泉峰办事处新村路云城家园××幢××室一套商品房(不动产权证070264××号)和一间车库,属夫妻共同财产,该房屋和车库均登记在原告侯某某名下,原告表示该房屋和车库作价30万元,要求享有房屋所有权,其愿意补偿被告15万元,被告刘某某当庭表示同意,本院认为原告、被告对该房屋和车库的处置系双方真实意思表示,应予支持,因此该住房和车库的所有权归原告侯某某所有,由原告补偿被告15万元
(2017)湘0304民初1667号	在本案审理过程中,原告、被告一致认可对该房屋按照600,000元价值予以分割,且一致同意该房屋归被告所有,由被告向原告支付相应的折价补偿款
(2017)湘0408民初276号	该房屋系原告、被告夫妻共同财产,因该房屋建筑面积172.1平方米,原告在庭审中表明,其上述房屋归被告所有,被告仅需向其支付房屋分割款150,000元。结合上述房屋的位置及房屋面积,该房屋总价应超过300,000元。结合上述房屋的登记情况及原告的诉求,房屋归被告所有较为适宜,因原告要求被告支付的共同财产分割款未超过房屋总价值的一半,故本院对原告要求被告支付原告上述房屋分割款150,000元的诉讼请求予以支持

在离婚案件中,在分割夫妻共同财产时,若双方仅有一套房产,法院认为通过双方协商一致,以实际需要或产权方便登记等原则确定产权方后,产权方以折价款补偿另一方合情合理。

以上几种当事人双方协商的处理原则,只要双方当事人的意思自治不会侵犯到其他人的合法权益,法院原则上会尊重双方当事人的意见,进行依法判决。同时,对于当事人无法协商的,法院也会依据案件情况进行判决。

(2)法院依法判决的情况

①按份额确认房产归属

离婚诉讼中,关于财产分割,特别是房产分割,夫妻共有的房产,不一定全部都是由一方所有。在双方当事人无法协商的情况下,法院会根据案件情况及房产情况进行按份额判决(见表51)。

表 51 法院对共有财产按份额分割的情况

案号	法院认为	裁判结果
(2017)湘 0121 民初 1285 号	双方确认现在房屋价值与购买时价值相当,但两人均不愿意接受房屋,只要求对方支付己方已支出的费用。考虑到短期内无法变卖房产,而双方各自支出的费用均发生在婚姻关系存续期间,故根据房屋现状,宜判决夫妻共同财产即位于长沙市雨花区香樟路××号湘樟家园×栋××号的房产由原告、被告各占 50% 的份额	原告、被告各占 50% 的份额
(2018)湘 0703 民初 268 号	婚姻关系存续期间在常德市鼎城区武陵镇桥南市场购买门面一间(房产证号:常鼎房权证武陵镇字第 130××号)、在常德市武陵区武陵大道北段"新邦壹品"购买商品房一间(房号:××),属于夫妻共同财产,应予平等分割,考虑陈某长期独自抚养子女,且购买房子的资金亦主要由陈某出资的情况,其分割的份额可适当予以增加	陈某享有上述财产 70% 的份额,徐某波享有上述财产 30% 的份额
(2019)湘 3101 民初 1059 号	本案诉争房屋系双方婚后购买,购房合同上买受人为原告、被告两人,应为夫妻共同财产。诉争房屋系按揭购买,购房款尚未完全支付,未办理产权证书,现由被告居住。原告婚后出资的购房首付款和被告婚后偿还的购房按揭款均用于购买诉争房屋,应视为夫妻共同财产纳入诉争房屋的价值一并处理。现原告、被告均主张房屋的所有权但不同意竞价取得,经本院释明又不同意对房屋的价值进行司法鉴定,本案不宜直接对诉争房屋进行分割	房产为共同所有,各占 50% 的份额

在离婚案件中,处理原告、被告夫妻共同房产时,出现原告、被告均不要求产权或不方便拍卖,不能及时变现等情况时,法院认为对诉争房屋判决份额更适宜,对份额一般以各占 50% 为准则,再综合考虑出资等情况,酌情判定房产份额。但不建议当事人选择这种方式,因为极有可能会产生第二次诉讼,以解决房产的问题。

②适当照顾妇女儿童的权益

根据法律规定,离婚时,夫妻共同财产的分割由双方协议处理,协议不成时,由法院根据财产的具体情况,照顾子女和女方权益的原则进行依法判决。在司法实践中,也体现了这一基本原则。本部分中,共有 11 个案例运用了这一原则(见表 52)。

表 52 法院对财产分割时照顾子女和女方权益原则的适用情况

案号	法院认为
(2019)湘 0223 民初 5234 号	原告、被告于 2012 年 6 月购买的坐落于攸县城关镇建设路华升佳园的四室二厅套房,因其产权登记在双方名下,且被告也有出资行为,故该房产应当认定为双方婚姻关系存续期间的共同财产,理应共同分割。根据原告、被告实际出资情况以及从照顾妇女儿童的合法利益出发,本案所涉房产应归原告所有
(2018)湘 0381 民初 3012 号	婚续期间添置的湘乡市燕兴家园×栋×座×号房屋、车库、“东风本田思威”牌小车为夫妻共同财产,依循照顾女方权益的原则,宜判决房屋归被告所有
(2017)湘 0981 民初 1308 号	原告、被告婚姻关系存续期间共同财产房屋一套,考虑到婚生子随原告共同生活,从照顾子女和女方权益的原则出发,房屋所有权归原告为宜,因房屋现价值 22 万元,由原告金某对被告蔡某补偿 11 万元

法律明确规定,离婚纠纷涉及财产分割时,要适用照顾子女和女方权益的原则。在现代社会,男性在经济方面获得的权益一般还是略高于女性,因此法院认为在处理夫妻共同财产时,只要不违反相关法律法规,一般会遵从照顾子女和女方权益的原则进行财产分割。

③经评估或双方竞价后判决

当双方当事人对涉及分割的房产无法协商价值、都主张房产所有权时,法院会采取让当事人竞价或评估的方式,确认房产价值,再结合房产的居住情况及登记情况,进行依法判决(见表 53)。

表 53 法院对房屋分割时双方无法对房屋价值协商一致的竞价、评估处理方式

案号	法院认为
(2017)湘 0111 民初 6798 号	2718 房登记在原告、被告名下,二人各占 50% 份额,该房实际由华盛泰公司占有使用。本案审理过程中,经原告申请,本院委托湖南恒基房地产土地评估有限公司对 2718 房的市场价值进行评估,2018 年 1 月 24 日,该公司作出湘恒基房评字(2017)第 F1672 号房地产估价报告,确定 2718 房于价值时点的估价结果为 1,050,874 元。原告为此支付评估费 12,400 元。根据实际使用及登记情况,本院判决 2718 房归被告所有、2718 房未偿还的银行按揭贷款 495,251.63 元应由被告承担

续表

案号	法院认为
(2017)湘 1081 民初 636 号	对于资兴市新区梦圆新城××栋××单元××房的处置,原告、被告均主张该房屋的所有权,双方未能对该房产的处置达成一致意见。原告认为该房屋现值 180,000 元,被告对该房屋价值表示不清楚,原告愿意补偿被告相应价款,被告虽想拥有该房所有权,但表示没有钱补偿给原告,根据《最高人民法院关于适用〈中华人民共和国婚姻法〉若干问题的解释(二)》第 20 条①的规定,双方均主张房屋所有权并且同意竞价取得的,应当准许
(2017)湘 0381 民初 1017 号	原告、被告现有位于湘乡市新湘路办事处铝厂工人村××栋×单元××号房屋一套,产权证号为:湘房权证湘乡市第 0216××号。原告、被告分居后该屋一直由被告居住。婚续期间取得的铝厂工人村××栋×单元××号房屋及添置的家具电器,因被告对房屋价值竞价高于原告,故房屋为被告所有为宜

在离婚案件中分割不动产时,原告、被告都主张产权,从而出现竞价现象,法院依照法律规定认为价高者得产权,以及补偿另一方折价款较适宜。若出现双方就不动产价值达不成一致意见,通过评估后价值,综合考虑全案,确定产权方,再判决产权方补偿另一方折价款。这一裁判要旨,实质还是会遵从双方当事人的意见,也是常见的处理房产的裁判方式。

④法院酌情确认价值判决

离婚诉讼房产分割的纠纷中,房产的价值是核心参考要素,在双方当事人无法协商又不愿意评估的情况下,法院在条件允许的情况下,会根据案件基本情况、房屋所在地的市场行情及双方的陈述等综合考虑,对房产确认其价值后进行依法判决(见表 54)。

表 54 法院对房屋分割时双方无法对房屋价值协商一致的酌情定价处理方式

案号	法院认为
(2019)湘 0482 民初 30 号	结合愉景新城小区地段及房屋楼层即 14 楼及装修二手房市场价格等因素,以及节省评估等诉讼成本考量,本院酌情认定被告支付原告房屋补偿款 150,000 元。该酌情认定的补偿款少于平均分割的补偿款

① 现《最高人民法院关于适用〈中华人民共和国民法典〉婚姻家庭编的解释(一)》第 76 条规定:"双方对夫妻共同财产中的房屋价值及归属无法达成协议时,人民法院按以下情形分别处理:(一)双方均主张房屋所有权并且同意竞价取得的,应当准许;(二)一方主张房屋所有权的,由评估机构按市场价格对房屋作出评估,取得房屋所有权的一方应当给予另一方相应的补偿;(三)双方均不主张房屋所有权的,根据当事人的申请拍卖、变卖房屋,就所得价款进行分割。"内容无变动。

续表

案号	法院认为
(2019)湘 0381 民初 3215 号	原告、被告婚后共同购买了位于长沙市岳麓区麓景社区谷园路 38 号加州阳光城西组团××栋××房,双方对房屋价值无法达成一致意见,原告诉称该房屋只价值 500,000 元,被告成某某辩称该房屋最低价值 600,000 元,但又不愿意接受房屋,结合双方当事人的陈述、经济负担能力、市场行情,本院酌定房屋价值 560,000 元,原告龙某某长期在长沙生活,房屋归原告龙某某所有为宜,原告龙某某向被告成某某支付 280,000 元

离婚案件中,在处理不动产时,双方无法就价值达成一致意见,考虑到诉讼成本及节省原告、被告成本,以及询问双方当事人的意见,法院会结合双方意见及市场行情等因素,酌情确定房产价值及产权方,由产权方向另一方支付补偿款,这一裁判要旨一般会让当事人双方感受到法官的权威与公正,比较信服。

⑤房产另案处理

涉及房产的权属不清时,法院往往会因为减少工作量,避免增加案情的复杂程度,而对当事人主张财产不予分割,此种判决倾向在司法实践中较为普遍(见表 55)。

表 55 法院对欲分割房产权属不清时的处理方式

案号	法院认为
(2016)湘 0304 民初 2691 号	关于共同财产的分割,由于原告现居住的房屋系按揭贷款,银行系该房屋的抵押权人,同时该房屋系夫妻共有,对该房屋的分割将会影响抵押权人对权利的行使。因此,本院考虑到原告、被告财产分割的整体利益,在按揭贷款归还前,本院暂不对上述两套房屋进行分割。原告要求依法分割夫妻共有财产,本院不予支持
(2017)湘 1202 民初 3663 号	原告、被告在婚姻关系存续期间取得的位于湘潭市岳塘区宝塔街道东湖路富都花园×栋×单元××号住房虽属于夫妻共同财产,但该房屋已于 2010 年 2 月 8 日抵押给湘潭农村商业银行股份有限公司九华支行用于贷款,原告不愿意对该房屋进行评估价值,被告虽同意评估,但又不愿意负担评估费用,故对该房屋本案不宜直接判定所有权的归属,原告、被告可就该房屋另案处理
(2018)湘 0408 民初 2084 号	关于诉争 403 室房屋及车位的分割问题,该房屋及车位目前未办理相关权属登记,根据规定,本院在本案中不宜判决房屋及车位的所有权,应待该房屋及车位完全取得所有权后,双方另循法律途径解决

续表

案号	法院认为
(2017)湘 0602 民初 238 号	关于财产的处理,涉案房产位于岳阳楼区东茅岭办事处土桥居委会,所有权证号为1××××4,购置于2003年,系婚姻关系存续期间共同购置,属于夫妻共同财产,应当予以分割。因双方对该房屋价值无法达成一致意见,且无法完成价值评估,故无法对该房屋的实际价值进行分割。该房屋至起诉时一直由被告居住,故仍由其居住为宜。但被告应将判决生效时房屋价值的50%补偿给原告

司法实践中,法官每年需办理的案件数量不断攀升,同时法院对法官又存在考核机制,结案率会让法官在办理案件时,引导法官快审快结。因此,在离婚案件中,若出现财产权属不清晰,当事人又无法协商的情况,法官往往会对该涉案财产不予处理,告知当事人另案起诉。这实质是增加诉累,亦是浪费司法资源。

综上所述,本部分中商品房产类型,依据出资人和出资时间不同,还存在婚前购房、父母出资等,但数量不多,同时鉴于我国婚姻法及相关司法解释已有明确的规定及司法实践观点,因此这类型的房产不在本次分析之列。

2. 农村自建房裁判要旨

本次研究的湖南省房产分割除了商品房外,涉及分割的农村自建房也不少,本次统计的数据共计59个。因农村自建房都是没有产权证或不动产登记证,且经常会涉及家庭共有财产部分,所以法院对于自建房的处理持谨慎态度。除了双方协商一致外,离婚诉讼中,法院处理农村自建房时会参照商品房的分割规则,但更着重考虑自建房本身的特点(无产证、可能涉及第三方、价值确认难)进行所有权判决或使用权判决。

(1)一方放弃,法院判决确认所有权

和商品房一样,在离婚诉讼中,一方当事人为快速解除婚姻关系,会适当放弃对夫妻共同财产的分割,同时加上农村自建房的属地性,一方当事人选择放弃分割自建房的不在少数。本部分涉及的案例共计18个(见表56)。

表56　法院对离婚时一方放弃财产份额的认定情形

案号	法院认为
(2017)湘 0381 民初 1030 号	原告、被告婚姻关系存续期间在湘乡市泉塘镇托南村十组建造有一栋二层三弄的房屋。原告在庭审中自愿表示放弃分割夫妻共同财产的权利,夫妻共同财产中其应当分割的份额归被告王某某所有

续表

案号	法院认为
(2017)湘0381民初2813号	在本案审理过程中,原告向本院表示,若离婚其自愿放弃对双方于2011年在潭市镇新石村二组购买的两层三弄房屋所应享有的份额,其全部归被告所有,本院认为,这是原告对其民事权益的处分,不违反法律规定,予以确认
(2019)湘0412民初72号	《民事诉讼法》第13条第2款规定:"当事人有权在法律规定的范围内处分自己的民事权利和诉讼权利。"原告、被告婚后花16,000元所购的一层红砖房属于夫妻共同财产,原告吴某某自愿放弃上述房屋及屋内财产的分割,系其自由意思表示,予以确认

一方放弃对房产的分割是当事人自由意思表示,是对其民事权益的处分,法院原则上都会尊重,依法作出判决。再加上农村自建房的本身属性不像商品房那样方便处理,同时放弃的一方存在户籍地未在房产所在地的情况,因此,在上述条件的基础上,一方放弃的会比较普遍。

(2)双方协商赠与子女

囿于自建房和商品房价值的差距以及农村传代的思想,双方离婚时,房产会考虑给自己子女,双方均无争议。本部分中,涉及自建房分割中,经双方协商一致同意赠与子女或一方将属于其份额部分赠与子女的案件共计7个(见表57)。

表57 法院对离婚时将夫妻共同财产或其中份额赠与子女的支持情形

案号	法院认为	裁判结果
(2016)湘0981民初2258号	在审理过程中,原告、被告均同意共同财产即坐落于沅江市南嘴镇××村民组××的房屋一套归婚生子周某2所有,不违反法律规定,本院予以认可	原告、被告的共同财产坐落于沅江市南嘴镇周家村罗家塘村民组××号的房屋一套归婚生子周某2所有
(2016)湘0981民初2087号	在审理过程中,原告、被告均自愿表示将婚姻关系存续期间的共同财产(位于沅江市××村××村民组××层自建住房)赠送给婚生子余某2,该意思表示不违反法律规定,本院依法予以确认	原告余某1与被告李某自愿将其共同财产坐落于沅江市三眼塘镇龙泆村一村民组××号的二层自建住房一套赠送给婚生子余某2
(2019)湘0412民初72号	位于沅江市洞庭红村一村民组××号三地三楼房屋一栋,原告在庭审中陈述自愿将其应得部分赠与婚生子宋某3,系其真实意思表示,不违反法律规定,本院依法予以支持	原告、被告婚姻关系存续期间共同财产位于沅江市泗湖山镇洞庭红村一村民组××号房屋一栋,归被告宋某1与婚生子宋某3共同所有

农村自建房在无产权登记的情况下，虽然市场价值不大，但离婚时，双方依然对房产的分割存在争议，当然，双方也存在协商一致，将房产赠与子女，或单方想赠与子女的情况，该种情况下，法院会尊重双方的意见。

(3)依户籍地判决自建房为一方所有

自建房一般是在一方宅基地上所建房产，因此法院在处理自建房时会参考户籍这一因素进行判决。本研究中，分割自建房时，依据户籍地原则进行判决的案件共计6个(见表58)。

表58 法院判决一方宅基地上房产归属一方的处理方式

案号	法院认为
(2019)湘0725民初3345号	关于争议焦点二，位于桃源县黄花井社区的一间××楼房系王某与罗某婚后共同出资修建，鉴于该楼房没有办理不动产权证，且位于罗某的祖籍地上，罗某应给予王某适当补偿
(2019)湘0381民初1380号	位于原告肖某住所地湘乡市泉塘镇新汪村杨家湾村民组两层××弄××间红砖楼房××栋归原告所有
(2019)湘0381民初2465号	关于原告、被告共同财产的分割，因双方婚后共同加盖的房屋及猪圈均在被告户籍地，本院确定双方婚后在湘乡市育段乡松岳村山字村民组××号老屋旁加盖的房屋及猪圈归被告李某某所有

农村自建房一般是户主在其宅基地上所建，法院会在参照房屋使用情况及当事人居住情况进行裁判。

(4)依自建房构造，判决双方分层(房间)享有自建房

鉴于自建房无法像商品房那样自由买卖，即使转卖，也无法利益最大化。且现今农村自建房一般至少都是两层楼房。是故，部分当事人主张分层或分房间享有房屋，法院也会适当地尊重双方的意思表示，作出判决(见表59)。

表59 法院对农村自建房分层(房间)分割的处理方式

案号	法院认为	裁判结果
(2017)湘0381民初2682号	房屋及存款属夫妻共同财产，对原告要求分割共同财产的诉讼请求依法予以支持	原告、被告夫妻共同财产位于湘乡市白田镇车田村杨林村民组××号两层房屋一层楼房归原告吴某某所有，二层楼房归被告彭某某所有，楼梯共用，被告对于一楼堂屋享有相邻通行权

续表

案号	法院认为	裁判结果
(2016)湘0981民初1721号	原告、被告婚姻关系存续期间有共同财产坐落于沅江市三眼塘镇东风村九村民组的东西朝向二底二楼房屋一栋;原告姚某要求分得靠南边的一底一楼,靠北边的一底一楼归被告刘某1。于法有据,本院依法予以支持	原告、被告所有的坐落于沅江市三眼塘镇东风村九村民组的二层房屋一栋中,靠南端的一楼一底归原告姚某所有,靠北端的一楼一底归被告刘某1所有
(2016)吉民初字第1813号	原告、被告在婚姻关系存续期间在吉首市河溪镇阿娜村建有平房一栋三间,属夫妻共同财产,应予以分割,根据照顾子女及女方权益的原则,该房屋由被告享有二间(面对房屋大门右边二间),被告享有一间(面对大门左边一间)及厨房	原告田某某与被告龙某某在婚姻关系存续期间在吉首市河溪镇阿娜村修建的平房一栋三间,由被告龙某某享有二间(面对房屋大门右边二间),原告田某某享有一间(面对大门左边一间)及厨房

该类裁判要旨的前提是双方离婚时有过协商,且法院出于照顾双方离婚后居住问题,依法判决双方对房产分层(房间)所有。

(5)判决按份额享有自建房

该类判决明显是借鉴了商品房的裁判要旨,在一定程度上明确了双方对自建房的份额或比例(见表60)。

表60 法院对农村自建房按份额分割的处理方式

案号	法院认为	裁判结果
(2016)湘0304民初2551号	关于夫妻共同财产分割问题。因位于湘潭市岳塘区板塘乡五一村谭家坡××号房屋一栋尚未办理产权证,依据《最高人民法院关于适用〈中华人民共和国婚姻法〉若干问题的解释(二)》第21条①的规定,上述房屋本院判决归属于原告、被告共同所有(各占50%份额),在原告、被告办理产权证后,可就房屋问题另案起诉	夫妻共同财产位于湘潭市岳塘区板塘乡五一村谭家坡××号房屋一栋归原告、被告共同所有(各占50%份额)

① 现《最高人民法院关于适用〈中华人民共和国民法典〉婚姻家庭编的解释(一)》第77条规定:"离婚时双方对尚未取得所有权或者尚未取得完全所有权的房屋有争议且协商不成的,人民法院不宜判决房屋所有权的归属,应当根据实际情况判决由当事人使用。当事人就前款规定的房屋取得完全所有权后,有争议的,可以另行向人民法院提起诉讼。"内容无变动。

续表

案号	法院认为	裁判结果
(2019)湘3101民初2055号	夫妻共同财产为位于吉首市丹青镇河坪村四组的水泥砖瓦结构二层(附带一层地下室)房屋一栋	位于吉首市丹青镇河坪村××组的水泥砖瓦结构××层(附带××层地下室)房屋××栋,由原告张某和被告符某1共同所有,各占50%的份额

(6)法院酌情判决自建房的归属

法院在运用该类裁判要旨进行判决时,往往会参照自建房的出资情况、现居住情况及对家庭的贡献大小等因素(见表61)。

表61 法院对农村自建房酌情分割的处理方式

案号	法院认为	裁判结果
(2016)湘1021民初1849号	原告、被告所有的夫妻共同财产有位于桂阳县太和镇神下村××组的两层住房一套,该住房一层有部分属于原告的父母。鉴于该住房现由原告居住,有部分属于原告的父母,不利于实物分割,且原告、被告离婚后也不便于居住在一套住房内,双方对于实物分割也无法达成一致意见。因此,本院酌情将该住房判归原告所有,由原告折价补偿被告	夫妻共同财产住房一套(位于桂阳县太和镇神下村××组)判归原告徐某某所有,由原告徐某某补偿被告徐某甲30,000元
(2017)湘0381民初1124号	至于夫妻共同财产,考虑到原告长期在外,对家庭所作贡献小,又未尽责抚养3个女儿,故夫妻共同财产宜归被告所有	建于湘乡市昆仑桥办事处五里村××组××号的两层楼房归被告杨某某所有
(2017)湘0181民初1675号	原告与被告分居后修筑的房屋,系原告一人出资,且被告多年来未尽到相应的子女抚养及家庭建设义务,现原告要求房屋归其所有,本院应予以支持	夫妻共同财产两层红砖房归原告童某某所有

大部分案件,经法官自由裁量,酌情确认价值,但价值却还是无法精准的,本部分只有1个案件,即自建房经评估进行分割的(2018)湘0381民初63号案。

(7)判决确认自建房的使用权,而非所有权

以上判决处理的案例全部是确认自建房的所有权归属,若参考商品房的裁判要旨,大部分法院均会不予以处理,但正是基于现阶段自建房无法办理产权证,同时又要兼顾纠纷的解决,法院才会进行自建房所有权的确认。但也有法院对未取

得产权的房产判决当事人使用(见表62)。

表62　法院仅对农村自建房使用权进行裁判的处理方式

案号	法院认为	裁判结果
(2018)湘1025民初310号	该房屋现未办理相关产权手续,被告邓某某又未到庭参加诉讼,双方无法对该房屋协商一致,根据《最高人民法院关于适用〈中华人民共和国婚姻法〉若干问题的解释(二)》第21条①之规定,本案不对该房屋所有权的归属以及分割请求进行判决,只根据实际情况判决该房屋由谁使用,如该房屋取得完全所有权后发生争议,可另行诉讼	原告黄某某与被告邓某某婚姻关系存续期间在被告邓某某所在村所建房屋一栋,在尚未完全取得所有权前由被告邓某某使用
(2017)湘1025民初1206号	对于婚后所建的位于临武县武水镇黄莲村一组的五层半楼房,鉴于该楼房尚未办理房屋产权手续,本院酌情决定对其使用权做如下分配:第一层、第三层、第五层归梁某芬使用,第二层、第四层及第五层之上的部分归何某红使用	夫妻婚后所建的位于临武县武水镇黄莲村一组的五层半楼房,其中:第一层、第三层、第五层归被告梁某芬使用,第二层、第四层及第五层之上的部分归原告何某红使用
(2017)湘0802民初632号	原告、被告共同生活期间,在永定区合作桥乡王家湾村岗口组建有一层四大间三小间房屋各一栋(无产权手续)。庭审中,被告对原告的财产分割的诉讼请求无异议,本院予以认可	夫妻共同财产,坐落在湖南省张家界市永定区合作桥乡王家湾村岗口组的一层四大间三小间房屋,其中一大间一小间房屋的使用权及大小组合家具一套归原告邓某妹享有,其余房产的使用权及家庭其他生活用品归被告王某军享有

因农村自建房一般都没有进行产权登记,判决确认当事人对自建房享有使用权(居住权)是严格按照《最高人民法院关于适用〈中华人民共和国婚姻法〉若干问题的解释(二)》第21条②的规定,若在双方对房产存在争议且无法协商的基础上,

① 现《最高人民法院关于适用〈中华人民共和国民法典〉婚姻家庭编的解释(一)》第77条规定:"离婚时双方对尚未取得所有权或者尚未取得完全所有权的房屋有争议且协商不成的,人民法院不宜判决房屋所有权的归属,应当根据实际情况判决由当事人使用。当事人就前款规定的房屋取得完全所有权后,有争议的,可以另行向人民法院提起诉讼。"内容无变动。

② 现《最高人民法院关于适用〈中华人民共和国民法典〉婚姻家庭编的解释(一)》第77条规定:"离婚时双方对尚未取得所有权或者尚未取得完全所有权的房屋有争议且协商不成的,人民法院不宜判决房屋所有权的归属,应当根据实际情况判决由当事人使用。当事人就前款规定的房屋取得完全所有权后,有争议的,可以另行向人民法院提起诉讼。"内容无变动。

判决确认使用权,将是更好的裁判结果。

(8)不予处理

对于自建房,虽然有法院判决确认所有权或使用权,但也有部分法院对于自建房持不予处理观点,导致司法实践中,存在自建房在离婚诉讼中不会被处理的现象越来越多。法院不处理的原因主要有两个:一是自建房未办理产权登记;二是自建房涉及家庭共同共有(见表63)。

表63 法院对农村自建房不予处理的情形

案号	法院认为
(2017)湘1021民初84号	关于夫妻共同财产分割,如前所述,桂阳县财神庙一村自建房一套可能属家庭共同财产,在本案中不宜处理。待上述宅基地及房屋所有权明确后,双方可以自行协商处理,如有争议的,当事人可另行主张权利
(2017)湘0922民初829号	2011年修建的房屋,因系家庭共有财产,为当时已出力的家庭成员共同所有,应由共有人共同进行分配,原告虽享有一定份额,但不宜在本案中予以分配,应另案处理
(2017)湘0408民初281号	原告、被告在呆鹰岭镇新阳村市中组自建300平方米房屋及60余平方米门面,均未办理产权登记。夫妻共同财产房屋及门面,因未办理产权登记,故本院对原告、被告夫妻共同财产不宜处理,双方可在产权登记后另行主张权利
(2017)湘0408民初1490号	对于夫妻共同财产分割问题,根据庭审查明的事实,原告、被告婚姻关系存续期间的共同财产主要为位于衡阳市蒸湘区呆鹰岭镇新民村上市组37号的自建住房一套,原告主张其可以放弃房屋的所有权,但建房及装修的所有费用应由被告一个人承担,被告对此表示同意,因该房屋尚未办理权属登记,根据《最高人民法院关于适用〈中华人民共和国婚姻法〉若干问题的解释(二)》第21条①之规定,本院不宜对原告主张的自建房的所有权作出处理

原则上自建房涉及家庭共有财产,会不予以处理。但也有例外。(2017)湘1321民初123号案的判决书中写到,"在婚姻关系存续期间,原告、被告及原告父母在甘棠乡莘耕村八组新建住宅一栋,属家庭共同财产,应由原告、被告及被告父母共同予以分割。现原告父亲朱某成已去世,故该房屋属于朱某成的价值部分,作为遗产由原告、原告母亲及原告姐姐三人法定继承"。该案的判决结果为"原告、被告

① 现《最高人民法院关于适用〈中华人民共和国民法典〉婚姻家庭编的解释(一)》第77条规定:"离婚时双方对尚未取得所有权或者尚未取得完全所有权的房屋有争议且协商不成的,人民法院不宜判决房屋所有权的归属,应当根据实际情况判决由当事人使用。当事人就前款规定的房屋取得完全所有权后,有争议的,可以另行向人民法院提起诉讼。"内容无变动。

及原告父母在甘棠乡莘耕村八组新建住宅一栋，该房屋属于被告王某的价值部分，由原告朱某1折现45,000元给被告王某”。

由此可见，法院在离婚案件中处理房产问题时，需要考虑的因素较多。主要是因为房产对于家庭成员来说，是不可缺少的生活资料，因此法院在处理这些房产时要考虑的因素包括但不限于房产的权属、夫妻是否有财产约定、房款来源、购买（修建）时间、利于居住生活及有利于妇女儿童和老年人基本权益的保障。

（四）车辆分割的裁判要旨

本次统计数据中，涉及车辆分割案例共计23个，其中一方放弃分割占12个，另外11个则是进行车辆折价予以处理。车辆类型包括小货车、越野车、小轿车及摩托车。关于车辆的裁判要旨，因车辆相对于房产价值过小，且是消耗品，所以，在离婚诉讼中，多以当事人放弃或双方折价予以分割。

（五）彩礼及嫁妆分割的裁判要旨

在本次257个案例中，涉及彩礼及嫁妆分割的共计37个。

1. 对于彩礼的裁判要旨

主张彩礼返还，法院一般会结合案件基本情况，重点关注彩礼给付的证据，同时是否符合法律关于彩礼返还的规定，当然法院还会结合结婚时间、婚姻效力及婚后居住生活及开支情况，决定是否返还或返还全部、部分（见表64）。

表64　法院支持或部分支持彩礼返还的情形

案号	法院认为	裁判结果	返还情况
（2016）湘0981民初1634号	在庭审中，被告虽提出彩礼给付77,600元及结婚开支共支出132,100元，但被告仅认可原告订婚时给付彩礼40,000元，且订婚时介绍费及亲属礼金及婚礼开支不属于法定彩礼返还范畴。原告、被告虽办理了结婚登记，但双方共同生活在一起的时间较短，且原告为办理结婚开支10多万元，考虑到原告系农村户口，家庭经济本不富裕，本院酌情认定适当返还20,000元彩礼比较适宜	被告易某于本判决生效之日起10日内返还原告贾某彩礼款20,000元	部分返还

续表

案号	法院认为	裁判结果	返还情况
(2019)湘1102民初850号	对原告彭某欢要求被告退还彩礼6万元及收取的礼金红包的主张,被告盘某认可收取彩礼6万元,因双方婚后共同生活时间不长,只是领取了结婚证,并没有按照风俗习惯举行婚礼,按照法律规定彩礼应当返还,但盘某提出与原告共同生活期间有开销,应酌情考虑返还彩礼的具体数额	由被告盘某在本判决生效之日起10日内返还所收取原告的彩礼5万元	部分返还
(2018)湘0426民初727号	因被告龚某某在与原告结婚前系精神病人,被告龚某某的法定代理人龚某秀在原告、被告结婚前一天及结婚当天向原告共索要彩礼60,000元,原告、被告现虽已登记结婚,但婚后未共同生活,故被告龚某某的法定代理人龚某秀、张某祥应当将收受的彩礼60,000元全部返还给原告	被告龚某某法定代理人龚某秀、张某祥返还原告肖某某彩礼60,000元	全部返还

当然,并不是所有主张彩礼返还的都会得到支持,在本次数据统计中,就涉及部分案件,虽然主张彩礼返还,但没有得到法院支持。综合相关判决书,法院未支持的裁判理由主要包括:一是彩礼给付的证据不充分,无法证明彩礼的给付行为;二是虽然彩礼给付了,但不符合法律的相关规定(见表65)。

表65 法院不支持彩礼返还的情形

案号	法院认为	裁判理由
(2017)湘3101民初177号	关于原告要求被告返还彩礼15,000元及金项链、金戒指的诉讼请求,因无相关证据予以证实,故应当承担举证不能的法律后果,本院不予支持	无相关证据予以证实
(2016)湘1024民初1261号	另原告要求被告返还彩礼6.8万元及购买金首饰款2万元,因原告方未能提供有效证据予以证实,对原告此请求,本院不予支持	无相关证据予以证实
(2017)湘1081民初865号	对被告在诉讼中提出的要求原告返还礼金50,000元的要求,本院认为,被告的要求不符合《最高人民法院关于适用〈中华人民共和国婚姻法〉若干问题的解释(二)》第10条①的规定,本院依法不予采纳	不符合彩礼返还的法律规定的要求

① 现《最高人民法院关于适用〈中华人民共和国民法典〉婚姻家庭编的解释(一)》第5条规定:"当事人请求返还按照习俗给付的彩礼的,如果查明属于以下情形,人民法院应当予以支持:(一)双方未办理结婚登记手续;(二)双方办理结婚登记手续但确未共同生活;(三)婚前给付并导致给付人生活困难。适用前款第二项、第三项的规定,应当以双方离婚为条件。"内容无变动。

续表

案号	法院认为	裁判理由
(2016)湘0981民初2020号	对于被告在庭审中提出要求原告返还被告彩礼的意见,因不符合法律规定的彩礼返还的情形,故本院依法不予采纳	不符合彩礼返还的法律规定的要求

2. 嫁妆分割的裁判要旨

嫁妆一般是由女方在办理结婚登记前,由女方或女方家里出资陪嫁的物品,常见于电脑、电视机、冰箱、洗衣机、沙发、电视柜、组合柜、梳妆台、书桌、被套等。因为是在结婚登记前置办,所以在法律上属于女方的婚前财产。在本次数据统计中,关于嫁妆的裁判要旨,主要体现三种:

(1)直接为婚前财产,判令返还(见表66)。

表66 法院支持返还嫁妆请求的情形

案号	法院认为	裁判结果
(2017)湘3101民初177号	关于原告要求被告返还彩礼15,000元及金项链、金戒指的诉讼请求,因无相关证据予以证实,故应当承担举证不能的法律后果,本院不予支持	罗某置办的嫁妆:电脑、电视机、冰箱、洗衣机各1台,沙发1套,电视柜1个,被子2套,均归罗某所有

(2)女方放弃,判归男方所有(见表67)。

表67 法院支持当事人自愿放弃嫁妆的情形

案号	法院认为	裁判结果
(2017)湘0725民初206号	庭审中,原告自愿放弃存放于被告家的嫁妆,系原告真实意思表示,未损害他人利益,予以准许	刘某放弃存放于喻某某家的嫁妆
(2019)湘0181民初8424号	关于婚前个人财产(嫁妆)。原告自愿放弃嫁妆,本院酌情确定原告的嫁妆:柜子2个、沙发1套、书桌1张、梳妆台1个,均归被告所有	姜某的嫁妆:柜子2个、沙发1套、书桌1张、梳妆台1个,均归陈某1所有

(3)折价补偿(见表68)。

表68 法院判决对嫁妆进行折价补偿的情形

案号	法院认为	裁判结果
(2017)湘0381民初2663号	关于被告刘某某现存于原告谢某某处的嫁妆,由原告一次性补偿被告5000元,被告刘某某的嫁妆归原告谢某某所有	被告刘某某现存于原告谢某某处的嫁妆归原告谢某某所有,由原告谢某某一次性补偿被告刘某某5000元
(2017)湘0381民初289号	对于原告现存于被告家的嫁妆系原告的婚前财产,被告本应予以退还;共同财产金项链现存于原告处,故本院根据财产的具体情况酌情考虑原告的嫁妆归被告金某某所有,金项链归原告易某某所有	原告易某某现存于被告家的嫁妆“格力”壁挂式空调2台、40寸液晶电视1台、茶几、沙发、电视柜、席梦思床、梳妆柜归被告金某某所有;金项链1条归原告易某某所有

(六)共同债务分割的裁判要旨

债务属于消极财产,因此将其纳入本次主题财产分割的范畴。离婚纠纷中,大多数当事人都会出现夫妻债务的主张。本次数据统计中,共计32个案例涉及债务的分割,具体分割的裁判要旨包括:一方自愿承担清偿责任;双方共同偿还;双方按份额承担清偿责任;不予认定债务。

1.一方自愿承担清偿责任(见表69)。

表69 法院支持一方自愿承担共同债务的情形

案号	法院认为	裁判结果
(2017)湘1024民初64号	鉴于被告在答辩状中陈述婚生男孩随其生活,由其抚养,不需要原告支付抚养费,另欠李某的债务40,000元由其个人负责偿还,原告对此表示同意	关于夫妻共同债务的负担:李某借款40,000元,由被告邓某军于2017年12月30日前负责偿还
(2019)湘0482民初30号	关于夫妻共同债权债务问题。原告主张婚姻关系存续期间为购房向被告父亲借了25,000元,原告表示愿意全部偿还,本院认为,这是当事人在法律允许的范围内对自己权利的处分,本院予以确认	夫妻共同债务:欠刘某甲借款25,000元,由原告侯某生负责偿还

2. 双方共同偿还(见表 70)。

表 70　法院对无特殊约定时双方共同偿还共同债务的处理方式

案号	法院认为	裁判结果
(2016)吉民初字第 1813 号	原告在婚姻关系存续期间向湖南吉首农村商业银行股份有限公司河溪支行借款 24,000 元,截至 2016 年 12 月 22 日该借款本息合计为 30,695.92 元。该借款属于共同债务,应由原告、被告共同偿还	共同债务承担:所欠湖南吉首农村商业银行股份有限公司河溪支行借款及利息,由田某某与被告龙某某共同偿还

3. 双方按份额承担清偿责任(见表 71)。

表 71　法院对无特殊约定时双方按份额承担共同债务的处理方式

案号	法院认为	裁判结果
(2017)湘 0381 民初 1197 号	原告、被告对湘乡市农村信用合作联社(现更名为湖南湘乡农村商业银行股份有限公司)的 9 万元及利息债务依法应由双方各负担一半为宜	原告、被告对湘乡市农村信用合作联社的借款 9 万元及利息的共同债务由双方各负担一半
(2019)湘 3101 民初 1059 号	原告向被告亲属借款是婚后为共同生活所欠债务,应由双方共同偿还	夫妻共同债务 80,000 元,由原告、被告各自承担 40,000 元,限在本判决生效之日起 15 日内履行完毕

4. 不予认定债务(见表 72)。

表 72　法院对一方主张存在的共同债务不予认定的情形

案号	法院认为
(2016)湘 1382 民初 1907 号	至于原告、被告在婚姻关系存续期间的共同债务问题,尽管被告主张原告、被告之间有共同债务 80,000 元,但原告不予认可,且被告未提供相应的证据予以证明,故本院不予认定
(2017)湘 1382 民初 1432 号	至于被告李某甲提出的其在婚姻关系存续期间负有五六十万元的债务,应由原告、被告共同承担的辩解意见,因被告没有向本院提交证据予以证明,故本院对其辩解意见不予采纳
(2019)湘 0181 民初 9414 号	双方均认可的债务为欠古港农村商业银行 3 万元,原告经手的其余债务被告不予认可,考虑到债务的分担与家庭共同财产的分割一并处理较为合理,故本案在不处理共同财产的情况下,对债务也不做处理,如有必要,双方可另行解决

(七)银行存款分割的裁判要旨

银行存款在离婚纠纷中是比较常见的财产形式之一,本次数据统计涉及银行存款分割的案件共计46个。通过案件的分析,可以确定关于银行存款的裁判要旨,在查证属实确有夫妻共同的银行存款时,一般是平均分割;同时,基于当事人双方的经济情况、身体情况、工作情况等因素可以适当倾斜。当然,也存在当事人证据不足,无以证实银行存款的真实存在,从而法院不予认定的。

1. 平均分割(见表73)。

表73 法院对银行存款平均分割的情形

案号	法院认为
(2016)湘0103民初6486号	关于夫妻共同财产的分割问题:对于原告名下银行存款共计59,223.14元系发生在双方婚姻关系存续期间,为夫妻共同财产,应当予以依法分割,原告应支付被告29,611.57元
(2018)湘0304民初2018号	夫妻共同财产银行存款30,000元,原告、被告各分15,000元

2. 适当倾斜(见表74)。

表74 法院适用照顾女方权益原则分割存款的情形

案号	法院认为
(2018)湘0381民初988号	对于共同存款32,280元系原告、被告的共同财产,应予分割,考虑到原告、被告现在的经济状况,结合被告因车祸受伤暂时劳动能力降低且还应承担小孩的抚养、教育费,故本庭酌情考虑原告分得8000元,被告分得24,280元为宜
(2018)湘1024民初538号	对于共同财产120,000元的分割,从照顾女方权益的原则出发,被告应适当多分,离婚时因被告患病,生活困难,原告应给予被告适当的经济帮助

3. 不予认定(见表75)。

表75 法院对一方主张存在但未提交证据证明的存款不予认定的情形

案号	法院认为
(2017)湘0981民初1636号	原告在庭审中陈述原告、被告婚姻关系存续期间有10万元存款,被告艾某1陈述该存款已用作日常生活开支,且原告曹某亦未提交证据证实,本院无法核实其真实性,故本院依法不予采信

续表

案号	法院认为
(2017)湘0481民初1070号	被告主张双方有共同存款100,000元,但未提供证据证实,且原告不予认可,本院不予支持

广东省法院婚姻家庭案件裁判要旨梳理

一、统计样本

本研究采用 Alpha 案例库分两类案件进行检索,一类为离婚纠纷,设置的检索关键词分别为"离婚""财产""广东""判决""2017/2018/2019";另一类为离婚后财产纠纷,设置的检索关键词分别为"离婚后财产""广东""判决""2017/2018/2019"。

需要说明的是:由于《最高人民法院关于人民法院在互联网公布裁判文书的规定》的实施,离婚案件公开于互联网的数量大幅下降,检索的结果是离婚后财产纠纷案件的数量大大多于离婚纠纷案件的数量,故本部分涵盖离婚纠纷与离婚后财产纠纷两类判决。我们认为:除离婚原因(离婚纠纷一定是判决,而离婚后财产纠纷涵盖判决与协议两种形式)不同之外,其余有关财产的分割大致在事实认定方面性质相同,但因统计口径问题,仍分开统计形成报告。

尤其值得注意的是:在离婚纠纷中,部分判决准予离婚的案例中完全不涉及任何财产信息,故亦归属无效判决,在统计样本中亦予以剔除。为尽量使统计样本具有代表性,我们将未在网上公布的但由律师代理的部分真实案例纳入统计样本。按照这个标准来衡量,样本数据如下:

1. 离婚纠纷

2017 年:170 个;2018 年:189 个;2019 年:45 个;合计 404 个。

2. 离婚后财产纠纷

2017 年:451 个;2018 年:526 个;2019 年:404 个;合计 1381 个。

我们认为,因政策所限无法从公开渠道获取分析所必需的全部具有代表性的判决书,可供分析的判决涉及的财产数量也相对较少,并不具有普遍意义,不能代表广东省尤其是经济发达的珠三角地区的离婚案件基本面。我们的分析仅建立在有限的可获取的判决数据基础之上。

二、离婚纠纷案件总体情况分析

1. 房产归属

在广东省,特别是农村,没有办理产权登记的自建房、小产权房的分割仍存在一定难度,法院往往以房屋产权不清晰而不予处理。在广东省自建房往往价值不菲的现实情况下,这种做法就是将问题搁置,导致未实际控制财产一方的权益无法得到有效保障。

我们认为，即使房屋的所有权无法分割，使用权仍然可以进行分割，这是对财产权益进行的有效分割，也是对弱势一方权益的保障。

法院对房屋作出处理的判决中，按份额共同所有 53 个，按约定分割 4 个。其他情况较为复杂，难以一言蔽之，故未全部进行分析。

这说明在审理离婚案件时，对于共同财产法院还倾向于按份额分配，且执着于平均分割，一般判决一方取得房产，就按照房屋现值对另一方进行补偿。

2. 土地使用权分割

有土地使用权 6 个，基本判决为登记方所有；不做处理 11 个；无使用权证/证据的 3 个，涉及第三人利益的 1 个。

单纯的土地使用权分割仍属少数，而且由于农村土地的特殊属性，在本次分析中的案例所有涉及农村土地使用权的，均未做处理。

3. 股权分割

无股权：383 个；有股权 21 个，其中归登记方 7 个，按份额处理 8 个，未处理的为 6 个。还有个别系个体工商户。有 4 个在分割过程中存在公司章程及其他法律文件的障碍，另有 1 个在分割过程中对股权进行评估。

所有案例中，公开的案例中所涉财产都是简单且金额较小的，即使有也是个体工商户，规模及价值都非常有限。其中有 2 个分割有限公司股权案例均为笔者亲自所办案例，其中 1 个直接按照夫妻各自 50% 分割股权，股权价值在所不问。另外 1 个，实际经营人取得股权，因双方对股权价值主张差异较大，最终法院委托会计师事务所进行股权价值评估，并按照评估价的一半对对方进行补偿。

4. 法院是否支持离婚损害赔偿

支持：20 个；不支持：44 个。

尽管很多人在离婚时要求经济补偿，但是法院支持的例子寥寥可数。一方面说明离婚诉讼中存在当事人滥用权利的情形，另一方面也说明了我国法律规定中对离婚损害赔偿请求权规定的范围较窄。

5. 法院支持的赔偿金额

5000 ~ 10,000 元：9 个；10,000 ~ 50,000 元：8 个；50,000 元以上：6 个。

我们认为，精神损害赔偿，在我国现阶段还属于象征性赔偿的阶段，法院支持的金额普遍较低，不能很好体现弥补当事人精神受损的价值。

6. 共同债务承担方式

未处理：27 个；未处理的理由：证据不足或者是涉及案外人利益。按份额：

15个。

因共同债务涉及第三人,且很多人在离婚时存在虚构债务倾向,法院在处理共同债务时非常谨慎,大多会不予处理,让债权人另行启动借贷案件的诉讼。

7.一方转移、隐匿共同财产的类型

存款:4个;房产:1个。

存款作为流动性极强的财产,非常容易被转移。而广东地区法院的财产申报制度,要求双方提供离婚前2年内的银行流水,经常可借此捕捉一方转移存款的蛛丝马迹。

8.法院对一方转移、隐匿共同财产的处理

因案例样本太少,仅对法院思路进行总结:法院认定有转移、隐匿财产情形,一般都会按照法律规定对一方少分或不分,法律并未限制于仅对转移、隐匿的财产少分或不分,但法院在实际操作中,均限于对其隐匿、转移的部分财产进行少分处理,四六开或三七开,完全不分的很少。

三、离婚后财产纠纷案件总体情况分析

(一)离婚后财产纠纷中的房屋分割问题

归纳起来,在分割房屋问题时,法院通常需要按序解决两大类问题:一为权属问题,即"能否分"的问题;二为分割问题,即"如何分"的问题。为排列方便,按以下顺序分析:

1.商品房的权属认定

直接符合法律及司法解释法定情形的房屋权属认定简单且统一,不再过多着墨。在本次数据分析时,我们发现几个商品房权属发生争议的典型或者争议情形:双方离婚时因房贷未偿还,导致房屋不能过户,离婚后一方继续归还房贷至离婚后财产纠纷起诉,要求确认房屋的所有权份额或要求另一方配合过户。这类情况是"离婚后财产纠纷"的特色情形,法院的主流裁判观点是"离婚协议生效并不直接发生物权变动的效力",若在起诉时房贷未清偿或双方确认在诉讼期间无能力清偿房贷,则法院不会直接对房产进行确权,也不会直接判决一方配合过户。

(1)诉争房屋登记与第三人共有

法院的处理方式分为两种:第一种方式是大部分法院的做法,因财产涉及案外人在本案中不予处理。第二种方式则是追加案外人作为诉讼第三人,直接在离婚后财产纠纷中查清事实并直接处理,该种处理方式较少。通过对判决书研读后我

们发现在采取第二种处理方式的案件中,证据充分、当事人一定程度的自认,涉及案外人的事实明确等情形一定程度上推动了法院在案件中进行直接处理。

(2)诉争房屋被案外人要求强制执行

具体来说,是离婚协议约定房屋归甲方所有,在未办理过户登记前,房屋被乙方债权人申请保全和执行,房屋如何处理的问题。这个问题实际上一直是司法实践中存有争议的问题,大部分法院是不予处理的,而且一般法院都倾向于认为在离婚后财产纠纷中不能进行确权诉讼,否则将与查封执行效力产生冲突,影响案外人债权权益的实现。如(2018)粤 2071 民初 11402 号案。

2. 无产权房屋的权属认定

在离婚纠纷和离婚后财产纠纷中,法院对于无产权房屋的分割一般都非常慎重,因为不能排除是否属于违章建筑,或者集体所有的房产。所以,不管是离婚案件还是离婚后财产案件,法院通常对无产权房屋的权属大部分都不予认定,既然不予认定也就不予分割。但是,部分法院出于实际考虑,结合当事人已经长期居住使用的事实,会对无产权房屋的使用问题进行处理。

3. 房屋分割处理

(1)基本原则:尊重意思自治

法院在处理房产分割问题时十分重视当事人意思自治,在 754 个涉及房产分割的离婚后财产纠纷案例中,按离婚协议处理的有 177 个,占比 23%,这表明离婚协议甚至其他夫妻财产约定协议是非常重要的,离婚时双方对条款的约定应当谨慎,一方面正视夫妻间财产分割,不要模糊约定,另一方面委托专业人士进行起草,可以避免一些无效和可撤销情形的发生。

此外,对房屋不予处理的有 64 个,亦占比 8%,法院不予处理的理由主要有:①不属于夫妻共同财产(个人财产、案外人财产、家庭财产、尚未发生继承等);②离婚协议已处理/已约定给子女;③生效协议/生效判决已经处理完毕;④被查封/违章建筑/涉及刑事案件,无法处理;⑤房屋上有贷款,无法过户;⑥尚未办理产权登记,无法确定是否取得产权;⑦标的已经灭失[如房屋已售,出售款已消耗(如归还房屋贷款)/房屋所基于的买卖合同被解除];⑧宅基地使用权受政策限制,不能分割。

(2)在未认定转移或隐匿财产的情况下,法院对房屋的处理方式和考量因素

在房屋裁判归属问题上,我们整理了判决中法院裁判归一方的常见理由:①系产权登记一方;②系房屋贷款主贷人;③照顾女方子女原则;④对房屋的贡献;⑤房屋人身密切性,尤其是自建房;⑥房屋居住现状;⑦购房时使用了一方首套房优惠利率;⑧占有更多份额;⑨一方名下的唯一住房;⑩便于生产生活;⑪婚姻过错。

可以看出,其他处理方式也占有不小的比例,尤其是按份额分割和确权,在研读这部分案例时我们发现,法院这样处理主要的原因有二:一是房屋不适宜直接判归一方,如未取得完全所有权无法分割;二是不告不理,即当事人诉请仅为确认房屋份额。这里需要提醒诉讼当事人,起诉要求确认份额为确认之诉,而要求实际分割为给付之诉,如果仅要求确认份额,而没有要求判令一方需要履行配合办理变更登记等法律义务时,即使拿到生效判决,也可能会因为不符合执行案件“明确给付内容”这一受理条件而无法申请强制执行,我们在数据统计中,也抓取到了同一套房屋先起诉确权,又起诉要求过户的案例。因此,为减少讼累,主张维权一方在提出诉讼请求的时候有必要听取专业人士的建议。

(3)在一方转移或隐匿财产的情况下,法院对房屋的分割比例的处理

在754个涉及房产分割的离婚后财产纠纷案例中,很多当事人在起诉时会提出另一方有转移或隐匿财产的行为,要求对方少分或不分。但是因为举证困难,法院认定的并不多,我们统计的离婚后财产纠纷案例中被法院认定为一方转移或隐匿财产的案件数量有34个,占比5%。我们对该类案件进行详细的分析,发现对于此类案件,大部分法院判决转移或隐匿财产的一方可以分割的房产份额是40%,也就是比平均分割少了10%。也有个别法院考虑到转移或隐匿财产方的主观恶性和女方无过错且抚养子女的情况,会判决转移或隐匿财产的男方仅可分割的房产份额是30%。

(二)离婚后财产纠纷中的股权分割问题

本部分是以股权为诉争标的在离婚纠纷和离婚后财产纠纷中法院处理方式的实体分析。通过对本次选取的49个案例的研究分析,对离婚后财产纠纷中法院处理夫妻股权分割的处理方式进行归纳总结,并对其中相关要点不同法院采取的不同认定进行对比,为离婚协议的签订以及以股权为诉争标的在离婚后财产纠纷中的处理提供一定的有益借鉴。

1.涉及股权案件中的股权是否属于夫妻共同财产的认定问题

不管是离婚纠纷还是离婚后财产纠纷,双方争议的财产除了股权外还有该股权收益(包括分红款和股权转让款)。这些股权和股权收益是否属于夫妻共同财产,是法院处理该类案件的第一个争议焦点。

经统计,对于股权,一方主张股权为个人财产的理由主要有:(1)一方婚前取得的股权;(2)一方在离婚后才取得股权;(3)出资额来源于持股方父母或其他亲人或代他人持股。对于第(1)、(2)种情形,法院会根据公司的工商登记资料记载的一方

取得股权的时间来界定是否属于夫妻共同财产,一般不会参考其他证据,如银行流水等,然后根据《婚姻法》第 18 条①的规定,认定其为夫妻一方的个人财产。对于第(3)种情形,则对举证责任要求较高,因金钱不具有特定性,大部分法院并没有认定该股权是一方的个人财产,而是根据工商登记资料显示的股权取得的时间和股权持有人来认定是否属于夫妻共同财产。对于个别案件能证明是夫妻一方的父母支付的股权出资款的,亦认为是父母对夫妻双方的赠与,该股权应属于原告、被告的共同财产。

对于股权收益,提出分割股权收益的一方,一般都是没有持有公司股权的一方,因其无法掌握公司的财务情况,若主张分割婚姻关系存续期间股权收益,则需要提交充分的证据。根据我们统计的案例,主张方在举证期内都会向法院申请调取证据,如公司年检档案、财务报告等资料,申请由法院查明股权收益。但是法院一般都认为是属于主张方自行举证的范围,从而不予批准主张方的调查取证申请。因此,此类案件,主张分割婚姻关系存续期间股权收益的,若双方无法协商达成一致意见,则其主张的股权收益无法得到法院的支持。

在离婚纠纷和离婚后财产纠纷中我们发现了一类特殊案例,即"假离婚"。当事人认为双方为了购房办的是"假离婚",并在民政部门签订了离婚协议领取了离婚证,且未在离婚协议中对夫妻共同投资的公司股权进行分割,夫妻双方离婚后仍然同居,共同经营公司,之后因双方没有复婚而发生股权分割的争议。对于此类争议,首先法院认为夫妻双方均是具有完全民事行为能力的成年人,应对自己的行为负责,既然登记了离婚,就已具备法律效力,所以,起诉方主张的"假离婚"没有法律依据。而对于双方离婚后同居期间共同经营的公司股权分割的诉求,并不是离婚纠纷和离婚后财产纠纷审理范围,导致起诉者的诉求落空。

2. 股权的处理结果分析

在本次大数据统计中,法院按照双方在离婚协议时的约定进行分割处理的案件有 19 个,占比 39%;平均分割的案件有 14 个,占比 28.6%;以自主裁判方式处理股权分割的案件有 4 个,占比 8%;对股权分割在案件中不处理(包括不支持)的案件有 12 个,占比 24.5%。

---

① 现《民法典》第 1063 条规定:"下列财产为夫妻一方的个人财产:(一)一方的婚前财产;(二)一方因受到人身损害获得的赔偿或者补偿;(三)遗嘱或者赠与合同中确定只归一方的财产;(四)一方专用的生活用品;(五)其他应当归一方的财产。"

(1)按照离婚协议约定

在签订的离婚协议中,已对公司股权归属作出明确约定且不存在欺诈、胁迫的情形下,法院通常会认定双方签署的离婚协议有效,在不违反《婚姻法》①及《公司法》关于夫妻股权分割相关法律规定的同时,将按照协议的约定对股权作出处理。

(2)平均分割

此类判决的裁判思路将股权视为普通夫妻共同财产,平均分割并无法律上的障碍,且不必过多对如何分割进行分析。

(3)法院自主裁判

若离婚协议对股权的分割没有约定,则由法院根据双方的证据自主裁判,而因为股权涉及第三人利益,股权的价值评估又对诉请者提出了较高的举证要求,所以在如果双方对股权价值无法达成一致意见,被告又不同意转让股权的情况下,不同法院处理方式不同。

(4)不处理(包括不支持)

经统计发现,对于双方离婚时原告知晓该公司股权存在的情况下,原告在离婚后又诉求分割股权或股权收益的,有些法院支持原告的诉求,有些法院不予支持。法院不予支持的原告分割股权诉求的理由也各不相同,有些以超过诉讼时效为由不予支持,有些以不属于案件审查范围不予支持,有些以双方约定了各自财产归各自所有为由不予支持,由此产生了以上不同的裁判结果。

(5)分割股权价值还是分割股权

在法院自主裁判项下,采取分割股权转让款方式的占比100%,法院自主裁判项下对股权的处理结果与原告提出诉请的内容密切相关。因夫妻一方在公司持股的案例为绝大多数,所以在统计的案例中,其诉讼请求得到支持的案例,原告均提出要求分得相应折价款,而没有要求分割股权。

在原告诉请要求分得股权及收益(如果主张分割收益)的折价款时,如果双方对于股权价值及收益能够达成一致,法院会依据双方认定的价值进行分割。但是,司法实践中大部分案例中无法对股权价值及收益协商一致,此时就需要原告提出申请,对股权的价值、收益进行司法鉴定评估。

但是从大数据统计结果来看,大部分情况为一方在公司持有股权,此时就会造成双方信息的不对称性,由于一方参与公司经营、掌握公司相关的财务报表材料,另一方则对公司的经营情况一概不知或者知之甚少,此时如果持股方不配合提供

---

① 现规定在《民法典》婚姻家庭编。

资料进行评估,或法院不批准原告的调查取证申请,则评估目的很难实现,导致原告的诉请落空。

(三)离婚协议效力问题分析

在离婚后财产纠纷案件中,若双方签订了离婚协议,则法院首先要审查离婚协议是否有效。944 个签订了离婚协议并以协议方式离婚的案件,完全无效的仅有 4 个,占比 0.4%;部分无效的亦仅为 15 个,占比 1.6%。

只有极少数请求确认离婚协议无效的案件得到法院的支持。而一方请求撤销、变更协议或者确认协议无效的主要理由就是,主张存在欺诈、胁迫、重大误解及显失公平等情形,要求撤销或变更协议。大部分撤销离婚协议财产分割条款的请求均因无证据或无充分证据证明存在法定可撤销理由而被驳回,法院的裁判理由基本一致:(1)协议系双方签名确认,甚至经民政局登记备案,系双方真实意思表示;(2)主张撤销的一方未能举证证明存在欺诈、胁迫等情形。

认定离婚协议无效的主要理由为:

1. 分割房屋涉及第三人利益

涉及共有人的利益及涉及抵押权人的利益均有可能因为无权处分被认定离婚协议全部或部分无效。需要注意的是,对于涉及抵押权的房产提起离婚后财产纠纷的,有些法院会根据离婚协议的约定,确认一方享有房产的份额,对抵押和过户问题不予处理,而有些法院直接不予处理,要求另案起诉。因此为了避免产生不必要的纠纷,在拟定协议时应当注意只能对属于约定双方的财产进行分割,且需要考虑财产上的权利限制问题。

2. 离婚协议约定赠与子女的不动产能否撤销赠与

夫妻双方通过离婚协议将夫妻共同财产赠与子女,或者将一方个人财产赠与另一方的情形常常出现。在离婚协议签订后,一方或双方以房产未转移登记,赠与未完成为由,要求撤销该财产赠与条款的,大部分法院均以离婚协议具有整体性,离婚协议中的赠与条款不能适用《合同法》[①]任意撤销为由驳回诉请,个别案件支持了原告撤销赠与的主张,虽然法院主要是考虑了案涉房产债务承担的问题,但此类判决仍值得我们探讨。

综上可见,若离婚协议约定的房产涉及第三人利益时,法院会综合案件本身的

---

① 现规定在《民法典》合同编。

多种因素,同时根据《合同法》和《物权法》[①]的规定来认定该房屋分割的条款是否有效,当然不同法院的处理方式不同,由此产生的裁判结果也不同。

(四)离婚协议中兜底性条款的争议问题

实践中,离婚协议条款本身也会出现很多问题,尤其是自行起草或下载模板起草的协议,最终会导致在离婚后、协议履行过程中发生大量纠纷。我们在统计案例时,发现最常见的就是类似"双方各自名下财产归各自所有"这样的财产类兜底性条款引发的争议。这类条款属于概括性条款,但并不影响其效力,对协议双方均有约束力。但当约定双方对某财产或债权债务等是否明知不明确时,该类条款是否适用则成为争议焦点。在司法实践中,该类条款在对房屋、股权等大额财产进行适用时争议较大,双方当事人各说各有理,容易引发诉讼,不同法院处理方式也不同。

离婚协议中常见的兜底条款通常表述为"双方无其他共同财产""双方各自名下财产归各自所有""财产已经分割完毕""无其他债权债务""各自名下债权债务归由各自负责"等。在司法实践中,该类条款在对房屋、股权等大额财产进行适用时争议较大。部分法院认为,若一方在离婚协议签订前已明确知晓该房屋或该股权存在,应当认定双方已对该房产或股权进行处理;部分法院认为房屋或股权作为最为重要的共有财产,在离婚协议中没理由不提及,如果仅凭此兜底条款就确认已经分割显然有违情理,因此各自名下财产归各自所有类表述,不能理解为双方已经就对应财产进行了分割。

(五)其他问题

1.离婚协议中约定的违约金法院是否支持

共有52个案件主张了违约金,其中按约定支持24个,占比46%;部分支持的为16个,占比31%;不支持的为12个,占比23%。

违约金得到全部或部分支持的案例占比达76%,说明需要后续履行的离婚协议,接受履行一方加上违约条款是非常有必要的,以有效保障自身合法权益。

2.离婚协议中约定的利息法院是否支持

在资金给付案件中,一方主张利息损失的案件共135个,其中按约定支持的为21个,占比15.5%;按贷款利率的为83个,占比61%;不支持的为27个,占比20%;尚有4个为法院自行裁量的结果,占比3%。

---

① 现规定在《民法典》合同编、物权编。

对于负有资金给付义务的人不按照约定支付款项,法院一般都认定为占用了对方资金,判决应当支付利息的占80%,说明在离婚协议中约定逾期支付的利息很有必要。

3. 离婚后财产纠纷是否支持律师费

合计有5个案件一方主张律师费获得支持,获得支持的案例毫无例外均系在离婚协议中存在违约方须承担律师费之约定,由此可见,在离婚协议中约定律师费承担条款非常必要,可有效转移维权成本。

4. 离婚后财产案件诉讼费收取标准

因部分数据不全,故仅做结论:

在广东,绝大部分的法院是按照财产案件标准收取"离婚后财产纠纷"的诉讼费,但也有部分法院按照婚姻案件收取诉讼费。二者因为标准不同,不同的标的将产生不同的差额(见表76)。

表76　婚姻案件与财产案件诉讼费收取标准对照

编号	标的/万元	婚姻案件诉讼费/元	财产案件诉讼费/元	二者差额/元	所占比例/%
1	20	300	4300	+4000	7
2	100	4300	13,800	+9500	31
3	300	14,300	30,800	+16,500	46
4	1000	49,300	81,800	+32,500	60
5	3000	149,300	191,800	+42,500	78
6	10,000	499,300	541,800	+42,500	92
7	20,000	999,050	1,041,800	+42,500	96
8	30,000	1,499,300	1,541,800	+42,500	97

以上对比可见,在财产较少时,离婚案件的诉讼费明显低于财产案件的诉讼费。争议标的少于1000万元时,离婚案件的收费仅为财产案件的60%不到甚至更少。但争议资产超过3000万元后,两种收费标准开始趋同,不同收费标准中财产案件收费都仅比婚姻案件收费多42,500元,在诉讼费总额中的分量不断降低,进而变得无关紧要。这个数据的主要意义旨在说明对于家庭财产比较少的夫妻,要尽量在离婚案件中一并处理财产,以降低离婚成本。家庭财产较多的夫妻,则无须考虑诉讼费的差异。

广西壮族自治区法院婚姻家庭案件裁判要旨梳理

一、婚约财产纠纷及离婚纠纷中涉及财产处理的裁判要旨

(一)婚约财产案件统计报告

经查询2017至2019年广西壮族自治区各法院关于婚约财产纠纷案件的判决书,进行了财产、区域等大数据的统计,得出以下结论:

1. 案例数量:113个;

2. 财产类型:彩礼现金、房产、车辆、珠宝首饰;

3. 案件增长率:由于每年数量相差不大,故该项没有明确;

4. 区域分布:基本分布于各市下辖的县份;

5. 关于彩礼返还问题:(1)未支持的法院认为未办理结婚手续,但是双方共同生活过一段时间,彩礼消耗掉了,或者男方在提起诉讼的时候未提供相应的证据来证明给付了彩礼;(2)双方虽然共同生活,但因双方都未达到法定结婚年龄,双方都具有一定的过错,各自应该承担相应的责任,承担责任的比例根据各案件案情的不同,有40%、50%、60%、70%不等(也有因为只有女方未成年,法院判决女方全部返还彩礼);(3)无论男女双方有无共同生活,因女方同意返还彩礼,并出具相应的欠条,法院予以支持等。

(二)离婚案件统计报告

经查询2017至2019年广西壮族自治区各法院关于离婚纠纷案件的判决书,进行了财产、区域等大数据的统计,得出以下结论:

1. 案例数量:166个;

2. 判决离婚案件数量:92个(其中涉及财产案件43个,排除了5个类似案件,故统计案件38个);

3. 财产类型:房产、车辆、珠宝首饰、山林、家畜、生活用品等其他财产;

4. 案件增长率:由于每年数量差不多,故该项没有明确;

5. 区域分布:基本分布于各市下辖的县份;

6. 关于财产和债务分割问题:(1)房产分割:有产权或者产权明确的,法院都予以分割,没有产权或者产权不明确的,法院都未处理;(2)车辆归属:大部分是归男方所有,未处理的也是因为未按时归还贷款,车辆被融资租赁公司归属收回、被告未到庭无法查实夫妻共同财产等;(3)提出离婚损害赔偿的案件有3个,但都因为

证据不足，法院未支持；(4)夫妻共同债务分割：债务明确或者双方都认可的，法院判决各自承担50%，债务不明确或者双方否认的，法院都未处理等。

二、离婚后财产纠纷的裁判要旨

(一)诉讼原因分析

1. 分割纠纷与反悔成为诉讼主要原因

离婚后财产纠纷产生的原因多种多样，为了便于裁判要旨梳理分析，本部分以判决书最终认定的事实为准，将离婚案件产生原因归纳为4项：(1)双方离婚时未分割共同财产；(2)双方分割财产时存在纠纷；(3)一方反悔已签订的离婚协议；(4)一方存在隐瞒财产的行为(见图30)。

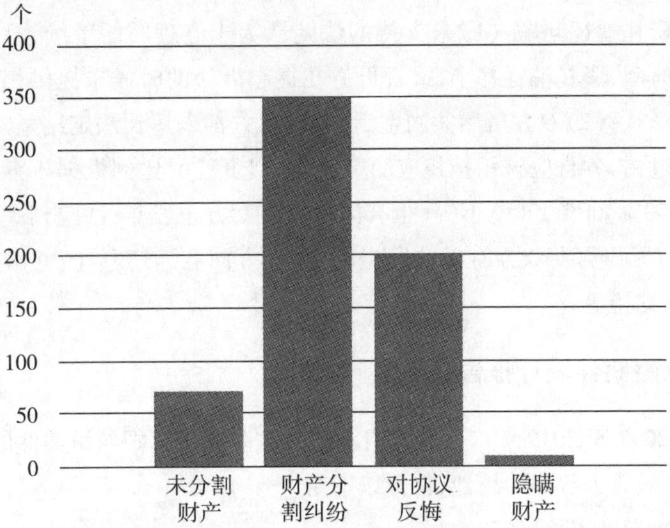

图30　离婚后财产纠纷的诉讼原因统计

在这3年中，引发离婚后财产分割纠纷的第一原因为双方对财产分割产生纠纷；第二原因为一方对离婚协议反悔；第三原因为双方存在未分割的财产；第四原因为一方隐瞒财产。

结合本次分析的596个判决书内容，我们认为呈现这样的趋势主要有几点原因：

(1)一部分当事人的法律意识淡薄，婚前婚后均未对夫妻共同财产所有权进行有效约定。随着房地产价格的上升与社会财富的多样性，目前夫妻所有共同财产的价值与种类急剧增多。而在中国传统文化的影响下，大部分夫妻对于双方共同财产均未有协议约定,因此在离婚时双方对于财产的分割便有较大的分歧,进而产生纠纷。

(2)当事人对离婚协议重视性不足,没有意识到离婚协议对财产的处置作用。为了急于离婚匆忙签下的离婚协议的表述与当事人的想法有出入,从而有可能引发反悔纠纷。例如,部分当事人直接以民政部门提供的离婚协议书或者是从网上下载的离婚协议书为范本,匆忙地在上面填写了事,容易产生表意不明,其中最常见的有:"共同财产分割:无共同财产分割";"债权债务处理:无债权债务处理"。又或者是:"双方无共同财产分割";"各自名下的债务各自承担"。一旦当事人签订了上述这些模糊条款,之后再向法院提起离婚后财产诉讼要求分割财产的,法院对此作出了不同的处理结果(见表77)。

表77 法院对离婚协议中财产分割条款约定不明的处理方式

案号	裁判结果	离婚协议中表述	诉讼请求	法院认为
(2019)桂0803民初1264号	支持	双方无共同财产分割;各自名下的债务各自承担	判决桂R×小车一辆归被告所有,被告补偿原告共计80,000元	涉案的车辆是原告、被告婚姻关系存续期间出资购买,应当为夫妻共同财产,由被告向原告支付财产分割补偿款6500元
(2019)桂0981民初407号	不支持	夫妻双方无共同财产;夫妻双方无共同债权债务	桂K小型轿车一辆归被告所有;空调、木床、皮沙发、冰箱、电视机归原告所有。被告折价补偿原告38,000元	鉴于原告、被告结婚到离婚时间共计10个月,在结婚后短时间内即分居生活,收入各自管理,原告没有证据证明从登记结婚购买的涉案物品是夫妻的收入所得,且离婚协议说明共同财产、共同债权债务已作处理,因此不予支持
(2019)桂1402民初90号	一审不予支持	共同财产分割:无共同财产分割;债权债务处理:无债权债务处理	判决分割××市××路××栋××房	诉争房屋虽为婚姻关系存续期间购置的夫妻共同财产,但在离婚时双方自愿不作为夫妻共同财产进行处理,离婚后,李某搬离诉争房屋并不再参与房屋还贷,亦可证明李某放弃对诉争房屋的共有,故对李某的诉讼请求不予支持

续表

案号	裁判结果	离婚协议中表述	诉讼请求	法院认为
(2019)桂14民终646号	二审予以支持	共同财产分割:无共同财产分割;债权债务处理:无债权债务处理	判决分割××市××路××栋××房	涉案房产系婚姻关系存续期间购买,系夫妻共同财产。虽然双方签署离婚协议约定了无共同财产分割、无债权债务处理,但实际上双方对涉案房屋并未约定归谁所有,即涉案房屋在离婚时尚未分割,对于李某要求分割涉案房屋的诉讼请求应予支持

上述四则案例存在两种不同的裁判观点:一种认为,离婚时双方自愿将相关财产不作为夫妻共同财产进行处理,因此不予支持;另一种则认为,虽然离婚协议约定了无共同财产分割、无债权债务处理,但实际上双方对涉案财产并未约定归谁所有,即属于离婚时尚未分割的财产,应予支持。甚至同一个案件一审、二审法院作出的判决截然相反。

2. 协议离婚约定不明更易引发离婚后财产分割诉讼

2017至2019年,在广西离婚后财产纠纷诉讼中,协议离婚的为427个,诉讼离婚的为169个,协议离婚为诉讼离婚的2.5倍。目前从3年来已公布的判决来看,协议离婚比诉讼离婚更易引发离婚后财产分割诉讼。

(二)离婚协议在离婚后财产纠纷分析

1. 近一半分割协议无法得到法院完全支持

在2017至2019年的596个婚后财产纠纷的判决中,有427个写了离婚协议。但在这427个案件中,便有203个判决结果与离婚协议中的财产分割条款不一致,占比高达47.5%。在一般民众眼里,白纸黑字且经过民政局备案的离婚协议应当有效,财产分割应当参照离婚协议的约定进行,但审判结果呈现的事实并非如此。我们分析主要原因有以下几点:

(1)离婚协议中对共同财产及如何分割约定不完善。此类协议多存在共同财产约定不明、在离婚协议中常使用“双方无共同财产、债务”的格式条款、分割方式及债务承担约定不明等问题,离婚协议的质量过低易使双方在分割财产时发生分歧,引发诉讼。

(2)协议中分割了第三人的财产而无效。在广西,此类问题多发于自建房、共有房、土地承包等方面。

(3)当事人所约定的财产无法分割。此类财产常包括违章建筑、未取得产权证的不动产、不可分割的宅基地等。

2. 认定协议系胁迫、欺诈的诉讼请求无法得到支持

在签有离婚协议的被告抗辩时,最常见的情形为"该协议系在对方胁迫或欺诈下订立的,因此该协议为可撤销协议"。对于此类的抗辩,在3年内公开的判决中法院均不予以支持,不支持的理由可归纳为如下几点:

(1)当事人提供的材料不足以证明存在欺诈、胁迫等情形。由于欺诈、胁迫等情形的证明要求较高,加上当事人固定证据的意识、方法较差,致使诉讼期间无法提供充足的证据使法院相信存在欺诈、胁迫的情况。

(2)当事人抗辩时已过除斥期间。① 欺诈、胁迫属于可撤销合同,适用1年的除斥期间,未在该除斥期间内起诉的便丧失撤销的权利。

(3)当事人所受欺诈、胁迫的程度不足以影响其对合同约定的判断。此类判决系法官的自由裁量权,多数法官认为双方作为成年人,应当完全理解协议的内容及签署后果,不能简单地以受欺诈、胁迫来抗辩协议无效。以(2018)桂08民终602号案为例,该案法官认为即便当事人一方在争夺抚养权及财产时存在一定的胁迫行为,但该胁迫行为不足以影响另一方的人身安全,因此也无法完全剥夺另一方对协议的判断权及签订权。

我们认为,离婚协议与一般财产协议不同,因为其涉及最紧密的人身关系——婚姻。双方在协议中的约定系对婚姻期间情感、过错、财产等一系列内容进行综合考量后作出的。因此双方在作出约定时不仅考虑经济利益,更考虑情感之间的关系。因而法官不会轻易认定此类协议无效或可撤销。

(三)具体财产分割分析

1. 房产类:房产为诉争最多的财产

2017至2019年,诉争最多的财产依次为房产、车辆、住房公积金及保险、股权。房产当之无愧地成为离婚后纠纷诉争最多的财产。较其他省份而言,离婚后的股

---

① 现依《最高人民法院关于适用〈中华人民共和国民法典〉婚姻家庭编的解释(一)》第70条之规定:"夫妻双方协议离婚后就财产分割问题反悔,请求撤销财产分割协议的,人民法院应当受理。人民法院审理后,未发现订立财产分割协议时存在欺诈、胁迫等情形的,应当依法驳回当事人的诉讼请求。"该1年除斥期间已取消。

权纠纷、保险纠纷及其他类型的财产纠纷在广西并不常见，广西的分割纠纷常见于居民耐用消费品。

我们认为，这一定程度上能够反映目前广西婚姻家庭的财产情况。目前房产（自住、投资）仍为广西家庭最重要、最普遍的财产，而股权、保险及收藏品等理财产品仍未在广西家庭中普及。

2. 房产类：无分割约定时，房产分割成功率较低

在此类诉讼中，如果离婚协议中的财产分割部分有效，法院将会以双方的约定为判决依据。因此我们在剔除了这部分判决后，得出了在无有效约定时，法院对房产的分割结果。

结合上述结果，我们分析无协议时房产分割有几个特点：

（1）双方分到房产的概率几乎相等，性别对房产分割结果影响不大。

（2）无有效协议时，房产有较大概率判定双方按份额所有，无法完全分割给其中的一方。此类情形常见于无产权证房产、一方无房且未有适宜地方居住、三产①房等。

结合上述数据，我们就夫妻购置共有房产给出如下建议：

（1）购买房产时最好就房产的所有权签订相关的书面协议，即便不签订协议也应当保留好交款凭证、按揭凭证、资金来源等证明。

（2）避免购买三产房。此类房产因无法拿到房产证，在诉讼中无法分割所有权，仅能对使用权、收益权进行分割。

3. 共同财产涉及第三人或财产权属不明的，不予处理

此类问题常见于农村宅基地建房、三产房及合作投资项目等案件标的，法院在面对此类标的时一般不予在本案进行分割。其原因为此类标的大多涉及第三人的利益，在第三人未到场的情况下贸然进行分割，将会侵害第三人的合法权益。以（2017）桂0881民初4630号案为例，涉案宅基地为双方与第三人共同所有，且三方并未就土地份额达成协议。法院认为在财产权属不明时无法进行分割，因此对本案房产作出不予处理的判决。此类情形还常见于借名买房、合伙开店中。上述情形皆属于夫妻双方无法证明对财产具有完全的所有权，因此法院对财产不予处理。

我们建议当事人在起诉时应当审慎审查自己财产的所有权关系，并收集足够的证据证明双方对于待分割财产具有完全的所有权，以免起诉后无法对财产进行分割。

---

① 土地被征收后，国家返还给被征收人的安置房用地指标，凭借指标，统一建造安置房。三产指使用权、占有权和处置权三个产权。

海南省法院婚姻家庭案件裁判要旨梳理

一、海南省2017至2019年涉及宅基地分割案件数量

笔者采用Alpha案例库进行检索，检索到2017至2019年海南省的婚姻与继承案件判决书中有具体财产信息且可进行归纳总结的判决书共119个，其中离婚纠纷涉及财产分割的判决仅27个，离婚后财产纠纷判决书41个，继承纠纷判决书38个，分家析产纠纷判决书13个，前述判决书里涉及宅基地及地上房屋的案件在全部财产中所占的份额比较大，尤其是在分家析产纠纷案件中，涉及宅基地及地上房屋案件的比例几乎超过60%，具有一定的普遍性，因此笔者选择就涉及宅基地及地上房屋的案件裁判要旨进行梳理。

二、海南省2017至2019年离婚、继承案件判决中关于涉及宅基地及地上房屋分割的裁判要旨

1.宅基地使用权是集体经济组织成员享有的权利，与享有者身份相联系，非本集体经济组织成员无权取得。通过结婚（包括女性及入赘的男性）可以成为另外一个村集体经济组织的成员，应享有与该村村民同等权益。在该集体组织被整体征收，进行旧城改造时，该成员应与村民享受同等的安置补偿权益，如（2017）琼0105民初7035号案。因此，在婚姻关系存续期间，如果女方没有将户籍转入嫁入村，则不享有嫁入村的宅基地使用权，离婚时不予分割，如（2019）琼96民终618号案。

2.登记在家庭成员名下的宅基地会被认为家族共同财产，在没有进行分家析产确定各自成员的份额前，依据《最高人民法院关于适用〈中华人民共和国婚姻法若干问题的解释（三）〉》第15条①，人民法院不支持对涉及宅基地及地上房屋的继承，会告知到当事人在继承人之间实际分割遗产后另行起诉，如（2018）琼9005民初470号案。对于因一方祖屋拆迁安置而获得的安置房，尽管该安置房在婚姻关系存续期间而取得，但人民法院也不认为该房屋属于夫妻共同财产，一方要求分割，人民法院也不予支持，如（2018）琼0271民初3837号案、（2018）琼0271民初6337号案。

3.宅基地属于农民集体所有，村民个人只享有宅基地的使用权，因此宅基地不

① 现《最高人民法院关于适用〈中华人民共和国民法典〉婚姻家庭编的解释（一）》第81条规定："婚姻关系存续期间，夫妻一方作为继承人依法可以继承的遗产，在继承人之间尚未实际分割，起诉离婚时另一方请求分割的，人民法院应当告知当事人在继承人之间实际分割遗产后另行起诉。"内容无变动。

能作为公民个人合法财产进行继承,公民的房屋可以作为遗产继承。我国实行“房地一体化”原则,村民依法继承的房屋,其宅基地与房屋不可分离,村民可以仍然享有宅基地使用权。但如果宅基地是空地,地上没有建房屋,则不享有继承权,如(2018)琼0271民初1039号案。对于城镇居民出资购买农村宅基地,被人民法院认为因违反国家法律规定而被认定为无效,但购买宅基地的资金则被认定为夫妻共同财产,可以进行分割,如(2018)琼9002民初1082号案。

4. 宅基地是村民按户申请使用,宅基地使用权属于该户内家庭成员共同共有,户内某个家庭成员死亡,并没有导致家庭关系的消亡,不会产生宅基地使用权的分割问题,宅基地使用权仍然归其他家庭成员共同拥有,并不发生宅基地使用权的继承问题。但家庭成员退出该集体经济组织的,便不再对原宅基地享有使用权,也不再享有因宅基地被征收而获得相应补偿的权利,如(2018)琼01民终3418号案、(2018)琼02民终727号案。但对于从家庭户口里分户出来,并在村里另外申请了宅基地的,该宅基地则属于申请人夫妻的共同财产,与其他家庭成员无关,如(2018)琼02民终727号案。

5. 来自父母宅基地的房屋及土地被征收,在父母去世后,未进行财产继承,仍属于父母的遗产范围。即使在以后家族部分成员办理了土地证,在该土地被征收时,对那些没有登记在已颁发的土地证上的继承人,仍然需要考虑属于他们的财产权益,如(2017)琼0108民初3965号案、(2018)琼9023民初22号案。

但通过统计,发现一个相反的判决,即(2019)琼01民终4068号案。李某1与丈夫20世纪五六十年代就在涉案的宅基地上生产、生活。后大儿子、二儿子及女儿出生。一家五口人一直居住在涉案的宅基地上。后李某1丈夫去世,李某1与孩子在此宅基地上生活了50多年。但该地被征收,在政府相关部门确权时,李某1却不属于涉案宅基地上的使用权人或所有人,不享有相应征地补偿款,该宅基地所获得的补偿款被其子女全部拿走。人民法院以其没有证据证明涉案土地属于自己,应承担举证不能的责任,最终驳回其要求分割征地补偿款的全部诉讼请求。

6. 宅基地及地上房屋未经集体组织确权,集体经济组织亦长期未对其建房及生产生活提出异议,土地国有制后,人民法院对继续使用未经确权的房屋及相应宅基地予以保护,如(2018)琼01民终字693号案。

7. 宅基地虽然为父母出资购买,但在购买时就登记了各子女的姓名,视为父母在购买时已将所购买的宅基地进行了分配,不再视为父母的财产,父母去世后也不能视为父母的遗产,如(2018)琼01民终798号案。

8. 对于本村村民在所得的宅基地上修建的房屋、地上附着物及种植的林木,即使没有合法的土地使用权属凭证，人民法院亦认可使用权人享有相应的财产权益，如(2016)琼9024民初1453号案。

9. 在离婚诉讼中，一方签订房屋拆迁协议但尚未取得安置房的，另一方当事人要求确认安置房购买权或者分割安置房的，人民法院认为物权客体尚未确定，一般会驳回其诉讼请求，告知当事人可在房屋实际面积、位置等确定后再另行主张，如(2018)琼0271民初7969号案。

10. 在涉及宅基地或地上房屋的分家析产纠纷诉讼中，审判实践中应遵循两点原则：确认物权请求权以及基于共有关系产生的分割共有财产的请求权不适用诉讼时效的规定，如(2018)琼9023民初22号案。

11. 长期以来，海南在东南亚及其他地方的华侨众多，而华侨对海南的经济发展和建设多有贡献。对于华侨回乡申请宅基地出资建房，村民委员会往往会认可并给予相应的宅基地，而人民法院在处理涉及华侨继承及分家析产纠纷中，也都认可华侨对宅基地及地上房屋具有村集体组织成员的相应权利，如(2017)琼9002民初23号案。

三、关于宅基地及地上房屋的裁判要旨

海南省虽是农业小省，但国家统计局的数据显示，2014年海南省农业产值在全省经济中的占比(23.1%)在全国31个省、自治区、直辖市中占比最高。海南又是传统习俗保留比较完整的地区，多数本地居民在农村都保留了宅基地或者所谓祖宅。所以，在离婚案件、离婚后财产纠纷、继承案件及分家析产纠纷案件中，往往会涉及宅基地及地上房屋分割问题。

如何分割宅基地及地上房屋，首先则需要搞清楚该宅基地及地上房屋财产的性质，然后才能确定如何进行分割。根据上述案件的总结，结合自己的思考，我们认为，宅基地及地上房屋一般按照以下原则来进行分割：

1. 家庭共有财产应分家析产。一般以户进行申请及审批的宅基地，并由家庭成员共同建造的地上房屋，即属于整个家庭的共有财产。对于家庭共有财产，夫妻在离婚时不能当作夫妻共同财产直接要求进行分割，而需要首先从家庭共同财产中分割出属于夫妻财产的相应份额，在此基础上，再对属于夫妻财产的部分进行分割。否则，人民法院一般会驳回诉讼请求。对于家庭共有财产的分割，首先由家庭成员协商确定各自应得的份额。不能达成协议的，法院一般会按等分原则处理，并考虑共有人对共有财产的贡献，适当照顾共有人生产、生活实际需要等因素。

2. 个人婚前财产，配偶无权分割。一方婚前便有的宅基地，并在该宅基地建造

房屋，婚后夫妻双方共同居住使用的宅基地房，如双方无相反约定，该房屋属于个人婚前财产，应归婚前建造房屋的一方所有。或者一方父母在自己的宅基地上建房为子女结婚居住使用，如果房屋是以子女的名义报建且是婚前建造的，一般视为对子女个人的赠与，属于子女的个人婚前财产，子女的配偶无权分割。宅基地房属于个人婚前财产的，配偶无权分割。但是，如果在婚姻关系存续期间配偶出资或者双方用夫妻共同财产对宅基地房进行了装修、构成添附，则拥有宅基地房的一方应当补偿其配偶用于装修的支出。同样地，因婚前建房而产生的债务是用婚后共同财产偿还的，那么房产归属的一方应按偿还债务总额的一半给另一方相应的补偿。这种情况与婚前购买商品房或者父母在婚前给子女购买商品房的分割是一样的。

但笔者也发现有些判决与此不同，如婚后双方以夫妻共同财产在一方（多为男方）婚前取得的宅基地修建房屋，但由于人们证据观念意识淡薄，没有留下相应的凭证。后另一方（多为女方）在离婚时要求分割以夫妻共同财产所修建的房屋，部分法院以"谁主张，谁举证"的原则，往往会判决没有证据的一方败诉，无法取得其应分得的财产。

3. 夫妻共有财产，家庭其他成员无资格要求分割。男女双方于婚后从家庭中分户，并向村集体申请新的宅基地，并在该地上建造房屋，或者使用夫妻共同财产在一方或双方名下的宅基地上建造房屋，属于夫妻共有财产。一方父母在宅基地上建房为子女结婚居住使用，如果房屋是以子女的名义报建且是婚后建造，一般视为对子女夫妻双方的赠与，该房屋为子女的夫妻共同财产，但双方另有约定的除外。子女从家庭户中分出，对原家庭户的宅基地及地上房屋便不再享有相应的权利，但对其父母去世后留下的遗产仍然享有继承权。

夫妻共有的已取得权属证书的宅基地房，由于在现有的政策法规下仍然受到流转的限制，不能通过拍卖、变卖的方式处理，在离婚案件中以判归一方所有，同时给予另一方补偿为主。但也不排除有的法院直接就宅基地房的面积进行分割。

4. 权属不明的宅基地房，部分判决保护地上房屋的使用权。对于未取得权属证书或诉讼过程中未提交权属证明的宅基地或宅基地上的房屋，或者可能涉及案外第三人利益的宅基地房，法院一般认定权属不明，不作处理。不过，有的法院根据"房地一体"的原则，对宅基地权属不明，但宅基地上的房屋权属明确的，也会根据宅基地上的房屋而对使用权作出判决。所以，对于宅基地权属不明的，最好取得宅基地上的房屋建造的相关证据。

重庆市法院婚姻家庭案件裁判要旨梳理

本文采用 Alpha 案例库进行检索，检索关键词为“离婚后财产纠纷”“重庆市”“判决”“2019/2018/2017”。检索数据显示，重庆市辖区法院从 2017 至 2019 年离婚后财产纠纷案件公开判决书共计 1713 个（包括二审和再审），筛选有效样本后，最终确定参与数据分析的样本共计 1670 个。

一、法院对于“隐藏、转移、变卖、毁损夫妻共同财产”的认定情况

（一）法院予以认定的主要情况和理由

1. 在发生纠纷或进入离婚诉讼程序前后短时间内，单方支取较大金额存款或向第三人大额转账，且缺乏合理理由及证据的（见表 78）。

表 78 法院对单方无正当理由支取较大金额存款或向第三人大额转账行为的处理方式

代表案例	法院认为
(2017)渝 05 民终 6189 号	万某在双方发生纠纷后的短短 3 个月时间内取走夫妻共同存款 88,298 元，万某虽然声称是用于夫妻共同生活及用于购房缴纳的定金，但没有举示相关证据证明，故不予采信；彭某在婚姻关系存续期间双方发生纠纷后向朱某强转款 150,000 元，彭某辩称系其归还朱某强的借款而不是夫妻共同债权，但既没有提供借条，也没有提供转账凭证予以证明，故彭某不能证明其与朱某强之间的借贷关系成立。因双方均系在双方发生纠纷后，万某采取取款，彭某采取转款方式转移夫妻共同财产，双方均有过错，故应予以平均分割

2. 婚姻关系存续期间或离婚诉讼期间在未告知对方情况下单方变卖重大共有财产（如房屋、车辆等），单方收受出售款项且未向对方告知、分配的（见表 79）。

表 79 法院对单方变卖重大共有财产行为的处理方式

代表案例	法院认为
(2018)渝 0105 民初 5145 号	被告刘某在离婚诉讼中提出要求分割讼争房屋的情况下，选择在一审举证期限届满后作出判决之前，以 526,000 元的价格予以出售并收取售房款，并且被告刘某出售房屋事先未征得胡某 1 允许、事后亦未告知胡某 1。被告刘某辩称自己当时为生活所迫，没有经济来源才出售房屋，但未提供证据证明。本院认为，被告刘某变卖财产的行为侵害了原告胡某 1 应享有的财产所有权，在分割共同财产时，可以少分，对原告胡某 1 要求多分共同财产的请求，予以支持

续表

代表案例	法院认为
(2017)渝0120民初1138号	虽然被告变卖车辆时处于原告、被告婚姻关系存续期间,但此时双方已经发生了矛盾,处于分居状态,被告在离婚案件中和本案诉讼过程中均没有提交证据证明变卖车辆的款项用于家庭合理开支。对于被告的这一辩称理由本院不予采信。被告擅自变卖原告、被告夫妻共同财产,其行为存在过错,在分割该财产时可以少分或者不分;变卖车辆款项35,000元,无过错方分得20,000元
(2017)渝0112民初13202号	原告、被告共同购买施某名下位于重庆市渝北区××路房屋一套,被告施某未经原告唐某同意于2017年1月4日与刘某杨签订重庆市房屋买卖合同约定将位于重庆市渝北区××路房屋出售给刘某杨,之后,被告施某将该房屋过户登记在刘某杨名下。出售共同的房屋是原告、被告对夫妻共同财产做重要处理决定,应当依法平等协商,在取得一致意见的情况下进行。被告施某的行为属于变卖夫妻共同财产,故本院对原告请求少分的意见予以采纳。鉴于被告施某与原告唐某属事实婚姻,被告又属依法照顾的女方,故本案原告、被告的夫妻共同财产酌情按原告分割55%、被告分割45%的比例进行分割

3. 明知案涉财产金额巨大,却在法院审理离婚案件时未如实陈述案涉财产情况的(见表80)。

表80 法院对离婚案件庭审时未如实陈述共同财产行为的处理方式

代表案例	法院认为
(2018)渝0106民初1333号	王某某作为法律工作者,熟悉法律的各项规定。但王某某明知案涉房屋涉及金额巨大,对于一个家庭来说应属于重大财产,却在法院审理离婚案件时未如实陈述案涉财产的情况,即使王某某主观认为案涉房屋是个人财产,但仍应如实陈述财产情况,至于是否属于夫妻共同财产,则由法院作出判断。故王某某存在隐瞒财产的情形,应适当少分,本院确认案涉财产由叶某某取得60%的份额,王某某取得40%的份额
(2017)渝0106民初869号	对于车位的问题,被告称当时认为离婚期间购买的不属于共同财产,故没有告知,现同意依法分割……因被告在离婚时未如实陈述婚姻期间购买车位的事实,根据《婚姻法》第47条[1]规定,隐藏夫妻共同财产的,可以予以少分或不分。根据本案情况,本院酌情确定由原告分得车位价值的60%,被告唐某某分得40%,由被告唐某某补偿原告车位折价款81,498元

注:〔1〕现《民法典》第1092条规定:"夫妻一方隐藏、转移、变卖、毁损、挥霍夫妻共同财产,或者伪造夫妻共同债务企图侵占另一方财产的,在离婚分割夫妻共同财产时,对该方可以少分或者不分。离婚后,另一方发现有上述行为的,可以向人民法院提起诉讼,请求再次分割夫妻共同财产。"该法条删去了旧条文中"离婚时"的限定,并增添了挥霍夫妻共同财产的情形。

4. 双方签署离婚协议且明确界定婚内共有财产范围，离婚后一方又发现协议范围之外其他婚内共有财产的(见表81)。

表81 法院对离婚后发现其他婚内共同财产的处理方式

代表案例	法院认为
(2017)渝0117民初10999号	双方签署的离婚协议约定："……五、一方隐瞒或转移夫妻共同财产的责任：双方确认共同财产在上述第三条已作出明确列明。除上述房屋、家具、家电及银行存款外，并无其他财产，任何一方应保证以上所列婚内全部共同财产的真实性；本协议书财产分割基于上列财产基础，任何一方不得隐瞒、虚报、转移婚内共同财产或婚前财产。如任何一方有隐瞒、虚报除上述所列财产外的财产，或在签订本协议之前两年内有转移、抽逃财产的，另一方发现后有权取得所隐瞒、虚报、转移的财产的全部份额，并追究其隐瞒、虚报、转移财产的法律责任，隐瞒、虚报、转移方无权分割该财产。"被告与原告签订的离婚协议中关于本案诉争的被告与新金地股权款没有在协议中载明，被告明显隐瞒了夫妻共同财产，根据协议约定被告对其股权转让金2500万元不享有权利，审理中，原告要求只分割1/2，本院予以尊重，并予以支持；现原告只主张一半权利，应予准许

(二)法院不予认定的主要情况和理由

1. 主张对方有隐藏、转移、变卖、毁损共同财产行为，但未能提供证据(见表82)。

表82 法院在一方举证不能时的处理方式

代表案例	法院认为
(2018)渝0104民初2846号	本案中，原告何某主张被告赵某英婚前隐瞒存款8万元，并持有湘宜代账公司股份的事实，应承担举证证明的责任，审理中原告何某无证据证明上述事实，应承担举证不能的不利法律后果
(2019)渝03民终1109号	因傅某并未充分举证证明胡某存在恶意隐藏婚姻关系存续期间共同财产的行为，且房屋属胡某、谭某共有，故一审法院判决胡某支付给傅某602,000元(2,408,000元×50%÷2)，并无不当

2. 争议财产不属于夫妻共同财产的，如系第三人财产或属于夫妻一方婚前个人财产(见表83)。

表83 法院在争议财产不属于共同财产时的处理方式

代表案例	法院认为
(2017)渝01民终5462号	本案中,涉案工程款858,131元的收取方为重庆锦标装饰工程有限公司,属于公司的业务收入,公司的业务收入在冲减工程成本、税费支出及其公司运营成本后,剩余部分才是分配给股东的净利润,而杨某未能举示证据证明该笔工程款系冯某应当分得的净利润,故杨某的上诉请求不成立,本院予以驳回
(2018)渝0108民初2782号	本案中,重庆市×商贸有限公司成立于原告、被告结婚之前,被告在结婚前完成了在该公司的出资,并持有该公司49%的股权,故被告所持有的该股权属于被告一方的婚前财产,原告要求分割该股权于法无据,本院不予支持

3.其他证据显示双方在婚姻关系存续期间均已明知争议财产存在的,如主张配偶隐藏财产一方曾在离婚诉讼过程中自行提供争议财产信息,或双方曾共同签署争议财产相关资料,或一方提供无利害关系证人以证明另一方离婚时知晓争议财产信息等(见表84)。

表84 法院在一方明知争议财产存在时的处理方式

代表案例	法院认为
(2017)渝03民终517号	原审法院认为,张某与冯某在离婚诉讼中,张某提供了本案讼争财产的登记信息,已知晓该财产的存在。在之后办理离婚登记手续时,双方所签订的离婚协议中虽未对本案的财产作出处理,但该协议是张某与冯某自行协商后签订的,未对本案财产进行处理也是双方共同造成。因此,张某主张冯某离婚时隐瞒财产的理由,无事实依据,原审法院不予采纳
(2017)渝0106民初3810号	关于原告坚持被告存在隐瞒共同财产,要求被告少分的请求,经庭审查明,原告明知在婚姻关系存续期间双方签订过该购房合同,离婚时双方未处置该财产也是明知的。现原告提供其他证据证明被告存在转移、隐瞒共同财产的事实,本院不予支持
(2018)渝0106民初796号	结合原告、被告双方的陈述、被告举示的三位证人证言及案外人李某琼的陈述,本院认为,证人杨某容、杨某立、周某玉与原告、被告双方并无利害关系,三方均参与了原告、被告双方协商离婚的过程,并一致陈述张某某与王某某在协商离婚时,张某某明确知晓王某某已取得玉琼公司的股权以及玉琼公司存在大量债务,在王某某表示公司可以交给张某某,但张某某也必须承担偿还公司债务的责任时,张某某即明确表示放弃该公司,故本院对该三名证人证言的证明力予以确认,在原告未举示相反证据加以反驳的前提下,认定该三份证言的证明力大于原告出具的书证,据此认定原告张某某在与被告王某某协商离婚时已明确知晓王某某取得了玉琼公司85%的股权,被告王某某不存在隐瞒共同财产的情形

4. 争议财产已经用于双方合理开支,发生纠纷时客观上已不存在的(见表85)。

表85 法院在一方明知争议财产已经用于家庭合理开支时的处理方式

代表案例	法院认为
(2019)渝0230民初3291号	2016年2月至2018年9月,因两个子女读书及家庭日常生活均需要支出费用,且原告高某红未举证证明该共同财产仍然存在或部分存在,亦未举证证明被告唐某柏存在隐匿、转移该共同财产的行为。故原告高某红的诉讼主张不能成立,本院不予支持

5. 离婚协议已约定或处理的(见表86)。

表86 法院在双方对争议财产处理已达成一致时的处理方式

代表案例	法院认为
(2017)渝0112民初19158号	原告、被告于2017年6月22日签订的自愿离婚协议书中财产处理条款约定无共同存款分割。故原告刘某诉讼请求分割已出售的房屋或房款以及分割被告在婚姻关系存续期间的银行存款的理由不成立,本院不予支持

综上,由于婚姻家庭生活的复杂性及多样性,法院在认定隐藏、转移、变卖、毁损夫妻共同财产时一般采取较为谨慎的态度,只有在证据相对较为充分的情况下才会作出过错认定。

(三)法院不予认定的后续处理

1. 统计样本中,部分案件法院在认定不构成隐藏、转移、变卖、毁损共同财产后,一般会再根据案件具体情况,判定该案是继续作为离婚后未分割财产案件处理还是全部驳回。如(2017)渝05民终6006号案、(2019)渝0230民初5288号案。

2. 值得注意的是,部分案件法院虽不予认定存在隐藏、转移、变卖、毁损夫妻共同财产的情形,但仍以分割离婚时未分割的夫妻共同财产为由对财产进行了分割,且在分割比例上以照顾女方权益等理由,给予一方比例上的倾斜,且倾斜幅度达到20%(见表87)。

表 87　法院对分割共同财产时照顾女方原则的适用情形

代表案例	法院认为
(2017)渝 0235 民初 5572 号	综上,本院确定本案应当分割的共同财产为银行存款 30,014.10 元。根据照顾女方权益的原则,本院酌定由被告向原告支付银行存款折价款 12,000 元
(2019)渝 05 民终 7103 号	从涉案银行卡的交易明细可以看出,涉案银行卡的支出交易绝大部分为 2 万元以下的支出,而超过 2 万元的支出只有 4 笔,由于周某 1 未能举证证明其处理该 4 笔资金的合理用途,故一审法院将该 4 笔资金纳入本案中应予分割的夫妻共同财产,并无不当……同样鉴于上述原因,一审法院对涉案银行卡内的资金认定由谭某多分,符合我国婚姻法中照顾女方的基本原则以及本案情况

二、隐藏、转移、变卖、毁损共同财产的行为对财产分割的影响

(一)夫妻双方均有隐藏、转移、变卖、毁损共同财产的行为

在这种情况下,由于双方均有过错,故法院一般仍然会对争议财产予以平均分割。如(2017)渝 05 民终 6189 号案。

(二)夫妻一方存在隐藏、转移、变卖、毁损共同财产的行为

1. 原告放弃多分,诉求仅要求平分的,法院予以支持。如(2017)渝 0117 民初 10999 号案。

2. 原告要求多分,法院支持多分的幅度(见表 88)。

表 88　法院在一方存在隐藏、转移、变卖、毁损共同财产行为时的分割比例

案号	财产分割比例	幅度/%
(2017)渝 0112 民初 13202 号	无过错方 55%:过错方 45%(1 个)	10
(2017)渝 0120 民初 1138 号	无过错方 57%:过错方 43%(1 个)	14
(2018)渝 0106 民初 1333 号 (2018)渝 0105 民初 5145 号	无过错方 60%:过错方 40%(3 个)	20
(2017)渝 0101 民初 12684 号	无过错方 70%:过错方 30%(1 个)	40

由表 88 可见,法院不仅对一方隐藏、转移、变卖、毁损共同财产的行为认定非常谨慎,对认定后不分或少分的幅度也非常谨慎,统计样本中没有不分的,少分的幅度也是 20% 居多。

三、离婚后财产纠纷中的额外补偿问题

协议离婚时，男、女双方除了分割夫妻共同财产以外，有时一方还会基于情感问题要求对方给予额外的金钱补偿，对方妥协后达成离婚协议而离婚，但离婚后，容易因不履行、反悔等原因引发纠纷。统计样本中，统计小组针对这类纠纷进行了梳理分析和总结归纳如下：

（一）额外补偿的名目及效力

1. 额外补偿的名目

统计样本中，涉及离婚后财产纠纷额外补偿的案件共计有103个，涉及的额外补偿名目分为以下几种（见表89）：

表89 离婚后财产纠纷中涉及的补偿形式及案件数量

名目	补偿款/补偿金	精神损失费	困难帮助费/经济帮助金	生活扶助费/生活费	经济补偿金	欠条/借条	无名目
数量/个	51	6	4	3	4	4	31

2. 上述名目下的额外补偿的效力

从上述全部有效样本的判决结果统计来看，无论当事人双方在离婚协议中就额外补偿款项约定了何种名目，只要经审查确认，协议主体均具有完全民事行为能力，签署的离婚协议系双方真实意思表示，且不违反法律强制禁止性规定，法院一般不会拘泥于补偿款项的名称，而是会充分尊重当事人的意思自治，认定离婚协议合法有效，对双方当事人均具有约束力，并判决负有给付义务的一方当事人按照协议约定履行给付义务。如（2019）渝05民终3561号案。

3. 关于额外补偿中特殊形式的分析

统计样本中，额外补偿存在一种特殊表现形式，即以借条或欠条形式体现的额外补偿金。这样的统计样本有4个：（2017）渝0106民初2918号案、（2019）渝0105民初3768号案、（2018）渝0112民初19668号案、（2017）渝0101民初10398号案，以上均为当事人仅以借条、欠条的形式来主张额外补偿款项，最终审理法院结合双方陈述、离婚时间、其他辅助证据等情况支持了原告一方的诉讼请求（见表90）。

表90 法院支持当事人以借条、欠条的形式主张额外补偿的情形

代表案例	法院认为
(2017)渝0106民初2918号	本案双方争议的焦点是被告是否应当支付原告欠条所载明的80,000元。被告认为其不欠原告任何款项,双方无债务关系,不应当支付该欠款。本院认为,根据双方的陈述和举证,原告、被告在婚姻关系存续期间确实不存在与该80,000元对应的债务关系,但结合录音证据的内容,以及该欠条出具后双方次日便办理离婚登记的事实,可以合理推定该欠条所载明款项实际上是双方基于协商离婚而在财产分割方面作出的补偿约定。现双方婚姻关系已经解除,付款时间已经届满,故对原告要求被告支付80,000元的请求,本院予以支持
(2019)渝0105民初3768号	当事人应当按照约定全面履行自己的义务。卞某、胡某原系夫妻关系,胡某在离婚时向卞某出具了欠款400,000元的欠条,两张欠条合法有效,且内容并不重合。卞某、胡某形成了债权债务关系,胡某应按欠条约定的时间履行给付义务
(2018)渝0112民初19668号	被告陈某在离婚后与原告梁某经过协商,约定给付原告10万元,书写了欠条并签字捺手印,该欠条应为被告的真实意思表示,理应按期偿还欠款
(2017)渝0101民初10398号	2015年12月1日,由原告书写、被告签名的借条,双方并无款项借贷关系,均认可是离婚后的财产补偿,属于协议名称与内容不一致,应以内容确定双方的权利义务,按离婚后财产纠纷处理。该借条的形成时间,被告的陈述较符合情理,本院予以采纳;但被告称是原告胁迫所签名,未提供充分证据证明,且未依法请求撤销,本院对此陈述意见不予采信,对双方达成的离婚补偿协议予以确认;该补偿协议具有民事合同的性质,且不违反法律禁止性规定,对当事人有约束力。补偿协议达成后,被告已支付25,000元,对余欠35,000元有义务支付,原告请求被告支付余欠补偿款,符合双方的约定,且不违反法律规定,本院予以支持;被告的抗辩理由不成立,本院不予采纳

(二)额外补偿的金额和效力

本次103个额外补偿案件统计样本显示,当事人在离婚后财产纠纷中主张的额外补偿金额分布范围较广,从几千元到几百万元不等(见表91)。

表91 离婚后财产纠纷中当事人主张额外赔偿的金额及占比

额外补偿金额	数量/个	占比/%
1万元(含)及以下	2	1.9
1万元~10万元(含)	58	56.4
10万元~50万元(含)	35	34.0

续表

额外补偿金额	数量/个	占比/%
50万元~100万元(含)	5	4.9
100万元~500万元(含)	2	1.9
500万元~1000万元(含)	1	0.9

从上述案件的审理情况来看,虽然承担给付义务的一方当事人在审理过程中会提出签署协议并非自己真实意思表示、给付补偿款有其他前置条件、补偿金额过高已显失公平等各种理由予以抗辩,但各法院一般仍然会尊重双方意思自治,对双方当事人自行约定的补偿金额予以确认,也不会轻易调整补偿款项的金额(见表92)。

表92 法院对双方关于离婚补偿约定的支持情形

代表案例	法院认为
(2019)渝0103民初803号	2017年5月10日,熊某与李某蔚签订离婚协议书约定:"……6.熊某将支付李某蔚880万元作为补偿……"离婚协议中关于财产分割的条款或者当事人因离婚就财产分割达成的协议,对男女双方具有法律约束力。本案中,李某蔚与熊某作为理性的完全民事行为能力人,应对其签订的协议尽到审慎义务。离婚协议书系李某蔚与熊某的真实意思表示,其内容并未违反法律的强制性规定,也未与相应的公序良俗原则相悖。故该离婚协议书合法有效,对李某蔚、熊某均具有法律约束力,双方应按照协议的约定履行各自的义务
(2019)渝05民终3561号	一审法院认定事实如下:周某与黄某1原系夫妻关系。2016年11月28日,双方离婚并签订离婚协议书,约定:"……4.离婚后男方补偿女方现金300万元,(从公司分红中逐年给付,每年最低给付金额不低于10万元,如男方股份转让,则将剩余款项一次性付清)。"2018年1月8日,周某作为乙方与黄某1作为甲方签订离婚补充协议,约定:"1.甲方承诺补偿乙方300万元,于每年6月30日前支付给乙方10万元(甲方在重庆凯年食品有限公司的分红应先保证支付300万元的补偿款,直到付清为止)……"上诉人黄某1与被上诉人周某签订离婚协议书及离婚补充协议是双方真实意思表示,均应按协议履行
(2017)渝0233民初5877号	2011年双方婚姻发生变化,于当年11月8日在福州市鼓楼区民政局登记离婚。离婚协议约定:"……男方承诺2011年12月31日前给女方购置现代索纳塔'2.0'至尊版小车一辆,并承诺在离婚之日起两年内给女方200万元人民币,大写贰佰万元。"原告、被告于2011年11月8日经过民政部门审查登记的离婚协议书,至今各方没有提起撤销变更之诉,该协议对双方具有约束力,原告、被告均应当遵守并予以履行

续表

代表案例	法院认为
(2018)渝0117民初213号	原告、被告双方于1988年7月在合川区民政局办理了结婚登记,2014年11月4日双方自愿在合川区民政局解除了婚姻关系,并签下了离婚协议书,协议书第5条约定:离婚后被告给原告100万元人民币,在离婚后3年之内先付50万元。2015年11月30日,原告、被告又签订了《变更离婚协议书(财产部分)》,约定离婚后被告给原告100万元人民币,在离婚后3年之内先付50万元,剩余50万元6年内付清。离婚协议中关于财产分割的条款或者当事人就财产分割达成的协议,对男女双方具有法律约束力。原告、被告于2014年11月4日在登记离婚时自愿达成了离婚协议书,该协议书对双方的财产分割明确进行了约定,2015年11月30日,原告、被告再次对离婚协议中的财产部分进行了约定,签订了《变更离婚协议书(财产部分)》,事实证明以上协议内容是双方自愿达成的,是双方的真实意思表示。被告辩称签订协议时头脑糊涂,但并未举示证据证实签订协议时自己意识不清楚,也未举示证据证实自己系受胁迫或欺诈签订,故对被告的辩称意见,本院不予采纳

(三)关于额外补偿金分期支付问题

通过对统计样本的分析,统计小组还发现额外补偿案件中有很多补偿金约定的是分期付款方式。在负有给付义务一方未按照离婚协议约定支付前面几期已到期债务时,很多当事人直接向法院起诉要求对方履行全部付款义务,包括未到期债务。统计样本显示,针对前述情况,不同的法院处理倾向和结果不同(见表93)。

表93　法院对一方未依约支付离婚补偿时的处理方式

代表案例	法院认为	判决结果
(2018)渝0106民初8844号	根据离婚协议书的约定,原告、被告已确认由被告支付原告经济补偿10万元,从2015年开始补偿,每年12月30日前支付1万元,现原告要求被告按照约定支付经济补偿10万元,其中,2015至2017年的3万元部分因履行期限已届满,本院予以支持;剩余的7万元,因双方约定支付的履行期限尚未届满,本院不予主张	不支持未到期补偿款项
(2016)渝0116民初11712号	原告、被告在离婚协议书中约定"离婚后男方胡某每月25~30日支付女方滕某叁仟元人民币的生活费,从2014年6月开始起支付到2017年6月30日止",该约定不违反法律规定,对原告、被告具有约束力,被告应当按照离婚协议书履行自己的义务。截至法庭辩论终结前,被告尚未履行到期的生活费为69,000元(2015年4月至2017年2月),对原告该部分的请求,本院予以支持,对超出部分因尚未到履行期,本院不予支持	

续表

代表案例	法院认为	判决结果
(2019)渝0112民初9845号	被告在第一期付款到期后并未支付该款项,已经构成违约。虽然第二期、第三期的支付时间还未到,但是根据《合同法》第108条[1]的规定:"当事人一方明确表示或者以自己的行为表明不履行合同义务的,对方可以在履行期限届满之前要求其承担违约责任。"被告第一期的应支付金额未归还,已经构成预期违约,原告可以要求被告提前归还第二期、第三期约定的金额,因此原告要求被告支付第二期、第三期的10万元的理由成立,本院予以支持	支持未到期补偿款项
(2019)渝0112民初14845号	被告在离婚后未按照离婚协议的约定履行相关义务,虽然双方约定的最后履行期限还未到,但是根据《合同法》第108条[2]的规定:"当事人一方明确表示或者以自己的行为表明不履行合同义务的,对方可以在履行期限届满之前要求其承担违约责任。"由于被告从未履行离婚协议约定的还款义务,已经构成违约,因此,对于原告要求被告立即支付原告60,000元的诉讼请求,本院予以支持	

注:〔1〕现《民法典》第578条规定:"当事人一方明确表示或者以自己的行为表明不履行合同义务的,对方可以在履行期限届满前请求承担违约责任。"内容无变动。

〔2〕现《民法典》第578条规定:"当事人一方明确表示或者以自己的行为表明不履行合同义务的,对方可以在履行期限届满前请求承担违约责任。"内容无变动。

(四)关于额外补偿的违约金或利息问题

1. 统计样本中,离婚协议中既约定了额外补偿,又约定了额外补偿的违约金或利息的,法院予以支持。但是,约定的违约金过高或利息超过法定限度,在对方要求调低的情况下,法院也可能会对其予以调整。如(2017)渝0115民初9212号案、(2017)渝0111民初392号案。

2. 统计样本中,离婚协议中约定了额外补偿,未约定额外补偿的违约金或利息,但原告在诉讼中主张利息或资金占用损失的,不同法院裁判观点不一样,支持的法院一般按照中国人民银行同期贷款利率计算利息或资金占用损失(见表94)。

表94 法院对一方未依约支付离婚补偿时违约金的处理方式

代表案例	法院认为	判决结果
(2018)渝0156民初816号	原告、被告在自愿协商的基础上达成的离婚协议是双方当事人的真实意思体现,该财产分割的内容未损害国家及他人利益,协议内容合法,被告应按协议履行义务。原告诉请支付补偿费及房屋归自己所有的请求合法,予以支持。因离婚协议中未约定补偿费的支付时间,原告要求支付利息的请求于法无据,不予支持	不支持利息或资金占用损失
(2017)渝0233民初5877号	原告主张自离婚之日2年起,因被告未按期履行离婚协议约定的额外补偿,被告应当支付逾期后的同期贷款利息。双方离婚协议并未约定逾期后利息给付事项,本案应当区别于商事合同逾期给付的规则适用,故对原告该主张不予支持	
(2017)渝0116民初5415号	原告、被告离婚时约定被告支付原告欠款,且出具欠条,被告应当按照承诺支付欠款。被告现已违约,应当承担继续履行还款义务和支付资金占用损失的义务。资金占用损失按中国人民银行发布的同期同类贷款利率计算	支持利息或资金占用损失
(2017)渝0230民初4564号	按照双方约定应在2015年12月1日前支付,现被告陈某某未按约定支付,已构成逾期,造成了原告邹某某资金占用损失,原告邹某某提出请求被告陈某某支付自2015年12月1日至判决之日的利息共计10,000元,不违反法律规定,本院予以支持	

四、离婚后财产纠纷中关于未分割财产处理的问题

(一)离婚后财产纠纷中关于房产分割的问题

1.商品房

(1)夫妻共同财产的认定

法院通常会以商品房买卖合同的签订时间、首付款(或全部房款)的出资时间、产权登记时间来判断案涉商品房是否属于夫妻共同财产。如前述三个时间都发生在婚姻关系存续期间内,通常会被认定为夫妻共同财产予以分割,而不论商品房是登记在夫妻一方或双方的名下。其中最为重要的是购房合同的签订时间和出资时间。就产权登记时间而言,即使发生在离婚后,法院也可能认为虽然该房屋的产权登记发生在双方离婚后,但因购房合同的签订和全部购房款的支付均发生在双方婚姻关系存续期间,故该商品房仍然属于双方的夫妻共同财产。如(2017)渝0153民初1541号案。因此,一般而言,如一方购房合同的签订时间和出资时间均发生在

登记结婚前的,则被认定为婚前个人财产的可能性较大。但实务中还存在如下特殊情形:

①购房时间发生在婚前但之后双方登记结婚的,也有可能会被认定为夫妻共同财产的情形:例如,购房时双方已经是同居关系并生育子女的,且之后双方登记结婚的;又如,双方在婚前以结婚和婚后使用为目的且房屋产权人登记为双方的共同购房行为等(见表95)。

表95 法院将婚前购房认定为共同财产的情形

案号	法院认为
(2018)渝0112民初19653号	原告、被告在购买位于渝北区××大道东段××号×幢××号房屋时已同居生活,且共同生育子女,之后登记结婚,根据上述法律规定,该房屋应认定为原告、被告的共同财产
(2019)渝0107民初9660号	案涉房屋一系原告、被告于婚前采取银行按揭贷款方式购买,房屋产权证、购房合同及首付款发票均载有二人名字,且该房屋婚后由双方共同居住使用,同时共同偿还了房屋所涉部分贷款,应视为原告、被告的共同财产,共有方式为共同共有

②离婚协议或者离婚后双方以其他方式书面约定商品房归属一方或赠与第三人的,不再属于夫妻共同财产。此种情形下,因双方已经在本诉之前就夫妻共同财产进行过处理,之后任何一方再就同一商品房起诉要求分割的,除非原告有相反证据证明之前的约定无效或已经被变更、撤销,否则法院一般不会再在本诉中认定前述商品房作为夫妻共同财产予以分割。

③商品房虽是一方或双方婚后购买,但全部或部分登记在第三人名下,可能不会被全部认定为夫妻共同财产。常见的有,父母在自己婚内为子女购房并登记在子女名下,则该房屋一般不会被认定为父母的夫妻共同财产。除此以外,还有其他情形,如有的房屋虽是夫妻双方婚后购买,但产权登记人却是原配偶与其他第三人,原告在本诉中主张产权登记给其他人不知情的,应当举证,否则依据物权经公示发生效力,原告仅能要求分割属于自己与原配偶名下的份额。如(2018)渝0101民初11697号案。

④在婚姻关系存续期间内认购房屋且支付首付款,尾款支付时间和产权登记时间是在离婚后的,如双方在离婚时就首付款已经进行分割的,则该商品房将不被认定为夫妻共同财产。如(2017)渝01民终6305号案。

⑤在婚姻关系存续期间内,一方以申请变更登记的方式将个人房产登记在夫妻名下的,则在离婚时和离婚后可能被认定为夫妻共同财产予以分割(见表96)。

表 96　法院对婚后登记在双方名下的个人财产认定为共同财产的情形

案号	法院认为
(2018)渝 0102 民初 6351 号	在婚姻关系存续期间,被告陈某某自己申请将婚前主要出资(含婚后被告父亲陈某绩的赠与部分)、夫妻共同出资部分的房屋所有权不分份额地变更登记在夫妻名下,并且已经办理房屋所有权变更登记,现登记在原告罗某某、被告陈某某名下的重庆市涪陵区××××房屋属于婚姻关系存续期间的共同财产

(2)属于婚前个人财产的商品房的分割方式

上文已经提到哪些情形中一方购买的商品房会被认定为夫妻共同财产,此处不再赘述。但即使属于婚前个人财产的商品房,在离婚后财产纠纷案件中仍然可能面临被分割的“风险”,通常涉及婚后共同还贷支付的款项及其相对应财产增值部分。在司法实务中,除双方协商认可价值外,大多数法院会采取两种计算方式确定产权人应当支付给另一方的增值补偿款:第一种方式是就房屋现值委托司法鉴定,然后按照“夫妻共同还贷支付款项(包括本息)÷(房屋购买价 + 全部应付利息)×房屋评估现值×50%”的公式计算得出补偿款。如(2019)渝 0109 民初 2148 号案;第二种方式是先以“离婚时诉争房屋的价格÷(结婚时诉争房屋的价格 + 共同已经偿还的利息)”计算出诉争房屋的升值率,再以“婚后共同还贷部分×诉争房屋的升值率×50%”即得出补偿款金额。如(2017)渝 0107 民初 12614 号案。这两种计算公式,计算逻辑不一样,但计算结果是一样的。然而也有法院会认为,属于婚前个人财产的商品房,在婚后的价值增长属于“自然增值”,非产权人的一方就这部分价值不享有分割的权利,仅就婚内共同还贷部分进行折半补偿。如(2017)渝 0102 民初 1860 号案。

(3)属于夫妻共同财产的商品房的分割方式

商品房属于夫妻共同财产的,在无特别的情形下,法院一般认定夫妻双方对于共同房产各占 50% 的份额,如法院判决产权归属其中一方的,则由获得房屋的一方按房屋价值支付给另一方相应份额的款项。在我们统计的近 200 个判决中,这样“平分”的判决占到 80% 以上。不过,如案件当事人或案情存在特殊情形的,法院也会进行作出“多分”、“少分”或“不等分”的判决。如《婚姻法》第 47 条①就规定:“离

① 现《民法典》第 1092 条规定:“夫妻一方隐藏、转移、变卖、毁损、挥霍夫妻共同财产,或者伪造夫妻共同债务企图侵占另一方财产的,在离婚分割夫妻共同财产时,对该方可以少分或者不分。离婚后,另一方发现有上述行为的,可以向人民法院提起诉讼,请求再次分割夫妻共同财产。”该法条删去了旧条文中“离婚时”的限定,并增添了挥霍夫妻共同财产的情形。

婚时,一方隐藏、转移、变卖、毁损夫妻共同财产,或伪造债务企图侵占另一方财产的,分割夫妻共同财产时,对隐藏、转移、变卖、毁损夫妻共同财产或者伪造债务的一方,可以少分或者不分。”除法律规定的情形外,我们在统计中还发现如下特别情形:

①从照顾女方和子女权益的角度出发,如果女性一方在离婚后直接抚养子女的,特别是在男性经济条件允许的情形下,法院在分割房产时会作出适当倾斜,但幅度较小。

②一方当事人是残疾人或身患重疾或者生活困难的,法院从保护弱者的角度出发,也会酌情多分。

③原告、被告自愿协商不按“平分”形式分割共同房产的,特别在原告、被告涉及多套商品房分割的,原告、被告有时为节约时间和经济成本,直接商定以“按套数分,任何一方不再支付给对方差价的方式”迅速了结纠纷。

④因一方擅自转让行为无效给对方造成损失的,有法院会据此判决“少分”给擅自转让方。如(2017)渝0101民初7560号案。

⑤原告、被告在婚姻关系存续期间内长期分居的,虽然在这期间内购买的商品房仍然属于夫妻共同财产,但却不一定能均分房产,法院会考虑双方对房产取得的贡献大小,作出更为合理的判决。如(2018)渝0113民初1831号案。

⑥有的法院会考察房屋出资款的来源,对商品房作出不等分的判决(见表97)。

表97 法院在双方对购置共同房产贡献存在明显差异时的处理方式

案号	法院认为
(2017)渝0156民初2306号	被告胡某系个人名义购房且购房时间为婚后不久,而且该房的购房款系分两次缴纳。因此,对第一次缴纳房款31,860元部分即房屋份额的26%可直接分割给被告胡某,剩余缴纳的房款90,000元部分即房屋份额的74%可平均分割
(2017)渝0109民再5号	考虑婚生女魏某英由黄某莲抚养,且案涉房屋购买时黄某莲的父母黄某文、刘某慧出了资,分割夫妻共同财产时黄某莲可以多分

⑦如原告、被告在购买商品房时作出了特别约定的,比如在购房时夫妻二人与一方母亲签订协议,确认母亲对房屋有居住权且协议中附有赡养母亲的义务,现双方离婚,一方必定无法再照料对方的母亲,故法院在分割房产时对于不能继续履行照料义务的一方会适当考虑少分。如(2019)渝0118民初3404号案。

⑧如一方在婚姻关系存续期间内有过错的,法院也会酌情少分给过错方。但需要注意的是,法院在审查离婚后财产纠纷时一般对“过错”的认定较为严格,目前

我们发现的 1 个由法院支持的案件，也是因为在双方之前的离婚诉讼中法院已经查明一方在婚姻关系中确实存在过错的行为，所以在本案离婚后财产分割中法院才会“兼顾婚姻中过错责任认定”。如(2017)渝0111 民初 4731 号案。

但我们也看到，在其他案件中，当事人主张因过错要求对方不分或少分的理由五花八门，如一方当事人存在犯罪行为、家庭暴力、隐转财产等，但法院基本未认定这些属于不分或少分的理由，如果当事人据此还要求精神损害赔偿的，也很难得到支持。

(4) 属于夫妻共同财产的商品房的价值认定

就商品房的价值认定，主要有两种方式：第一种是以“首付款 + 截至离婚时已缴纳的按揭贷款本息”的方式确定，如(2018)渝0102 民初 8987 号案；第二种是以“房屋现价 - 房屋剩余贷款”的方式确定，如(2018)渝0104 民初 2107 号案。第一种可按原告、被告举示的证据查明，第二种涉及房屋现价的，在双方无法商定的情形下，则可能需要由竞价或经评估确认。需要特别注意的是，关于评估费由哪一方承担的问题，有些法院认为评估费属于夫妻共同债务，由双方在分割房产时先予扣除；有些法院认为评估费系为确定房屋价值产生的必要支出，由双方在分割房产之后按比例分摊；还有法院认为评估费系原告主张权利产生的费用，应由原告承担。

2. 自建房、宅基房

(1) 夫妻共同财产的认定

自建房、宅基房区别于商品房，认定是否属于夫妻共同财产，除关注协议签订时间、出资时间和不动产登记时间外，更要关注的是建房时间和建房目的。总体来说，自建房和宅基房都是由当事人自己出钱进行建造，最初的目的多是用于家庭的生产生活，在建房的最初甚至可能没有书面约定，而是在建成之后才陆续办理取得合法建设的手续或者不动产登记的权利簿。因此，回溯考察当事人最初的行为和意思表示，更利于准确认定财产的性质，也更宜妥善解决纠纷。关于如何认定是否为共同房产(见表 98)，下文将详细描述。

表 98 法院将自建房认定为双方共同财产的情形

案号	法院认为
(2018)渝0229民初1126号	从建房目的看,涉案房屋为原告、被告结婚而建;从建房手续看,非农建设用地同意证以被告的名义办理,房地产权证以原告的名义登记,相关手续均以原告、被告夫妻名义实施;从建房投入看,包括原告、被告个人及双方父母的共同出资出力,根据本地实际,父母的出资出力一般视为对子女的帮助行为,在没有明确约定的情况下,不能以出资出力要求享有财产份额;从实际居住情况看,婚后原告、被告及子女一直在涉案房屋居住生活长达10余年……综上,涉案房屋应认定为原告、被告的夫妻共同财产
(2018)渝0118民初7313号	1. 虽然该房屋系沈某柱父母的老房子在2005年被拆迁后,在原有集体土地的基础上修建得来,但在2005年拆迁时,采用的是自建房屋的方式,姜某兰也是该次拆迁的被拆迁人之一,故姜某兰应当享有修建房屋的权利,也应当享有修建房屋的土地使用权。2. 修建房屋的款项并非使用拆迁款,而是姜某兰、沈某柱自行所出,修建房屋时姜某兰、沈某柱尚处于婚姻关系存续期间,故修建房屋款项的来源为夫妻共同财产。3. 该房屋产权证中载明的产权人为姜某兰、沈某柱。该房屋应为姜某兰、沈某柱的夫妻共同财产

自建房、宅基房与商品房还有一点不同的是,当事人可能因“分家”而获得房屋的产权。这种分家可能发生在长辈过世后,也可能发生在子女成年或成婚之后。一般而言,只要这种分家行为是发生在婚姻关系存续期间内的,通常都会作为夫妻共同财产予以分割。但需要注意,如果在分家或继承时还存在其他共有权人或者继承人的,则法院在进行分割时也会考虑其他人的利益,而不会直接予以分割。如(2017)渝0152民初5034号案。

还有一种情况是,虽然自建房和宅基房属于个人财产,但是在婚姻关系存续期间内对于房屋进行了改建和扩建的,就这部分改扩建面积产生的价值,双方是可以要求作为夫妻共同财产进行分割的。如(2017)渝0231民初3273号案。

(2)自建房、宅基房的权属认定

作为夫妻共同财产的自建房、宅基房,在权属认定上与商品房类似,在没有特别情形下,都是按各占50%的权利进行分割。但在具体分割方式上,自建房、宅基房会略有不同:

自建房和宅基房一般会按照便利生产生活的原则,并不只是进行产权的认定和价值的划分,而是进行实物分割,即按房屋构造对建筑物和附属设施等进行物理分割。如(2017)渝0116民初2092号案、(2018)渝0107民初6893号案、(2019)渝0119民初2100号案。

但是,也有如下特殊情形,法院不会进行实物分割:

①自建房和宅基房涉及的土地使用权是基于某一方特定身份获得的,法院在判决分割共同房产时,可能直接判决归属于具备特定身份的一方(见表99)。

表99　法院将自建房判归一方所有的情形

案号	法院认为
(2017)渝0106民初10191号	涉案房屋系农村宅基地房屋,原告并非沙坪坝区青木关镇关口村柿子树社集体组织成员,且涉案房屋已权属登记至被告陈某户名下,结合原告、被告的陈述,案涉房屋由被告陈某户取得所有权较为适宜
(2019)渝0111民初5453号	涉案房屋修建在被告所在的大足区宝顶镇铁马村某组的农村集体土地上,原告系城镇居民,不属于大足区宝顶镇铁马村某组的成员,不能享有在大足区宝顶镇铁马村某组的集体土地上修建房屋的权利,故涉案房屋归被告享有为宜

②在法院认为不宜进行实物分割的情形下,如面积不均等无法共用房屋的,会就所有权进行分割。如(2019)渝0242民初2259号案。

③在原告起诉不要求分割所有权的情形下,而是对附着于房产上的居住权、管理权和使用权等进行主张,法院也要首先查明诉称权利的载体是否属于夫妻共同财产,再就权利作出判决。如果涉案房屋不属于夫妻共同财产,则原告基于房产提起的权利更是无从谈起。如(2017)渝0243民初3718号案。

④一方未尽到家庭义务的,如一方离家出走长达十几年,未尽到家庭责任和义务的,法院会作出"适当少分"的判决。如(2017)渝0235民初584号案。

3. 拆迁安置房

(1)夫妻共同财产的认定

拆迁安置房是否属于夫妻共同财产,可根据拆迁安置补偿协议中的安置对象范围是否包括夫妻二人予以认定。当然,如果房屋拆迁安置时是以户为单位的,法院还要结合签订补偿协议时,被拆迁房屋当时的户口本或者常住人口登记表中载明的人口范围,综合认定是否属于夫妻共同财产。

需要注意的是,如果一方的拆迁安置补偿协议签订在登记结婚前,根据政策因为结婚而申请增购面积的,虽然拆迁安置补偿协议涉及的面积不属于夫妻共同财产,但就增购面积部分应当作为夫妻共同财产予以分割。如(2019)渝0105民初5571号案。

有一种情形是在拆迁安置房中会遇到的,即夫妻双方在签订安置协议后至房屋取得房地产权证前发生离婚后财产纠纷的,甚至有时拆迁安置房屋都尚未建成,房屋坐落和面积等无法确认，则法院一般会认为这时起诉分割拆迁安置房的条件并未成就，需要待取得房地产权证之后另行起诉分割。如(2019)渝0230民初564号案、(2017)渝0116民初5585号案、(2019)渝0235民初6386号案等。

(2)拆迁安置房的权属认定

大多数的拆迁安置房，在建成之后其实就是商品房，所以在房屋的权属认定上与商品房类似，此处不再赘述。不过，如果双方就拆迁安置房享有的面积本身不均等的情形下，法院一般会判决将拆迁安置房归于享有产权面积更多的一方，并由这一方给予对方相应面积的补偿款。关于"不均分"的典型案例有如下几种(见表100)：

表100　法院在双方对安置房享有份额不等时的分割方式

案号	法院认为
(2018)渝05民终4651号	本案应当考虑该房屋来源与取得的特殊性，该房屋在赖某某母亲贺某原来的房屋基础之上安置补偿而来，即无征地拆迁则无房屋拆迁安置，基于原房屋被拆迁的原因，购买安置房屋的价格才特别优惠低廉；此外，在签订房屋拆迁安置协议书之时，赖某某即使没有结婚，也会获得房屋拆迁安置的相关利益，牟某某因与赖某某结婚而获得安置只是增加了房屋安置的面积而已。如果对于该房屋平均分割，势必形成显而易见的不公平
(2018)渝0115民初9222号	被告李某通过征地拆迁获得的一个增购自然间的名额系其在婚后获得，即拆迁利益形成于婚姻关系存续期间，同时购买、装修房屋亦发生在原告、被告婚姻关系存续期间，所需资金亦源于夫妻共同财产，因此该安置房应作为夫妻共同财产予以分割……结合案涉安置房屋购买权利人为李某，购房价格明显低于市场价，同时现产权登记于李某名下等因素，涉案房屋归被告李某所有为宜，同时被告李某应给予原告李某10万元的房屋补偿款
(2017)渝0115民初9385号	涉案房屋购房款的来源中，2013年1月17日支付的130,000元(由卡厅转让费50,000元、货币安置款账户支取80,000元组成)源自原告、被告与第三人的家庭共同财产；2013年1月30日支付的10,806元源自原告、被告的夫妻共同财产。原告要求分割该房屋中其所享有的份额，分割方式是房屋归被告所有，要求被告向原告支付购房款中原属共同财产的部分里原告所享有份额的对应金额，该请求符合法律规定，本院予以支持，即被告应向原告支付48,736.33元(130,000元÷3+10,806元÷2)

4."房改房"、小产权房

(1)是否属于夫妻共同财产

"房改房"是指于1994年国务院发文实行的城镇住房制度改革的产物，是中国城镇住房由从前的单位分配转化为市场化的一项过渡政策，现如今又可以叫作已购公有住房。已购公有住房，是指城镇职工根据国家和县级以上地方人民政府有关城镇住房制度改革政策规定，按照成本价或者标准价购买的已建公有住房，也就是我们常提到的“单位福利房”。而小产权房并不是一个法律概念，更多是指修建在农村集体土地或者划拨土地上，在用地方面免收土地出让金的房屋，常见的如经济适用房。鉴于这两种房屋都需要申购人具备一定的条件，所以考察是否属于夫妻共同财产时，除了看购房合同签订时间、出资时间之外，还应结合工龄、房屋来源以及取得条件等其他因素予以认定。如(2017)渝0109民初522号案、(2017)渝0108民初11236号案。

在我们统计过程中还发现，一方可能主张该房屋是第三人借用自己的名义购房，也就是所谓的“借名买房”合同关系。实践中，一些职工因自己的工龄、职级足以分到较好房源，也会在亲朋好友中互相“倒卖”这一房屋或者购房名额。因为“房改房”、小产权房在一定时限内是无法取得完整产权的，所以前述的这类“借名买房”合同关系更多是私下协议，甚至只是简单地将房屋交付给实际买受人居住来履行合同，在单位以及房管部门的登记人仍然是具备申购条件的申购人。因此，一旦申购人产生离婚后财产纠纷争议的，在原配偶否认知晓“借名买房”合同关系的情形下，法院很难认定申购人与第三人的“借名买房”合同关系成立或有效。如(2017)渝0229民初1202号案。

(2)“房改房”、小产权房的权属认定

原则上来说，作为夫妻共同财产的房屋，均分是常态，但也有例外情形，典型案例梳理如下：

①原告、被告双方事先有协议约定将产权归属一方的，法院判决另一方协助办理过户。如(2018)渝0154民初223号案。

②原告持有证据要求确权给自己，但经审查发现涉及侵害第三人的合法权益的，法院可能另行分割。如(2017)渝0106民初7951号案。

③离婚协议中仅是约定居住权，未对房屋权属和价值进行分割的，可以再次要求法院进行分割。如(2016)渝0107民初17414号案。

5. 违章建筑

违章建筑，是指未取得拟建工程规划许可证(原址、选址建房意见书)，在规划区以外建设，违反《土地管理法》《城乡规划法》等相关法律法规的规定动工建造的房屋及设施。这种情况要与暂未取得不动产登记的房屋相区分。房屋暂未取得产权登记的原因可能是多方面的，有的是因为购房合同约定的办证时间尚未届满，有的是因为开发商的原因耽搁了，但违章建筑则是根据法律规定不能取得产权登记的房屋及设施。因此，法院对于当事人申请就违章建筑进行分割的，均不会予以支持。但有个别案件会出现案涉房屋本身具备建设规划许可证、建设用地批准书，但后来当事人未再就房屋申请办理不动产权登记，因此不排除该房屋也存在超出规划和用地许可范围属于违章建筑的可能性。但基于实际生活的需要，部分法院可能会对使用权问题进行处理。如(2019)渝0155民初1766号案。

另外，在合法建筑之上改建的部分，法院也会因其不具备产权登记为由对分割的请求持否定的态度。如(2017)渝0151民初2622号案。

6. 法院对房产的分割以及考量因素

法院在判决时一般会按照离婚后财产纠纷案件中原告的诉讼请求进行区分：(1)原告起诉要求确认份额的，法院一般仅就夫妻共同房产的份额进行分割。(2)原告起诉要求依法分割的，法院一般会判决房产归属于其中一方，并由获得产权的一方给予另一方补偿款。这种情形下，因为确权判决本身属于《物权法》第28条①规定的可以直接发生物权变动的生效法律文书，所以法院不会再判决另一方配合办理过户的义务。(3)原告就房产提出其他诉讼请求的，法院一般都会先审查是否为夫妻共同房产，再对原告的具体诉讼请求进行相应的审理和判决。

同时，在对房产的价值认定上，其他房屋都可参照上文"商品房的价值认定"一节的内容。简言之，房产价值以夫妻双方认可的价值优先，无法达成一致的，再由双方竞价或者评估。补充说明，无论是房屋的折价补偿款还是基于房产而得的其他款项，如租金、安置款、住房补贴等，法院判决一方给付另一方的只是本金，一般不会支持资金占用损失或利息。如(2017)渝0236民初5021号案。

那么，法院在分割房产时除考虑法律的成文规定外，还会受哪些因素影响呢？结合前文中提到的各类案例，我们总结出以下因素会对法院的裁判有所影响：

(1)房屋的主贷人，因房屋抵押贷款涉及第三方银行或者抵押权人的利益，所以如果需要确认所有权归属一方的，法院会判给与银行或者抵押权人签订抵押合同的主贷人一方。

(2)房屋居住现状，如果案涉房产在离婚后是由一方在实际居住，从方便生活的角度出发，也多数会判给目前居住其中的一方。

(3)子女抚养情况，尤其是子女是否居住在案涉房产中，在抚养子女的一方没

---

① 现《民法典》第229条规定："因人民法院、仲裁机构的法律文书或者人民政府的征收决定等，导致物权设立、变更、转让或者消灭的，自法律文书或者征收决定等生效时发生效力。"内容无实质性变化。

有其他居住房屋时,法院更可能会为保护未成年子女的权益,判决房屋归属享有子女抚养权的一方。

(4)当事人的性别、自身经济情况和健康条件,这里也要说明一点,虽然自身经济不好,可能会使法院酌情多分,但倾斜比例一般很小;并且法院会考虑经济不好的一方不具备支付房屋补偿款的能力,则可能将房产判归对方所有。

(5)夫妻双方对购买案涉房产的贡献度,如房款的来源多数在于一方或一方父母的,则法院在分割时会适当考虑多分;如购房时使用了哪方的首套房优惠利率,则法院也可能在分割时予以照顾。再者,因装修后的房屋也会较之购买时的毛坯房有所增值,负责装饰装修和出资进行装修的一方也可能会在分割房屋中占有优势。

(6)一方是否有损害对方权益的行为,这里的损害行为,除了前文提到的婚内过错行为,还包括擅自处分共同财产、毁损共同财产的行为。在此情形下,如另一方有证据证明对方存在上述侵权行为的,则在分割共同房产时多了一份有利的砝码。

(7)最后,也是最基本的原则,法院一般会尊重意思自治原则,只要当事人之间的约定不违反法律禁止性规定,不损害第三人利益,一般都会予以确认,并参照分割。但此处需要提示一点,即便离婚协议约定双方无共同财产需要分割,之后其中一方又提出诉讼要求分割夫妻共同房产的,法院一般不会直接以离婚协议内容推定该房产不属于夫妻共同财产,而还是会回归到房产本身,通过查清事实判断是否属于夫妻共同财产。但离婚协议中有约定房产归属或者份额的,在无相反证据推翻的情形下,法院一般是适用的。

(二)离婚后财产纠纷中关于股权分割的问题

统计样本中,离婚未分割的夫妻共同财产涉及股权的案件有 12 个。这类案件法院通常要按顺序解决以下问题:(1)讼争股权是否是离婚时未分割的夫妻共同财产?(2)若是,股权分割的程序如何?(3)若是,股权分割的方式如何?统计小组将这三个问题总结归纳如下:

1. 夫妻共同财产的认定

法院对股权是否是夫妻共同财产的认定标准比较一致:股权是在婚姻关系存续期间获得的,就认定为是夫妻共同财产。统计样本中没有发现婚内的股权出资系个人财产出资的情况(见表 101)。

表 101 法院将婚内取得股权认定为共同财产的情形

案号	法院认为	判决结果
(2016)渝 0103 民初 3756 号	本案中,被告卫某某所持有的第三人果硕公司 456 万股份,系被告卫某某与原告邱某在婚姻关系存续期间取得。根据上述法律规定,该股份虽以被告卫某某一方名义持有,但双方并未约定归一方单独所有。因此,该股份依法应属于夫妻共同财产	认定为夫妻共同财产,判决分割
(2018)渝 0108 民初 2782 号	本案中,重庆市×商贸有限公司成立于原告、被告结婚之前,被告在结婚前完成了在该公司的出资,并持有该公司 49% 的股权,故被告所持有的该股权属于被告一方的婚前财产,原告要求分割该股权于法无据	否认为夫妻共同财产,驳回原告起诉

2. 股权分割的程序

(1)关于涉案公司其他股东优先购买权的问题

根据《最高人民法院关于适用〈中华人民共和国婚姻法〉若干问题的解释(二)》第 16 条①的规定:"人民法院审理离婚案件,涉及分割夫妻共同财产中以一方名义在有限责任公司的出资额,另一方不是该公司股东的,按以下情形分别处理:(一)夫妻双方协商一致将出资额部分或者全部转让给该股东的配偶,过半数股东同意、其他股东明确表示放弃优先购买权的,该股东的配偶可以成为该公司股东;(二)夫妻双方就出资额转让份额和转让价格等事项协商一致后,过半数股东不同意转让,但愿意以同等价格购买该出资额的,人民法院可以对转让出资所得财产进行分割。过半数股东不同意转让,也不愿意以同等价格购买该出资额的,视为其同意转让,该股东的配偶可以成为该公司股东。"可知,夫妻分割一方所持的公司股份时,涉案公司其他股东有优先购买权。在审理时,如何处理"优先购买权",各法院存在处理方式不一样的情况。

①法院将涉案公司以及其他股东均追加为第三人参与诉讼,让第三人当庭表

---

① 现《最高人民法院关于适用〈中华人民共和国民法典〉婚姻家庭编的解释(一)》第 73 条规定:"人民法院审理离婚案件,涉及分割夫妻共同财产中以一方名义在有限责任公司的出资额,另一方不是该公司股东的,按以下情形分别处理:(一)夫妻双方协商一致将出资额部分或者全部转让给该股东的配偶,其他股东过半数同意,并且其他股东均明确表示放弃优先购买权的,该股东的配偶可以成为该公司股东;(二)夫妻双方就出资额转让份额和转让价格等事项协商一致后,其他股东半数以上不同意转让,但愿意以同等条件购买该出资额的,人民法院可以对转让出资所得财产进行分割。其他股东半数以上不同意转让,也不愿意以同等条件购买该出资额的,视为其同意转让,该股东的配偶可以成为该公司股东。用于证明前款规定的股东同意的证据,可以是股东会议材料,也可以是当事人通过其他合法途径取得的股东的书面声明材料。"内容无变动。

态是否行使优先购买权，放弃优先购买权的，法院将夫妻一方持股的份额平分。如(2016)渝0103民初3756号案。

②原告起诉时，就已经获得其他股东放弃优先购买权的书面承诺书，并作为证据提交。法院将夫妻一方持股的份额平分。如(2017)渝0107民初1350号案。

③原告要求分割股权价值，但讼争的股权价值无法评估，法院对股权价值采取竞价的方式，法院书面通知其他股东参与竞价，行使优先购买权，其他股东收到通知不予出庭的，视为放弃优先购买权。法院将夫妻一方持股的份额平分。如(2018)渝05民终853号案。

④法院审理时完全不管其他股东优先购买权的问题，直接将夫妻一方持股的份额平分。如(2016)渝0114民初6206号案、(2018)渝0230民初5173号案。

(2)关于股权分割的诉讼时效

离婚后财产纠纷可能是在离婚多年以后才提起，对于被告方诉讼时效的抗辩，法院认为对夫妻共同财产分割的请求，属于物权请求权，在物权共有权没有实际发生变动，或未被侵权行为改变共有的权属状态时，就一直拥有共同的物权，不受诉讼时效的限制(见表102)。

表102　法院关于股权分割诉讼时效的认定

案号	法院认为
(2016)渝0103民初3756号	本案中，被告卫某某所持有的第三人国硕公司57%的股份即456万股份，在双方离婚多年后并未发生权属变动，且仍属于双方离婚时未涉及的夫妻共同财产，原告邱某要求予以分割的诉讼请求符合上述规定，本院予以主张。被告卫某某对诉讼时效提出的抗辩意见不符合上述规定

3. 股权的分割方式

(1)平均分割

①当涉案公司其他股东放弃优先购买权，或有的法院不审查优先购买权的情况下，原告诉求分割股权份额的，法院会支持原告分得被告持股份额的一半(见表103)。

表103　法院判决平均分割股权的情形

案号	法院认为
(2018)渝0230民初5173号	夫妻共同财产丰都县江某物资回收有限公司95%的股权以及丰都县仙女湖镇陈家嘴村××组发云寺的水塘承包经营权由原告江某、被告陈某各享有50%份额

续表

案号	法院认为
(2016)渝0103民初3756号	被告卫某某在第三人国硕公司持有的57%的股份即456万股份的一半合计228万股应归属原告邱某享有,原告邱某在第三人国硕公司持股比例为28.5%

②当涉案公司其他股东放弃优先购买权,或有的法院不审查优先购买权的情况下,原告诉求分割股权价值的,股权价值由原告、被告协商,协商不成的进行评估,无法评估的,进行竞价,价高者得(见表104)。

表104 法院关于分割股权价值的处理

案号	法院认为
(2018)渝05民终853号	对重庆文伟机械制造有限公司中熊某名下33.333333%股权的处理,由于该公司另外两个股东马某文、李某勇未能行使其优先购买权,且李某愿意出价50万元获得熊某名下的股份,熊某也表示认可,故熊某在重庆文伟机械制造有限公司中所占的33.333333%股权归李某所有,由李某补偿熊某股权折价款25万元。二审维持原判

(2)酌情多分

法院认为夫妻一方经营公司付出较多,且另一方有其他恶劣情节导致离婚的,酌情多分股权,多分幅度为5%(见表105)。

表105 法院关于酌情多分股权的认定

案号	法院认为
(2018)渝0110民初401号	本院考虑小青蛙公司由霍某1负责日常经营的实际和兼顾照顾女方权益的原则以及综合考虑余某1打伤霍某1父母并导致二人离婚的情节,酌定原告余某1享有小青蛙公司45%的股权,被告霍某1享有小青蛙公司55%的股权

(3)不分

法院将涉案公司其他股东"是否过半数同意""是否放弃了有限购买权"的举证责任分配给了原告,当原告没有举证时,法院认为其应当承担不利后果,不支持分割股权(见表106)。

表 106　法院关于不分股权的认定

案号	法院认为
(2019)渝 03 民终 1109 号	本案中,鲜全公司的股东为胡某、胡某 4。傅某与胡某就鲜全公司股权分割并未达成一致意见,傅某未举证证明鲜全公司过半数股东同意胡某转让出资额,也并未举证证明另一股东胡某 4 放弃股权优先购买权,故应当承担举证不能的法律后果。本案中鲜全公司股权分割条件未成就,傅某可在条件达成后另案诉讼解决。一审法院驳回了傅某该项诉讼请求并无不当

(三)离婚后财产纠纷中关于商业人寿保险分割的问题

统计样本中,离婚时未分割的夫妻共同财产涉及商业人寿保险的案件有 3 个。这类案件法院通常要按顺序解决两个问题:(1)诉争商业人寿保险是否是离婚时未分割的夫妻共同财产?(2)若是,商业人寿保险如何分割?统计小组将这两个问题总结归纳如下:

1. 夫妻共同财产的认定

对于对被保险人的寿命进行投保,每到一定年限给付生存保险金或死亡保险金的人寿保险,法院通常认为具有较大的现金价值,带有储蓄性质,在婚姻关系存续期间缴纳的保费,或退保后的现金价值,属于夫妻共同财产。如(2016)渝 0103 民初 20856 号案、(2019)渝 0153 民初 1861 号案。

2. 商业人寿保险的分割方式

(1)离婚时,若投保人未退保,继续享有保险合同权益,则计算婚姻关系存续期间缴纳的保费,通常情况下分一半给对方(见表 107)。

表 107　法院关于未退保的人寿保险分割的处理

案号	保险情况	法院认为
(2016)渝 0103 民初 20856 号	被告在新华人寿保险股份有限公司购买红双喜金钱柜年金保险(分红型)一份,投保人及被保险人均为被告,受益人为法定,基本保险金额为 260,250 元,保险期间 20 年,保险费为每年 50,000 元,缴费方式为年缴,缴费期间为 5 年,续期保险费缴费日期为每年 4 月 27 日	关于被告购买的 2 份红双喜金钱柜保险,是对被告的寿命进行投保,每到一定年限给付生存保险金或死亡保险金的人寿保险,具有较大的现金价值,带有储蓄性质。被告在婚姻关系存续期间缴纳的保费 60 万元属于夫妻共同财产,应当予以分割。因被告离婚时并未退保,继续享有保险合同权益,故应由被告向原告支付 30 万元补偿款

(2)离婚时,若投保人退保,则解除保险合同后的该保险的现金价值是夫妻共同财产,通常情况下分一半给对方(见表108)。

表108 法院关于已退保的人寿保险分割的处理

案号	保险情况	法院认为
(2019)渝0153民初1861号	被告作为投保人,原告作为被保险人,在中国人寿保险股份有限公司重庆市荣昌区支公司购买了主险国寿福禄鑫尊两全保险(分红型)、附加险国寿附加长期意外保障定期寿险,分别于2014年5月20日、2015年5月22日、2016年7月13日、2017年5月24日、2018年6月15日支付了保费10,300元、10,300元、10,300元、10,300元、10,300元。原告、被告离婚后,均同意由被告到中国人寿保险股份有限公司重庆市荣昌区支公司取该保险的现金价值。被告于2018年12月7日与中国人寿保险股份有限公司重庆市荣昌区支公司解除保险合同,按照该保险合同条款规定的现金价值表计算,该保险合同截至2018年12月7日现金价值为28,968.23元	原告、被告在婚姻关系存续期间以被告作为投保人、原告作为被保险人向中国人寿保险股份有限公司重庆市荣昌区支公司购买了商业保险并支付了保费,该保险合同提前解除后由中国人寿保险股份有限公司重庆市荣昌区支公司支付的28,968.23元属于夫妻共同财产。现原告要求分割该保险现金价值符合法律规定,本院予以支持

(四)离婚后财产纠纷中关于拆迁安置补偿的问题

统计样本中,离婚时未分割的夫妻共同财产涉及拆迁安置补偿的案件有16个。拆迁安置补偿里项目较多,统计小组将统计样本中涉及的各种项目总结归纳,分别分析如下:

1. 房屋的拆迁补偿款

法院通常先审理被拆迁的房屋的权属,若被拆迁的房屋属于夫妻共同财产,则房屋的拆迁补偿款亦为夫妻共同财产,离婚后应当予以分割。如(2016)渝0112民初22320号案、(2016)渝0235民初6086号案、(2017)渝0112民初18492号案。

2. 拆迁时的搬家费及生活附属设施补偿费

该笔费用属于拆迁时实际搬家人的,原告在离婚前拆迁时与被告一起有共同搬家事实,则属于夫妻共同财产。如(2016)渝0112民初22320号案。

3. 统建过渡费

根据统建拆迁安置协议明确安置对象有哪些,夫妻一方属于安置对象之一的,认定为是夫妻共同财产,应当予以分割。但是统建过渡费的发放如果一部分在婚内,一部分在离婚后,则只有婚内的属于应当分割的夫妻共同财产。如(2016)渝

0112 民初 22320 号案。

4. 货币安置款

根据拆迁安置协议,以家庭户为单位领取的货币安置款是家庭共同财产,应考虑财产来源、双方贡献度以及双方经济情况等因素,同时应对未成年子女做适当照顾(见表 109)。

表 109 法院关于货币安置款分割的处理

案号	法院认为
(2017)渝 0107 民初 7777 号	本院综合考虑,认定该 631,200 元由原告李某分得 18 万元。该款由被告龚某东持有,应由被告立即支付原告

5. 农转非安置补偿费

根据各自签订的征地农转非人员安置协议书分别获取的安置补偿费,各自的归各自所有(见表 110)。

表 110 法院关于农转非安置补偿费分割的处理

案号	法院认为
(2017)渝 0107 民初 7777 号	原告李某与被告龚某东按各自征地农转非人员安置协议书分别获取安置补偿费 32,234 元。该款存于被告龚某东重庆农村商业银行账户。本院认定该款由原告、被告各自分得 32,234 元

6. 为购买安置房缴纳的差价

夫妻在婚姻关系存续期间获得的安置房,若系夫妻一方个人财产,但补缴的安置房差价款系夫妻共同财产支付的,离婚时,应补偿对方差价款(见表 111)。

表 111 法院关于为购买安置房缴纳的差价的处理

案号	法院认为
(2017)渝 0110 民初 8192 号	安置后的房屋建筑面积(乘以平方米)与被拆迁房屋面积(乘以平方米左右)基本一致,相当于等面积调换的,该房屋应属于被告的个人财产,而非夫妻共同财产,不应作为夫妻共同财产予以分割。原告、被告婚姻关系存续期间缴纳的房屋差价款 12,805 元及对涉案房屋进行装修后的附属物应属于夫妻共同财产,由原告、被告平均分割

7. 按政策取得的"初婚未育"住房货币安置费

按政策取得的"初婚未育"住房货币安置费,不同法院有不同的认定。

(1)按政策取得的"初婚未育"住房货币安置费,离婚时仍未育的,属于夫妻共同财产(见表112)。

表112 法院关于"初婚未育"住房安置费(未育)分割的处理

案号	法院认为
(2017)渝0112民初4917号	在原告谭某与被告李某某婚姻关系存续期间,原告、被告所在的位于重庆市渝北区王家街道硚田村××组的房屋于2014年2月28日被公告征地开发,原告、被告于2014年1月15日在重庆市渝北区王家街道硚田社区居民委员会办理了生育服务证,故被告李某某以原告、被告双方的生育服务证按政策取得的初婚未育住房货币安置费99,750元属于原告、被告夫妻共同财产,应当依法进行分割

(2)按政策取得的"初婚未育"住房货币安置费,属于将来孩子的,法院不认为是夫妻共同财产,驳回原告的分割要求(见表113)。

表113 法院关于"初婚未育"住房安置费(已育)分割的处理

案号	法院认为
(2017)渝0151民初4624号	关于原告要求对特殊安置对象的安置补偿款进行分割的请求,本院认为,该笔安置费系针对拆迁户中新婚夫妇将来生育的子女,并非给予原告、被告,原告无权以本人名义要求对其进行分割

8. 租房补助费

拆迁安置补偿中的租房补助费,按实际情况来判断,离婚后分开住的,租房补助应当分割(见表114)。

表114 法院关于租房补助费分割的处理

案号	法院认为
(2017)渝0151民初4624号	对于李某从双方离婚之日起至2017年6月(共计18个月零14天)领取的属原告所有的租房补助费应给付原告,经计算为5535元(300元/人/月×18个月+300元/人/月÷31天×14天)

9. 复垦补偿款

法院通常先审理征地复垦时被拆迁的房屋的权属,若被拆迁的房屋属于夫妻共同财产,则复垦补偿款亦为夫妻共同财产,离婚后应当予以分割(见表115)。

表 115 法院关于复垦补偿款分割的处理

案号	法院认为
(2018)渝 0243 民初 1491 号	前述房屋修建期间,原告严某与被告杨某 1 系合法夫妻关系。根据《婚姻法》第 17 条、第 18 条[1]之规定,夫妻在婚姻关系存续期间所得财产,归夫妻共同所有,故对登记在被告杨某 1 名下的复垦补偿款 72,259.5 元,应认定为夫妻共同财产

注:〔1〕现《民法典》第 1062 条规定:"夫妻在婚姻关系存续期间所得的下列财产,为夫妻的共同财产,归夫妻共同所有:(一)工资、奖金、劳务报酬;(二)生产、经营、投资的收益;(三)知识产权的收益;(四)继承或者受赠的财产,但是本法第一千零六十三条第三项规定的除外;(五)其他应当归共同所有的财产。夫妻对共同财产,有平等的处理权。"相较旧法条进一步扩大了夫妻共同财产的范围,增加了劳务报酬和投资的收益。第 1063 条规定:"下列财产为夫妻一方的个人财产:(一)一方的婚前财产;(二)一方因受到人身损害获得的赔偿或者补偿;(三)遗嘱或者赠与合同中确定只归一方的财产;(四)一方专用的生活用品;(五)其他应当归一方的财产。"内容无变动。

(五)离婚后财产纠纷中关于养老保险金分割的问题

统计样本中,离婚时未分割的夫妻共同财产涉及养老保险金的案件有 2 个。

法院通常认为:婚后以夫妻共同财产缴付养老保险费,离婚时一方主张将养老金账户中婚姻关系存续期间个人实际缴付部分作为夫妻共同财产分割的,人民法院应予支持(见表 116)。

表 116 法院判决分割养老保险金的情形

案号	法院认为
(2017)渝 0105 民初 13108 号	婚姻关系存续期间男女双方实际取得或者应当取得的养老保险金归夫妻共同所有。经本院审理查明,代某养老保险账户中婚姻关系存续期间共缴纳 61,810 元;郭某养老保险账户中婚姻关系存续期间共缴纳 7846.79 元,但代某仅主张分割郭某婚姻关系存续期间个人缴费部分,该主张系其真实意思表示,符合法律规定,本院予以确认;郭某婚姻关系存续期间个人缴费金额为 6473.25 元。上述养老保险金应当予以平均分割,即代某应当向郭某给付 30,905 元,郭某应当向代某给付 3236.63 元,故代某尚需向郭某给付 27,668.37 元
(2017)渝 0116 民初 8134 号	婚后以夫妻共同财产缴付的养老保险费,个人实缴部分应当认定为夫妻共同财产。本案中,原告、被告婚姻关系存续期间,被告周某缴纳的养老保险费中个人缴纳部分为 22,557.55 元(含国家补贴),被告周某举示的证据不足以证明该费用系由其用个人财产进行缴纳,故该部分费用应当作为夫妻共同财产,在离婚时进行分割

(六)离婚后财产纠纷中关于个体工商户分割的问题

个体工商户作为一种常见的夫妻共同财产形式,其财产价值亦难以计算,也难

以取证。本次统计样本中,统计小组仅发现3个判决,将其分割方式总结归纳如下:

1. 对个体工商户门店的价值有争议时,酌情按照之前离婚时的自认价值金额确定,在未继续经营的情况下,适当考虑变现款下浮的情况,予以分割(见表117)。

表117 法院关于自认个体工商户门店价值的处理

案号	法院认为
(2019)渝0118民初6021号	原告、被告离婚后,尚未分割的夫妻共同财产原则上应当平均分割。双方对夫妻共同财产鞋店商品的价值发生争议,在之前离婚诉讼中,原告认为鞋店商品的价值约50,000元,被告认为该鞋店商品的价值约30,000元,本案诉讼中被告否认该陈述,认为鞋店商品价值约6000元,但未提供相应证据证明,应承担举证证明责任,价值15,000元的鞋店商品应分割归被告所有,鉴于该鞋店未继续经营,应分割给原告的商品折价变现存在变现款下浮情况,故酌情认定该夫妻共同财产鞋店商品的变现价值为15,000元×70%=10,500元,由被告向原告支付补差款10,500元

2. 对个体工商户门店的价值有争议时,按照竞价的方式,价高者得门店,补偿对方折价款(见表118)。

表118 法院关于竞价确认个体工商户门店价值的处理

案号	法院认为
(2017)渝0151民初1516号	本案中,关于原告、被告夫妻共同财产农村房屋一套(产权证号:266××、土地证号:200××××)的第一层以及重庆市铜梁区韩记精米加工厂的经营权和所有权,被告在庭审中以竞价方式出价52万元取得,本院依法对此予以支持,同时本院依法主张原告因取得上述财产应给予被告竞价款一半的补偿共计26万元

3. 若个体工商户存在其他合伙人,且要求分割一方对个体工商户的经营情况了解较少时,法院不予处理(见表119)。

表119 法院关于存在其他合伙人的个体工商户的处理

案号	法院认为
(2019)渝0116民初3012号	关于原告要求分割某足浴保健中心的股份的问题,该足浴保健中心成立于婚姻关系存续期间,属于夫妻共同财产。但该中心的性质为个体工商户,登记经营人为被告陈某万,原告没有举证证明该中心是否在经营、经营状况、现有价值等,且被告提出尚有合伙人,本案不宜分割份额

(七)离婚后财产纠纷中关于房屋装修价值分割的问题

统计样本中,未分割的夫妻共同财产涉及房屋装修及附属设施的有3个。法院通常会认定,在婚姻关系存续期间,用夫妻共同财产对房屋进行装修添附的,装修价值和附属设施均属于夫妻共同财产。这类案件最重要的就是确定装修价值,才能进行分割。对于如何确定装修价值,统计小组归纳如下:

1. 通过委托鉴定机构评估确定装修价值(见表120)。

表120 法院关于委托鉴定机构确定装修价值的处理

案号	法院认为
(2018)渝005民终7029号	本案审理中,原告李某1申请对房屋装修价值进行鉴定。2018年8月26日,重庆嘉川建设工程咨询有限公司经法院委托作出渝嘉川[2018]咨鉴字第364号工程造价鉴定报告,鉴定意见为:重庆市江津区德感街道东江路777号附2号×幢×单元×-×号房屋目前的装修工程造价鉴定结果为49,939.57元

2. 双方均不同意鉴定但能举示装修出资凭据的,按出资金额酌情折旧后进行分割(见表121)。

表121 法院关于装修出资凭据确定装修价值的处理

案号	法院认为
(2018)渝0155民初2637号	原告、被告均拒绝对婚姻关系存续期间修建的附属设施在双方离婚时的价值进行鉴定。现原告诉来法院,请求法院依法判决被告向原告支付原告婚前对被告房屋及附属设施修建支出的费用12,995.43元。原告、被告在婚姻关系存续期间对被告的房屋进行了装修,对房屋的添附部分应属于夫妻双方婚姻关系存续期间的共同财产,且该部分夫妻共同财产在原告、被告离婚时未予处理,故原告有权要求被告给予补偿。根据庭审查明的装修款项支出情况,以及使用年限,酌情由被告支付原告装修款

3. 离婚时,房屋赠与婚生子女,单独就赠与房屋装修价值要求分割的,法院不予处理(见表122)。

表122 法院关于单独就赠与房屋装修价值分割的处理

案号	法院认为
(2019)渝0231民初400号	原告谢某主张分割涉案房屋的装修价值,因双方在离婚时已将涉案房屋赠与了双方的婚生子谢某豪所有,并办理了产权过户登记手续,而装修属于房屋添附物,已经成为不动产的有机组成部分,在无特殊约定的情况下理应随房产权利一并移转,故原告该项诉讼主张,缺乏事实与法律依据,本院不予支持

(八)离婚后财产纠纷中关于复员费、自主择业费分割的问题

统计样本中,未分割财产涉及发放到军人名下的复员费、自主择业费的只有1个,该案经过了一审、二审。统计小组统计两审法院观点如下(见表123):

表123 法院关于复员费、自主择业费分割的处理

案号	法院认为
(2017)渝0107民初16188号	涉及分割发放到军人名下的复员费、自主择业费等一次性费用的,以夫妻婚姻关系存续年限乘以年平均值,所得数额为夫妻共同财产。年平均值,是指将发放到军人名下的上述费用总额按具体年限均分得出的数额。其具体年限为人均寿命70岁与军人入伍时实际年龄的差额
(2018)渝05民终1422号	关于自主择业费的分割问题,军人离婚与其复员转业并不一定同步进行,如果军人离婚时尚未复员、转业,能够作为夫妻共同财产进行分割的军人财产多为可期待利益,在军人离婚时并未实现对财产的实际占有。故军人在离婚时虽然可能没有实际占有复员费、自主择业费等,但并不能以此为由否定军人配偶一方应享有的权利。一审判决结合胡某、冯某婚姻关系存续期间及胡某入伍时的年龄主张冯某可分得的自主择业费并无不当。胡某上诉认为其应当多分的自主择业费缺乏法律依据,二审法院依法不予支持

五、离婚后财产纠纷中关于夫妻离婚后债务追索的问题

离婚后财产纠纷中涉及的夫妻离婚后债务追索,是指离婚后双方对共同债务的承担问题发生纠纷。统计样本中涉及这类案件有60个。统计小组将这类案件的重点争议问题总结分析如下:

(一)关于离婚协议中债务约定的效力问题

离婚协议约定"无债务"的情况如下:

(1)离婚协议约定:"无共同债务,各自举债的债务由各自承担。"但债权人向双方索债,法院判决为共同债务。非举债一方被执行清偿完债务后,向举债一方追偿,法院依据《最高人民法院关于适用〈中华人民共和国婚姻法〉若干问题的解释

(二)》第25条①的规定支持非举债一方代为清偿的所有债务由举债方承担。如(2017)渝0107民初8396号案。

(2)离婚协议约定:"婚姻期间无债务。"但债权人向双方索债,法院判决为共同债务。法院认为"无债务"不等于"无共同债务",因此视为未约定债务分担问题,判决共同债务各自承担一半。一方已经执行完毕,有权向另一方追偿一半。如(2018)渝0106民初6204号案。

(3)离婚协议约定了按揭房归属,但未约定该房贷款谁承担,同时约定了"无债务"。法院认为:该房贷在婚内和离婚后均是得房一方在还,离婚时约定无债务意味着得房且还贷一方认可自行承担所有贷款,因此不支持得房一方向对方追偿离婚后已经清偿的房贷的一半。如(2018)渝0151民初3853号案。

(二)关于追偿债务获得支持的前提条件

1.债务是明确的

这类案件,法院首要审理的就是诉争债务的真实性、明确性。已经被生效判决明确的共同债务,未经司法程序,但经夫妻双方签字的银行金融债务,法院均会予以认可。但对于民间借贷债务,双方争议较大的,法院持谨慎态度暂不予处理,债务需经另案确定(见表124)。

表124　法院针对债务是否明确的不同处理方式

案号	法院认为	裁判结果
(2018)渝0106民初6204号	根据《最高人民法院关于适用〈中华人民共和国民事诉讼法〉的解释》第93条的规定,已为人民法院发生法律效力的裁判所确认的事实无须当事人举证证明,当事人有相反证据足以推翻的除外。(2015)九法民初字第12131号民事判决书明确案涉债务为原告、被告夫妻共同债务,认为被告举示的房屋销售合同及离婚协议并不能直接证明借款没有用于家庭开支,相反却能证明借款当年二被告的家庭存在大额开支,被告曹某辩解系蒋某个人债务的证据不足,认定该借款系夫妻共同债务,由蒋某及曹某共同偿还。本案中,被告举示的证据并不能推翻已生效裁判确认的事实。从常理分析,案涉25万元大额借款发生	债务由生效判决确认

① 现《最高人民法院关于适用〈中华人民共和国民法典〉婚姻家庭编的解释(一)》第35条规定:"当事人的离婚协议或者人民法院生效判决、裁定、调解书已经对夫妻财产分割问题作出处理的,债权人仍有权就夫妻共同债务向男女双方主张权利。一方就夫妻共同债务承担清偿责任后,主张由另一方按照离婚协议或者人民法院的法律文书承担相应债务的,人民法院应予支持。"内容无变动。

续表

案号	法院认为	裁判结果
	时,原告、被告处于正常婚姻关系存续期间,出借人为被告的舅妈,被告对上述借款不知情的辩解理由并不充分。原告担任公司财务人员,其公司出具的证明及证人证言可以证明原告银行卡上的大额资金并非原告所有。结合原告的工资收入情况,原告、被告在负债期间购置了车位、房屋等大宗资产,形成了夫妻共同财产,案涉25万元债务应认定为夫妻共同债务	
渝0112民初733号	本院经审理认定事实如下:原告邹某与被告蒲某原系夫妻关系,原告、被告在婚姻关系存续期间,2009年10月9日,以邹某、蒲某为甲方,以重庆农村商业银行股份有限公司沙坪坝支行为乙方签订《重庆市房地产抵押合同》,约定甲方以渝北区房产设定抵押权作为邹某向乙方履行债务的担保,贷款金额330,000元。本院认为:原告、被告于2009年10月9日签订抵押合同向重庆农村商业银行股份有限公司沙坪坝支行贷款330,000元,系双方共同生活所负债务,属于原告、被告夫妻共同债务,应由原告、被告共同偿还借款本息	双方签字的银行金融债务
(2018)渝0151民初3853号	关于原告诉称原告、被告婚姻关系存续期间购买的门面,尚欠周某某购房款35,000元,由于考虑该笔欠款的具体金额尚未确定,债务的处理涉及债权人利益,本案暂不予处理	不明确的民间借贷债务

2. 追偿方已经实际履行代为清偿

根据《最高人民法院关于适用〈中华人民共和国婚姻法〉若干问题的解释(二)》第25条[①]的规定,这类案件,法院需审理追偿一方是否已经代为清偿完毕,尚未清偿的,达不到追偿的条件。如(2017)渝0107民初8396号案。

① 现《最高人民法院关于适用〈中华人民共和国民法典〉婚姻家庭编的解释(一)》第35条规定:"当事人的离婚协议或者人民法院生效判决、裁定、调解书已经对夫妻财产分割问题作出处理的,债权人仍有权就夫妻共同债务向男女双方主张权利。一方就夫妻共同债务承担清偿责任后,主张由另一方按照离婚协议或者人民法院的法律文书承担相应债务的,人民法院应予支持。"内容无变动。

(三)关于追偿的范围

1. 债务本金和利息(见表125)。

表125　法院关于债务本金和利息的认定

案号	法院认为
(2017)渝0115民初1725号	原告已代被告偿还的杨某借款115,000元及利息应当由被告负责偿还

2. 诉讼费、评估、拍卖费(见表126)。

表126　法院关于诉讼费、评估、拍卖费的认定

案号	法院认为
(2018)渝0106民初6204号	关于原告是否有权就履行债务的诉讼费、评估、拍卖等相关费用向被告追偿的问题,因原告、被告均有义务积极履行该判决所规定的支付义务,因其不履行判决产生的诉讼费用、执行中产生的评估拍卖费用应由原告、被告共同承担。原告用其个人财产清偿了共同债务后,有权向被告追偿

3. 资金占用损失(见表127)。

表127　法院关于资金占用损失的认定

案号	法院认为
(2018)渝0106民初6204号	原告清偿了共同债务后,被告未及时支付给原告,给原告造成资金占用损失的情形客观存在,被告应向原告支付资金占用损失。故对于原告请求被告返还代偿款409,453元的一半即204,726.5元并从2017年2月11日开始至付清之日按年利率6%标准计算资金占用损失的诉请,理由正当,证据充分,本院予以支持

4. 执行费(见表128)。

表128　法院关于执行费的认定

案号	法院认为
(2017)渝0115民初1725号	原告已代被告偿还的杨某借款115,000元及利息、诉讼费、执行费等共135,000元,应当由被告负责偿还

5. 律师费(见表 129)。

表 129 法院关于律师费的认定

案号	法院认为
(2018)渝 0237 民初 250 号	原告、被告在协议中明确约定原告因实现该债权产生的直接损失(包括但不限于律师费、诉讼费)由被告承担,故其主张的法律服务费 5800 元,本院予以支持

六、离婚后财产纠纷案件中关于离婚协议效力的问题

从全部有效样本中看,以民政部门登记协议方式离婚的案件共计 1253 个,诉讼方式离婚的案件为 436 个,未公开判决的案件为 28 个,因离婚协议(包括理解、修改、履行、补充离婚协议、撤销、违法等)是否有效为争议焦点的案件共计 53 个。其中离婚协议有效的为 30 个,可撤销、变更、无效的为 23 个,下面以该 53 个案件为基数,归纳出离婚协议效力争议纠纷常见原因,并进一步对法院针对不同理由采取的不同裁判思路,为离婚协议的签订以及受损害方权益维护提供一定的参考。

(一)离婚协议有效情况下的争议

离婚协议有效,并按协议履行是常态,但从大数据样本来看,还是存在虽确认离婚协议有效,但仍出现履行受阻,从而引发双方纠纷的情况。根据大数据统计结果来看,认定离婚协议有效的 30 个案件中:有效并支持按离婚协议履行的为 10 个;因查封、抵押、保全而驳回原告要求按离婚协议协助办理过户的为 5 个;因农村无产权房、按揭贷款未还清而驳回原告要求按离婚协议协助过户的为 6 个;因约定不明而引发争议的为 3 个;进行适当调整的为 4 个;约定房号或地址有误的为 2 个。

以上前四种情况法院裁判思路基本一致,本部分针对后两种情况的样本进行讨论,总结各法院的裁决思路。

1. 适当进行调整的 3 个样本，涉及违约金及律师费约定的裁决思路（见表 130）。

表 130　法院对于离婚协议约定的违约金及律师费的裁判观点

案号	法院认为
(2019)渝 0153 民初 4623 号	对于原告要求被告支付 6500 元律师费的诉讼请求，因离婚协议书中约定"如男方逾期支付房屋折价款，则女方可向法院起诉，起诉所产生的律师费、诉讼费由男方承担。"因此本院对律师费依据《重庆市律师服务收费指导标准（2016 新规）》第 10 条第 2 款规定：涉及财产关系的、争议标的额 10 万元以下部分的，计费比例为 5% ~6%（不低于 5000 元）。本案中，原告、被告之间争议标的为 100,000 元，按照该指导标准律师服务收费应为 5000 ~6000 元。故本院依法酌情支持原告要求被告支付 5000 元民事代理费的诉讼请求
(2018)渝 0113 民初 15065 号	双方签订的离婚协议书约定，1. 女方首先偿还房屋银行贷款及利息，2. 剩余款项中 250,000 元归女方所有，其余款项全部归男方所有，待女方将房产出售后一周之内支付剩余款项给男方……违约责任的约定：任何一方不按本协议约定期限履行支付款项义务的，应于一周内支付违约金 100,000 元给对方等。违约金是对合同双方因违反合同约定而承担违约责任的形式，应当根据诚实信用、公平原则，以补偿性为主，惩罚性为辅的违约金性质。被告未按期支付剩余房款的违约行为只对原告造成了资金占用损失，本院酌情按中国人民银行同期同类贷款利率的 4 倍自 2018 年 10 月 8 日起支付至付清时止。 庭审中，原告举示其为此次诉讼支付的律师费作为其支出的损失，本院认为，该笔支出费用并非原告因此次纠纷而必然产生的损失，故本院不予主张
(2018)渝 0119 民初 315 号	双方离婚协议约定：……4. 如果任何一方违约将承担违约责任，违约方需向另一方支付违约金 50,000 元。按 300,000 元为基准标的，按月息 2 分支付资金利息。违约方还需承担因此而产生的诉讼费、代理费（凭正式发票），因被告抗辩不承担违约责任，双方也未对原告因被告的违约行为造成的损失予以举证说明，故本院依法对被告承担的违约责任调整为以未付金额 30,000 元为基数自 2016 年 9 月 22 日起至付清时止按照月利率 2% 向原告支付资金利息，对于原告主张的违约责任超出该标准部分，本院不予支持。双方在离婚协议书中还约定违约方应当承担产生的代理费，现原告提供的证据能够证明其支付了代理费 2 000 元，故本院对原告主张被告支付代理费 2000 元的诉讼请求依法予以支持

由以上案例可知，双方离婚协议若约定了违约金及律师费，法院一般均会认定该约定有效，但法院会根据对方抗辩或一方所可能遭受的实际损失来确定最终支持的违约金及律师费，律师费具体金额则还会参照当地律师收费指导标准最终

确定。

2. 约定房屋信息有误2个(见表131)。

表131 法院对于离婚协议中约定房屋信息有误的裁判观点

案号	案情	法院认为
(2019)渝0236民初3998号	双方经法院调解离婚,因当时房屋产权证并未办理成功也未将合同原件带到法庭,双方当事人口述房屋为××栋××单元××层××号,并自愿约定房屋归原告所有。2018年2月2日成都市新都区国土资源局颁发的不动产权证书中,登记的房屋信息为××栋××单元××层××号。原告、被告本对房屋的所有权无争议,但因贵院作出的原生效的调解书中记载的房屋信息与不动产登记证上记载的房屋信息不一致,原告无法进行变更登记,特请求贵院依法予以确认	合法的权益受法律保护。本案中,原告、被告于2016年在本院的主持下调解离婚,并在调解中约定共同财产:位于四川省成都市按揭房屋××归原告黄某兵所有。本院综合全案证据认定原告、被告在调解书中约定的房屋与川(2018)新都区不动产权第0009506号载明的房屋系同一套房屋。因调解书中约定该房屋归原告黄某兵所有,且被告明某容明确表示该房屋归原告黄某兵所有,故对原告的诉讼请求,本院予以支持
(2018)渝0119民初315号	2014年2月28日,原告、被告协议离婚,约定双方唯一房产归黄某所有,但在民政局办理离婚登记过程中,制作格式化离婚协议时将房屋地址打印错误,误将双方户籍地址当成双方共有房屋的地址进行了登记,故位于潼南区桂林街道办事处××号房屋应归原告所有	原告主张与被告签订的离婚协议中约定的位于潼南县(现潼南区)梓潼街道办事处××街××号房屋系打印错误,该房屋应为潼南区桂林街道办事处××号房屋,但原告并未举示充分证据证明其主张,且该两处房屋地址分别属于不同的行政管辖区域,原告主张打印错误于理不符;虽然被告对原告上述主张予以认可,但基于被告因借款合同纠纷被申请强制执行,且本案涉案房屋已被本院查封并已启动司法处置程序,本院对被告自认的上述事实在无其他充分证据佐证的情况下不予采信。因此,本院对原告主张的离婚协议中约定的位于潼南县梓潼街道办事处××街××号房屋应为潼南区桂林街道办事处××号房屋的事实不予认可

由此可见,同样是房屋信息约定有误,在双方当事人均认可的情况下,法院还需考虑常理以及是否涉及其他第三人利益来确定是否支持当事人的主张。

(二)法院认定离婚协议可撤销、变更的情况

1. 一方主张存在假离婚、欺诈、胁迫、显失公平为由要求撤销或变更协议①

一方以签订协议时另一方存在胁迫、欺诈、乘人之危等行为,或因另一方刻意以假离婚欺骗、自身认识不足存在重大误解,从而作出违反内心真意的意思表示,以及以协议内容显失公平为理由主张撤销协议的案例共计 5 个,其中因假离婚的为 3 个、因欺诈胁迫的为 2 个,具体情况如下(见表 132):

表 132 法院对于以假离婚、欺诈、胁迫、显失公平为由要求撤销或变更协议的裁判观点

案号	案情	法院认为
(2017)渝0151 民初2538 号	原告诉称:被告为达一定目的谎称与原告假离婚;因原告文化程度较低,其听信被告,于 2016 年 5 月 30 日双方在铜梁区民政局协议离婚,且约定两子女由原告抚养,被告给付每个子女 500 元/月生活费,共同财产房屋归被告所有,债务由被告承担等。现被告拒绝履行对子女的抚养义务,亦不承担债务,被告纯属欺骗原告	法院查明原告、被告签订 3 份协议,除了民政局登记备案的离婚协议,另外还有 2 份协议,1 份约定:“今 2016 年 5 月 30 日程某与杨某达成协议离婚已办理,如一方背着另一方另找伴,(注:原离婚协议书上载明的共同财产)归女方所有。真实离婚,男方自愿拿出房产的一半归女方杨某。此协议由儿子程某 1、女儿程某 2 作证。”另 1 份协议约定:“现因程某和杨某结婚十多年因夫妻关系不和,特此离婚。由于没有考虑周全,两个小孩未成年,夫妻之间关系搞好,特此申明假离婚的。此前的事不再追究,从 2016 年 10 月 7 日起,夫妻好好过日子……”本院认为:综合 3 份协议看,离婚及财产分割皆非原告真实的意思表示,原告签订协议一系以复婚为条件,但被告后拒绝复婚,对原告构成了欺诈。因婚姻具有人身关系属性,一旦登记离婚则不可逆,但针对财产分割行为,因协议中关于财产分割的内容系原告在受被告欺诈下违背其真实意思签订,故原告可依据《最高人民法院关于适用〈中华人民共和国婚姻法〉若干问题的解释(二)》第 9 条[1]之规定请求撤销离婚协议中关于财产分割的内容

① 现依《最高人民法院关于适用〈中华人民共和国民法典〉婚姻家庭编的解释(一)》第 70 条之规定:“夫妻双方协议离婚后就财产分割问题反悔,请求撤销财产分割协议的,人民法院应当受理。人民法院审理后,未发现订立财产分割协议时存在欺诈、胁迫等情形的,应当依法驳回当事人的诉讼请求。”当事人已不存在请求变更离婚协议的权利,且乘人之危已不再单独作为可请求撤销离婚协议的情形,当事人可直接以显失公平为由请求撤销。

续表

案号	案情	法院认为
渝05民终2178号	原告陈某以假离婚为由请求撤销离婚协议中第2项、第3项	本案的争议焦点是离婚协议书中关于财产分割事项是否存在可撤销情形。陈某称其与胡某系假离婚,离婚是为了躲避债务和取得银行贷款,但胡某对此予以否认,陈某提交的证据也不足以证明该观点。相反,一审审理中,陈某明确表示是自愿签订的离婚协议,一审、二审中陈某均无证据证明其与胡某签订离婚协议系受到胁迫、欺诈或存在其他应予撤销的情形,且事实上陈某、胡某自愿到婚姻登记机关协议离婚,婚姻登记机关已根据双方签订的离婚协议和双方意愿颁发离婚证,表明双方已解除婚姻关系并发生法律效力,故陈某请求撤销离婚协议中第2项、第3项的诉讼请求于法无据,本院不予支持
(2018)渝0154民初3005号	原告请求按离婚协议履行协助过户义务,被告以双方是假离婚为由请求撤销离婚协议中关于财产的约定,被告主张双方离婚,原告与第三人结婚是为了将女儿户口迁至北京,原告与第三人结婚后并非实际生活,还是与被告以夫妻名义生活,并且提供了原告与第三人签订的协议,内容为:1. 甲(李某乙)乙(李某甲)双方登记结婚,3年后协助乙方和孩子户口迁入;2. 乙方付给甲方8万元人民币(登记结婚时付甲方5万元,户口迁入完成付3万元);3. 甲乙互不干扰双方的生活,协议存续期间的债权债务与对方无关;4. 乙方和孩子户口迁入后半年内办理离婚手续;5. 协议期间如遇搬迁等事宜,甲方的所有赔偿与乙方无关;6. 离婚手续完成后,此协议自动做(作)废	就本案而言,原告作为刚离过婚的女性,还要直接抚养两个小孩,如真如原告所言,应慎重再次选择自己的婚姻,其主张在与被告离婚后,经朋友介绍认识李某乙,2日内便登记结婚,该说法确实不合情理,让人难以信服。结合原告、被告的离婚登记时间,原告与李某乙的结婚登记时间以及与李某乙签订的协议内容,不难发现原告与李某乙结婚的真实目的是解决原告及其子女在北京上户口的问题,原告认为与李某乙签订协议是因为夫妻关系不和,但该协议内容对感情只字未提,反而是要求协议双方互不干扰对方的生活,原告及子女的户口迁入北京后半年内办理离婚手续,整个协议的中心内容就是通过原告与李某乙(具有北京户口)办理结婚登记这一行为,将原告及其子女的户口迁至北京,该行为不仅从道德层面上不被接受,在法律层面上更不被允许。故原告与李某乙的后一结婚登记行为与前一与被告的离婚登记行为存在一定关联。加之原告在与被告离婚前有不忠于夫妻感情的行为,并对被告故意隐瞒,存在欺诈,被告在尚未掌握该事实的情况下基于认识上的错误与原告签订的离婚协议书,作出涉案房屋归原告所有的意思表示并非其真实意思表示,而且从原告、被告办理离婚登记后的微信聊天记录也可以看出,被告在2017年12月知晓原告在离婚前有不忠于夫妻感情的行为后,作出要求对夫妻共同财产重新分配的意思表示也印证了这一点。因此,被告要求撤销双方于2017年10月10日签订的离婚协议书中第2条关于夫妻共同财产的处理条款,有事实和法律依据,本院予以支持

续表

案号	案情	法院认为
(2018)渝0112民初10857号	原告主张签订离婚协议时,受被告胁迫,要求撤销离婚协议,并重新分割;被告庭审时承认,同意原告分割农房,"我们原来闹矛盾时,原告要和我离婚,而且不分给我财产,我就说要和原告同归于尽,当时说的是气话"	原告、被告签订的自愿离婚协议书财产处理条款是在被告黄某的胁迫下签订的,并且签订协议至本案起诉未超过1年,故原告李某依法有权请求法院撤销该协议的财产分割条款
渝05民终7742号	原告主张签订离婚协议时,受被告胁迫,要求撤销离婚协议,并确认相关财产归其所有	现原告认为离婚协议存在欺诈、胁迫等情形,则此系原告之举证责任,需原告举证证明,但原告并未举示充分确切的证据证明被告在签订离婚协议时存在欺诈、胁迫等情形,应承担举证不能的后果。原告请求对已发生法律效力的离婚协议作出变更的理由不成立,本院不予采纳

注:〔1〕现依《最高人民法院关于适用〈中华人民共和国民法典〉婚姻家庭编的解释(一)》第70条之规定:"夫妻双方协议离婚后就财产分割问题反悔,请求撤销财产分割协议的,人民法院应当受理。人民法院审理后,未发现订立财产分割协议时存在欺诈、胁迫等情形的,应当依法驳回当事人的诉讼请求。"

由此可见,无论是一方主张假离婚,还是主张签订离婚协议财产分割时存在欺诈、胁迫而请求撤销或变更离婚协议,法院一般都会根据当事人的举证情况来认定是否存在欺诈、胁迫情形,并据此作出判决。若当事人有充分证据证明确实存在因假离婚或签订离婚协议时存在欺诈、胁迫情形的,则法院会认定存在欺诈、胁迫情形而支持撤销、变更离婚协议;若当事人无法举证或所举证不能证明存在欺诈、胁迫情形的,则法院会驳回当事人撤销、变更诉请。

2. 主张通过离婚后补充协议的方式撤销变更当初离婚协议中约定的房产赠与问题

夫妻双方采用协议方式离婚时,通常会在离婚协议中约定将夫妻共同所有的房产赠与婚生子女,或是一方将其个人所有的房产赠与另一方。在全部53个样本中,一方或双方反悔要求撤销该房产赠与约定的共有6个。其中协议一方事后反悔,要求撤销当初离婚协议的,法院一般会驳回原告诉请,这与最高人民法院的对此类案件的裁判思路基本一致。这里需要讨论的是协议双方事后通过补充协议方式均同意并主张撤销对子女房产赠与的情形,各法院对此存在不同的裁判观点。下面通过2个案例进行讨论(见表133):

表 133 法院关于离婚后通过补充协议变更赠与的处理

案号	法院认为
(2019)渝 0105 民初 9325 号	涉案房屋属于汤某与赵某的夫妻共同财产，双方虽然在离婚协议中约定将该房屋赠与婚生女赵某 2，但双方并未实际履行该赠与合同将该房屋的产权过户给赵某 2，赵某 2 并不享有该房屋的物权，故在该房屋的产权转移给赵某 2 之前，汤某与赵某仍系该房屋的所有权人，双方有权在其内部之间进行共有物分割，双方为此于 2018 年 11 月 17 日和 20 日先后两次签订协议，认定该两份协议均系汤某与赵某的真实意思表示，内容合法有效，对双方均具有法律拘束力，赵某应当按照协议的约定向汤某履行付款义务
(2017)渝 0112 民初 9336 号	2014 年 2 月 7 日，原告、被告双方协议离婚，并签订了离婚协议书，原告、被告双方均在自愿离婚协议书上签字按印予以认可，系双方真实意思表示，合法有效，原告、被告均应遵照执行。原告、被告离婚时约定重庆市渝北区 × × 街道房屋归儿子胡某 2 所有，实系对胡某 2 的赠与，该赠与行为负有道德义务，不可以撤销。故原告、被告虽于 2017 年 3 月 29 日达成了离婚补充协议，但本院认为，该离婚补充协议不能对抗原告、被告离婚时达成的离婚协议将重庆市渝北区 × × 街道房屋归婚生子胡某 2 所有，故对原告主张判决被告履行其与原告胡某 1 在离婚补充协议书约定，将位于重庆市渝北区新牌坊的房屋赠与原告胡某 1，协助原告办理房屋变更登记到胡某 1 名下的诉讼请求，本院不予支持

上述 2 个案例，均是夫妻双方离婚后，通过补充协议的方式变更当初在离婚协议中对子女的赠与，但不同法院却存在两种不同的裁判观点，一种意见认为离婚协议与补充协议均是双方真实意思表示，在房产未变更登记之前，仍归夫妻双方所有，双方可以协商撤销或变更当初离婚时对未成年子女的赠与；另一种意见则相反，认为当初离婚协议中双方对子女的赠与负有道德义务，该赠与行为不可以撤销，双方补充协议无效。

（三）法院认定离婚协议无效的情况

在全部 53 个样本中，涉及离婚协议无效的案例有 10 个，主要表现为以下几种情形：一方以离婚协议违反法律强制性规定的为 2 个，一方无民事行为能力或限制行为能力的为 1 个，离婚协议中处分他人财产的为 4 个，离婚协议是否生效的为 1 个，离婚协议中无财产无债权约定的效力认定的为 2 个。违反法律或一方无民事行为能力、处分他人财产离婚协议当然无效，各法院对此没有争议，这里需要讨论的是法院对离婚协议中约定的“无财产、无债权债务的约定”效力认定的裁判观点（见表 134）。

表 134　法院对于离婚协议中约定"无财产、无债权债务"的裁判观点

案号	法院认为
渝 0110 民初 3785 号 ↓ (2019)渝 05 民终 8114 号	本案经一审、二审： 一审法院查明事实：离婚协议中约定，双方在婚姻关系存续期间无共同财产，无共同债权、债务。离婚后，原告认为与被告婚姻关系存续期间有共同财产(被告的银行存款)未分割而向法院诉讼，并在诉讼中申请法院查询被告的银行账户。法院查询到原告、被告离婚时，被告银行账户有 14,000 余元余额。 一审法院认为，民事主体的合法民事权益受法律保护。依法成立的合同受法律保护。民事活动应当遵循诚实信用原则。夫妻可以约定婚姻关系存续期间所得的财产归各自所有、共同所有或部分各自所有、部分共同所有；夫妻对婚姻关系存续期间所得的财产以及婚前财产的约定，对双方具有约束力。本案中，原告、被告在婚姻关系存续期间应当知晓各自的收入情况及各自名下的财产情况，在此情形下，双方在协议离婚时仍约定"婚姻关系存续期间无共同财产，无共同债权、债务"，在没有相反证据的情形下，应当认定该约定系原告、被告真实意思表示，合法有效，具有法律约束力。虽然被告银行账户在离婚时有余额，但不能认定该财产为夫妻共同财产。若认定离婚时被告银行账户余额为原告、被告夫妻共同财产，这与原告、被告离婚时对此作出的约定相悖。同时，原告只申请查询离婚时被告的银行存款并要求分割，但对双方婚姻关系存续期间原告自己名下的财产情况(包括银行存款)未提供相关信息，这也不符合公平原则。对于原告主张分割不支持。 二审法院认为，罗某与陈某协议离婚时，明知陈某银行账户情况，但明确约定双方在婚姻关系存续期间无共同财产，无共同债权、债务，应认定该协议的真实意思是约定双方各自名下财产归各自所有，该协议对双方具有约束力。现有证据也不能证明陈某在与罗某协议离婚时有意隐瞒银行存款，故罗某的诉讼请求没有事实和法律依据，一审法院不予支持正确
(2018)渝 0103 民初 19688 号 ↓ (2019)渝 05 民终 3751 号	本案经一审、二审： 一审法院查明事实：原告、被告于 2012 年 9 月相识恋爱，于 2013 年 8 月 13 日登记结婚。双方于 2014 年 9 月 29 日签订离婚协议书一份，载明："双方于 2013 年 8 月 13 日在重庆市渝中区民政局登记结婚，现夫妻感情破裂，没有和好可能，经双方协商一致，订立离婚协议如下：一、双方夫妻感情破裂自愿离婚；二、夫妻财产处理，婚前女方购一车渝 A×××22 号车辆为嫁妆给男方，现感情破裂，男方必须协助女方办理变更的一切手续，过户费用由女方负责，在离婚后一周内将车归还给女方，在未过户前，车子如发生问题，责任不由男方承担，时间从 9 月 29 日至 10 月 10 日计算。"上述离婚协议书签订后双方仍共同生活。2016 年 9 月 7 日，双方在民政局登记离婚，双方在登记备案的离婚协议书中表示：1. 双方自愿离婚；2. 婚后无共同房产、财产和债权债务；3. 婚后无子女。 一审法院认为，因双方对渝 A×××22 号车辆的处理约定以双方办理登记离婚为生效条件，由于签订上述离婚协议后，双方并未依据该离婚协议办理离婚登记，仍共同生活至 2016 年 9 月 7 日协议离婚，故上述离婚协议中对渝 A×××22 号车辆的处理约定不发生法律效力。对于原告要求撤销离婚协议中无共同财产约定不予支持。

续表

案号	法院认为
	二审法院认为,双方于 2016 年 9 月 7 日协议离婚且协议载明双方婚后无共同房产、财产和债权债务,双方的最终离婚协议对案涉车辆未作任何归属的约定,故案涉车辆系被告的婚前财产。原告要求分割案涉车辆的诉请,因缺乏事实和法律依据,依法不予支持

由此可见,若离婚协议中约定,双方无财产、无共同债权债务,一方在离婚后想要推翻双方当初离婚协议中的该约定,难度可想而知。

四川省法院婚姻家庭案件裁判要旨梳理

一、离婚案件财产分割概况及裁判要旨

关于本部分,我们以离婚纠纷为案由,以 Alpha 案例库为检所依据,收集到2017年1月1日至2019年12月31日的判决书共61,968个,包括排除“经申请不予公开”的判决书,可见,公开内容的判决书仅为659个(其中2018至2019年度为272个、2017年度为387个)。在公开的659个判决书中涉及“财产分割”的数量仅为40个(其中2018至2019年度为18个、2017年度为22个),绝大部分财产分割内容被分流到“离婚后财产纠纷”的案由项下。

(一)离婚纠纷中的财产类型

1. 鉴于四川省“离婚纠纷”项下符合财产分割条件的样本极少,从已有样本来看,涉及财产类型较少,现有样本中不涉及股权、股票、境外资产、大额人寿保单等财产类型。

2. 从样本来看,涉及的财产类型多为房屋、拆迁补偿款、过渡安置款等内容,个别案件涉及养老保险金、住房公积金、装修添附等财产类型。

3. 特别说明

在房产分割方式上:样本中涉及房产分割的共有25个,其中判决中未对房产分割作出处理、仅明确居住权的有12个。

梳理判决原因如下:

(1)房屋已交付,但未办理产权登记,权属尚不明确。

(2)因房屋拆迁,原房屋已不存在、而安置房处于筹建之中,尚未交付及取得所有权。

(3)房屋上有按揭债务、且未取得房屋所有权证。

(4)因涉及案外人权利,不宜处理。

(5)双方同意,暂时不作处理。

(二)“离婚纠纷”项下房产分割之典型裁判要旨

1. 离婚房产分割中的房产类型

样本中显示的房产类型有:商品房、拆迁安置房、福利房、农村自建房等。

2. 商品房分割裁判要旨

由于四川省“离婚纠纷”项下符合财产分割条件的样本极少，且从地域分布来看，样本绝大部分分布在省会城市之外，焦点多在于农村自建房、拆迁补偿、过渡安置、车辆及小额动产等，因此受样本所限，难以按照“时间（婚前婚后）、出资类型（单独、共同、第三方）、登记主体（单方、共同、按份）”等要素提炼推演商品房分割典型规则，这部分内容在“离婚后财产纠纷”案由中应该会有更多体现。

（1）在诉讼过程中，原告、被告就将房屋赠与婚生子女达成了一致意见，经审查符合法律规定，法院予以支持，并在判决主文内容中进行了确认。

（2019）川 1723 民初 817 号案，法院认为，在本次诉讼中，原告、被告就婚姻关系、子女抚养、财产分割均达成了一致意见。即原告、被告夫妻共同所有位于开江县新宁镇房屋一套，该房屋原告毛某琳应占份额自愿赠与婚生子叶某 1、婚生女叶某 2 所有。经审查符合法律规定，本院予以确认。

（2018）川 0683 民初 87 号案，法院认为，对于原告、被告的夫妻共同财产，原告自愿将其应分得份额赠与其女系其自由处分自己民事权利的行为，不违反法律、行政法规的强制性规定，本院予以支持。

（2）对房屋没有进行分割处理，仅明确直接抚养小孩一方的居住权。

（2017）川 1011 民初 238 号案，法院认为，因双方共同购买的住房至今未办理所有权证，对该房产现不宜分割，且原告、被告均同意对房屋及家具和按揭款待取得所有权证后另行处理，本院对该房产及按揭贷款债务不作处理。但被告现抚养小孩且长期居住在此房，故被告可居住使用该房。

3. 拆迁房分割裁判要旨

（1）一方婚前房屋，婚后经双方共同修缮后进行的拆迁，虽然房屋所有权归属明确（仍归婚前一方所有），但对另一方就被征收房屋修缮的劳务投入、材料补偿费等应予以考虑，并根据安置房价值对修缮增值部分予以补偿。

（2017）川 16 民终 278 号案，本案经过一审、二审两个法律程序。

一审法院认为，因该房屋系许某列婚前财产，婚后共同修缮并非合法增加房屋面积，拆迁也未因修缮而增加还房面积。林某花主张分割的观点不予支持。但对于林某花所付出的体力和相关材料，应享受其权利，该院酌情给付林某花 5000 元。

二审法院认为，安置房所有权应当归属于许某列，但在林某花和许某列婚姻关系存续期间，双方于 2009 年对该被征收房屋共同出资进行了修缮，该房屋经过征收安置而增值，林某花应当对修缮增值部分享有份额，因此，许某列在享有该安置房所有权同时，应当对林某花进行折价补偿，本院根据林某花对被征收房屋修缮的投入和该安置房的价值,酌情认定许某列应补偿林某花房屋折价款75,000元。予以改判。

(2)对一方婚前房屋拆迁所得的"过渡期周转房费"也应当认定为家庭共同财产。

(2018)川17民终224号案,法院认为,参照《国有土地上房屋征收与补偿条例》第17条第1款"作出房屋征收决定的市、县级人民政府对被征收人给予的补偿包括:(一)被征收房屋价值的补偿;(二)因征收房屋造成的搬迁、临时安置的补偿;(三)因征收房屋造成的停产停业损失的补偿"的规定,过渡期周转房费属于临时性补偿,具有很强的政策性,其性质不是对被拆迁房屋价值的补偿,而是对被拆迁人因另寻住房需要搬迁安置所受损失或增加费用的补偿。该补偿是以户为单位进行发放,补偿对象不限于房屋所有权人,而是居住在被拆迁房屋内并共同生活的家庭成员,同时,补偿的发放也是为满足家庭成员共同生活需要。因此,过渡期周转房费应当认定为家庭共同财产,杜某清上诉称应当按照房屋份额进行分配的理由不成立。

4. 农村自建房裁判要旨

对于双方于同居期间共同修建的房屋,双方婚后对该房屋仍在进行修建和添附,房屋建成后也居住在该房屋内,一审法院认为,该等情形下,该房屋应认定为原告、被告的夫妻共同财产;二审法院以双方签订的婚前协议中对该房屋归属有明确约定为由,依照婚前协议进行了改判。

(2018)川17民终1563号案,一审法院认为,本案诉争房屋虽系原告、被告婚前修建,但修建房屋时原告、被告是以夫妻名义同居生活,且原告不仅出力修建诉争房屋,还支付了部分工资;同时根据庭审查明,原告、被告婚后对该房屋仍在进行修建和添附,房屋建成后原告、被告也居住在该房屋内,故对该房屋应认定为原告、被告的夫妻共同财产。二审法院认为,由于上诉人何某兰与被上诉人吴某国于婚前签订结婚协议书,约定婚前新建房屋89.7平方米的一楼、二楼及四楼即本案诉争房屋属何某兰所有,表明被上诉人在与上诉人登记结婚前已认可诉争房屋系上诉人何某兰婚前个人财产。同时,考虑到被上诉人吴某国在诉争房屋修建过程中出资、出力,其有权享有建房出资补偿和拆迁利益分割。结合被上诉人吴某国对诉争房屋的贡献、拆迁安置房屋的价值、双方利益的平衡等因素,本院酌定由上诉人何某兰补偿被上诉人吴某国550,000元。

主流裁判观点认为,原则上应体现价值分配的公平性、因此应平均分配,如果不成套的也应按照间数平均分。同时,也要考虑到生活便利,如有判决明确楼下一方要为楼上一方过路提供方便。

5. 福利房分割裁判要旨

(1)虽然为一方婚前承租的福利房、婚后用共同财产购买,属于夫妻共同财产,但考虑福利房的来源、取得是基于一方的职工身份,该方分配70%。

(2017)川09民终741号案,被告在婚前取得××公司的职工宿舍居住证,月租金9.8元,截至2007年与原告结婚前,被告一直在居住使用该房屋,2007年之后,被告到蓬溪与原告共同生活,至2013年拆迁前该房屋由被告方出租给他人使用。2013年,被告与××公司签订拆迁协议后,××公司将该住房出售给被告方。

因此关于此房屋的性质,根据《最高人民法院关于适用〈中华人民共和国婚姻法〉若干问题的解释(二)》第19条①规定:"由一方婚前承租、婚后用共同财产购买的房屋,房屋权属证书登记在一方名下的,应当认定为夫妻共同财产。"故该房屋系原告、被告的夫妻共同财产。但该房屋系原告、被告婚前1999年被告单位即分配给被告居住,月租金9.8元,是基于被告系省三建公司的职工身份,带有福利性质,2013年房屋公转私也是以远低于市场价的320元/m^2购得,也是基于被告系该公司职工,且省三建公司安装分公司作出说明,是将该争议房屋分配给被告个人所拥有,考虑到认购房屋的来源,认购房屋时被告的特定身份,出售房屋时该房屋单位出售时的意思表示等情形,酌情由原告分得房屋份额的30%,被告分得70%。

本案中,分割时考虑一方的公务身份给予倾斜照顾,其合理性应在于仅一方具有公务身份,该福利房待遇也主要依据该身份获取,其他主流观点还有:

①根据国家此前福利房相关政策,若夫妻均具有公务身份,一方选择其单位福利房后,另一方必须放弃自己所在单位福利房待遇,不可能双方各享受一套。

②若双方都具有公务身份,一方选择福利房待遇后,另一方放弃相关待遇的,离婚时,对福利房应当平均分割。

(2)一方出轨,法院没有支持损害赔偿,但是因此判决无过错方在福利房的份额上多分5%。

(2017)川09民终741号案,本案中,被告在婚姻关系存续期间,多次与女网友开房,对造成夫妻感情破裂被告应承担主要过错责任,本着照顾女方权益和无过错方的原则,夫妻共同财产,由原告多得5%。有配偶者与他人同居的,无过错方才有

① 现《最高人民法院关于适用〈中华人民共和国民法典〉婚姻家庭编的解释(一)》第27条规定:"由一方婚前承租、婚后用共同财产购买的房屋,登记在一方名下的,应当认定为夫妻共同财产。"内容无变动。

权请求损害赔偿,而与他人同居是指持续、稳定地共同居住,虽然根据公安部门提供的被告的开房记录,被告与女网友有开房记录,但并不是法律意义上的持续、稳定地共同居住,故对原告主张损害赔偿金的诉讼请求不予支持。

(三)养老保险金分割典型的裁判要旨

1. 养老金账户中仅婚姻关系存续期间个人实际缴付部分才能认定为夫妻共同财产,但在分配份额时应酌情考虑公平、保护妇女儿童原则,对女方予以多分。

(2017)川13民终860号案,孙某某婚姻关系存续期间个人实际缴付的养老保险费应属夫妻共同财产。根据《最高人民法院关于适用〈中华人民共和国婚姻法〉若干问题的解释(三)》第13条①的规定,养老金账户中婚姻关系存续期间个人实际缴付部分才属夫妻共同财产,一审判决孙某某、罗某甲离婚后,罗某甲每月在孙某某的养老保险金中享有350元不当,本院予以纠正。经二审查明,孙某某账户养老金(累计个人账户储存额)为23,525.51元,根据本案实际情况及保护妇女儿童利益的原则,本院酌定由罗某甲分得8000元,其余部分由孙某某(女)所有。

2. 养老保险金账户中婚姻关系存续期间的个人实际缴付部分依法应当作为夫妻共同财产分割,但主张分割的一方应当举证证明婚后对方以夫妻共同财产缴付养老保险费的具体情况。

(2018)川1024民初2662号案,根据《最高人民法院关于适用〈中华人民共和国婚姻法〉若干问题的解释(三)》第13条②的规定,离婚时夫妻一方尚未退休、不符合领取养老保险金条件,另一方请求按照夫妻共同财产分割养老保险金的,人民法院不予支持;婚后以夫妻共同财产缴付养老保险费,离婚时一方主张将养老保险金账户中婚姻关系存续期间个人实际缴付部分作为夫妻共同财产分割的,人民法院予以支持。被告主张分割原告截至2014年年底养老保险个人账户余额,但其并

---

① 现《最高人民法院关于适用〈中华人民共和国民法典〉婚姻家庭编的解释(一)》第80条规定:"离婚时夫妻一方尚未退休、不符合领取基本养老金条件,另一方请求按照夫妻共同财产分割基本养老金的,人民法院不予支持;婚后以夫妻共同财产缴纳基本养老保险费,离婚时一方主张将养老金账户中婚姻关系存续期间个人实际缴纳部分及利息作为夫妻共同财产分割的,人民法院应予支持。"两法条对比,仅将"个人实际缴付"改为"个人实际缴纳",文义相同。

② 现《最高人民法院关于适用〈中华人民共和国民法典〉婚姻家庭编的解释(一)》第80条规定:"离婚时夫妻一方尚未退休、不符合领取基本养老金条件,另一方请求按照夫妻共同财产分割基本养老金的,人民法院不予支持;婚后以夫妻共同财产缴纳基本养老保险费,离婚时一方主张将养老金账户中婚姻关系存续期间个人实际缴纳部分及利息作为夫妻共同财产分割的,人民法院应予支持。"两法条对比,仅将"个人实际缴付"改为"个人实际缴纳",文义相同。

未举证证明婚后原告以夫妻共同财产缴付养老保险费的具体情况,被告对此应当承担举证不能的后果,故对被告的此项主张不予支持。

(四)动产分割的裁判要旨

针对购置大宗财产(动产)时一方父母出资的认定,是赠与还是借款,出现两个矛盾的判决。

1.父母出资系借款

没有证据证明对方父母的出资系赠与,则作为夫妻共同债务,应由原告、被告共同承担。

(2017)川1803民初943号案,原告、被告婚后购买的雪佛兰轿车一辆,依法应作为夫妻共同财产予以分割;被告母亲代某蓉的出资8.97万元,原告没有证据证明系赠与,应当作为夫妻共同债务予以分担。

2.父母出资系赠与

由于没有明确表示是对自己子女的赠与,视为对夫妻的赠与,作为夫妻共同财产进行分配。

(2017)川1323民初1649号案,法院庭审查明,2016年4月22日,原告罗某秋的父母分别给原告罗某秋转账5000元,共计10,000元;2016年4月23日,原告罗某秋购买雅马哈钢琴一台,支付费用15,600元。法院认为,购买钢琴后,罗某秋父母当时明确表示赠与罗某秋个人也无证据证实。根据《婚姻法》第17条第1款第4项①"夫妻在婚姻关系存续期间所得的下列财产,归夫妻共同所有:(四)继承或赠与所得的财产,但本法第十八条第三项规定的除外"、第18条第1款第3项②"有下列情形之一的,为夫妻一方的财产:(三)遗嘱或赠与合同中确定只归夫或妻一方的财产"之规定,原告、被告婚姻关系存续期间购买的钢琴属原告、被告的夫妻共同财产。

(五)住房公积金以及按揭贷款的裁判要旨

双方婚前各贷款购买一套房屋,婚后均共同还贷,法院认为,对于双方婚后共同偿还贷款部分应予以分割;双方的住房公积金余额也应作为夫妻共同财产进行

---

① 现规定在《民法典》第1062条第1款第4项。对比《婚姻法》第17条第1款第4项,仅在文字表述上略做改动,将"继承或赠与所得的财产"改为"继承或者受赠的财产",法条文义相同。

② 现规定在《民法典》第1063条第3项:"下列财产为夫妻一方的个人财产:(三)遗嘱或者赠与合同中确定只归一方的财产。"对比原法条,仅精简了文字,文义相同。

分割。

(2017)川07民终277号案,原告婚前购买住房一套,婚后双方共同偿还贷款67,983.20元;被告婚前购买住房一套,婚后双方共同偿还贷款26,400元,该房用于出租。双方均同意仅对婚后共同偿还房屋贷款部分予以分割,各自婚前购买房屋的增值归各自所有。

法院认为,双方的各项财产中:

对于住房公积金。双方均未能提交各自婚前住房公积金余额。倪某2011年7月至2016年8月,共计缴存61个月,婚后支取一次11,700元,截至2016年8月,公积金账户余额8282.21元,总计缴存金额为19,982.21元(11,700+8282.21),月平均缴存金额为327.58元(19,982.21÷61)。其婚前缴存38个月(2011年7月至2014年9月),缴存12,448.04元(327.58×38),支取11,700元,婚前个人公积金余额748.04元(12,448.04-11,700)。婚后公积金余额7534.17元(8282.21-748.04),应当作为夫妻共同财产分割。原告于某的住房公积金以前述方法计算,余额37,309元应当作为夫妻共同财产分割。二人均等分割,各自应分得住房公积金22,422元。

对于房屋贷款。双方婚后用共同财产偿还倪某房屋贷款金额为26,400元,偿还于某房屋贷款金额为67,983.2元,共计94,383.2元,各自应当承担47,191.6元,于某应支付倪某20,791.6元。

二、夫妻财产约定纠纷财产分割概况及裁判要旨

关于本部分,我们以夫妻财产约定为案由,以Alpha案例库为检索依据,收集到2017年1月1日至2019年12月31日的判决文书105个(包括一审、二审),再以“生效”“效力”“无效”“效”作为关键词在“法院判决结果”项下进行二次分别检索,筛选出68个。

(一)关于夫妻财产约定效力评价的裁判要旨

只要符合书面缔约方式(含微信)、不存在《合同法》约定的无效和可撤销情形的,均视为夫妻双方真实意思表示,认定合法有效。

1.一方辩称其在夫妻财产约定协议中的签名和捺印是在醉酒状态下形成的,因未提供证据证明,法院不予采纳,认定夫妻财产约定协议合法、有效。

(2017)川0522民初260号案,本院认为,原告、被告在婚姻关系存续期间,对各

自名下的财产、债务等归属作出书面协议，系双方真实意思表示，且符合《婚姻法》①等法律规定，具有民事合同性质，本院依法予以确认。依法成立的合同，自成立时生效，对当事人具有法律约束力，双方应当共同遵守并自觉履行。至于被告辩称其签名和捺印是在醉酒状态下形成的，无证据证明，其作为完全民事行为能力人，对自身的民事行为带来的法律后果应当具有认知能力，故其辩解理由不予采纳。

2. 即便一方未按照夫妻财产约定书约定的时间主张办理产权转移登记，也应确认该份夫妻财产约定书的有效性；对案涉房屋的产权分配应以夫妻财产约定书为准。

(2017)川0108民初6090号案，本院认为，原告、被告在婚姻关系存续期间签订的夫妻财产约定书系双方本人签订，双方对案涉房屋的产权进行约定系双方自愿作出，未违反法律、法规的禁止性、强制性规定，应属合法有效，对夫妻双方具有约束力，故原告请求确认该份夫妻财产约定书有效的请求本院予以支持；原告、被告在夫妻财产约定书中明确了对案涉房屋的产权分配，该约定亦属双方自愿作出，该约定明确了案涉房屋由原告、被告共有，各享有50%的产权份额，故原告请求确认其对案涉房屋享有50%产权份额的请求本院予以支持。

3. 对于"离婚协议"中补偿条款的约定，被告主张在受到原告胁迫的情形下签订、内容显失公平，法院结合协议中债权债务的分配情况、证人证言和离婚协议以及婚姻登记部门备案等情况，不予采信。

(2019)川3434民初27号案，本案中，原告张某金与被告郭某离婚时采用书面形式签订了"离婚协议"，"离婚协议"第9条约定由被告郭某在2018年10月31日前一次性补偿原告400,000元，该约定本院结合原告、被告"离婚协议"中财产及债权债务的分配情况、证人证言及原告、被告签订离婚协议时经婚姻登记部门审查备案等情况，综合全案认为，原告、被告"离婚协议"中第9条补偿条款的约定是双方当事人的真实意思表示，内容不违反法律规定，对双方有约束力，当事人应当按协议约定履行义务。被告所述"离婚协议"是被告在受到原告胁迫的情形下签订，内容显失公平的答辩意见无事实依据，本院不予采信。

4. 一方主张因不理解法律规定，误将自己婚前的个人财产作为夫妻共同财产进行了分割，因此签订的离婚协议属于"重大误解"，法院不予采信，认定离婚协议合法有效。

(2019)川1381民初1658号案，被告辩称"离婚协议"第3条载明的内容被告

---

① 现规定在《民法典》婚姻家庭编。

是在有重大误解的情况下签订的,被告将自己婚前的个人财产误作为夫妻共同财产进行了分割,原告否认,被告也没有提供证据证明,故其辩解理由不能成立,本院不予采信。

5. 婚前协议书中的"违约责任"条款中的违约事项属于将金钱关系变成约束婚姻自由的砝码,违反了《婚姻法》第3条第1款[①]"禁止包办、买卖婚姻和其他干涉婚姻自由的行为。禁止借婚姻索取财物"的规定,该约定无效,不能以此作为请求赔偿的依据。

(2018)川3434民初617号案,原告主张的因被告违反婚前协议书的约定,要求二被告赔偿酒席费20,000元及精神损失费100,000元,因该协议书中所涉及违约责任部分的内容系将金钱关系变成约束婚姻自由的砝码,违反了《婚姻法》第3条第1款[②]"禁止包办、买卖婚姻和其他干涉婚姻自由的行为。禁止借婚姻索取财物"的规定,该约定无效,不能以此作为请求赔偿的依据。

6. 夫妻双方的微信聊天记录应视为双方对夫妻共同财产处理的约定。

(2019)川0811民初868号案,从庭审中被告陈述及原告所提交的原告、被告微信聊天记录来看,应视为双方对夫妻共同财产处理的约定。

(二)关于夫妻财产约定中涉及"房屋"的裁判要旨

1. 婚前归属一方所有的房产(一方婚前购买、产权也登记在该方名下的房产)可以通过双方签订的夫妻财产约定协议将婚前房产转化为夫妻共同财产,另一方有权主张依据夫妻财产约定协议,将案涉房屋变更登记为夫妻共同共有。

(2019)川0183民初2626号案,本院认为,本案中案涉房屋虽为被告婚前购买,产权也登记在被告名下,但原告、被告签订的夫妻财产约定协议是双方真实意思表示且内容也不违反法律禁止性规定,故该协议合法有效。本院对原告主张确认原告、被告于2011年8月31日签订夫妻财产约定协议合法有效的诉讼请求予以支持。

《物权法》第9条第1款[③]规定:"不动产物权的设立、变更、转让和消灭,经依法

① 现《民法典》第1042条第1款规定:"禁止包办、买卖婚姻和其他干涉婚姻自由的行为。禁止借婚姻索取财物。"内容无变动。

② 现《民法典》第1042条第1款规定:"禁止包办、买卖婚姻和其他干涉婚姻自由的行为。禁止借婚姻索取财物。"内容无变动。

③ 现《民法典》第209条第1款规定:"不动产物权的设立、变更、转让和消灭,经依法登记,发生效力;未经登记,不发生效力,但是法律另有规定的除外。"内容无变动。

登记,发生效力;未经登记,不发生效力,但法律另有规定的除外。”第93条[①]规定:“不动产或者动产可以由两个以上单位、个人共有。共有包括按份共有和共同共有。”根据前述法律规定,原告要实现其与被告签订的夫妻财产约定协议约定的权利,需要对“邛崃市”[②]进行变更登记,即登记该房屋的所有权人为陈某伟、陈某,共有方式为共同共有。本院对原告主张被告协助原告将案涉房屋变更登记为原告、被告共同共有的诉讼请求予以支持。

2. 对离婚协议中“一方得钱,一方得物”的理解,法院认定为该表述已明确约定案涉房屋归“得物”一方个人所有。

(2019)川1024民初1144号案,原告、被告在法院主持下自愿签订的离婚协议,没有证据证明该协议违反法律强制性规定,协议成立,合法有效。离婚协议中虽明确约定案涉房屋归原告个人所有,但协议内容实际已对房屋归属进行了约定,即“一方得钱,一方得物”,只是当时房屋并未确权,故在调解书中没有明确,该房屋为原告个人所有本院予以确认。离婚后,被告有义务协助原告将案涉房屋产权登记到原告名下,依照《合同法》第107条[③]“当事人一方不履行合同义务或者履行合同义务不符合约定的,应当承担继续履行、采取补救措施或者赔偿损失等违约责任”之规定,原告要求被告协助原告将房屋产权过户(产权登记)到原告名下的主张,本院予以支持。

3. 即便一方拒绝接受夫妻财产约定书中的房屋分割补偿款,亦不能免除己方的过户义务。

(2018)川0525民初1267号案,夫妻可以采用书面形式约定婚姻关系存续期间所得的财产以及婚前财产的归属。房屋变更协议书及协议是在原告、被告婚姻关系存续期间签订的,且不违反法律的相关规定,合法有效,对夫妻双方均具有约束力,虽然被告陈某拒绝接受该补偿款,但不能免除自己的过户义务。

4. 虽然房屋分割补偿款可能偏离市场价值,但因离婚协议属于处分身份和财产事务复合型的协议,掺杂了人身及情感因素,其对价并不能仅以金钱价值予以简单衡量,因此不能因“显失公平”或“受胁迫”为由撤销,离婚协议合法有效。

(2019)川1321民初1060号案,虽然房屋补偿款可能偏离市场价值,但离婚协

---

① 现《民法典》第297条规定:“不动产或者动产可以由两个以上组织、个人共有。共有包括按份共有和共同共有。”内容无变动。

② 根据判决书上下文表达的意思,此处应为:需要对被告在“邛崃市”的房屋进行变更登记。

③ 现《民法典》第577条规定:“当事人一方不履行合同义务或者履行合同义务不符合约定的,应当承担继续履行、采取补救措施或者赔偿损失等违约责任”内容无变动。

议属于处分身份和财产事务复合型的协议，掺杂了人身及情感因素，其对价并不能仅以金钱价值予以简单衡量。本案亦不存在受胁迫情形，故被告的抗辩理由不能成立，本院不予采纳。

5. 若夫妻财产协议中只约定了房屋的所有人归属问题，在依照双方约定确认归属的前提下，对于没约定的房屋首付款及共同还贷处理问题，按照夫妻共同财产原则分割。

(2017)川0522民初2403号案，该房屋已经双方签订夫妻房产协议明确约定归被告所有，应归被告，原告无权分割。法律规定，夫妻可以约定婚姻关系存续期间所得的财产以及婚前财产归各自所有、共同所有或部分各自所有、部分共同所有。双方订立夫妻房产协议，约定将双方夫妻共同财产归被告所有，符合夫妻财产约定的规定，原告也无证据证明该约定存在欺诈、胁迫，违背真实意思的事实，故双方的约定有效，本案诉争房屋应归被告所有。但订立协议，只约定了房屋的所有人，并未明确已经缴纳的首付款320,000元和按揭本息87,886.75元的归属，属于约定不明，依法应当按照夫妻共同财产予以分割。

6. 虽然夫妻财产约定协议已经确认一方婚前房产的权属由该方所有，但因婚姻关系存续过程中该房屋经拆迁补偿和安置还房后，已经构成混同，法院认定该婚前房产已全部转换为共同财产，并按照"夫妻共同财产"原则进行分配。

(2017)川07民终1308号案，关于原告、被告婚后于2002年9月14日双方所签订的夫妻财产约定协议的问题，该夫妻财产约定协议属双方当事人的真实意思表示，该协议合法有效，本院予以确认，但在该协议中原告、被告婚后改建的房产系由胥某华婚前购买，胥某华于2008年7月24日与成都市华油房地产开发有限责任公司盐亭分公司签订拆迁补偿安置协议后，属于被告的婚前财产和夫妻共同财产已全部转换为中央大城拆迁补偿和安置还房之中，并且胥某华已领取了拆迁补偿的相关费用，因此，应将成都市华油房地产开发有限责任公司盐亭分公司给原告、被告拆迁安置的房产作为夫妻共同财产予以分割。

(三)关于夫妻财产约定中涉及"补偿现金"的裁判要旨

一方未按离婚协议书给付现金的，应当承担逾期付款利息损失；若双方已经约定利息，该约定不得超过民间借贷司法解释规定的上限。

(2018)川1381民初5993号案，原告、被告于2014年1月27日共同签订的离婚协议书系双方当事人真实意思表示，其中关于财产分配的约定未违反法律、法规的强制性规定，应认定为合法有效，各方均应遵照履行。离婚协议书中明确约定由被告李某向原告赵某梅给付现金70,000元,现被告李某未按照协议约定将诉争款项给付原告赵某梅,严重侵害了原告赵某梅的财产利益。故原告的诉讼请求于法有据,本院予以支持。原告赵某梅主张逾期给付利息按年利率2.75%标准计算,符合相关法律规定,本院予以支持。

(2017)川2021民初1839号案,原告、被告在离婚协议中约定了履行期限,未约定借期利息及逾期利息,但被告于2016年3月30日协议离婚当日向原告出具欠条一张,该欠条主要内容为:被告谢某欠原告王某1离婚补偿款700,000元,此款限于2016年12月31日前付清;如到期未清偿,按3分利息支付。原告要求被告按照月利率3%(年利率36%)支付逾期利息,已超出以上法律规定,超出部分本院不予支持。故被告应当按照年利率24%承担从2016年12月31日起至欠款还清之日止700,000元本金的利息。

(四)关于夫妻财产约定中涉及"财产分配原则"的裁判要旨

夫妻双方约定将一方所有财产归另一方所有的情形,法院按照赠与的规定进行认定。

(2017)川民申1129号案,本院经审查认为,根据《婚姻法》第19条①"夫妻可以约定婚姻关系存续期间所得的财产以及婚前财产归各自所有、共同所有或部分各自所有、部分共同所有"之规定,我国规定了三种夫妻财产约定的模式,即分别所有、共同所有和部分共同共有,但并不包括将一方所有财产约定为另一方所有的情形。本案中段某华与唐某会达成的夫妻财产约定协议,其内容约定房产及婚姻关系存续期间取得的所有财产归唐某会所有,该协议的实质应为段某华对唐某会的赠与协议。涉案的房产系段某华、唐某会二人共同申报共同所有,原审判决段某华、唐某会对涉案房产各持50%的产权,并无不当,段某华所有的房屋产权没有受到影响。段某华、唐某会签订的夫妻财产约定协议是在平等自愿的基础上签订的,该协议没有违反法律的规定,也无其他法定应予撤销的情形,原审法院认定夫妻财产约定协议有效符合法律规定。段某华并未举证证明签订协议时有任何重大误解或显失公平的情形。段某华的申请再审的理由不成立。

---

① 现《民法典》第1065条规定:"男女双方可以约定婚姻关系存续期间所得的财产以及婚前财产归各自所有、共同所有或者部分各自所有、部分共同所有。约定应当采用书面形式。没有约定或者约定不明确的,适用本法第一千零六十二条、第一千零六十三条的规定。"对比原法条条文,仅在文字表述上略做改动,将"夫妻"改为"男女双方",法条文义相同。

三、离婚后财产纠纷概况及裁判要旨

关于本部分，我们以离婚后财产纠纷为案由，检索了四川省2017年1月1日至2019年12月31日的裁判文书，其中以判决书为主；调解书、裁定书仅作总量参考。

本部分数据来自中国裁判文书网、Alpha案例库和威科先行法律信息库，有效样本为2332个。

我们首先参考调解书、裁定书和判决书总体数量，对我省2017至2019年离婚后财产纠纷案件概况进行了梳理，便于读者了解整体情况。然后笔者重点针对判决书样本进行数据采集和统计，挑选出典型案例详细阅读，摘录裁判要旨，最后分析并整理，完成报告。为节省篇幅，我们在书中保留裁判精要的同时对引用裁判做了精简，普通规则只列明裁判案号。

另需特别说明的是，在离婚案件网上不公开裁判文书的情况下，离婚后财产纠纷案件裁判文书成为我们分析法院离婚财产分割裁判思路的重要渠道。本次检索受案件尚未终审、裁判文书公开进度、统计方法、技术条件等限制，所采集的数据可能存在一定的误差，因此本部分分析结论仅供读者参考使用。

(一)离婚协议财产分割条款效力规则

本次统计样本中，共有63个案件当事人在请求中提出协议效力(财产分割条款效力)异议，请求法院撤销、变更或确认协议无效。最终法院判决有效38个，无效3个，撤销7个，另有15个法院对财产分割条款予以变更或以不处理方式未支持条款约定。因此，在协议原则上有效的情况下，笔者重点关注几种常见的效力瑕疵情形：

1. 行为能力瑕疵

离婚协议效力争议中的行为能力瑕疵主要涉及限制民事行为能力人签订的协议效力。《民法总则》第145条[①]规定"限制民事行为能力人实施的纯获利益的民事法律行为或者与其年龄、智力、精神健康状况相适应的民事法律行为有效；实施的其他民事法律行为经法定代理人同意或者追认后有效"，显然限制民事行为能力人

① 现《民法典》吸收了《民法总则》的规定，作为第一编，依旧规定在第145条："限制民事行为能力人实施的纯获利益的民事法律行为或者与其年龄、智力、精神健康状况相适应的民事法律行为有效；实施的其他民事法律行为经法定代理人同意或者追认后有效。相对人可以催告法定代理人自收到通知之日起三十日内予以追认。法定代理人未作表示的，视为拒绝追认。民事法律行为被追认前，善意相对人有撤销的权利。撤销应当以通知的方式作出。"

签订离婚协议属于需要法定代理人同意或者追认的其他民事法律行为,未经法定代理人同意或者追认的,协议无效。如(2018)川0115民初994号案。

实务中存在分歧的是在当事人提供鉴定意见书的情况下能否直接据此认定当事人的行为能力,即是否另需通过特别程序确定当事人的行为能力。如(2018)川15民终1120号案(见表135)。

表135 法院对无民事行为能力人签署的离婚协议认定无效的情形

案号	法院认为
(2018)川15民终1120号	限制民事行为能力人只有通过法院认定后方可否认与其民事行为能力不相适应的民事法律行为,上诉人杨某直接依据司法鉴定意见书主张其民事法律行为无效,于法无据,本院依法不予支持

2. 无权处分(涉及第三人合法权益)

离婚协议涉及第三人合法权益的典型情况为协议处分家庭共同财产等与他人共有的财产。对此,《合同法》第51条①规定:"无处分权的人处分他人财产,经权利人追认或者无处分权的人订立合同后取得处分权的,该合同有效。"传统理论认为,根据合同法律的规定无权处分的合同效力待定,但民法理论认为,无权处分的合同有效,只是物权行为效力待定。从样本判例来看,[(2019)川0116民初487号案、(2018)川2021民初1580号案]在未经第三人追认的情况下,法院仍以此为由判决离婚协议无效。同时,笔者发现有的裁判[(2018)川0112民初622号案、(2019)川0191民初6578号案]存在说理与判决"错位"的现象,法院说理认为协议无效(不受法律保护),但判决"撤销"协议(见表136)。

我们认为,造成这种错位的原因有三:(1)《婚姻法》②规定的疏漏导致在参照适用《合同法》③等法律规定的过程中存在理解上的模糊;(2)《最高人民法院关于适用〈中华人民共和国婚姻法〉若干问题的解释(二)》第9条第2款④对离婚协议

① 现《民法典》第311条第1款规定:"无处分权人将不动产或者动产转让给受让人的,所有权人有权追回;除法律另有规定外,符合下列情形的,受让人取得该不动产或者动产的所有权:(一)受让人受让该不动产或者动产时是善意;(二)以合理的价格转让;(三)转让的不动产或者动产依照法律规定应当登记的已经登记,不需要登记的已经交付给受让人。"依据《民法典》规定,样本判例可能会作出不同判决。

② 现规定在《民法典》婚姻家庭编。

③ 现规定在《民法典》合同编。

④ 现《最高人民法院关于适用〈中华人民共和国民法典〉婚姻家庭编的解释(一)》第70条第2款规定:"人民法院审理后,未发现订立财产分割协议时存在欺诈、胁迫等情形的,应当依法驳回当事人的诉讼请求。"内容无变动。

可撤销事由的表述为"存在欺诈、胁迫等情形","等情形"如何理解存在争议;(3)原告的诉请为撤销协议,法院最终的裁判应与原告的诉请相对应。因此,从法律用语准确的角度,对涉嫌损害第三人情形应当主张协议无效而非撤销。

表136 法院对离婚协议中损害第三人利益的财产分割条款认定无效的情形

案号	法院认为
(2019)川0116民初487号	离婚协议书虽系双方的真实意思表示,但因双方在离婚协议书中处分了家庭共有财产,且家庭财产共有人拒绝追认合同效力。因此,双方在离婚协议书中处分案涉房产归陈某所有的约定无效
(2018)川2021民初1580号	离婚协议中关于班车股权归属约定对双方有约束力,但涉及第三人利益时不宜通过审判权的形式直接根据协议约定判决股权归原告,仅支持补偿相应价款
(2018)川0112民初622号	原告、被告在离婚协议中将第三人的房产进行了分割,未取得第三人同意,且第三人在庭审中明确表示不同意。故离婚协议中关于财产分割的部分无效,应予撤销
(2019)川0191民初6578号	该协议一方面处分了原告父母的安置房,损害了原告父母的权益,另一方面证人证实原告、被告办理离婚目的是保全财产,逃避债务,双方签订的离婚协议中关于夫妻共同财产、债权、债务分割并非处分其夫妻共同财产、债权、债务的真实意思表示,原告、被告的行为可能会损害第三人利益,也使原告在违背真实意思的情况下对夫妻共同财产及家庭共有财产作出错误的意思表示,因此,双方签订的离婚协议书中关于财产的约定不受法律保护,对原告提出撤销2019年2月13日离婚协议书中关于财产分割的条款,本院予以支持
(2018)川1921民初2590号	离婚协议中"该房屋剩余按揭款由男方负责偿还"的内容,损害了国家、集体、第三人的合法利益,原告、被告在签订离婚协议时未征得债权人的意见和同意,擅自将本应共同偿还的债务确定为一方来偿还,客观上损害了债权人的利益,根据《合同法》第52条第2项[1]规定,该约定无效

注:〔1〕现《民法典》第154条规定:"行为人与相对人恶意串通,损害他人合法权益的民事法律行为无效。"新条文在文字表述上有所改动,将"国家、集体或者第三人利益"改为"他人合法权益",表达更精练、周延。

笔者还注意到1个案例,男女双方在离婚协议中约定房屋按揭款由一方承担,法院根据《合同法》第52条第2款①规定,认为男女双方存在恶意串通的情形,最终认定协议无效[(2018)川1921民初2590号案]。我们认为,此案的判决观点值得

① 现《民法典》第154条规定:"行为人与相对人恶意串通,损害他人合法权益的民事法律行为无效。"新条文在文字表述上有所改动,将"国家、集体或者第三人利益"改为"他人合法权益",表达更精练、周延。

商榷：首先，夫妻在离婚协议中约定一方（通常是获得房屋一方）负责偿还按揭款具有正当性、合理性，谈不上“恶意串通”。其次，无论是协议离婚还是诉讼离婚，夫妻双方约定债务由一方承担的情形十分常见，如果以此认定协议无效与实际生活不符。最后，对类似情况，其他法院通常认为约定有效但不能对抗债权人，银行仍有权要求双方共同偿还，而一方偿还后可依据离婚协议约定向另一方追偿。

3. 欺诈、胁迫

受欺诈、胁迫系《最高人民法院关于适用〈中华人民共和国婚姻法〉若干问题的解释（二）》①所明确规定的离婚协议可撤销事由，但根据《最高人民法院关于适用〈中华人民共和国民事诉讼法〉的解释》第109条的规定，当事人对“欺诈、胁迫”的证明应达到排除合理怀疑的程度，因此在实务中往往是主张多支持少。在样本案例中，只有3个案件法院认定构成欺诈、胁迫，予以支持（见表137）：

（1）未向盲人解释离婚协议中弃权条款的构成欺诈。如（2019）川16民终672号案。

（2）以婚外情证据对外披露为要挟迫使一方放弃房产分割的构成胁迫。如（2018）川0603民初1555号案。

（3）隐瞒财产处分行为。如（2018）川0603民再1号案。

表137　法院对一方存在隐瞒财产处分行为的财产分割方式

案号	法院认为
（2019）川16民终672号	本案当事人吴某1是盲人，其在实施相应的民事法律行为时，容易受到该客观条件的限制和影响而作出不真实的意思表示。刘某未举示充分证据证明在登记离婚过程中，就离婚协议中对于讼争房屋的权利由刘某享有而吴某1不享有任何权利的条款内容，向吴某1作出了明确的解释且吴某1明确表示同意该条款内容的事实。刘某引导吴某1在离婚协议书上签字捺印，致使吴某1作出错误的意思表示，刘某的引导行为具有欺诈性
（2018）川0603民初1555号	原告以将被告与案外人杨某的微信聊天记录、视频录音向杨某的丈夫和被告的亲朋披露相要挟，迫使被告违背真实意愿达成财产分割协议，构成胁迫行为，应当予以撤销并重新分割涉案房屋。原告提供的现有证据尚不足以证明被告存在养“小三”或婚外情的行为。退一步讲，即使被告存在养“小三”或婚外情的行为，也不能剥夺被告依法分割涉案房屋的权利，所谓“净身出户”没有法律依据。结合本案实际，基于照顾女方权益的考量，涉案房屋归原告所有为宜，本院酌定原告分得涉案房屋60%的份额，被告分得涉案房屋40%的份额

① 现已被《最高人民法院关于废止部分司法解释及相关规范性文件的决定》（2020年12月29日发布；2021年1月1日实施）废止。

4. 重大误解、显失公平

重大误解、显失公平均属合同可撤销情形,但从样本案例来看,法院认定时的难易程度存在巨大差别:

就重大误解而言,当有证据证明离婚财产分割协议中的财产价值、范围等发生重大错误时,法院是有可能适用重大误解以平衡双方利益的。如(2018)川14民初74号案、(2019)川1524民初1827号案。

而就显失公平而言,法律对其都有"利用对方处于危困状态、缺乏判断能力"等限定。加之其认定标准非常模糊,导致法院在认定时极其慎重。此外,婚姻家事案件还具有极强的人身性,这些因素都导致了实务中认定极为罕见,在样本案例中无一起认定显失公平的情形成立。对此,有法院明确认为不能以其他合同的显失公平情形来认定离婚协议是否显失公平。如(2018)川01民终17754号案。或直接认为离婚协议不适用公平原则。如(2018)川1621民初2098号案、(2019)川1381民初1793号案(见表138)。

表138 法院对离婚协议存在重大误解或显失公平情形的认定

案号	法院认为
(2018)川14民初74号	因金象公司股票后来未在主板上市,只是在全国中小企业股份转让系统挂牌交易,且公司股票自2018年6月7日起终止在该系统挂牌,该情势与双方离婚时估计的公司股票即将上市明显不符,故可以认定双方离婚时对股份所作的约定属于重大误解,依照《民法总则》第147条[1]的规定,易某林有权请求撤销
(2019)川1524民初1827号	重大误解是指行为人对行为的性质、对方当事人、标的物的品种、质量、规格和数量等的错误认识,使自己的行为后果与自己的意思相悖,并造成较大损失。就本案而言,原告无稳定收入来源,也只有这一套房产,原告在签订车辆过户手续时,疏忽大意,在违背自己真实意思的情况下与被告签订了共同财产分割协议,如果按照共同财产分割协议履行,势必给原告造成较大损失。因此,原告在签订共同财产分割协议时对该协议中的房屋的处理存在重大误解
(2018)川01民终17754号	离婚财产分割协议是以离婚为目的达成的整体协议,对共同财产的分割具有充分的处分权,不能以其他类型合同的显失公平情形来评判财产分割是否存在显失公平情形
(2018)川1621民初2098号	原告、被告提供的房屋权属协议书、房权协议书能够证明原告、被告就共有财产处理曾达成一方去世或者另择配偶,共有房屋归另一方所有的约定。《婚姻法》[2]并未规定离婚时对共有财产协商分割的协议必须具有公平性。因此,原告诉请判令该条款无效,本院不予支持

续表

案号	法院认为
(2019)川1381民初1793号	离婚协议是解除婚姻关系的双方签订的关于财产分割、子女抚养的一种书面协议,其性质属合同,并具有一定的人身性质,并不同于合同法律中的一般的协议书。婚姻关系的当事人在婚姻关系中的日常表现、感情基础、有无过错等均会对离婚协议的签订产生一定影响,因此离婚协议的签订并不适用于公平原则。……原告主张离婚协议是受被告精神胁迫所签,该离婚协议财产分割内容显失公平,并无相应的证据予以证明

注:〔1〕现《民法典》吸收了《民法总则》的内容,作为第一编,依旧规定在第147条:"基于重大误解实施的民事法律行为,行为人有权请求人民法院或者仲裁机构予以撤销。"

〔2〕现规定在《民法典》婚姻家庭编。

5. 情势变更

情势变更首次规定"合同成立以后客观情况发生了当事人在订立合同时无法预见的、非不可抗力造成的不属于商业风险的重大变化,继续履行合同对于一方当事人明显不公平或者不能实现合同目的,当事人请求人民法院变更或者解除合同的,人民法院应当根据公平原则,并结合案件的实际情况确定是否变更或者解除"。

情势变更原则能否在离婚后财产纠纷等家事案件中适用存在分歧,样本案例中有3个案例与之相关(见表139):

(1)法院明确参照情势变更调整经济帮助金的支付期限。如(2018)川01民终17468号案。

(2)法院认为,女方工作后男方不用再按照约定为女方缴纳社会养老保险和医疗保险,实际上也涉及情势变更的问题。如(2018)川07民终638号案。

(3)法院认为,经济帮助金不考虑义务方的经济情况,间接否认了情势变更的适用。如(2018)川01民终6309号案。

表139 法院根据情势变更对离婚协议变更或解除的情形

案号	法院认为
(2018)川01民终17468号	双方离婚时无子女无共同财产债权债务,何某现已再婚生子,有配偶有工作有收入,生活没有重大困难。许某现虽未再婚,但有女友,亦有母亲需赡养,其组建新的家庭后尚需承担相应的家庭责任。在上述情况下,参照《最高人民法院关于适用〈中华人民共和国合同法〉若干问题的解释(二)》第26条规定[1]之精神,若要求许某继续每月向何某支付生活费直至何某去世为止,确实加重了许某的经济负担,对许某明显不公平,亦不利于各自家庭的稳定与和谐,故许某关于终止履行、解除协议的辩解意见符合法律规定

续表

案号	法院认为
(2018)川07民终638号	离婚协议约定鉴于女方无工作,没有生活来源……男方为女方缴纳社会养老保险和医疗保险,直至缴满年限。法院认为,缴纳社会保险可以根据具体情况不再由被告支付。其一,社会保险依法应由用人单位缴纳;其二,原告并非已到退休年龄或者丧失劳动能力的人,理应自食其力
(2018)川01民终6309号	上诉人华某所称约定的经济帮助金过高无事实与法律依据,且与被上诉人熊某是否具有帮助条件无关

注:〔1〕现《民法典》第533条规定:"合同成立后,合同的基础条件发生了当事人在订立合同时无法预见的、不属于商业风险的重大变化,继续履行合同对于当事人一方明显不公平的,受不利影响的当事人可以与对方重新协商;在合理期限内协商不成的,当事人可以请求人民法院或者仲裁机构变更或者解除合同。"原《最高人民法院关于适用〈中华人民共和国合同法〉若干问题的解释(二)》第26条规定:"合同成立以后客观情况发生了当事人在订立合同时无法预见的、非不可抗力造成的不属于商业风险的重大变化,继续履行合同对于一方当事人明显不公平或者不能实现合同目的,当事人请求人民法院变更或者解除合同的,人民法院应当根据公平原则,并结合案件的实际情况确定是否变更或者解除。"对比新旧法条,删除了"非不可抗力造成的"规定。

《婚姻法》第42条①规定"离婚时,如一方生活困难,另一方应从其住房等个人财产中给予适当帮助。具体办法由双方协议;协议不成时,由人民法院判决。"据此,笔者认为,从该规定以及经济帮助金的特性来看,如不考虑双方经济状况与实际需求难谓妥当,也存在一定的道德风险。

上述案例还反映出在婚姻家事案件中合同法能否直接适用以及多大程度上参照适用的问题。在法律规定模糊、理论分歧巨大的情况下,这就要求代理律师在办理案件的过程中必须同时兼顾婚姻身份关系与财产关系,从二者结合的角度进行阐释与论证,观点才更可能获得法院的支持。

6. 违反法律强制性规定的约定无效

有2个案件,当事人并未主张协议无效,而是法官采用主动探知的方式认定协议内容因违反强制性规定而无效(见表140)。具体原因分别为:第一,当事人约定宅基地上房屋归不具有本集体经济组织成员资格一方的条款无效。如(2019)川03民终1375号案。第二,对安置贫困户专项房屋的投资违法,导致约定无效。如(2017)川1703民初3809号案。

① 现《民法典》第1090条规定:"离婚时,如果一方生活困难,有负担能力的另一方应当给予适当帮助。具体办法由双方协议;协议不成的,由人民法院判决。"新规定对于提供帮助的一方增加了有负担能力的要求。

表 140 法院对离婚协议违反法律强制性规定而无效的认定情形

案号	法院认为
(2019)川 03 民终 1375 号	村民的宅基地使用权及宅基地上建造的房屋不得转让给本集体经济组织成员以外的民事主体。本案中陈某松未取得某乡某村的村民资格,不能作为村民享有案涉宅基地使用权,而双方签订的离婚协议书第 3 条、第 6 条关于案涉房屋所有权的约定涉及宅基地使用权的处分,已违反《合同法》第 52 条[1]"有下列情形之一的,合同无效:(五)违反法律、行政法规的强制性规定"的规定。因此,离婚协议书第 3 条、第 6 条关于案涉房屋涉及宅基地使用权的约定无效
(2017)川 1703 民初 3809 号	原告请求分割大树镇房屋的投资款 5 万元,因该房屋系安置贫困户的专项房屋,不允许调换和更改,原告、被告的投资行为不合法,本院不予保护

注:〔1〕现《民法典》第 153 条规定:"违反法律、行政法规的强制性规定的民事法律行为无效。但是,该强制性规定不导致该民事法律行为无效的除外。违背公序良俗的民事法律行为无效。"

另外,当事人主张协议无效,但法院不予支持的主要原因包括:证据不足、未在法定的期限(1 年)内提出,如(2018)川 11 民终 1359 号案;请求与理由错位,如(2019)川民申 235 号案等(见表 141)。

表 141 法院对离婚协议一方主张离婚协议无效不予认定情形

案号	法院认为
(2018)川 11 民终 1359 号	刘某主张该协议应为可撤销协议,但并未举证证明协议的签订过程存在被胁迫的事实,也未在法律规定的期限内行使撤销权,故刘某的此项上诉理由不能成立
(2019)川民申 235 号	李某琳认为,其在对共有财产不知情和无法预知的情况下签订共有财产权归属协议,违背其真实意思表示,该条款无效。李某琳主张的情形均不属于《合同法》第 52 条、第 53 条、第 54 条[1]关于合同无效的情形,重大误解、显失公平属于合同可撤销的情形,需要享有撤销权一方向法院主张撤销权。李某琳以签订协议时存在重大误解而显失公平主张离婚协议无效缺乏法律依据,该项再审理由不能成立

注:〔1〕现规定在《民法典》第 144 条至第 154 条中。

(二)离婚协议履行相关的裁判要旨

因一方未履行离婚财产分割协议导致的案件占据了离婚后财产纠纷案件的大多数,常见情形为未按照约定支付补偿款、协助办理过户手续等。该类案件争议不大,法院的裁判要旨也较为统一,通常直接判令被告履行协议约定。但也有部分案件系双方对约定内容、金额等方面存在争议,集中在约定房屋归子女、无共同财产、违约金等情形。

1. 协议约定共有房屋归子女后一方反悔案件的裁判要旨

本次检索中,有超过10%的案件离婚协议涉共有房产赠与子女或其他人。其中,有2个案件涉及双方协商一致共同撤销赠与并重新分割,对此虽然涉及未成年人利益,但法院并未以此为由限制撤销,均支持撤销赠与。如(2016)川0108民初7142号案、(2017)川0121民初3172号案。

但对于一方反悔,主张撤销或拒绝协助过户的均不被支持,法院的主要理由包括(见表142):

(1)系基于身份关系的解除而达成的财产分割协议,既是双方的共同决定,又具有人身财产双重性。如(2017)川20民申41号案、(2017)川2002民初484号案。

(2)系"一揽子"解决方案。如(2018)川0180民初2839号案。

(3)系道德义务性质赠与。如(2019)川14民终136号案。

表142 法院对要求对赠与子女的共同财产行使任意撤销权的处理方式

案号	法院认为
(2016)川0108民初7142号	本案中,原告、被告虽在离婚时约定将新鸿南路77号房屋50%的产权赠与其婚生女高某宁,但该协议未经过公证,且该协议签订后,也未实际进行过户转移,后被告将案涉50%的产权过户登记在了第三人黄某莲名下,其以实际行为撤销了其对高某宁的赠与。审理中,原告认可赠与现未成立,同时主张要求对争议的50%产权进行分割,事实上也是对高某宁赠与的撤销。本院认为,案涉的50%的产权,是原告、被告的共同财产,现双方撤销对高某宁的赠与,该财产物权仍应归属原告、被告共有,鉴于双方已离婚的事实,且对该财产撤销赠与又无特别约定,双方应对该部分财产各自平分即各自享有25%的产权
(2017)川0121民初3172号	吴某1和蔡某1协议离婚时,二人约定将位于金堂县的自建房赠与儿子吴某2和蔡某2,但时至该房屋拆迁,上述赠与行为并未完成,房屋权属并未变更登记在吴某2和蔡某2的名下。诉讼中,吴某1、蔡某1均明确提出要求撤销该赠与。根据《合同法》第186条第1款[1]"赠与人在赠与财产的权利转移之前可以撤销赠与"的规定,吴某1、蔡某1撤销赠与的请求,有事实及法律依据,本院予以支持。由此,本案所涉及的房屋拆迁补偿款可作为二人离婚后财产进行分割
(2017)川20民申41号	离婚协议中所涉张某(子女)部分房产,并非单纯是陈某慧对张某的财产赠与,也是陈某慧、张某辉基于一种身份关系的解除而达成的财产分割协议,既是双方的共同决定,又具有人身财产双重属性,陈某慧不得单方主张撤销

续表

案号	法院认为
川 0180 民初 2839 号	被告陈某与原告樊某 1 在离婚协议中约定将夫妻共同所有的案涉房屋赠与未成年子女樊某 2，与解除婚姻关系、子女抚养、共同财产分割、共同债务清偿等内容互为前提，互为结果，构成一个整体，是"一揽子"的解决方案。在婚姻关系已经解除的情况下，如果允许一方反悔，离婚协议的"整体性"将被破坏，有违诚信，也不利于保护未成年子女的合法权益。依据《最高人民法院关于适用〈中华人民共和国婚姻法〉若干问题的解释（二）》第 8 条第 1 款〔2〕"离婚协议中关于财产分割的条款或者当事人因离婚就财产分割达成的协议，对男女双方具有法律约束力"、第 9 条第 2 款〔3〕"人民法院审理后，未发现订立财产分割协议时存在欺诈、胁迫等情形的，应当依法驳回当事人的诉讼请求"的规定，本案原告未举证证明原告与被告订立财产分割协议时存在欺诈、胁迫等情形，原告樊某 1 无权单方撤销
（2019）川 14 民终 136 号	父母双方在协议离婚时对未成年子女进行房产赠与的，属于带有身份关系的赠与，是《合同法》第 186 条第 2 款〔4〕规定的具有"道德义务性质的赠与合同"，是不可撤销的赠与行为

注：〔1〕现《民法典》第 658 条第 1 款规定："赠与人在赠与财产的权利转移之前可以撤销赠与。"内容无变动。

〔2〕现《最高人民法院关于适用〈中华人民共和国民法典〉婚姻家庭编的解释（一）》第 69 条第 2 款规定："当事人依照民法典第一千零七十六条签订的离婚协议中关于财产以及债务处理的条款，对男女双方具有法律约束力。登记离婚后当事人因履行上述协议发生纠纷提起诉讼的，人民法院应当受理。"增加了关于债务处理条款对男女双方具有法律约束力的规定。

〔3〕现《最高人民法院关于适用〈中华人民共和国民法典〉婚姻家庭编的解释（一）》第 70 条第 2 款规定："人民法院审理后，未发现订立财产分割协议时存在欺诈、胁迫等情形的，应当依法驳回当事人的诉讼请求。"内容无变动。

〔4〕现《民法典》第 658 条第 2 款规定："经过公证的赠与合同或者依法不得撤销的具有救灾、扶贫、助残等公益、道德义务性质的赠与合同，不适用前款规定。"《合同法》第 186 条第 2 款规定："具有救灾、扶贫等社会公益、道德义务性质的赠与合同或者经过公证的赠与合同，不适用前款规定。"对比新旧条文，仅文字顺序和列举内容稍作改动，文义基本相同。

夫妻在离婚协议中约定将共有房屋归子女。从前述判例来看，在该约定的性质、是否允许变更的问题上四川省近年来的裁判观点趋于一致，均不允许单方反悔。

2. 离婚协议载明无共同财产债务纠纷案件的裁判要旨

离婚协议中载明无共同财产和债权债务纠纷，一方提出遗漏财产并主张分割的，法院是否支持存在截然相反的两种观点：

（1）支持分割

主要理由为：第一，协议约定与客观事实不符，应按实际情况进行分割。如

(2019)川1781民初1101号案、(2019)川01民终603号案。第二,仅凭协议约定无法推定已经进行分割。如(2018)川民申3823号案(见表143)。

表143 法院对离婚协议约定与实际不符时按客观财产状况分割的处理方式

案号	法院认为
(2018)川民申3823号	经法院查明,两人婚姻关系存续期间有多项财产,离婚时双方签订的离婚协议中,债务及财产分割一栏仅填写"无",而除本案所涉离婚协议外,杜某2与吴某未达成其他协议对夫妻共同财产进行分割。杜某2未提供证据证明吴某有按当时现状分割财产的意思表示,而对财产分割一栏填写的"无"。无法推定出夫妻共同财产已进行分割、双方无争议的意思表示
(2019)川1781民初1101号	离婚登记时备案的离婚协议载明"双方无共同财产、无共同债权债务",明显与客观事实不符,且原告、被告双方也未实际分割共同财产及债权债务
(2019)川01民终603号	案涉房屋的取得时间在陈某与文某婚姻关系存续期间,购房的资金也部分源于夫妻共同财产,该案涉房屋应当认定为夫妻共同财产。一审法院仅以双方离婚协议中载明"双方无住房、财产分割"驳回陈某的诉讼请求不当

(2)不支持分割

主要理由为:根据案件情况及常理推定在当事人明知财产存在时仍然约定双方无共同财产该约定系当事人的合意(见表144)。

表144 法院对离婚协议约定与实际不符时按双方约定分割的处理方式

案号	法院认为
(2017)川0112民初4504号	原告、被告在协议离婚时已经约定该房屋归女方所有,并同时约定"双方共同债权债务为零",从一般生活原理来看,原告、被告在约定房屋归属一方的同时,亦包含该房屋所对应的债务归属一方的意思表示,原告主张由被告继续按月承担该房屋的按揭贷款,没有事实和法律依据,本院不予支持
(2018)川01民终1315号	王某对本案诉争的房屋并未给付过任何费用,从交定金到给付房款再给付房屋装修费及物管费均系王某给付。冯某、王某从看房到缴房款均参与其中,因此,冯某、王某主观上就认为诉争房屋不是双方的夫妻共同财产,故双方离婚时通过协议书的形式确定,双方无共同房产
(2018)川34民终982号	双方在签订离婚协议书时均明知有这两辆车,但仍然在离婚协议书第3条约定"夫妻没有共同财产",可以推断双方是在已经对共同财产分割达成了合意之后才一致同意在离婚协议书上表述为"双方无共同财产"。故该财产不属于未被处理的夫妻共同财产

离婚当事人可能因各种原因在离婚协议中约定无共同财产债务，因此该约定具有一定的主观性，在客观存在共同财产债务情况下如何对协议内容进行认定就难免存在分歧。从样本案例来看，协议约定只能作为初步证据，最终需要结合其他证据、财产形成过程、出资情况、是否知晓财产等具体情形判断财产是否属于夫妻共同财产，是否应进行分割。

3. 离婚协议约定违约金标准进行核减的裁判要旨

本次检索中，法院判决支持违约金的案件共 30 个，判决违约金最高金额为 80 万元，最低金额为 1000 元，其中 12 个按照离婚协议约定违约金标准判决，18 个违约金在双方约定基础上予以了核减。

(1) 支持约定标准的案件，法院一般以系双方真实意思表示或违约事实存在为由进行判决。通常此类案件违约金标准不高，但也有个别案例对较高的违约金予以支持(见表 145)。

表 145　法院对离婚协议约定的违约金金额予以支持的情形

案号	法院认为
(2019)川 0108 民初 786 号	田某应承担离婚协议书中约定违约金 10 万元
(2018)川 0108 民初 5811 号判决	被告应当按约承担继续履行以及支付违约金 2 万元的违约责任
(2019)川 0603 民初 1753 号	违约金的性质主要是补偿性的，有限度地体现惩罚性。根据违约金的惩罚性，参考民间借贷中的年利率不得超过 24% 的法律强制性规定，本院对于原告当年违约金按照 10% 的标准予以支持

(2) 在核减违约金的 12 个案件中，有的案件仅简单表明约定标准过高，有的则进行了详细的阐述，而核减的幅度也根据个案情况表现出较大差异(见表 146、表 147)。

表 146　法院对部分案例违约金核减比例

约定金额/万元	500	338	10	10	8	5	2	2
判决金额/万元	80	50	2	0.5	2.4	2	0.8	0.1
支持比例/%	16	15	20	5	30	40	40	5

表 147 法院对离婚协议约定的违约金金额予以核减的情形

案号	法院认为
(2017)川 0104 民初 9533 号	约定违约金 500 万元,法院以实际损失为基础,兼顾合同的履行情况、当事人的过错程度以及预期利益等综合因素,根据公平原则和诚实信用原则予以衡量判决 80 万元
(2019)川 0116 民初 2188 号	约定 15 万元,法院认为,逾期支付款项造成的损失主要为资金利息损失,综合考虑实际损失、违约情形及债务的产生原因酌情判决调整为尚欠金额的年利率 6% 计算
(2019)川 0112 民初 3550 号	约定违约金 2 万元,法院认为,被告已经按照离婚协议履行大部分给付义务,未给付部分只占较小比例,结合银行贷款利率、未履行的金额、迟延履行的期限以及本案系婚姻家事纠纷的特殊情况,酌情调整为 1000 元

4. 离婚协议违约金不予支持的主要情形

法院不支持违约金的主要原因在于不符合违约责任构成要件或者违约行为非常轻微(见表 148)。

表 148 法院对离婚协议约定的违约金不予支持的情形

案号	法院认为
(2018)川 0107 民初 3612 号	根据《合同法》第 186 条第 1 款[1]"赠与人在赠与财产的权利转移之前可以撤销赠与"的规定,被告在向原告履行该 10 万元的赠与前,有权单方撤销赠与。现被告拒绝履行该 10 万元赠与,对原告认为被告应当根据字条内容向其支付 10 万元及违约金的诉请,本院不予支持
(2018)川 2021 民初 5055 号	离婚协议约定,由违约方支付守约方全部损失的 50% 的违约金,但原告未向法庭提交证据证明其损失,依照《最高人民法院关于适用〈中华人民共和国民事诉讼法〉的解释》第 90 条之规定,由原告承担举证不力的法律后果。
(2019)川 0121 民初 5224 号(生效与否不详)	关于原告主张的违约金 1 万元,从双方签订的离婚协议看,对补偿金 22 万元没有约定给付期限,根据我国相关规定,履行期限不明确的,债务人可以随时履行,债权人也可以随时要求履行,但应当给对方准备时间。原告、被告虽然约定女方(原告)随时有权要求被告支付,但也应给予对方准备时间。因此,对原告要求支付违约金,本院不予支持
(2019)川 0108 民初 4240 号	在原告向被告发送了银行卡号的当天,被告即向原告转款 29 万余元,不属于恶意拖欠,因此综合考虑本案的实际情况,对原告主张的 10 万元违约金不予支持

注:〔1〕现《民法典》第 658 条第 1 款规定:"赠与人在赠与财产的权利转移之前可以撤销赠与。"内容无变动。

从样本案例来看,尽管法院对违约金的裁量空间很大,但法院并未否认离婚协议中约定违约金的合法性,因此约定适度的违约金对于促进离婚协议的履行,弥补损失仍具有积极意义。

5. 关于律师费的裁判要旨

本次检索中,共有17个案例原告提出了律师费的请求,其中法院判决支持律师费共7个案件,未支持律师费共10个案件。

(1)支持律师费的案件

均系离婚协议中有明确约定且原告举出了律师费客观真实发生的证据。在7个案件中,法院完全按照原告诉求金额判决的有6个,仅1个案件法院酌情以诉请债权被支持的金额为基数减半支持律师费。得到支持的律师费金额最低为8000元,最高为2万元。

(2)律师费未得到支持的案件

第一类,未约定律师费。如(2019)川2022民初1708号案。

第二类,离婚协议约定有律师费,但违约行为不存在。如(2019)川0115民初3250号案、(2018)川0603民初1555号案。

第三类,原告未能提供律师费客观支出的证据。如(2019)川0503民初961号案、(2019)川1325民初3741号案。

前述数据表明,离婚协议中律师费能否得到支持的关键为协议是否明确约定了律师费的承担及标准,以及是否提供律师费发生的证据。

6. 约定一方财产归对方的裁判要旨

离婚协议中约定一方婚前个人财产归另一方所有的条款,不能撤销。如(2017)川05民终450号案。虽然离婚协议处分了上诉人的个人财产,但是该财产处分行为和身份关系解除密不可分,与合同法规定的赠与行为具有区别。如果允许当事人割裂身份财产两种关系、对财产处分行为进行撤销,则有违社会公序良俗之原则。故本院对其主张不予支持。

(三)离婚后房产分割的裁判要旨

1. 商品房分割裁判要旨

(1)共有房产的认定

①婚姻关系存续期间,一方以婚前存款出资购买的房屋虽然登记为对方单独所有,仍属于夫妻共同财产。登记方主张系对方赠与自己个人的,其应提供相应证据证明,否则法院不予支持。如(2018)川06民终1065号案。一审法院认为,原告

以其婚前存款全额出资购买案涉房屋并登记在被告个人名下，应当视为原告对被告的赠与，原告全额出资购房的行为为赠与行为，登记于被告名下为被告的接受行为，赠与关系成立并发生法律效力，该房的所有权为被告个人所有。二审法院认为，该房系上诉人与被上诉人婚后购买并于结婚后取得房屋所有权的，应为夫妻共同财产。

②对登记为个人单独所有的婚前房产，即使一方曾参与购房决定、出资，但不能证明双方达成房屋共有合意的，仍认定为个人财产。如(2019)川民再38号案。本院认为，杨某虽于诉讼期间主张案涉房屋的购房资金系其全额出资，并非秦某所出，但其所举证据载明的秦某有贷款消费行为、杨某做工程有高额资金收入等内容均与杨某是否在购房时出资无关联，而卖房人高某虽作为证人证实杨某于秦某购房时曾参与决定，但其证言亦不能证实杨某是出资主体，且因杨某与秦某并没有就共同购房行为及所购房屋共有作出约定，故不应以杨某是否对购房出资推定其与秦某达成了该房屋共有的合意。《物权法》第17条①规定“不动产权属证书是权利人享有该不动产物权的证明”，根据该规定，除非权利关系人提供足够证据证实不动产登记的权利状况与实际状况不相符，否则，该不动产权属证书即为物权的认定依据。因案涉房屋确系秦某在婚前购买，亦登记在秦某名下，杨某未提供足够证据证实该不动产登记状况与实际状况不相符，依据《婚姻法》第18条第1项②“有下列情形之一的，为夫妻一方的财产：(一)一方的婚前财产”的规定，本院认定涉案房屋为秦某个人财产，并非夫妻共同财产。

(2)分割方式相关

①从各自实际占有、行使房屋拆除等行为能够推知双方具有分割房产的意思，应视为已进行事实上的分割，不支持再次分割请求。如(2018)川18民终381号案。双方虽未以语言或文字等明示方法作出分割房产的意思表示，但从各自实际占有、行使房屋拆除后权利的行为，能够推知双方具有分割房产的意思。

②在对多套房产进行分割时，因一方不愿、无力补差时可以实物分割方式进行分配。实物分割时，应综合考虑各套房产价值、位置、双方生活需要、法院方便执行等因素进行合理分配。如(2018)川01民终3213号案。赵某1在另案中述称其无固定收入，在本案中虽述称其有向对方补差的经济能力但述称其不愿意向谢某补

---

① 现《民法典》第217条规定：“不动产权属证书是权利人享有该不动产物权的证明。”内容无变动。

② 现《民法典》第1063条第1项规定：“下列财产为夫妻一方的个人财产：(一)一方的婚前财产。”内容无变动。

差,故本院认为,涉案3套房屋以实物分割方式进行分配更为合理。鉴于3套房屋中有两套房屋位于锦江区,且一大一小,故将锦江区的两套房屋由二人各分得一套更符合双方所需。因本案审理过程中,赵某1曾陈述其母亲居住于锦江区房屋,该房屋有电梯且面积较大,故本院认为,将该房屋分配给赵某1适当,将××区××路房屋和××区××街房屋分配给谢某。一审对房屋的分配未考虑双方生活需要,也未考虑今后方便执行的问题,处理结果不当,本院依法予以纠正。

③对登记在一方名下的共有房屋,双方均不对房屋进行价值评估、竞价的,经法院释明后可判决双方各享有房屋一半的产权。如(2018)川07民终799号案。双方均不对案涉房屋进行竞价。张某拒绝对房屋进行评估,王某1要求进行份额分割,只能以现有证据判决张某与王某1各享有该房屋一半的产权。

(3)分割比例问题

夫妻共同财产以均分为原则,不均分为例外。对"转移、隐瞒财产""照顾子女和女方权益"这两种情形不均分情形在报告中单独分析。从样本案例来看,在双方对共有房产的贡献明显悬殊等特殊情形下,法院也会考虑对贡献较大的一方多分(见表149)。

表149 法院在双方对共有房产的贡献明显悬殊时的分割方式

案号	法院认为
(2018)川13民终635号	唐某将工伤赔偿款用于购房(登记为共同共有),对购房的贡献较大,以及唐某因工致残,对其今后的工作和生活将会造成一定的困难,故本院认为,在诉争房屋的分割上唐某可以适当多分,由唐某享有诉争房屋60%的份额,其余40%的份额由李某享有
(2018)川01民终15607号	案涉房屋系双方按份共有,各占50%的份额。原审判决中已经综合考虑陈某2的犯罪情况、家庭贡献、婚姻过错等因素,在夫妻共同财产的房屋份额上对陈某2进行了少分,故一审确定陈某2分的夫妻共同财产即案涉房屋的35%的份额并无不当

离婚财产纠纷中的多数商品房均系按揭购买,在分割时银行的抵押权往往有效存在。无论采取折价归一方还是拍卖、变卖以分割价款的分割方式,只要涉及过户的均会受到抵押权的影响,对此不同的法院有不同的处理方式。

①法院认为,银行不同意拍卖、变卖的,是对双方协议内容予以否定。在杨某未取得抵押权人同意也未涤除抵押权的情况下,其要求分割案涉房产,行使处分的权利,不符合法律的规定,不予支持。如(2018)川01民终18402号案。

②判决在房屋具备产权过户条件后,被告协助将房屋过户给原告。

③法院认为,要进行过户首先应当归还银行贷款并解除抵押,但本案涉房屋的赠与过户处置并不影响工商银行的抵押权。如(2018)川06民终1247号案。

④未考虑按揭、抵押问题,直接判决房屋归原告,被告限期协助过户。

上述第①②种情形充分保障了银行的抵押权,没有争议。在第③种情形中,法院的表述模糊不清,显然法院注意到了抵押权对过户登记的影响,但在判项中却未对抵押问题予以明确处理。而第④种情形完全忽视了抵押问题,判决未来极有可能面临无法执行的问题。事实上,该与之相关的执行异议程序中,法院也并未采纳该判决,最终并未完成过户登记手续。如(2017)川0104执异69号案。[①]

(4)补偿、追偿房屋按揭款

①一方婚前按揭购买的房屋,即便婚后以其个人婚前财产归还贷款,因另一方没有享有该住房权益,离婚时无权要求对方补偿按揭贷款。如(2018)川07民终2276号案。

②婚后共同购买但登记在一方名下的按揭房,离婚协议约定归对方并由对方承担剩余按揭款的,因对方未按约支付按揭款而由一方垫付的按揭款,法院支持向对方追偿。而对按月支付按揭款的请求,因是否会发生给付处于不确定状态,法院不予支持。如(2018)川1622民初1876号案。

(5)过户方式相关

离婚时约定诉争房屋归原告所有,原告要求确认房屋归其所有,由其自行办理产权登记手续,法院予以支持。如(2018)川0922民初1512号案。

2. 公房使用权/工龄购房分割裁判要旨

(1)离婚后,一方单独继续承租居住并单独出资购买的原婚姻关系期间承租公房,不属于其与离婚的另一方的夫妻共同财产。如(2017)川0903民初2840号案。

(2)因离婚协议中对公房的居住、使用、归属约定产生的纠纷,属于人民法院民事案件的受案范围。如(2018)川01民再112号案。

(3)离婚协议关于公房的平均分割和拆迁平均分割约定,在未出现无效的法定情形时应当被遵守。诉争公房在双方离婚后由原告继续居住,拆迁之前进行了公改私,拆迁安置补偿款扣除公改私费用后原告应当分得一半。如(2018)川01民再112号案。

(4)一方居住在原直管公房内是基于与另一方的婚姻关系,其并不因此成为原

① 《民法典》于2021年1月1日起施行,采用了"抵押权追及效力说"。相应的司法裁判及处理方式会随之调整。

直管公房的承租人之一。双方婚姻关系解除后，另一方不同意其居住使用该直管公房的，法院不支持一方提出的确认其享有该直管公房的使用权的请求。如(2018)川1002民初619号案。直管公房使用权的取得，应具备房地产管理部门制定的条件，并由房地产管理部门审核同意后才能取得。原告居住在原直管公房内是基于与被告的婚姻关系，其并不因此就成为原直管公房的承租人之一。在原直管公房被征收拆迁后，房地产管理部门重新与被告签订了直管公房租赁合同，被告作为承租人依法享有该直管公房的使用权。现原告、被告已解除婚姻关系，被告不同意原告居住使用该直管公房。故原告请求判决确认其享有该直管公房的使用权的诉讼请求于法无据，本院不予支持。

(5)离婚时双方已购部分产权、离婚后一方取得全部产权的房改房，应以离婚时为分割线，离婚前已购部分系夫妻共同财产，离婚后一方所购部分为个人财产。分割时，应综合考虑房改房系一方单位房改所得，并结合照顾子女和女方原则等具体情况进行分割。如(2019)川01民终15276号案。

(6)购房时一方以其工龄折抵了部分购房款的，房屋仍属于夫妻共同财产，但分割时应考虑该情况对该方适当多分。如(2018)川05民终876号案。

3. 拆迁房分割裁判要旨

(1)拆迁房尚未办理产权登记的，主张分割的条件尚不成就，仅可请求居住权。如(2018)川1325民初605号案。

(2)拆迁房未取得所有权证系因案涉纠纷所致，故要求分割的主张得到支持。如(2017)川0191民初1228号案。对被告认为标的物尚不明确，应当驳回原告诉请的主张，虽该房屋并未取得房屋所有权证，但该房屋未取得系因原告、被告之间的纠纷所致，且从原告递交的证据显示，只要双方纠结处理完毕，该房屋实际是可以确定的，故对被告的抗辩理由，本院依法不予认可。

(3)双方离婚后约定房屋如拆迁，拆迁升值部分平均分割的，一方在拆迁前低价出售房屋，应按照出售时可预计的升值额予以分割。如(2017)川民再469号案。

4. 自建房分割裁判要旨

从样本案例来看，农村自建房主要涉及家庭共有、缺乏法定手续、实务分割等问题：

(1)自建房涉其他家庭成员，其他家庭成员作为第三人在离婚后财产纠纷案件中申请参与，法院可将案由变更为分家析产纠纷进行处理，并予以分割。如(2017)川1922民再3号案。

(2)无合法农房审批手续的自建房，在不能协商一致的情况下，有的法院认为，不宜对归属作出判决，双方当事人在行政机关确定诉争房屋具有合法所有权后另行主张。如(2017)川09民终878号案、(2019)川15民终1665号案。但也有法院根据实际情况，参考该房建造成本及增值空间，直接判决由一方给付另一方房屋补偿款予以分割。如(2017)川16民终310号案。

(3)对农村自建房进行实物分割时，应根据公平原则及充分发挥财产的使用价值原则进行，对楼梯等特殊部分应确定归双方共有或均有使用权。如(2018)川1603民初1040号案。

(四)离婚后股权分割的裁判要旨

1.是否属于夫妻共同财产

(1)虽股权登记在一方名下，但有证据证明公司注册资料并非其本人签字，且无证据证明夫妻共同财产出资到该公司的，法院认定该公司股权并非夫妻共同财产。如(2017)川01民终8806号案。

(2)离婚后财产分割纠纷仅就双方是否遗留有未分割的财产进行处理，不处理股东资格确认纠纷。如(2018)川1503民初1715号案。二原告要求确认被告梁某系第三人南山公司隐名股东，享有现登记于第三人蒋某名下的出资21万元、登记于第三人张某名下的出资18万元的诉讼请求，属于股东资格确认的纠纷，不属于本案处理范围。原告罗某主张被告梁某与第三人蒋某、张某之间是代持股关系，被告梁某系案涉股权的隐名股东的理由，未提供相关证据予以证明。被告梁某已将其持有的南山公司股权转让给了第三人蒋某、张某，并办理了工商变更登记，被告梁某已不是南山公司的股东，不再享有股权。原告罗某、邓某要求分割股权并办理股权转让的诉讼请求，证据不足，本院依法不予支持。

(3)一方婚后取得的股份源于婚前财产的可能性较大的，在分割时予以多分。如(2018)川14民初74号案。一方婚后取得的股份，源于婚前的知识产权收益和公司高管身份具有高度可能性，依照《婚姻法》第18条①“一方的婚前财产为夫妻一方”的财产规定，婚前的知识产权所获收益应为一方的个人财产，但一方未举证证明案涉股份中知识产权及高管身份的占比，故法院酌定该股份由取得股份方分得65%，另一方分得35%。

---

① 现《民法典》第1063条第1项规定：“下列财产为夫妻一方的个人财产：(一)一方的婚前财产。”内容无变动。

2. 一人公司相关

一人有限公司财务不独立的，公司的营业收入在扣除公司经营和家庭生活的开支后可以作为夫妻共同财产予以分割。如（2018）川 06 民终 627 号案。2016 年 12 月至 2017 年 10 月，唐某经营唐城经纪公司所得既归唐某个人所有，唐某也用其个人财产支付唐城经纪公司经营所需费用，唐城经纪公司所得实际已转化为唐某个人支配、使用，为唐某所得；唐某、何某于 2017 年 11 月 8 日在中江县民政局协议离婚，唐某在上述期间内经营公司所得产生于其与何某婚姻关系存续期间，一审法院将其认定为夫妻共同财产并无不当。

3. 分割方式相关

（1）一方要求另一方配合办理工商变更登记的诉求，法院认为，涉及工商行政管理的相关规定而不予支持。如（2018）川 0114 民初 3512 号案。虽然离婚协议书约定了上述两公司由魏某所有，熊某也愿意配合办理工商登记变更手续，但上述两公司的工商登记变更手续，涉及工商行政管理的相关规定，熊某也未提供上述两公司的工商信息，故本院对熊某该项主张不予以支持。

该案简单地以涉及工商行政管理的相关规定为由不支持过户请求的裁判观点值得商榷。

（2）对婚姻关系存续期间登记在被告一方名下的股权，原告就由该股权所产生的分红、转让价款等财产性权益享有共有权，原告主张分割被告名下股权所包含的财产性权益，法院根据离婚案件审理过程中对案涉股权所属的公司股东询问时，股东均表示不愿意购买被告名下的股权，法院确认为就被告在上述公司的出资份额予以分割，且双方不会因分割上述公司的出资份额而对公司股权有价值上的减损，故可以根据相关法律规定对被告名下股权包含的出资份额予以分割。如（2016）川 0502 民初 4025 号案。该案判决生效后，原告通过强制执行成为公司股东，但其他股东并不配合接纳，此后原告向公司提起股东知情权诉讼，要求查阅复制 2018 年度财务及生产经营相关资料。该案审办法院认为，原告通过人民法院强制执行程序取得股东身份，但工商登记信息变更时间为 2019 年 1 月 2 日，则原告取得股东身份的时间为 2019 年 1 月 2 日，此时原告才享有股东权利，故驳回其诉讼请求。

从该案可以看出，即便一方通过诉讼成为股东其财产权益实现也面临诸多现实困难。因此，在进行股权分割时应充分考虑未来权利实现的风险，慎重选择分割方式。

(五)离婚后股票分割的裁判要旨

从样本案例来看,股票分割中的首要问题为原告能否提供股票存在的证据。如(2018)川01民终8171号案、(2017)川01民终12613号案、(2017)川1126民初1322号案。此外,有如下裁判要旨值得关注:

1. 一方涉及刑事犯罪,另一方要求分割其名下股票账户内资金,因未举证证明股票账户内资金来源系合法收入投资产生,无法确认股票账户资产总值系合法夫妻共同财产。如(2019)川0106民初832号案。

2. 股市盈利但被消费的,不应进行分割,截至双方离婚时的证券市值为应予分割的金额。如(2018)川07民终2200号案。

3. 双方离婚时未对股票及股市资金进行分割,有法院认为,一方离婚时已知道另一方婚内炒股的事实,应当自离婚之日起2年内主张权利。如(2018)川13民终319号案。

我们认为,此案的处理值得商榷。对于离婚时未分割的财产,离婚后仍系共有状态,一方要求法院予以分割,系物权处分,不应当受时效约束。

4. 离婚时证券账户内原有盈利(存在于市值中)和离婚时现有盈利,属于夫妻共同财产,法院予以平均分割。如(2018)川0781民初173号案。

5. 案涉共有财产虽以存款、股票价值、公积金等不同方式存在,但截至双方离婚时的价值能够确定,为方便当事人对名下财产的管理,及对共有财产的分割,法院酌情以等值的财产现金价值对双方共有财产进行分割。如(2019)川07民终66号案。

(六)离婚后合伙份额分割的裁判要旨

本次检索涉及的合伙份额普遍为广义的投资份额,并非工商注册的有限合伙人、普通合伙人合伙份额的分割,法院的判决主要为按照离婚协议约定处理,但涉及第三人的,一般未予以处理。如(2018)川2021民初1580号案。双方离婚协议约定被告名下的投资股份归女方,但由于被告在入股时,合作方明确约定该股份不得转让给他人,并以此股份来约束同业竞争关系的从业者,故不宜通过审判权的形式判决被告将该股份转让给原告,侵害其他合作方的利益,故酌定现金补偿分割。

(七)离婚后其他财产分割的裁判要旨

1.保险分割的裁判要旨

(1)夫妻共同财产投保的两全保险在退保后所获得的退保费(保险单现金价值)应当予以分割。对未终止的保险合同不宜分割,可在保险合同终止或者保险利益实现后另行主张。如(2018)川01民终8153号案。关于保险的问题,因李某举证证明已收取安邦人寿保险公司安邦长寿稳赢1号两全保险退保费32,837.37元,该退保金额应作为夫妻共同财产进行分割。因新华人寿保险公司红双喜新C款两全保险(分红型,投保人、被保险人均为陈某)并未终止保险合同,陈某也不同意分割,本案中不宜进行分割,李某可在保险合同终止或者保险利益实现后另行主张权利。

《最高人民法院第八次全国法院民事商事审判工作会议(民事部分)纪要》第4条规定:"婚姻关系存续期间以夫妻共同财产投保,投保人和被保险人同为夫妻一方,离婚时处于保险期内,投保人不愿意继续投保的,保险人退还的保险单现金价值部分应按照夫妻共同财产处理;离婚时投保人选择继续投保的,投保人应当支付保险单现金价值的一半给另一方。"据此,未终止的保险合同仍可分割保险单现金价值。

(2)一方婚前个人财产购买的保险在婚后产生的盈利属于夫妻共同财产,应予以分割。如(2018)川07民终2200号案。即使购买保险产品的20万元是婚前个人财产,其收益也属于《婚姻法》第17条①规定的"其他应当归共同所有的财产"。

(3)原告未提供保险系与被告婚姻关系存续期间共同资金所购,且受益人为双方的孩子,保险涉及他人利益,故不支持原告分割保险现金价值请求。如(2017)川1126民初1322号案。

(4)为子女购买的保险,受益人并非原告、被告,购买时没有提出异议,视为对子女的赠与不作为夫妻共同财产分割;一方为自己购买的意外医疗保险,离婚时应分割已缴保费。如(2019)川1781民初1101号案。

2.债权债务分割的裁判要旨

(1)离婚协议仅对房屋归属进行分割但未明确房屋所担保的贷款负担的,除购

---

① 现《民法典》第1062条第1款第5项规定:"夫妻在婚姻关系存续期间所得的下列财产,为夫妻的共同财产,归夫妻共同所有:(五)其他应当归共同所有的财产。"《最高人民法院关于适用〈中华人民共和国民法典〉婚姻家庭编的解释(一)》第25条规定,婚姻关系存续期间,"其他应当归共同所有的财产"包括"一方以个人财产投资取得的收益"。内容无变动。

房按揭贷款外的其他贷款不应视为已包含于财产分割中。如(2018)川01民终18733号案。双方签订的离婚协议仅对房屋的分割作出了处分,即便包含贷款,也应当仅限于购买房屋所产生的按揭贷款。本案诉争的贷款是消费贷,并未用于房屋的购买,且双方在本院审理过程中也均认可该房屋系一次性购买所得,并未产生按揭贷款。因此,该贷款不应当视为已经包含于财产的分割当中。虽然诉争的280,000元贷款有赖于诉争房屋抵押担保,但是该担保法律关系并不能与案涉房屋的所有权、贷款债权债务关系混为一谈。

(2)对无法确定金额、涉及案外人权益的债权不具备分割条件,待确定后另行主张。如(2017)川0903民初2692号案。

(3)生效法律文书认定一方与案外人共同承担债务偿还责任,夫妻一方自行承担全部责任后要求另一方就全部债务共同承担夫妻共同债务的,法院不予支持。如(2017)川0903民初2692号案。因本院(2017)川0903民初709号民事判决书认定由李某与案外人唐某生、唐某志共同向任某有、唐某学承担责任,虽李某已向唐某勇借款39,000元用于承担该项债务,但其未提供充分的证据证明其应当承担全部债务,现李某要求原告与其共同分担债务39,000元及利息的主张,于法无据,本院认为,所欠唐某勇的债务中的13,000元及相应利息,应当作为原告、被告夫妻共同债务平均分担,其余债务由被告承担。

3.征地拆迁款分割的裁判要旨

(1)离婚后一方分得的鱼塘因国家建设征收补偿的,补偿款是对其剩余经营权的补偿,另一方离婚后未参与其中,无权要求对补偿款进行分割。如(2018)川1402民初4738号案。

(2)离婚后一方作为土地承包经营户成员,有权分割作为夫妻共同财产的移民生产安置费。如(2018)川1622民初1020号案。本案涉及的移民生产安置费用系政府对占用被告家庭户的土地而作出的补偿,原告作为该土地承包经营户成员之一,依法应当享有丧失土地所获得的相关补偿费用,故被告在离婚后所获得的移民生产安置费用,在扣除其兄弟应得的安置费用后,余下的费用应当属于原告、被告的夫妻共同财产,应当依法予以平均分割。

(3)货币化安置款是对被拆迁对象按家庭人口数包括正常婚迁户口的人员进行的货币化安置,系夫妻共同财产,原则上应当等额分配,但考虑财产来源情况可以酌情对被拆迁一方适当多分。如(2018)川08民终81号案、(2019)川民再251号案。

(4)征地两补费是对失地农民的社会保障性补偿,具有人身专属特定性,属个人财产。如(2019)川1123民初337号案。

4. 银行存款分割裁判要旨

离婚诉讼期间,夫妻一方大额取现且不能作出用途的合理说明,应当补偿给对方一半予以分割;夫妻一方未征得对方同意,转款给子女的大额款项,应补偿给对方一半予以分割。如(2017)川0107民初12264号案。

5. 特殊财产分割裁判要旨

本次检索中,古董、知识产权等财产均未涉及,但存在一些其他特殊财产分割纠纷:

(1)结婚前和离婚后双方资金往来不属于离婚后财产纠纷处理范围。如(2019)川0108民初786号案。

(2)营销人员户籍属于公司内部管理范围,人民法院不予处理。但对获取的公司经销权,涉及经营活动及收益分配等内容,应当予以分割。如(2017)川0114民初8692号案。

(3)结婚份子钱可作为共同财产进行分割,但主张时应提供该份子钱的具体来源及收取后的存放和支取证据,否则将不作为客观财产进行分割。如(2019)川1923民初1315号案。

(4)工龄买断款与破产案件补偿费性质相同,以夫妻婚姻关系存续年限乘以年平均值,所得数额为夫妻共同财产。如(2018)川0781民初173号案。被告买断工龄款是对劳动合同终结的补偿,破产安置补偿费仍是终结劳动关系的补偿,性质相同,按当然解释原则,应适用《最高人民法院关于适用〈中华人民共和国婚姻法〉若干问题的解释(二)》第11条[①]"婚姻关系存续期间,下列财产属于婚姻法第十七条规定的'其他应当归共同所有的财产':……(三)男女双方实际取得或者应当取得的养老保险金、破产安置补偿费"的规定。

(5)离婚协议中对未确权的土地承包经营权约定效力待定,应由人民政府确权后方可确认其效力。如(2018)川15民终802号案。

(八)隐匿财产的认定与分割的裁判要旨

从样本案例来看,虽然有很多案件当事人主张对方隐匿(隐藏、转移、变卖、毁

① 现《最高人民法院关于适用〈中华人民共和国民法典〉婚姻家庭编的解释(一)》第25条第3项规定:"婚姻关系存续期间,下列财产属于民法典第一千零六十二条规定的'其他应当归共同所有的财产':(三)男女双方实际取得或者应当取得的基本养老金、破产安置补偿费。"内容无变动。

损)财产,但最终法院支持该主张的案件非常少。除一方证据不足外,其他常见的不支持理由有:一方知晓财产状况。如(2019)川01民终2735号案。诉争财产系分居期间各自持有的财产。如(2016)川0116民初3504号案。涉及金额较小。如(2016)川0116民初3504号案(见表150)。

表150　法院在一方存在隐匿财产行为的分割方式

案号	法院认为
(2018)川0191民初20260号	虽一方有在婚姻关系存续期间低价出售夫妻共同财产给关系密切人的行为,但另一方在离婚诉讼前已经知晓,调解离婚分割财产时未提出请求,调解协议兜底条款将协议未涉及的其他财产进行了明确约定,且转让系在离婚的数年前,故法院认为,被告并非恶意隐匿、转移财产以损害原告利益
(2019)川01民终2735号	离婚时一方在知悉对方股票账户中存在大额资金的情况下,与对方达成确定分割财产金额的离婚协议,离婚后主张签订离婚协议时对方存在隐匿财产,法院不予支持
(2016)川0116民初3504号	(1)结合双方的经济状况,对被告取款5000元以下的金额视为生活的合理开支,对于一次取款超过5000元的部分,被告未能作出合理的说明,作为夫妻共同财产予以分割。但因原告并不能证明被告存在转移财产的行为,故对原告要求多分财产的请求本院不予支持 (2)离婚判决生效前,双方不再共同生活居住之后各方持有的财产不宜再作为夫妻共同财产进行分割,故不涉及隐匿财产行为

(九)财产分割时照顾女方的裁判情况

从样本案例来看,适用照顾女方原则的案例较少,且照顾比例也非常有限(见表151)。

表151　法院适用财产分割时照顾女方原则的情形

案号	法院认为
(2017)川0112民初4504号	本着适当照顾女方的原则,法院酌定女方分得共同财产55%,承担共同债务45%
(2019)川1681民初1642号	被告抚养尚未成年的儿子杜某2,其身体状况较差,本院在分割夫妻共同财产时应给予适当照顾,确定夫妻共同财产中的65%分割给被告,35%分割给原告
(2018)川3401民初1464号	考虑到双方婚生女现随母亲生活,在读大学花费较大,而原告没有按照之前的调解协议完全尽到给付义务,同时依照"照顾子女和女方权益的原则",本院在分割上述财产时向被告予以倾斜。判决由原告周某耕种承包地0.4亩,由被告王某耕种承包地3.8亩

1. 认定隐匿共同财产的情形

(1)离婚诉讼中,一方擅自出售车辆属于转移夫妻共同财产。如(2017)川0107民初12264号案。

(2)诉讼中不如实向法庭陈述名下存款并自行处置属于隐瞒夫妻共同财产。如(2018)川08民终387号案。

(3)婚姻关系存续期间,一方出资购买商铺至离婚时未取得产权,无证据证明另一方在离婚时知道或者应该知道的,属于离婚时隐瞒了共同财产。如(2017)川0703民初3882号案。

(4)婚姻关系存续期间,一方未经对方同意擅自处分夫妻共同财产,将共有存款转给他人,用于他人买房,系转移隐藏夫妻共同财产。如(2019)川01民终19362号案。

2. 认定隐匿财产时的分割比例

《婚姻法》第47条①规定,隐匿财产的后果为"可以少分或不分"。但在具体案件中,即便法院认定一方隐匿财产,也可能因具体案情而仍旧平均分割。如已放弃其他共有财产,(2017)川0703民初3882号案。另一方存在出轨过错,如(2019)川01民终19362号案等。

在样本案例中,在认定构成隐匿的情况下没有一起案件判决隐匿方不分,均为酌情少分,且最高少分比例才25%,惩罚力度非常有限(见表152)。

表152　部分样本案例分割比例

案号	对方分割比例/%	隐匿方分割比例/%
(2019)川03民终1200号	75.0	25.0
(2019)川01民终14541号	65.0	35.0
(2018)川01民终8171号 (2018)川08民终387号	60.0	40.0
(2017)川0107民初12264号	59.0	41.0
(2019)川16民终196号	51.8	48.2

① 现《民法典》第1092条规定:"夫妻一方隐藏、转移、变卖、毁损、挥霍夫妻共同财产,或者伪造夫妻共同债务企图侵占另一方财产的,在离婚分割夫妻共同财产时,对该方可以少分或者不分。离婚后,另一方发现有上述行为的,可以向人民法院提起诉讼,请求再次分割夫妻共同财产。"该法条删去了旧条文中"离婚时"的限定,并增添了挥霍夫妻共同财产的情形。

(十)反诉及另案起诉情况

在离婚后财产纠纷中,被告主张分割原告名下财产的是否应当提出反诉存在不同的观点。有的法院直接一并处理。如(2018)川 0703 民初 2710 号案。但有的法院则要求反诉或另行诉讼。如(2017)川 0781 民初 4076 号案(见表 153)。

表 153 法院对离婚后财产纠纷中主张分割原告财产是否应提起反诉的不同观点

案号	法院认为
(2018)川 0703 民初 2710 号	原告表示对原告名下未分割的财产,应由被告单独提出分割请求,在本案不应处理。法院认为,被告提出了分割原告名下公积金中属于双方共有的主张,对原告关于自己财产不应在本案处理的意见,本院不予采纳
(2017)川 0781 民初 4076 号	关于被告易某所主张的请求补偿其在婚姻生活中的生活开支、承担童装店亏损、分割其他共同财产的请求,由于其在庭审中明确答复不提起反诉,本院认为,这是被告的请求而非抗辩理由,故在本案中不予处理,建议其另行诉讼

通常认为离婚纠纷属于复合诉讼,不能提出反诉。但与离婚纠纷不同,离婚后财产纠纷并非复合诉讼,从样本案例来看,大量案件被告均提起了反诉,法院进行了合并审理。由此可见,律师在代理离婚后财产纠纷案件中,如果被告方要求提出对原告名下财产进行分割的,应及时提出反诉。

贵州省法院婚姻家庭案件裁判要旨梳理

一、检索说明

案例来源:Alpha 案例库

检索时间:2020 年 2 月 8 日

地域:贵州省

年份:2019/2018/2017

文书类型:判决

裁判要旨梳理分别检索以下案由:离婚纠纷、婚约财产纠纷、离婚后财产纠纷。

二、离婚纠纷涉及财产分割的裁判要旨

(一)检索说明

关键词:准予离婚

根据检索条件共检索到 938 个判决书,再经人工筛选后保留涉及财产分割、债权债务承担的 178 个判决书,本部分内容以 178 个样本案例作为分析基础。同时因部分案例在同一分析项下存在多种情形,可能出现统计的总数超过案例总数的情形。

(二)争议财产法院如何认定财产性质

本次统计的样本案例中涉及财产的案例共计 152 个,其中 92 个案例法院认定为夫妻共同财产占案例总数的 60.5%,13 个案例法院认定为个人财产占案例总数的 8.5%,44 个案例法院未进行处理也未明确认定财产性质,占案例总数的 29.0%。

从法院未认定为夫妻共同财产的原因来看,当事人举证不足的案例共 32 个,占比 50.0%,认定为个人财产的案例共 15 个,占比 23.4%,涉及第三人利益未认定的共 17 个,占比 26.6%。[①]

(三)有关自建房问题

在法院对自建房作出处理的案例中,31 个案例法院分割的是自建房的使用权,占涉及自建房案例的 33.0%,共有 18 个案例法院分割的是自建房的所有权,占涉

① 因部分案例存在多项财产及多项理由,因此本项统计的案例总数高于未认定为夫妻共同财产案例的总数。

及自建房案例的19.0%。通常来说,自建房有产权的情况下法院会分割自建房的所有权,而部分没有合法建设手续或手续不齐全的案件,考虑到当事人实际使用的情况也会对自建房的使用权进行分割。

自建房未处理的原因中其他选项共24个案例,占比54.5%,此类原因主要包括涉及第三人利益、当事人举证不足、当事人在诉讼中放弃请求等情形。在农村地区自建房的修建常有除夫妻双方之外的其他家庭成员参与,如父母、兄弟姐妹等,此种情形下自建房系家庭财产,法院通常会以涉及案外人利益而驳回当事人要求分割自建房的诉讼请求。此时当事人需先在家庭内部进行分家析产明确夫妻共有的份额后才能进行分割。

(四)共同债权的认定

本次统计的案例中共有16个案例涉及债权分割问题,占案例总数的9.0%,有7个案例法院未分割债权,占涉及债权案例总数的44.0%。从法院未进行债权分割的原因来看,当事人举证不足是主要原因。当事人举证不足的共有6个案例,占未分割债权案例的86.0%。

(五)共同债务的认定

近年来涉及共同债务的案例呈逐年上升趋势,本次统计的案例中涉及债务承担的共计94个,占案例总数的53.0%。从债务类型来看,自然人借款的比例最高,共计56个,占案例总数的47.0%。再来看法院的裁判观点,有35个案例法院未对债务进行处理,未处理债务的原因主要是当事人举证不足,共计27个案例,占未处理债务案件总数的71.0%。

据我们观察,证据不足的案例主要系向自然人借款且多为向亲友借款的案例。实务中夫妻一方举债特别是向己方亲友借款的情况下,鲜有书写借条的习惯。有部分案件虽然当事人提供了转账凭证,但是法院仍然不予认定为共同债务。夫妻共同债务的认定法院主要考虑双方是否共同签字、借款金额、借款用途等因素,因此在对方不认可的情况下仅有款项支付的凭证仍不足以证明为夫妻共同债务。

(六)父母出资购房问题

实务中购房时父母出资的情况越来越多,对涉及父母出资购房的问题,已有省份出台了相关的指导意见,但贵州省目前尚未出台相关意见。

《最高人民法院民一庭第二合议庭关于2012至2014年离婚案件相关情况的调

查分析报告》[①]的观点如下："婚后父母一方部分出资为子女买房的处理问题，目前审判实践中争议很大，亟须予以明确。第一种意见：婚后父母一方部分出资为子女买房登记在出资者子女名下的，不适用《最高人民法院关于适用〈中华人民共和国婚姻法〉若干问题的解释（三）》第7条[②]的规定。离婚时该房屋应认定为夫妻共同财产；对于父母出资部分按照《最高人民法院关于适用〈中华人民共和国婚姻法〉若干问题的解释（二）》第22条[③]的规定精神处理。第二种意见：婚后父母一方部分出资为子女买房登记在出资者子女名下的，不适用《最高人民法院关于适用〈中华人民共和国婚姻法〉若干问题的解释（三）》第7条[④]的规定。离婚时该房屋应认定为夫妻共同财产；对于父母出资部分可认定为只对自己子女的赠与，离婚分割时该部分出资属于出资人子女个人的财产，但相应的增值部分应按照夫妻共同财产予以处理。从更加有利于保护妇女权益的角度考虑，我们倾向于按照第一种意见处理。"

最高人民法院吴晓芳法官在《〈婚姻法〉司法解释（三）适用中的疑难问题》一文中的观点："……综上所述，《最高人民法院关于适用〈中华人民共和国婚姻法〉若

① 参见杜万华主编、最高人民法院民事审判第一庭编：《民事审判指导与参考》总第64辑，人民法院出版社2016年版，第98页。

② 《最高人民法院关于适用〈中华人民共和国婚姻法〉若干问题的解释（三）》第7条第1款规定："婚后由一方父母出资为子女购买的不动产，产权登记在出资人子女名下的，可按照婚姻法第十八条第（三）项的规定，视为只对自己子女一方的赠与，该不动产应认定为夫妻一方的个人财产。"现《最高人民法院关于适用〈中华人民共和国民法典〉婚姻家庭编的解释（一）》第29条第2款规定："当事人结婚后，父母为双方购置房屋出资的，依照约定处理；没有约定或者约定不明确的，按照民法典第一千零六十二条第一款第四项规定的原则处理。"

③ 《最高人民法院关于适用〈中华人民共和国婚姻法〉若干问题的解释（二）》第22条第2款规定："当事人结婚后，父母为双方购置房屋出资的，该出资应当认定为对夫妻双方的赠与，但父母明确表示赠与一方的除外。"现《最高人民法院关于适用〈中华人民共和国民法典〉婚姻家庭编的解释（一）》第29条第2款规定："当事人结婚后，父母为双方购置房屋出资的，依照约定处理；没有约定或者约定不明确的，按照民法典第一千零六十二条第一款第四项规定的原则处理。"

④ 《最高人民法院关于适用〈中华人民共和国婚姻法〉若干问题的解释（三）》第7条第1款规定："婚后由一方父母出资为子女购买的不动产，产权登记在出资人子女名下的，可按照婚姻法第十八条第（三）项的规定，视为只对自己子女一方的赠与，该不动产应认定为夫妻一方的个人财产。"现《最高人民法院关于适用〈中华人民共和国民法典〉婚姻家庭编的解释（一）》第29条第2款规定："当事人结婚后，父母为双方购置房屋出资的，依照约定处理；没有约定或者约定不明确的，按照民法典第一千零六十二条第一款第四项规定的原则处理。"

干问题的解释（三）》第7条[①]仅限于婚后父母为子女全款出资购买不动产的情形，对于不在该条适用范围的父母部分出资情形，如果房屋产权登记在出资人子女名下，可按照《婚姻法》第18条第3项[②]的规定精神，该部分出资视为只对自己子女一方的赠与。如果双方对房屋的产权归属没有事先约定，所购房屋的产权及增值收益部分归夫妻双方共同共有。"

因此，实务中仍需结合具体案情具体分析。本次统计的案例中（2017）黔0522民初429号案涉及父母出资问题。法院在"本院认为"部分阐述如下："……关于婚后双方共同购置的房产问题，因该房虽系以原告的公积金户头办理按揭贷款，但首付款、代收款及已付按揭还款的实际出资人均是被告母亲，且出资时并未明确表示系赠与一方，根据《最高人民法院关于适用〈中华人民共和国婚姻法〉若干问题的解释（二）》第22条第2款[③]'当事人结婚后，父母为双方购置房屋出资的，该出资应当认定为对夫妻双方的赠与，但父母明确表示赠与一方的除外'之规定，对被告父母实际出资的上述款项，依法应当认定为对夫妻双方的赠与。离婚后，上述款项应当由原、被告双方予以平分。"据此，本案法院适用了《最高人民法院关于适用〈中华人民共和国婚姻法〉若干问题的解释（二）》第22条[④]之规定，认定男方父母出资部分是对双方的赠与行为。

---

① 《最高人民法院关于适用〈中华人民共和国婚姻法〉若干问题的解释（三）》第7条第1款规定："婚后由一方父母出资为子女购买的不动产，产权登记在出资人子女名下的，可按照婚姻法第十八条第（三）项的规定，视为只对自己子女一方的赠与，该不动产应认定为夫妻一方的个人财产。"现《最高人民法院关于适用〈中华人民共和国民法典〉婚姻家庭编的解释（一）》第29条第2款规定："当事人结婚后，父母为双方购置房屋出资的，依照约定处理；没有约定或者约定不明确的，按照民法典第一千零六十二条第一款第四项规定的原则处理。"

② 现《民法典》第1063条第3项规定："下列财产为夫妻一方的个人财产：（三）遗嘱或者赠与合同中确定只归一方的财产。"对比原法条，仅精简了文字，文义相同。

③ 《最高人民法院关于适用〈中华人民共和国婚姻法〉若干问题的解释（二）》第22条第2款规定："当事人结婚后，父母为双方购置房屋出资的，该出资应当认定为对夫妻双方的赠与，但父母明确表示赠与一方的除外。"现《最高人民法院关于适用〈中华人民共和国民法典〉婚姻家庭编的解释（一）》第29条第2款规定："当事人结婚后，父母为双方购置房屋出资的，依照约定处理；没有约定或者约定不明确的，按照民法典第一千零六十二条第一款第四项规定的原则处理。"

④ 《最高人民法院关于适用〈中华人民共和国婚姻法〉若干问题的解释（二）》第22条第2款规定："当事人结婚后，父母为双方购置房屋出资的，该出资应当认定为对夫妻双方的赠与，但父母明确表示赠与一方的除外。"现《最高人民法院关于适用〈中华人民共和国民法典〉婚姻家庭编的解释（一）》第29条第2款规定："当事人结婚后，父母为双方购置房屋出资的，依照约定处理；没有约定或者约定不明确的，按照民法典第一千零六十二条第一款第四项规定的原则处理。"

(七)公司股权分割问题

实务中对涉及公司股权分割的案例,因为股权分割存在涉及公司其他股东利益、股权代持、股权价值评估程序较长等因素,在离婚案件中法院往往不予处理。本次统计的案例中共有2个案例的当事人在诉讼中主张分割夫妻共同财产中的公司股权,仅占案例总数的1.0%。2个案例法院均未对公司股权进行分割。(2017)黔03民终1208号案,因当事人未提供证据证明股权的存在因此法院未进行处理。(2017)黔0522民初80号案,法院在"本院认为"部分阐述如下:"……对婚姻关系存续期间双方出资设立公司的分割问题,因工商登记中载明的夫妻投资比例并不能绝对等同于夫妻之间的财产约定,目前涉及婚姻当事人以外的股东入股,各股东的股权登记已发生变更,在各方对公司的盈亏及负债情况存在争议的情况下,由于未经审计评估程序予以确认,故无法对其经营性收益予以认定并分割……"据此,法院除阐明不予处理股权的理由外,还提到了"公司登记载明的股权比例不等同于夫妻之间的财产约定"这一观点。关于工商登记的公司股权比例(尤其是股东只有夫妻两人的情况下)是否等同于夫妻间的财产约定?有观点认为,工商登记的股权比例视为夫妻间的财产约定。我们赞同不等同于夫妻财产约定的观点,公司设立时登记的股权比例更多考虑公司经营管理的需要,除非当事人明确表示登记比例为夫妻间的财产约定,否则不能推定该登记比例即为夫妻财产约定。

三、婚约财产纠纷的裁判要旨

(一)检索说明

根据检索条件通过Alpha案例库共计检索到687个案例,人工剔筛选掉重复上传、无文书内容的案例后最终以680个案例作为本报告的分析基础。同时因部分案例在同一分析项下存在多种情形,可能出现统计的总数超过案例总数的情形。

(二)诉讼主体问题

按照传统习俗,彩礼的给付与接受往往有男女双方的父母长辈等家庭成员的参与,因此婚约财产纠纷的诉讼主体问题,有时也是案件争议的焦点问题之一。

首先来看原告方面,婚约财产纠纷除涉及传统意义的彩礼(礼金部分)外,还涉及女方陪嫁物品的处理问题。因此,作为原告的通常是男方,但也有个别案例是女方为原告起诉要求男方赔偿陪嫁物品的。如(2018)黔0382民初591号案、(2017)

黔0111民初3544号案。而(2018)黔0302民初12515号案则是以女方为原告要求男方履行离婚协议(我们认为该案应为离婚后财产纠纷案件)。除前述3个以女方为原告的案例外,本次统计的680个案例中剩余的677个案例,以男方个人名义起诉的共计588个,占判决总数的87.0%,以男方及男方父母名义起诉的共计82个,占判决总数的12.0%,仅有7个案例以男方父母名义起诉,仅占判决总数的1.0%。

其次来看被告方面,除上述3个以女方为原告男方为被告的案例外,剩余677个案例中,女方及女方父母成为共同被告的案例共计470个占案例总数的69.0%,以女方为被告的案例共计187个占案例总数的28.0%,仅以女方父母为被告的案例共计20个占案例总数的3.0%。由此可见,女方父母成为被告的概率高达72.0%。一方面,彩礼往往表现为现金、实物等,且交付过程需符合传统的流程,因此有时难以区分彩礼到底是女方个人收取还是女方家庭收取。从原告的角度考虑,将女方及女方父母列为共同被告是更稳妥的做法。另一方面,从偿付能力考虑,将女方及女方父母作为共同被告,有利于将来判决的执行。

(三)婚约财产纠纷涉及的财产类型

从财产类型来看,涉及的财产类型为现金的共计608个,占案例总数的90.0%;这与近年来彩礼礼金的金额有上升趋势有关,针对礼金的纠纷也占了婚约纠纷的绝大多数。涉及首饰的案例共计140个,占案例总数的21.0%,涉及其他实物的共计105个,占案例总数的15.5%。(此分析项下同一案件涉及多个选项,因此案例数量高于样本总数。)

(四)彩礼金额

从统计结果来看,共计371个案件的金额在5万元以下占案例总数的55.0%,246个案例的金额在5万~10万元,占案例总数的36.0%,56个案例的金额在10万~20万元,占案例总数的8.0%,20万元以上的案例共计7个,仅占案例总数的1.0%。

(五)双方办理结婚登记、共同生活、生育子女的情况

《最高人民法院关于适用〈中华人民共和国婚姻法〉若干问题的解释(二)》第10条①规定:"当事人请求返还按照习俗给付的彩礼的,如果查明属于以下情形,人

---

① 现《最高人民法院关于适用〈中华人民共和国民法典〉婚姻家庭编的解释(一)》第5条,内容无变动。

民法院应当予以支持:(一)双方未办理结婚登记手续的;(二)双方办理结婚登记手续但确未共同生活的;(三)婚前给付并导致给付人生活困难的。适用前款第(二)、(三)项的规定,应当以双方离婚为条件。”据此,双方是否办理结婚登记、是否共同生活是法院判决是否返还彩礼及返还数额的主要考量因素,实务中双方是否共同生育子女也是法院考量的一个重要因素。

法院判决返还的理由主要有以下几种:共有421个案例法院判决“酌情”返还,占判决返还案例总数的71.0%。如前所述,除了依据上述规定外法院通常还根据双方是否共同生活、共同生活时间长短、是否共同生育子女、彩礼的金额等情况“酌情”考虑彩礼返还的金额。(此分析项下同一案件涉及多个选项,因此案例数量高于判决返还的案例总数。)

四、离婚后财产纠纷

(一)检索说明

检索时段:2019年5月16日之前的案例

根据前述检索条件共计检索到判决书1000个,剔除重复上传的文书最终以991个文书作为分析基础。因部分文书隐去当事人年龄、性别等信息,本部分以能采集到信息的案例为基础进行分析,同时因部分案例在同一分析项下存在多种情形,可能出现统计的总数超过案例总数的情形。

(二)77%的案例原告诉请能得到法院支持

从判决结果分析,991个案例中,原告的诉讼请求得到法院全部支持的共计405个,占比41.0%,部分支持的共计357个,占比36.0%,全部驳回的共计229个,占比23.0%。诉请得到全部支持及部分支持共占77.0%,由此可见,原告的胜诉概率远高于败诉概率。这与导致诉讼的诱因、法院对离婚后财产纠纷中关键证据“离婚协议”效力的认定有着重要的关联性。

(三)一方违约是主要的诉讼诱因

从引发诉讼的原因来看,一方违约不履行“离婚协议”的约定是最主要的原因。991个案例中一方违约导致诉讼的案例共计552个,占比56.0%;其次是离婚时对争议财产无约定或约定不明,991个案例中因无约定或约定不明导致诉讼的案例共计360个,占比36.0%。

在统计过程中我们注意到一方违约的情形主要体现在协议离婚的案例中，通过法院调解或判决的案例极少。这主要是因为法院调解或判决离婚的案例如果一方不履行可以依据调解书或判决书直接申请强制执行，而协议离婚因“离婚协议”并不是强制执行的依据，所以需先经过诉讼程序后才能申请强制执行。离婚时冲动签订协议、为尽快离婚无原则退让事后反悔、对法律规定不了解等原因导致一方在离婚后不愿意履行离婚协议。

对争议财产无约定的情形更多体现在通过法院调解或判决离婚的案例中。此类案件，当事人双方在诉讼过程中同意对财产问题自行协商或另案处理、也有部分案例因涉及案外人利益法院明确不予处理的。以上原因造成在离婚诉讼中未处理争议财产，如果在事后双方又无法协商一致的，必然引发离婚后财产纠纷。约定不明的情形更多体现在协议离婚的案例中，如(2014)桐法民初字第1035号案，离婚协议中只模糊约定房屋归女方所有，但未写明房屋的具体位置信息导致女方在过户时登记部门以房屋位置不确定而不予办理，最终只得再通过诉讼方式明确离婚协议中所约定的房屋位置。约定不明与当事人离婚时未重视离婚协议的起草有关。实务中，夫妻双方如果协议离婚，常常是自行起草离婚协议，或使用民政局的模板，或在网络上下载模板使用，离婚协议的起草很少经专业人士的审阅，因此容易出现用词不严谨、不规范甚至自相矛盾导致协议约定不明。

(四)99%的离婚协议有效

991个案例中共有688个案例是通过协议的方式离婚，原告依据离婚协议的约定起诉。从法院对离婚协议的效力认定来看，认定有效的案例共计684个，占比99.0%，仅有4个案例法院认定离婚协议部分无效，没有一个案例法院认定离婚协议全部无效。由此可见，离婚协议除财产约定外还事关婚姻关系的解除、子女抚养等重要事项，因此法院对其效力给予充分保障，即使有无效情形也仅涉及财产部分。离婚协议一经双方签订且办理离婚登记即发生法律效力，事后反悔很难推翻离婚协议的约定。因此，建议当事人在签订离婚协议时应对内容充分了解并知晓法律后果，避免冲动签订协议。

法院认定离婚协议部分无效的案例，均是有关财产约定的内容无效，其中有2个案例是因为涉及子女血缘关系，当事人在协议签订时因不明真相导致意思表示不真实，从而使财产分割条款无效；另外2个案例是因为离婚协议处分了属于他人(父母)的财产，导致财产分割条款无效。离婚协议中应当避免处分他人财产，特别是在农村自建房中，当事人容易混淆房屋属于夫妻共同财产还是家庭共有财产。

(五)房产依然是争议财产的主要类型

所有财产类型中房产依然是主要的争议财产,共有525个案例,涉及房产占比53.0%。(此分析项下同一案件涉及多个选项,因此案例数量高于样本案例总数。)房产已经是普通家庭最重要的资产,也成为离婚纠纷案件和离婚后财产纠纷案件中的争议焦点。值得注意的是,在房产分割时如何计算补偿金额,计算的方式不同补偿金额则不同,房价越高差异越大,如何统一尺度是实务中有待解决的问题。

随着城镇化的发展,城市和城市周边房屋、土地被征收,被征收财产转化为征收补偿金,围绕着各类征收补偿金、过渡费的纠纷也在增加,本次统计的案例中涉及征收补偿金的案例共有102个,占比10.0%。

关于补偿款,离婚协议中常约定一方需补偿另一方一定金额的补偿款。补偿款主要体现为对共同财产分割后的财产折价补偿款和一方承诺在共同财产之外补偿给另一方的额外补偿款两种形式。其中涉及财产折价补偿款的案例共94个,占比9.0%,涉及额外补偿款的案例共98个,占比10.0%。关于额外补偿款,部分当事人认为系赠与行为,在交付前可以撤销。但因为离婚协议不仅仅约定财产问题还涉及当事人的身份关系问题,是一个整体,不可单独解读其中的某一条款约定。因此,“离婚协议中的赠与条款不可撤销”这一观点无论在学术上还是实务中基本已达成共识。因此,在协商离婚的过程中切不可存在投机心理,为达到离婚目的盲目同意补偿,在离婚后又试图反悔。

(六)84%的案例涉及的财产标的额未超过50万元

从案件涉及的标的额来看,50万元以下的案例共计835个,占比84.0%;50万~200万元的案例共147个,占比15.0%;200万元以上的案例共9个,占比1.0%。

(七)6%的案件存在连环诉讼

离婚后财产纠纷案件,特别是涉及房产的案例中,争议财产常会涉及夫妻之外的第三人的利益,如夫妻双方的父母、买房人等。又因为房产出资情况多样复杂、房屋登记状态未及时变更、法院裁判观点不统一等原因,在夫妻双方之间、夫妻与第三人之间上演“夺房大战”从而发生一系列关联诉讼的情况并不少见。本次统计的991个案例中涉及关联诉讼的共有57个,占比6.0%,涉及第三人利益的案例共有153个,占比15.0%。

（八）41.6%的案例离婚时争议的财产约定归女方所有

对争议财产归属的约定，约定归男方所有的共计 133 个案例，占比 13.0%，约定归女方所有的案例共计 412 个，占比 41.6%，无约定或约定不明的案例共计 393 个，占比 39.7%，两项合计约占 81.0%，前述我们分析的女方作为原告起诉的案例占 70.0%，与财产归属的约定有关，从占比上看也基本相符合。

云南省法院婚姻家庭案件裁判要旨梳理

一、统计样本与统计目的

本次裁判要旨梳理采用Alpha案例数据库进行检索，检索关键词为“婚姻、家庭继承纠纷”项下共9个不同案由（离婚纠纷、离婚后财产纠纷、婚约财产纠纷、分家析产纠纷、被继承人债务清偿纠纷、法定继承纠纷、遗嘱纠纷、遗赠纠纷、遗赠扶养纠纷）、“云南省”“民事”“判决”“2019/2018/2017”、“一审、二审、再审”。

本次统计目的重点在于通过对统计样本的梳理和分析，对不动产（包含商品房、商铺、土地、自建房、宅基地、经济适用房、拆迁安置房等）、车辆、存款、股权、基金保险理财产品、债权债务等不同财产类型下，婚姻、家庭纠纷几个案由下，如何分割前述不同财产的裁判要旨进行客观分析，总结规律。在此目的前提下，云南省从2017至2019年，婚姻、家庭继承纠纷公开判决书共计6301个，筛选有效样本后，最终确定参与数据分析的样本共计1022个案件，分析统计样本减少的离婚纠纷是涉及判离且分割财产符合统计标准筛选后，由2017至2019年共1700个判决筛选为120个。

特别说明：因同一案件中涉及不同的财产类型，同一判决书中可能出现多个裁判要旨，故本部分中有可能出现裁判要旨所列的样本案例数量加起来与实际裁判文书的数量有出入的情况。

二、离婚纠纷

（一）商品房的裁判要旨

1. 裁判所有权归属的规则

120个案件中，涉及商品房裁判案件为30个，裁判所有权归属有以下几个因素：

（1）14个案件，尊重当事人意思自治，酌情裁判商品房所有权归一方所有。

（2）5个案件，因分割的商品房不具备法定分割条件，3个没有取得房屋所有权证，2个涉及其他家庭成员的利益而没有裁判。如（2017）云2503民初1020号案，法院认为，“在因双方诉争房屋至今未办理过户登记，尚未取得房屋的完全所有权。根据《最高人民法院关于适用〈中华人民共和国婚姻法〉若干问题的解释（二）》第

21 条[①]的规定，在本案中不宜判决该房屋的所有权归属”；（2018）云 0302 民初 5204 号案，法院认为，“双方购买该房屋的目的是用于双方结婚，购买房屋时双方不具备合法婚姻关系，只能登记为一方所有，因此，根据《最高人民法院关于人民法院审理离婚案件处理财产分割的若干具体意见》第 7 条[②]之规定，应按一般共有财产处理，但该房屋尚属银行抵押物，双方并未取得完全所有权，因此，法院不宜判决房屋所有权的归属，待取得完全所有权后，可以另行诉讼解决”。

（3）3 个案件，裁判归实际抚养子女一方所有。如（2017）云 2624 民初 584 号案，法院认为，“因长女由被告抚养，现长女 14 岁，被告还需承担 4 年的抚养费用，所以财产由被告享受较妥”；如（2017）云 2601 民初 942 号案，法院认为，“关于夫妻共同财产分割问题。位于文山市，因女儿牛某由谭某抚养，本着照顾妇女儿童权益的原则，该房屋归谭某所有”；如（2018）云 2324 民初 192 号案，法院认为，“为了保障原、被告的女儿刘某某有便于其学习生活的居住环境，房屋归被告所有较为适当”。

（4）2 个案件，裁判归非过错方一方所有，如（2017）云 0828 民初 6 号案，法院认为，“对于财产分割问题，双方夫妻感情破裂的主要原因系原告曾经存在婚外情所致，原告在分割财产时作为过错方可以少分。本院结合夫妻共同财产、共同债务、原告系离婚过错方等事实，确定夫妻共同财产全部归被告所有”，值得注意的是，在这一案件中，婚外情被认定为“过错”，且作为少分财产的情形，但《最高人民法院关于适用〈中华人民共和国婚姻法〉若干问题的解释（二）》[③]规定的少分多分财产的情形中，并没有包括此情形。

（5）1 个案件，被告放弃，裁判归原告一方所有。如（2019）云 0323 民初 415 号案，法院认为，“被告放弃主张房屋所有权，同意归原告所有，本院予以确认”。

（6）1 个案件，涉及多套房产，裁判各自享有不同商品房所有权。

（7）1 个案件，尊重当事人意愿，只在说理部分确认原告、被告同意赠与子女，未

---

① 现《最高人民法院关于适用〈中华人民共和国民法典〉婚姻家庭编的解释（一）》第 77 条规定：“离婚时双方对尚未取得所有权或者尚未取得完全所有权的房屋有争议且协商不成的，人民法院不宜判决房屋所有权的归属，应当根据实际情况判决由当事人使用。当事人就前款规定的房屋取得完全所有权后，有争议的，可以另行向人民法院提起诉讼。”内容无变动。

② 现已被《最高人民法院关于废止部分司法解释及相关规范性文件的决定》（2020 年 12 月 29 日发布；2021 年 1 月 1 日实施）废止。现在关于分割尚未（完全）取得所有权房屋的内容，规定在《最高人民法院关于适用〈中华人民共和国民法典〉婚姻家庭编的解释（一）》第 77 条。

③ 目前关于少分财产的规定在《民法典》第 1092 条：“夫妻一方隐藏、转移、变卖、毁损、挥霍夫妻共同财产，或者伪造夫妻共同债务企图侵占另一方财产的，在离婚分割夫妻共同财产时，对该方可以少分或者不分。离婚后，另一方发现有上述行为的，可以向人民法院提起诉讼，请求再次分割夫妻共同财产。”

在判项中说明。

(8)1 个案件,根据房屋实际管理原则,判决商品房所有权归实际管理一方,如(2017)云 0828 民初 500 号案,法院认为,“有利于生产、方便生活的原则,夫妻共同财产房屋一栋归被告张某所有”。

(9)1 个案件,根据适当照顾女方的原则,裁判商品房所有权归女方所有。

从以上数据分析可以看出,在离婚纠纷裁判商品房所有权归属的时候,裁判首先以当事人意愿为主,其次基于对未成年人成长环境的影响进而以抚养权归属作为一项衡量因素,最后考虑的为照顾妇女权益、房屋实际管理、婚姻过错。从案件占比来分析,酌情裁判占比 47.0%。

2. 裁判商品房分割比例的规则

在分析的 30 个案件中,法官在裁判商品房按照什么比例分割的规则上,采用平均分割规则的案件超过了一半,占比达到 54.0%。其次,影响分割比例的因素是对妇女和实际抚养子女一方多分、非过错方多分、便于实际管理和使用一方多分。对于法律本身已经规定的房屋出资、购买时间、房贷还款情况等因素对商品房分割的影响,因为案件选取中数量过少,所以未在本报告中论述。如(2018)云 0625 民初 1732 号案,法院认为,“鉴于原告的母亲随原告生活,修建时出了劳动力帮助,为方便各自的生产生活,住房一幢归原告所有”。

另外,有 3 个案件对婚后共同还贷的部分认定为夫妻共同财产,并进行了分割,其中 2 个案件采取平均分割,如(2019)云 2601 民初 2029 号案,法院认为,“关于位于秀峰苑××幢××单元××室商品房,是被告婚前所购买,但婚后按揭支付的 110,000 元应视为夫妻共同财产予以平均分割”;1 个案件酌情对实际用公积金还贷一方多分,如(2018)云 03 民终 1145 号案,法院认为,“故自 2016 年 6 月 12 日至 2017 年 3 月 23 日止,用被上诉人张某的住房公积金等归还婚前购房按揭贷款合计 104,476.36 元,是在上诉人何某与被上诉人张某婚姻关系存续期间,应认定为双方婚后共同还贷。因此,上诉人何某关于应依法对该部分公积金进行分割的上诉理由部分成立。但上诉人何某要求平均分割该部分资金的请求本院不予支持。鉴于证据反映,自 2016 年 6 月 12 日起至 2017 年 3 月 23 日止,仅是用被上诉人张某的住房公积金等进行还贷。根据本案实际,本院酌情考虑由被上诉人张某支付上诉人何某人民币 20,000 元”。

(二)自建房的裁判要旨

在 34 个涉及对自建房使用权分割的案件中,11 个案件没有明显的法定理由,法院酌情判决自建房使用权归一方所有;12 个案件因涉及除自建房以外的其他财产,法官综合财产情况,采用了平均分割的方式,确定自建房使用权归属,值得注意的是,因为自建房本身的特点,9 个案件中确认自建房使用权归一方所有,3 个案件只是分割了使用权的共有份额,但使用权仍然为共有状态。其他影响自建房使用权分割的因素有:方便生产、便于管理的原则,照顾经济较为困难一方的原则以及一方放弃尊重意思自治原则。从以上分析可以看出,法官在裁量自建房使用权的时候,以平均分割为主要裁判要旨,综合其他农村涉及的生产工具、家具、家畜衡量夫妻共同财产的价值,确认使用权归属和分割比例。

(三)车辆所有权归属与分割的裁判要旨

共有 49 个案件涉及车辆分割,其中 39% 的案件没有明显的裁判要旨,酌情确认车辆所有权归一方所有,27% 的案件以有利于生产生活归一方所有(这个当中绝大部分为面包车和摩托车),另外 16% 的案件中,一方放弃,尊重当事人自治的原则确认归另一方所有,16% 的案件按照谁实际管理使用的规则确认归其一方所有。分割比例上采用了平均分割为主要裁判分割规则。

(四)夫妻债务的裁判要旨

在本次案件总计中,共有 69 个案件对涉及的夫妻债务在离婚纠纷中一并进行了处理,占本报告中离婚纠纷案件数量的 57.8%,值得注意的是,从大数据的裁判要旨中,尽管涉及第三方的权益,但仍然未影响法官在离婚纠纷中一并处理。从图 31 中对涉及债务的类型分析,无论是民间借贷,还是金融借贷,都不影响法官是否一并处理的裁判要旨。其中有 3 个案件,采用了"夫妻各自承担债务"的表述,也未在裁判文书的查明事实部分或说理部分,明确具体是什么债务。

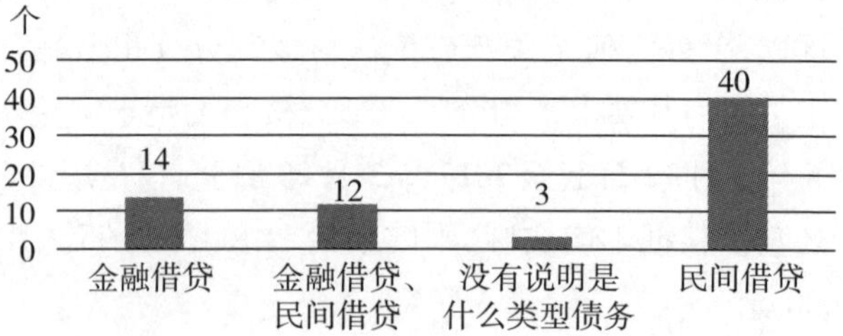

图 31　离婚纠纷中一并裁判的夫妻债务类型统计

在债务的性质和承担比例上,53.0%的案件认为是夫妻共同债务,并判决共同承担;28.0%的案件认为是个人债务,谁借贷谁承担;10.0%的案件没有明显的裁判要旨,认定为个人债务一方承担。值得注意的是,在1个案件中,对金融借贷进行了裁判,以谁借贷谁承担,但对于本案中同时存在的民间借贷,认为涉及第三人权益,本案不予处理。

三、离婚后财产纠纷

(一)离婚方式

在离婚后财产纠纷共计244个案件中,通过协议离婚的占比74.0%,通过诉讼离婚的占比26.0%,这反映了因诉讼离婚的各类成本远远高于协议离婚,因此大部分人选择了协议离婚的方式,同时,这个数据也充分说明离婚协议的法律效力以及离婚双方对协议离婚的认同、履行非常低,导致双方还是要通过诉讼的方式再次来审视离婚协议。

(二)离婚协议效力的认定及其对裁判的影响

那么,在174个离婚协议案件中,68%的裁判认定离婚协议合法有效,并且确认了离婚协议对财产的处理。通常说理表述为:"本案原告、被告系完全民事行为能力人,双方签订的离婚协议书中关于财产的分割、债务的清偿系双方真实意思表示,且不违反法律或者社会公共利益,该协议中关于财产的分割、债务的清偿对原告、被告双方均有约束力。"或者:"原告、被告协商一致签订的离婚协议是一份处理离婚后财产的合同,没有欺诈、胁迫及违反法律、行政法规的强制性规定,也不违反社会公序良俗,是有效合同。当事人应当按照合同约定全面履行自己的义务。"可以看出,对于存在离婚协议的前提下,提起的对财产的分割,裁判要旨是只要没有离婚协议无效的情形,一般认定为合法有效并据此确认。因此,达成合法有效的离婚协议对离婚双方在后期财产的处置中产生较大的实质性影响,因此夫妻双方提前进行合意,对离婚财产分割在合法的范围内提前处理,能够有效地实现当事人财产分割的筹划和初衷。

只有26.0%的案件没有或者部分没有按照离婚协议裁判,有5.0%的案件因为离婚协议中有遗漏未处理的财产,在认可离婚协议生效的前提下,对遗漏的财产一并进行了处理。值得注意的是,有1个案件是遗漏了夫妻共同债务,仍然一并进行了处理。裁判要旨呈现的四个趋势为:第一,调整了离婚协议中约定的诸如滞纳金、违约金、利息,均认为过高或者没有实际造成损失,进行了调低或不予支持,通常表述为:“原告并未举证证明因此给其造成了损失,且双方约定的违约金明显过高,基于本案的赠与起因和办理的实际情况,故本院不予支持原告诉请的违约金。”或者“原告主张的违约金过高,本院予以支持按照年利率24%支付的违约金”。第二,调整了离婚协议未分割的财产,或者离婚协议只是解除了双方的婚姻关系完全未处理财产的,裁判要旨一般对离婚协议认可合法有效后,支持已经处理的财产,对未处理的财产一并进行调整。第三,对于达成离婚协议并且也处理了离婚财产,因存在欺诈,撤销了离婚协议,表述为:“本案中被告在与原告婚姻关系存续期间与他人发生关系并生育×××,且该事实原告在离婚后才知晓,原告、被告在协议离婚时被告隐瞒了该事实,存在欺诈行为,故原告要求撤销财产分割协议的主张成立,本院予以支持。”或者隐匿财产的情况,裁判隐匿一方少分,表述为:“对于被告购置××及私自兑现的行为,属隐藏、转移夫妻共同财产,可以少分或不分,故本院酌情被告对原告主张的××收益少分”。第四,对于离婚协议中未涉及的第三方权益的夫妻共同债务,法院也一并按照夫妻共同债务或个人债务进行了处理。由此可见,即使未完全或未按照离婚协议裁判的规则中,只有存在隐匿、转移财产或者欺诈这些法律给予否定性评价的协议中,法院才会否定离婚协议中对财产分割条款的效力,重新予以分割。其他情形下,是在认可离婚协议合法有效的前提下,对当事人未处分的财产(债务)进行处理。

(三)离婚协议中赠与子女条款的效力与裁判要旨

在244个案件中,有4个案件中的离婚协议约定了对子女的赠与,赠与标的物为商品房。1个案件中,法官认为:“名为离婚协议,但不是对婚姻关系及财产、债务进行再次处理,而是对双方离婚后各自所有的房产赠与女儿签订的赠与合同,赠与合同不是本案离婚后财产纠纷审理判决的范围,本案不做审理。”2个案件中,法官认为,离婚协议合法生效,赠与条款也当然有效,确认当事人一方与子女共有商品房所有权。1个案件中,认为“婚生子王某需要有一个稳定的住所及安全的生活环境……且双方都将该房赠与孩子,孩子由原告抚养,故在原告作为王某2的监护人期间由其带着孩子在此居住更有利于孩子的健康成长”,未对赠与涉及的商品房所有权进行变动,而是改为确认使用权。

四、婚约财产纠纷

(一)彩礼的类型和范围

从案件分析中可以看出,婚约财产纠纷中的彩礼是云南当地的一个特色,虽然彩礼价值与一线城市无法相比,但是从彩礼类型体现出大家对婚姻本身的美好期待。彩礼包括钻戒、玉手镯、金手镯、玉坠等首饰,也包括不锈钢蒸锅、高压锅、炒菜锅、脸盆、沙发等家具。从彩礼的价值区间可以分析,66.0%的案件彩礼价值在5万元以内,只有4.0%的案件彩礼价值超过了15万元。

(二)彩礼返还中影响裁判的因素

从分析的案件中,可以看出,法官在认定返还彩礼的时候,一般会考虑以下几个因素:双方实际生活时间(89个)、双方是否存在过错(34个),其中未达到法定结婚年龄认定为过错的21个,通常表述为:“原告与被告均未达到法定婚龄,而给付被告彩礼,其自身存在过错。被告收受彩礼,也具有索要性质,被告应当适当承担返还彩礼的义务。”智力残疾且未达到法定结婚年龄认定为过错的13个,通常表述为:“原告及被告均为智力残疾人、被告尚未达到法定结婚年龄,双方对未缔结婚姻关系均存在过错。”诚实劳动对家庭生活有相对贡献(13个),通常表述为:“考虑被告通过诚实劳动对原告家庭生活有相应的贡献,彩礼返还时应酌情予以扣减。”另外,当地经济水平、风俗习惯和双方家庭状况、彩礼实际使用情况也是裁判影响的因素(23个)。实际生活时间长短和酌定返还的比例之间没有呈现明显趋势,以上因素还会在同一案件中交叉出现。结论是,在返还彩礼的价值认定上,法官一般都是综合以上案件中实际出现的因素,酌情裁判。

五、分家析产纠纷

(一)财产权属的裁判要旨

统计样本数据反映出,对于财产权属的裁判要旨,占比最多的是,没有明显的影响因素,酌情裁判归一方所有(63个);其次是不裁判所有权归属,而是确认共有份额(60个),如(2019)云2530民初537号案,法院认为,“家庭共同财产:位于金平县砖混结构住房一楼及二楼西面一间归原告郑××、仁××、郑××管理使用,二楼东面一间归被告代××管理使用”。3个案件按照实际居住和使用情况裁判所有权归属,如(2018)云0521民初675号案,法院认为,“鉴于自2001年起原告、被告便已分开居住，现有房屋居住状况已形成多年，本着尊重历史、照顾现实、方便当事人生产生活的原则，本院依照当事人的现实居住状况，依法认定施甸县集体土地建设用地使用证号为[施集建(何土)字第××号]土地使用权及土地上附属的房屋所有权归原告方所有"。因此，在分家析产中，所有权归属一方不是裁判的主要方向，大部分案件是维持了家庭成员对财产共有的状态，只是确定份额，这里面很大一部分原因是针对农村的自建房，基于家庭成员还是继续维持共同居住的客观现实，只是对自建房的各个部分确定谁来使用，有一些公共部分，如大门和过道就不区分份额，共同使用(见图32)。

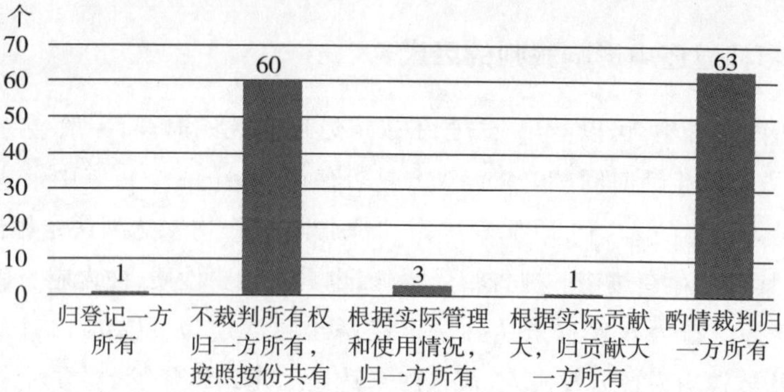

图32　所有权归属裁判要旨统计

值得注意的是，在本次统计样本中唯一1个具有涉外民事案件，(2016)云0581民初277号案。没有对所有权权属进行裁判，而是根据已经生效的判决，确认使用权，具体表述为："原告黄某已取得缅甸国籍，本案属涉外民事纠纷，争议标的不动产，在中华人民共和国领域内，根据我国法律，适用不动产所在地法律，本案适用中华人民共和国法律。钏家湾××××号房产仍有其他共有人，现在分割该房产可能侵害其他共有人的权利，因而，钏家湾××××号房产现暂不宜分割，维持现状。原告黄某已经法院生效判决确定是钏家湾××××号房产的继承人之一及共有人之一，现管理使用该房产并无不当。中华人民共和国云南省腾冲市腾越镇洞山村委会钏家湾××××号房产维持现状。"这个案例反映出的裁判要旨有二：第一，涉外民事案件，涉及不动产的，适用不动产所在地国家的法律；第二，对不动产分割涉及其他共有人，现在分割可能损害其他共有人利益，采用了稳妥的方法仅确认使用权。

（二）财产分割比例的裁判要旨

本次统计样本中，影响财产分割比例的裁判要旨，数量最多的是平均分割，如（2018）云0922民初301号案，法院认为，“杨某因交通肇事死亡后，杨某1、陈某、赵某、杨某2、杨某3均有权平均分配共有的财产，杨某应得的份额由杨某1、陈某、赵某、杨某2、杨某3共同享有”，如（2018）云0822民初739号案，法院认为，“墨江县的房屋属原告赵某、被告杨某1、被告胥某1和胥某2家庭共有的财产，应当由该四人共同享有，人均享有四分之一”。其次是按照实际管理、贡献、出资来确定分割比例，如（2018）云2923民初1088号案，法院认为，“结合争议房产结构状况，从有利生产、方便生活的原则出发，本院认为……”，如（2019）云0111民初5004号案，法院认为，“综合考虑上述共有人对该房屋的贡献大小，本院确认上诉人对该房屋享有六分之一的份额”。其余占比较小的裁判因素为：7个案件按照当事人约定进行分割，如（2018）云0126民初558号案，法院认为，“该款项经原告、被告四兄弟协商后作了分配，各继承人也已领取了各自所得的款项。应当说，各权利人对该分配方案以自己的行为表示了认可”；如（2018）云2625民初431号案，法院认为，“原告刘某与被告冉某经马关县村人民调解委员会主持下签订的协议书上虽未载有被告秦某的签名、捺印，但鉴于在达成协议过程中秦某在场且对协议约定的内容未明确表示异议，结合二被告之间及原告与二被告之间的特殊关系等本案实际，足以认定该协议系原告、被告各方当事人真实意思的表示。经审查，其内容亦不违反我国法律、行政法规的强制性规定。综上所述，本院认为，该协议合法有效，依法应受法律保护，原告、被告均应按照协议约定履行各自的义务”。1个案件中一方放弃，2个案件中按照登记比例确认分割比例（见图33）。

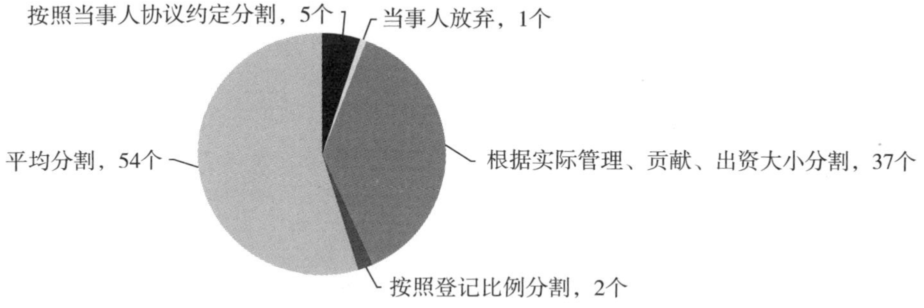

图33 财产分割比例统计

(三)债务的裁判要旨

有4个案件处理了家庭共同债务的分割,如(2017)云3422民初85号案,法院认为,“向×××借款35,000元的债务双方均认可,应属于家庭共同债务。故上述债务应当由×××共同承担”;如(2018)云0822民初739号案,法院认为,“建盖该房屋的债务,有明确的证据证明欠姜某的施工费38,200元,属原告赵某、被告杨某1、被告胥某1及胥某的家庭共同债务,应当由原告赵某、被告杨某1、被告胥某1及胥某共同负责偿还,各负责偿还1/4”。因此,案件中对于家庭共同债务认定的裁判要旨反映为:第一,是否因家庭共同生活生产需要来判定债务性质;第二,债务承担的比例一般是平均分担。

陕西省法院婚姻家庭案件裁判要旨梳理

本报告总共分为两部分，第一部分为离婚案件中涉及财产分割的裁判要旨总结，将2017至2019年离婚案件中涉及财产分割的相关判例的裁判要旨进行总结，裁判文书主要来自威科先行法律信息库；第二部分为离婚后财产纠纷的裁判要旨总结，将2017至2019年离婚后财产纠纷的裁判要旨进行总结，裁判文书来自Openlaw案例库。因网上的离婚判决书涉及子女抚养和当事人隐私，很大一部分不予披露，所以本报告仅就公开的判决书及个别笔者自己办理的案例进行归纳总结。

一、离婚纠纷涉及财产分割的裁判要旨

（一）总体裁判原则及对夫妻财产约定的效力认定规则

1. 总体裁判原则

在陕西省2017至2019年公开实际裁判内容的1106个离婚判决书中，因全省各地实际情况有所不同，对同一情形的判决结果会有所差别。但总体原则是一致的，即在有双方约定或者关于离婚财产分割达成一致意见的情况下，只要双方当事人的约定不违反法律、法规的强制性规定，法院一般会尊重双方当事人的意思自治。在当事人双方没有约定或者无法就财产分割达成一致时，法院会综合考虑当事人双方的经济情况、生活水平，从保护弱势一方的角度出发，作出裁判。值得注意的是，我们发现在部分地区的裁判文书中，为了保证判决的公正及可实施，法官会结合当地的实际情况，在一定程度上突破法律、法规及相关司法解释的规定作出裁判。

2. 夫妻财产约定的效力认定情况

夫妻财产约定是目前司法裁判中涉及较多的情况。婚姻关系存续期间，因双方在生活中的矛盾、摩擦等各种原因，夫妻双方可能以各种形式形成关于财产的约定。这些约定的形式或名称可能多种多样，但在司法裁判中能够被确认有效的并不多。在陕西省2017至2019年公开的1106个离婚判决书当中，仅有5对当事人在离婚之前签订过不同形式的书面协议，而这5个协议中仅有1个协议效力得到认定。

在（2017）陕0802民初11261号案中，夫妻双方曾签订一个夫妻协议书，这是唯一一个发生法律效力的夫妻财产约定，人民法院经过审查，该证据系原始书证、客观真实与本案具有关联性，法院认定夫妻协议书有效，判决婚姻期间原告购买、登

记在原告名下的房产、车辆均为原告的个人财产。

而其他几份被归入夫妻财产约定案由的裁判文书，最多见的是双方或双方家长协商离婚，达成了离婚分割的财产安排，但并未办理离婚登记手续，导致双方的约定不能生效。

以(2016)陕0624民初931号案为例。双方当事人在婚姻关系存续期间签署了私调协议书，通常以为双方签订私调协议书就已经离婚了，但实际上并没有按法律程序办理离婚手续，最终诉讼离婚，法院并未依照双方签署的私调协议书分割财产。

可见在实践中，当事人在处理夫妻财产分割时，最常出现的问题有两个：一是双方或双方家长达成一致意见，但是并未形成书面的财产约定，导致在离婚诉讼中，无法举证双方的财产约定真实合意及内容；二是对离婚协议的生效要件缺少最基本的认知，以为签署一份离婚协议，双方就已经离婚。

（二）离婚纠纷中涉及房产分割的裁判要旨

本报告梳理的裁判文书涉及的房产类型多种多样，既包括商品房，也包括村民自建房，甚至还有贫困补助房。这些判决书中有105个案件涉及商品房，29个案件涉及自建房分割问题，2个案件涉及单位福利房问题，另有1个案件涉及贫困补助房。不同的房产类型涉及的法律规定均有所不同，人民法院对不同房产类型的判决标准也不尽相同。

1. 涉及商品房类离婚案件的裁判要旨

笔者接触的这些案例中，对商品房的裁判主要有以下几种情况：

(1)婚姻关系存续期间，夫妻双方订立了财产约定，约定夫妻财产分别制，财产约定合法有效的，依照财产约定进行裁判。

以(2017)陕0802民初11261号案为例。原告、被告在婚姻关系存续期间订立夫妻财产约定，约定双方财产为AA制，签订财产约定后，原告购买商品房一套，后被告向原告出具字据，载明该房产系原告个人出资购买，贷款由原告个人清偿，该房产与其无关。法院依照双方财产约定及被告出具的字据，认定该房屋为原告个人所有。

(2)婚姻关系存续期间，夫妻双方订立财产约定，约定将一方婚前贷款购买、婚后共同还贷的房产约定为夫妻共同财产，但未办理所有权变更登记手续，离婚时法院依照夫妻财产约定的精神，判决将房屋的价值认定为夫妻共同财产，判决房产归登记一方所有，产权登记方对另一方进行补偿。

以(2019)陕01民终10855号案为例。本案中，男方与女方签订夫妻财产约定，约定将男方婚前贷款购买的房产变为夫妻共同财产，但未对房屋的所有权进行变更登记。后因双方感情破裂，女方诉至法院，要求离婚并分割夫妻共同财产。法院认为，男方自愿将其婚前购买的房产作为夫妻共同财产，系当事人自愿行为，且内容不违反法律规定，原审法院予以确认，并无不当……原审法院根据评估部门对该房屋出具的市值为108.12万元的房地产估价报告，综合支付购房款情况，判令男方向女方支付涉案房屋按揭贷款及增值一半数额即397,881.6元，亦无不当，本院不再调整。

(3)婚姻关系存续期间购买的房产，如无夫妻财产约定，也无证据证明该房产系一方婚前个人财产在婚后的财产形态转化或一方父母对其个人的赠与等归属于一方个人财产的情况，法院一般会认定该房产系婚姻关系存续期间的夫妻共同财产，离婚时综合考虑房产的登记、还贷情况判决房产归一方所有，对另一方按照房产价值的一半进行补偿。

以(2018)陕0324民初1499号案为例。原告、被告在婚后购买房产一套，原告称该房产首付70,000元系其父亲对其个人的赠与，但其提供的证据不能证明其主张的事实，故应认定该房产系其双方夫妻共同财产，为夫妻共同所有。判决房产归原告所有，同时因房产为贷款购买，以原告名义清偿按揭贷款，故法院酌情判令房产归原告一方所有，由原告向被告补偿房屋首付款加按揭款的一半。

(4)婚前一方父母为一方分期出资购买房产，婚后出资方父母出资将其余款项付清，明确表示该房屋系赠与其子女一方的财产，法院认定为父母向房屋登记一方的个人赠与，该财产为一方的个人财产，离婚时不作夫妻共同财产分割。①

以(2018)陕0103民初7092号案为例。原告父母于2012年以向第三人支付房款形式购买了一套团购房，原告、被告结婚之后，原告父母直接将该房屋购房合同的购买人写为原告，并在原告、被告结婚后支付多笔房款，将该房屋房款付清。庭审中，原告父母均到庭表示，二人仅愿将涉案房产赠与给原告，法院判决该房屋归原告所有。

(5)一方婚前购买的房产，在婚后未取得所有权，离婚时，法院不对所有权进行认定，但会依据购房时间、房款来源以及商品房买卖合同的购买方等情况，判决房产归购买方使用和居住。

---

① 目前《最高人民法院关于适用〈中华人民共和国民法典〉婚姻家庭编的解释(一)》第29条明确规定："当事人结婚前，父母为双方购置房屋出资的，该出资应当认定为对自己子女个人的赠与，但父母明确表示赠与双方的除外。当事人结婚后，父母为双方购置房屋出资的，依照约定处理；没有约定或者约定不明确的，按照民法典第一千零六十二条第一款第四项规定的原则处理。"

以(2018)陕0104民初1601号案为例。原告在婚前以分期付款的形式购买了一套商品房,离婚时仍未取得该房屋的所有权。法院在审理中认为,该房屋买卖合同由原告在婚前签订并履行主要购买义务,为原告婚前所置,应由原告依据其与陕西天狮置业有限公司之间签订的房屋买卖合同约定享有居住和使用的权利;原告于婚姻关系存续期间缴纳的分期房款、置房借贷以及物业费等,因原告、被告均认可双方婚后财产各自独立,故分期房款、置房借贷以及物业费属于原告一方债务,由原告自行承担。

(6)一方婚前贷款购买的房产,婚后以夫妻共同财产还贷,离婚时,法院综合房屋婚后还贷、增值部分,判决房产归购买方所有,得房方须将婚后共同还贷、增值部分的一半对另一方进行补偿。

以(2017)陕0122民初2036号案为例。原告婚前贷款购买商品房及地下室一套,婚后原告、被告共偿还贷款本息42,258.05元,经过评估,确认婚后商品房及地下室增值共计124,200元,最终法院判决原告向被告支付35,000元补偿。

2. 自建房的裁判要旨

农村自建房是本次裁判要旨梳理中遇到问题较多的。因为涉及农村自建房的宅基地使用权、家庭成员共同出资等实际问题,所以在自建房的裁判中,我们发现,法官的裁判思维在法律规定之外,除考虑出资、贡献程度外,还会考虑房屋和附属物的实际使用可能性。

(1)在尊重当事人意思自治的情况下,充分考虑房屋建造的时间、双方居住情况,在保证双方基本生活不受影响的情况下,对自建房的判决,以方便双方生活、照顾经济条件较差一方的原则进行裁判。

以(2017)陕0116民初9694号案为例。原告、被告在婚后建有一套自建房,诉讼中原告、被告对双方自建房的使用情况达成了一致意见,双方均同意两层房屋的第二层西边一间归被告,院子、楼梯、大门、过道双方共有,法院对当事人的达成一致意见的分割方案予以确认,对双方有争议的财产归属,法院认为,原告刘某某系贫困户,在财产分割时应予照顾,故将该自建房院中的灶房判归原告刘某某所有。

(2)在涉案自建房有其他共同居住人,家庭成员并未进行分家析产的情况下,法院对该自建房分割不予处理。

以(2018)陕0116民初5667号案为例。在本案中,原告、被告婚后生育了两名子女,建盖了八间一层平房。在双方离婚时子女均已成年,且均住在双方婚后自建的房屋内。法院认为,因原告、被告尚与其他家庭成员共同生活,该房屋尚未分家析产,故在离婚案件中不予处理,当事人可另案起诉。

(3)在双方婚姻关系存续期间,以一方名义申请的宅基地,另一方出资较多时,综合考虑宅基地的归属、双方出资情况及贡献大小进行裁判。

以(2018)陕0116民初196号案为例。在本案中,双方结婚后,原告申请了一处宅基地,被告于1996年初建造前房三间一层,2003年建造后房三间一层及前后房之间的一间一层厨房,法院在综合考虑宅基地的归属、双方出资情况及贡献大小等实际情况后,判决房屋中的后房中的西北角一间房屋归原告王某某所有,其余归被告王某甲所有,房屋过道及院落共用。

(4)双方婚姻关系存续期间,共同修建的自建房,离婚时,不考虑宅基地的使用权及出资、贡献大小,按照一人一半的原则进行判决,公共部分判决共同使用。

以(2018)陕0729民初41号案为例。在本案中,双方婚后育有两名子女,盖有砖混结构房屋4间半,双方与被告母亲共同生活,法院判决西边两间正房归原告所有,东边两间正房及半间厨房归被告及其母所有,东边厕所由双方共同使用。

(5)一方婚前申请的宅基地,婚后双方共同修建房屋,离婚时,根据宅基地使用权的归属,按照"房随地走"的原则,将房屋判归宅基地申请方使用和居住,由房屋使用和居住方给另一方支付修建房屋款项的一半作为补偿。

以(2017)陕0302民初387号案为例。在本案中,原告婚前申请了一处宅基地,婚后双方共同投资11万元修建了自建房,法院认为,因被告不具有所建房屋宅基地的份额,故房屋应由原告居住为妥,以双方认可的投资款分给被告一半的经济补偿款,故最终判决房屋由原告所有,原告给付被告房屋补偿款55,000元。

3. 转让单位集资房名额的裁判要旨

这类案件目前笔者可作研究的案例数量有限,故仅就此次裁判要旨总结中查阅的案件裁判要旨进行总结,裁判要旨如下:

一方单位集资建房,该方未经另一方同意擅自将集资房购买名额转让给第三人,房屋由第三人出资购买并居住,房屋不作夫妻共同财产处理,但集资房名额转让所得价款为夫妻共同财产,应当进行分割。

以(2017)陕0602民初3067号案为例。原告、被告婚姻关系存续期间,原告张某之子以原告名义共向原告单位缴纳房屋集资款326,313元。后原告单位给原告分配了一套集资房,原告之子出资装修了该房并居住至今。原告、被告诉讼离婚时,因原告无法证明其向其子转让集资房名额经过被告的同意,故该房的集资名额应属于夫妻共同财产。法院结合该房的具体位置及市场转让价格,酌情确定该房的集资名额价值12万元,判决原告向被告支付折价款的一半60,000元。

4. 贫困补助房的裁判要旨

由于历史原因,在实现全面脱贫前,陕西省有些地方存在一些贫困家庭,这些家庭在离婚时,需处理政府在扶贫工作中给贫困户提供的一些保障性住房。有些法院认为,政府提供的保障性住房不属于夫妻共同财产,不进行分割。

以(2019)陕0728民初332号案为例。在本案中,原告离家长达18年之久,被告独自在家抚养双方婚生子,被列为建档贫困户。2018年,镇巴县长岭镇政府分给被告一套50平方米的房屋,原告诉讼离婚时要求分割。法院认为,因该房屋不是夫妻共同财产,故对原告分割该房屋的请求不予支持。

(三)离婚纠纷中涉及公司股权的裁判要旨

在本次案例统计中,离婚诉讼中涉及公司股权的案件较少,相较而言,涉及公司股权的纠纷主要出现在离婚后财产纠纷中。在离婚诉讼中,法院有以下两种裁判方式:

1. 涉案公司为有限责任公司,对于公司股权的处理,因公司存在其他股东,在离婚案件中不处理,由当事人与其他股东进行协商处理。

以(2018)陕0104民初3613号案为例。冯某与关某某在婚姻关系存续期间,关某某与朋友成立某汽车维修有限公司,后冯某入股,在离婚纠纷中,冯某要求分割双方股份。法院认为,因该公司尚有其他股东,双方可与其他公司股东统一结算并进行工商备案登记后,另行协商解决,或另案处理。

2. 法院直接依照股权的实际价值,对涉案公司股权进行分割,原告、被告各占一半。

以(2018)陕0581民初1009号案为例。在本案中,法院查明,双方在婚姻关系存续期间拥有的夫妻共同财产有珠海横琴新区盖网通有限公司股权1,182,860元,法院认为,该公司股权系夫妻共同财产,故判决夫妻共同财产珠海横琴新区盖网通有限公司股权1,182,860元,由原告、被告各享有591,430元。对于这一判决,笔者认为稍有不妥,但因本案相关材料无法获得,且涉案公司已被注销,无从查实,仅能将该判决观点进行罗列。

(四)离婚纠纷中涉及隐匿、转移财产的裁判要旨

本次统计案例中未出现因隐匿、转移财产而致使离婚诉讼中对财产的判决有所倾斜的现象,但法院会将一方隐匿、转移财产作为夫妻双方感情破裂的一个判断标准。

以(2018)陕0116民初5272号案为例。该案件中一方在庭审后转移夫妻共同财产,被对方及时发现,并申请法院发出调查令进行调查,尽管被告在庭审中声称双方感情尚好,不同意离婚,但转移共同财产的行为暴露了其已经不愿再与对方继续共同生活的真实想法,法院依法判决双方离婚,这也是为数不多的首次提起诉讼,且在被告不同意离婚的情况下,人民法院支持原告离婚的诉讼请求的案件。

(五)离婚纠纷中涉及彩礼返还的裁判要旨

总体来说,离婚诉讼中,存在大量男方要求返还彩礼的情况,虽然司法解释有明确规定,但在实际裁判中,并非一概如此。目前在实践中有两种常见形态:

1. 严格依照法律和司法解释的规定,对当事人要求返还彩礼的情形进行评估,对不符合返还彩礼规定的,判决不予返还。

以(2018)陕0723民初2356号案为例。在本案中,双方结婚5年后诉讼离婚。被告要求原告返还其在结婚时向原告支付的彩礼,法院在审查被告提交的证据后认为,被告无证据证明给付彩礼导致其生活困难,故对其诉请不予支持。

2. 法院在综合考量双方共同生活的时间、彩礼给付的金额等因素后,针对共同生活时间较短的当事人,判决收取彩礼方返还部分彩礼。

《最高人民法院关于适用〈中华人民共和国婚姻法〉若干问题的解释(二)》第10条[①]规定:"当事人请求返还按照习俗给付的彩礼的,如果查明属于以下情形,人民法院应当予以支持:(一)双方未办理结婚登记手续的;(二)双方办理结婚登记手续但确未共同生活的;(三)婚前给付并导致给付人生活困难的。适用前款第(二)、(三)项的规定,应当以双方离婚为条件。"但在涉及返还彩礼的离婚判决中,大量存在双方已共同生活,但共同生活时间较短,法院仍然判决部分支持返还彩礼的情况。

以(2018)陕0324民初2017号案为例。在本案中,男方结婚时支付了彩礼80,000元,离婚时向人民法院请求判令返还彩礼,并未提交符合《最高人民法院关

---

① 现《最高人民法院关于适用〈中华人民共和国民法典〉婚姻家庭编的解释(一)》第5条规定:"当事人请求返还按照习俗给付的彩礼的,如果查明属于以下情形,人民法院应当予以支持:(一)双方未办理结婚登记手续;(二)双方办理结婚登记手续但确未共同生活;(三)婚前给付并导致给付人生活困难。适用前款第二项、第三项的规定,应当以双方离婚为条件。"内容无变动。

于适用〈中华人民共和国婚姻法〉若干问题的解释(二)》第10条①规定当中所列情形的证据,但人民法院仍旧判令女方返还部分财产,其判决理由为:由于金额较大,且原告、被告结婚后实际共同生活时间确实不长,现原告彩礼返还的诉请,符合法律相关规定,本院应支持其请求项目,但全额返还于法无据,被告应该酌情予以部分返还。

(六)离婚纠纷中涉及共同债务承担的裁判要旨

对于夫妻共同债务的承担,人民法院的判决不仅会考虑公平分配的原则,离婚诉讼过程中的许多其他因素也会作为判决债务承担的理由。

第一,离婚双方的个人意愿,在很多情况下诉讼一方主体会放弃要求对方承担债务的诉讼请求,尤其是在对方缺席判决的案件当中,到庭一方实在难以坚持要求对方承担债务,于是主动提出放弃要求对方承担债务。

第二,其他财产分割的方式会影响债务承担的判决,很多案例当中会对债务承担和财产分割进行统一计算,将财产分割双方互相支付的补偿款以及债务数额综合在一起来进行抵顶,也有一些案件当中财产分割和债务承担并没有体现明确分割方式,但获得较多财产的一方也承担了全部或大部分的债务,总体保持平均分配的原则。

第三,考虑方便债务偿还的原则,一些债务的存在具有依附性,例如,夫妻双方的债务可能是未还完的房贷、车贷等,在这样的情况下,剩余房贷和车贷基本是由获得房屋和车辆产权的一方来承担,既能体现公平原则,也能方便后续债务偿还;另有一种情况即债务是向一方亲友的借款,这类案件在判决时通常会判令债务由债权人的亲友一方承担,以避免离婚后债权人与承担债务的人员之间的人际关系不复存在而导致债权难以实现。

(七)离婚纠纷中涉及离婚赔偿或经济帮助的裁判要旨

在离婚时一些当事人会因为各种情况“意难平”,从而以各种理由向对方提起经济赔偿或补偿的请求。在2017至2019年公开的离婚案件当中,法院判决支持离婚损害赔偿或经济帮助的案件共有70个,判决支持的理由主要有两个:(1)因一方

---

① 现《最高人民法院关于适用〈中华人民共和国民法典〉婚姻家庭编的解释(一)》第5条规定:“当事人请求返还按照习俗给付的彩礼的,如果查明属于以下情形,人民法院应当予以支持:(一)双方未办理结婚登记手续;(二)双方办理结婚登记手续但确未共同生活;(三)婚前给付并导致给付人生活困难。适用前款第二项、第三项的规定,应当以双方离婚为条件。”内容无变动。

经济困难，法院判决另一方给经济困难一方支付部分经济帮扶金；(2)因一方存在家暴、与他人同居等过错，法院判决过错方向无过错方支付相应的损害赔偿金。

1. 在判决给付经济帮助金的案件中，主要是以帮扶弱势群体为原则进行裁判。

例如，(2018)陕0116民初4831号案，被告身体负伤，原告多次起诉离婚，法院判决双方离婚，考虑到被告李某受伤后长期住院治疗经济困难，原告王某应适当给付被告经济帮助款10,000元。

又如，(2018)陕0116民初1240号案，被告郭某某婚后患精神分裂症，原告吴某某诉请离婚期间，被告被法院判决认定为限制民事行为能力人，法院最终判决双方离婚，考虑到被告郭某某患有精神疾病需要长期治疗，由原告吴某某一次性支付被告郭某某经济帮助款3000元，考虑到被告郭某某的生活能力，法院判决双方婚生子郭某乙的抚养费由原告吴某某自行承担，从这一角度也体现了法院判决支付经济补偿金主要是以帮扶弱势群体为主的原则。

2. 法院在判定是否支持过错损害赔偿时，除双方都认可存在过错情形外，对与他人同居、家暴等过错认定相对审慎，综合考虑过错方的过错程度、经济水平及当地生活水平等各项因素，判决过错方给无过错方适当的损害赔偿。

以(2018)陕1026民初663号案为例。原告在双方婚姻关系存续期间，前往外地打工，并与他人同居，生育一子。被告在诉讼中提供了原告在医院生育其与他人非婚生子的住院病历，法院认为，原告在婚姻关系存续期间与他人同居生子，被告要求损害赔偿符合法律规定，结合实际情况及当地生活水平酌定为20,000元。

二、离婚后财产纠纷的裁判要旨

此次数据统计的目的在于通过2017至2019年的判决数据来归纳一个地区的裁判观点，比对各省的共性与差异，陕西省案由为离婚后财产纠纷的一审、二审，判决数据来自Openlaw案例库，共341个。因大量离婚后财产纠纷系一方不履行离婚协议约定的义务而起，故本部分对该原因引发的案件仅就相对特殊的案件裁判观点进行汇总，对一般确权的裁判观点不再赘述。另外，部分离婚后财产纠纷案件涉及的裁判要旨与离婚纠纷中涉及财产的案件裁判要旨基本一致，本部分仅就离婚纠纷中未涉及的部分内容进行说明。

1. 离婚协议中约定房屋归非产权登记一方所有，双方离婚后，产权登记方将房屋设立抵押登记的，法院仅对离婚协议中关于该涉案房产的条款效力进行确认，对于非产权方的变更登记诉请不予处理。①

以(2017)陕0113民初12113号案为例。原告、被告在离婚协议中约定,涉案房屋在离婚后归原告所有,由被告配合办理相关手续。后被告未依照离婚协议约定将房产变更登记及交付给原告,而是在其获得房屋所有权证书后,将涉案房屋抵押贷款,原告诉至法院要求确认涉案房屋归原告所有,并判令被告配合涉案房屋的办理变更登记手续。法院认为,双方离婚协议确认涉案房屋归原告所有,应当依法支持,但因涉案房屋办理了抵押登记,原告应待抵押撤销后再行办理过户等相关事宜。故对于原告的该项请求,法院依法不予处理。

2. 离婚协议中载明"双方婚后无共同财产",离婚后,一方又起诉要求分割的,法院有以下几种裁判情况:

(1)视为双方对财产权利的放弃,离婚后再行起诉要求分割夫妻共同财产,须自行承担不利后果。

以(2018)陕01民终10235号案为例。张某在新加坡工作,婚前多次转款给薛某,婚后薛某前往新加坡与张某共同生活,张某多次转款给薛某,双方均认可款项用于股票投资。后双方协议离婚。离婚协议载明双方婚后无共同财产。离婚后张某起诉要求薛某返还其存放在薛某银行账户内的存款。法院经审理认为,因薛某账户内的资金系双方婚前以及婚后多笔款项投资交易所得,且双方在离婚时明确约定"双方婚后无共同财产",即张某已放弃该股票账户内的婚后共同财产部分,而现有证据并不能将同一账户下婚前投资与婚后投资共同产生收益区开分开来。另外,张某称其将上述个人财产寄存在薛某的账户内用于投资股票,但现有证据亦不能证明双方对此协商一致,故关于张某的诉讼请求,证据不足,依法不予支持。

(2)双方在离婚协议中约定无夫妻共同财产,但在一方起诉后,经查确有夫妻共同财产未分割的,法院对双方当事人婚姻关系存续期间未分割财产应当分割。

以(2018)陕04民终1404号案为例。李某与安某1于2013年办理结婚登记。2016年4月23日,李某以户主名义与拆迁办签署了咸阳市吕村周村南寺村棚户区改造项目征迁补偿(房屋)安置协议,协议确定了房屋补偿款、装修补偿款、其他附属物标的物补偿款、搬家费及奖励政策。李某、安某1于2016年10月31日办理离

---

① 现《民法典》第406条规定:"抵押期间,抵押人可以转让抵押财产。当事人另有约定的,按照其约定。抵押财产转让的,抵押权不受影响。抵押人转让抵押财产的,应当及时通知抵押权人。抵押权人能够证明抵押财产转让可能损害抵押权的,可以请求抵押人将转让所得的价款向抵押权人提前清偿债务或者提存。转让的价款超过债权数额的部分归抵押人所有,不足部分由债务人清偿。"取消必须经抵押权人同意才能转让的内容。

婚登记,双方离婚协议中载明无夫妻共同财产。2017 年 4 月 6 日,安某 1 起诉到法院,要求分割拆迁款。法院审理后,认为安某 1 在签订离婚协议时,对李某以户主名义取得婚姻关系存续期间的拆迁安置补偿情况并不完全知情,不能以离婚协议认定安某 1 放弃其享有财产的权利,经查该财产属于离婚时未分割的夫妻共同财产,依法应当进行分割。

3. 离婚协议中约定一方未按协议履行义务时,违约一方应向守约方支付违约金的,法院对违约条款的效力给予确认。

以(2017)陕 01 民终 12075 号案为例。双方当事人在离婚协议中约定男方自愿分两次共向女方支付人民币 40 万元给女方作为补偿款,并确认双方签订协议时不存在生活困难的情况,任何一方不按约定期限履行支付款项义务的,违约方向守约方支付违约金 20 万元。后男方未按约定向女方履行支付义务,女方诉至法院,要求男方支付相应补偿款,并支付 20 万元违约金。法院审理后认为,男方无证据证明该离婚协议的财产分割条款系欺诈、胁迫等情形,对补偿金条款和违约金条款效力均予以确认。

4. 离婚协议财产分割条款中涉及限制婚姻自由的部分无效,基于无效约定而缔结的新约定中显失公平的条款可撤销。①

以(2017)陕 0702 民初 1971 号案为例。双方当事人在离婚协议第 3 条第 1 款约定:后院大门东边门面房 1 间和在一层门面房上加层修建的门面房 21 间及后院附属房的二、三层归女方齐某所有,男方自愿放弃所有权。女方不能转让转卖,如女方再婚,一半财产归女儿陈某某所有。后双方又签订补充协议约定将女方分得的财产全部归属于男方。后女方起诉至法院要求撤销双方离婚协议中关于财产分割的约定及后期双方达成的补充协议。法院审理后认为,基于双方真实意思表示而达成的离婚协议中关于财产分割部分的约定,无事实及证据证明存在欺诈、胁迫情形,不应撤销,但原协议中"如女方再婚,一半财产归女儿陈某某所有"系附条件的约束性条款,违反了法律规定的结婚自由、离婚自愿的原则,且临建房无所有权,仅有使用权,应予以纠正;补充协议明显显失公平,将所有夫妻共同财产归属于一方,

---

① 该裁判是根据《合同法》第 54 条作出的。《合同法》第 54 条:"下列合同,当事人一方有权请求人民法院或者仲裁机构变更或者撤销:(一)因重大误解订立的;(二)在订立合同时显失公平的。一方以欺诈、胁迫的手段或者乘人之危,使对方在违背真实意思的情况下订立的合同,受损害方有权请求人民法院或者仲裁机构变更或者撤销。当事人请求变更的,人民法院或者仲裁机构不得撤销。"《民法典》第 148 条、第 149 条、第 150 条及第 151 条对民事法律行为可撤销的规定做了改变,已取消了"订立合同时显失公平的"可变更或撤销原合同的规定。

原告在除斥期间内申请撤销，予以支持，故判决撤销补充协议第 1 条、第 3 条的规定，并将原离婚协议第 3 条第 1 款修正为：……后院大门东边门面房 1 间和在一层门面房上加层修建的门面房 21 间及后院附属房的二、三层归原告使用。

5. 未取得所有权的单位福利房，因福利房与一方身份密切相关，在未取得产权证的情况下，暂不处理所有权，仅判决归福利房分配单位一方居住，由居住方向另一方支付房屋使用补偿费。

以(2017)陕 0113 民初 13005 号案为例。原告、被告在婚后出资购买被告单位福利房一套，离婚时尚未取得房屋所有权，法院认为，因涉案房屋尚未取得房屋所有权证书，故仅处理房屋的居住使用权。涉案房屋系被告单位所分，与被告的身份直接相关，系因被告的身份利益所得，故判决房屋应由被告居住使用，被告应向原告按月支付房屋使用补偿费用。参考被告之前出租房屋的租金每月 3800 元，以及原告、被告的退休金收入情况，本院酌情认定被告每月支付原告房屋使用费 2500 元为宜。

6. 当事人以对方在协议离婚时存在欺诈为由，申请撤销离婚协议关于财产分割部分的约定，法院结合离婚协议的条款、离婚原因等因素进行审查，认为在协议离婚过程中确实存在欺诈的情况的，判决撤销离婚协议中财产分割条款。

以(2017)陕 01 民终 3990 号案为例。在郑某与张某 1 离婚案中，法院认为，多名证人(包括郑某的父母)均证明双方离婚是为子女办户口，而非真正为离婚签订离婚协议，后张某 1 多次要求复婚，郑某拒不复婚，而是不久后与他人再婚，结合案件情况，确认离婚协议并非张某 1 真实意思表示，故郑某存在欺诈行为，张某 1 请求撤销协议第 3 条关于财产分配的约定，应予以支持。

甘肃省法院婚姻家庭案件裁判要旨梳理

一、判决离婚案件量统计

本裁判要旨梳理基于Alpha案例库、聚法案例查询案例得出，仅针对法院判决准予离婚并涉及财产分割的案件进行统计分析，特此说明。

甘肃省2017至2019年法院判决准予离婚案件数量如下：2017年641个，2018年486个，2019年654个，共计1781个。

在上述离婚判决案件中涉及财产分割的数量如下：2017年139个，2018年90个，2019年128个，即甘肃省2017至2019年准予离婚中涉及共同财产分割的案件共计357个。

同时，甘肃省2017至2019年离婚后财产纠纷的判决案件，其中2017年94个，2018年129个，2019年106个，共计329个。

二、离婚诉讼中涉及财产分割的裁判要旨

涉及房屋分割的案件量为211个，其中涉及农村自建房屋（宅基地）分割的案件有85例，无产权房屋分割的案件有13个，涉及一方或双方父母出资购房处理房屋分割的案件有7个，房屋类型不一而足。

（一）尚未取得房屋所有权证的房屋分割的裁判要旨

《最高人民法院关于适用〈中华人民共和国婚姻法〉若干问题的解释（二）》第21条第1款①规定：离婚时双方对尚未取得所有权或者尚未取得完全所有权的房屋有争议且协商不成的，人民法院不宜判决房屋所有权的归属，应当根据实际情况判决由当事人使用。

实践中，法院针对尚未取得所有权或尚未取得完全所有权的房屋，裁判要旨有以下情形：（1）房屋尚未办理产权登记，权属及权利性质不明，不具备分割条件，对房屋不予处理。如（2019）甘0102民初2250号案。（2）仅处理房屋使用权。（3）判定暂由一方居住使用，房屋贷款由双方按照能力承担偿还。（4）对房屋的权属归属不予处理，判定由一方居住使用，对已支付的房屋款项、房屋装修费用、房屋内部家

① 现《最高人民法院关于适用〈中华人民共和国民法典〉婚姻家庭编的解释（一）》第77条第1款规定："离婚时双方对尚未取得所有权或者尚未取得完全所有权的房屋有争议且协商不成的，人民法院不宜判决房屋所有权的归属，应当根据实际情况判决由当事人使用。"内容无变动。

具以及房屋剩余贷款依法处理,对于已支付款项予以平均分割,尚未偿还房屋贷款部分由使用权人承担。同时,法院告知当事人,待涉案房屋取得所有权证后,可就房屋增值部分另行主张。如(2016)甘 01 民终 2624 号案。(5)房屋虽未办理房屋所有权登记,但是房款已全部付清且交付使用,房屋所有权清晰,对房屋的归属及分割作出判决,判定房屋由一方居住使用,待产权证实际取得后房屋归使用方所有。如(2016)甘 01 民终 2723 号案;法院认为房屋虽未办理房产证,但购房合同上产权明晰,共同财产,确定房屋权属归属,由所有人承担房屋贷款债务,且向另一方给付除去房屋贷款债务后的一半房款。如(2016)甘 1202 民初 1504 号案。(6)判定一方居住使用房屋,按照双方估价,减去贷款部分,使用人给付另一方一半的房屋折价款。如(2017)甘 0111 民初 748 号案。

(二)婚后父母为双方购置房屋出资分割的裁判要旨

《最高人民法院关于适用〈中华人民共和国婚姻法〉若干问题的解释(二)》第 22 条第 2 款[①]规定:当事人结婚后,父母为双方购置房屋出资的,该出资应当认定为对夫妻双方的赠与,但父母明确表示赠与一方的除外。

实践中,法院对于夫妻双方在婚后购房,父母为双方购房出资的,大多都认为是对双方的赠与,依法判决。但是也有个别案件在无明确证据的情形下,认定为对自己子女一方的赠与。如(2017)甘 0902 民初 92 号案。还有部分案件,双方在婚后购房,一方或双方父母为双方购房出资的,认定为借款。如(2019)甘 0321 民初 391 号案。

(三)农村自建房(宅基地)分割的裁判要旨

农村自建房(宅基地)案件,包括家庭共同财产和夫妻共同财产分割,各地法院结合自建房修建时间、出资情况、有无产权证书、家庭贡献和经济状况、家庭人数等因素,即使没有所有权证书,为了方便以后生活,且有利于生产、生活为原则,平均分割房屋,在当事人协商一致房屋价值或评估后,按照房屋方位、间数分别判定归谁所有,同时对共同使用部分作出判定。如(2017)甘 01 民终 2030 号案。除非当事人一方放弃共同财产分割,进而判决宅院归一方所有。同时,部分法院也会根据宅基

① 现《最高人民法院关于适用〈中华人民共和国民法典〉婚姻家庭编的解释(一)》第 29 条第 2 款规定:"当事人结婚后,父母为双方购置房屋出资的,依照约定处理;没有约定或者约定不明确的,按照民法典第一千零六十二条第一款第四项规定的原则处理。"若无明确约定,婚后父母为子女购房出资将被视为夫妻共同财产。

地无所有权证及证据不明，不能证明是夫妻共同出资修建，而对宅基地上的房屋不作出分割处理。如（2017）甘1022民初1068号案、（2019）甘0123民初631号案。

（四）经济帮助费的裁判要旨

甘肃省2017至2019年判决准予离婚并对财产作出分割的案件中，涉及判决一方对另一方给付经济帮助费的案件共计25个，其中有的案件中经济帮助系当事人诉讼请求事项，有的案件是法院直接判决内容为经济帮助金。各地法院判决该项内容时，在考虑一方家庭经济状况，有无固定职业和正常收入来源，以及身体状况、下落不明等因素，将一方所得共同财产分割份额或一方个人财产作为经济帮助费归另一方所有，或直接判决具体数额的经济帮助费，甘肃省判决的经济帮助费数额最低为5000元，最高为50,000元，其中判决10,000～20,000元的案件偏多。

（五）抚养权和抚养费的裁判要旨

通过收集整理分析案例，发现在甘肃省2017至2019年判决离婚分割财产的案件中，有些案件将一方所获共同财产的份额作为孩子抚养费归另一方所有，这样判决的缘由为：有的案件出于当事人双方自愿协商一致，有的案件出于一方放弃财产分割，或者一方经济困难而作出的判决。其所依据的法律规定是《最高人民法院关于人民法院审理离婚案件处理子女抚养问题的若干具体意见》（已废止）第9条的规定。

对于孩子抚养权，法院判决时均是从有利于孩子健康成长的原则出发，不改变孩子生活环境，结合其他案件情况判决抚养权。对于有两个孩子的家庭来说，法院一般会判决孩子由双方一人一个抚养，但不排除一方全部抚养两个孩子的情形，法院判决抚养权均是从有利于孩子今后成长角度出发。

（六）精神损害赔偿的裁判要旨

离婚案件中，虽然当事人提出精神损害赔偿的请求，但是若证据不足，一般都不会受到法院支持。

通过看案例，法院判决支持精神损害赔偿的理由是有证据或证人证言表明一方存在家庭暴力或出轨，进而判决支持精神损害赔偿，赔偿数额一般在5000～8000元。如（2017）甘0902民初1054号案、（2017）甘0622民初494号案。

(七)离婚案件中涉及返还彩礼的统计分析

2017至2019年判决离婚案件涉及彩礼支持情况:总案件量为135个,其中法院判决酌情返还彩礼的案件有102个,未支持当事人返还彩礼请求的案件有25个,未处理的案件有8个,全部返还的微乎其微。

1. 主体问题

一方当事人起诉配偶一方离婚并要求返还彩礼,诉讼中会存在收取彩礼的第三人作为诉讼参与人参加诉讼,一般法院会认定由收取彩礼的一方返还一定的彩礼金额,如果收取彩礼一方未进入诉讼,法院会要求另行提起诉讼。同时,有的法院也会认为一方提出返还彩礼问题属于婚约财产纠纷,不属于离婚纠纷案审理范围,法院不会一并处理,要求另行主张。上述内容仅针对离婚纠纷中返还彩礼请求主体问题。

2. 判决返还的认定依据

《最高人民法院关于适用〈中华人民共和国婚姻法〉若干问题的解释(二)》第10条[①]规定:“当事人请求返还按照习俗给付的彩礼的,如果查明属于以下情形,人民法院应当予以支持:(一)双方未办理结婚登记手续的;(二)双方办理结婚登记手续但确未共同生活的;(三)婚前给付并导致给付人生活困难的。适用前款第(二)、(三)项的规定,应当以双方离婚为条件。”

可见,法律规定返还彩礼必须具备上述情形才应返还彩礼。但在实践中彩礼返还的判决并未完全按照上述规定判定。

实践中,离婚纠纷中一方要求另一方返还彩礼,法院一般处理方式如下:(1)法院认为夫妻双方共同生活时间短,其中时间短包括几个月、一年、两年等,结合彩礼金额大,与当地人均收入差距大,致使一方生活经济困难,以及根据《婚姻法》第3条第1款[②]规定“……禁止借婚姻索取财物”,为了贯彻当地政府政策精神,治理高价彩礼、推动移风易俗,判定由另一方酌情返还彩礼。(2)法院依法判决。认为一方请求另一方返还彩礼,无证据证明具备法律规定的情形,或未因给付彩礼造成一方生活的绝对困难,或因双方结婚时间长且有共同生育的孩子,从而对彩礼返还请求不予支持。

---

① 现规定在《最高人民法院关于适用〈中华人民共和国民法典〉婚姻家庭编的解释(一)》第5条,内容无变动。

② 现《民法典》第1042条第1款规定:“禁止包办、买卖婚姻和其他干涉婚姻自由的行为。禁止借婚姻索取财物”,内容无变动。

上述离婚纠纷中彩礼返还的请求，法院都是在当事人请求的基础上，大多以酌情返还判定，可见法院在认定此类案件时结合当地经济发展水平、共同生活时间长短、家庭生活条件以及彩礼金额大小，从而对返还彩礼作出判决。

三、离婚后财产纠纷的裁判要旨

甘肃省2017至2019年离婚后财产纠纷共计329个，其中当事人起诉履行、确认离婚协议的案件有109个，法院在查明离婚协议内容合法有效后，判决支持当事人请求履行、确认离婚协议的请求。同时，在该类纠纷中，还涉及请求返还彩礼的案件有38个，夫妻共同债务承担案件22个。也有涉及离婚纠纷中未处理财产，进而另行提起该类诉讼，要求分割夫妻共同财产。

根据《最高人民法院关于人民法院在互联网公布裁判文书的规定》第4条的规定："人民法院作出的裁判文书有下列情形之一的，不在互联网公布：(一)涉及国家秘密的；(二)未成年人犯罪的；(三)以调解方式结案或者确认人民调解协议效力的，但为保护国家利益、社会公共利益、他人合法权益确有必要公开的除外；(四)离婚诉讼或者涉及未成年子女抚养、监护的；(五)人民法院认为不宜在互联网公布的其他情形。"

上述报告基于公开的部分案例，因此未公布的判决不在本次数据分析之列，统计结果难免有所差异，供大家借鉴参考。

青海省法院婚姻家庭案件裁判要旨梳理

本报告分为青海省 2017 至 2019 年离婚纠纷财产分割编和离婚后财产纠纷财产分割编两部分。

判决书来源:Alpha 案例库。

一、离婚纠纷涉及财产分割的裁判要旨

(一)离婚纠纷中房产分割的裁判要旨

1. 商品房分割的裁判要旨

(1)尊重当事人意思自治

离婚时,夫妻的共同财产由双方协议处理,双方达成一致意见且不违反相关法律规定的,法院予以采纳。

参考案例:(2016)青 2802 民初 717 号。

(2)婚前一方购买登记在自己名下的按揭房

婚前一方购买登记在自己名下的按揭房,法院对于房屋所有权的裁判是统一的,均为首付款支付一方所有。但是对于婚后还贷部分的裁判要旨并不统一。

①对于婚后还贷部分,法院认为是使用夫妻共同财产还贷,双方婚后共同还贷支付的款项,由产权登记一方对另一方进行补偿,补偿金额为还贷金额的一半。

参考案例:(2017)青 2801 民初 247 号。

②对于婚后还贷部分,法院认为当事人无证据证明原告系用双方的共同存款偿还产权登记方婚前所购买的房屋的房贷,故其要求将偿还房贷的款项作为共同财产进行分割的理由不能成立,法院不予支持。

参考案例:(2016)青 2801 民初 1289 号。

(3)婚后双方出资购买登记在一方名下的房屋

婚姻关系存续期间购买的产权房,登记在夫妻一方名下,为夫妻共同财产,离婚时协商不成的由法院依法进行分割。

参考案例:(2018)青 01 民终 1427 号。

(4)婚后一方与父母共同出资购买登记在父母名下的房屋

由于房屋所有权证不登记在当事人名下,而是登记在一方母亲名下,房产权利人并非案件当事人,因该房屋涉及第三人的财产权益,故在离婚案中法院不予处理。

参考案例：(2017)青0103民初115号。

2. 公租房分割的裁判要旨

公租房属于政策性保障住房，承租人需经过申请，行政主管部门组织审核、公示等程序，只有符合相关条件的人才能获得相应的承租资格，而获得该资格后也对承租人有了明确的指向性。公租房的产权归国家所有，离婚时，法院对其产权不予分割，当事人可继续租赁使用。

参考案例：(2017)青2324民初10号。

3. 安置房分割的裁判要旨

(1)单套安置房的分割

家庭只有单套安置房的，当事人没有证据证明其是夫妻共同财产还是家庭共有财产，在离婚纠纷案中，法院不作处理。

参考案例：(2018)青02民终208号。

(2)多处安置房的分割

根据房屋征收安置协议书每个人安置的面积配比是确定的，根据协议计算出当事人应获得的房屋面积，结合实际状况对安置房进行分割，对于未办理产权登记的安置房，离婚时先确定当事人居住使用，待该房屋不动产权证照手续办理后归使用人所有。

参考案例：(2018)青0102民初2902号。

4. 农村自建房的裁判要旨

对于农村自建房，法院的裁判要旨并不统一。

(1)自建房判决归宅基地权属一方。自建房是在家庭的宅基地上搭建，离婚分割时，房屋所有权判决归宅基地权属一方。

参考案例：(2018)青2324民初40号。

(2)法院根据案件情况依法分割。

参考案例：(2016)青0224民初480号、(2017)青0221民初300号。

(二)离婚纠纷中车辆分割的裁判要旨

婚后购买的车辆属于夫妻共同财产，离婚时，为方便双方离婚后的生产和生活，将车辆所有权判决归车辆登记一方或日常使用一方，由其补偿另一方相应的车辆折价款。

参考案例：(2017)青0105民初472号。

（三）离婚纠纷中实物分割的裁判要旨

夫妻共同财产，原则上均等分割。离婚时，夫妻的共同财产由双方协议处理；协议不成时，由人民法院根据财产的具体情况，照顾子女和女方权益的原则判决。根据生产、生活的实际需要和财产的来源等进行分割，具体处理时也可以有所差别。

参考案例：（2017）青2701民初6号。

（四）离婚纠纷中隐匿、转移财产的裁判要旨

离婚时，一方隐藏、转移、变卖、毁损夫妻共同财产，或伪造债务企图侵占另一方财产的，分割夫妻共同财产时，对隐藏、转移、变卖、毁损夫妻共同财产或伪造债务的一方，可以少分或不分。

参考案例：（2018）青01民终1427号。

（五）离婚纠纷中彩礼返还的裁判要旨

1. 彩礼礼金的裁判要旨

在离婚纠纷案件中，涉及要求返还彩礼或礼金的案件，各法院的裁判要旨并不统一。

（1）结合双方过错程度，判决部分返还

当事人婚前为缔结婚姻按习俗支付彩礼，数额较大，双方均同意离婚，本着公平和公序良俗的原则，结合双方夫妻关系存续状况、过错责任，对返还彩礼的诉求酌情予以处理。彩礼的返还数额，应结合彩礼的使用情况、置办婚礼是否为合理支出、购置物品是否已转为夫妻共同财产等情形，与共同财产的分割一并予以处理。

参考案例：（2017）青0105民初384号。

（2）认为没有法定理由，判决不予返还

《最高人民法院关于适用〈中华人民共和国婚姻法〉若干问题的解释（二）》第10条第1款[①]规定："当事人请求返还按照习俗给付的彩礼的，如果查明属于以下情形，人民法院应当予以支持：（一）双方未办理结婚登记手续的；（二）双方办理结婚登记手续但确未共同生活的；（三）婚前给付并导致给付人生活困难的。"当事人主张返还彩礼，因不符合上述返还彩礼的法定条件，对该主张法院不予支持。

---

① 现规定在《最高人民法院关于适用〈中华人民共和国民法典〉婚姻家庭编的解释（一）》第5条，内容无变动。

参考案例:(2016)青2893民初195号。

(3)认为属不同的法律关系,判决不予处理

当事人主张被告返还彩礼,属另一法律关系,在离婚案中不予处理。

参考案例:(2019)青0224民初944号。

2. 随嫁物品的裁判要旨

支持返还随嫁物品的诉讼请求。随嫁物品除顶抵部分财产分割的折价款外,均认定随嫁物品属于一方的婚前财产,为夫妻一方的个人财产,离婚时其要求返还的,法院予以支持。

参考案例:(2017)青0225民初48号。

(六)同居析产纠纷的裁判要旨

1. 同居期间共同购买的房产分割

解除同居关系时,同居生活期间双方共同所得的收入和购置的财产,按一般共有财产处理。[①] 共有人对共有的不动产或者动产没有约定为按份共有或者共同共有,或者约定不明确的,除共有人具有家庭关系等外,视为按份共有。按份共有人对共有的不动产或者动产享有的份额,没有约定或者约定不明确的,按照出资额确定;不能确定出资额的,视为等额享有。

参考案例:(2017)青2801民初1496号。

2. 同居期间签订的财产分割协议效力认定

在同居期间签订的财产分割协议,表明双方对同居期间共同购置的财产有进行分割的意愿,由于该协议依附于双方之间特殊的身份关系而存在,如果当事人最终未实际履行该协议而发生纠纷,则认定该财产分割协议没有生效,对于同居生活期间双方共同所得的收入和购置的财产,按一般共有财产处理。

参考案例:(2018)青01民终496号。

3. 同居期间共同购买车辆的裁判要旨

同居期间购买的车辆,因双方没有具体的约定,按一般共有财产处理,结合车辆的登记、使用情况判决车辆归属及车辆折价款的补偿。

① 关于同居期间所得财产的处理,现有《民法典》第1054条第1款"无效的或者被撤销的婚姻自始没有法律约束力,当事人不具有夫妻的权利和义务。同居期间所得的财产,由当事人协议处理;协议不成的,由人民法院根据照顾无过错方的原则判决"和《最高人民法院关于适用〈中华人民共和国民法典〉婚姻家庭编的解释(一)》第22条"被确认无效或者被撤销的婚姻,当事人同居期间所得的财产,除有证据证明为当事人一方所有的以外,按共同共有处理"的规定,暂无其他规定。

参考案例:(2019)青2822民初587号。

二、离婚后财产纠纷的裁判要旨

(一)案件检索情况

检索关键词"离婚后财产纠纷""青海省""民事""判决""2019/2018/2017"。

根据检索数据显示,青海省2017至2019年离婚后财产纠纷案件公开判决书共计133个,剔除案由不符、无主文判决及二审判决后,最终确定参与数据分析的案件数为:2017年20个,2018年27个,2019年29个,共计76个。

(二)案件基本情况

76个离婚后财产纠纷案件中,判决"驳回原告的诉讼请求"的有27个,原告诉请未获支持的主要原因如下:

1. 当事人没有证据证实诉争的财产为夫妻共同财产,有10个;

2. 当事人无法举证证明存在欺诈、胁迫等情形的,有4个;

3. 涉案房产尚未取得所有权,有3个;

4. 超过诉讼时效,如漏分夫妻共同财产,请求再次分割夫妻共同财产的诉讼时效为2年,当事人未在诉讼时效内主张权利,有2个;

5. 诉请难以支持的,当事人主张房屋居住权,但双方已离婚,且另一方居住在涉案房屋中,当事人的诉请不符合法律规定,有2个;

6. 其他原因还有涉案房屋涉及他人利益、彩礼与本案非同一法律关系、房款的退款条件尚未成就、确定补偿款后再起诉、户口已迁出不享有土地承包经营权的共有权等。

(三)房产分割的裁判要旨

1. 商品房分割的裁判要旨

(1)婚前一方购买登记在自己名下的按揭房

夫妻一方婚前以个人财产支付首付款并在银行贷款,不动产登记在首付款支付方名下,婚后使用夫妻共同财产还贷的,离婚时由双方协商,协商不成的,由人民法院依法判决,双方婚后共同还贷支付的款项,由产权登记一方对另一方进行补偿,补偿金额为还贷金额的一半。

参考案例:(2018)青0103民初2421号。

(2)婚后双方出资购买登记在一方名下的房屋

婚姻关系存续期间购买的产权房,登记在夫妻一方名下,为夫妻共同财产,双方协商房屋归登记方所有,登记方给付另一方一半的补偿款。

参考案例:(2017)青0103民初1098号。

(3)婚后双方出资购买但尚未获得不动产权属证书的房屋

部分法院作出房屋权属判决,判决理由是认定婚姻关系存续期间购买的房屋为夫妻共同财产,应依法平均分割,同时以房屋的实际居住及有利于子女的成长作为考量因素。

参考案例:(2018)青0202民初1127号。

部分法院以房屋尚未取得所有权为由判决驳回诉讼请求。

参考案例:(2017)青0121民初535号。

2."房改房"分割的裁判要旨

"房改房"是一种特殊房产。双方婚姻关系存续期间共同房改购买,属于夫妻共同财产,应当依法予以分割。法院基于涉案房屋的实际居住情况及哪一方单位的"房改房"作出判决。

参考案例:(2017)青0104民初1438号。

3.农村自建房分割的裁判要旨

对于这类财产,法院裁判要旨不同。

(1)部分法院认为房屋系家庭成员共同生活期间因劳动积累的家庭共有财产,根据家庭成员对房屋的贡献确定分割人数并作出判决。

参考案例:(2017)青0222民初1037号、(2018)青2822民初1015号。

(2)部分法院虽认定房屋系夫妻共同财产,但因宅基地上尚有别的房屋,其他家庭成员尚未分家,故驳回诉讼请求。

参考案例:(2018)青0202民初1512号。

4.拆迁安置房的裁判要旨

涉案房屋系双方婚姻关系存续期间共同购置的房屋置换而来,认定为夫妻共同财产,并基于对房屋的贡献、实际居住及有利于子女的成长作出判决。

参考案例:(2018)青0123民初1057号。

(四)车辆分割的裁判要旨

1.婚前购买的车辆属于个人财产,归个人所有

一方婚前就已经获得的车辆系个人所有的财产,不因婚姻关系的延续而转化

为夫妻共同财产，而是归个人所有。

参考案例：(2019)青 0105 民初 1934 号。

2. 婚后购买的车辆属于夫妻共同财产，平均分割

婚后购买的车辆属于夫妻共同财产，应予以分割，在分割时考虑为方便双方离婚后的生产和生活，将车辆所有权判决归车辆实际使用一方，由其补偿另一方相应的车辆折价款。

参考案例：(2019)青 0202 民初 1414 号。

(五)离婚后，一方不履行离婚协议的裁判要旨

1. 协议合法有效，支持原告的诉请

提起诉讼的主要原因之一是协议离婚以后，一方不履行离婚协议书约定内容的共有 25 个。其中 24 个均认为离婚协议是当事人在平等自愿的前提下协商一致的结果，系双方真实意思表示，且未违反国家法律、法规强制规定，是合法有效的；协议中关于财产分割的条款是当事人对自己财产权利的一种自由处分，具有民事合同性质，对双方具有约束力，故支持当事人的诉讼请求。

参考案例：(2017)青 0105 民初 592 号。

2. 协议无效，重新分割

因双方签订的离婚协议书涉及处分第三人的财产，法院认定协议书中关于财产的约定无效，并根据查明的事实重新分割，法院倾向于保护无过错方及保护妇女、儿童权利，将房屋分割给女方及子女。

参考案例：(2019)青 2524 民初 242 号。

(六)离婚时隐藏、转移夫妻共同财产的裁判要旨

因一方离婚时隐藏、转移夫妻共同财产，另一方发现后，起诉请求再次分割夫妻共同财产，转移、变卖夫妻共同财产的行为具有过错，在分割时应作为考量的因素，可以对隐藏、转移方少分或不分财产。

参考案例：(2018)青 2523 民初 1085 号。

(七)离婚后请求撤销、变更离婚协议的裁判要旨

当事人无法举证证明存在欺诈、胁迫等情形的，应当依法驳回当事人的诉讼请求。

参考案例：(2018)青 2322 民初 29 号。

宁夏回族自治区法院婚姻家庭案件裁判要旨梳理

笔者以 Alpha 案例库为基础，以"本院认为"为关键词进行检索，选择年份为"2017 年""2018 年""2019 年""2020 年"，选择地区为"宁夏回族自治区"，选择文书类型为"判决"，然后依次选择案由为"离婚纠纷"和"离婚后财产纠纷"进行检索，共获得判决 492 个。笔者对以上两类案由共计 492 个判决进行了阅读和统计，主要目的在于分析总结宁夏回族自治区离婚财产分割案件的总体情况和特点，并归纳总结宁夏回族自治区法院在审理婚姻家庭案件财产分割的一般规则和特别规则。

本报告将分析总结宁夏回族自治区法院在婚姻家庭案件分割财产时的裁判要旨，对于同类案件数量较多的，归纳财产分割的一般规则和特别规则；对于同类案件数量较少的，通过案例列举的方式进行介绍。

一、婚姻家庭纠纷涉及房产分割的裁判要旨

（一）主要分割方式：判给一方后折价补偿

在宁夏回族自治区法院依法分割夫妻共有房产的判决中，最为常见的方式是将房产判给一方所有、再由获得房产的一方向另一方进行折价补偿。那么法院如何来认定是由哪一方获得房产呢？

经分析，宁夏回族自治区法院一般遵循"物尽其用、有利于生产和生活"的原则，将共有的房产判给夫妻中的一方，再进行折价补偿。那么"物尽其用、有利于生产和生活"的这一原则如何在具体的案件中进行适用呢？以下几个典型案例可供参考：

1. 考虑到原告以开设诊所为谋生手段，故本院确定固原市原州区三营镇新三营镇院落一处（内开设诊所一个）、某品牌小轿车归原告所有，固原市原州区派胜世贸城 × × 号楼 × × 单元 × × 楼房一套归被告所有。

参考案例：(2018) 宁 0402 民初 4715 号。

2. 考虑到被告离家出走多年，原告独自抚养孩子及原告自身残疾等情况，因此法院确定原告主张的夫妻共同财产院落一处，应归原告所有。

参考案例：(2018) 宁 0402 民初 2794 号。

3. 夫妻双方位于固原市 × × 区院落一处系双方婚姻关系存续期间购置，系双方共同财产，法院认为，考虑该院落由原告、被告及被告父母共同居住的事实存在，本

院确定留归被告所有，由被告酌情支付原告一定的财产折价款。

参考案例：(2018)宁 0402 民初 4019 号。

4. 双方婚姻关系存续期间所建的六间房屋属于原告、被告共同所有，法院认为，涉案房屋系建设在农村宅基地上的房屋，涉案土地的使用权人登记为被告马某乙，且现涉案房屋实际由被告马某乙使用，基于物尽其用、有利于生产、生活的原则，涉案房屋归被告马某乙所有更为适宜。

参考案例：(2016)宁 0221 民初 3221 号。

(二)特殊的分割方式：判决双方各享有房屋一半的产权

在以上的原则之外，也存在 1 个特殊的分割案例，法院判决由男女双方各享有房屋一半的产权。在这个案例中，法院认为，关于涉案房屋，因原告、被告对涉案房屋自认的价格不一致，且均不申请价格鉴定，导致本院无法认定涉案房屋的价格，故对涉案房屋无法进行分割，因此本院只能认定原告、被告各享有一半产权。

参考案例：(2017)宁 0502 民初 2430 号。

可见，在离婚财产分割中，如果夫妻双方对房屋的价值无法达成一致且均未申请价格鉴定，导致法院无法采取折价补偿的常见分割方式，在这样的情况下，法院可能会判决双方共有房产。对于离婚后的双方当事人来说，共有某处房产想必不是理想的分割结果，但也实属法院的无奈之举。

(三)几种特殊情况下房屋产权的认定和分割

1. 一方婚前购房，双方在婚后共同还贷①

宁夏回族自治区的此类判决共有 7 个。夫妻一方婚前买房，登记在一方名下，婚后用夫妻共同财产还贷的，法院可以将不动产判给登记人，双方婚后共同还贷支付的款项及其相对应的增值部分，由获得产权的一方对另一方进行补偿。

值得注意的是，此类 7 个判决中的 6 个判决，非首付款支付方的另一方在诉讼中均仅对共同还贷的部分进行主张，而未对相对应的增值部分进行主张，因此，法

① 现《最高人民法院关于适用〈中华人民共和国民法典〉婚姻家庭编的解释(一)》第 78 条规定："夫妻一方婚前签订不动产买卖合同，以个人财产支付首付款并在银行贷款，婚后用夫妻共同财产还贷，不动产登记于首付款支付方名下的，离婚时该不动产由双方协议处理。依前款规定不能达成协议的，人民法院可以判决该不动产归登记一方，尚未归还的贷款为不动产登记一方的个人债务。双方婚后共同还贷支付的款项及其相对应财产增值部分，离婚时应根据民法典第一千零八十七条第一款规定的原则，由不动产登记一方对另一方进行补偿。"

院最终均认定共同还贷的部分属于夫妻共同财产，判决获得房产产权的一方对另一方进行补偿，但未就房贷相对应的增值部分进行裁判。

仅有1个判决［（2017）宁02民终165号］，法院认定对于共同还贷的款项及相应的房屋增值部分由产权方向另一方进行补偿。在这个案例中，法院认为，李某某与许某某在2007年协议离婚时对房屋进行了分割，约定该房屋属于李某某所有，双方于2007年6月复婚后偿还了住房贷款，故该房屋应认定为李某某的个人婚前财产，归李某某所有，但考虑到双方复婚后共同偿还了部分住房贷款，故对共同还贷支付的款项及相对应的房屋增值部分由李某某向许某某进行相应的补偿，补偿数额按照照顾子女和女方权益的原则酌情确定为30,000元。

由此可见，夫妻一方在婚前购房、婚后由双方共同还贷的情况下，虽然房产往往被认定为一方的个人财产，但是对于双方在婚后共同偿还的贷款以及相应的房产增值部分，法院一般会判决由产权方向另一方进行折价补偿。尤其是房产增值的部分，须由当事人在诉讼中进行主张，才有可能获得法院的主持。

2. 婚后由一方父母出资购买的房屋

现实中夫妻双方婚姻关系存续期间，一方父母出资为子女买房的现象非常常见。

宁夏回族自治区共有4个判决涉及这一问题，可以分为3类情况。

第一类，是婚后由一方父母全额出资购房，房产登记在出资方子女一人名下，法院认定房产属于一方的个人财产。① 这一类案例有2个，房产购买于原告、被告夫妻双方婚内，但实际上房产的所有出资都源于一方的母亲，房产也登记在这一方名下，法院依据《最高人民法院关于适用〈中华人民共和国婚姻法〉若干问题的解释（三）》第7条②的规定："婚后由一方父母出资为子女购买的不动产，产权登记在出资人子女名下的，可按照婚姻法第18条第3项的规定，视为只对自己子女一方的赠与，该不动产应认定为夫妻一方的个人财产。"

① 现《最高人民法院关于适用〈中华人民共和国民法典〉婚姻家庭编的解释（一）》第29条第2款明确规定："当事人结婚后，父母为双方购置房屋出资的，依照约定处理；没有约定或者约定不明确的，按照民法典第一千零六十二条第一款第四项规定的原则处理。"

② 《最高人民法院关于适用〈中华人民共和国婚姻法〉若干问题的解释（三）》第7条第1款规定："婚后由一方父母出资为子女购买的不动产，产权登记在出资人子女名下的，可按照婚姻法第十八条第（三）项的规定，视为只对自己子女一方的赠与，该不动产应认定为夫妻一方的个人财产。"现《最高人民法院关于适用〈中华人民共和国民法典〉婚姻家庭编的解释（一）》第29条第2款规定："当事人结婚后，父母为双方购置房屋出资的，依照约定处理；没有约定或者约定不明确的，按照民法典第一千零六十二条第一款第四项规定的原则处理。"

参考案例:(2017)宁0402民初6520号、(2017)宁0521民初575号。

第二类,是婚后一方父母部分出资购房,法院认定出资系对夫妻双方的赠与。还有1个案例,女方在离婚前夕,也就是在婚姻关系存续期间以个人名义签订购房合同,并出资支付首付款,女方的母亲也出资支付了部分首付款。法院依据《最高人民法院关于适用〈中华人民共和国婚姻法〉若干问题的解释(二)》第22条①认定女方母亲的出资系对夫妻双方的赠与,故房产属于夫妻双方婚姻关系存续期间的共同共有。因男方不主张房产且放弃主张房屋实际增值部分,只主张女方返还首付款的一半,法院予以支持。

参考案例:(2019)宁0106民初8973号。

由此可见,宁夏回族自治区法院对《最高人民法院关于适用〈中华人民共和国婚姻法〉若干问题的解释(三)》第7条第1款②规定的适用是以"父母全额出资"为前提;父母仅部分出资的,适用《最高人民法院关于适用〈中华人民共和国婚姻法〉若干问题的解释(二)》第22条③的规定,除非另有约定,否则出资款视为对夫妻双方的赠与,而所购房产由于是在夫妻婚内购买,因此属于夫妻共同财产。

第三类,是婚后由一方父母出资购房,房产登记在两人名下,但两人之间已有协议明确约定房产系赠与一方个人,因此法院认定房产属于一方的个人财产。这类案件有1个,女方在婚内以个人名义签订购房协议,购房的首付款来自女方的父母、贷款也均由女方的父母按期归还。虽然房产登记在男女双方两人的名下,但是男方、女方和女方父母之间曾签订一份协议,明确两套房屋系由女方的父母赠与女

① 《最高人民法院关于适用〈中华人民共和国婚姻法〉若干问题的解释(二)》第22条第2款规定:"当事人结婚后,父母为双方购置房屋出资的,该出资应当认定为对夫妻双方的赠与,但父母明确表示赠与一方的除外。"现《最高人民法院关于适用〈中华人民共和国民法典〉婚姻家庭编的解释(一)》第29条第2款规定:"当事人结婚后,父母为双方购置房屋出资的,依照约定处理;没有约定或者约定不明确的,按照民法典第一千零六十二条第一款第四项规定的原则处理。"

② 《最高人民法院关于适用〈中华人民共和国婚姻法〉若干问题的解释(三)》第7条第1款规定:"婚后由一方父母出资为子女购买的不动产,产权登记在出资人子女名下的,可按照婚姻法第十八条第(三)项的规定,视为只对自己子女一方的赠与,该不动产应认定为夫妻一方的个人财产。"现《最高人民法院关于适用〈中华人民共和国民法典〉婚姻家庭编的解释(一)》第29条第2款规定:"当事人结婚后,父母为双方购置房屋出资的,依照约定处理;没有约定或者约定不明确的,按照民法典第一千零六十二条第一款第四项规定的原则处理。"

③ 《最高人民法院关于适用〈中华人民共和国婚姻法〉若干问题的解释(二)》第22条第2款规定:"当事人结婚后,父母为双方购置房屋出资的,该出资应当认定为对夫妻双方的赠与,但父母明确表示赠与一方的除外。"现《最高人民法院关于适用〈中华人民共和国民法典〉婚姻家庭编的解释(一)》第29条第2款规定:"当事人结婚后,父母为双方购置房屋出资的,依照约定处理;没有约定或者约定不明确的,按照民法典第一千零六十二条第一款第四项规定的原则处理。"

方个人。因此，法院依据《最高人民法院关于适用〈中华人民共和国婚姻法〉若干问题的解释（二）》第 22 条第 2 款[①]的规定，认定房产为女方的个人财产。

参考案例：(2017) 宁 02 民终 321 号。

由此可见，第三类的这一个案件，由于房产登记在夫妻双方名下，不符合《最高人民法院关于适用〈中华人民共和国婚姻法〉若干问题的解释（三）》第 7 条第 1 款[②]的规定，故适用《最高人民法院关于适用〈中华人民共和国婚姻法〉若干问题的解释（二）》第 22 条第 2 款[③]的规定，由于夫妻之间存在特别约定，因此房产属于女方个人财产。

3. 离婚时尚未获得房屋产权

现实中，存在一类特殊情况是离婚时尚未获得房屋的产权，这可能是由于农村地区自建房等房产本身不具备产权，也可能是离婚时尚未办理产权登记因而暂未获得产权，宁夏回族自治区这一类判决共有 16 个。在处理此类纠纷时，宁夏回族自治区法院的通常做法是，依据《最高人民法院关于适用〈中华人民共和国婚姻法〉若干问题的解释（二）》第 21 条[④]的规定，对于离婚时尚未取得房屋所有权的，不对所有权进行处理，判令当事人待所有权确定后另行起诉；与此同时，法院往往会将房屋的使用权，一般是居住权，进行分配。对使用权进行分配时，法院也会从有利于生

---

① 《最高人民法院关于适用〈中华人民共和国婚姻法〉若干问题的解释（二）》第 22 条第 2 款规定："当事人结婚后，父母为双方购置房屋出资的，该出资应当认定为对夫妻双方的赠与，但父母明确表示赠与一方的除外。"现《最高人民法院关于适用〈中华人民共和国民法典〉婚姻家庭编的解释（一）》第 29 条第 2 款规定："当事人结婚后，父母为双方购置房屋出资的，依照约定处理；没有约定或者约定不明确的，按照民法典第一千零六十二条第一款第四项规定的原则处理。"

② 《最高人民法院关于适用〈中华人民共和国婚姻法〉若干问题的解释（三）》第 7 条第 1 款规定："婚后由一方父母出资为子女购买的不动产，产权登记在出资人子女名下的，可按照婚姻法第十八条第（三）项的规定，视为只对自己子女一方的赠与，该不动产应认定为夫妻一方的个人财产。"现《最高人民法院关于适用〈中华人民共和国民法典〉婚姻家庭编的解释（一）》第 29 条第 2 款规定："当事人结婚后，父母为双方购置房屋出资的，依照约定处理；没有约定或者约定不明确的，按照民法典第一千零六十二条第一款第四项规定的原则处理。"

③ 《最高人民法院关于适用〈中华人民共和国婚姻法〉若干问题的解释（二）》第 22 条第 2 款规定："当事人结婚后，父母为双方购置房屋出资的，该出资应当认定为对夫妻双方的赠与，但父母明确表示赠与一方的除外。"现《最高人民法院关于适用〈中华人民共和国民法典〉婚姻家庭编的解释（一）》第 29 条第 2 款规定："当事人结婚后，父母为双方购置房屋出资的，依照约定处理；没有约定或者约定不明确的，按照民法典第一千零六十二条第一款第四项规定的原则处理。"

④ 现《最高人民法院关于适用〈中华人民共和国民法典〉婚姻家庭编的解释（一）》第 77 条规定："离婚时双方对尚未取得所有权或者尚未取得完全所有权的房屋有争议且协商不成的，人民法院不宜判决房屋所有权的归属，应当根据实际情况判决由当事人使用。当事人就前款规定的房屋取得完全所有权后，有争议的，可以另行向人民法院提起诉讼。"内容无变动。

产和生活、照顾妇女儿童权益的角度来进行考虑。例如，在一个案例中，法院认为，婚后取得的位于宁夏银川市××区房屋居住权系以家庭为单位分得的安置房，原告、被告均享有居住权，鉴于双方均无其他住房，被告需要抚养婚生女，因此法院判决涉案房屋由被告居住。

参考案例：(2017)宁0105民初277号。

在上述不予处理的通行做法之外，也有2个判决存在例外情况，法院对尚未取得产权的房产一并处理。在1个判决中，对于原告、被告婚后的共同财产位于平罗县某村某号院内（正屋斜对面即大门正对面）约16.8平方米砖木结构的平房及车库各1间，法院认为，结合本案双方均系再婚，涉案房屋及车库又位于原告院落内的一角，且房屋无产权的实际状况，为避免以后滋生矛盾，再次引发纠纷，本院认为归原告所有，与院落内其他房屋一并管理、使用较为适宜。

参考案例：(2017)宁0122民初507号。

在另一个判决中，原告、被告共同财产拆迁补偿款391,925元，该款原告李某某与固原泰合房地产开发有限公司签订商品房预选协议，全部用于预选商品房首期价款，优先预选了泰合家园×区××号楼××单元××室，法院认为，因该商品房尚未建造，故本院确定该待建商品房相应的权益由原告享有，由原告支付被告一定的财产折价款。

参考案例：(2018)宁0402民初5753号。

4. 夫妻一方擅自处分共有房产

司法实践中，夫妻共有的房产登记在一方名下的情况比较常见。当夫妻的婚姻关系亮起“红灯”，此时若登记的一方未经过另一方的同意擅自出售房屋，就很容易引起纠纷。在这种情况下，购房合同是否有效、第三人能否获得房产、夫妻另一方如何主张权利，目前在司法实践中尚有争议，不同地区也存在不同的裁判。

宁夏回族自治区就有1个这样的案件，当事人在离婚案件之外另案提起了确认购房合同无效之诉。在这个案件中，男方在婚前获得了父母的出资用于购房，婚后又支付了房款的尾款，且房产登记在男方一人名下，房款总额为26万余元。后来同样在婚内，男方与其父亲签订一份房屋买卖合同，约定父亲以10万元的价格购买上述房产，并办理了房产的过户手续。但是男方父母实际上没有支付房款，男方在出售该房产时也未告知女方。

女方先是提起了确认合同无效之诉。法院经审理后认定，涉案房产虽然系男方在婚前认购并支付首付款，但是购房合同是在婚后签订并登记在男方名下，男方未提供证据证明购房的尾款系由男方的个人财产支付。对个人财产还是夫妻共同财产难以确定、当事人又无法举证的，应当按夫妻共同财产处理。因此，法院认定涉案房屋中存在夫妻共同财产的部分。而男方未经女方的同意擅自以不合理的低价处分属于夫妻共同财产部分，且男方父亲作为买受人对于房屋权属情况应当知情、不构成善意，属于恶意串通，最终认定男方和男方父亲之间的房屋买卖合同无效。

参考案例：(2018)宁0105民初4157号。

在离婚诉讼中，鉴于男方与男方父亲之间的买卖合同无效，法院认定涉案房屋属于夫妻共同财产，应当予以分割，最终将房产判给了男方，并判决男方在考虑升值部分的情况下对女方进行补偿。

参考案例：(2019)宁0105民初1221号。

可见，夫妻一方擅自处分共有房产的，另一方知情后应当尽快另案起诉、主张权利，结合案件的实际情况，可以通过证明擅自卖房的一方与买受人系恶意串通因此合同无效来追回房产。

5. 离婚协议将房产赠与子女，过户前不得撤销

夫妻双方在离婚协议中约定将房产赠与子女，在办理房产过户手续之前反悔的，原告和被告是否享有任意撤销权。宁夏回族自治区有1个判决涉及这一问题。法院认为，《合同法》第186条①规定了任意撤销权，即在赠与物的权利转移之前均可以撤销赠与，《最高人民法院关于适用〈中华人民共和国婚姻法〉若干问题的解释(二)》第8条、第9条②则强调了离婚协议中财产分割条款的法律约束力，不可擅自变更或撤销。原告、被告对房屋所有权的赠与是否可以撤销，主要取决于以“离婚协议中赠与条款的法律约束力”能否对抗“任意撤销权的任意性”。首先，结合本案来看，离婚时原告、被告达成的将房产赠与婚生子的约定，是以父母、子女关系为基础，以解除原告、被告婚姻关系为目的而作出的，不能简单地等同于普通的赠与关系；其次，根据特别法优于一般法的规定，本案纠纷应当优先适用《最高人民法院关

① 现《民法典》第658条规定：“赠与人在赠与财产的权利转移之前可以撤销赠与。经过公证的赠与合同或者依法不得撤销的具有救灾、扶贫、助残等公益、道德义务性质的赠与合同，不适用前款规定。”进一步明确了赠与人任意撤销权的限制。

② 现《最高人民法院关于审理〈中华人民共和国民法典〉婚姻家庭编的解释(一)》第69条第2款规定：“当事人依照民法典第一千零七十六条签订的离婚协议中关于财产以及债务处理的条款，对男女双方具有法律约束力。登记离婚后当事人因履行上述协议发生纠纷提起诉讼的，人民法院应当受理。”第70条规定：“夫妻双方协议离婚后就财产分割问题反悔，请求撤销财产分割协议的，人民法院应当受理。人民法院审理后，未发现订立财产分割协议时存在欺诈、胁迫等情形的，应当依法驳回当事人的诉讼请求。”增加了关于债务处理条款对男女双方具有法律约束力的规定。

于适用〈中华人民共和国婚姻法〉若干问题的解释(二)》①的规定，即原告、被告反悔请求撤销赠与条款的，经审查没有欺诈、胁迫的情形，不应当撤销赠与协议。

参考案例：(2019)宁0121民初2467号。

二、婚姻家庭纠纷涉及股权分割的裁判要旨

宁夏回族自治区婚姻家庭的案件中，有4个案例涉及公司股权的分割，涉及两个焦点问题。

1. 离婚协议中的股权转让条款是否因影响第三人股东的优先受偿权而无效？

在1个案例中，其焦点问题是离婚协议中的股权转让条款是否因影响第三人股东的优先受偿权而无效，一审和二审法院先后得出了不同的结论。在这个案件中，男女双方和案外第三人股东是一家公司的三名股东，男女双方在离婚协议中约定，女方将其持有的公司股份转让给男方。一审法院认为，男女双方没有在签订离婚协议之前书面通知案外第三人股东，影响了案外第三人股东享有的优先受偿权，因此离婚协议中关于股份转让的条款无效。二审法院认为，离婚协议中的股份转让条款属双方真实意思表示且不违反法律规定因此有效，我国《公司法》及涉案公司的章程均未对有限责任公司股东之间转让股权作出限制，一审法院认为影响了案外第三人股东的优先受偿权因此股份转让条款无效属于理解适用法律错误，最终改判条款有效，女方应将持有的公司股权变更登记到男方名下。

参考案例：(2018)宁0502民初2654号、(2018)宁05民终740号。

在另一个案例中，男女双方在离婚时签订了一份离婚协议书，对双方的财产进行了分割。重要的是，离婚协议书中有这样一条："如任何一方有隐瞒、虚报除上述所列财产之外的财产，或在签订本协议之前三年内有转移、抽逃财产的，另一方发现后有权获得对方所隐瞒、虚报、转移的财产的全部份额，而对方无权分割该财产。"后女方发现男方隐瞒了其持有的公司股权，由此提起离婚后财产纠纷诉讼。法院经审理后认为，双方达成的离婚协议书合法有效，男方持有公司股权，该股权系男方在婚内出资、属于夫妻共同财产，男方未将该股权列入离婚协议书中属于隐

---

① 现《最高人民法院关于审理〈中华人民共和国民法典〉婚姻家庭编的解释(一)》第69条第2款规定："当事人依照民法典第一千零七十六条签订的离婚协议中关于财产以及债务处理的条款，对男女双方具有法律约束力。登记离婚后当事人因履行上述协议发生纠纷提起诉讼的，人民法院应当受理。"第70条规定："夫妻双方协议离婚后就财产分割问题反悔，请求撤销财产分割协议的，人民法院应当受理。人民法院审理后，未发现订立财产分割协议时存在欺诈、胁迫等情形的，应当依法驳回当事人的诉讼请求。"增加了关于债务处理条款对男女双方具有法律约束力的规定。

瞒,根据离婚协议书的约定,该股权应当全部归女方所有。最终法院判决该公司股权归女方所有。

参考案例:(2019)宁0104民初4997号。

2.法院依法分割:平分股权还是折价补偿?

男方在婚内和案外人成立一家公司,享有公司70%的股份。女方在离婚后财产纠纷诉讼中主张男方就该70%的股份对其进行折价补偿。法院经审理后认定,该股份为夫妻共同财产,但因该公司的现有价值无法确认,无法折价补偿女方相应的价款,最终判决女方分得其中一半,也就是35%的股份,未支持女方要求折价补偿的主张。

参考案例:(2019)宁01民终290号。

新疆维吾尔自治区法院
婚姻家庭案件裁判
要旨梳理

一、统计样本

本次裁判要旨梳理采用聚法案例进行检索,检索关键词为"离婚后财产纠纷""新疆维吾尔自治区""判决""2017～2019""500～40,000字以上"。根据检索数据显示,新疆维吾尔自治区各法院2017至2019年离婚后财产纠纷公开的判决书共计240个,基于人员少时间紧迫,仅筛选二审法院的有效判决样本后,最终确定参与数据分析的样本共计82个。

二、离婚后财产纠纷涉及房产分割的裁判要旨

(一)房产类型

新疆维吾尔自治区离婚后财产纠纷案件中,涉及财产分割的房产83.0%为商品房,占涉案房产中的绝大多数;除此之外,农村自建房屋及宅基地占比仅3.0%,房改房、其他类型房产占比14.0%(见图34)。

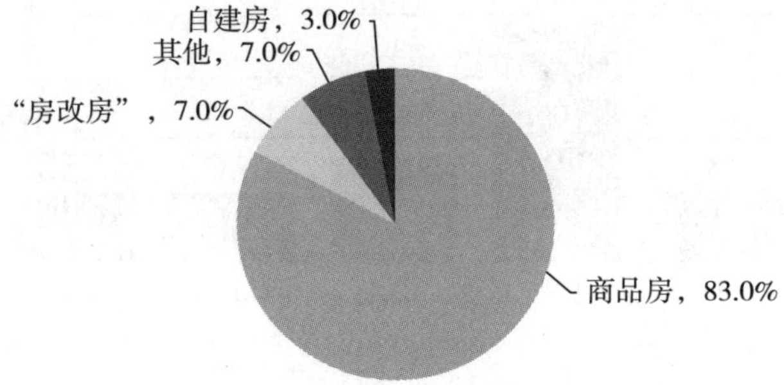

图34 诉请分割的房产类型

(二)房产分割的裁判要旨

1. 签订房产分割协议案件——严格按协议约定分割

签订离婚协议分割房产的案件占涉房产案件的42.3%,法院判决一般严格按照协议内容进行分割。特殊情形如下:

(1)按实际补正离婚协议:离婚协议中所记载的共有房屋为A,但实际双方共有房屋为B,对此法院按照常理推定协议中所指的房屋为B,根据意思补正后的协议进行判决。

(2)判定协议部分条款无效:离婚协议若排除和限制了双方当事人对共有财产要求分割的权利,应属无效条款。

2. 未签订离婚房产分割协议案件——按照便利双方当事人原则判决

在没有财产分割协议的案例中,照顾子女方占比7.7%。在其余案例中,均按登记方优先、主贷方优先、实际使用方优先的原则进行分割,由获得房产一方向另一方补偿婚姻关系存续期间共同缴纳购房款及房产增值部分的半数。拆迁房分割、农村自建房等分割原则亦是如此。

三、车辆、理财产品、保险、股权分割的裁判要旨

受经济发展现状限制,新疆维吾尔自治区的离婚后财产纠纷所涉财产金额一般不大,大标的额(超200万元)财产的仅占比2.4%。涉及车辆、股权、理财产品等案件极少,且案件相对简单,其中车辆分割占比8.5%、股权分割占比3.7%、理财产品占比2.4%、保险分割占比2.4%(见图35)。

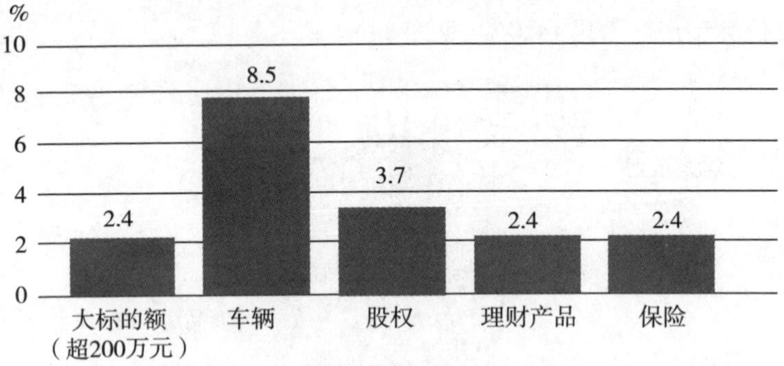

图35　其他财产分割占统计样本的比例

四、特殊案例的裁判要旨

1. 夫妻共同财产时间的认定——以双方尽到夫妻义务时间为准。对于夫妻双方没有共同生活,彼此没有尽到夫妻之间的扶助、关爱义务,虽有夫妻之名,但已无夫妻之实的情形,夫妻共同财产时间应以双方实际共同生活时间为准。

2. 婚姻关系存续期间夫妻之间借贷——合法有效。婚姻关系存续期间,夫妻一方向另一方借款,且出具借据予以证明,如另一方无法证明书写借据属于戏谑行为、受欺诈胁迫等无效、可撤销情形,视为夫妻双方约定处分共同财产的行为,一方应依据借据约定向另一方偿还该款项。

3. 婚姻关系存续期间私自处分人身不自由方财产——按共同财产计算，返还对方应有份额。婚姻关系存续期间，一方利用对方人身不自由之机，未经对方同意处分共同财产，且事后对方未予追认。双方离婚时，此部分财产按照共同财产进行分割，私用方应返还对方半数财产数额。

4. 违反夫妻忠诚义务少分或者不分原则的适用——视离婚原因、财产分割原因而定。双方如果是协商离婚，而非以一方过错为由离婚，单独审理离婚后财产纠纷案件时，不适用《婚姻法》第46条①、第47条②规定的不分、少分或者赔偿损害的条款。

5. 附条件的复婚约定——无效。离婚协议生效后，一方提出证据证明协议中的约定系附条件的复婚约定。因婚姻具有极强的人身属性，所附条件无效，离婚协议其他条款有效。

---

① 现《民法典》第1091条规定："有下列情形之一，导致离婚的，无过错方有权请求损害赔偿：(一)重婚；(二)与他人同居；(三)实施家庭暴力；(四)虐待、遗弃家庭成员；(五)有其他重大过错。"该法条在无过错方请求损害赔偿的情形中，增加了"有其他重大过错"，可将导致离婚的其他过错归于此项。

② 现《民法典》第1092条规定："夫妻一方隐藏、转移、变卖、毁损、挥霍夫妻共同财产，或者伪造夫妻共同债务企图侵占另一方财产的，在离婚分割夫妻共同财产时，对该方可以少分或者不分。离婚后，另一方发现有上述行为的，可以向人民法院提起诉讼，请求再次分割夫妻共同财产。"该法条删去了旧条文中"离婚时"的限定，并增添了挥霍夫妻共同财产的情形。

全部参与人员名单[1]

北京市

郭晨雯:北京市中伦律师事务所

史冰雪:北京市中伦律师事务所

张誉琳:北京市中伦律师事务所

郑小雨:北京市中伦律师事务所

袁野童:北京市中伦律师事务所

王秀芳:北京市中伦律师事务所

苗莉莉:北京乾成律师事务所

章　青:北京德和衡律师事务所

刘慧卿:北京市中闻律师事务所

司桂萍:国浩律师(北京)事务所

曹　雁:北京市道可特律师事务所

聂一凡:安徽治邦律师事务所

董广华:江苏同祺律师事务所

张映雪:北京市京师(西安)律师事务所

牛爱平:北京高文(西安)律师事务所

胡文娟:陕西兰杜律师事务所

龙满年:安徽君江律师事务所

顾继云:上海市新闵律师事务所

林巧燕:北京市京师(无锡)律师事务所

赵沅蓁:上海兰迪(北京)律师事务所

陈小燕:北京市隆安(南京)律师事务所

---

① 本书参与人员所在地域与相应省份非对应关系。

王　龙:安徽仲天律师事务所
饶　静:湖北民本律师事务所
汪美芬:北京市长安律师事务所

天津市

赵　璠:北京嘉润(天津)律师事务所
廉雨霏:北京嘉润(天津)律师事务所
李耀宇:北京嘉润(天津)律师事务所
白　彦:北京嘉润(天津)律师事务所
于晓晖:上海段和段(济南)律师事务所
朱　瑶:西安航空职业技术学院

河北省

刘佳佳:北京市隆安(深圳)律师事务所
苗莉莉:北京乾成律师事务所
李小杰:内蒙古松川律师事务所
尹智颖:内蒙古松川律师事务所
杨荣艳:北京市盈科(石家庄)律师事务所
白娅静:北京市盈科(石家庄)律师事务所
崔亦男:北京市盈科(石家庄)律师事务所
王维亚:河北瀛冀律师事务所
丛培华:河北建平律师事务所
石　硕:河北瀛冀律师事务所
金品凤:河北正师律师事务所
张圆圆:河北建平律师事务所
王敬男:河北建平律师事务所
肖文彪:河北正师律师事务所
李　娜:北京市盈科(石家庄)律师事务所
肖贵允:北京家理律师事务所
陈　静:河北建平律师事务所

山西省

李晓玲:山西元升律师事务所

李晨曦:山西元升律师事务所

赵舸言:山西元升律师事务所

柴　晓:山西元升律师事务所

李云艳:山西元升律师事务所

王　贺:北京市兆亿律师事务所

张朝东:山西元升律师事务所

内蒙古自治区

银　莹:内蒙古海浦律师事务所

敖日格拉:内蒙古泽铭律师事务所

何文平:内蒙古泽铭律师事务所

伟力斯:内蒙古(呼和浩特)大法扬律师事务所

辽宁省

李　雪:北京盈科(沈阳)律师事务所

关　婷:北京盈科(沈阳)律师事务所

卢珊珊:辽宁跃重合律师事务所

邵　丹:辽宁壹品律师事务所

张　洁:辽宁壹品律师事务所

吉林省

柯　慧:北京大成(南京)律师事务所

吴小驰:北京大成(南京)律师事务所

杜婷婷:北京大成(南京)律师事务所

廖　芸:北京大成(南京)律师事务所

黑龙江省

阮　超:上海普世万联律师事务所

余　章:四川仁竞律师事务所

杨　玉:江苏荣誉祥律师事务所

蒲文昊:北京祥文律师事务所
钱森虹:上海普世万联律师事务所
周　洁:上海普世万联律师事务所
陈美金:武汉大学国际法学硕士

上海市

公维亮:北京天驰君泰律师事务所上海分所
张焕娥:上海兰迪律师事务所
程群爱:上海邦信阳中建中汇律师事务所
吴　琼:上海道朋律师事务所
刘　琪:上海市君悦律师事务所
张　珩:北京市惠诚律师事务所上海分所
李自洁:上海小城律师事务所
许慧芳:北京盈科(上海)律师事务所
赵　彪:上海得勤律师事务所
廖述兰:上海瀛泰律师事务所
贾铁财:上海正策律师事务所
谷金铭:上海中联律师事务所
吴琦奕:前上海邦信阳中建中汇律师事务所
张　洁:江苏崇宁律师事务所
陈文玉:北京盈科(上海)律师事务所
吉　祥:上海道朋律师事务所
王　悦:北京市汉坤律师事务所上海分所
夏　冉:北京盈科(上海)律师事务所
王以菲:北京盈科(上海)律师事务所
郑嘉轩:上海邦信阳中建中汇律师事务所
刘新艳:上海道朋律师事务所
王敏敏:上海道朋律师事务所
王兴华:上海道朋律师事务所
孙敏慧:上海道朋律师事务所
沈佳民:上海丰兆律师事务所
林怡静:华东政法大学2018级经济法学院研究生

江苏省

药　芳:北京市京师(无锡)律师事务所

孙　韬:国浩律师(南京)事务所

董　晶:江苏圆点律师事务所

肖　正:北京市高朋(南京)律师事务所

颜　燕:北京市金杜律师事务所上海分所

马芳林:国浩律师(南京)事务所

邹　武:江苏新高的(苏州)律师事务所

冯薇雅:北京大成(南通)律师事务所

马红君:江苏亿诚律师事务所

汪　雯:江苏宁嘉律师事务所

朱　蕾:北京盈科(张家港)律师事务所

刘兆兰:国浩律师(南京)事务所

陆　婷:江苏亿诚律师事务所

丁宇洁:北京大成(南通)律师事务所

文世春:江苏致邦律师事务所

汪素婷:国浩律师(南京)事务所

李　平:北京市中银(南京)律师事务所

刘智灿:北京市高朋(南京)律师事务所

王劭丹:北京市盈科(南京)律师事务所

张　洁:江苏崇宁律师事务所

浙江省

祝双夏:浙江京衡律师事务所

孙怡薇:浙江京衡律师事务所

张　漂:浙江京衡律师事务所

王凯燕:浙江京衡律师事务所

常璐璐:浙江京衡律师事务所

陈　辉:北京市闻泽律师事务所

杜　晶:浙江和义观达律师事务所

查菲菲:浙江和义观达律师事务所

谭玲玲:浙江震天律师事务所

杨慧丽:浙江诺航律师事务所
邓云文:浙江泰嘉律师事务所
王　晓:浙江海贸律师事务所
张运芳:上海海华永泰(杭州)律师事务所
吴敏华:浙江京衡(湖州)律师事务所
宋成瑜:浙江诺航律师事务所
金梅芳:上海君悦(杭州)律师事务所
马　惠:浙江泰嘉律师事务所
傅　云:上海君悦(杭州)律师事务所
钱董敏:浙江五正律所事务所

安徽省

曹冬梅:安徽永承律师事务所
刘　娟:安徽永承律师事务所
张　雨:安徽永承律师事务所
王梦圆:安徽永承律师事务所
黄　浩:安徽永承律师事务所
黄子燕:安徽永承律师事务所
夏丽丽:安徽永承律师事务所

福建省

叶丽虾:北京大成(厦门)律师事务所
叶妮妮:北京大成(厦门)律师事务所
罗和新:北京德恒(厦门)律师事务所
黄志勇:北京德恒(厦门)律师事务所
陈丽虹:北京德恒(厦门)律师事务所
王晓艳:福建闽众律师事务所
王晓润:北京德恒(厦门)律师事务所
方建锋:福建闽众律师事务所
魏斯文:福建闽众律师事务所
颜德安:北京盈科(泉州)律师事务所
李丽萍:福建厦信律师事务所

江西省

衷　震:江西求正沃德律师事务所

吴华萍:江西公仁律师事务所

张飞云:江西南芳(兴国)律师事务所

何丽华:北京盈科(上海)律师事务所

程斯蔓:江西君台律师事务所

桂水娇:江西善霖律师事务所

金彩虹:江西律嘉律师事务所

刘欢欢:北京市京师(南昌)律师事务所

刘淑英:广东金轮律师事务所

龚　昕:江西求正沃德律师事务所

年　佳:江西求正沃德律师事务所

余冬燕:江西求正沃德律师事务所

山东省

李　卉:国浩律师(济南)事务所

侯立伟:北京市盈科(青岛)律师事务所

于晓晖:上海段和段(济南)律师事务所

赵海霞:山东鑫士铭律师事务所

杨　婷:山东储誉律师事务所

满　莹:上海锦天城(济南)律师事务所

赵　虹:北京市盈科(青岛)律师事务所

苏　红:海南福嘉律师事务所

殷　静:国浩律师(济南)事务所

王盛汝:北京市盈科(青岛)律师事务所

徐长群:山东储誉律师事务所

陈　慧:山东法时律师事务所

林　英:山东鲁和律师事务所

王新艳:山东鲁宁律师事务所

河南省

付　丽:北京大成(郑州)律师事务所

刘　辉:河南国基律师事务所
赵卫萍:河南针石律师事务所
钟景前:北京市京师(郑州)律师事务所
杨冬冬:北京大成(郑州)律师事务所
刘文阳:江苏玖润律师事务所
郭亚楠:河南康益律师事务所
王加伟:国浩律师(南京)事务所
王　静:河南思敬律师事务所
李　丽:北京市盈科(郑州)律师事务所
王利云:金博大律师事务所
秦利娜:北京大成(郑州)律师事务所
赵　帅:北京大成(郑州)律师事务所
白晶宇:河南玉汝律师事务所
翟温馨:上海申同律师事务所
潘巧慧:河南针石律师事务所
喻威华:河南国基律师事务所

湖北省

谢文敏:湖北首义律师事务所
童　文:北京盈科(武汉)律师事务所
胡月红:湖北易圣律师事务所
邱　丹:湖北立丰律师事务所
焦美红:湖北今天律师事务所
杨文婷:湖北首义律师事务所
周晓彧:泰和泰(武汉)律师事务所
童丽君:湖北左岸律师事务所
李丽梅:湖北立丰律师事务所
吴文渊:湖北立丰律师事务所
程　欢:湖北立丰律师事务所
徐　敏:湖北易圣律师事务所
黄思奇:湖北易圣律师事务所
张一凡:湖北首义律师事务所

李娇娇:泰和泰(武汉)律师事务所
李　艳:湖北今天律师事务所
赵　莉:北京盈科(武汉)律师事务所
程　芳:上海市海华永泰(武汉)律师事务所
李光福:北京盈科(武汉)律师事务所
孙小英:湖北卓道律师事务所
王华珍:湖北瑞通天元律师事务所
王索谛:上海市海华永泰(武汉)律师事务所
王宇泽:北京盈科(武汉)律师事务所
赵晓玲:北京盈科(武汉)律师事务所
贾永萍:北京盈科(武汉)律师事务所
刘　巍:北京盈科(武汉)律师事务所
梁　勤:北京德和衡(武汉)律师事务所
崔名杨:上海市海华永泰(武汉)律师事务所
李雪晴:上海市海华永泰(武汉)律师事务所
杜　娟:湖北卓道律师事务所

湖南省

舒蓉月:湖南仁本律师事务所
戴佳林:湖南仁本律师事务所
谢美玉:湖南仁本律师事务所
林　琦:湖南仁本律师事务所

广东省

邓　杰:广东莞信律师事务所
庄菁琳:广东莞信律师事务所
陈金旭:广东莞信律师事务所
叶建平:广东莞信律师事务所
孟小宇:广东莞信律师事务所
苏晓蓉:北京市盈科(东莞)律师事务所
周　莹:北京市盈科(东莞)律师事务所
邓梦玲:北京市盈科(东莞)律师事务所

谢佩娜:北京市中银(珠海)律师事务所
周丽红:北京市中银(珠海)律师事务所
郭安慧:北京市安通(东莞)律师事务所
李箫箫:广东国晖(东莞)律师事务所
凌　娜:上海锦天城(广州)律师所
陈园玉:人和启邦显辉(横琴)联营律师事务所
黄红芳:金鹏家裔(横琴)联营律师事务所
陈瑞莲:北京市盈科(广州)律师事务所
易美玲:北京市盈科(广州)律师事务所
邱艺嫦:北京市盈科(广州)律师事务所
谢婷婷:北京市盈科(广州)律师事务所
操晨帆:北京市盈科(深圳)律师事务所
卢煜璇:广东硕源律师事务所
黄珊珊:广东法制盛邦律师事务所
魏素琼:广东海际明律师事务所
苏家颖:北京市天元(广州)律师事务所
靳莉莉:江苏良翰律师事务所
杜晓萌:江苏良翰律师事务所
黄秀琳:北京市中伦(广州)律师事务所
吕欣欣:北京德恒(东莞)律师事务所
韩高峰:广东德良律师事务所
陈　霞:广东旭晨律师事务所
王　波:广东旭晨律师事务所
赵丹阳:广东益道律师事务所
林　冰:北京市京师深圳律师事务所

广西壮族自治区

陈　辛:北京市盈科(南宁)律师事务所
蒋三努:广西万凯律师事务所
蒋爱兵:北京德恒(南宁)律师事务所
周福冬:北京德恒(南宁)律师事务所
龙晓晓:广西万益律师事务所

刘远萍:广西万益律师事务所
吴清炎:北京市华泰(南宁)律师事务所

海南省

罗　荣:北京市中伦(海南)律师事务所
韩旭畴:北京市中伦(海南)律师事务所
闵　智:海南云联律师事务所

重庆市

杨　梅:上海中联(重庆)律师事务所
杜　佳:重庆百君律师事务所
敖良芳:北京京师(重庆)律师事务所
周佼娇:上海中联(重庆)律师事务所
李　敏:重庆百君律师事务所
邓　敏:北京京师(重庆)律师事务所
杨力霓:重庆静昇律师事务所
徐晓燕:重庆志同律师事务所
邓丹叶:重庆钜沃律师事务所
陈虹羽:上海中联(重庆)律师事务所
苟　静:中豪(两江新区)律师事务所
龚　燕:重庆钜沃律师事务所
陈　欣:上海中联(重庆)律师事务所
刘　沁:上海中联(重庆)律师事务所
谢孟芸:上海中联(重庆)律师事务所
谢光毅:北京京师(重庆)律师事务所
李国强:北京京师(重庆)律师事务所
罗先杰:重庆钜沃律师事务所
李英杰:重庆钜沃律师事务所
李云瑶:中豪(两江新区)律师事务所
李辉远:中豪(两江新区)律师事务所
冯　伟:重庆志和智律师事务所
张　悟:重庆百君律师事务所

周易欣:重庆坤源衡泰律师事务所
王　菁:重庆坤源衡泰律师事务所
崔　翔:国浩律师(重庆)事务所
蒋幕燕:重庆志和智律师事务所
余晓峰:泰和泰(重庆)律师事务所
路焕新:泰和泰(重庆)律师事务所
张永芳:重庆千禧年律师事务所
杨定洁:重庆泰源律师事务所
白敏娇:重庆万同律师事务所
陈永梅:重庆圣石牛律师事务所
罗　琪:重庆景誉律师事务所
吴文兰:重庆津舟律师事务所
牛博之:重庆金牧锦扬律师事务所
傅光进:重庆海力律师事务所
刘　倩:重庆华代律师事务所
贾仕艳:北京市炜衡(重庆)律师事务所
杨小婷:重庆中钦国彦律师事务所
黄　野:重庆光界(渝北)律师事务所
李　旺:重庆智策律师事务所
王　磊:重庆道伦律师事务所

四川省

张承凤:四川明炬律师事务所
都　平:四川明炬律师事务所
裘丰华:四川明炬律师事务所
宋仕杰:四川明炬律师事务所
王清玲:四川明炬律师事务所
刘川平:四川明炬律师事务所
白新群:四川明炬律师事务所
冯夏滢:四川明炬律师事务所
何益芸:四川法鑫律师事务所
李　箫:北京大成(成都)律师事务所

胥竹君:北京大成(成都)律师事务所

苏朝旭:中共泸州市江阳区委政法委员会

张　宇:中共荥经县委党校

董峻雨:北京盈科(成都)律师事务所

蒲　毅:四川韬世律师事务所

张建新:四川衡平律师事务所

李红燕:四川衡平律师事务所

杨　旭:泰和泰律师事务所

蔡有联:四川三才(盐边)律师事务所

张　洪:四川高扬律师事务所

张　珍:北京市惠诚(成都)律师事务所

金　琴:四川高扬律师事务所

谢一铵:北京盈科(成都)律师事务所

张诗浪:四川高扬律师事务所

宋雯婷:四川公生明律师事务所

陈　莉:四川明之鉴律师事务所

肖　俊:四川法之缘(成都)律师事务所

李　丹:四川宗华律师事务所

龚志立:四川法之识律师事务所

李　颖:四川有同律师事务所

刘　佳:四川科林律师事务所

胡小敏:四川原石律师事务所

陈应辰:四川原石律师事务所

潘　陈:四川原石(遂宁)律师事务所

陈勇良:四川原石律师事务所

吕　莹:四川原石律师事务所

徐　燕:四川治坛律师事务所

张　璐:北京中银(成都)律师事务所

岳美杉:四川原石律师事务所

周　阳:四川原石律师事务所

温　倩:四川阳安律师事务所

赖俊臣:重庆百君(成都)律师事务所

杨海刚:重庆百君(成都)律师事务所
尤　川:重庆百君(成都)律师事务所
唐应欣:北京德恒(成都)律师事务所
任孝涛:北京德恒(成都)律师事务所
赵明月:四川川达律师事务所
蔡开剑:四川府城律师事务所
刘媛媛:北京万商天勤(成都)律师事务所
陈　立:北京万商天勤(成都)律师事务所
张　颖:四川法之识律师事务所
黄钰婷:四川法之识律师事务所
张　雨:四川法之识律师事务所

贵州省

马　燕:贵州一锦律师事务所
田　妮:贵州黔春律师事务所
黄　灿:北京市炜衡(贵阳)律师事务所
齐江宁:上海市建纬(贵阳)律师事务所

云南省

李娅莉:云南华度律师事务所

陕西省

张　莹:北京浩天(西安)律师事务所
杨月婷:北京市盈科(西安)律师事务所
李　爽:北京浩天(西安)律师事务所
崔　佳:北京市盈科(西安)律师事务所
赵　婧:陕西稼轩律师事务所
董安琪:天津金诺律师事务所

甘肃省

罗　娟:甘肃合睿律师事务所
王红平:甘肃合睿律师事务所

马玉萍:甘肃合睿律师事务所
朱爱芸:甘肃合睿律师事务所
张宏霞:甘肃合睿律师事务所

青海省

许陆妹:广西广合律师事务所
潘玉云(广西)

宁夏回族自治区

袁　芳:北京市中伦(上海)律师事务所
秦卓瑜:北京市中伦(上海)律师事务所

新疆维吾尔自治区

葛俊丽:北京盈科(库尔勒)律师事务所
袁良健:北京盈科(库尔勒)律师事务所
唐钰腾:北京盈科(库尔勒)律师事务所
刘　晟:北京盈科(库尔勒)律师事务所
葛　畅(学生)